KB057716

통섭의 기술

지식시대에서 지성시대로

기술

THE ART OF CONSILIENCE

통섭의 기술

지식시대에서 지성시대로

최민자 지음

THE ART OF

통섭의 기술은 단순히 다양한 지식세계를 넘나드는 지식 차원의 언어적 기술이 아니라, 지성 차원의 영적 기술이다.

CONSILIENCE

모시는사람들

지식시대에서 지성시대로

근년에 들어 통섭이라는 용어가 국내 학계의 주목을 받게 된 것은 미국의 생물학자 에드워드 윌슨(Edward O. Wilson)의 저서 『컨실리언스 *Consilience*』(1998)가 『통섭』으로 번역, 출판되면서부터이다. 번역서에서는 통섭의 한자어를 '統攝(통섭)'으로 정하고 '큰 줄기를 잡다'라는 의미로 사용하고 있으나, 필자는 없는 곳이 없이 실재하는 원융무애한 생명의 역동적 본질을 보다 생생하게 느낄 수 있도록 '通涉(통섭)'이란 한자어를 사용하였다. 양자역학(quantum mechanics)적 실험에서도 이미 밝혀진 바와 같이, '여기가 거기이고 그때가 지금(Here is there and then is now)'이니, '지금 여기(now here)' 이외의 그 어떤 시간과 공간이 따로 있는 것이 아니므로 '큰 줄기를 잡아야' 할만한 것도 없는 것이다. 사실 그대로의 온전한 '봄(seeing)'이 일어나기만 하면 통섭은 저절로 이루어진다. 온전한 '봄'이 일어나지 못하는 것은 온전한 '앎(knowing)'이 일어나지 못했기 때문이다. 지식(knowledge)은 관념이고, 파편이며, 과거와 연결되어 있으므로 온전한 앎은 지식에서 일어날 수 없다. 지식은 진리를 가리키는 손가락일 뿐, 진리 그 자체가 아니다. 반면 지성(intelligence)은 실재이고, 전체이며, '지금 여기'와 연결되어 있으므로 온전한 앎은 지성에서 일어난다. 따라서 통섭은 지식 차원에서가 아닌, 지성 차원에서 일어난다.

『컨실리언스 *Consilience*』의 번역서 서문은 "설명한다, 그러므로 나는 존재한다"라는 주제어로 시작되고 있으나, 진리는 설명의 차원이 아니라 이해의 차원이며, 추론의 차원이 아니라 직관의 차원이다. 르네 데카르트(René Descartes)의 '생각하는 존재'가 내 생각을 존재와 동일시하는 에고(ego 個我)로서의 존재이듯, 역자인 최재천의 '설명하는 존재' 또한 내 설명을 존재와 동일시하는 에고로서의 존재다. 에고는 곧 분리의식이며, 분리의식으로 통섭을 논할 수 없다는 것은 자명한 이치다. 그럼에도 여전히 분리의식으로 통섭을 논하고자 한다면, 통섭은 그야말로 그가 말하는 '다학문적(multidisciplinary) 유희'에 지나지 않게 된다. '범학문적(transdisciplinary) 접근'을 통한 인문학과 자연과학의 만남 또한 그 '만남'의 메커니즘을 간파하지 못한다면, 통합 학문에 관한 논의는 실로 언어 수준의 지적 희론知的戱論에 불과한 것이 된다. 지식은 에고의 영역이고, 지성은 참자아의 영역이다. 생명은 전일적인 흐름(holomovement) 그 자체인 까닭에 에고의 가장 큰 위협이며 적敵이다. 그래서 에고는 '죽음'이라는 발명품을 만들어냈다! 그로부터 이원론의 표징이랄 수 있는 '삶과 죽음의 투쟁(life-and-death-struggle)'의 역사가 시작되었다.

지식과 삶이 화해할 수 없는 것은 이 때문이다. 하여 삶과 소통하지 못하는 지식을 넘어서기 위해 '통섭'이란 용어가 등장한 것이다. 학문 분과 간의 소통이 이루어지지 못하는 것은 말할 것도 없고, 학문과 종교, 학문과 삶 간의 소통이 이루어지지 못함으로 해서 총체적인 인간 실존의 위기에 직면하게 된 데 대한 성찰적 의미와 더불어 전일적 패러다임(holistic paradigm)으로의 전환을 추동하는 의미가 내포된 것이다. 그럼에도 여전히 이원적인 지식으로 통섭을 운위한다면 그것은 일종의 '지적 사기(intellectual fraud)' 다. 삶과 유리된 단순한 지식의 통섭은 이념의 지도를 실제 영토라고 믿는 것과도 같이 공허한 것이다. 지식을 넘어선 참지식이 필요한 것은 이 때문이다. 이분법은 앎의 원을, 삶의 원을 완성시키기 위한 방편일 뿐, 진정한 앎은 이원성을 넘어서 있다. 이러한 사실은 알지 못한 채 선과 악의 진실게임에 빠져들게 되면 '삼사라(samsara 生死輪廻)' 가 일어난다. 무엇을 위하여? 영적 진화를 위하여. 우주의 실체는 육체와 같은 물질적 껍질이 아니라 의식이며, 이 우주에서 사라지는 것은 아무 것도 없다. 생명계는 이른바 '부메랑 효과(boomerang effect)' 로 설명되는 에너지 시스템이다.

저자인 윌슨이 말하는 지식의 통일(unification of knowledge)은 의식계[본체계] 와 물질계[현상계]의 상관성을 인식하지 못함으로 해서 직관적인 앎을 배제하는 결과를 낳았다. 온전한 앎은 단순한 이론적 지식의 통합에서가 아니라, 그러한 통합의 궁극적 기반을 올바르게 이해할 때 일어난다. 양자물리학자 데이비드 봄(David Bohm)의 '숨은 변수이론(hidden variable theory)' 이 말하여 주듯, 다양하게 분리된 것처럼 보이는 '드러난(explicate)' 물리적 세계는 일체의 이원성을 넘어선 '숨겨진(implicate)' 전일성의 세계가 물질화되어 나타난 것이다. 윌슨은 사물의 근본 이치와 관련된 초논리·초이성·직관의 영역은 배제한 채 사물의 현상적 측면과 관련된 감각적·지각적·경험적 판단의 영역만을 중시한 나머지, 통섭에 관한 논의가 실험 과학을 통해서만 가능하다고 봄으로써 결과적으로 자연과학 중심의 학문적 제국주의—더 정확하게는 생물학 제국주의—를 초래했다. 이러한 반反통섭적 사고는 인류 의식의 현주소를 말하여 주는 것이다. 그는 서양의 분석적 사고가 동양의 종합적 사고와 융합할 때 비로소 완전한 통섭이 일어날 수 있다다는 사실을 간과하고 있다.

근대 분과학문의 경계를 허물고 지식의 융합을 통해 복합적이며 다차원적인 세계적 변화의 역동성에 대처하려는 움직임이 전 세계적으로 일고 있다. 20세기가 과학의 시대였다면, 21세기는 과학과 영성의 접합시대라는 점에서 예술과 과학의 통섭은 시대적 필연이다. 예술적 상상력과 고도로 각성된 의식 속에서 예술과 과학의 창의성은 최고도로 발휘된다. 인문사회과학과 자연과학의 통섭 또한 전자가 후자에 종속되는 환원적 통합이 아니라 상호 관통하는 대등한 의미의 통섭이라는 점에서 윌슨의 자연과학 중심의 통섭 논리와는 구별된다. "이 세상에는 다수의 진리가 존재하는가? 아니면 단 하나의 기본 진리만이 존재하는가?"라는 윌슨의 질문은 전개와 통합이 자유로운 통섭의 본질을 이해하지 못한 데서 오는 것이다. 윌슨이 중시하는 환원주의에 근거한 분자생물학적 접근으로는 본체와 작용, 전일성과 다양성, 전체성과 개체성의 상호 관통을 이해할 수가 없다. 근대의 과학적 지식은 보는 자와 보는 대상이 분리되어 있으므로 '봄(seeing)' 그 자체가 될 수 없으며 따라서 온전한 앎(knowing)이 일어날 수도 없다. 통섭의 노력이 일체를 관통하는 보편적인 진리에 이르기 위한 것이라면, 그것은 일심의 기능적 측면과 관계된다.

오늘날 서양의 자연과학, 특히 실험물리학에서 도출된 전일적 실재관은 현대물리학의 '의식' 발견에 따른 것으로 고대 동양에서는 직관을 통해 이미 규명된 것이다. 물리학은 실험을 통해서, 동양사상은 직관을 통해서 물리세계와 의식세계가 분리될 수 없는 하나라는 사실을 보여준다. 이미 수천 년 전 직관에 의해 밝혀진 종교적 진리를 현대물리학은 실험을 통하여 입증하느라 머나먼 길을 걸어온 셈이 된 것이다. 그리하여 과학과 종교,

논리와 직관의 상보성을 사실상 인정함으로써 사실 그대로의 전일적인 우주가 그 모습을 드러내기 시작한 것이다. 모든 종교가 심법이라는 범주에서 벗어날 수 없듯이, 양자역학 또한 '마음의 과학' 그 이상도 이하도 아님을 알게 된 것이다. 영적 진화를 추동하는 마음의 과학을 이해하지 못하고서는 그 어떤 실제적인 통섭도 일어날 수가 없다. 다양한 분야를 섭렵하는 해박한 지식을 가지고 있다고 해서 통섭이 일어나는 것은 아니다. 논리와 초논리, 이성과 신성, 물질과 정신의 통합성을 기반으로 한 지식의 차원 전환이 없이는 통섭이 일어날 수 없다. '있음(being)' 이 전체와 분리된 개체로서가 아닌, 유기체로서의 관계론적 의미임을 이해할 때 비로소 통섭이 일어난다.

세계를 전일적으로 조망하지 못하는 것은 지식의 통합이 이루어지지 않아서가 아니라, 마음의 파편화로 인해 의식의 순도純度가 낮기 때문이다. 말하자면 불순한 분리의식이 자리 잡고 있기 때문이다. 모든 죄악과 죽음은 분리의식에서 생겨난다. 우주 속의 그 어떤 것도 분리할 수 있는 것이 아닌데 무리하게 분리하려는 데서 오는 것이다. 참지식은 우주의 본질인 생명이 무엇인지를 아는 것이다. 생명은 분리할 수 없는 절대유일의 하나, 즉 영성[靈] 그 자체인 까닭에 분석적으로 접근할 수 있는 영역이 아니다. 참자아인 영(Spirit)—흔히 신[神性]이라고도 부르는—은 우주 생명력 에너지(cosmic life force energy)인 동시에 우주 지성[knowing]이고 또한 우주의 근본 질료[form]로서, 이 셋은 이른바 제1원인의 삼위일체라고 하는 것이다. 에너지·지성·질료는 참자아[참본성, 一心]인 '영' 이 활동하는 세 가지 다른 모습이다. 인간은 영적인 동시에 육적이며, 정신적인 동시에 물질적이다. 영과 육, 정신과 물질은 마음의 통섭적 기능에 의해 변증법적 통합이 이루어진다. 그러한 통합은 분리의식의 영역인 지식 속에서가 아니라, 일심[참본성]의 영역인 지성 속에서 이루어진다. 양 차원의 통섭이 이루어지지 않고서는 그 어떤 실질적인 통섭도 이루어질 수가 없다.

오늘날 학문과 지식은 인종적, 문화적, 정치적, 종교적 신념의 덫에 걸려 불균형한 사고와 행동 양태를 낳고 있다. 인류애나 진리 추구와 같은 보편적 가치에 뿌리를 두고 있지 않은 지식욕과 지적 호기심, 생명의 영성에 관한 논의는 배제된 채 지식의 파편들만 어지럽게 널려 있는 지식의 통합에 관한 논의—도대체 무엇을 위한 지식이며, 무엇을 위한 통합인가? 통섭의 긴요성은 소통 부재에서 오는 갖가지 사회문제의 출현과 맥을 같이 한다. 온전한 앎이란 참자아를 아는 것이다. 참자아를 알지 못하고서는 그 어떤 일도 의미나 가치를 지닐 수 없기 때문이다. 참자아인 영성을 자각하지 못하고서는, 다시 말해 생명의 전일성과 자기근원성을 자각하지 못하고서는 단지 먹기 위해, 즐기기 위해 사는 것의 허망함을, 그 죄악성을 알 수가 없는 것이다. 근대의 왜곡된 이성은 과학적 합리주의라는 미명하에 중세의 왜곡된 신성이 이성을 배제한 것과 꼭 같은 방식으로 참본성인 신성[영성]을 배제함으로써 결과적으로 지식세계가 의식계 전체를 부정하는 결과를 낳았다. 이러한 근대의 물질 일변도의 사고는 제로섬(zero-sum) 게임의 추동체로서 기능하게 됨으로써 결국 상생의 패러다임을 정착시키지 못했다. 이제 통섭적 사고가 주축이 되는 새로운 통합 학문의 수립이 절실한 것은 그것이 진정한 패러다임 전환을 위한 토대가 되는 것일뿐더러, 과학적 합리주의에 기초한 지금의 칸막이지식으로는 인류가 직면한 난제들을 풀 수가 없기 때문이다.

'보이는 우주'는 '보이지 않는 우주', 즉 영(Spirit)의 자기복제로서의 작용으로 나타난 것이다. '영'이 생명의 본체라면, 육[물질세계]은 그 작용으로 나타난 것이다. 말하자면 물질세계는 '영' 자신의 설계도가 스스로의 에너지·지성·질료의 삼위일체의 작용으로 형상화되어 구체적 현실태(concrete actuality)로 나타난 것이다. 따라서 형상은 본체인 '영'의 잠재적 본질(potential nature)이 드러난 것이므로 우주만물은 물질화된 '영'(materialized Spirit)이고 그런 점에서 우주만물은 '영'과 둘이 아니다. 생명의 전일성과 자기근원성, 만유의 근원적 평등성과 유기적 통합성이 이로부터 도출된다. 영과 육, 본체와 작용이 하나임을 아는 것은 일심[참본성, 영성]의 통섭적 기능에 의해서이다. 말하자면 통섭은 일심의 기능적 측면을 일컫는 것으로 통섭의 주체는 일심이다. 일심은 지식(knowledge)이 아니라 앎(knowing)이며, 앎은 지성에서 일어난다. 이원적인 지식의 영역에서 통섭이 일어날 수 없는 것은 이 때문이다. 실로 본체와 작용이 하나임을 알지 못하고서는 사실 그대로의 우주를 직시할 수가 없으므로 존재와 인식의 괴리를 낳게 되어 허위의식(false consciousness)에 빠지게 된다. 이러한 허위의식 속에서 운위되는 통섭은 모두 미망에 불과한 것이다.

통섭은 영성과 물성을 소통하는 지성 차원의 기술이기에 기계론적 세계관에서 시스템적 세계관으로의 근본적인 패러다임 전환을 전제한다. 이러한 사실은 알지 못한 채 이런저런 이론을 내어놓고 세상이 바뀔 것이라고 생각하는 것은 마치 이런저런 지도를 그려놓고 실제 영토가 바뀔 것이라고 생각하는 것만큼이나 몽상적이다. 이런 몽상가들이 지식세계에는 숱하게 많다. 마찬가지로 다양한 분야를 여기저기 기웃거린다고 해서 통섭이 되는 것이 아니라 그 다양한 분야를 관통하는 핵심 원리를 알아야 실제 통섭이 되는 것이다. 영성인 참자아는 전일적이며 분리될 수 있는 것이 아니므로 이 우주에는 하나인 참자아 이외에는 아무도 없다. 우주의 진행방향이 영적 진화인 것은 참자아에 지성이 내재해 있는 까닭이다. 우주만물의 다양성은 유일 원리가 물화物化되어 나타난 것이므로 하나인 생명의 본체와 그 작용인 우주만물은 하나라고 하는 것이다. 우리의 생각은 바꾸지 않은 채 물질세상을 바꾸려고 하는 것은 마치 실물은 그대로 둔 채 그림자를 바꾸려는 것과도 같이 비현실적이다. 이론을 현실화시키는 추동력은 의식이다. 소통·자치·자율을 기반으로 한 에코토피아ecotopia는 단순한 제도적 개혁의 산물이 아니라 의식의 진화의 산물이다.

　삶 자체가 의식의 자기 교육을 위한 학습과정이며, 의식을 탐구하는 수단으로서 감각기능이 주어지고 학습 효과를 극대화하기 위한 학습 기자재로서 상대계인 물질계가 존재한다는 사실을 알지 못하고서는 삶이라는 생명 교과서를 쓸 수도, 또한 통섭을 논할 수도 없다. 온전한 앎이 없이는 생명의 본질에 순응하는 온전한 삶도 없으므로 그 어떤 실질적인 통섭도 일어날 수 없기 때문이다. 우리의 앎과 삶에 치명적으로 유해한 것이 바로 모든 부정성의 근원인 개체화된 자아 관념이다. 이러한 자아 관념을 넘어선 초인의 출현은 곧 개체화되고 물질화된 신의 죽음을 의미한다. 물신은 죽어야 하고 또 죽을 수밖에 없는 운명에 처해 있다. 왜냐하면 신인류의 탄생이 목전에 와 있기 때문이다. 실로 참본성을 회복하는 일 외에 이 세상에서 새로이 이루어야 할 것은 아무 것도 없다. 우리가 의식하든 하지 못하든, 이 세상의 모든 조직과 제도는 영적 진화라는 우주의 진행 방향과 목적에 일치하여 존재하는 것이고, 그것은 오직 참본성[참자아]을 회복함으로써만이 가능한 것이기 때문이다. 아무리 개혁을 외쳐도 그 성과가 나타나지 않는 것은 개혁의 주체인 참자아를 부인함으로 인해 그 어떤 에너지도 우주로부터 끌어올 수가 없기 때문이다. 참자아와 하나가 되는 것이야말로 생명과 평화로 가는 가장 빠르고도 확실한 길이다.

근대성이 '미완성의 프로젝트' 일 수밖에 없는 것은 근대성 운동의 논리자체가 이원성, 즉 분별지分別智에 기초해 있는 까닭이다. 근대성이 완성의 프로젝트가 되려면 근본지根本智에 기초하여 분리가 아닌, 합일을 향해 나아가야 한다. 통섭이라는 툴을 사용하는 주체가 바로 일심이다. 일심[靈]이 통섭적 기능을 수행할 수 있는 것은, 그것이 우주 생명력 에너지인 동시에 우주 지성이며 근본 질료인 까닭에 본체와 작용, 전일성과 다양성, 정신과 물질을 하나로 관통할 수 있기 때문이다. 지성은 자치·자율·소통과 조응하며, 전일적이고 자족적이며 자각적이다. 지식시대에서 지성시대로의 차원 전환은 물적 가치에서 영적 가치로의 차원 전환과 그 맥을 같이 한다. 지식은 미혹의 강을 건너는 나룻배와도 같은 것. 강을 건너기 위해서는 나룻배가 필요하나, 진리의 언덕에 오르기 위해서는 배를 버려야 한다. 한 사회의 진화 정도를 측정할 수 있는 것은 개체성과 전체성의 소통성이다. 인간은 영적으로 진화할수록 무엇이 진실로 자신에게 쓸모 있는 것인지를 알게 되므로 기쁨이나 즐거움에 대한 개념도 계속해서 바뀔 수밖에 없다.

통섭은 지식 차원의 언어적 기술이 아니라, 지성 차원의 영적 기술이다. 말하자면 소통의 미美의 발현을 통해 삶을 아름답게 만드는 진정한 의미의 예술이다. '하나됨' 은 온전한 앎, 즉 지성에서 일어난다. 심心에 입각하여 무심無心을 이루듯, 지식에 입각하여 지성을 이루어야 하는 것은 이 때문이다. 지식을 넘어선 참지식이 되어야 하는 것이다. 이 세상 그 어떤 지식이나 학문도 삶과 분리되어서는 존재이유를 상실할 수밖에 없다. 인간이 느끼는 불행은 심리적이고 감정적인 질병으로서 분리의식에서 오는 것이다. 진실로 '하나됨'에 이르지 않고서는 근원적인 치유가 이루어질 수 없다. 참자아인 영성을 자각하는 것이야말로 모든 문제를 근원적으로 해소하는 길이다. 영성을 자각하기 위해서는 소음으로 가득 찬 마음을 멈추어야 한다. 텅 빈 마음에서 변형이 일어나고 초월이 일어난다. 이것이 마음의 해방이다. 진정한 해방은 마음의 해방에서 오는 것이다. 통섭적 기능을 수행하는 마음은 해방된 마음이다. 해방된 마음은 먹장구름에 물들여지지 않는 푸른 하늘과도 같이 세상사에 물들여지지 않는다. 오늘날 지식인은 많으나 지성인은 드문 것은, 마음은 본능적으로 채우는 데는 능하지만 비우는 데는 능하지 않은 까닭이다.

오늘날 유례없는 전 지구적 차원의 테러와 만연한 폭력현상은 오랜 탄성을 지닌 에고가 그 필연적인 소멸에 앞서 더 강력해진 데 따른 것이다. 동트기 전 어둠이 가장 짙은 것과 같은 이치다. 이 시대의 혼돈은 물질시대에서 의식시대로의 대전환기에 나타나는 불가피한 산고産苦이다. 새로운 문명의 가능성은 인류가 통섭적 마인드를 가지고 '하나됨'을 실천하는 데 있다. 그러나 권력정치가 마지막 맹휘를 떨치는 오늘의 정치와 과학은— 심지어는 종교까지도—모두 생명의 지배와 장악에 초점이 맞춰져 있다. 생명의 통제와 복제가 과학과 정치와 자본의 지배 기능을 가능하게 하는 조건이 되고 있는 것이다. 이러한 생명정치적 분열은 전일적인 새로운 패러다임의 정치에 의해서만 극복될 수 있다. 이는 곧 권력정치에서 생명정치로의 이행과 맥을 같이 한다. 통섭은 우리의 참본성인 영성에 대한 자각 없이는 일어날 수 없으며, 새로운 문명의 가능성 또한 영성에 관한 논의를 배제하고서는 내다보기 어렵다. 대지의 여신 '가이아'의 영적인 본질에서 도출된 '여성성'이 인류 구원의 여성성으로 인식될 수 있는 것도 '여성성'이 곧 영성임을 전제한 것이다. 만유의 영성을 인식하지 못할 때 인간 억압과 자연 억압이 일어난다. 오늘날 학계에서의 통섭 논의는 궁극적으로는 삶과 학문, 삶과 종교, 삶과 과학, 삶과 예술, 나아가 삶과 죽음의 통섭을 위한 서곡에 지나지 않는다.

우주의 실체가 의식이라는 사실은 '본질적 삶에서 일어나는 일체의 현상을 통제하는 주체가 심판의 신이 아니라 인간의 정신'임을 의미한다. 신성(영성)과 이성이 조화를 이루었던 상고와 고대 일부의 제정일치 시대, 세속적 권위에 대한 신적 권위의 가치성이 정립된 중세 초기, 왜곡된 신성에 의한 이성의 학대가 만연했던 중세, 신적 권위에 대한 세속적 권위의 가치성이 정립된 근세 초기, 왜곡된 이성에 의한 신성의 학대가 만연한 근대 이후 물질만능주의 시대를 거쳐 이제 우리 인류는 신성과 이성, 정신과 물질, 의식과 제도의 통섭 시대를 열어야 할 시점에 와 있다. 통섭의 기술은 시스템적 사고에 기초한다. 통섭의 영적 기술을 향상시킬 수 있는 유일한 방법은 우주의 본질인 생명에 대한 온전한 앎을 높여가는 것이다. 생명계는 불가분의 전일성, 즉 '살아 있는 시스템(living systems)'인 까닭이다. 완전한 소통·자치·자율에 기초한 생명시대의 개막은, 새 하늘과 새 땅을 여는 새로운 문명은 이로부터 촉발될 것이다.

지금까지 통섭에 대한 학계의 관심은 주로 통섭의 당위성에 대한 분석과 설명 내지는 이원적인 지식 차원의 통섭에 머물렀던 관계로 전일적인 지성 차원의 통섭이 체계화되지 못했을 뿐더러, 결과적으로 반反통섭적인 경향마저 노정시키고 있는 실정이다. 이에 본서 제1부에서는 먼저 통섭의 본질과 메커니즘, 통섭의 기술, 그리고 왜 지금 통섭이 필요한지에 대해 분석적으로 고찰하고, 상대계의 존재 이유와 에너지 시스템인 생명계의 실상을 드러냄으로써 이원론이 근원적으로 실재하는 것이 아님을 밝힌다. 제2 부에서는 동·서양의 통섭적 세계관의 원형이랄 수 있는 마고의 삼신사상을 필두로 천부사상[`한` 사상]을 비롯한 동양의 유·불·도와 힌두사상 그리고 동학에 나타난 통섭적 세계관을 생명의 관점에서 재조명한다. 또한 통섭적 사유와 변증법, 통섭적 사유와 생태적 사유, 그리고 현대 과학의 통섭적 세계관에 대한 고찰을 통하여 서양의 통섭적 세계관을 역사적으로 고찰한다. 제3부에서는 '통합 학문'의 시대와 '퓨전' 코드의 도래, 그리고 대안적 논의로서의 과학과 종교의 통섭, 인문사회과학과 자연과학의 통섭, 그리고 예술과 과학의 통섭의 진수眞髓를 밝힌다. 제4부에서는 마음의 과학에 대한 포괄적이고도 근원적인 이해를 통하여 지식시대에서 지성시대로 이행하는 통섭으로의 길을 제시한다.

본서는 다음 몇 가지 점에서 기존 연구와 차별화된다. 첫째, 통섭은 단순히 다양한 지식세계를 넘나드는 지식 차원의 언어적 기술이 아니라, '아(我 self)'와 '비아(非我 other)'의 두 대립되는 자의식을 융섭하는 지성 차원의 영적 기술임을 밝히고 있다는 점, 둘째, 동서고금의 통섭적 세계관에 대한 면밀한 고찰을 통해 이원론적인 근대의 지식체계를 극복할 수 있는 대안적인 통섭학과 통섭정치의 기본 틀을 제시하고 있다는 점, 셋째, 과학과 종교의 통섭, 인문사회과학과 자연과학의 통섭, 그리고 예술과 과학의 통섭의 진수를 밝힘으로써 경계선 없는 '통합 학문'으로의 길을 제시하고 있다는 점, 넷째, 마음의 과학에 대한 포괄적이고도 근원적인 이해를 통하여 삶과 학문, 삶과 종교, 삶과 과학, 삶과 예술의 화해를 도모함으로써 실천적인 삶에 이르는 구체적인 방법론을 제시하고 있다는 점 등이 그것이다.

본서는 필자의 생명학 3부작―『천부경·삼일신고·참전계경』(2006)·『생태정치학: 근대의 초극을 위한 생태정치학적 대응』(2007)·『생명에 관한 81개조 테제: 생명정치의 구현을 위한 眞知로의 접근』(2008)―에 이어, 지구촌이 직면한 전 지구적 차원의 생태 재앙과 정치적·종교적 충돌, 나아가 총체적인 인간 실존의 위기에 대한 대안적인 통섭학과 통섭정치의 기본 틀을 제시한 것이다. 그동안 통섭의 기술에 관한 집필에 관심을 가지고 격려해 주신 분들께 감사하는 마음을 전하고 싶다. 여러 가지 일로 바쁘신 중에도 불구하고 기꺼이 본서 추천사를 써주신 이 시대의 탁월한 과학자 윤희봉 박사님께 특히 감사드리며, 인류 사회가 직면한 난제들을 풀기 위해 다함이 없는 노력과 열정으로 평생을 바쳐온 그 숭고한 정신에 삼가 경의를 표한다. 그리고 이 책이 출판되기까지 성심을 다한 '도서출판 모시는사람들'의 박길수 대표와 편집진 여러분에게도 감사드린다.

인류의 집단의식을 높이는데 기여한 동서고금의 영적 스승님들과 이 책을 보실 날을 손꼽아 기다리시다 탈고脫稿한 바로 다음날 아침에 환원하신 나의 아버님 영전에 이 책을 바친다.

2010년 1월
성신관 연구실에서
최민자

진리로, 빛으로, 영원으로

현대는 퓨전시대라고 한다. 학계에서 퓨전은 전문분야의 전문가들 간에 상호 협조 내지는 공조를 통한 상승적인 결합을 일컫는 용어다. 과학계는 이미 퓨전적 공조 없이는 우주 시대에 고아가 된다고 사고하게 되었다. 이제 과학계뿐만 아니라 교육, 사회, 정치, 문화 등 모든 분야에 퓨전적 공조가 절실히 필요하다. 이러한 퓨전시대에 '통섭의 기술' 이야 말로 상호 공조의 효율적 성취를 위한 기계 작동의 윤활유이다.

추천사를 의뢰 받은 본인은 최 교수의 주옥 같은 여러 저서들—『천부경·삼일신고·참전계경』, 『생태정치학』, 『생명에 관한 81개조 테제』, 『동학사상과 신문명』, 『세계인 장보고와 지구촌 경영』, 『삶의 지문』 등—을 접해 본 적이 있다. 최 교수의 저서들 가운데 특히 이번 『통섭의 기술』은 대안적인 통섭학과 통섭정치의 기본 틀을 제시함으로써 지식과 삶의 화해를 시도하고 있다는 점에서 단연 주옥 중의 주옥이다. 최 교수는 원융무애한 생명의 역동적 본질을 생생하게 느낄 수 있도록 '統攝' 과 구분하여 '統涉' 이란 한자어를 사용하였다. 이 용어는 생명의 전일성에 기초한 '지성 차원의 영적 기술' 임을 강조한 것이라 사료된다.

본인은 『파동 과학으로 보는 새로운 원자 모델』이란 저서를 발간한 바 있다. 두 개의 원소가 결합하여 제3의 새로운 물질이 생성되는 과학 이론을 전개하는 데는 핵반응의 높은 결합에너지가 필요하다. 이 에너지를 대체하여 염산(HCL)의 수소와 염소의 결합 또는 해체 반응 에너지와 물질의 정전기적 쿨롱 인력과 원소 외각의 전자 활동의 전자기 인력과 광파에너지와 물분자 전자파 등 다원적 에너지에 의해 핵자기 공명을 일으켜 두 원소의 결합으로 제3의 물질이 되기 위한 에너지를 만족시킨다는 것을 서술한 바 있다. 다니엘 러더퍼드(Daniel Rutherford, 1749-1819)가 핵들이 포격 포획하여 표적 핵들의 정체를 변화시키는 핵반응을 발견한 이래, 입자가속기와 입자검출기 분야의 첨단 기술에 힘입어 적어도 1000GeV(=1TeV)의 높은 에너지로 입자에너지 성취가 가능하게 되었다. 그러나 이러한 고에너지로는 경제성 문제가 숙제로 남게 되었다.

본인은 아인슈타인의 상대성이론에 속박되지 않고 원소의 정전기적 쿨롱 인력과 원소 외각의 전자 활동의 전자기 인력과 광파에너지와 물 분자의 공진공명 핵자기장 인력 등 다원적 에너지를 촉진하는 염산과 광촉매 등을 이용하여, 고철 등 철 원소를 부가가치가 높은 구리 원소로 변성 생성케 하여 구리 잉고트ingot의 양산 체제를 갖추게 되었다.

바로 다원적 에너지를 이용한 핵자 이동으로 새로운 물질을 만들 듯이, 통섭에는 기술융합뿐만 아니라 물질계와 의식계의 융섭을 추동하는 창조성의 원리가 내재되어 있다. 최 교수의 『통섭의 기술』은 에너지 시스템인 생명계의 실상을 드러냄으로써 이원론이 근원적으로 실재하는 것이 아님을 명료하게 밝히고 있다는 점에서 현대 물리학의 전일적 실재관과 맥을 같이 한다. 특히 이 책은 기존의 이원적인 지식 차원의 통섭을 뛰어넘어 동 · 서양의 통섭적 세계관과 통합 학문 그리고 마음의 과학에 대한 포괄적이고도 근원적인 이해를 통하여 전일적인 지성 차원의 통섭을 처음으로 체계화했다는 점에서 주목할 만하다.

최 교수는 동서고금의 통섭적 세계관에 대한 면밀한 고찰을 통하여 현상계와 본체계의 상관관계를 규명하고 나아가 생명의 순환고리를 인식하게 함으로써 온전한 통섭으로의 길을 제시한다. 그리하여 우리의 마음을 생수같이 시원하게 하고, 우리의 의식을 영적인 지혜의 불로 타오르게 함으로써 "미망으로부터 진리로, 어둠으로부터 빛으로, 죽음으로부터 영원으로" 나아갈 수 있게 하는 원동력을 제공한다. 실로 이 책의 한 자 한 자, 그 깊고도 오묘한 힘이 벌써 우리의 영혼을 쉬게 하고 있지 않은가?

혼자만의 영광을 감당하기에 송구스러워 독자들에게 권하고자 한다.

2010년 1월
여의도 연구실에서
윤 희봉

지·식·시·대·에·서·지·성·시·대·로

통섭의 기술 | THE ART OF CONSILIENCE
지식시대에서 지성시대로

차 례

서문   지식시대에서 지성시대로
추천사 진리로, 빛으로, 영원으로

제1부 | 통섭의 이해

01 통섭이란 무엇인가 **23**
통섭의 본질과 메커니즘 23
통섭의 기술 34
왜 지금 통섭인가? 44

02 상대계의 비밀 **57**
물성과 영성의 역동적 통일성 57
통섭의 기술 진화와 의식의 진화 66
의식과 제도의 변증법 75

03 삶과 죽음의 통섭 **85**
날숨과 들숨 사이의 바르도(Bardo) 85
에너지 시스템인 생명계 95
순수 현존(pure presence) 105

제2부 | 동양과 서양의 통섭적 세계관

04 마고麻姑의 삼신사상 117
　마고성의 추억 117
　마고의 삼신사상 130
　인류구원의 여성성 140

05 동양의 통섭적 세계관 155
　천부사상의 통섭적 세계관 155
　유 · 불 · 도와 힌두사상의 통섭적 세계관 164
　'한'과 동학과 생명 200

06 서양의 통섭적 세계관 211
　통섭적 사유와 변증법 211
　통섭적 사유와 생태적 사유 223
　현대 과학의 통섭적 세계관 235

제3부 | '통합 학문'의 시대와 '퓨전(fusion)' 코드

07 과학과 종교의 통섭 249
　과학과 종교의 만남 249
　자기조직화 원리와 창조주 264
　양자역학과 마음 274

08 인문사회과학과 자연과학의 통섭 283
　인문사회과학의 위기와 대안적 논의 283

인문사회과학과 자연과학의 통섭　294

통합 학문과 퓨전 코드　303

09 예술과 과학의 통섭　315

예술과 인생　315

예술과 과학의 통섭　325

예술과 생명 그리고 진화　336

제4부 | 통섭으로의 길

10 마음의 과학　349

마음은 모든 것　349

마음의 과학　358

온전한 앎, 온전한 삶　371

11 지식시대에서 지성시대로　383

지식시대에서 지성시대로　383

정치실천적 과제　396

새로운 문명의 가능성　405

주석　414

참고문헌　440

찾아보기　449

"분리된 물질적 입자란 추상태로서
그들의 속성은 다른 시스템과의 상호
작용을 통해서만 정의될 수 있고 관찰
될 수 있는 것이다."

"Isolated material particles are
abstractions, their properties being
definable and observable only
through their interaction with other
systems."

- Niels Bohr, *Atomic Physics and the Description of Nature*(1934)

제1부 | 통섭의 이해

01 통섭이란 무엇인가

02 상대계의 비밀

03 삶과 죽음의 통섭

통섭의 기술은 단순히 다양한 지식세계를 넘나드는 지식 차원의 언어적 기술이 아니라, '아(我 self)'와 '비아(非我 other)'의 두 대립되는 자의식을 융섭하는 지성 차원의 영적 기술이다. 소통의 미美의 발현을 통해 삶을 아름답게 만드는 진정한 의미의 예술이다. 지금까지 통섭에 대한 학계의 관심은 주로 통섭의 당위성에 대한 분석과 설명 내지는 이원적인 지식 차원의 통섭에 머물렀던 관계로, 동서고금의 통섭적 세계관과 통합 학문 그리고 통섭의 메커니즘을 망라하는 전체적인 지성 차원의 통섭이 체계화되지 못했던 것이 사실이다. 통섭은 본질적으로 전일적이고 영적인 까닭에 논리적인 지식 차원이 아닌, 직관적인 지성 차원에서 일어난다. 지식은 관념이고 파편이며 과거와 연결되어 있으므로, 엄밀하게 말하면 지식의 통섭이란 말은 성립될 수 없다. 삶과 유리된 단순한 지식의 통섭은 이념의 지도를 영토 그 자체라고 믿는 것과도 같이 공허한 것이다.…인문사회과학과 자연과학의 통섭 또한 성리와 물리, 정신과 물질의 합일에 대한 이해 없이는 이루어질 수 없다. 이처럼 통섭의 기술은 시스템적 사고에 기초한다. 시스템적 사고란 부분을 단지 전체 조직과의 맥락 속에서만 파악될 수 있다고 보는 것이다.

— '통섭의 기술' 중에서

통섭이란
무엇인가

통섭의

본질과 메커니즘

지금 지구촌은 미국, 유럽, 일본 등 주요 기술 강국을
중심으로 다분야 기술융합(technology fusion)을 촉진하는 연구 개발 활동이
급속도로 확산되는 추세에 있다. 우리나라에서도 융합기술 개발은 미래
핵심 기술의 확보와 차세대 성장 동력의 창출 및 웰빙 라이프의 구현을 위
해 주요 정책 아젠다agenda로 설정되어 있다. 기술융합이란 최근 나노기술
(Nanotechnology, NT)·바이오기술(Biotechnology, BT)·정보기술(Information
Technology, IT)·인지과학(Cognitive Science, CS)의 융합을 의미하는 미국 국립과
학재단NSF의 NBIC라는 신조어에서 보듯 신기술 분야의 상승적인 결합
(synergistic combination)을 일컫는 용어다. 이러한 기술융합은 현재의 경제적·
기술적 정체상태를 돌파할 수 있게 함으로써 생명공학·보건의료·농림수
산·환경 등 모든 산업 분야에서 근본적인 변화를 이끌어 낼 전망이다. 융
합형 기술 혁신은 특히 바이오 기술, 나노기술, 정보기술 간 융합이 가속화

되고 있으며, 여기에 환경에너지 기술(Environment Technology, ET), 우주항공 기술(Space Technology, ST), 문화기술(Culture Technology, CT)이 추가된 이른바 6T[BT, NT, IT, ET, ST, CT]는 고부가가치 창출에 필요한 21세기 유망 첨단과학 기술로 인식되고 있다.

최근의 과학기술의 융합 현상은 여러 학문 분과에서 동시다발적으로 진행되면서 근대 분과학문의 경계를 넘는 '통합 학문'의 시대를 촉발시키고, 사회 전 분야에 걸쳐 혼융을 통해 새로운 문화를 창출해 내는 이른바 '퓨전fusion' 코드의 급부상을 초래하고 있다. 말하자면 기술융합에 따른 과학 기술 패러다임의 변화가 지식의 대통합을 통해 총체적인 패러다임 전환 (paradigm shift)을 주도하고 있는 것이다. 기술융합 현상이 단일 기술로는 해결하기 어려운 의료복지, 환경 등의 복합적인 사회문제의 등장과 그 맥을 같이 하듯, 지식통합 또한 개별 학문의 지식만으로는 해결하기 어려운 현대 사회의 복합적인 문제의 등장과 그 맥을 같이 한다. 미국 뉴멕시코주 산타페 연구소(Santa Fe Institute), 남아공의 스텔렌보쉬 연구소(The Stellenbosch Institute for Advanced Study), 그리고 네덜란드 헤이그의 라테나우 연구소 (Rathenau Institute) 등은 분과학문의 경계를 넘어 과학기술 영역과 인문사회과 학 영역을 아우르는 '통합 학문'의 연구를 통해 인류의 새로운 문명을 모색하고 있다.

통합 학문은 통섭적 사고가 주축이 되는 학문을 지칭한 것이다. 여기서 '통섭通涉'의 '통'은 '통하다(꿰뚫음, 두루 미침, 왕래함, 환히 앎, 의사가 상통함)', '온통(전체)'의 뜻이고 '섭'은 '건너다', '통하다', '관계하다'의 뜻이니, 이 둘을 합치면, 주관과 객관의 경계가 허물어져 하나로 통한다는 의미이다. 따라서 통섭은 융섭融涉, 융합, 통합, 융통融通, 소통, 회통會通, 원융무애圓融

無碍, 화쟁和諍, 이변비중離邊非中,*¹ 무리지지리 불연지대연(無理之至理 不然之大然)**,² 불연기연不然其然,***³ 계합契合, 일치 등의 의미와 동일 범주에서 이해될 수 있다. 그럼에도 필자가 군이 '통섭'이라는 용어를 사용하는 이유는 그 용어가 주는 독특한 뉘앙스 때문이다. 즉, 초월성인 동시에 내재성이며, 전체성[一]인 동시에 개체성[多]이며, 우주의 본원인 동시에 현상 그 자체인 생명의 역동적 본질을, 그 '아우름'을 보다 생생하게 느낄 수 있게 하기 때문이다.

이 세상의 혼란은 대개 신神의 언어인 침묵을 인간이 지식이라는 이름으로 오역誤譯하는 데서 비롯된다. 침묵은 영원성·불가오류성의 속성을 지닌 진리 그 자체인 까닭에 흔히 신의 언어로 불리기도 한다. 이러한 진동수가 높은 고차원적 언어는 일반인들의 이해 수준을 넘어서 있으므로 부득이 3차원적 언어에 의존한 지식 세계가 열리게 된 것이다. 침묵에 대한 잘못된 번역은 영적 시력(spiritual sight)이, 다시 말해 의식意識의 진동수가 낮은 데에 기인한다. 그리하여 실제 영토, 즉 삶의 현장과는 무관한 지식의 지도로 이 세상을 바꿀 수 있다는 환상에 빠지기도 하는 것이다. 식자우환

---

* '이변비중'은 有도 아니요 無도 아니요 그 양 변을 멀리 떠나면서 그렇다고 中道에도 집착하지 않는다는 非有非無 遠離二邊 不着中道의 뜻이다.
** '무리지지리 불연지대연'은 〈도리 아닌 지극한 도리, 긍정 아닌 대긍정〉으로 번역될 수 있으나 그 참 뜻은 상대적 차별성을 떠난 如實한 대긍정을 의미한다.
*** '불연기연' 즉 '그렇지 아니함과 그러함'은 본체계와 현상계를 회통시키는 水雲 崔濟愚의 독특한 논리이다. 수운은 그의 『東經大全』에서 사물의 근본 이치와 관련된 초논리·초이성·직관의 영역을 '不然'이라고 말하고, 사물의 현상적 측면과 관련된 감각적·지각적·경험적 판단의 영역을 '其然'이라고 말한다.

識字憂患이란 말의 본질적 의미는 언어의 세계에서 벌어지는, 실재와는 유리된 지적 희론知的戲論의 위험성을 지적한 것이다. 지식이란 침묵을 드러내기 위한 방편일 뿐, 진리 그 자체가 될 수는 없다는 점에서 진리의 달을 가리키는 손가락에 비유되기도 한다.

침묵에 대한 오역을 줄일 수 있는 유일한 방법은 의식의 진동수를 높이는 것이다. 그러기 위해서는 의식이 확장되어야 한다. 이 세상 그 어떤 것도 포괄하지 않음이 없고 또 포괄되지 않음도 없을 때 온전한 앎이, 완전한 통섭이 일어난다. 사실 그대로의 우주가 그 모습을 드러내는 것이다. 개방 사회의 적敵은 바로 '닫힌 의식'이다. 닫힌 의식은 사실 그대로의 우주를 직시하지 못하게 함으로써 왜곡된 관점perspective을 조장하는 건전하지 못한 의식이다. 닫힌 의식의 표징이라 할 수 있는 생명에 대한 무지ignorance와 경시neglect 또는 모독contempt은 왜곡된 인식에 기초한 학문적 불구(academic deformity)의 산물로서 자연 억압과 인간 억압을 추동하는 원리로 작용해 왔다. 오늘의 인류가 직면한 총체적인 인간 실존의 위기는 바로 생명에 대한 부적절한 인식에서 파생된 것이다.

근년에 들어 미국의 생물학자 에드워드 윌슨(Edward O. Wilson)의 저서 『컨실리언스 Consilience』(1998)가 『통섭』[4]으로 번역, 출판되면서 국내에서도 통섭이라는 용어가 학계의 화두가 되고 있다. 번역서에서는 통섭의 한자어를 '統攝'으로 정하고 '큰 줄기를 잡다'라는 의미로 사용하고 있다. 여기서 '통섭統攝'의 '통'은 '거느릴 통', '합칠 통', '줄기통'이고 '섭'은 '끌어당길 섭', '쥘 섭(잡음)', '가질 섭'이니, 이는 '통섭通涉'의 한자어와 그 의미가 본질적으로 다른 것은 아니다. 다만 원융무애한 통섭의 역동적 본질을 보다 생생하게 느낄 수 있게 한다는 점에서 필자는 앞서 '通涉'이란 한자어를 사용한 것이다. 실로 우주만물이 끝없이 상호 연결되어 서로가 서로를 비추는 상즉상입相卽相入의 구조로 연기緣起하고 있음을 직시하는 것 자체가 통섭이니, 따로이 '큰 줄기를 잡아야' 할 만한 것도 없는 것이다. '여기가 거기이고 그때가 지금(Here is there and then is now)'이니, 단지 사실 그대로의 존재태를 바라보기만 하면 되는 것이다. 그리고 원제 'consilience'라는 용어는 19세기 자연철학자 윌리엄 휴얼(William Whewell)이 그의 저서 『귀납적 과학의 철학 The Philosophy of the Inductive Sciences』(1840)에서 처음 사용한 것을 윌슨이 부활시킨 것으로 라틴어 'consiliere(jumping together: 함께 넘나듦)'에서 유래하는 것으로 나온다.

윌슨의 저서 『컨실리언스』의 번역서 서문은 "설명한다, 그러므로 나는 존재한다"라는 주제어로 시작되고 있다. 그러나 진리는 설명explanation의 차원이 아니라 이해understanding의 차원이며, 추론reasoning의 차원이 아니라 직관intuition의 차원이다. 르네 데카르트(Ren Descartes)의 '생각하는 존재'가 내 생각을 존재와 동일시하는 에고(ego 個我)로서의 존재이듯, 역자인 최재천의 '설명하는 존재' 또한 내 설명을 존재와 동일시하는 에고로서의 존재다. 에고는 곧 분리의식이며, 분리의식으로 통섭을 논할 수 없다는 것은 자명한 이치다. 시작부터 논리적 딜레마에 빠지게 된 셈이다. 더욱이 그는 "'설명하는 뇌', 즉 '통섭의 뇌'는 인문학을 절대적으로 필요로 한다…분석은 과학적인 방법론을 사용하여 할 수 있지만 통섭은 결국 언어로 하는 것이기 때문"[5]이라고 함으로써 통섭을 언어 수준의 지적 희론으로 비하시키는가 하면, 인문학이라는 학문을 언어와 동일시함으로써 결과적으로 인문학의 정신 자체를 모독했다. 이렇게 되면 통섭은 그야말로 그가 말하는 '다학문적multidisciplinary 유희'에 지나지 않게 된다. "학문의 경계를 허물고 일관된 이론의 실로 모두를 꿰는 범학문적transdisciplinary 접근"[6]이 인문학과 자연과학의 만남을 통해 모든 학문의 통합으로 이어질 것이라는 그의 낙관적인 주장은 그 '만남'의 메커니즘을 간파하지 못함으로 해서 외적인 조우에 그칠 뿐, 통합 학문을 이끌어낼 내적인 만남은 이루지 못하고 있다.

한편 저자인 윌슨은 통섭에 관한 논의 자체가 경험적 시험(empirical tests)에 뿌리를 둔 실험 과학을 통해서만 가능하다고 봄으로써[7] 결과적으로 자연과학 중심의 학문적 제국주의—더 정확하게는 생물학 제국주의—를 초래했다. 그는 지식의 통일(unification of knowledge)이 이루어지면 "우리가 누구이며 왜 여기에 존재하는지를 이해하게 될 것"[8]이라고 말한다. 그러나 그가 말하는 지식의 통일은 의식계[본체계]와 물질계[현상계]의 상관관계를 인식하지 못함으로 해서 직관적인 앎을 배제하는 결과를 낳았다. 온전한 앎은 단순한 이론적 지식의 통합에서가 아닌, 그러한 통합의 궁극적 기반에 대한 올바른 이해를 통하여 일어난다. 양자물리학자 데이비드 봄(David Bohm)의 '숨은 변수이론(hidden variable theory)'이 말하여 주듯, '드러난 질서(explicate order)'는 '숨겨진 질서(implicate order)'가 물리적 세계로 현현한 것이다.[9] '드러난 질서'가 다양하게 분리된 것처럼 보이는 물리적 세계라면, '숨겨진 질서'는 일체의 이원성을 넘어선 전일성의 세계다. 다시 말해 전자가 무수한 사상事象이 펼쳐진 '다多'의 세계라면, 후자는 그 무수한 사상이 '에너지'로서 접혀 있는(enfolded) '일一'의 세계다. '드러난 질서'와 '숨겨진 질서'의 관계는 '다多'와 '일一', 즉 작용과 본체의 관계로서 상호 조응해 있으며 상호 관통한다. 『화엄경華嚴經』이나 『금강삼매경론金剛三昧經論』의 '일즉다一卽多·다즉일多卽一', 『반야심경般若心經』의 '색즉시공色卽是空·공즉시색空卽是色'은 모두 우주의 본질인 생명의 본체와 작용의 합일을 나타낸다.

윌슨은 사물의 현상적 측면과 관련된 감각적·지각적·경험적 판단의 영역만을 중시한 나머지 사물의 근본 이치와 관련된 초논리·초이성·직관의 영역을 배제하고 있다. '숨겨진 질서' 는 우주의 창조적 에너지의 흐름, 즉 홀로무브먼트holomovement*[10] 그 자체이며, 주체와 객체의 이분법은 성립되지 않는다는 사실을 놓치고 있는 것이다. 이러한 반反통섭적 사고는 인류 의식의 현주소를 말하여 주는 것이다. 동학의 창시자 수운水雲 최제우崔濟愚는 인간의 지식과 경험으로는 분명하게 인지할 수 없는 세상 일에 대해서는 '불연不然' 이라고 말하고, 상식적인 추론 범위 내의 사실에 대해서는 '기연其然' 이라고 말하는데, 이 둘은 본체와 작용의 관계로서 결국 하나다. 우주만물은 '하나' 인 이치[理]와 기운[氣]에서 나와 다시 그 '하나' 로 복귀하므로[11] '하나' 의 견지에서 보면 늘어난 것도 줄어든 것도 없다.[12] 개체의 존재성은 우주적 에너지의 흐름 속에서만 파악될 수 있으며, 그런 점에서 존재성은 곧 관계성relativity이다. 이러한 '불연' 의 본체계와 '기연' 의 현상계를 관통하면 생명의 전일성과 자기근원성을 깨닫게 되어 온전한 앎이, 진정한 통섭이 일어난다. 그리하여 우리가 누구이며 왜 여기에 있는지를 이해할 수 있게 되는 것이다. 논리와 직관, 이성과 신성, 물리物理와

---

* 데이비드 봄에 의하면 홀로무브먼트(holomovement)의 관점에서 우주는 그 자체가 거대한 홀로그램적 투영물로서 전자(electron)는 기본 입자가 아니라 단지 홀로무브먼트의 한 측면을 지칭한 것에 지나지 않는다고 한다. 물질을 잘게 쪼개고 쪼개어 더 이상 물질의 성질을 갖지 않는 경계에 이르면 전자는 입자인 동시에 파동으로 나타나게 되므로 어느 한 쪽으로 분류할 수 없게 된다.

성리性理의 통섭이 전제되어야 하는 것은 이 때문이다.

물리세계는 성리에 대한 인식의 바탕이 없이는 명쾌하게 설명될 수 없다. 왜냐하면 사물의 이치란 곧 물성物性을 일컫는 것으로 사물의 이치와 성품의 이치는 마치 그림자와 실물의 관계와도 같이 상호 조응하는 까닭이다. 유·불·선에서 물리는 각각 기氣·색色·유有로 나타나고, 성리는 이理·공空·무無로 나타난다. 고대 동양의 인식 체계에서 물리와 성리는 물질과 정신, 작용과 본체, 가변과 불변이라는 불가분의 표리관계로서 통합된 형태로 나타난다. 물성을 알지 못하고서는 물리세계의 존재 이유가 규명될 수 없고 따라서 올바른 행行이 일어날 수가 없으므로 중국 선종禪宗의 초조初祖 보리달마(菩提達磨 Bodhidharma)는 깨달음에 이르는 길을 이입理入과 행입行入의 두 가지 문으로 나타낸 것이다.* 현대물리학의 초점이 문명의 이기利器창출에 맞추어진 것도 물리와 성리의 통섭이 이루어지지 못함으로 해서 물리세계의 존재 이유가 규명되지 못한 데 있다.

윌슨은 "과학으로부터 사실적인 지식을 공급받지 못한 마음은 세계를 단지 작은 부분들로만 보게 된다"[13]고 말한다. 그렇다고 근대의 '도구적 이성(instrumental reason)'을 신봉하는 소위 지식인들이 세계를 전일적으로 보

---

* 菩提達磨(Bodhidharma, ?~528 ?)는 道에 들어가는 요문을 밝힌 『二入四行論』에서 이입사행이 이치로 들어가는 理入과 실천행으로 들어가는 行入의 두 가지 문이 있고, 四行 즉 報怨行, 隨緣行, 無所求行, 稱法行의 네 가지 실천행을 통해 궁극적 진리에 이를 수 있다고 하였다. 이치로 들어가는 '이입' 이란 참성품을 깨달아 일체 생명의 眞性이 하나임을 체득하는 것으로 이는 곧 分別智를 버리고 根本智로 되돌아감으로써 物性을 깨닫는 것이다. 그리하여 이치와 실천행의 두 가지 문은 이치(理)에 의하여 行을 일으키고 행에 의하여 이치에 들어가는 相卽相入의 관계로 둘이면서 하나인 二門一心의 법을 이루는 것이다.

는가? 세계를 전일적으로 조망하지 못하는 것은 지식의 결핍 때문이 아니라 의식의 순도純度가 낮기 때문이다. 다시 말해 순수의식으로부터 멀어진 만큼 마음은 파편화되기 마련인 것이다. 의식의 순도는 지식의 축적량이 아닌, 지식의 양질(良質 good quality)과 관계된다. 참지식은 우주의 본질인 생명이 무엇인지를 아는 것이다. 없는 곳이 없이 실재하는 생명은 분리 자체가 근원적으로 불가능한 절대유일의 하나인 까닭에* 분석적으로 접근할 수 있는 영역이 아니다. 자연과학자들 중 상당수가 생명의 본질을 놓치는 이유가 여기에 있다. 에덴 동산에 등장하는 유혹하는 뱀은 분별지分別智에 기초한 얕은 지식을 상징하는 것이다. 얕은 지식에 몸을 맡기면 망쳐지지 않는 것이 없다. 참지식은 일체의 이원성을 넘어선 근본지根本智에 기초한 것이다.

현대물리학의 가장 위대한 성취는 의식의 발견에 있다. 오늘날 서양의 자연과학, 특히 실험 물리학에서 도출된 전일적 실재관은 고대 동양에서는 직관을 통해 이미 규명된 것이다. 물리학은 실험을 통해서, 동양사상은 직관을 통해서 물리세계와 의식세계가 분리될 수 없는 하나라는 사실을 보여준다. 윌슨은 서양의 분석적 사고가 동양의 종합적 사고와 융합할 때 비로소 온전한 통섭이 일어날 수 있다는 사실을 간과하고 있다. 논리와 초

---

* 우주의 본질인 생명은 분리 자체가 근원적으로 불가능한 절대유일의 하나인 까닭에 '하나[하늘' (님)·유일재[유일신, 창조주, ALLAH, 근원적 일자, 궁극적 실재] 또는 道·佛·태극[無極]·브라흐마(Brahma)라고 명명되기도 하고, 우주의 실체가 의식인 까닭에 전체의식[근원의식, 보편의식, 우주의식, 순수의식, 一心, 참본성, 神性]·우주의 창조적 에너지[混元一氣, 一氣, 하늘기운]·우주섭리[진리, 自然] 등으로 명명되기도 한다.

논리, 이성과 신성, 분석과 종합, 물질과 정신의 이원론으로는 통섭의 본질을 드러낼 수가 없다. 왜냐하면 통섭은 초월성인 동시에 내재성이며, 전체성[一]인 동시에 개체성[多]이며, 우주의 본원인 동시에 현상 그 자체인 생명의 역동적 본질을, 그 '아우름' 자체를 의미하는 것이기 때문이다. '하나(ONE 天地人)'인 생명의 본체[우주의 근본 질료, 우주의 창조적 에너지]는 없는 곳이 없이 실재하니 무소부재無所不在라고 하는 것이다. 통섭의 본질은 생명의 네트워크적 속성에 따른 비분리성으로 인해 위치라는 것이 없으므로 어느 곳에서도 존재하지 않는, 다시 말해 순수 현존(pure presence)이 일어나게 하는 무주(無住: 머무름이 없음)의 덕德[14]에 계합하는 것이다. 이는 마치 비국소성(非局所性 non-locality)[초공간성]을 띠는 안개와도 같이 모든 곳에 존재하지만 위치라는 것이 없으므로 어느 곳에서도 존재하지 않는다는 미시세계微視世界에서의 역설paradox을 떠올리게 한다. 말하자면 통섭은 근원성·포괄성·보편성을 띠는 일심一心의 기능적 측면을 일컫는 것이다.

따라서 통섭의 메커니즘은 하나인 마음, 즉 일심이다. 주체와 객체의 이분법이 폐기됨으로써 전 우주가 참여자의 위치에 있게 되는, 이른바 '참여하는 우주(participatory universe)'의 경계가 미시세계를 다루는 양자역학(quantum mechanics)적 실험에서도 밝혀진 바 있다. 그 대표적인 것이 빛[전자기파]의 파동-입자의 이중성(wave-particle duality)에 관한 닐스 보어(Niels Bohr)의 상보성원리(Complementarity Principle)와 전자의 속도 및 위치에 관한 하이젠베르크(Werner Heisenberg)의 불확정성 원리(Uncertainty Principle)이다. 그 핵심은 인과론에 기초한 뉴턴(Isaac Newton)의 고전역학의 틀을 벗어나 관측의 대상이 항상 관측자와 연결되어 있어 관측자의 의식이 관측의 대상에 영향을 미칠 수 있고, 또한 양 경계가 고정된 것이 아니라고 보아 주체와 객체를 대립적인 관계가 아닌 하나의 연속체로 파악한 것이다. 이러한 상호 연관과 상호 의존의 세계 구조를 『화엄경』에서는 '인드라망(Indra網: 제석천왕의 보배 그물)'으로 비유하는데, 이는 만물만상이 끝없이 상호 연결되어 있으며 서로가 서로를 비추는 상즉상입相卽相入의 구조로 연기緣起하고 있음을 보여주는 것이다. 윌슨이 서구 학문의 근본 정신으로 재조명하는, 과학의 통일성에 대한 믿음을 뜻하는 '이오니아의 마법(Ionian Enchantment)'[15]은 '이것'이 곧 다른 '모든 것'이라는 '인드라망'의 마법에 대한 이해 없이는 지식 차원의 통일에 머무를 뿐, 진정한 통섭은 일어나지 않는다.

다양한 분야를 섭렵하는 해박한 지식을 가지고 있다고 해서 통섭이 일어나는 것은 아니다. 플라톤Plato과 함께 그리스 최고의 사상가로 꼽히는 아리스토텔레스Aristotle는 분명 해박한 지식의 소유자이긴 했지만, A와 비非A를 확연히 구분 짓는 그의 이분법적 사유체계는 서양의 반反통섭적 사고를 낳는 원천이 되었다. 사실 역사상 대부분의 사상가들은 다양한 분야에 걸쳐 해박한 지식을 소유하긴 했지만, 그렇다고 그들 모두가 통섭적 사고를 한 것은 아니다. 논리와 초논리, 이성과 신성, 물질과 정신의 통합성을 기반으로 한 지식의 차원 전환이 없이는, 단지 파편화된 지식만으로는 통섭이 일어날 수 없다. '있음Being'이 전체와 분리된 개체로서가 아니라 유기체로서의 관계론적 의미임을 이해할 때 비로소 통섭이 일어난다. 『장자莊子』 내편內篇에 나오는 「제물론齊物論」의 만물제동설萬物齊同說에서 보듯, 일체의 대립상과 상대적 차별상을 떠나 만물이 평등하다고 볼 수 있을 때, 말하자면 평등성지平等性智가 드러남으로써 생명의 전일성에 대한 자각이 이루어질 때 통섭이 일어난다.

그러한 통섭에 이르는 방법으로 장자莊子는 심재(心齋 : 마음을 비워 깨끗이

함)와 좌망坐忘을 들고 있다. 장자는 말한다. "물질적 형체를 떠나고 지식에 작별을 고하면서, 대통大通과 하나가 되는 것, 이를 일러 앉아서 고스란히 잊는 것坐忘이라고 한다."[16] 말하자면 '대통'과 하나가 된 '좌망'의 경지이며, '나'를 잊고 '나'를 잃지 않는 경지이다. 한마디로 통섭의 본질은 '대통'이며, 그 메커니즘은 일심이다. 유교사상의 근간을 이루는 인仁 또한 '대통'과 하나가 된, 걸림이 없는 대공大公한 경계를 일컫는 것이다. 장자는 노자老子와 마찬가지로 도道를 자본자근自本自根·자생자화自生自化하는 만유의 근본 원리로 본다. 도는 명名과 무명無名의 피안에서 일一과 다多, 무無와 유有, 본체와 현상을 모두 포괄하는 동시에 초월하는 근원적 일자 또는 궁극적 실재, 즉 일심을 지칭한 것이다. 사람이 도를 닦아 덕을 몸에 지니면 도의 관점에서 사물을 직시하게 되어 종국에는 생生과 사死가 동반자이며 하나의 기운混元一氣[17]이 천하를 관통하고 있음을 알게 되므로 만물을 하나로 평등하게 보는 '도추道樞' 또는 '천균天鈞'의 경지에 이르는 것이다.

통섭의
기술

통섭의 기술은 앎knowing의 원圓이 완성될 때 최고도로 발휘된다. 앎의 원이 완성된다는 것은 대립자의 역동적 통일성을 깨닫는 것이다. 즉, 삶과 죽음, 들숨과 날숨, 물질과 정신, 작용[현상계, 물질계]과 본체[본체계, 의식계] 등 일체의 대립자가 낮과 밤의 관계와도 같이 '하나(ONE 天地人)'인 생명의 순환 고리로 연결되어 있음을 깨닫는 것이다. 말하자면 '궁즉통窮則通'에 대한 깨달음이다. 이는 곧 만물만상이 모두 변화하여 그 반대의 면으로 될 수 있다는 것을 의미하는 바, '대왈서大曰逝 서왈원逝曰遠 원왈반遠曰

反'[18]이라고 하는 구절이나 '반자도지동反者道之動' [19]이라고 하는 구절 속에 잘 드러난다. 도는 끊임없이 순환하는 운동을 하는 까닭에 동일한 상태에 오래 머물지 아니하며, 따라서 모든 대립적 갈등이나 투쟁 그 자체도 고정 불변하는 것이 아니므로 '기무정사其無正邪'라 하였다. 경험의 세계에서 한 결같이 자기동일성을 지닌 사상事象이란 없다. 그런 까닭에 '유有'라고 하는 것도 절대적 '유'가 아니며, '무無'라고 하는 것도 절대적 '무'가 아니다. 따라서 '유무'는 절대적 모순이 아니다. 마찬가지 논리로 '난이難易', '장단長短', '고하高下', '전후前後'도 절대적 모순이 아니다. 이는 곧 음양의 조화 원리를 나타내는 것으로 천지만물의 생성·발전이 이로써 설명된다.

우리가 사는 상대계에서의 명칭이나 개념은 상대적인 차별에 불과한 것이므로 가변적이다. 천지 간에 모든 상황과 사물은 부단히 변하고 바뀐다. "만물은 음陰을 업고 양陽을 안으며 충기沖氣라는 화합력에 의해 생성"[20]되지만, 궁극에는 다시 무극無極으로 복귀하게 된다.[21] 이러한 생명의 순환 과정은 경험 세계의 사상事象에 속하는 것들이 영원불변하지 않다는 것을 나타낸다. 일체의 현상은 일정한 단계에 이르면 다시 변화하는 법. 되돌아가는 것이 도道의 움직임이라는 의미의 '반자도지동'은 우주만물이 도에서 나와 다시 도로 복귀하는, 따라서 도의 견지에서 보면 늘어난 것도 줄어든 것도 없는 생명의 순환 고리를 생생하게 보여준다. 근본으로 돌아감[反]은 순환하여 서로 바뀐다는 뜻으로 이러한 운동과 변화는 일체의 사상事象이 대립·의존 관계에 있기 때문이며, 또한 대립물의 상호의존성은 조화의 미를 발현시키게 된다. '무왕불복지리無往不復之理',[22] 즉 '가고 돌아오지 않음이 없는 이법理法'이란 것도 바로 이 생명의 순환 고리를 두고 하는 말이다. 통섭의 기술이 제대로 발휘될 수 있기 위해서는 이러한 생명의 순환 고리에 대한 이해가 필수적이다. 다시 말해 통섭의 기술은 궁즉통窮則通의 이치를 깨달을 때 완성된다.

원효가 '귀일심원歸一心源'을 설파한 것도 이러한 이치를 깨닫기 위한 것이다. 일심의 원천으로 돌아가면 하나인 참본성[神性, 靈性, 근원의식, 전체의식, 보편의식, 순수의식, 우주의식]이 드러나므로 앎의 원은 저절로 완성된다. 그리하여 사실 그대로의 존재태를 직시하게 되는 것이다. 통섭의 기술이 발휘되지 못하는 것은 우주 '한생명'으로서의 영적 일체성(spiritual identity)이 결여된 까닭이다. 영적 일체성이 결여되면 생명의 순환 고리를 인식하지 못하고 '나'와 '너', '이것'과 '저것'을 구분하게 됨으로써 카르마(karma 業)가 생기는 것이다. 카르마는 인간이 '참나[大我]'를 향해 진화하는 과정에서 생명의 낮과 밤의 주기에 따라 생성과 소멸을 반복하면서 작용하는 삶의 법칙이다.* 카르마의 목적은 영적 교정과 함께 영적 진화를 위한 영성 계발에 있으며, 인간의 영혼이 완성에 이르기 위한 조건에 관계한다. 내적 자아의 각성과 영적인 힘의 계발을 위해 있는 것이다. 사람의 마음이 자비심으로 충만하면 분별심이 사라지고 근본지根本智로 되돌아가므로 더이상은 카르마가 생기지 않아 일체의 미망에서 벗어나게 된다. 그 비밀은 일심에 있다. 이 세상 그 어떤 것도 포괄하지 않음이 없고 또한 포괄되지

---

* '카르마(karma)'는 산스크리트어로 원래 '행위'를 뜻하지만, 罪와 괴로움의 인과관계를 나타내는 '業'이라는 의미로 흔히 사용된다. 지금 겪는 괴로움은 과거의 어떤 행위가 원인이 되어 나타나는 결과라는 것이다. 카르마의 법칙은 因果의 법칙, 작용·반작용의 법칙 또는 輪廻의 법칙이라고도 한다. '생명의 낮과 밤의 주기'를 반복한다는 것은 곧 生死輪廻를 말한다.

않음도 없는 일심은 곧 아가페agape적 사랑의 경계다. 통섭의 기술은 이러한 일심의 경계, 다시 말해 상대적 차별성을 떠난 여실한 대긍정의 경계에서 완성된다.

따라서 통섭의 기술은 단순히 다양한 지식세계를 넘나드는 지식 차원의 언어적 기술이 아니라, '아(我 self)'와 '비아(非我 other)'의 두 대립되는 자의식을 융섭하는 지성 차원의 영적 기술이다. 소통의 미美의 발현을 통해 삶을 아름답게 만드는 진정한 의미의 예술이다. 지금까지 통섭에 대한 학계의 관심은 주로 통섭의 당위성에 대한 분석과 설명 내지는 이원적인 지식 차원의 통섭에 머물렀던 관계로, 동서고금의 통섭적 세계관과 통합 학문 그리고 통섭의 메커니즘을 망라하는 전체적인 지성 차원의 통섭이 체계화되지 못했던 것이 사실이다. 통섭은 본질적으로 전일적이고 영적인 까닭에 논리적인 지식 차원이 아닌, 직관적인 지성 차원에서 일어난다. 지식은 관념이고 파편이며 과거와 연결되어 있으므로, 엄밀하게 말하면 지식의 통섭이란 말은 성립될 수 없다. 삶과 유리된 단순한 지식의 통섭은 이념의 지도를 영토 그 자체라고 믿는 것과도 같이 공허한 것이다.

우주의 실체가 의식consciousness[23]이라는 사실은 이 우주를 우리의 의식이 지어낸 이미지 구조물로 보는 홀로그램hologram 우주론*이나, 일체가 오직 마음이 지어낸 것으로 보는 '일체유심조一切唯心造'[24] 사상에서도 잘 드러난다. 우주의 실체인 의식은 곧 파동(波動 wave)이며, 소리도 일종의 파동

---

* 미국의 양자물리학자 데이비드 봄(David Bohm)과 신경생리학자 칼 프리브램(Karl Pribram)의 홀로그램 우주론에 따르면 우리가 인지하는 물질세계는 실재하는 것이 아니라 단지 우리 두뇌를 통하여 비쳐지는 홀로그램적 영상에 지나지 않는다고 한다.

이다. 박제상朴堤上의 『부도지(符都誌:『澄心錄』15誌 가운데 第1誌)』 제2장에서 '태초에 소리(音)가 있었다' 고 한 것, 『우파니샤드 The Upanishads』에서 우주 만물과 유일신 브라흐마를 불가분의 하나, 즉 불멸의 음성 '옴OM' 으로 나타낸 것, 「요한복음」(1:1)에서 "태초에 말씀[하늘소리]이 계시니라…"고 한 것, 『장자』에서 '천악天樂' 즉 우주자연의 오묘한 조화로서의 하늘음악을 노래한 것, 그리고 알리기에리 단테(Alighieri Dante)의 『신곡 La Divina Commedia』에서 천국편이 음악[하늘소리]에 비유된 것 등은 모두 초형상·초시공의 소리의 오묘한 경계를 나타낸 것으로 '천지본음天地本音'[25]이란 이를 두고 하는 말이다. 말하자면 우주 삼라만상의 기원과 천국의 조화성을 파동인 소리의 경계로서 나타내고 있는 것이다.

이러한 생명의 파동적 성격을 깨닫게 되면 본체계[의식계]와 현상계[물질계]를 관통하게 됨으로써 생명의 전일성과 자기근원성을 자연히 알 수 있게 되므로 통섭의 기술은 저절로 발휘된다. 우주의 실체가 의식이므로 우주의 본질인 생명은 근원의식·전체의식·보편의식, 즉 참본성[一心]이다. 만유가 생명의 본체인 '하나' 인 참본성과 연결되어 있음을 알게 되면 통섭은 저절로 일어난다. 인문사회과학과 자연과학의 통섭 또한 성리와 물리, 정신과 물질의 합일에 대한 이해 없이는 이루어질 수 없다. 이처럼 통섭의 기술은 시스템적 사고(systems thinking)에 기초한다. 시스템적 사고란 부분이 단지 전체 조직과의 맥락 속에서만 파악될 수 있다고 보는 것이다. 상대계의 모든 대립자—이를테면 삶과 죽음, 선과 악, 물질과 정신, 음과 양 등—는 대립하는 양 세계를 회통會通하는 일심에 대한 이해 없이는 그 존재 이유가 드러날 수 없다. 우리가 의식의 확장을 통해 앎의 원을 완성시키게 되는 것은 상대계[물질계, 현상계]에서의 대조적 체험—예컨대 전쟁과 평화, 기쁨과 슬픔, 사랑과 증오, 건강과 병 등—을 통해서이다. 말하자면 개별적 자의지self-will를 교화시키는 의식의 자기교육 과정을 통해서만 앎의 원은 완성될 수 있는 것이다. 이렇게 볼 때 물질계의 존재 이유는 의식의 진화[영적 진화 spiritual evolution]를 위한 학습 여건 창출과 관계된다.

이 세상 그 어떤 것도 전체와 분리된 개체만으로 존재할 수 없다는 것을 깨달을 때, 다시 말해 물질계와 의식계, 작용과 본체가 분리될 수 없는 하나의 원이라는 사실을 깨달아 생명의 전일성을 자각할 수 있을 때 영적 진화가 이루어진다. 우주의 진행 방향은 영적 진화이며, 일체의 상황은 이를 위한 최적 조건의 창출과 관계된 것이다. 이러한 우주적 질서에 대한 자각이 이루어지면 주어진 상황을 일단은 긍정적으로 수용할 수 있고, 그에 따라 모든 상황을 자신의 의식을 비춰보는 거울로 삼을 수 있게 되는 것이다. 그리하여 인간의 궁극적인 존재 이유가 영적 진화에 있으며, 물질계는 그러한 진화를 위한 학습 여건 창출과 관계된 것이고, 그 진화는 개인적 가치와 공동체적 가치의 조화성에 의해 추동된다는 사실을 자각함으로써 통섭의 기술이 최고도로 발휘되는 것이다. 영적 진화를 통하여 만유 속에 내재해 있는 '하나'인 참본성을 자각하는 것이 곧 자기실현self-realization이다. 말하자면 "내가 나 되는 것"[26]이다.

생장하고 변하여 돌아가는 현상적인 측면만 논하는 것은 마치 물은 논하지 않고 파도만 논하는 것이나 다름없다. 그렇게 해서는 통섭이 일어날 수 없다. 통섭의 기술은 생명의 본체[의식계]와 작용[물질계]의 상호 관통에 대한 인식에 기초한다. 통섭의 기술을 논하기 위해서는 물질계와 의식계, 즉 '보이는 우주'와 '보이지 않는 우주'의 상호 관통에 대한 이해가 필수적이다. 통섭은 이 우주를 시스템적으로 인식하기 위한 기술이다. 통섭의 기술이 발휘되지 못하는 것은 영적 무지(spiritual ignorance) 때문이다. 생명의 본체인 전일적인 의식계와 그 작용인 다양한 물질계의 상호 관통에 기초한 마음의 과학을 이해하지 못하고서는 통섭의 기술을 습득할 길이 없는 것이다. 이는 곧 통섭의 기술이 단순히 지식 차원이 아닌, 의식 차원의 기술임을 말하여 준다. 지식세계의 통섭이 삶의 통섭으로 이어지지 못하는 것은, 근대 과학의 지식세계가 이분법에 입각하여 실재세계인 의식계[본체계]는 배제한 채 그림자세계인 물질계[현상계]만 주요 영역으로 다루어 왔기 때문이다.

통섭의 기술은 참본성의 회복을 통하여 생명의 영성靈性을 깨달을 때 비로소 발휘된다. 이는 곧 생명의 영성을 깨달아 새로운 연대로 거듭나는 것을 의미한다. 말하자면 조화와 상생의 지속 가능한 사회(sustainable society)가 구현되는 것이다. 진정한 통섭은 생명을 분리된 개체가 아닌 영성 그 자체로 인식할 수 있을 때, 생명의 전일성과 자기근원성을 자각할 수 있을 때 가능해진다. 생명의 영성에 대한 자각이 없이는 평화란 한갓 헛된 신념을 추동하는 이념에 지나지 않는다. 따라서 소통·자치·자율을 기반으로 한 에코토피아(ecotopia:생태적 이상향)는 단순한 제도적 개혁의 산물이 아니라 의식의 진화의 산물이다. 인류의 사상사는 생명의 본체[의식계, 본체계]와 작용[물질계, 현상계]의 상호 관통이란 측면에서 전일적 패러다임(holistic paradigm)에 의해 새로 씌어져야 한다. 샘에서 솟아 나오는 물줄기를 샘과 분리시킬 수 없듯이 의식과 제도는 분리시킬 수 있는 것이 아니기 때문이다.

앎의 원이 완성되지 않고서는 결코 삶의 원이 완성될 수 없다. 앎의 원이 완성된다는 것은 생명의 본체와 작용의 합일, 즉 천인합일天人合一의 이치를 깨닫는 것이다. 이는 곧 생명에 관한 진지眞知가 뿌리를 내리는 것이다. 여기서 천인합일의 '천'은 생명의 본체[우주의 근본 질료, 우주의 창조적 에너지, 混元一氣, '하나'님, 唯一神, 창조주]를 의미하고 '인'은 사람과 우주만물人物을 의미하는 대명사로서 생명의 작용을 의미한다. 그런데 생명의 작용은 그 본체의 자기복제self-replication로서의 작용을 의미하므로 본체와 작용은 결국 하나이며 그런 까닭에 천인합일이라고 하는 것이다. 다시 말해 우주만물은 생명의 본체인 '하나'의 자기복제와도 같으므로 일즉다一卽多요 다즉일多卽一이다. 이는 마치 바닷물의 움직임을 파도라고 설명하지만 파도는 그 스스로의 본체가 없는 것과도 같다.[27] 말하자면 바닷물과 파도는 '동시에 존재하는 것이고 그 어느 것도 독자적으로 존재하는 것이 아니므로'[28] 본체와 작용은 하나라고 한 것이다. 따라서 이분법에 근거한 창조론의 설명이나 유일신 논쟁은 주체-객체 이분법이 폐기된 천인합일 사상이나 양자역학적 관점에서 볼 때 비과학적이라고 할 수밖에 없다.

이 세상 그 어떤 것도 우주의 본질인 생명의 그물망을 벗어나 존재할 수는 없는 것이기에, 통섭의 기술을 논하기 위해서는 본체-작용-본체와 작용의 합일이라는 '생명의 3화음적 구조(the triad structure of life)'*에 대한 이해가 필수적이다.

---

* '생명의 3화음적 구조'란 용어는 필자가 天符經 81자의 구조를 窮究하다가 그것이 생명의 본체-작용-본체와 작용의 합일을 의미하는 천·지·인 삼신일체의 가르침을 함축한 것이라 생각되어 그렇게 명명한 것이다. 불교의 삼신불(法身·化身·報身)이나 기독교의 삼위일체(聖父·聖子·聖靈), 그리고 동학의 內有神靈·外有氣化·各知不移는 天符사상의 중핵을 이루는 천·지·인 삼신일체의 가르침과 그 내용이 같은 것으로 모두 '생명의 3화음적 구조'를 보여 주는 것이다.

생명의 본체는 '하나(ONE 天地人)'인 이치[理]와 기운[氣]을 함축한 전일적인 의식계[본체계]이고, 그 작용은 '하나'인 이치와 기운의 조화造化 작용을 나타낸 다양한 물질계[현상계]이며, 본체와 작용의 합일은 이 양 세계를 관통하는 원리가 내재된 것으로 '하나'인 이치와 그 조화 기운과 하나가 되는 일심의 경계이다. 다시 말해 생명의 본체가 내재적 본성인 신성[靈性, 참본성, 一心, 근원의식, 전체의식, 보편의식]이라면, 그 작용은 음양의 원리와 기운의 조화 작용으로 체體를 이룬 것으로 이 양 세계는 내재적 질서에 의해 하나의 고리로 연결되어 있으며 분해되지 않는 전체성을 그 본질로 한다. 생명은 필연적인 자기법칙성에 따라 스스로 생성되고 스스로 변화하여 스스로 돌아가는 '스스로自 그러한然' 자, 즉 자연이다. 자연은 외재적인 동시에 내재적이다. 무수한 사事象이 펼쳐진 '다多'의 세계와 그 무수한 사상이 하나로 접힌 '일一'의 세계는 외재적extrinsic 자연과 내재적intrinsic 자연의 관계로서 상호 조응해 있으며 상호 관통한다.[29]

생명 현상은 개별 유기체의 속성이 아니라 시스템의 속성이며 주체와 객체의 이분법은 성립되지 않는다. 생명의 자기조직화self-organization는 이러한 시스템적 속성에서 일어나므로 전일성과 다양성, 비존재성[본체, 靈性]과 존재성[작용, 物性]의 속성을 동시에 지닌다. 일체의 이원론은 의식의 자기분열의 표징이며 분별지分別智의 발흥을 보여 주는 것으로 반통섭적이며 반생명적이다. 생명은 본체인 동시에 작용으로서 전일적holistic이고 자기근원적self-originating인 속성을 지니므로 본질적으로 영적spiritual이다. 생명 자체가 영성이니 생명에 관한 논의는 필연적으로 영성에 관한 논의가 수반될 수밖에 없다. 영성 논의가 비학문적이고 신비적이며 종교적인 영역에 속하는 것이라고 보는 것은 정신·물질, 영성·이성, 자연·인간, 의식·제도와 같은 이원론에 빠져 있기 때문이다. 지식과 삶의 통섭이 이루어지지 못하는 것은, 없는 곳이 없이 실재하는 생명 그 자체인 영성을 인식하지 못하고 외재화, 물화物化시킨 데 있다. 생명을 개체화하고 물질화하는 시도는 우주의 진행 방향에 역행하는 것이다. 생명의 전일적, 시스템적 속성을 알지 못하고서는 통섭의 기술이 발휘될 수가 없다. 생명의 전일적 속성은 시공時空을 초월해 있으므로 개체화particularization 의식 속에서는 생명을 파악할 길이 없으며, 통섭이 일어날 수도, 또한 진화할 수도 없다. 우주의 실체는 의식이므로 우주의 본질인 생명은 일심[참본성], 즉 근원의식·전체의식·보편의식이다. 우주의 진행 방향은 영적 진화와 조응해 있으며, 그 원리는 아가페agape적 사랑[우주적 사랑]이다. 생명은 참본성으로 돌아감으로써 자연히 알게 되는 무사지[無師智, 根本智]인 까닭에 참본성으로 돌아가지 않고서는 알 길이 없는 것이다. 참본성 속에는 그 어떤 차별성도 존재하지 않으며 오직 전체성만이 물결칠 뿐이다. '하나'인 참본성에 대한 인식을 통해서만 우리의 삶은 사랑의 발현으로 생명의 뿌리와 연결될 수 있으며 통섭의 기술 또한 최고도로 발휘될 수 있다. 이는 곧 천·지·인 삼신일체가 인간 존재 속에 구현되는 것으로 인간의 자기실현이란 이를 두고 하는 말이다. 그 비밀은 인간의 의식 확장에 있다.

의식이 확장된다는 것은 전일적인 의식계와 다양한 물질계의 상호 관통을 깨달아 하늘[天]과 사람[人]과 만물[物]을 하나로 느끼는 전체의식[보편의식, 우주의식, 근원의식, 순수의식]을 향해 나아가는 것이다. 이는 곧 소아小我의 울타리에서 벗어나 대아大我를 향해 비상飛翔함으로써 앎의 원을 완성하는 것이다. 지식 세계의 통섭이 삶의 통섭으로 이어지지 못하는 것은 앎의 원이 완성되지 못했기 때문이다. 진정한 앎은 파편화된 지식이 아닌, 우주의 본질인 생명이 무엇인지를 아는 것이다. 생명을 안다는 것은 본체[의식계]와 작용[물질계]의 관계를 안다는 것이고 이는 곧 생명의 순환을 이해한다는 것이다. 이러한 생명의 순환을 이해하지 못하고서는 결코 통섭이 일어날 수가 없다. 앎의 원이 완성되면, 삶의 원 또한 완성된다. 삶의 원이 완성된다는 것은 삶과 죽음, 영靈과 육肉, 정신과 물질 등 일체의 대립적 차별상을 하나의 연결된 고리로 인식한다는 것이다. 예컨대 육체적인 죽음은 의식체[靈體]로서의 새로운 탄생을 의미하는 것이기에, 죽음 이후의 삶(life after death) 또한 삶의 한 부분인 것이다. 생사란 생명의 낮과 밤의 학습 주기일 뿐, 생명은 결코 죽지 않는다. 단지 육체라는 허물을 벗는 것이다. 삶과 죽음의 통섭에 대해서는 3장에서 다시 부연할 것이다. 이상에서 볼 때 통섭은 삶의 원을 완성시키는 기술, 즉 일심의 기능적 측면을 일컫는 것이다.

왜 지금 통섭인가?

오늘의 인류가 처한 딜레마는 다양한 것 같지만 본질적으로는 모두 생명에 관한 문제와 관련되어 있으며 또한 거기서 파생된 것이다. 우주의 본질인 생명에 관한 진지眞知의 빈곤으로 생명의 전일적 과정(holistic process)을 직시하지 못함은 물론, 이로 인한 존재와 인식의 괴리는 우주적 질서에 순응하는 삶을 살 수 없게 하고 있다. 근대의 왜곡된 이성은 과학적 합리주의라는 미명하에 중세의 왜곡된 신성이 이성을 배제한 것과 꼭 같은 방식으로 참본성인 신성을 배제함으로써 결과적으로 지식세계가 의식계[본체계, 정신계, 靈界] 전체를 부정하는 결과를 낳았다. 이러한 근대의 물질 일변도의 사고는 제로섬zero-sum 게임의 추동체로서 기능하게 되고 '만인에 대한 만인의 투쟁(war of all against all)' 상태를 초래함으로써 결국 상생의 패러다임을 정착시키지 못했다. 이제 통섭적 사고가 주축이 되는 새로운 통합 학문의 수립이 절실한 것은 과학적 합리주의에 기초한 지금의 칸막이지식으로는 사실 그대로의 존재태存在態를 직시할 수 없을 뿐더러, 그것이 진정한 패러다임 전환(paradigm shift)을 위한 토대가 되는 것이기 때문이다.

통섭적 사고는 소통·자치·자율의 생명정치, 다시 말해 원-원win-win 게임의 추동체로서 기능하는 생명정치의 구현을 위한 필수요건이다. 그것은 생명을 분리된 개체가 아닌 영성靈性 그 자체로서 인식하는 것이다. 실로 생명의 전일성과 자기근원성을 자각할 수 있을 때 능동성과 창의성, 자율성과 평등성이 최고도로 발휘될 수 있는 것이다. 따라서 생명정치는 단순한 제도적 개혁의 산물이 아니라 의식의 진화의 산물이다. 인류의 생명권에 대한 자각이 없이는 평화란 한갓 헛된 신념을 추동하는 이념에 지나지 않는다. 그럼에도 오늘의 세계가 생명을 영성 그 자체로 인식하지 못하고 제로섬 게임의 권력정치(power politics)로 치닫게 된 것은 물질 차원의 에고(ego 個我)에 의해 건설된 근대 세계가 인간 존재의 '세 중심축(天地人 三才)'의 통합성, 즉 본체-작용-본체와 작용의 합일이라는 '생명의 3화음적 구조'를 자각하지 못한 채 생명 현상을 분리된 개체나 종種의 차원에서 인식함으로써 단순한 물리현상으로 귀속시킨 데 따른 것이다. 말하자면 분별지의 발흥으로 근본지에서 멀어졌기 때문이다. 이렇게 볼 때 분절성을 조장하는 권력정치의 전 지구적 확산은 의식·존재, 정신·물질, 영성·물성 이원론에 입각한 기계론적 세계관의 전 지구적 확산과 그 맥을 같이 한다.

통섭은 물성과 영성을 소통하는 의식 차원의 기술이기에 기계론적 세계관에서 시스템적 세계관으로의 근본적인 패러다임 전환을 전제한다. 전 지구적 위기에 대한 대부분의 해결책이 비현실적인 이유는 그것들이 문제를 일으킨 바로 그 세계관과 사고방식 및 가치체계에서 나온 것들이기 때문이다.[30] 물질이란 마음의 습habit이 응결된 것으로 생각과 물질은 표현된 형태만 다를 뿐 동일한 것이다. 우리의 생각은 바꾸지 않은 채 이 물질 세상을 바꾸려고 하는 것은 마치 실물은 그대로 둔 채 그림자를 바꾸려는 것과도 같이 비현실적이다. '보이는 우주'는 '보이지 않는 우주', 즉 영Spirit의 자기복제로서의 작용으로 나타난 것이다. 이러한 사실은 알지 못한 채 이런저런 이론을 내어 놓고 세상이 바뀔 것이라고 생각하는 것은 마치 이런저런 지도를 그려 놓고 실제 영토가 바뀔 것이라고 생각하는 것만큼이나 몽상적이다. 이런 몽상가들이 지식세계에는 숱하게 많다. 마찬가지로 다양한 분야를 여기저기 기웃거린다고 해서 통섭이 되는 것이 아니라 그 다양한 분야를 관통하는 핵심 원리를 알아야 실제 통섭이 되는 것이다. 이론을 현실화시키는 추동력은 의식이다.

　모든 지식과 학문은 우주의 본질인 생명에 대한 다양한 접근 방식에서 나온 것이다. 가시권에서 비가시권에 이르기까지, 극대로부터 극미에 이르기까지 생명은 없는 곳이 없이 실재하는 까닭에 지구상의 학문 분과 가운데 생명과 무관한 것은 없다. 모든 문제는 생명에 관한 문제이며 또한 거기서 파생된 것이다. 따라서 생명이 무엇인지 알지 못한 채 통섭을 논하는 것은 공허한 언어의 유희에 지나지 않는다. 영적 차원에서는 모두가 하나이지만 물적 차원에서는 다양한 것이다. 전일성[영성, 본체]과 다양성[물성, 작용]의 양 차원을 관통하는 핵심 원리는 일심[참본성, 근원의식, 전체의식, 보편의식, 우주의식, 순수의식]이다. 일심의 경계에 이르지 않고서는 영성과 물성이 하나임을 알 길이 없으며 통섭의 기술 또한 발휘될 수 없다. 생명은 영성인 동시에 물성으로 표현되므로 인문사회학적 접근과 자연과학적 접근, 종교적 접근과 과학적 접근이 있게 되는 것이다. 통섭의 기술이 발휘되기 위해서는 학문 간의 경계만이 아니라 학문과 비학문의 경계마저도 사라져야 한다. 학문이 실제 삶과 무관함을 강변하는 것이 아니라면, 단순한 지적 희론戱論을 일삼는 것이 아니라면, 학문과 비학문의 경계를 허물지 않아야 할 이유가 없는 것이다. 오늘날 학문과 지식이 생명력을 잃게 된 것은 근대에 들어 '이성의 도구화' 현상으로 내재적 본성인 신성[영성]을 종교의 영역에 속하는 것으로 간주하고 비학문적·비과학적이라 하여 배척한 데 따른 것이다. 그러나 기억하라. 인류의 의식 성장에 도움을 주고 인류의 미래에 유효한 단서를 제공한 이들 대부분이 학문을 전업으로 하는 사람들이 아니었다는 사실을!

통섭은 앎의 원을, 삶의 원을 완성하기 위한 기술이다. 그럼에도 통섭이라는 표제 하에 여전히 물성만 논하고 영성은 배제하여 결과적으로 반反통섭적인 내용을 나열한다면 그것은 일종의 '지적 사기(intellectual fraud)'다. 반통섭적인 것은 곧 반생명적인 것이고 동시에 반우주적인 것으로 생명의 뿌리와 연결될 수 없으며 따라서 시들 수밖에 없다. 우주에 역행하는 그 어떤 것도 생명력을 지닐 수 없기 때문이다. 생명의 원천과 연결되지 못한 것은 결국 허구다. 투기적 금융자본과 이윤 극대화의 논리가 지배하는 세계 자본주의 체제의 반생명적인 문화가 시들 수밖에 없는 것은 이 때문이다. 근년에 들어 통섭이라는 용어가 학계의 화두가 된 것은 학문 세계에도 대정화大淨化의 시기가 도래했음을 말해 주는 것이다. 통섭은 우주에 대한 이해, 더 정확하게는 우주의 본질인 생명에 대한 이해가 관건이다. 생명의 낮의 주기가 되면 물성('드러난 질서')으로 표현되고 생명의 밤의 주기가 되면 영성('숨겨진 질서')으로 표현되는 생명의 순환에 대한 이해가 없이는 통섭은 한갓 지적 희론일 뿐, 그 어떤 유효한 단서도 제공하지 못한다. 실로 생명의 순환을 이해하면 이 우주의 비밀을 푸는 마스터 키를 소지한 것이나 다름없게 된다.

근대 '도구적 이성'의 발흥에 따른 학문의 분과화를 통해 지식의 정밀화 작업이 일단락되면서 이제 인류는 통섭의 기술로서 앎의 원을, 삶의 원을 완성시키고자 한다. 분석적 지식이 융섭되어야 전체의 질서가 보이는 까닭이다. 분화되고 분화되어 더 이상 분화될 수 없는 지경에 이르면 다시 통합되는 법. 지금이 바로 그 시기다. 여러 학문 분과에서 동시다발적으로 진행되는 최근 과학기술의 융합 현상은 이를 극명하게 보여 준다. 기술융합에 따른 과학기술 패러다임의 변화가 근대 분과학문의 경계를 넘어 통합 학문의 시대를 촉발시키고 사회 전 분야에 걸쳐 '퓨전fusion' 코드의 급부상을 초래함으로써 총체적인 패러다임 전환을 주도하고 있는 것이다. 만물만상이 모두 변화하여 그 반대의 면으로 될 수 있다는 '궁즉통窮則通'의 이치를, 사실 그대로의 우주를 깨닫기만 하면 통섭은 저절로 일어난다. 통섭이 단순히 다양한 분과를 넘나드는 지식 차원의 기술이 아니라 의식의 진화와 조응하는 의식 차원의 기술임을 재삼 강조한 것은 이 때문이다. 우주만물의 전일성에 대한 선언이 곧 참된 종교요, 참된 형이상학이며, 또한 양자론(quantum theory)의 기초가 되는 진리이다. 통섭은 거기에 이르게 하는 의식 차원의 기술이다. 따라서 분리의식에 사로잡힌 에고는 사실 그대로의 우주를 바라볼 수가 없으므로 통섭의 주체가 될 수 없다. 이성과 영성이 통합된 참본성, 다시 말해 생명의 전일성을 자각한 참자아가 통섭의 주체다.

지금 지구촌은 개체화 의식이 수반하는 부정적인 에너지에 오염되어 더 이상 지탱할 수 없는 임계점(critical point)에 이르렀다. 현재 인류가 직면한 에너지 위기, 건강관리의 위기, 전 지구적 차원의 생태 재앙과 지구 경제의 남북 간 분배 불균형, 빈곤과 실업의 악순환, 민족간·종교간·지역간·국가간 대립과 분쟁의 격화 등 총체적인 인간 실존의 위기는 반통섭적인 낡은 가치관과 삶의 패러다임으로는 근본적인 해결이 불가능하다. 뿐만 아니라 지구 온난화와 오존층 파괴, 생물종 다양성의 감소와 대기·해양의 오염, 유해폐기물 교역과 공해산업의 해외 수출 등 환경문제는 국제정치경제의 새로운 쟁점이 되고 있다. 오늘의 생명 위기에 대처하기 위한 통섭적 사고의 긴요성은 대개 다음 세 가지 측면에서 살펴볼 수 있다. 그 첫째는 현재의 세계 자본주의 네트워크가 생태학적으로나 경제적·사회적·정치적으로 지속 가능하지 않다는 점, 둘째는 인간의 자기실현과 생태적 지속성(ecological sustainability)을 담보할 수 있기 위해서는 생물학적·인지적·사회정치적 차원에서의 근본적인 패러다임 전환이 필요하다는 점, 셋째는 서구 산업문명이 초래한 정신공황과 세계화의 도덕적 기반 상실에 따른 지구공동체의 구심력 약화 등이 그것이다.[31]

우선 현 세계 자본주의 체제가 자원 고갈·생태계 파괴·정신적 황폐 등으로 더 이상 지탱하기 어렵다는 것은 주지의 사실이다. 지구에 비축된 화석연료와 갖가지 금속과 희귀광물 등에 의존해 온 지구의 산업문명은 이제 자원 고갈로 인해 더 이상은 지속 가능하지 않게 되었다. 지구는 지금 온난화, 사막화, 폭설과 폭염, 태풍과 산사태, 지진과 화산폭발, 대규모 화재, 가뭄과 홍수, 조류 변화, 해수면 상승 등의 다양한 방식으로 경고음을 내고 있다.* 생명 경시 풍조에 편승한 인간의 정치 경제활동이 이대로 계속된다면 지구 문명은 머지않아 붕괴될 위험에 처하게 될 것이라는 전망이 무성하게 나오고 있다. 바야흐로 인류 문명의 구조를 통섭적인 가치관과 삶의 패러다임에 의해 재구성해야 할 시점에 와 있는 것이다. 생명 위기는 생태효율성을 높인 과학기술이나 정책적 처방만으로는 그 해결에 한계가 있을 수밖에 없다. 무엇보다도 생명가치가 활성화될 수 있을 때 실효를 거둘 수 있다는 점에서 생존의 영적 차원의 중요성을 인식해야 한다. 그것은 곧 정신·물질, 자연·문명, 생산·생존 이원론의 극복을 통해 근대 산업 문명의 폐해라 할 수 있는 국가·지역·계층 간 빈부 격차, 지배와 복종, 억압과 차별, 환경 파괴 등의 문제를 해결하고 공존의 대안적 사회를 건설하는 것이다.

다음으로 인간의 자기실현과 생태적 지속성을 위해 생물학적·인지적·사회정치적 차원에서의 근본적인 패러다임 전환이 필요하다는 것이다. 인간의 자기실현과 생태적 지속성이 세계화를 재설계하는 기본 윤리가 되기 위해서는 무엇보다도 우리의 세계관과 사고방식 및 가치체계가 근본적으로 바뀌어야 한다. 이는 곧 정신·물질 이원론에 입각한 데카르트-뉴턴의 기계론적 세계관에서 전일적인 시스템적 세계관으로의 패러다임 전환을 의미하는 것으로 '신인류'의 탄생과 그 맥이 닿아 있다. 현재 인류가 직면

---

* 현재 과학계에서는 지구자기장의 급속한 감소로 인해 지구 자극(N, S극)의 역전 가능성이 매우 높은 것으로 보고 있으며, 지자극의 역전 시 지축의 변화도 함께 일어날 것이라는 예측이 나오고 있다. 이 두 가지 변화가 동시에 일어날 경우 대규모 지진과 해일, 화산폭발 등으로 지구상의 모든 생명체는 치명적인 손상을 입게 될 것이다.

한 문제는 무수하게 다양한 것 같지만 보다 근원적으로는 모두 '허위의식(false consciousness)'에서 비롯된 존재와 인식의 괴리에 기인한다. 문제 해결의 관건이 관점의 변화에 있는 것은—실제 존재태와는 별도로—어떻게 인식하느냐에 따라 모든 것의 향방이 달라지기 때문이다. 로마 제정시대 스토아Stoa파의 철인 에픽테투스Epictetus는 한때 네로Nero 측근의 노예로 있었다. "자유의지를 훔쳐갈 사람은 존재하지 않는다"는 한마디로 스스로가 이미 자유인임을 선언한 에픽테투스.* 육체적으로는 노예였지만 정신적으로는 분명 자유인이었던 그가 한 말은 오늘날에도 깊이 음미해 볼 만하다. 에픽테투스는 인간이 '사물로 인해 고통 받는 것이 아니라 그것을 받아들이는 관점으로 인해 고통 받는 것'이라고 말한다. 오늘의 인류가 겪고 있는 반생명적 삶은 우주만물의 유기적 통일성을 자각하지 못하고 파편화시킨 데서 오는 것이다. 다시 말해 유기적 통일체인 자연을 부분들의 단순한 집합assemblage으로 인식하는 데서 오는 것이다. 과학적 합리주의나 실증주의가 아닌 생태적 합리성에 기초한 균형사회(equilibrium society)로의 전환이 이루어져야 한다.

끝으로 서구 산업문명이 초래한 정신공황과 세계화의 도덕적 기반 상실에 따른 지구공동체의 구심력 약화로 생명과 평화를 담보할 수 없게 되었다는 것이다. 세계 도처에서 일어나고 있는 예측 불허의 테러, 빈곤의 구조화에 따른 심각한 경제적·생태적 재앙, 국가이기주의에 의해 지배되는 반

---

* 노예이면서도 스스로가 이미 자유인임을 선언한 에픽테투스의 말은 "근대인은 전혀 노예를 갖지 않지만 그 자신이 노예"라고 한 장 자크 루소(Jean-Jacques Rousseau)의 말만큼이나 역설적이다.

생명적인 국제정치경제 질서는 통섭적 사고의 긴요성을 절감케 한다. 진정한 세계화는 인간과 인간, 인간과 우주자연의 연대와 소통성에 기초하여 생태적 지속성을 띤 지구공동체 건설에 기여할 수 있어야 한다. 이러한 연대와 소통성은 단순히 환경정책의 강화나 환경기술 및 환경공학 개발과 같은 기술적 능력의 증대를 통하여 달성될 수 있는 것이 아니다. 욕구 구조의 재조정 및 삶의 양식의 변화와 더불어 정치경제 구조를 전일적인 생명 패러다임에 의해 재구성해야 한다. 아무리 세계평화, 복지사회, 상생의 정치 등을 부르짖어도 그것을 다루는 인간의 마음 자체가 병들고 뒤틀려 있다면 실효를 거둘 수 없다는 것은 자명하다. 인류가 표방하는 제 가치는 내면적인 각성이 없이는 실현될 수 없는 한갓 구호에 불과한 것이다. 인류의 가치관과 삶의 패러다임 자체가 통섭적인 형태로 바뀌어야 하는 것은 이 때문이다.

이상에서 우리는 통섭적 사고의 긴요성에 대해 살펴보았다. 지금 통섭을 논하게 되는 또 다른 이유는—본질적으로는 앞선 내용과 연결되어 있긴 하지만—우리가 처해 있는 문명의 시간대를 정확히 알고 대처할 필요가 있다는 점과 관계된다. 우주 1년의 이수理數를 처음으로 밝혀낸 송대朱代의 거유巨儒 소강절(邵康節, 이름은 擁, 1011~1077)*에 의하면 우주 1년의 12만

---

* '앎음은 강절의 지식에 있나니'라는 말처럼 '理氣之宗' 또는 '易의 祖宗'으로 일컬어지는 邵康節의 象數 學說에 기초한 우주관과 자연철학은 周敦頤(周濂溪라고도 함)의 太極圖說과 더불어 동양 우주론의 바탕을 이루고 있다. 그의 사상은 『皇極經世書』를 통해 세상에 알려졌고, 朱子에 의해 性理學의 근본이념으로 자리 잡게 되었다.

9천6백 년 가운데 인류 문명의 생존 기간은 건운乾運의 선천先天 5만 년과 곤운坤運의 후천後天 5만 년을 합한 10만 년이며, 나머지 2만 9천6백 년은 빙하기로 천지가 재충전을 하기 위한 휴식기다. 우주력宇宙曆 전반 6개월春夏을 생장·분열의 선천시대라고 한다면, 후반 6개월秋冬은 수렴·통일의 후천시대로 천·지·인 삼재의 융화에 기초한 정음정양正陰正陽의 시대라고 할 수 있을 것이다. 선천 건도시대는 천지비괘(天地否卦, ䷋)인 음양상극의 시대인 관계로 민의가 제대로 반영되지 못하고 빈부의 격차가 심하며 여성이 제자리를 찾지 못하는 시대로 일관해 왔으나, 후천 곤도시대는 지천태괘(地天泰卦, ䷊)인 음양지합陰陽之合의 시대인 관계로 대립물의 통합이 이루어지고 종교적 진리가 정치사회 속에 구현되는 성속일여聖俗一如·영육쌍전靈肉雙全의 시대라고 할 수 있을 것이다.

이제 우주의 시간대가 선천의 분열 도수度數가 다하여 후천의 통일 도수가 밀려오는 새로운 질서로 접어들고 있다. 선천의 건운 5만 년이 다하고 곤운의 후천 5만 년이 열리는 우주 가을의 초입 즉, 미회(未會: 宇宙曆 陰曆 8월)[32]에 들어서고 있는 것이다. 수운이 "때로다, 때로다, 다시는 오지 않을 때로다"라고 한 것은 바로 이 미회를 두고 하는 말이다. 소강절은 춘하추동의 생장염장生長斂藏의 이치를 통해 '원회운세元會運世'를 밝힘과 동시에 삼라만상의 일체의 변화를 꿰뚫고 있다. 천지의 시종始終은 일원一元의 기氣이며, 일원은 12만 9천6백 년이요 일원에는 12회會가 있으니 1회인 1만 8백 년마다 소개벽이 일어나고 우주의 봄과 가을에 우주가 생장분열하고 수렴되는 선·후천의 대개벽이 순환하는 것이다. 또한 1회에는 30운運이 있으니 1운은 360년이고 또 1운에는 12세世가 있으니 1세는 30년이다. 즉 일원에는 12회 360운 4,320세가 있는 것이다.[33]

후천개벽[34]은 우주가 생生, 장長, 염斂, 장藏 4계절로 순환하는 과정에서 후천 가을의 시간대로 접어들면서 일어나는 대격변 현상이다. 다시 말해 우주의 가을인 미회에서는 음양동정陰陽動靜의 원리에 의해 양의 극에서 음으로 되돌아오면서 지축 정립과 같은 대변혁 과정을 거쳐 천지가 정원형이 되어 음양지합이 이루어지는 것이다. 흔히 후천개벽을 특정 종교의 주장이나 사상으로 치부하는 것은 천지운행의 원리를 알지 못하는 데서 오는 것이다. 그것은 일원인 12만 9천6백 년이라는 시간대를 통해 우주가 춘하추동의 '개벽'으로 이어지는, 이른바 천지개벽의 도수에 따른 것이다. 우주의 봄·여름인 선천 5만 년이 끝나고 우주의 가을이 되면 우주섭리에 따라 후천개벽이 찾아오는 것이다. 수운은 새로운 성운盛運의 시대를 맞이하여 만인이 천심을 회복하여 천리를 따르면 동귀일체同歸一體가 이루어져 후천개벽의 새 세상이 열린다고 보았다. 우주의 자정작용自淨作用의 일환인 천지개벽의 도수에 조응하여 인위의 정신개벽과 사회개벽이 이루어지면 천지가 합덕하는 후천의 새 세상이 열리는 것이다.

따라서 후천개벽은 단순히 정신개벽과 사회개벽을 통한 지구적 질서의 재편성이 아니라 천지운행의 원리에 따른 우주적 차원의 질서 재편이며 이를 통해 곤운의 후천 5만 년이 열리게 되는 것이다. 수운의 후천개벽은 유위有爲와 무위無爲가, 사람과 하늘이 변증법적 통합을 이루어 새 하늘과 새 땅을 창조하는 '다시개벽'[35]이다. 서양적 '유有'와 동양적 '무無'의 상즉상입相卽相入이요 과학과 신의 운명적인 만남이다. 정신개벽을 통하여 불연의 본체계와 기연의 현상계를 상호 관통하면 불연과 기연이 본래 하나임을 알게 되고[36] 따라서 무위자연의 천지개벽이 인위의 사회개벽과 둘이 아님을 알게 되는 것이다. 왜냐하면 정신개벽을 통하여 신인합일의 이치가 드러나고 인간이 소우주임이 밝혀지기 때문이다. 여기서 정신개벽과 사회개벽, 그리고 무위자연의 천지개벽이 분리될 수 없는 하나라고 한 것은 천시天時와 지리地理, 그리고 인사人事가 조응관계에 있기 때문이다. 우주섭리의 작용과 인류 역사의 전개 과정이 긴밀히 연계되어 있다는 것은 우주만물의 생성·변화·소멸 자체가 모두 하늘의 조화造化의 자취이며, 우주만물이 다 지기至氣인 하늘의 화현이라는 점에서 분명히 드러난다. 세상 사람들이 우주섭리와 인사의 연계성을 인식하지 못하는 것은 천지의 형체만을 알 뿐 그 천지의 주재자인 하늘은 알지 못하기 때문이다.[37]

　소강절이 『황극경세서黃極經世書』 「관물내편觀物內篇」과 「관물외편·상하」에서 원회운세元會運世의 수數로 밝히는 천지운행의 원리는 천시와 인사가 조응하고 있음을 보여 준다. 천시와 인사의 조응관계는 "마치 형태가 있으면 그림자가 모이고 소리가 있으면 울림이 있는 것과 같다."[38] 말하자면 "천시가 인사에 말미암는 것이고 인사 또한 천시에 말미암는 것이다."[39] "시時는 천天이고 사事는 인人이다. 시가 동하면 사가 일어난다."[40] 천시와 인사의 상합은 본체계와 현상계가 본래 하나인 데서 기인하는 것이다. 순천順天의 삶이란 인人이 시時에 머물러 같이 가며 하늘을 거스르지 않는 것으로, 이로써 하늘이 도와 길함이 있으며 이롭지 않음이 없게 되는 것이다.[41] 무릇 성인이란 나아갈 때와 물러날 때를 아는 사람이라고 한 것은 이를 두고 한 말이다. 바야흐로 우주의 시간대가 선천의 분열 도수度數가 다하여 후천의 통일 도수가 밀려오는 우주 가을의 초입에 들어서고 있다. 우리가 지금 통섭을 논하는 것도 바로 이러한 천시와 인사의 상합에 기초한 것이다.

전체성인 참자아(spiritual self)가 왜 자기복제로서의 작용을 통해 개체성인 물질적 자아(corporal self)의 형태로 현현하는가? 그것은 앎을 존재로서 체험하기 위한 것이다. 비존재와 존재, 영성과 물성이 하나임을 알기 위해서는 앎을 존재로서 체험하지 않으면 안 된다. 정신은 오직 물질을 통해서만 스스로를 구현할 수 있는 까닭이다. 이분법은 앎의 원을, 삶의 원을 완성시키기 위한 방편일 뿐, 진정한 앎은 이원성을 넘어서 있다. 이러한 사실을 알지 못한 채 선과 악의 진실게임에 빠져들게 되면 '삼사라(samsara 生死輪廻)'가 일어나게 되는 것이다.

— '물성과 영성의 역동적 통일성' 중에서

상대계의
비밀

물성과 영성의

역동적 통일성

인류가 생명과 평화의 문명을 개창하기 위해서는 우리
가 살고 있는 상대계[현상계, 물질계, 존재계]의 본질에 대한 이해가 필수적이
다. 상대계는 우주의 본질인 생명이 물질화되어 나타나는 영역이다. 상대
계의 본질을 이해하기 위해서는 본체계[비존재계, 의식계]와 현상계[존재계, 물
질계], 영성(靈性, 본체)과 물성(物性, 작용)의 관계의 본질에 대한 이해가 선행되
어야 한다. 이러한 관계의 본질은 우주의 본원인 동시에 현상 그 자체인 생
명의 역동적 본질과 맞닿아 있다. 생명이 영성인 동시에 물성으로, 전체성
[一]인 동시에 개체성[多]으로, 초월성인 동시에 내재성으로 표현되는 것은
본체와 작용이 하나인 까닭이다. 삼라만상의 다양성[多, 物性]은 생명의 본
체인 유일신[一, 靈性]의 자기현현인 까닭에 전일성과 다양성, 영성과 물성
은 결국 하나다. 유일신은 생명의 본체가 절대유일의 하나인 까닭에 그렇
게 명명한 것으로, 특정 신을 일컫는 고유명사가 아니라 생명의 본체를 일

컫는 많은 대명사— '하나' 님, 하느님, 천주, 브라흐마, 알라, 유일자, 근원적 일자, 궁극적 실재, 창조주, 조화자 등—가운데 하나일 뿐이다. 우주의 실체는 의식이므로 이러한 생명의 본체는 혼원일기(混元一氣, 一氣, 至氣), 우주의 창조적 에너지, 근원의식, 전체의식, 보편의식, 우주의식, 순수의식, 참본성[一心, 神性, 靈性] 등으로 명명되기도 한다. 따라서 천天과 성性과 신神이 하나이니, 유일신은 곧 하늘이요 참본성이다.

생명의 본체인 천지기운[混元一氣, 우주의 창조적 에너지]은 만유의 참본성으로 내재해 있는 동시에 만유를 초월하여 다함이 없는 기화氣化의 작용으로 만유를 생멸시킨다. 존재와 비존재, 개체성과 전체성은 상즉상입相卽相入의 구조로 상호 연기緣起하고 있는 것이다. 우리가 호흡하는 공기, 붉은 꽃과 푸른 잎, 돌과 바람과 티끌과 똥오줌 속에까지 천지기운이 없는 곳이 없이 내재해 있으며, 또한 만유가 만유일 수 있게 하는 우주의 근본 질료로서 만유를 초월하여 만유를 변질시킨다. 내재와 초월은 안과 밖으로 구분되는 만유의 형상을 전제로 한 개념일 뿐, 천지기운은 없는 곳이 없이 실재하며 일체 우주만물을 관통하므로 내재와 초월은 하나다. 천지기운이 곧 '하나' 인 참본성이다. 참본성은 존재성과 비존재성, 물성과 영성 그 어느 것에도 구애됨이 없이 생성·유지·파괴의 전 과정을 주재한다. 이는 곧 우주의 창조적 에너지[混元一氣]인 신神이 기氣로, 다시 정精으로 에너지가 체體화하는 과정인 동시에 정精은 기氣로, 다시 신神으로 화하여 본래의 근본 자리로 되돌아가는 과정으로서 참본성은 그 어떤 것에도 영향 받지 않는 원궤의 중심축으로서 기능하는 것이다. 물성과 영성의 역동적 통일성은 바로 이 참본성[참자아, 一心]의 통섭적 기능과 관계되는 것으로 상대계의 비밀을 푸는 핵심 주제이다.*

비존재성과 존재성, 영성과 물성의 역동적 통일성은 본체계와 현상계를 상호 관통하는 생명의 순환에 따른 것이다. 본체계와 현상계의 관계를 인도의 대서사시 '마하바라타Mahabharata'에 나오는 『바가바드 기타 The Bhagavad Gita』에서는 우주만물이 브라흐마(Brahma 창조신)에서 나와 다시 브라흐마로 되돌아가는 '브라흐마의 낮과 밤'으로 묘사하고 있다.

> 브라흐마의 아침이 밝아오면 우주만물이 본체계(the Invisible)에서 나와 활동을 시작하고, 그리고 브라흐마의 밤이 오면 다시 본체계로 되돌아간다. 그렇게 우주만물은 브라흐마의 낮과 밤의 주기에 따라 생성과 소멸을 끝없이 순환 반복하는 것이다.
>
> When that day comes, all the visible creation arises from the Invisible; and all creation disappears into the Invisible when the night of darkness comes. Thus the infinity of beings which live again and again all powerlessly disappear when the night of darkness comes; and they all return again at the rising of the day.[42]

---

* 영성[본체계, 의식계, 본체]과 물성[현상계, 물질계, 작용]의 관계는 실물과 그림자의 관계에 비유될 수 있다. 즉, 실물과 그림자가 하나라는 자각이 없이는 그림자가 어떻게 해서 존재하게 되는지 그 이치를 알 수가 없으므로 그림자 세계에 대한 본질적 접근이 사실상 불가능하듯이, 영성과 물성이 하나라는 자각이 없이는 상대계[물질계, 현상계]가 어떻게 해서 존재하게 되는지 그 이치를 알 수가 없으므로 상대계에 대한 본질적 접근 또한 사실상 불가능하다. 그런 점에서 물성과 영성의 역동적 통일성에 대한 이해야말로 상대계의 비밀을 푸는 열쇠라 할 수 있다.

이러한 전일성과 다양성, 영성과 물성의 역동적 통일성을 이해하지 못하고서는, 다시 말해 전일적인 의식계와 다양한 물질계의 상호 관통을 이해하지 못하고서는 천인합일의 의미를 알 수가 없으므로 생명의 전일성과 자기근원성을 자각할 수 없고, 진정한 자율성과 평등성 또한 발휘될 수 없으므로 생명 차원의 통섭이 일어날 수도 없다. 물성과 영성의 역동적 통일성에 대한 자각이야말로 지배와 복종, 억압과 차별의 이원화된 구조에 입각한 권력정치의 태생적 한계를 극복할 수 있는 길이다.

　현재 학문 세계에서 운위되고 있는 통섭이 지식 차원을 넘어 생명 차원의 통섭으로 나아가지 못하는 것은, 정신·물질 이원론에 입각한 기계론적 세계관으로는 물성과 영성의 역동적 통일성을 이해하는 데 한계가 있기 때문이다. 지식과 삶의 화해를 전제하지 않은 통섭이 공허한 것은, 지식이 실제 체험으로 나아가지 못하고 존재의 삶에 반영되지 못한다면 그것은 존재의 실상을 외면한 단지 허구에 불과한 것이기 때문이다. 통섭은 모든 학문분과 간의 통섭은 물론, 국가·민족·인종·성·계급·종교 등을 망라하는 생명 차원의 통섭으로까지 나아가야 한다. 통섭은 생명의 본체인 '하나' 인 참본성에 대한 자각을 전제로 하는 까닭에 개체성과 분절성을 특질로 하는 에고(ego 個我)가 통섭의 주체가 될 수 없음은 자명하다. 이 우주는 분리 자체가 근원적으로 불가능한 거대한 파동의 대양이며, 우주만물은 그 파동의 세계가 벌이는 우주적 무도舞蹈에 동등한 참여자로서 참여하고 있다. 이 우주는 누가 누구를 창조하는 것이 아니라 필연적인 자기법칙성에 따라 스스로 생성되고 스스로 변화하여 스스로 돌아가는 '참여하는 우주' 인 것이다.

　생명의 본체인 참본성, 즉 참자아는 존재성과 비존재성, 물성과 영성 그 어느 것에도 구애됨이 없이 변증법적 통합의 형태로 스스로를 드러내는 자이다. 『바가바드 기타』에서는 이렇게 말한다. "움직이는 것이든 움직이지 않는 것이든, 존재하는 모든 것은 '밭' 과 '밭을 아는 자' 의 통합에서 비롯된 것이다."[43] 여기서 '밭' 은 곧 물질(프라크리티 Prakriti)이고, '밭을 아는 자' 는 정신(푸루샤 Purusha)이다. 물질적 육체와 정신의 관계는 자동차와 자동차 운전자의 관계와도 같은 것이다. 이렇듯 만유의 존재성은 물질과 정신의 변증법적 통합으로 이루어진 것이다. 참자아는 물질과 정신이 하나가 된 마음, 즉 일심이다. 『마이뜨리 우파니샤드 Maitri Upanishad』에서는 말한다. "마음은 속박의 원천인 동시에 해방의 원천이다. 사물에 집착하면 속박이고, 집착하지 않으면 해방이다."[44] 이는 일심의 이중성, 즉 진여성眞如性과 생멸성生滅性이라는 이중의식(double consciousness)[45]을 말하여 주는 것이다. 참자아는 "그 어떤 것에도 의존하지 않으면서 만물의 근본이 되고, 물질세계 저 너머에 있으면서 물질세계의 변화를 주재한다."[46] 본체계[본체]와 현상계[작용], 영성과 물성을 관통하는 참자아의 이중성을 이해하게 되면 우주의 비밀을 푸는 마스터 키를 소지한 것이나 다름없게 된다.

그러면 전체성인 참자아(spiritual self 또는 cosmic self)가 왜 자기복제(self-replication로서의 작용을 통해 개체성인 물질적 자아(material self 또는 corporal self)의 형태로 현현하는가? 그것은 앎을 존재로서 체험하기 위한 것이다. 비존재와 존재, 영성과 물성이 하나임을 알기 위해서는 앎을 존재로서 체험해야만 한다. 정신은 오직 물질을 통해서만 스스로를 구현할 수 있는 까닭이다. 이 분법은 앎의 원을, 삶의 원을 완성시키기 위해 만들어 놓은 방편일 뿐, 진정한 앎은 이원성을 넘어서 있다. 이러한 사실을 알지 못한 채 선과 악의 진실게임에 빠져들면 '삼사라(samsara 生死輪廻)' 가 일어나는 것이다. 헤겔

(G. W. F. Hegel)의 '주인과 노예의 변증법(the master-slave dialectic)'[47]이 보여 주듯, 존재계의 '간주관성(間主觀性 intersubjectivity)'을 통해서만 가능태로서의 앎은 구체적 현실태가 될 수 있는 것이다. 노예의 노동이 신성한 것은, 그것이 단순히 주인에게 봉사하는 도구적 의미가 아니라 신성[참본성]에 이르게 하는 의식의 자기교육 과정으로서의 의미를 함축하고 있기 때문이다.

사람은 누구나 타고난 기질에 따라 행동하게 되어 있으며 시행착오와 자기성찰의 과정을 통해 궁극적인 앎에 이르게 된다. 심心에 입각하여 무심無心을 이룸으로써 에고를 초월하게 되는 것이다. 전일성의 진실은 다양성에 있고 다양성의 진실은 전일성에 있는 까닭에 양 차원을 관통하지 않고서는 근본지根本智에 이를 수가 없다. 영성인 동시에 물성인 참자아의 이중성은 불생불멸인 비존재성[전일성, 본체]의 측면과 생멸하는 존재성[다양성, 작용]의 측면 모두를 일컫는 것으로 이는 곧 생명의 본체와 작용의 합일을 의미하는 천인합일과 일맥상통한다. 이러한 이중성의 진실은 참자아가 존재로서의 체험을 통해 이중성을 극복함으로써 앎의 원을 완성하는 데 있다. 삶은 선도 악도, 행도 불행도 아니다. 그것은 다만 에고ego의 해석일 뿐이다. 우주 속의 그 어떤 것도 분리될 수 있는 것이 아닌데 에고라는 잣대로 분리하는 데서 오는 것이다. 에고는 분별지分別智의 다른 이름이다. 삶과 죽음, 선과 악, 성공과 실패, 행복과 불행의 이원화된 의식은 모두 분별지의 산물이다. 모든 관점을 통섭할 수 있을 때, 그리하여 선악善惡과 시비是非를 넘어설 수 있을 때* 바로 그때 완전한 앎, 완전한 통섭이 일어난다.

참자아의 이중성은 우주의 진행 방향인 영적 진화[의식의 진화]와 조응해 있다. 이는 물성과 영성의 변증법적 리듬이 조성한 긴장감이 진화를 위한 학습효과를 극대화시킬 수 있다는 데 있다. 그것은 양 극단의 변증법적 통합을 통해 의식을 확장시키고 앎을 질을 높여 가는 것이다. '만유의 가슴 속에 머물고 있는 참자아는 모든 앎의 대상이자 궁극적인 목표이며, 앎 그 자체다."[48] 앎이 완성되면 생명의 전일성과 유기적 통합성에 대한 깨달음은 저절로 일어난다. 만유가 동등한 내재적 가치를 지니며 그 어떤 것도 도구적 위치에 있지 않다는 사실을 자각할 수 있게 되는 것은 오직 온전한 앎을 통해서이다. 의식이 잠들어 있으면 아무것도 변화되지 않는다. 이 세상에는 깨인 자와 아직 깨이지 않은 자가 있을 뿐, 성인과 악인, 좋은 것과 나쁜 것이 있는 것이 아니다. 우주의 본질인 생명은 분리될 수 없는 '하나'요, 하나의 흐름이며 순환이다. 근본지根本智로 돌아가 참본성과 하나가 되면 일체의 이원성에서 벗어나게 되므로 그 어떤 비탄이나 갈망, 두려움이나 분노에 사로잡히는 일도 없다.

인간은 우주라는 생명의 피륙의 한 올이다. 일체의 생명 현상은 의식의 진화 과정과 조응해 있으며, 정제된 행위의 길을 통해 궁극적으로는 영혼의 완성에 이르게 하는 것이 행위의 목적이자 우리 삶의 목적이며 존재 이유이다. 상대계인 물질적 우주의 존재 이유는 의식의 진화를 위한 학습 여건 창출과 관계된다. 권력·부·명예·인기 등 이 세상 모든 것은 에고의 자기 이미지self-image의 확대 재생산과 자기 확장을 위한 학습기제로서 작용한다. 그리하여 에고가 무르익어 떨어져 나갈 때까지 선과 악의 진실게임

---

* 선과 악이라는 '분별지'가 작용하는 순간부터 '나'와 '너', '이것'과 '저것'이 구분되고 대립하여 인간은 죄악에 빠져들게 되었다. 分別智가 작용하면서 인간은 낙원[根本智]에서 멀어지고 드디어는 번뇌의 大海에 들게 되었다. 그리하여 多生에 걸쳐 카르마(karma 業)를 쌓게 된 것이다.

은 계속된다. 언젠가는 알게 될 것이다. 증오와 분노가 어떤 대상이 있는 것이 아니라 바로 증오하고 분노하는 자기 자신의 마음의 작용이라는 것을, 그리고 증오와 분노를 유발시킨 것으로 간주되는 그 대상은 단지 자기 내부의 부정적인 에너지를 외부로 끌어낸 동인動因에 불과하다는 것을. 따라서 증오하고 분노해야 할 상대는 외부의 육적인 대상이 아니라 자신의 내부에서 영적 진화를 방해하는 온갖 부정적인 에너지라는 사실을 알아차리게 될 것이다. 의식의 자기교육 과정을 통해 상대적 분별지가 스스로의 본체가 없음이 드러나게 되면 본래의 '근본지'로 되돌아가 생명의 전일성을 체득하게 되는 것이다.

상대계는 의식의 확장을 위한 최적 조건을 창출한다. 우리가 처하는 매 순간이 의식의 진화를 위한 최적 상황인 것이다. 우리가 의식의 확장을 통해 영혼의 완성에 이르는 것은 상대계에서의 대조적 체험—예컨대 성공과 실패, 행복과 불행, 평화와 전쟁, 사랑과 증오, 건강과 병 등—을 통해서이다. 모든 체험은 의식의 진화를 위한 학습기제로서의 의미가 있을 뿐, 좋은 체험과 나쁜 체험이 따로 있는 것이 아니다. 그럼에도 그러한 구분을 하는 것은 우리가 어떤 존재인지, 무슨 목적으로 존재하고 있는지, 상대계의 존재 이유가 무엇인지를 알지 못하는 데서 오는 것이다. 의식을 하든 하지 못하든, 우리는 영적 진화의 지향성을 갖는 우주의 불가분의 한 부분이다. 상대계는 양 극단의 변증법적 통합을 통해 생명의 전일성을 체험하기 위해 존재하는 것이다. 따라서 어떤 상황에서든 호好·불호不好의 감정을 버리고 긍정적으로 수용하고 적극적으로 배우는 자세로 임해야 한다.

본체인 동시에 작용으로 나타나는 생명의 전일적 본질은 시공을 초월해 있으므로 개체화 의식 속에서는 생명을 파악할 길이 없으며 또한 진화할 수도 없다. 음향학, 진동, 뇌파동조의 물리학과 양자물리학의 접합을 통해 과학적 소리 치유와 의식의 진화에 관한 음반을 낸 제프리 톰슨(Jeffrey Thompson)의 말처럼 "우리의 몸이 실제로 끝나거나 시작되는 곳은 없다." 생명을 개체화하고 물질화하는 시도는 우주의 진행 방향에 역행하는 것이다. 내적 자아의 각성과 영적인 힘의 계발이 없이는 통섭의 기술이 발휘될 수 없음에도, 통섭의 주체에 대한 구체적인 논급은 하지 않은 채 단순히 통섭의 기술과 당위성에 대해 운위하는 것은 공허한 말잔치에 불과하다. 물성과 영성의 역동적 통일성을 이해하지 못하는 정신적인 소음 상태에서 통섭이 일어날 수는 없는 것이다. 통섭은 전일성을 그 본질로 하는 영적인 주체[참자아, 참본성, 一心, 神性, 靈性, 근원의식, 전체의식, 보편의식, 순수의식, 우주의식]에 의해서만 가능한 것이다.

근대의 학문 세계는 과학적 합리주의라는 미명하에 영성을 배제함으로써 생명 현상을 이해하지 못하는 것은 물론이고, 상대계의 존재 이유를 설명하지도, 설명할 필요조차 느끼지도 못한 채 실제 삶과는 무관한 '이론을 위한 이론'으로 치달음으로써 공허한 설(設)만 난무하게 되었다. 신 중심의 세계관이 지배한 중세로부터 인간 중심의 세계관이 지배하는 근세로 이행하면서, 특히 근대 과학의 비약적인 발달로 '도구적 이성'이 전 지구적으로 횡행하면서 진리의 몸은 종교의 성벽 속에 가둬지고 학문 세계는 그 껍데기를 골동품처럼 전시하며 감각적으로 지각되고 경험된 것만이 사실이라고 강변하는 학문적 불구 현상을 낳았다. 그러나 이 우주는 상호 연관과 상호 의존의 세계 구조로 이루어져 있는 까닭에 물리·화학적인 분석 방법만으로는 우주와 생명의 본질을 이해하는 데 한계가 있을 수밖에 없다. 모든 생명체와 사회의 제 현상은 복잡계 현상이며 그 특성은 전체가 부분의 총화 이상의 것으로 부분은 단지 전체 조직과의 맥락 속에서만 파악될 수 있는 것이다. 그런 점에서 천·지·인의 통합성에 대한 자각이 없이 생명 현상을 이해하기는 어려우며, 생명과 평화의 보전이라는 지상과제 또한 달성되기 어려운 것이다. 근년에 들어 통섭이 유행어처럼 번지면서 통합 학문의 시대가 촉발된 데에는 대안 연구의 중심 주제가 되었던 지속 가능한 사회로의 전환이 한갓 구호에 불과한 것임이 드러나면서 현대 과학의 주도로 일기 시작한 진리에 대한 자각이 모티브를 제공한 것으로 볼 수 있다.

통섭의 기술 진화와 의식의 진화

통섭의 기술 진화가 의식의 진화와 조응관계에 있다는 것은 통섭이 단순히 지식 차원의 기술이 아니라 의식 차원의 기술이라는 점에서 분명히 드러난다. 대개 통섭을 논하는 지식인들은 영성을 배제함으로써 생명 차원의 통섭으로 나아가지 못하고 있고, 반면 영성론자들은 통섭 논의를 역사 발전 과정 속에서의 체계화된 학문적 논의로 발전시키지 못하고 있다. 오늘날 자본주의의 구조적 문제는 단순히 제도적 결함에서 비롯된 것이 아니라, 초기 자본주의 정신인 프로테스탄티즘의 윤리에서 너무 멀어져 반反통섭적이 되었기 때문이다. 반통섭적인 것은 곧 반생명적인 것이며 반자연적인 것으로 부자유와 불평등의 의식을 수반한다. 이러한 의식은 생명의 전일성과 자기근원성을 자각하지 못하는 데서 오는 것이다. 말하자면 분별지에 사로잡힌 개체화 의식에서 오는 것이다. 따라서 영성에 대한 자각이 없이 단순히 지식의 경계를 넘나들거나 제도적 개혁을 하는 것만으로는 온전한 통섭이 일어날 수 없다. 통섭은 일체의 대립자를 관통하는 기술이라는 점에서 통섭의 기술 진화는 영성의 개화와 조응관계에 있으며, 상생과 조화의 패러다임을 정착시켜 윤택한 삶을 보증한다. 의식이 진화할수록 통섭의 기술 또한 진화하여 자유와 평등 의식이 발휘되면서 의식적 만족(conscious satisfaction)을 달성하게 되는 것이다.

의식의 진화 과정은 비아非我에 대한 자기부정을 통하여 순수자아純粹自我로 복귀해 가는 존재[물질]와 의식[정신]의 합일화 과정, 즉 존재의 자기실현화 과정이다. 이러한 과정은 현상적 주체와 본질 간의 괴리를 메워 가는 소외의식의 극복 과정이다. 역사적으로 보면, 사회적 영역과 정치적 영역의 미분화로 개인과 공동체가 일체성을 띤 고대사회에서는 모순의 요소와 발전의 요소가 아직은 발현되지 않은 관계로 부자유와 불평등의 소외의식도 단지 잠재적이었다. 그런데 중세를 거쳐 현대에 이르러 경제적 영역인 시민사회와 정치적 영역인 국가의 완전한 분화로 사적 인간과 공적 인간이, 개인적 자유와 공동체의 공공선이 대립하면서 부자유와 불평등의 의식 또한 제도화되었다. 계몽주의의 대표적 사상가인 쟝 자크 루소(Jean-Jacques Rousseau, 1712~1778)가 인간 불평등의 기원을 소유 관념의 제도화에 따른 사유재산제도의 형성에서 찾는 것도 이와 같은 맥락에서이다. 말하자면 소유 관념의 발생과 더불어 자연 상태에서 사회 상태로 이행하면서 문명 세계가 형성되고 사유재산제도가 생겨나면서 불평등이 영속화하고 불행해졌다는 것이 루소의 생각이다. 그래서 그는 "자연으로 돌아가자"[49]고 외친 것이다.

그렇다고 루소가 사유재산제도의 폐지나 문명 세계의 타파를 주장한 것은 결코 아니다. 사회계약설에 따르면 국가 또는 정치사회는 자연 상태에서의 개인의 자연권을 실현하기 위해 자연법에 따라 자유롭고 평등한 개인 상호간의 계약에 의해 생겨난 것인 만큼, 불평등은 자연법에 의해 용인될 수 있는 성질의 것이 아니다. 그렇다면 부자유와 불평등의 소외의식은 어떻게 극복될 수 있는 것일까? 루소를 '근대의 아버지'로 추앙케 한 불후의 명작 『사회계약론 Du Contrat Social』(1762)에서는 '일반의지(volonté générale)'*50에 의한 불평등의 조정을 통하여 우리의 본성에 부합되는 이상국가론을 제시한다. 그에 의하면 '일반의지의 최고의 지도하'[51]에 있을 때만이 '개인은 자신을 전체와 결합하면서도 여전히 자기 자신에게만 복종하고 그 이전과 마찬가지로 변함없이 자유로운 것'[52]이다. 이는 공공의 이익을 중심축으로 치자와 피치자 간에 완전한 일체감이 형성될 때에만 가능한 것이다. 정치체의 자발적 의지인 일반의지 속에는 주관과 객관이 하나로 융합되어 오직 공공의 이익만을 추구하는 까닭에 권력과 자유의 조화가 가능한 것으로 나타난다.

루소의 일반의지는 개체성과 전체성이 하나가 된 보편의식(universal consciousness), 즉 참본성[一心, 神性]과도 같은 것으로 이는 생명의 전일성과 유기적 통합성에 대한 자각을 통해서만 실천성이 발휘될 수 있는 것이다. 다시 말해 생명의 3화음적 구조—즉, 생명의 본체인 '하나(ONE 天地人)'인

---

* '일반의지(일반의사, 보편의지)'는 루소의 The Social Contract의 중핵을 이루는 개념이다. 그의 일반의지는 오직 공공의 이익을 지향하는 국가의 최고의지로서 불가오류성을 띠는 까닭에 일반의지에 복종하기를 거부하는 자는 누구라도 전체에 의하여 그것에 복종하도록 강제되어야 한다는 것이다. 이러한 일반의지는 개별적 특수의지의 총화에 불과한 전체의지(volont de tous)와는 구별된다. 이러한 그의 논의는 국민주권론에 의거하여 사회계약에 의해 성립된 국민의 일반의지가 보편적 가치를 지닌다는 것으로 현실의 의사결정에 있어 국가 특권층의 특수의사를 견제하기 위한 것이었다.

참본성과 그 '하나-'의 자기복제로서의 작용으로 나타난 우주만물[多]은 일즉다—即多·다즉일多即—의 관계로서 본체와 작용이 결국 하나라고 하는 생명의 순환 구조—에 대한 이해가 없이는 일반의지는 한갓 공허한 이념에 불과한 것이 된다. 물론 이러한 진리에 대한 자각이 없이도 선량하게 살아갈 수 있겠지만, 자각적 삶을 사는 사람과 그렇지 못한 사람은 의식의 진화 단계가 확연히 구분되며, 후자의 경우 의식의 빛이 충분히 강하지 못하므로 완전한 자기실현이 어렵다.

헤겔의 보편의식 또한 일반의지와 그 의미가 같으며 그의 '이성적 자유 rational freedom'는 다름 아닌 보편의식의 투사체이다. 헤겔의 '주인과 노예의 변증법'에서 노예의식이 노동을 통해 자유를 실현하는 과정은 3단계 의식의 진화 과정—즉, 단지 추상적인 자유의 이념을 갖는 것만으로 항상 자유로운 금욕주의stoicism 단계의 자유53, 그 본질이 부정성negativity인 회의주의skepticism 단계의 자유,54 그리고 불행한 의식(unhappy consciousness)의 단계의 자유55—을 거치는데, 그 최후의 단계에서는 대립을 이루는 특수적 자의식(particular self-consciousness)이 통합을 이루어 보편적 자의식이 되면서 정신은 자유를 현실로서 실감하게 된다. 노예의식이 노동에 의해 점차로 개별적 자의지self-will를 교화시키는 과정을 통해 '아我'와 '비아非我'의 두 대립되는 자의식은 통합을 이루고 그에 따라 주인과 노예는 보편적으로 상호의존적이며 상호적으로 서로를 인식하게 되는 것이다. 이 단계에 이르면 일체의 모순 대립이 지양되어 자유의 이념이 천상의 왕국에서가 아니라 지상의 왕국에서 구체적 현실태로 현현한다. 일과 노동을 통해 이루어지는 주인과 노예 간의 '삶과 죽음의 투쟁(life-and-death-struggle)'은 '하나'인 참본성[보편의식]에 이르기 위한 의식의 자기교육 과정으로 의식의 진화를 위한 학습 여건 창출과 관계되며, 그 이상도 이하도 아니다. 이처럼 헤 겔의 체계 속에서 정치사회의 역사 발전 과정은 의식의 진화 과정과 긴밀 히 연계된 것으로 나타난다.

의식의 진화 과정과 정치사회의 역사의 관계성에 대한 규명은 곧 의식 계[본체계]와 물질계[현상계], 생명의 본체와 작용의 관계성에 대한 규명이며 이러한 관계성에 대한 규명은 생명의 순환에 대한 이해를 전제로 한다. 의 식계와 물질계를 상호 관통하는 생명의 전일적인 흐름을 파악할 수 있어야 하는 것이다. 즉, 생명의 본체인 전일적인 의식계[우주의 창조적 에너지, 混元一 氣]와 그 작용으로 나타난 우주만물은 본체와 작용의 관계로서 결국 하나 인 것이다. 일체가 '에너지'로서 접혀 있는(enfolded) '숨겨진 질서[본체계, 의 식계]'와 물질로서 펼쳐진 '드러난 질서[현상계, 물질계]'의 관계성에 대한 규 명은 물질계의 존재 이유를 규명하는 것이라는 점에서 의미심장하다. 실 로 물질계의 존재 이유를 알지 못하고서는 부자유와 불평등의 의미와 기 원을 알 수 없기 때문이다. 그러나 루소는 문명화될수록 인간 본성이 타락 하고 예속되어 불평등해지고 불행해졌다는 사실을 얘기하고 있을 뿐, 그 러한 역사의 전개 과정에 내재한 물질계와 의식계의 상호 관통의 본질에 대해서는 침묵하고 있다.

물질계의 모든 제도와 조직의 존재, 그리고 역사의 발전 과정은 거칠고 방종한 자아를 길들이는 의식의 자기교육 과정과 조응해 있으며, 의식의 진화[성장, 확장]를 위한 학습 여건 창출과 관계된다. 존재성의 표징인 관계 성 속에서 즉자적卽自的 존재being-in-itself가 대자적對自的 존재being-for-itself가 되 고 다시 즉자대자적卽自對自的 존재being-in-and-for-itself가 되는 의식의 부단한 자기교육 과정을 통해서만이 생명의 전일성과 자기근원성을 자각할 수 있는 것이다. 그런데 루소가 인간과 사회를 보는 철학적 관점은 의식계와 물질계의 상호 관통의 본질을 밝히지 못함으로 해서 생명의 전일적인 흐름을 놓치고 있다. 다시 말해 인간 불평등의 의미를 자유의 자기실현화 과정에서의 불가피한 의식의 자기교육 과정으로 인식하지 못하고 단순히 사유proprietorship와 부정의injustice를 연계시킨 데서 찾고 있는 것이다. 인간 불평등은 표면적으로는 가치 박탈의 한 형태이지만, 보다 심층적으로는 의식의 진화를 위한 학습 여건 창출과 관계된 것이다. 이러한 불평등의 심오한 의미를 알지 못하고서는 결코 역사 속에서 구현되고 있는 정신의 참모습을 볼 수가 없다. 인간 불평등의 기원 문제를 단순히 소유 관념의 발생과 제도화의 문제라고만 해서는 문제의 본질을 직시할 수가 없는 것이다.[56]

우주의 진행 방향은 영적 진화[의식의 진화]이며, 모든 상황은 이를 위한 최적 조건의 창출과 관계된 것이다. "자연 상태에서는 거의 없었던 불평등이 능력의 발달과 정신의 진보에 의해 증대되고 마침내 소유권과 법률의 제정에 의해 사회적 불평등(social inequality)이 고착되고 정당화되었다"[57]는 루소의 말은 단순히 객관적 세계의 외적 관계에만 착안하여 불평등하고 불행한 것으로 간주한 것으로 의식계와 물질계의 상호 관통의 본질을 놓친 것이다. 의식의 자기교육 과정은 부귀영화나 빈곤, 질병과 같은 교육 기자재를 필요로 하며, 의식의 조정이 없는 제도적 처방만으로는 불평등이 근원적으로 해소될 수가 없다. 생명은 전일적인 흐름 속에 있으므로 주체와 객체의 이분법은 성립되지 않으며 이러한 전일적인 생명에 대한 자각이 없이는 불평등에 대한 본질적 규명이 이루어질 수가 없다. 인간 불평등은 전체의식과 부분의식의 부조화에서, 본체[의식]인 동시에 작용[물질]으로 나타나는 생명의 전일성과 자기근원성을 자각하지 못하는 데서 오는 것이다. 우주적 질서에 대한 자각이 이루어지면 주어진 모든 상황을 일단은 긍정적으로 수용할 수 있게 되고,* 그에 따라 모든 상황을 자신의 의식을 비춰 보는 거울로 삼게 되는 것이다.

인간 불평등의 해결 방안은 한마디로 소유가치에서 사용가치로의 전환이며 이러한 전환은 의식의 성장을 통하지 않고서는 일어날 수가 없다. 원시시대에는 잠재되었던 불평등의 본질이 문명세계의 형성과 더불어 외현화externalization되고 제도화되어 마침내 불평등은 문명 세계를 가로지르는 건너기 어려운 큰 강물이 되어 버렸다. 그렇다고 문명 세계의 형성이 루소가 말하는 것처럼 속절없이 타락하고 예속되어 불평등해지고 불행해진 것만은 아니다. 역사 발전의 과정이 보여 주듯 원시사회에서 문명사회로의 이행은 잠재되어 있는 본질의 현실화 과정이요, 이념의 실재화 과정이며, 정신의 자기실현화 과정인 것이다.[58] 이는 곧 '부정의 부정(negation of negation)' 단계를 거쳐 종국에는 허위의식(false consciousness)에서 해방되어 상

---

* 주어진 모든 상황을 긍정적으로 수용한다고 해서 인도의 카스트(caste) 제도와 같은 세습적인 계급 제도를 합리화하려는 것은 결코 아니다. 카스트 제도의 문제점은 생명의 근원적 평등성과 유기적 통합성은 도외시한 채 배타적인 계급 질서를 강조함으로써 지배권을 강화하고 인위적으로 영속화하기 위한 수단으로 이 제도를 악용한다는 데 있다. 그렇게 되면 불평등 상태는 의식의 진화를 위한 학습 여건 창출이라는 본래적 의미를 상실하게 된다. 다시 말해 개별적 자의지를 교화시키는 의식의 자기교육 과정과 연계된 것이라는 심오한 의미를 잃게 되는 것이다. 카스트 제도에는 제1계급인 바라문(婆羅門) 또는 브라만(Brahman: 사제), 제2계급인 크샤트리아(Kshatriya: 귀족, 무사), 제3계급인 바이샤(Vaisya: 평민), 제4계급인 수드라(Sudra: 노예)의 4바르나(varna: 色), 즉 4카스트가 있다. 이 4카스트 아래에는 아웃 카스트라 불리는 不可觸賤民(the Untouchable)이 있는데, 닿기만 해도 더럽혀진다는 이유로 접촉 자체가 금기시되고 있다.

호적 인식(mutual recognition)의 관계에 놓이게 되는 것을 말한다. 거기에 이르는 유일하고도 완전한 길은 우리 자신을 개아個我가 아닌, '하나(ONE 天地人)' 인 참본성[참자아]으로 인식하고 '지금 여기'에서 순수한 마음으로 집중하여 자신의 의무를 다하는 것이다.

루소가 인식한 것처럼 인간 불평등 문제는 단순한 제도의 문제가 아니라 인간의 문제이다. 『인간 불평등의 기원 *Discours sur l'origine de l'inégalité parmi les hommes*』(1755) 서문에서 루소가 "인간의 모든 지식 중에서 가장 유용하고도 진보되지 않은 것은 인간에 관한 지식"[59]이라고 한 것은 문제의 본질을 직시한 것이다. 우주의 본질 자체가 생명이니 인간 또한 이 생명의 그물망을 벗어나 존재할 길이 없으므로 인간을 논하기 위해서는 먼저 생명을 논해야 하고, 생명을 논하기 위해서는 전일적인 의식계와 그것의 투사영인 다양한 물질계의 상호 관통의 본질을 논해야 하며, 그러한 상호 관통의 본질을 논하기 위해서는 생명의 순환을 이해해야 한다. 생명의 순환을 이해한다는 것은 곧 물질계의 존재 이유를 안다는 것이고 그렇게 되면 불평등을 해결할 길도 보이게 되는 것이다.

국가를 포함한 모든 제도는 궁극적으로는 인간의 의식 확장[의식의 진화]에 필요한 조건의 창출에 관계하며 그 필요가 다하면 사라지기 마련이다. 물질계는 의식의 진화를 위한 학습의 장으로서의 의미를 지니는 것이다. 앎을 존재로서 체험하기 위해, 전일적인 의식계와 그 작용으로 나타난 다양한 물질계가 하나임을— 즉, 생명의 근원적 평등성과 유기적 통합성을—구체적 현실태로 느끼기 위해, 그리하여 생명의 순환을 이해함으로써 앎의 원을 완성하고 삶의 원을 완성하기 위해 상대계인 물질계가 존재하는 것이다. 의식의 확장은 곧 참본성을 회복해가는 길이며 성통공완性通功

完을 이룩하는 길이다. '성통'은 재세이화 · 홍익인간의 구현이라는 '공완'을 이루기 위한 전제조건인 동시에 인간의 자기실현을 위한 필수조건이다. 다시 말해 '성통'이 개인적 수신에 관한 것이라면, '공완'은 사회적 삶에 관한 것으로 이 둘은 동전의 양면과도 같은 것이다. 실로 참본성을 통하지 않고서는, 의식의 진화가 없이는 사회적 삶의 본질적인 변화를 기대할 수는 없는 것이다.[60]

소유권의 심화와 더불어 이를 보호하기 위한 사유재산제도의 성립으로 불평등이 영속화되었다는 것은 주지의 사실이다. 그렇다면 소유의식은 어디로부터 오는 것일까? 그것은 전일적인 의식계가 생명의 본체이고 물질계는 그 작용인 그림자세계라는 사실을 알지 못하는 데서 오는 것이다. 그림자세계인 이 세상은 실체인 의식의 투사영投射影인 까닭에 세상이 바뀌려면 먼저 의식이 바뀌어야 하는 것이다. 그림자세계는 눈꽃雪花과도 같이 바라볼 수는 있지만 소유할 수는 없는 것이다. 인간에 관한 진정한 이야기는 생명의 순환에 대한 이해에서부터 시작되어야 한다. 생명의 본체[의식계]와 작용[물질계]의 합일에 기초한 생명학의 수립이 절실한 것은 이 때문이다. 인류의 사상사는 의식계[본체계, 본체]와 물질계[현상계, 작용]의 상호 관통이란 측면에서 전일적 패러다임에 의해 새로 씌어져야 한다. 양 세계의 상호 관통을 알지 못하고서는 물질계의 존재 이유를 알 수가 없으므로 불평등을 해결할 길도 없는 것이다. 인간이 의식하든 하지 못하든, 궁극적인 존재 이유는 영적 진화이며, 물질계는 그러한 진화를 위한 학습 여건 창출과 관계된 것이고, 그 진화는 개인적 가치[개체성]와 공동체적 가치[전체성]의 조화성에 있다는 사실을 자각할 수 있을 때 비로소 실현될 수 있는 것이다. 의식의 진화를 통하여 '하나'인 참본성을 회복하는 것이 곧 자기실현이다. 실로 자유란, 평등이란 '나I' 의 형태로서가 아니라 보편적으로 상호의 존적인 '우리we' 의 형태로서의 자유로운 정신인 까닭에 외부로부터 주어지는 것이 아니라 의식의 진화의 산물이다.

의식과 제도의
변증법

　　의식과 제도의 변증법적 관계는 실물과 그림자의 관계와도 같이 본체[본체계, 의식계]와 작용[현상계, 물질계]의 관계로서 하나의 순환고리로 연결되어 있으며 상호 의존·상호 관통한다. 흔히 이 세상을 우리의 의식을 비춰보는 거울이라고 하는 것은 이 세상 자체가 우리 의식의 투사영인 까닭이다. 국가를 포함한 지구촌의 모든 제도는 의식의 진화에 필요한 사회적 조건의 창출에 관계하며 그 필요가 다하면 사라지기 마련이라는 점에서 정치사회의 역사와 인류의 정신사는 정확하게 조응해 있다. 말하자면 인류 사회의 진화는 곧 인류 의식의 진화[영적 진화]와 조응관계에 있으며, 그런 점에서 물질적인 제도적 변화에만 착안한 기존의 사회진화론은 의식의 진화와의 관계성이라는 측면에서—말하자면 본체와 작용의 상호 관통이라는 측면에서—다시 씌어져야 한다. 이 세상은 단지 의식의 진화를 위한 학습의 장으로서의 의미를 지니며, 부귀영화나 빈곤, 질병 등 모든 것은 그러한 학습을 위한 교육 기자재로서의 의미를 지닌다. 따라서 권력·부·명예 등에 집착하는 것은 해야 할 공부는 하지 않고 교육 기자재를 욕심내는 것이나 다름없다.

　　학문을 하는 것도 수신의 한 방편이며 의식의 진화를 위한 것이다. 그런데 오늘날 학문은 실제 삶과는 유리된 채 이성과 논리의 세계에 갇혀 단지 지식 축적을 통해 진리에 접근하고자 한다. 그런 까닭에 삶과 화해하지 못하고 현학자(衒學者 pedant)들만 양산해 내고 있는 실정이다. 그러나 진리는 초이성·초논리·직관의 세계이므로 3차원적인 지식으로 닿을 수 있는 영역이 아니다. 지식은 진리의 달을 가리키는 한갓 손가락에 불과할 뿐인데, 손가락을 진리의 달 그 자체라고 보는 데서 부질없는 공론空論이 일어나는 것이다. 그리하여 "산을 버리고 골짜기로 돌아가거나 나무를 버리고 큰 숲으로 달려가는 격"이 되는 것이다. 지식의 한계를 깨달을 수 있을 때 보다 높은 단계로 발전할 수 있다. 지금 지구촌은 역사상 그 어떤 시기보다 암운暗雲이 짙게 드리워져 있다. 기득권층을 위한 '국가'라는 이름의 제도적 장치, 지식을 위한 지식이 판을 치는 지적 희론戱論, 실종된 윤리의식의 빈자리에 독버섯처럼 피어나는 사회악惡—그 속에서 사람들은 궁극적인 삶의 문제들을 묻고 있다. 하지만 동 트기 전 어둠이 가장 짙다는 사실을 기억한다면, 지금이 바로 그 때라는 것을, 정신의 여명기(the dawning)라는 사실을 알 수 있을 것이다.

　자유민주주의의 자기기만은 과학기술만능주의가 초래한 의식과 제도의 단절에서 비롯된 것이다. 전통적인 서구의 정치사상에서는 흔히 의식 개혁이 제도 개혁에 비해 추상적이고 속도도 느려서 비효율적이라는 인식이 팽배해 있다. 그러다보니 동양의 정치사상과는 달리 의식 차원에 대한 심층적인 접근은 유보되어 있다. 그러나 구체적이고 속도도 빠르다는 제도 개혁이 얼마나 효율적인가 하는 것은 한국의 교육제도 개혁이나 부동산 종합대책이 실효를 거두지 못하고 있는 데서 잘 드러난다. 또한 선진국을 중심으로 한 자원과 에너지의 과잉소비, 지구경제의 남북 간 분배 불균형, 인구 증가와 환경 악화 및 자연 재해에 따른 빈곤과 실업의 악순환, 민족간·종교간·지역간·국가간 대립과 분쟁의 격화, 군사비 지출 증대, 북핵문제 등을 해결하기 위한 국제적 차원의 제도적 처방이 실효를 거두지 못하고 있는 데서도 잘 드러나고 있다. 뿐만 아니라 오늘날 국제정치경제의 새로운 쟁점이 되고 있는 지구 온난화와 오존층 파괴, 생물종 다양성의 감소와 대기·해양의 오염, 유해 폐기물 교역과 공해산업의 해외 수출 등 환경문제, 그리고 빈곤과 환경 파괴의 악순환에 따른 수많은 '환경난민(environmental refugees)'의 발생 등에 대해 유엔을 비롯한 국제적 차원의 정책 공조가 실효를 거두지 못하고 있는 데서도 잘 드러난다.

제도 개혁이 구체적이고 빠르다는 생각은 물질계에 파장동조가 더 잘 일어나는 데 따른 자의적인 판단일 뿐, 제도 개혁의 실효성은 의식 개혁의 질과 속도에 달려 있다. 2차 세계대전 이후 독립한 많은 개발도상국들이 선진국의 제도와 발전 모델을 도입했음에도 불구하고 근대화를 성공적으로 추진하지 못했다는 사실은 제도의 운용 주체가 인간임을 환기시킨다. "강력한 사회는 보편화하며 허약한 사회는 특수화한다"는 말이 있듯이, 서구적인 것이 근대적인 것이고 합리적인 것이며 보편적인 것이라는 등식화가 성립된 이래 우리 인류가 이원론적 세계관을 기반으로 한 근대 과학의 방법론을 기용하며 주로 제도적 측면에 초점을 맞추어 온 것은 주지의 사실이다. 이러한 서구중심주의Eurocentrism적 경향으로 인해 전일적 패러다임의 정치사상적 수용은 유보되었을 뿐만 아니라 서구적 보편주의가 만연하면서 학문의 다양성과 독창성이 크게 위축되었다. 서구중심주의가 초래한 학문적 폐해로는 '학문적 문제의식의 서구화, 서구이론에 따른 한국 현실의 동화주의적 해석, 서구중심주의에 의한 한국(비서구) 현실의 주변화, 학문의 서구 종속성'[61] 등이 지적되기도 한다.

전일적이고 유기론적인 동양의 천인합일사상이나 현대 과학의 전일적 실재관의 관점에서 볼 때 오늘의 서구 정치학은 사실 그대로의 존재태를 반영하지 못하는 왜곡된 인식에 기초한 학문적 불구라고밖에 할 수 없다. 이는 과학적 합리주의를 근간으로 하는 서구적 표준의 학문적 틀에서 벗어난 의식 차원의 논의가 비이성적이고 비합리적이며 비과학적인 것으로, 심지어는 비학문적이거나 비정치학적인 것으로 간주되는 데서 잘 드러난다. 왜곡된 신성이 인간 이성을 학대하며 신학이 무소불위의 권력을 휘두르던 중세의 불합리했던 상황과, 오늘날 왜곡된 이성이 내재적 본성인 신성을 학대하며 근대 과학이 무소불위의 권력을 휘두르는 근대 서구의 불합리한 상황이 전혀 다를 바가 없는 것이다. 중세의 부정한 의식의 폐해에 대한 반작용일 수도 있겠으나, 종교에 대한 근대 과학의 알레르기 반응은 도를 넘어 의식 차원의 모든 것을 부정하고 드디어는 생명의 본체까지도 부정하는 존재론적 자살(ontological suicide)을 감행하기에 이른 것이다.

그럼에도 여전히 의식 차원의 논의가 비효율적이고 낯설게 여겨진다면 그것은 의식의 진동수가 낮아 전체의식[보편의식]과 파장동조가 되지 못한 데 따른 것이다. 의식의 진동수가 낮다는 것은 의식이 잠들어 있다는 것이다. 낮에는 눈을 뜨고 잠들어 있고 밤에는 눈을 감고 잠들어 있으니—비록 매순간 바쁘게 움직일지라도 그것은 마치 꿈속에서 혼자 바쁘게 돌아다니는 몽유병 환자와도 같은 것이어서—24시간 잠들어 있는 의식으로 살다가는 셈이다. 간밤에 꾼 꿈을 실제 삶이라고 여기지 않듯이, 삶 자체가 환몽幻夢이니 살았다고 할 수도, 따라서 죽었다고 할 수도 없는 것이다. 끝없는 '삼사라(samsara 生死輪廻)'가 일어나는 것은 이 때문이다. 반면, 의식의 진동수가 높다는 것은 의식이 깨어 있다는 것이다. 깨어 있는 의식이란 과거나 미래를 기웃거리지 않고 '지금 여기'에 집중해 있는 의식이다. 24시간 깨어 있는 의식에서 나오는 판단과 몽유병 환자의 판단 중 어느 것이 더 신뢰할 만한 것인지는 자명하지 않은가. 혹자는 '그건 성자들의 삶이지 학자들의 삶은 아니다'라고 단언할지 모른다. 그렇게 말하는 순간, 성聖과 속俗, 정신과 물질, 의식과 제도라는 이원론의 덫에 걸린 것이다. 성속일여聖俗一如이며, 색즉시공色卽是空 공즉시색空卽是色이다. '도구적 이성'의 발흥이 사그라지고 의식이 깨어나면 자연히 그 덫에서 풀려나게 될 것이다.

서구의 경우 전일적 실재관의 특성은 양자물리학, 양자의학, 유기체생물학, 게슈탈트 심리학, 신경생리학, 홀로그램 모델, 복잡계 이론, 생태이론 등에서 광범하게 나타나고 있는데 그 핵심은 우주를 부분들만의 단순한 조합으로 볼 수 없다는 것이다. 이러한 광범한 연구에도 불구하고 우주와 생명의 본질에 관해 명징한 구조와 체계를 제시하지 못하는 것은 한마디로 영성과 물성의 역동적 통일성을 자각하지 못한 데 기인한다. 현대 과학의 전일적 실재관과 생태 담론 및 포스트모더니즘postmodernism 사조가 전 지구적으로 확산되면서 이원론적 세계관의 해체deconstruction를 둘러싼 담론이 불붙게 되는데 그 핵심은 의식 차원과 깊이 연결되어 있다. 이 우주를 우리의 의식이 지어낸 이미지 구조물로 보는 현대물리학의 홀로그램 우주론은 동양의 천인합일사상과 마찬가지로 신성과 이성, 정신과 물질, 의식과 제도가 본체와 작용의 관계로서 하나의 연결고리로 이루어져 있음을 보여 주는 대표적인 것이다. 의식과 제도의 변증법적 구조에 대한 이해가 없이는 인류가 처해 있는 복잡하고도 다양한 문제를 해결할 길이 없는 것이다. 그림자를 바꾸려면 실물을 바꾸어야 하듯이, 의식의 투사영인 이 세상을 바꾸려면 먼저 의식을 바꾸어야 하는 것이다. 전일적 패러다임의 긴요성이 역설되고 있는 것은 이 때문이다.

20세기 복지국가 건설이 다양한 이론과 정책과 제도의 정립에도 불구하고 그다지 성공적이지 못한 것은 사회적 부정의(social injustice)에 대한 정책적·제도적 처방이 의식과의 연결성을 도외시함으로써 실효를 거두지 못한 데 있다. 그러면 복지국가의 형성 과정에 대한 고찰을 통하여 의식과 제도의 관계를 살펴보기로 하자. 복지국가의 정치철학적 기초는 제레미 벤담(Jeremy Bentham)의 공리주의utilitarianism와 19세기 후반에 이르러 토머스 힐 그린(Thomas Hill Green)의 적극국가론에서 그 대체적인 골격이 형성되었다. 영국의 경우 1905년 자유당 내각 하에서 복지국가정책이 실시되었고, 제1차 세계대전 후 노동당에 의해 더욱 구체화되었다. 복지국가 건설은 케인즈 경제정책과 제2차 세계대전의 전후戰後 재건을 위하여 영국의 윌리엄 헨리 베버리지(William Henry Beveridge)가 사회보장제도의 청사진을 내놓으면서 획기적인 전환을 맞는다.

복지국가의 역사적 발전 과정을 보면 복지국가의 출현은 의회주의의 발전과 함수관계에 있다. 18세기 말 산업혁명을 기점으로 영국은 거대한 산업국가로 발전하는데 그 과정에서 주역을 담당했던 산업적 중산계급이 또한 정치적·사회적인 주축으로 등장하면서 제한선거제와 부패선거구(rotten borough)로 대변되는 당시의 지주과두제적인 정치체제에 맞서 그들의 이익을 관철하고자 정치권력의 주체가 될 것을 요구하게 된다. 이러한 현실적 요구에 부응하여 의회주의의 개혁을 가능케 하는 실천적 개혁 이론으로 나타난 것이 공리주의다.[62] 사회의 기본 원리를 '최대다수의 최대행복(the greatest happiness of the greatest number)' 에서 구하는 벤담의 공리주의는 밀Mill 부자父子를 중심으로 한 철학적 급진파(philosophical radicals)에 의해 더욱 발전되는데,*63 이들 공리주의자들은 사회 개혁의 메커니즘으로서의 입법의 개념을 강조함으로써 이들의 입법 이론은 사회복지제도의 건설에 논리적 기반을 제공했다.64

초기 자유주의로서의 철학적 급진주의가 중산계급의 정치적 지배를 위한 계급적인 성격을 띤 정치 이론이라면, 그린에 의해 대표되는 19세기 후반의 후기자유주의는 보통사람(the ordinary man)의 가치와 존엄성에 대한 깊은 신념에 의거한65 국민적인 것으로서 민주주의와 결합하고 있음을 선명하게 보여 준다. 그린에게 있어 공공복지는 그 궁극적인 가치가 개성의 자기 발전에 있는 까닭에66 국가의 역할은 도덕적 자기 발전의 삶을 구가하는 데 필요한 물질적 여건을 보장하고 불필요한 방해물을 제거하는 데 있었다. 그린의 적극적 자유주의는 개인의 권리나 적극적 자유의 실현을 위하여 필요하다면 국가의 적극적인 관여가 허용될 수도 있다고 보아67 계약의 자유나 자유방임주의를 부정하고 새로이 출현하는 민주복지국가론에 철학적 기초를 제공함으로써 영국 자유주의의 수정을 촉구하게 된 것이다.68 실로 20세기 초반기에 입법화된 것은 모두 그의 철학적 후원의 덕분이라고 해도 과언은 아닐 것이다.69

베버리지가 사회보장제도의 청사진을 내놓은 이후 오늘에 이르기까지 복지국가는 전반적인 생활 수준의 향상에 따른 절대적 빈곤에서 상대적

---

* 존 스튜어트 밀은 양적 쾌락의 개념을 기반으로 한 벤담과는 달리 쾌락의 질적 차이를 인정하고 사회교육을 통한 개성의 성장 및 발전을 중시했다. 그리하여 그는 자본주의경제를 수정하는 사회개량주의가 사회복지의 실현에 기여하는 것으로 보았다. 이러한 그의 입장은 20세기에 들어 피구(Arthur Cecil Pigou)의 후생경제학으로 확립되게 된다.

빈곤으로의 빈곤의 개념 변화에서 보듯 어느 정도로는 성과를 거두었다고 할 수도 있을 것이다. 그러나 오늘날 산업화된 국가에서 복지국가는 보수파와 급진파의 양쪽 모두로부터 공격을 받고 있으며,[70] 빈곤의 철폐 및 불평등의 실질적인 해소,[71] 그리고 사회적 통합의 증대 및 대중 참여의 강화[72] 등의 당면과제에 직면해 있다. 이는 복지국가의 본질에 부적합한 형태의 제도화와 그것의 잘못된 운용에 기인하는 것이기도 하겠지만, 보다 근원적인 의미에 있어서는 단순한 제도적 차원을 넘어선 인간학(the science of man)[73]의 범주에 속하는 문제이기 때문일 것이다. 복지 수준이 복지 비용의 증대를 따르지 못하는 것은 소외적인 거대한 관료제의 출현[74]과 결부된 복지제도 그 자체의 내재적 결함과 유관한 것은 사실이지만, 제도적 개혁만으로 복지국가의 당면과제가 극복될 수 있는지는 여전히 의문이다.

그럼에도 오늘날 복지국가는 개발도상국은 물론 선진공업국의 경우에도 복지 비용의 증대 현상이 말하여 주듯 그 필요성은 더욱 절실해지고 있다. 광범한 사회보장의 실현은 우리 사회가 당면한 주요 과제들 중의 하나이기도 하다. 복지 비용의 증대를 가져온 원인들로는 노년층의 조기 은퇴와 실업률의 증대, 보건사회적 보장 체계의 양적 확대 및 질적 발전과 이혼율의 증대 등을 들 수가 있는데, 특히 실업률의 증대는 복지 비용 증대의 주요 원인인 것으로 나타난다. 오늘날 '후기 부르주아적 가치(post-bourgeois values)'[75]의 출현과 더불어 '기대혁명(revolution of expectation)'의 진행으로 삶의 질과 인간주의적 이상을 강조하는 분위기가 고조되고 있는데, 이는 현대 복지국가의 당면과제가 단순한 물질적 보장이 아니라 그것을 기반으로 한 정신적 제가치의 실현이라는 것을 말하여 준다. 더욱이 세계화의 시대를 살고 있는 오늘의 우리에게 국가간·지역간·계층간 분배 불균형의 심화와 억압과 차별 및 빈곤의 악순환, 대립 및 분쟁의 격화와 군사비 지출 증대와 같은 현상은 복지개념을 단순히 국민국가의 틀 속에서만 생각할 수 없게 한다.

복지국가는 정신과 물질, 부분과 전체, 주관과 객관이 통일체를 이룬 국가이다. 지역화와 세계화, 특수성과 보편성, 국민국가와 세계 시민사회의 통합문제는 인류 사회의 복지 구현을 위한 심대한 과제다. 이러한 과제의 달성은 생명의 전일성을 자각함으로써, 다시 말해 생명의 본체인 '하나(ONE 天地人)'인 참본성과 그 작용인 우주만물이 분해될 수 없는 전체성을 그 본질로 한다는 사실을 자각함으로써 가능하게 된다. 만유에 편재해 있는 '하나'인 참본성을 깨닫게 되면 주체와 객체의 이분법이 성립되지 않는다는 사실을 알게 되어 인간의 도덕성이 최고도로 발휘될 수 있게 되는 것이다. 진정한 복지국가의 실현은 공공선에 대한 확고한 인식과 더불어 물질적 성장 제일주의가 아닌, 인간의 의식 성장을 목표로 하는 것이어야 한다. 또한 오늘의 생명 위기에 효율적으로 대처할 수 있기 위해서는 냉전 시대의 국가 중심적 발전 전략에서 벗어나 윈-윈 구조의 협력 체계를 기반으로 전 지구적인 공조 체제를 형성할 필요가 있다. 지역성과 세계성, 특수성과 보편성을 조화시킬 수 있는 세계시민주의 정신과 '열린 사회'를 지향하는 평등주의적 세계관 및 정의관의 확립이야말로 인류 사회의 복지 구현을 위한 선결 과제로서 정신과 물질, 의식과 제도의 변증법적 통합을 엿볼 수 있게 한다.

인간이 육체적 죽음과 더불어 영원히 사라진다는 비과학적인 생각은 어디로부터 오는 것일까? 그것은 우주의 실체가 육체와 같은 물질적 껍질이 아니라 의식이라는 사실을 직시하지 못하는 데서 오는 것이다. 또한 에너지가 한 형태에서 다른 형태로 변화할 수는 있지만 어떠한 물리적 변화에서도 모든 물체가 지닌 에너지의 총량은 불변이라는 에너지 보존의 법칙을 이해하지 못하는 데서 오는 것이다. 이 우주에서 사라지는 것은 아무 것도 없다. 이 우주는 오직 우주 섭리에 따라 스스로 생성되고 스스로 변화하여 스스로 돌아가는 '참여하는 우주'인 것이다. 지구도 인간과 마찬가지로 하나의 생명체이며, 우리 모두는 지구의 몸을 이루고 있는 세포들로서 우리가 지구에 가한 가혹행위는 그대로 부메랑이 되어 돌아오고 있다. 말하자면 생명계는 이른바 '부메랑 효과(boomerang effect)'로 설명되는 에너지 시스템인 것이다.

— '에너지 시스템인 생명계' 중에서

삶과 죽음의
통섭

날숨과 들숨 사이의
바르도Bardo

삶과 죽음의 비밀은 호흡에 달려 있는 까닭에 예로
부터 우리 민족은 삶과 죽음을 통섭하는 방법으로 우주 진기眞氣를 의식적
으로 호흡하는 호흡법[調息法: 호흡을 고르게 하는 법]*을 익혀 왔다. 호흡(breath
숨)이란 날숨exhalation과 들숨inhalation을 말하는데, 호흡을 고르게 한다는 것
은 곧 몸과 마음을 고르게(調身·調心)하는 것으로 우주 기운의 도수와 하나
가 되는 것이다. 그러면 왜 '흡호'라 하지 않고 '호흡'이라고 하여 '숨 내
쉴 호'가 먼저 나왔는지에 주목할 필요가 있다. 숨을 내쉬고 더 이상 들이
쉬지 않으면 죽음이 일어나고, 숨을 들이쉬면 삶이 일어난다. 따라서 날숨
은 곧 죽음이고, 들숨은 곧 삶이다. 날숨인 죽음은 들숨인 삶으로 가는 통

---

* 단전호흡, 태식호흡, 복식호흡 등을 말한다.

로이고, 들숨인 삶은 날숨인 죽음으로 가는 통로이다. 날숨인 죽음은 들숨인 삶 이전의 원초의 심연인 까닭에 '흡호'라 하지 않고 '호흡'이라고 하는 것이다. 이는 마치 음陰이 양陽의 창조의 빛 이전의 원초의 심연인 까닭에 '양음'이라고 하지 않고 '음양'이라고 하는 것과 같다. 본래 하나이나 둘로 현현했을 뿐이다. 죽음[陰]은 삶[陽]의 맹아를, 삶은 죽음의 맹아를 내포한 채 창조적인 상보성의 원리 속에서 영원한 교차 현상이 나타나는 것이다. 음양의 상징인 태극은 우주에서의 두 위대한 힘의 완전한 균형과 조화를 나타낸 것이다.

날숨과 들숨, 죽음과 삶을 하나의 생명의 순환 고리로 인식하면 우주 기운의 도수와 하나가 되어 머무름이 없이 항상 두루 교화하는 무주無住의 덕을 지니게 된다. 날숨의 끝은 곧 들숨의 시작이니, 날숨과 들숨의 경계는 매우 중요하고도 미묘한 의미를 지닌다. 이는 마치 이 세상에서의 죽음이 곧 저 세상에서의 새로운 탄생을 의미하는 것이니, 죽음과 탄생의 경계(중간 영계인 바르도Bardo)가 매우 중요한 의미를 지니는 것과도 같다. 여기서 '이' 세상과 '저' 세상이란 표기는 상대계인 물질계[현상계]의 관점에서 쓰인 것일 뿐, 의식계[본체계]의 관점에서 보면 가는 것도 오는 것도 없으니 '이' 세상과 '저' 세상이 다른 것으로 구분되지 않는다. 마치 꽃봉오리가 열리고 닫히는 것처럼, 무수한 사상事象이 펼쳐진 '다多'의 현상계와 그 무수한 사상이 하나로 접힌 '일—'의 본체계는 상호 조응해 있으며 상호 관통한다. 실로 육체를 지닌 삶만이 삶의 전부는 아니라는 점에서 죽음은 곧 새로운 삶의 시작을 의미한다. 말하자면 영체(靈體, 意識體)로서의 새로운 탄생인 것이다.

죽음 너머 미지의 세계로 떠나는 사자死者를 위한 안내서로서 전 세계적으로 주목받고 있는 경전인 『티벳 사자死者의 서書 *The Tibetan Book of the Dead: Liberation Through Understanding in the Between*』[76]에는 사후에 대개 49일간의 세 단계의 바르도(Bardo 중간영계)를 거쳐 영체가 인간계나 다른 세계 또는 천상계에 환생하는 것으로 나와 있다. 죽음과 탄생의 경계에 있는 세계, 즉 중간영계인 바르도에서 듣는 것만으로 영원한 자유에 이르게 한다는 『티벳 사자의 서』 경전이 숫자 7의 자승수인 49라는 숫자에 기초하고 있음을 주목할 필요가 있다. 49라는 숫자는 사자死者가 삼악도三惡道*에 들지 않고 보다 나은 세상에 태어나기를 비는 기도의식인 49재** 즉 칠칠재七七齋와 관련이 있다. 생명의 낮의 주기가 다하면 육체의 소멸과 더불어 생명의 밤의 주기가 이어지는 것이니, 탄생은 삶의 세계에만 있는 것이 아니라 죽음의 세계에도 있으며 그런 점에서 육체를 지닌 삶이 삶의 전부는 아닌 것이다. 말하자면 죽음은 곧 새로운 탄생을 의미한다. 사후에 육체의 옷을 벗은 의식체[靈體]는 대개 49일간의 세 바르도 단계를 거쳐 자신의 의식의 주파수에 상응하는 새로운 세계에 환생하게 된다고 한다.

이 경전에 따르면 임종시 3일 반 내지 4일간 대부분의 의식체는 자신이 육체로부터 분리된 사실을 알지 못한 채 혼수상태에 빠지게 되는데 이 기간이 첫 번째 바르도인 치카이 바르도(Hchikhahi Bardo), 즉 '죽음의 순간의 바르도'이다. 이때 최초의 투명한 빛(the Clear Light of Death), 다시 말해 모든

---

* 중생이 악업의 죄과로 죽어서 가게 된다는 세 괴로운 세계, 즉 地獄道, 畜生道, 餓鬼道를 말한다.

** 死者가 다시 환생하기까지 바르도(Bardo)에 머무는 기간은 대개 49일인 것으로 알려져 있는데 49일간의 기도의식인 49재는 이와 관련이 있다.

존재의 근원에서 나오는 순수한 빛이 사자 앞에 나타나지만, 자신의 카르마(karma 業)로 인해 그것이 생명의 본체인 참본성의 빛임을 인식하지 못한다. 이 기간이 끝나면서 자신에게 죽음이 일어난 사실을 깨달은 사자는 두 번째 바르도인 초에니 바르도(Chösnyid Bardo), 즉 '존재의 근원을 체험하는 바르도' 단계로 진입한다. 곧이어 세 번째 바르도인 시드파 바르도(Sridpahi Bardo), 즉 '환생의 길을 찾는 바르도' 를 경험하는데, 이 단계는 의식체가 인간계나 다른 세계 또는 천상계에 환생함으로써 종결된다. 그러나 죽음의 순간에 나타나는 최초의 투명한 빛을 인식할 수 있다면 어떤 사후세계도 거치지 않고 태어남이 없는 근원의 세계로 곧바로 진입하게 된다고 한다. 그 비밀은 '지금' 의식, 즉 의식의 깨어 있음[77]에 있다.

그러나 깨어 있는 의식으로 살지 못한 사람은 죽음 역시 잠든 의식 상태에서 맞이하게 되므로 모든 존재의 근원에서 나오는 투명한 빛, 참본성의 빛을 알아차리지 못한다. 말하자면 의식이 잠든 상태에서 무의식적인 삶을 산 사람은 혼수상태에서 무의식적인 죽음을 맞이하므로 임종시 영혼이 육체를 떠나는 모습을 지켜볼 수 없게 되는 것이다. 생명의 본체인 불생불멸의 '하나' 인 참본성을 인식하지 못하면 의식이 잠든 상태에서 삶과 죽음의 계곡을 오가는 것이니, 의식의 깨어남이 없이는 그러한 과정은 종식될 수가 없다. 삶과 죽음은 육체의 옷을 입은 것과 벗은 것의 차이일 뿐, 그 실체인 의식체의 본질이 달라지는 것은 아니다. 걸림이 없는 의식에 이르는 가장 확실하고도 유일한 방법은 삶과 죽음의 경계 저 너머에 있는 '지금' 의식에 머무는 것이다. 바로 '지금' 의식 속에 삶의 기술과 죽음의 기술이 다 들어 있다고 하는 것은 이 때문이다.

'지금' 의식 속에 머물면 호흡이 일어나고 사라지는 것을, 생명의 순환을 깨어 있는 의식으로 지켜볼 수 있다. 매순간 날숨과 들숨 사이의 경계인 바르도bardo를 깨어 있는 의식으로 지켜봄으로써 죽음과 탄생의 경계인 중간영계, 즉 바르도를 체험적으로 알 수 있게 되는 것이다. 따라서 날숨과 들숨의 통섭은 곧 죽음과 삶의 통섭이며, 무와 유, 공과 색, 정신과 물질의 통섭 또한 같은 맥락에서 이해될 수 있다. 우주의 이치는 가시권에서 비가시권에 이르기까지, 극대로부터 극미에 이르기까지 한치의 어긋남도 없이 동일하게 적용될 수 있는 것이어서 날숨과 들숨 사이의 바르도를, 생명의 순환을 열린 의식으로 지켜볼 수 있게 되면 한 길로 생사를 초월하게 된다. 하지만 매순간 우리가 그것을 놓치는 것은 무의식적인 호흡이 일어나는 까닭이다. 무의식적인 죽음과 무의식적인 삶이 일어나는 까닭이다. 그리 되면 꿈속에서처럼 무의식적으로 삶과 죽음의 계곡을 오가는 것이니, 삼사라(samsara 生死輪廻)란 이를 두고 하는 말이다. 날숨과 들숨은 곧 죽음과 삶 그 자체이기에 날숨과 들숨 사이의 바르도를 일별一瞥하는 것은 곧 죽음과 삶의 경계인 바르도를 일별하는 것이다. 평소 조식법調息法을 통해 호흡을 고르게 한 사람은 죽음의 순간에 나타나는 참본성의 빛을 인식할 수 있어 근원의 세계로 곧바로 진입할 수 있다. 생사의 비밀과 마찬가지로 호흡의 비밀 또한 그 경계인 바르도에 있는 까닭에 날숨과 들숨 사이의 바르도에 주목하게 된 것이다.

무의식적인 호흡은 무의식적인 생사samsara를 낳는 반면, 호흡을 고르게 하는 의식적인 호흡은 '지금' 의식 속에 머물게 하는 가장 유효한 방법 중 하나로 삶과 죽음의 통섭이 일어나게 하는 원천이다. 삶과 죽음은 물질계와 의식계를 표징하는 범주로서 일체의 이분법의 원천이 되는 까닭에 삶과 죽음의 통섭을 이해하지 못하고서는 그 어떤 실제적인 통섭도 일어날 수가 없다. 지그문트 프로이드(Sigmund Freud)가 말한 리비도libido와 타나토스thanatos, 즉 삶의 본능과 죽음의 본능이라는 이중적 본능 속에서 살아가는 인간은 물질 차원의 세 기운인 밝은 기운, 활동적인 기운, 어두운 기운이 만들어내는 현상이라는 환영幻影에 미혹되어 그 배후에 있는 생명의 본체인 불생불멸의 참자아[참본성, 궁극적 실재]를 인식하지 못한다. 죽음이, 일체의 분리의식이 일어나는 것은 이 때문이다. "흙地, 물水, 불火, 바람風, 에테르, 마음, 지성, 에고의식, 이 여덟 가지는 모두 참자아의 본성적인 에너지가 밖으로 현현한 것일 뿐, 그 너머에는 보이지 않는 내재적 본성神性이 있으며 그것이 이 우주만물을 지탱하는 생명의 근원이다."[78] 따라서 실제적인 통섭이 일어나기 위해서는 일체의 통섭의 바탕을 이루는 삶과 죽음의 통섭이 일어나야 한다.

죽음은 '하나' 인 참자아를 인식하지 못하고 서로 다른 것으로 분리시키는 데서 온다. 분리의식이 사라지면 죽음은 일어나지 않는다. 죽음의 의미는 생명의 본체와 작용이 하나임을, 다시 말해 전일적인 의식계와 다양한 물질계가 분해되지 않는 전체성이 그 본질이라는 사실을 체험적으로 이해함으로써 앎의 원을 완성하고 삶의 원을 완성하는 데 있다. 죽음은 궁극적으로는 존재하지 않는 것이지만, 삶을 존재로서 체험하기 위해 만들어낸 것이다. 비우고 또 비우는 연단鍊鍛의 과정을 통하여 마침내 '함이 없으면서도 하지 않음이 없는'[79] 경지에 이르면, 다시 말해 무위이화無爲而化의 덕과 그 기운과 하나가 되면, 사람이 법을 좇는 것이 아니라 법이 사람을 좇고 물질이 의식을 거두어들이는 것이 아니라 의식이 물질을 거두어들이는[80] '천부중일天符中一'[81]의 이상은 실현될 수 있을 것이다. 이는 곧 '삼즉일三卽一' 의 원리가 인간 존재 속에 구현되는 것으로, 대립하는 두 범주—즉,

유와 무, 색과 공, 물질과 정신, 삶과 죽음—간의 통섭이 이루어지면 일체가 환화幻化의 작용임을 알게 되어 미망에서 벗어날 수 있게 된다.

삶과 죽음의 관계성에 대한 통찰이 없이는 존재계는 한갓 무수하게 분리된 '존재의 섬' 일 뿐이다. 삶이라는 나무 위에 맺어지는 죽음이라는 열매를 수확한다는 말이—곡식을 수확한다는 말과는 달리—불길하게 들리는 것은 삶과 죽음이 낮과 밤의 관계와 마찬가지로 하나의 고리로 연결되어 있다는 사실을 알지 못하는 데서 오는 것이다. 삶은 죽음의 시작이며 죽음은 새로운 삶의 시작이라는 것을, 움직임[삶]은 고요함[죽음]의 또 다른 모습이라는 것을 알지 못하는 데서 오는 것이다. 이러한 생명의 순환 고리를 직시할 수 있으면 삶과 죽음의 저 너머에서 온갖 슬픔과 고통과 두려움과 죄악에서 벗어난다. 여기서 생명의 순환 고리를 직시한다는 것은 생명의 본체인 '하나(ONE 天地人)' 인 참본성[混元一氣]과 참본성의 자기복제로서의 작용으로 나타난 우주만물이 본체와 작용, 즉 물체와 그림자의 관계로서 하나라는 사실을 깨닫는 것이다.

'하나' 인 참본성, 즉 혼원일기(混元一氣, 至氣, 우주의 창조적 에너지)는 천지만물의 근원으로서 무한한 생명력을 지니고 있다. 하나의 달(月)이 수천 갈래 시냇물에 비치지만, 허공에 떠 있는 달은 변함도 다함도 없는 것과 같은 이치다. 밤이 다하면 물속에 있는 수천 개 '달' 이 그 근원인 하나의 '달' 에 의해 거두어지듯, 우주만물은 그 근원인 '하나' 인 혼원일기로 돌아가는 것이다. 무지無知의 바람이 고요해지면 일체의 현상은 '하나' 의 본질 속으로 흡수되기 마련이므로 생명의 전일성이 자연히 드러나는 것이다. 이처럼 자본자근自本自根·자생자화自生自化하는 '하나' 의 조화造化, 즉 생명의 파동적 성격을 깨달으면, 본체계[의식계, 靈性]와 현상계[물질계, 物性]를 상호 관통함으로써 생명의 근원적 평등성과 유기적 통합성이 드러나므로 일체의 대립성과 분절성이 종식되어 생명과 평화의 새로운 문명이 개창되는 것이다.

이렇게 볼 때 흔히 동양의 순환론이 서양의 직선적인linear 변증법적 발전론과는 달리 정태적이고 발전적이지 못하다는 주장은 순환론의 본질을 이해하지 못하는 데서 오는 것이다. 서양의 발전론이—헤겔의 '주인과 노예의 변증법'에서 보듯—의식의 진화 과정을 논리적으로 설명하기 위해 직선적인 변증법적 발전 방식을 기용한 것이라면, 동양의 순환론은 의식의 진화 과정을 직관적으로 설명하기 위해 천지운행의 원리에 조응하는 순환적circular인 변증법적 발전 방식을 기용한 것이다. 한마디로 "순천자順天者는 흥하고 역천자逆天者는 망한다"[82]는 것이 동양의 순환적 발전론의 요점이다. 천리에 순응하는 삶을 살아야 함을 강조하는 것은 이 때문이다. 그러기 위해서는 영성과 물성의 역동적 통일성에 기초한 생명의 순환을 이해해야 한다. 동양의 순환론과 서양의 발전론이 공통으로 지향하는 종국 지점은 주관과 객관의 조화를 함축한 이상사회의 구현이다. 다시 말해 생명의 전일성에 대한 자각에 기초한 에코토피아ecotopia의 구현이다.

따라서 이 세상에서 우리가 새로이 이루어야 할 것은 아무것도 없다. 본래의 참본성[自性, 神性, 靈性]을 회복하는 일만이 있을 뿐이다. 이러한 사실을 깨닫게 되면, 이 세상에서 일어나는 무수한 일들 모두가 기실은 의식의 진화를 위한 학습 여건 창출과 관계된 것으로 집착할 만한 것이 못 된다는 것을 알게 된다. 우리는 이 세상에 선과 악을 심판하는 심판자로 온 것이 아니라, 상대계에서의 대조적 체험을 통해 의식을 확장시키는 학생으로 온 것이다. 주어진 상황을 긍정적이고도 적극적으로 수용해야 하는 것은 이 때문이다. 그러기 위해서는 생명의 본체와 작용의 관계성을, 그 순환 고리를 깨닫기만 하면 된다. 이러한 관계성에 대한 통찰이 결여되면 니힐리즘nihilism에 빠지게 된다. 본체와 작용이라는 생명의 순환 고리를 인식하지 못한 채 끊임없이 생멸하는 겉모습에만 집착하고 있으니 공허해지고 허무주의에 빠지는 것이다.

니힐리즘은 하늘[참본성]과 인간, 인간과 인간의 소통성의 부재의 산물이며 그런 점에서 '닫힌 자아'와 자기파괴를 상징한다. 니힐리즘이 수반하는 미묘한 상실감은 바로 우주의 본질인 생명의 뿌리로부터 단절된 데서 오는 것이다. 분리할 수 있는 것이 아닌데 에고ego의 잣대로 분리시켜 우주에 역행하는 짓을 하고 있으니, 우주로부터 버림받을 것이 자명하다는 것을 잠재의식은 알고 있는 것이다. 그러나 이러한 부정성negativity은 부정의 부정을 거쳐 궁극에는 대긍정의 경계로 나아가는 추동력을 발휘할 수 있게 한다. 허무의 심연에 이르면 일체를 관통하는 영적인 지혜의 보물을 얻을 수가 있는 것이다. 타오르는 삶의 불길 속에서 에고가 완전히 무르익어 떨어져 나갈 때, 그리하여 자기로부터의 자유(freedom from the self)를 얻을 때 비로소 삶의 원은 완성되는 것이다. 이는 곧 삶과 죽음이 하나의 순환 고리로 연결되어 있음을 깨닫는 것이다. 돈, 권력, 명예, 인기 등은 에고를 단련시키고 무르익게 함으로써 결국에는 익은 과실이 땅에 떨어지듯 에고를 떨어져 나가게 한다. 그것은 곧 내가 내 마음을 타고 참본성의 세계로 되돌아가는 것이다.

깨달은 자는 존재계와 하나가 되기에 누구를 이용하지도, 이용당하지도 않는다. 순수한 존재는 '나'도 없고 '너'도 없다. '나'가 사라지면 이 세상에 '나' 아닌 것이 없으므로 만유 속에서 그 자신을 보고 그 자신 속에서 만유를 보는 이원성의 종식이 일어난다. 낮이 다하면 밤이 오고 밤이 다하면 다시 낮이 오듯, 생명의 낮의 주기가 다하면 죽음이 오고 생명의 밤의 주기가 다하면 다시 삶이 오는 것이니 삶으로부터 도피할 필요도, 죽음으로부터 도피할 필요도 없는 것이다. 도피와 같은 소극적이고 부정적인 방식으로는 결코 존재의 강을 건널 수 없으며 따라서 진리의 언덕에 오를 수도 없기 때문이다. 도피와 같은 부정적인 의식은 순수의식과는 거리가 먼 부정한 의식이다. 만유가 모두 '나'라고 생각한다면, '하나'인 참본성의 화현이라고 생각한다면 이 세상 그 어떤 것으로부터도 도피할 이유가 없는 것이다.

그러나 깨달음의 여정은 멀고도 험난한 길이어서 때론 '자살suicide'이라는 복병을 만나기도 한다. 앎을 존재로서 체험하기 위해 육체라는 옷을 입고 지구학교로 온 것인데, 공부가 힘드니 육체라는 옷을 벗어 버리는 것이다. 그러나 옷을 벗는다고 몸의 통증이 멎는 것이 아니듯, 육체라는 옷을 벗는다고 영혼의 고통이 멎는 것은 아니다. 죽음은 결코 고통하는 영혼의 탈출구가 될 수 없으며, 오히려 영혼의 여정을 더욱 멀고 험난하게 할 뿐이다. 왜냐하면 삶에 대한 부정은 곧 죽음에 대한 부정이며, 생사에 대한 부정은 영혼이 길을 잃은 것을 의미하기 때문이다. 자살의 근원적인 문제는 육체의 소멸보다는 육체를 소멸시킨 부정한 의식 그 자체에 있다. 우주의 실체는 의식이고 그 진행 방향은 영적 진화이며 그 진화란 부정한 심상을 지워 가는 것인데, 자살은 그것에 역행하는 부정한 의식의 극치이기 때문이다. 전체와 분리된 '나'라는 부정한 의식이 자리 잡지 않으면 괴로워하거나 중도하차해야 할 이유가 없는 것이다.

삶 자체로부터의 도피뿐만 아니라 삶에 대한 왜곡된 집착 또한 영적 진화를 방해한다. 이집트나 잉카 제국의 문명에서 보듯 미이라로 만들어서까지 육체적인 자아를 영속시키고자 한 삶에 대한 왜곡된 집착은 그들의 의식이 원시적인 에고(ego 個我) 차원에 갇혀 참본성과 연결되지 못했음을 보여 주는 전형적인 사례이다. 삶의 세계에서 죽으면 죽음의 세계에 태어나게 되는 것이니 죽음은 삶의 또 다른 이름이다. 죽음과 더불어 육체라는 옷을 벗게 되면 영체(靈體, 意識體)로서의 새로운 삶이 시작되는 것이니 삶에 집착할 필요도, 죽음에 집착할 필요도 없는 것이다. 이렇듯 생명은 태어남도 죽음도 없고不生不滅 없는 곳이 없이 실재하는無所不在 까닭에 가장 근원적이고도 포괄적이며 보편적인 무시무종無始無終의 유일자唯一神, 一氣[83]라고 하는 것이다. 삶과 죽음의 이원화는 물질계[현상계]와 의식계[본체계]를 이원화하는 데서 오는 영적 무지의 산물이다. 오직 이 육체만이 자기라는 생각을 내려 놓을 때 비로소 삶과 죽음의 통섭이 일어나고 생명의 근원과 연결되어 온 세상이 생명과 평화의 기운으로 가득 차게 되는 것이다.

에너지 시스템인 생명계

인간이 육체적 죽음과 더불어 영원히 사라진다는 비과학적인 생각은 어디로부터 오는 것일까? 그것은 우주의 실체가 육체와 같은 물질적 껍질이 아니라 의식이라는 사실을 직시하지 못하는 데서 오는 것이다. 또한 에너지가 한 형태에서 다른 형태로 변화할 수는 있지만 어떠한 물리적 변화에서도 모든 물체가 지닌 에너지의 총량은 불변이라는 에너지 보존의 법칙을 이해하지 못하는 데서 오는 것이다. 이 우주에서 사라지는 것은 아무 것도 없다. 이 우주는 오직 우주 섭리에 따라 스스로 생성되고 스스로 변화하여 스스로 돌아가는 '참여하는 우주' 인 것이다. 지구도 인간과 마찬가지로 하나의 생명체이며, 우리 모두는 지구의 몸을 이루고 있는 세포들로서 우리가 지구에 가한 가혹행위는 그대로 부메랑이 되어 돌아오고 있다. 말하자면 생명계는 이른바 '부메랑 효과(boomerang effect)'로 설명되는 에너지 시스템인 것이다.

우주만물은 분자, 원자, 전자, 아원자亞原子 입자들의 쉼 없는 운동으로 진동하는 에너지 장場이다. 이 우주는 분리 자체가 근원적으로 불가능한 거대한 파동의 대양[氣海]이며, 우주만물은 그 파동의 세계가 벌이는 우주적 무도舞蹈에 동등한 참여자로서 참여하고 있다. 데이비드 봄(David Bohm)이 아원자의 역동적 본질을 나타내기 위해 사용한 '홀로무브먼트 holomovement'라는 용어는 우주의 창조적 에너지의 흐름을 잘 함축하고 있다. 홀로무브먼트의 관점에서 이 우주는 각 부분 속에 전체가 내포되어 있는 거대한 홀로그램hologram적 투영물이며, 전자electron는 기본 입자가 아니라 단지 홀로무브먼트의 한 측면을 지칭한 것으로 입자인 동시에 파동으로 나타나게 된다는 것이다.[84] 우리가 딱딱한 물질이라고 지각하는 것도 기실은 특정 주파수대의 에너지 진동이며 그러한 견고함은 감각적 환영에 지나지 않는다. 우리의 육체 또한 특정 주파수대의 에너지 진동으로 99.99%가 텅 빈 공간으로 이루어져 있다고 한다. 단순한 육체적 자아가 아니라는 사실을 발견하는 것이야말로 어쩌면 이 세상에서 가장 경이로운 일인지도 모른다. 우주의 실체는 의식이며, 인간이란 지구에 살고 있는 의식에 지나지 않는다. 생각 또한 똑같은 에너지 진동이지만 물질보다 높은 주파수대에 속하는 까닭에 눈으로 볼 수도, 만질 수도 없는 것이다.

만물은 끊임없이 생성·변화·소멸하는 과정 속에 있으므로 사람이든, 사물이든, 혹은 어떤 현상이든, 아무런 변화가 없는 '있음being'의 상태로 존재하는 것은 아무 것도 없다. 그런 까닭에 헤라클레이토스Heraclitus는 "만물은 유전流轉한다. 사람은 똑같은 강江을 두 번 다시 건널 수 없다"고 하며 반대되는 양극兩極의 의미를 동일한 것으로 보았다. 일리야 프리고진(Ilya Prigogine)은 비평형 열역학을 통해 '됨becoming'의 가변적 과정이 일반적이고 '있음'의 불변적 상태는 오히려 예외적 현상인 것으로 인식했다.[85] 이러한 그의 과학적 세계관은 실재reality를 변화의 과정 그 자체로 본 화이트헤드(Alfred North Whitehead)의 과정철학(process philosophy 또는 philosophy of organism)[86]과 마찬가지로 전일적 과정으로서의 생명 현상을 파악할 수 있게 한다. 화이트헤드에게 있어 '있음'은 전체와 분리된 개체로서가 아닌, 유기체로서의 관계론적 의미로서만 설명이 가능한 것이다. 이처럼 '있음'과 '됨'의 변증법적 통합에 대한 인식은 생명의 전일성과 근원적 평등성 및 유기적 통합성을 파악하기 위한 필수조건이다.

우주적 견지에서 보면, 죽음은 소우주인 인간이 전체의식[보편의식, 근원의식, 순수의식, 우주의식]을 향해 진화하는 과정에서 단지 다른 삶으로 전이하는 것에 불과하다. 에너지 시스템인 생명계는 영적 진화[의식의 진화]와 불가분의 관계에 있다. '부메랑 효과'를 가져오는 작용·반작용의 법칙[카르마의 법칙, 인과의 법칙, 輪廻의 법칙]은 진화를 추동하는 자연법이다. '업業'이라는 의미로 흔히 사용되는 카르마kamma는 작용·반작용의 법칙과도 같은 것으로 근본적으로 영성靈性이 결여된 데서 생기는 것이다. 뿌린 대로 거둔다는 말 속에는 카르마의 진수가 함축되어 있다. 카르마의 법칙은 카르마의 작용이 불러일으키는 생명의 순환[生死輪廻]을 지칭한 것이다. 이러한 순환은 생生·주住·이異·멸滅의 사상四相의 변화가 그대로 공상空相임을 깨닫지 못하고 탐욕과 분노의 에너지에 이끌려 집착하는 데 있다. 행위 그 자체보다는 동기와 목적이 카르마의 작용을 불러일으키는 원인이 된다. 동기와 의도의 순수성과 일관성, 그리고 정성을 다하는 마음을 강조하는 것은 이 때문이다. 인내하고 용서하고 사랑하는 마음이야말로 이러한 법칙에 대한 유일한 용제溶劑이다.

카르마의 법칙은 죄를 지으면 반드시 괴로움이 따르기 마련이라는 죄와 괴로움의 인과관계*에 대한 응시를 통해 궁극적인 영혼의 완성에 이르게 하는 자연법이다. 영적 진화 과정에서 생성과 소멸의 주기를 반복하면서 작용하는 이 삶의 법칙은—산스크리트어로 원래 '행위'를 뜻하는 카르마의 어원이 말하여 주듯—인간 행위의 불완전성에서 기인한다. 그것의 목적은 단순한 징벌에 있는 것이 아니라 내적 자아의 각성과 영성 계발에 있으며, 인간의 영혼이 완성에 이르기 위한 조건에 관계한다. 따라서 고통스러운 상황을 단지 수동적으로 받아들이기보다는 그 속에 담겨진 영적 교훈을 적극적으로 배우는 자세로 일관해야 한다. 인간 행위의 불완전성은 의식이 깨어나지 못한 데 기인한다. 의식이 잠들어 있으면 행위는 온통 결함으로 뒤덮이게 된다. 행위가 결함으로 뒤덮여 있다는 것은 곧 행위가 전체적이지 못하다는 것이다. 말하자면 생명의 전일성을 자각하지 못하고

---

* 작용·반작용의 법칙에 있어 인과관계는 아주 가까운 과거에 있을 수도 있고, 아주 먼 과거에 있는 경우도 있다. 반작용으로서의 오늘의 이 카르마는 며칠 전의 작용이 낳은 결과일 수도 있고, 몇 년 전, 아니 몇 만 년 전의 작용이 낳은 결과일 수도 있는 것이다. 우주는 본질적으로 역동적이며 불가분의 전체이므로 카르마가 작용하는 것은 한정된 시간과 공간에서가 아니라, 時空 연속체에서 일어나는 것이다. 한마디로 카르마를 보상하기에 가장 적절한 시기와 장소에서 나타나는 것이다. 이는 곧 모든 것이 홀로무브먼트의 한 측면이라고 보는 상호 연관과 상호 의존의 세계 구조를 말하여 준다.

'아我'와 '비아非我', '이것'과 '저것'을 이원화시키는 이기적 행위에 사로잡히게 되는 것이다. 이기적 행위는 결국 스스로를 옥죄는 카르마의 원천인 까닭에 개인과 공동체 그 어느 쪽에도 도움이 되지 않는다. 일즉다一卽多·다즉일多卽一의 논리 구조에서 보듯 전체와 부분은 본체와 작용의 관계로서 하나이므로 진화는 정확하게 말하면 공진화co-evolution이다. 하여 거칠고 방종한 자아를 길들이기 위해 삶과 죽음의 계곡을 오가는 의식의 자기교육 과정이 수반되고, 종국에는 순수의식에 이르러 생사의 굴레에서 벗어나게 된다.

이 한 편의 대서사시 같은 장엄한 드라마는 영원이라는 시간의 무대 위에서 펼쳐진다. 육체라는 옷이 낡아 해체되면 또 다른 육체의 옷을 바꿔 입는 전생轉生의 과정을 되풀이하면서,[87] 마침내 물질과 비물질이 둘이 아니라는 사실을 깨달아 일체의 대립성과 분절성을 극복하고 공적空寂한 일심의 본체로 돌아가는 것이다. 이 우주가 영적 진화의 지향성을 갖는 것은, 없는 곳이 없이 실재하는 우주의 창조적 에너지 그 자체 속에 자본자근自本自根·자생자화自生自化하는 '우주 지성[보편의식]'이 내재해 있는 까닭이다. 참자아[참본성, 一心]라고도 불리는 이 우주 지성은 물성과 영성 그 어느 것에도 구애됨이 없이 생성·유지·파괴의 전 과정을 주재한다. 이는 곧 우주의 창조적 에너지인 신神이 기氣로, 다시 정精으로 에너지가 체體화 하는 과정인 동시에 '정'은 '기'로, 다시 '신'으로 화하여 일심의 원천으로 돌아가는 과정이다. 본체인 동시에 작용으로, 진여성眞如性인 동시에 생멸성生滅性으로 나타나는 참자아의 이중성은 영적 진화의 지향성을 갖는 우주 그 자체의 속성이다. 그것은 "불멸인 동시에 죽음이며, 존재하는 것과 존재하지 않는 모든 것"[88]이다. 그것은 물질 현상이면서 동시에 물질 현상의 원인이 되는 정신적인 원리이고 만유 속에 만유의 참본성[신성]으로 내재한다. 이러한 참자아의 이중성 속에 내재한 변증법적 리듬이 조성한 긴장감이 영적 진화를 위한 학습기제가 되는 것이다. 앞서 에너지 시스템인 생명계가 영적 진화와 불가분의 관계에 있다고 한 것은 이러한 참자아의 이중성이 갖는 통섭적 기능과 관계된 것이다.

인간이 의식하든 하지 못하든, 인간의 존재 이유는 영적 진화이다. 왜냐하면 인간은 영적 진화의 지향성을 갖는 우주의 불가분의 한 부분이기 때문이다. 우리가 단순히 육체적 삶을 향유하기 위해 존재하는 것은 아니라는 말이다. 상대계에서의 일체의 대립상은 영혼의 학습효과를 극대화하기 위한 학습기제로서의 의미가 있다. 이 우주는 자연법인 카르마의 지배하에 있으며, 이 광막한 에너지[氣]의 대양에 쳐 놓은 카르마의 그물은 영적 교정을 필요로 하는 사람들을 잡기 위한 것이다. 이 그물에 걸리지 않는 유일한 방법은 전체적인 행위가 일어나게 함으로써 영적 일체성(spiritual identity)을 확립하는 것이다. 인간의 지고의 의무는 전체와 분리된 개체라는 착각에서 벗어나 내재적 본성인 신성에 눈뜸으로서 대공大公한 경계에 이르는 것이다. 도덕적 행위의 중요성은 그것이 단순히 사회의 외적 질서를 유지하기 위한 방편이 아니라 영적 진화와 관계된다는 사실에 있다. 진화의 요체는 행위의 크기가 아니라 진실성에 있으며, 경천敬天·경인敬人·경물敬物을 실천하는 마음 그 자체가 진화의 단초다.

영적 진화 과정에서 각각의 인격은 같은 진동수의 의식을 끌어당기는 경향이 있는데 이것이 바로 인력의 법칙이다. 밝은 기운[에너지]은 밝은 기운과 어울리고, 어두운 기운은 어두운 기운과 어울린다. 긍정적인 기운은 긍정적인 기운과 친화력을 갖고, 부정적인 기운은 부정적인 기운과 친화력을 갖는다. 흔히 유유상종類類相從이라고 하는 것이 그것이다. 이는 국가 차원에도 그대로 적용된다. 명군明君은 밝고 긍정적인 기운을 끌어들여 나라를 밝게 하지만, 암군暗君은 어둡고 부정적인 기운만 주위에 끌어 모아 나라를 암울하게 한다. 인간의 감정 체계는 대개 영혼[삶]의 영역에 속하는 사랑과 육체[죽음]의 영역에 속하는 두려움의 두 가지로 나눠 볼 수 있다. 사랑이 밝고 긍정적인 에너지의 대명사라면, 두려움은 어둡고 부정적인 에너지의 대명사다. 두려움은 분노·증오·질투·슬픔·탐욕·우울·소외감·죄책감·열등감·무력감 등 모든 부정적인 에너지를 포괄한다. 사랑의 기운은 사랑의 기운을 끌어들여 사랑을 더욱 깊게 하지만, 분노와 탐욕의 기운은 그와 같은 기운을 끌어들여 분노와 탐욕을 확대 재생산해 낸다. 말하자면 생각 자체가 자석이 되어 같은 진동수대의 기운을 우주로부터 끌어당기는 것이다. 부정적인 생각은 부정적인 기운을 끌어들여 삶 자체를 부정하게 되므로 영적으로도 퇴보하게 된다. 긍정적이고도 적극적인 사고 방식을 강조하는 이유가 여기에 있다.

인간이 부정적인 성향을 키우게 되는 것은 근원적인 영혼의 갈증 때문이다. 우주의 본질인 생명의 뿌리와 연결된 삶은—충분한 지하수원源에 뿌리를 내린 나무와도 같이—충분한 생명 에너지를 흡수할 수 있으므로 물질계의 사소한 조건에 구애받지 않으며 영적인 충만감으로 가득 차게 된다. 그러나 뿌리 없는 꽃꽂이 식물 같은 삶은 근원적인 영혼의 갈증에 시달리게 되므로 생명의 뿌리와 연결된 삶과는 본질적으로 삶의 질이 다를 수밖에 없다. 그러한 영혼의 갈증은 물질 차원의 세 기운인 밝은 기운, 활동적인 기운, 어두운 기운이 만들어 내는 현상이라는 환영에 미혹되어 그 배후에 있는 생명의 본체인 불생불멸의 참자아를 인식하지 못한 데서 오는 것이다. 문제는 재물·권력·명예·인기·쾌락 등 허상으로 영혼의 갈증을 해소하려는 데서 생긴다. 이러한 대리만족은 허상에 집착하는 공허한 자아(the empty self)를 재생산해 낼 뿐 근본적인 해결책이 되지 못한다. 의식은 확장될수록 걸림이 없어져 자유롭게 되지만, 물질은 확장될수록 걸림이 커져 구속되기 마련이다. 이렇듯 인간의 감정 체계에 내재해 있는 긍정적 및 부정적인 에너지의 이원성은 그 자체의 리듬과 긴장감이 영적 진화를 위한 학습기제가 된다. 그러나 근본지[完全智, 絶對智]에 이르면 이러한 대립성과 분절성은 소멸하고 전일적인 참자아가 그 모습을 드러낸다.

이 우주는 분리 자체가 근원적으로 불가능한 거대한 에너지 장이다. 일체의 행위가 물질 차원의 세 기운—밝은 기운sattva, 활동적인 기운rajas, 어두운 기운tamas—의 활동임을 알고 이를 초월하는 사람은 생로병사에서 벗어나 불멸에 이른다.[89] 『장자莊子』「대종사大宗師」편에서 말한 '생사로부터의 해방'도 같은 맥락에서이다. 장주莊周 또한 '생生은 기가 모인 것, 사死는 기가 흩어진 것'이라고 하여 생사를 기氣의 취산聚散으로 이해한다. 이 '기'가 곧 생명에너지다. 『장자』「지락至樂」편에 보면 다음과 같은 일화가 있다.

장주의 아내가 죽어 혜시(惠施)가 조문하러 갔다. 그때 장주는 두 다리를 뻗고 장구를 두들기면서 노래를 부르고 있었다.

혜시가 말했다. "이건 너무 심하지 않은가?"

장주가 답했다. "그렇지 않다네. 처음엔 슬픈 느낌이 들었지. 허나 생명의 시원을 살펴보니 본시 생명이라는 것이 있지도 않았네. 생명이 없었을 뿐만 아니라, 육체도 없었던 것이 확실해졌네. 하여 본래 육체를 형성하는 기氣조차도 없었네. 혼돈상태가 변하여 기가 생기고, 기가 변하여 육체가 생기고, 육체가 변하여 생명이 생긴 것이네. 이제 변하여 다시 죽음으로 돌아간 것일 뿐. 이는 춘하추동의 사시가 순환하는 것과 같은 이치가 아니겠는가?"

만유는 천지기운[우주의 창조적 에너지, 混元一氣]의 자기복제로서의 작용으로 생겨나 천지의 젖[곡식, 양식]을 먹고 자라나므로 천지가 만물의 모체가 되는 것이니 천지는 곧 부모이다. 만유는 천지기운의 역동적인 나타남으로 무수한 것 같지만 기실은 하나의 기一氣밖에 없는 것이니 만유가 곧 하나인 천지기운이다. 이 우주가 거시 은하계로부터 미시 원자세계에 이르기까지 자기유사성[자기반복성]의 패턴, 이른바 프랙털fractal 구조로 이루어져 서로가 서로를 비추는 상즉상입相卽相入의 구조로 연기緣起하고 있다는 사실 자체가 이를 반증한다. 의식의 확장을 통해 만유를 하나인 천지기운[참본성, 참자아]으로 인식할 수 있게 되면 우리의 삶은 사랑의 발현으로 생명의 뿌리와 연결될 수 있다. 다생多生에 걸친 반복적인 학습 과정을 통해 교훈을 얻고 영혼의 완성을 향해 나아가는 것이 인생의 의미이며 목적이라고 한다면, 자신의 영혼을 성장시키고 완성시키는 책임은 개개인 스스로에게 있다. 책임감 있는 선택이 영적 성장을 위한 진정한 힘을 발휘하게 되는 반면, 무의식적이거나 무책임한 선택은 부정적인 카르마를 낳게 된다. 영혼을 성장시키는 주요한 덕목은 인내·용서·사랑이다. 범사에 항상 기뻐하는 것은 삶 자체에 대한 사랑의 나타남이다. 자발성과 지선至善 지향성, 그리고 혼신을 다하는 치열함을 통해 영적 진화가 이루어진다.

인간이 스스로 선택하고 그에 따른 책임을 지는 과정에서 영적 진화가 이루어지게 하는 삶의 법칙이 있으니, 이것이 바로 선택과 책임의 법칙이다. 이 법칙은 자연법인 카르마의 법칙이나 인력의 법칙과 불가분의 관계에 있는데 이는 자유의지와 필연의 상호 관통에서 오는 당연한 귀결이다. 말하자면 불순한 행위는 결국 스스로를 옥죄는 카르마의 원천이 되는 까닭에 자유의지와 필연은 분리될 수 없는 것이다. 현재의 선택과 미래의 경험 사이에는 연속성이 존재한다는 말이다. 영혼의 홀로서기는 성장을 위한 필수요건이다. 영적인 성장에 있어 타인의 도움과 위로는 성장에 필요한 자유의지를 침해하지 않는 범위 내에서 이루어져야 한다. 흔히 진리의 말씀이 비유, 은유 등의 표현으로 나타나는 것은 '진리 불립문자'이기도 하거니와, 영적 진화에 필요한 자유의지를 침해하지 않으려는 배려인 것으로 보인다. 파자破字, 측자側字, 비유, 은유 등의 표현으로 기록된 예언서의 천기인봉天機印封의 이치 또한 개인 또는 집단의 자유의지를 침해하지 않으려는 하늘의 뜻으로 볼 수 있다. 변화가 필요한 것은 주변 환경이 아니라 우리 내면이다. 진리를 두뇌로 이해하려 하지 말고 있는 그대로 느끼고 수용해야 한다. 왜냐하면 진리는 논리의 영역이 아니라 직관의 영역이며, 초超지식·초超두뇌의 영역이기 때문이다.

　인간은 마음의 작용을 통하여 시간과 공간 위에 행위의 궤적을 남긴다. 인간의 무의식의 창고 속에는 개체화되고 난 이후의 모든 기억이 저장되어 있다. 인간은 영적 교정을 위해 자신의 과거 행위의 반작용을 받고 있는 동시에 장차 반작용으로 나타날 새로운 카르마를 짓고 있다. 새로운 카르마를 짓지 않는 비결은 사심 없는 행위를 하는 데 있다. 운명이란 각자의 영혼이 하늘(참본성, 神性)과 어떤 관계를 형성하느냐에 달려 있다. 의식의 성장은 수신과 헌신적 참여를 통하여 이루어진다. 수신을 통하여 내재적 본성인 신성을 깨닫고 헌신적 참여를 통하여 우주 진화에 적극적이고도 자율적으로 참여함으로써 종국에는 만유를 하나인 참본성으로 인식하게 된다. 그리하여 육체적 자아(corporal self)로부터 우주적 자아(cosmic self, spiritual self)로의 비상이 일어남으로써 삶과 죽음의 통섭이 이루어지는 것이다. 그러기 위해서는 타고난 천품을 계발하고 개화시킬 수 있는 여건과 환경을 마련하고 알찬 삶의 결실을 맺을 수 있도록 촉매 역할을 하는 공동체의 조성이 시급하다. 인간의 삶은 단순히 육안으로 보이는 지상에서의 삶 그것이 아니다. 인간이 상상할 수 없는 큰 세계가 있다. 인간의 삶은 우주적 구도 속에서 카르마의 법칙, 인력의 법칙, 선택과 책임의 법칙에 따라 영혼의 완성을 향해 나아간다. 생명의 전일성을 인식하는 각성된 의식이 이 세상을 주관하는 시대가 급속히 도래할 것이다.

순수 현존
(pure presence)

순수 현존이란 삶과 죽음을 통섭하는 영원한 현재다. 실재하지 않는 과거의 기억이나 미래의 욕망 속에서가 아닌, 존재와 비존재 저 너머에 있는 '지금 여기now here'에 존재하는 방식이다. '지금 여기'는 시공時空이 일어나지 않는 무심無心의 경계이므로 '어디에도 없는 곳nowhere', 즉 유토피아utopia다. 개체화 의식이 일어나면 시공이 일어나므로 '지금 여기'에 존재할 수 없다. 구름이 비를 꿈꾸듯 마음 또한 무심無心을 꿈꾼다. '심心'이 없이는 '무심'을 알 수가 없고, 육체적 자아가 없이는 우주적 자아(순수 자아)를 알 길이 없다. 그런 까닭에 상대계인 물질계가 존재하는 것이다. 시련의 용광로를 통과함으로써 기쁨과 슬픔, 성공과 실패, 삶과 죽음 등 일체의 양 극단이 한 맛—味임을 알아야 순수 현존이 일어난다. 그것은 "유有도 아니요 무無도 아니요, 양 변을 멀리 떠나면서도 그렇다고 중도에 집착하지도 않는"[90] 무주(無住: 머무름이 없음)의 경계다. 비가 대지를 고루 적시고 태양이 사해를 두루 비추듯 그 어느 것에도 편착하지 않는 '무주' 의 덕이야말로 순수 현존이 일어나게 하는 원천이다. 이러한 '무주' 의 덕은 걸림이 없는 완전한 소통성 그 자체로서 적정寂靜한 일심의 본체에 계합하는 것이므로 "공空도 아니고 '공' 아닌 것도 아니어서 '공' 함도 없고 '공' 하지 않음도 없다." 말하자면 진흙 속의 연꽃(泥中之蓮花)과도 같이 성속일여聖俗—如의 경계다. 신[神性, 참본성]의 실체가 바로 순수 현존이다.

　이 세상에서 가장 위험한 것은 무지無知가 아니라 알고 있다는 착각이다. 존재계의 비극은 이 세상 그 어떤 것도 분리될 수 있는 것이 아닌데 분리되어 있다고 착각하는 데서 파생된 것이다. 생명의 전일적인 흐름holomovement을, '불가분의 전체성(undivided wholeness)'[91]을 놓친 데서 오는 것이다. 분리의식이 사라지면 '지금 여기' 에 순수 현존이 일어난다. 내재적 본성인 신성의 자각적 주체가 됨으로써 내면의 하늘이 드러나는 것이다. 전체와 분리된 에고는 의식의 불을 밝히면 사라지는 어둠이다. "일체의 분별은 곧 자신의 마음의 분별"[92]인 것이다. 순수 현존은 상대적 차별성을 넘어선 여실한 대긍정의 경계로서 일체의 인과법칙에서 벗어나 있다. 이는 곧 생명의 전일성에 대한 자각이며, 만물을 하나로 평등하게 보는 '도추道樞' 또는 '천균天鈞' 의 경지로서 이 경지에 이르면 평등성지平等性智가 발현되어 홍익중생(弘益衆生, 自利他利)을 실천할 수 있게 된다. 이를 일러 『금강삼매경론』에서는 "무주의 덕이 본각本覺의 이익에 계합한다"[93]고 하고, 『대승기신론소』에서는 "지혜의 광명이 모든 현상계를 두루 비쳐 평등무이하게 된다"[94]고 하여 화쟁和諍의 실천과 상통함을 보여 준다.

순수 현존은 『만두꺄 우파니샤드 *Mandukya Upanishad*』에서 분류하는 우리 의식의 네 가지 상태—잠깬 상태, 꿈꾸는 상태, 깊이 잠든 상태, 순수의식 상태[95]—가운데 네 번째 상태인 순수의식 상태다. 이 상태는 잠깬 상태의 객관적 세계에 대한 인식도 아니고, 꿈꾸는 상태의 주관적 세계에 대한 인식도 아니며, 그렇다고 주·객 양 세계에 대한 인식도 아니고, 깊이 잠든 무의식 상태도 아니다. 이러한 순수의식 상태는 의식의 세 가지 상태, 즉 잠깬 상태, 꿈꾸는 상태, 깊이 잠든 상태와 분리된 것이 아니다. 순수의식 상태가 세 가지 상태의 불변적 본질이라면, 세 가지 상태는 순수의식의 가변적 본질이다. 잠깬 상태와 꿈꾸는 상태는 객관과 주관의 놀이에 빠져 전체를 놓친 것으로 불변적 본질의 파편에 불과하다. 깊이 잠든 상태는 더 이상 욕망의 투사가 일어나지 않는 숙면상태로서 꿈은 정지된다. 마치 삶의 미망이 사라지면 투사할 욕망도 없으므로 현실이라는 꿈이 정지되듯이.

이 단계에서 존재는 죽음과도 같은 깊은 잠속에서 의식의 밑바닥으로 가라앉은 채 무한한 평화로움과 생명 에너지를 느끼며 일체를 놓아 버리는 방기放棄의 묘미에 차츰 길들여진다. 꿈에 매달리면 잠의 표면을 떠돌며 생명 에너지를 고갈시키게 되듯이, 삶이라는 꿈[미망 delusion]에 매달리면 고요하고 평화로운 의식의 밑바닥으로 가라앉지 못하고 생명 에너지를 고갈시키게 된다는 사실을 체험적으로 알게 된다. 그런 까닭에 꿈이 정지된 온전한 잠을 알게 되면, 미망이 사라진 온전한 삶을 알게 된다. 이렇듯 삶과 꿈은 서로가 서로를 비추며 상호 조응하고 있다. 꿈이 정지된 의식의 깊은 밑바닥에서 존재는 분리의식에서 벗어나 전일성의 세계인 낙원[根本智]의 평화로움에 흠뻑 젖게 된다. 삶과 죽음의 경계가 사라지고 참자아와 하나가 되는 체험을 통해 존재는 생명의 근원과 연결되어 온몸이 생명의 기운으로 충만하게 되는 것이다. 그러나 깊이 잠든 상태는 참자아와 하나가 되는 체험을 할지라도 자각적 인식이 결여된 무의식의 차원이다. 이렇듯 깬 상태, 꿈꾸는 상태, 깊이 잠든 상태를 반복하며 존재는 본능적인 이끌림에 의해 차츰 순수의식을 향해 나아간다.[96]

그리하여 어느 순간 에고가 무르익어 떨어져 나가면서 존재는 마침내 정신spirit이 되어 앎의 원을 완성하고 인간의 실재(human reality)를 깨닫는 순수의식 상태에 이른다. 참자아로서의 실존적 삶을 구가할 수 있는 것이다. 일체의 이원성을 벗어난 참자아는 인식의 대상이 될 수 없으므로 파악할 만한 것이 없다. 물질적 삶의 미망이 사라지면 스스로 그 모습을 드러내는 순수 현존이다. 순수의식 상태는 일체의 인과법칙에서 벗어나 있는 까닭에 더 이상은 주관과 객관의 놀이가 일어나지 않는다. 자각적 인식이 결여된 무의식의 차원과는 달리 내재적 본성인 신성의 자각적 주체로서 행위하는 것이다. 이기적인 행위를 도모하지 않는 까닭에 그 행위는 전체적이며 카르마의 그물에 걸리는 일도 없다. 순수의식 상태는 불변성과 가변성, 보편성과 특수성의 화해가 이루어져 괴로움과 즐거움, 성공과 실패, 삶과 죽음 등 일체의 차별상이 그 속에 용해된다. 이 세상 그 어떤 것도 포괄하지 않음이 없고 포괄되지 않음도 없는 순수 현존이다.[97]

그러면 순수 현존을 헤겔의 '주인과 노예의 변증법' 도식에서 도출해 보자. 순수 현존은 오직 자기 생각 속에서만 자유로운 '금욕주의적 에고(the stoic ego)'도 아니고, 자기 확신self-certainty과 우연성contingency을 동시에 표출하는 카오스chaos적 의식인 '회의주의적 에고(the skeptic ego)'도 아니며, 금욕주의나 회의주의에서와 같은 단순한 추상적 이념이 아닌 다른 세계[종교적, 정신적 세계]에서 현실로 나타나는 '불행한 의식(unhappy consciousness)'[98]도 아니다. '금욕주의적 에고'는 육체라는 감옥 속에 유폐되어 자기동일성을 유지하는 즉자적卽自的 단계의 의식이나, 자기부정성self-negativity에 의해 대자적對自的 단계의 '회의주의적 에고'가 된다. 오로지 타자적他者的 요소에 대한 부정을 통하여 자기 확신을 피력할 수 있는 까닭에 자의식의 주관성 (the subjectivity of self-consciousness)은 자기 확신과 동시에 타자에의 구속이라는 이중의식(double consciousness)을 낳는다.[99]

　이러한 회의주의적 의식의 진실은 '불행한 의식'의 단계에 이르러서야 비로소 그 모습을 드러낸다. 이는 다시 3단계 발전 과정을 거쳐 그 스스로를 완성한다.[100] '불행한 의식'의 제1단계에서는 특수의식으로서의 자의식이 그 스스로를 불변성immutability에 대치시킴으로써 인간의 무無존재성 nothingness을 드러낸다. 불행한 의식 그 자체 내에서는 불변성과 가변성, 보편성과 특수성, 그리고 신과 인간 간의 대립이 야기된다. 제2단계는 불변성이 특수성의 형태로 나타나는 생명의 작용 단계로서 자의식은 그 자체의 통합을 달성하기는 하나 그것이 영구적이 되지는 못하는 까닭에 종교적 의식은 그 스스로가 불행한 의식이라는 것을 알게 된다. 말하자면 불행한 의식의 제1, 2단계는 생명의 본체인 하늘과 하늘의 자기복제로서의 작용으로 나타난 우주만물이 하나임을, 생명의 전일성과 유기적 통합성을 자각하지 못하는 인간 존재의 이중성duality을 표징하는 것이다. 그리하여 제3단계는 평등성지平等性智의 발현으로 보편성과 특수성의 화해가 이루어지는 성령(聖靈, 聖神)의 단계로서 점차로 자의식은 정신spirit이 되어 인간의 실재를 깨달음으로써 마침내 불행한 의식을 극복하고 순수 현존에 이르게 된다.[101] 천인합일의 이치에 기초한 지구생명공동체가 현실 속에 현현하는 것이다. 실로 우리가 처한 환경은—때론 불합리하고 부조리하게 보일지라도—에고가 무르익어 떨어져 나갈 수 있도록 의식의 진화를 위한 최적의 학습 여건을 창출해 낸다는 점에서 주어진 현실을 적극적으로 수용해야 하는 것이다.

자유와 행복이 순수 현존의 영역이라면, 부자유와 불행은 에고(ego 個我)의 영역이다. 전체와 분리된 에고란 한갓 관념에 불과한 것으로 실재하는 것이 아니다. 에고가 관념이면 에고의 영역인 부자유와 불행 또한 실재하는 것이 아니다. 온갖 슬픔과 고통과 죄악은 에고가 주인 노릇 할 때 생겨나는 것이다. 비탄과 갈망, 분노와 저주, 좌절과 원망, 절망과 공포, 그리고 죽음 등의 모든 불행한 의식은 '지금 여기'에 뿌리를 내리지 못한 데 기인하는 것으로 허구인 에고의 그림자일 뿐이다. 육체적 자아의 감옥에 갇혀사는 사람들의 공통된 증세는 이 세상을 자기중심적으로 해석하고 재단한다는 것이다. 이는 오로지 자기 거울을 통해서만 타자를 인식하는 왜곡된 집착에 기인하는 것으로 이러한 소통성의 부재는 자아의 외연적 확대를 가로막아 의식의 확장을 도모할 수 없게 한다. 그리하여 자기 일에 도움이 되면 선善이고 그렇지 않으면 악惡으로 간주하는 것이다. '사회적 자아(social self)'로부터의 도피를 그 본질로 하는 나르시시즘narcissism이나, 삶 자체로부터의 도피를 그 본질로 하는 니힐리즘nihilism은 모두 영적 무지에서 오는 일종의 병리현상으로 그 극복을 위해서는 진정한 앎이 전제되어야 한다.

순수 현존은 분리의식이 사라진 까닭에 지고의 자유와 행복감으로 넘치게 된다. 푸른 하늘을 가리고 있는 먹장구름이 푸른 하늘을 손상시킬 수도, 더럽힐 수도 없듯이, 순수 현존은 손상될 수도, 더럽혀질 수도 없으며 또한 죽을 수도 없다. 스스로의 탐욕과 분노를 지배할 수 있을 때, 다시 말해 개인의 자유와 공동체의 공공선이 변증법적 통합을 이룰 때 영성의 꽃이 피어나고 진정한 공동체적 삶 또한 가능하게 된다. 가장 큰 공익公益은 에고라는 관념을 내려 놓는 것이다. 다시 말해 '지금 여기'에 존재하는 것이다. 자유 또는 행복은 의식의 진화의 산물이며, 그런 점에서 불행은 곧 의식의 성장 부진에 따른 부자유의 의식이다. 자아라는 관념의 감옥 속에 갇힌 의식은 식食·성性 등의 생리적 욕구에서부터 안전에 대한 욕구, 사회적 인정에 대한 욕구 등의 무한계적인 욕구로 인해 하늘 파동에 스스로를 동조시키지 못하고 끊임없는 대립과 갈등을 조장하게 된다. 개체성[개인]과 전체성[공동체]이 결국 하나임을 아는 것이 진정한 앎이다. 진정한 앎이 일어날 때, 다시 말해 공존coexistence의 논리를 깨달을 때 순수 현존이 드러난다.

존재의 근무처는 '지금 여기'다. 이 세상의 모든 문제는 근무처인 '지금 여기'에서 이탈함으로써 생겨나는 것이다. 지금 인류가 직면한 총체적인 인간 실존의 위기 또한 '지금 여기'에 있는 진리의 달은 보지 못하고 천강千江에 비친 무수한 달그림자에 미혹되어 근무처를 이탈하는 데서 발생하는 것이다. '지금 여기'에 부재한다는 것은 꿈속에서처럼 무의식적인 삶을 살고 있다는 것이다. 무의식적인 삶이 일어나고 무의식적인 죽음이 일어나는 것이니, 한바탕 어지러운 봄꿈과도 같이 삶과 죽음의 계곡을 오가는 삼사라(samsara 生死輪廻)가 일어나는 것이다. 정확하게 말하면 산 적도 없고 죽은 적도 없다. 반면, '지금 여기'에 존재한다는 것은 '나'의 생명이란 것이 사대(四大: 地·水·火·風)와 오온(五蘊: 色·受·想·行·識)*이 연기緣起에 의해 일시적으로 결합된 것이며 객관 세계의 일체법 또한 공空한 것임을 알아 자기에 대한 집착我執과 세상에 대한 집착法執 모두에서 벗어난다는 것이다. 과거나 미래의 속박에서 벗어나 '지금 여기'에 존재할 수 있을 때, 그리하여 행위자는 사라지고 정제된 행위만이 남는 지선至善의 경지에 이를 때, 삼공(三空: 我空·法空·俱空)[102]에 대한 깨달음은 저절로 일어난다.

순수의식 상태는 전일성·전체성·개방성·소통성이다. 이 세상 그 어떤 것도 분리되어 있지 않으므로 영적인 충만감과 우주적 오르가즘cosmic orgasm을 느낀다. 대상으로서의 세계가 사라지니 이 세상에 '나' 아닌 것이 없다. 순수의식은 곧 '지금' 의식(now-consciousness)이다. '지금' 의식은 상대적 분별지를 넘어 절대적 근본지로 안내하는 초월의 문인 까닭에 그 속에 삶의 기술과 죽음의 기술, 삶과 죽음을 통섭하는 기술이 다 들어 있다. '지금' 의식은 죽음의 지배하에 놓이지 않는다. 죽음이란 자기 자신을 참자아로, 순수의식으로 인식하지 못하고 에고와 욕망을 뿌리로 한 삶을 사는 사람을 잡기 위한 일종의 덫이다. 그러나 죽음의 덫은 육체는 소멸시키지만 집착하는 마음은 소멸시키지 못한다. 죽음조차도 소멸시키지 못하는 분별하고 집착하는 그 마음을 삶은 깨달음을 통하여 소멸시킨다. 심心에 입각하여 무심無心을 이룸으로써 에고를 초월하는 것이다. 삼라만상은 생성, 유지, 파괴, 소멸이라는 성주괴공(成住壞空, 生住異滅)의 네 과정을 순환 반복하며 끊임없는 변화 속에 있게 되므로 '나' 라는 고정된 실체가 없다. 탐착과 분노의 에너지에 이끌리는 것은 이러한 무상無常과 무아無我의 이치를, 생명의 순환을 이해하지 못하는 데서 오는 것이다.

---

* 五蘊은 물질과 정신을 구성하는 色·受·想·行·識을 말한다. 色은 물질을 가리키지만 여기서는 地, 水, 火, 風의 四大로 구성된 육신을 뜻하고, 受는 감수작용이며, 想은 지각 표상 작용이고, 行은 의지작용이며, 識은 인식 판단의 작용이다. 말하자면 五蘊은 물질계와 정신계를 통털어 일컫는 것이다. 그러나 지혜[般若]의 눈으로 보면 五蘊은 실로 없는 것이다.

삶과 죽음을 통섭한다는 것은 에너지 시스템인 생명계의 순환을 이해한다는 것이고, 생명계의 순환을 이해한다는 것은 본체(의식계)와 작용(물질계)의 관계를 안다는 것이고, 본체와 작용의 관계를 안다는 것은 우주의 본질인 생명이 무엇인지를 안다는 것이고 이는 곧 우주의 비밀을 푸는 마스터키를 소지한 것이다. 예수의 십자가 죽음은 흔히 대속(代贖 atonement)이라는 의미로 이해된다. 예수께서는 온갖 죄악의 근원이 되는 생명의 파편화 현상이 영적 무지—즉, 생명의 전일성에 대한 무지—에 기인하는 것임을, 삶과 죽음의 이원화에 기인하는 것임을 알고 십자가 죽음이라는 충격적인 요법과 부활을 통해 순수 현존을 드러냄으로써 삶과 죽음을 통섭하는 생명의 비밀을 인류에게 영원히 각인시켰다. 로마 제사장들이 자신들을 죽이는 자라고 생각한 것, 또는 예수가 죽임을 당하는 자라고 생각한 것 모두 영적 무지에서 비롯된 것이다. 참자아는 죽일 수도 없고 죽을 수도 없기 때문이다. 죽음이란 물질적 사고로만 가능한 한갓 관념일 뿐, 영적 사고로는 실재하지 않는 것이다. 일체의 이분법적인 경계를 넘어 우주와 하나가 되었는데, 못 박는 자와 못 박히는 자의 경계가 사라져 버렸는데, 누가 누구를 죽인다는 말인가! 자신이 태어나지도 죽지도 않는 영원한 존재라는 사실을 깨닫게 되면 다른 사람을 죽이거나 죽일 수 있다는 생각은 하지 않게된다. 우주의 실체는 의식이며 육체의 옷이 해체된다고 해서 의식의 작용이 멎는 것은 아니다. 예수의 십자가 죽음은 생명의 영원성을 각인시킨 죽음의 가장 큰 역설이다.

"현대 물리학은 물리적 세계의 구조
가 마야[幻影] 또는 '유심唯心' 이라는
것에 대해 동양의 현자들과 견해를
같이하기 위하여 머나먼 길을 걸어온
셈이 될 것이다."

"modern physics will have come a long
way towards agreeing with the Eastern
sages that the structures of the physical
world are maya, or 'mind only'."

-Fritjof Capra, *The Tao of Physics*(1975)

제2부 | 동양과 서양의 통섭적 세계관

04 마고麻姑의 삼신사상

05 동양의 통섭적 세계관

06 서양의 통섭적 세계관

생명은 분리 자체가 근원적으로 불가능한 절대유일의 하나인 까닭에 본체의 측면에서는 유일신이지만, 유일신의 자기복제로서의 작용으로 우주만물이 나타난 것이니 작용의 측면에서는 천·지·인 삼신이다. 다시 말해 '하나'인 혼원일기(混元一氣, 唯一神)에서 천·지·인 셋(三神)이 갈라져 나온 것이므로 천·지·인이 각각 있는 것이 아니고 작용으로만 셋이라는 뜻으로 천·지·인 삼신이 곧 유일신이다……무수한 사상事象이 펼쳐진 '다(多, 三)'의 세계와 그 무수한 사상이 하나로 접힌 '일一'의 세계는 외재적(extrinsic) 자연과 내재적(intrinsic) 자연, 작용(물질계)과 본체(의식계)의 관계로서 상호 조응해 있으며 상호 관통한다. 따라서 삼신사상이 곧 '한'사상이다. 여기서 마고의 삼신사상을 다루는 것은 그것이 통섭적 세계관의 원형을 보여 주는 것이기 때문이다.

'마고의 삼신사상' 중에서

04

마고_{麻姑}의
삼신사상

마고성의

추억

인류의 집단무의식 속에는 인류의 시원에 관한 두 가지 이야기가 뿌리 깊이 자리 잡고 있다. 그 하나는 동양 사상과 문화의 원형인 마고성麻姑城 이야기이고, 다른 하나는 서양 사상과 문화의 원형인 에덴동산 이야기이다. 동양의 마고성 이야기는 지소씨支巢氏가 포도를 따 먹은 '오미(五味: 단맛, 짠맛, 신맛, 쓴맛, 매운맛)의 변' 이후 잃어버린 참본성의 회복과 더불어 잃어버린 마고성의 회복復本, 多勿에 대한 맹세를 담고 있다. 서양의 에덴동산 이야기는 아담과 이브가 '선악과善惡果'를 따 먹은 것이 원죄가 되어 낙원에서 추방되게 되었다는 이야기다. 17세기 존 밀턴(John Milton)의 실낙원(Paradise Lost)은 악마의 유혹에 의해 타락한 인간이 에덴동산에서 쫓겨나는 유대교와 기독교 공통의 이야기를 주제로 한 것이다. 에덴동산 이야기에 나오는 원죄란 절대유일의 '하나'(님)을 거스른 데서 비롯된 것이니, 다시 말해 '하나'를 거스르는 분리의식에서 모든 죄악이 비롯된 것이니, '선악과'를 따 먹은 것이 원죄라고 한 것은 매우 적절한 비유이다. '선악과'는 분별지分別智·부분지部分智를 나타냄이니, 선악과를 따먹는 순간부터, 말하자면 선과 악이라는 '분별지'가 작용하는 순간부터 '나'와 '너', '이것'과 '저것'이 구분되고 대립하여 죄악에 빠져들기 때문이다. 분별지가 작용하면서 인간은 낙원[根本智]에서 멀어지고 드디어는 번뇌의 대해大海에 들었다. 그리하여 다생多生에 걸쳐 카르마를 쌓게 된 것이다. 이는 참본성의 상실이 곧 낙원의 상실로 이어진다는 점에서 마고성 이야기와 유사하다.

그러나 에덴동산 이야기는 부성父性인 하느님이 인간을 창조하는 신·인간 이원론을 바탕으로 하고 있다. 아브라함의 두 아들 이삭과 이스마일이 나중에 각각 유대인과 아랍의 조상이 됐고, 이러한 이원론적인 서양문화권 속에서 야훼와 알라가 나왔고 유대교, 기독교, 천주교, 이슬람교 등이 나왔다. 오늘날 유일신의 이름으로 선악의 구도 속에서 대립하는 기독교와 이슬람교 간의 유혈 충돌은 에덴동산의 원죄를 재현한 21세기형 원죄라고 할 수 있을 것이다. 한편 마고성 이야기는 신인神人이면서 모성母性인 마고麻姑가 선천先天을 남자陽로, 후천後天을 여자陰로 하여 배우자 없이 궁희穹姬와 소희巢姬를 낳고, 궁희와 소희 역시 선천과 후천의 정精을 받아 배우자 없이 각각 두 천인과 두 천녀를 낳고, 이들 네 천인이 네 천녀와 결혼하여 각각 3남 3녀를 낳으니 모두 12쌍 24명이 되었다는 모계 씨족사회 이야기다. 이들이 지상에 처음으로 나타난 인간의 시조라고 신라시대 박제상朴堤上의 『부도지符都誌』 제4장에는 나와 있다. 이러한 과정은 생명의 전일성과 자기근원성을 보여 주는 것으로 신·인간 일원론, 즉 신인합일[天人合一]을 바탕으로 천지운행의 원리와도 조응해 있다. 즉, 우주가 밤과 낮으로, 다시 춘하추동의 4계절로 나뉘어 12달이 되고 24절기가 되는 것과도 같은 것이다. 이러한 천·지·인 삼신일체의 동양문화권 속에서 우리의 신선도를 비롯하여 유교, 불교, 도교, 힌두교, 동학 등이 나왔다.

우리 한민족의 기원, 분화, 이동 경로, 문화와 철학, 사상의 원형을 담고 있는 『부도지』 제2장에는 세계 어느 나라에서도 유례를 찾아볼 수 없는 창세創世에 관한 기록이 나온다.

> 선천시대에 마고대성은 실달성(實達城) 위에 허달성(虛達城)과 나란히 있었다. 처음에는 햇볕만이 따뜻하게 내려 쪼일 뿐 눈에 보이는 물체라고는 없었다. 오직 8려(呂)의 음(音)만이 하늘에서 들려오니 실달성과 허달성이 모두 이 음에서 나왔으며, 마고대성과 마고 또한 이 음에서 나왔다. 이것이 짐세(朕世)다.[1]

여기서 '음'은 소리이며 소리는 의식意識과 마찬가지로 일종의 파동(波動 wave)이다. '음'이 천지를 창조했다는 설은 생명의 파동적 성격에 대한 이해를 전제한 것으로 『부도지』에 처음 나온 것이다. 초형상·초시공의 소리의 오묘한 경계를 나타낸 것으로는 『우파니샤드』에 나오는 불멸의 음성 '옴OM', 「요한복음」(1:1)에 나오는 '태초의 말씀[하늘소리]', 그리고 『장자莊子』에 나오는 '천악天樂' 등을 들 수가 있는데 이들 모두 『부도지』의 '음'과 같은 맥락에서 이해될 수 있다. 또한 『부도지』 제3장에도 마고성이 인류의 시원임을 짐작케 하는 내용이 나온다.

> 후천의 운이 열렸다. 율려가 다시 부활하여 곧 향상(響象)을 이루니, 성

(聲)과 음(音)이 섞인 것이었다. 마고가 실달대성을 끌어당겨 천수(天水)의 지역에 떨어뜨리니 실달대성의 기운이 상승하여 수운(水雲)의 위를 덮고, 실달의 몸체가 평평하게 열려 물 가운데에 땅이 생겼다. 땅과 바다가 나란히 늘어서고 산천이 넓게 뻗었다. 이에 천수의 지역이 변하여 육지가 되고, 또 여러 차례 변하여 수역(水域)과 지계(地界)가 다 함께 상하를 바꾸며 돌므로 비로소 역수(曆數)가 시작되었다.[2]

　마고성의 위치는 『부도지』 제8장에서 천산주天山州 남쪽에 있다고 기록한 것으로 미루어 중앙아시아 남동쪽의 파미르 고원이었던 것으로 추정된다. 그 동쪽에는 운해주雲海州, 서쪽에는 월식주月息州, 남쪽에는 성생주星生州가 있었다. 『부도지』의 주해자 김은수는 파미르 고원이 "동북으로 천산산맥을 통하여 알타이 산맥에 이어지고, 동남으로는 곤륜 산맥과 히말라야 산맥을 통하여 중국·인도대륙과 접하며, 서남으로는 술라이만 산맥과 이란고원을 통하여 메소포타미아에 연결되고, 북쪽으로는 아랄해, 발라시호, 카스피해와 키르키츠 초원에 닿아 있다"고 추측하고 있다.
　『부도지』에는 마고성이 지상에서 가장 높은 성이고 천부天符를 받들어 선천先天을 계승하였다고 나와 있다. 제4장에는 마고성이 지유地乳를 마시며 사는 인간이 만든 최초의 낙원국가였음을 짐작케 하는 내용이 나온다.

　　…향상(響象)을 나누어 관리하며 하늘과 땅의 이치를 바르게 밝히니, 비로소 역수(曆數)가 조절되었다. 성 안의 모든 사람은 품성이 순정(純情)하여 능히 조화를 알고, 지유를 마시므로 혈기가 맑았다…영혼의 의식(魂識)이 일어남에 따라 소리를 내지 않고도 능히 말하고, 때에 따라 백체(魄

體)가 움직여 형상을 감추고도 능히 행동하여, 땅 기운 중에 퍼져 살면서 그 수명이 한이 없었다.[3]

이렇게 해서 열린 마고성 시대는 몇 대를 거치는 사이에 인구가 증가하면서 식량이 부족하게 되었다. 어느 날 백소씨白巢氏족의 지소씨支巢氏가 젖을 마시려고 유천乳泉에 갔는데, 사람은 많고 샘은 작으므로 다른 사람에게 양보하여 마시지 못하는 일이 다섯 차례나 반복되면서 배가 고파 보금자리 난간의 넝쿨에 달린 포도를 따먹게 되었다. 이는 살아 있는 생명을 해친 최초의 사건이자 포도 속에 담긴 다섯 가지 감각적인 맛에 취해 참본성[神性]을 잃게 된 역사적 사건이었다. 다시 말해 신[神性]과 인간[理性]의 경계가 분리되는 사건이었다. 지소씨의 말을 듣고 포도를 따먹은 사람들은 피와 살이 탁해지고 심기가 어지러워져서 마침내 천성을 잃게 되었다. '오미五味의 변'으로 백소씨의 사람들이 크게 놀라 곧 금지하고 지키니, 이는 기존의 자재율自在律의 파기를 의미하는 것이었다. 사람들이 원망하고 타박하니, 지소씨족이 크게 부끄러워하며 마고성을 떠나게 되었다. 네 천인 중 가장 어른인 황궁씨黃穹氏가 그들의 정상情狀을 불쌍히 여겨 고별하여 이렇게 말했다.

여러분의 미혹함이 심히 커서 성상(性相)이 변이한 고로 성 안에서 같이 살 수 없게 되었소. 그러나 수증(修證)하기를 열심히 하여 미혹함을 깨끗이 씻어 남김이 없으면 자연히 복본(復本)할 것이니 힘써 노력하시오.[4]

그런데 성을 떠난 사람들 가운데 과오를 뉘우친 사람들이 직접 복본을 하고자 성 밖에 이르러 젖샘을 얻으려고 성곽 밑을 파헤치니 샘의 근원이 사방으로 흘러내렸다. 그러나 곧 단단한 흙으로 변하여 마실 수 없게 되었고, 이로 인하여 성 안에서도 마침내 젖이 마르게 되니 사람들이 동요하여 풀과 과일을 다투어 취하므로 혼탁함이 극에 이르러 청정함을 보존하기가 어려워졌다. 이에 황궁씨가 마고 앞에 사죄하여 오미의 책임을 지고 복본할 것을 서약하고는 물러나와 마고성을 보전하기 위해 여러 종족들과 출성出城을 결의하고 네 파로 나뉘어 이동하게 되었다. 이때 황궁씨는 청궁씨靑穹氏, 백소씨, 흑소씨黑巢氏에게 천부天符를 신표로 나누어주고 복본을 명하고는 동서남북의 사방으로 흩어졌으니 이것이 인류의 시원이 되었다.

> 청궁씨는 권속을 이끌고 동쪽 사이의 문을 나가 운해주로 가고, 백소씨는 권속을 이끌고 서쪽 사이의 문을 나가 월식주로 가고, 흑소씨는 권속을 이끌고 남쪽 사이의 문을 나가 성생주로 가고, 황궁씨는 권속을 이끌고 북쪽 사이의 문을 나가 천산주로 갔다.[5]

운해주는 파미르 고원의 동쪽인 중원 지역이고, 월식주는 파미르 고원의 서쪽인 중근동 지역이고, 성생주는 파미르 고원의 남쪽인 인도 및 동남아 지역이고, 천산주는 파미르 고원의 북동쪽인 천산산맥 지역이다. 마고성에서의 출성出城은 곧 낙원의 상실이었다. 마고는 궁희·소희와 더불어 성을 보수하여 성 안을 청소하고, 마고대성을 허달성 위로 옮겼다고 한다. 이때 청소한 물이 홍수가 되어 동쪽의 운해주를 크게 부수고 서쪽의 월식주 사람들을 많이 죽게 했다고 나오는데, 실낙원 이야기나 홍수 전설이 마고성에서 유래한 것은 아닐까? 그리고 기원전 3~4천 년경에 거의 동시에 나타난 황하문명, 인더스문명, 메소포타미아(수메르)문명, 이집트문명과 그후에 나타난 마야문명, 잉카문명이 신화와 전설, 민속과 신앙 등에 있어 많은 공통점이 있으며 이들 문화가 서로 연계되어 있다는 사실이 문헌학적·고고학적·문화인류학적·민속학적·언어학적·천문학적 연구 등을 통해 속속들이 밝혀지고 있어 그 원형이 바로 파미르 고원을 중심으로 한 마고성과 거기서 비롯된 후속 문화라는 주장이 김지하, 노중평 등에 의해 강하게 제기된다. 이러한 주장은 더 면밀하게 연구해 볼 필요는 있을지언정, 아니라고 단언하기는 어렵다고 본다.

『부도지』에 따르면, 파미르 고원의 마고성에서 시작된 우리 민족은 마고, 궁희, 황궁, 유인有因, 환인桓因, 환웅桓雄, 단군檀君에 이르는 과정에서 전 세계로 퍼져 나가 천·지·인 삼신일체三神一體의 가르침에 토대를 둔 우리의 천부天符 문화를 세계 도처에 뿌리내리게 한 것으로 나온다. 당시 국가 지도자들은 사해四海를 널리 순행했으며, 모든 종족과 믿음을 돈독히 하고 돌아와 부도符都를 세웠다.*

임검씨가…사해를 널리 돌아다니며 여러 종족들을 차례로 방문하니, 백년 사이에 가지 않은 곳이 없었다. 天符에 비추어서 수신하고 미혹함을 풀고 근본으로 되돌아갈 것(解惑復本)을 맹세하며 符都 건설을 약속하니, 이는 지역이 멀고 소식은 끊어져서 종족들의 언어와 풍속이 점차 변하여 서로 달라졌기 때문에, 함께 모여 서로 돕고 화합하는 자리에서 천부의

* 훗날 신라 화랑도의 '遊娛山川 無遠不至'의 수양 방식은 이러한 순행에서 비롯된 것이다.

이치를 익혀 분명히 알게 하기 위한 것이었다.[6]

　말하자면 상고시대 조선은 세계의 정치적·종교적 중심지로서, 사해의 공도公都로서, 세계 문화의 산실産室 역할을 하였던 것이다. 파미르 고원의 마고성에서 시작된 우리 민족은 황궁씨와 유인씨의 천산주 시대를 거쳐 환인씨桓因氏의 적석산積石山 시대, 환웅씨桓雄氏의 태백산(중국 陝西省 소재) 시대, 그리고 단군 고조선 시대로 이어진다. 마고 문화의 자취는 동아시아 전역은 물론 세계 도처에 남아 있다. 중국 허베이성河北省 창주滄州의 마고성, 장시성江西省 남성현南城縣의 마고산, 랴오닝성遼寧省 금주시錦州市에 있는 마고상麻姑像, 마고에서 유래한 마카오라는 지명(마카오에도 마고상이 있음), 『장자』제1 소요유逍遙遊편에 나오는 막고야산藐姑射山, 극동의 캄차카 반도에 있는 마고야산麻姑射山, 초대 환인 '안파견安巴堅'에서 유래된 아메리카 인디언 부족 최고 지도자 '아파치', 남제에서 부르던 백제의 다른 이름 고마固麻, 고려사高麗史 36권 충혜왕忠惠王 때의 기록에 나오는 '마고의 나라麻姑之那', 지리산 산신으로 일컬어지는 마고할미, 지리산 천왕봉 성모상과 노고단老姑壇, 경북 영해에 있는 마고산과 문경의 마고산성, 삼신 마고를 의미하는 제주도의 옛 이름 영주瀛州, 북두칠성이 손에 잡힐 듯한 곳에 마고선녀가 산다 하여 이름 지어진 포항시 북구 죽장면 두마리斗麻里, 경남 밀양시 천태산의 마고할매당, 대전 동구의 노고산성, 경기도 용인의 마고산성, 경기도 부천시와 강화도에 있는 노고산, 서울 마포구의 노고산, 황해도 신평군의 노고산 등 마고와 관련된 이름이 특히 한반도에 많이 분포해 있다.

　찰스 햅굿(Charles H. Hapgood)은 그의 저서 『고대 해양왕의 지도 Maps of the Ancient Sea Kings』에서 "전 세계적인 고대 문명, 혹은 상당한 기간 동안 세계의 대부분을 지배했음이 틀림없는 문명이 존재했다는 증거는 상당히 풍부하다"[7]고 결론을 내리고 있다. 고대 지도가 제시하는 증거에 의하면, 아주 먼 옛날 다른 고대 문명에 비해 상대적으로 진보된 수준의 진정한 문명, 진정한 의미에서의 전 세계적인 문명이 존재했다는 것이다. 이는 마치 오늘날에도 원시 문명이 진보된 현대 문명과 공존하는 현상을 모든 대륙에서 찾아볼 수 있는 것과도 같다는 것이다. 따라서 구석기시대, 신석기시대, 청동기시대, 철기시대의 점진적인 단계를 밟아 문명이 발전한다는 단선적인 사회발전 단계 이론은 포기되어야 한다는 것이다. 그리고 모든 문명에는 스스로를 파괴하는 씨앗이 내포되어 있으며 스스로를 파괴하기에 충분한 기술을 개발하여 사용하게 되는데, 문명이 발전하면 할수록 더 쉽게 파괴되며 그에 대한 증거 또한 더 쉽게 소멸될 것[8]이라는 그의 주장은 고대 문명의 진실을 밝히는 데 유익한 단서와 통찰력을 제공한다.

마고성 시대가 열린 시기를 정확하게 말하기는 어렵지만, 『환단고기桓檀古記』「삼성기전三聖紀全」에는 이를 추측케 하는 내용이 나온다. 고기古記를 인용하여 환인씨의 나라 환국(桓國, B.C. 7,199~3,898)*의 강역은 남북이 5만 리, 동서가 2만여 리인데,[9] 일곱 대를 전하여 지난 햇수가 모두 3,301년

---

* 환국의 역사적 실재에 대해서는 『三國遺事』원본에도 명기되어 있다. 『三國遺事』中宗壬申刊本에는 "옛날에 환인의 서자 환웅이 있어(昔有桓因庶子桓雄)…"가 아닌, "옛날에 환국의 서자 환웅이 있어(昔有桓國庶子桓雄)…"로 시작하고 있다. 사실상 일본인들도 한일합방 전에는 『삼국유사』원본과 일본어 번역본에서처럼 분명히 '환인'이 아닌 '환국'이라고 했던 것으로 나타난다. 『晉書』「四夷傳」에도 환국의 12분국 중 卑離國, 養雲國, 寇莫汗國, 一群國이 나온다.

혹은 63,182년이라고 한 것이 그것이다. 여기서 3,301년은 환인 7세의 역년만을 계산한 것이고, 63,182년은 전前문화시대까지 합산한 전체 역년으로 이해하는 것이 타당하다. 다만 63,182년을 마고성 시대부터의 역년으로 볼 것인지, 아니면 마고성 이전의 전前문화시대가 또 있어 그것까지 합산한 역년인지에 대해서는 좀 더 면밀하게 연구해서 밝혀야 할 것이다. 마고성 이전의 전前문화시대와의 직접적인 연계성에 대한 추정은 제임스 처치워드(James Churchward)가 50년 이상에 걸친 조사와 연구를 토대로—특히 인도, 티벳, 위구르, 미얀마, 이집트 등의 사원에서 발굴, 해독한 나칼Naacal의 점토판을 토대로—내놓은 『잃어버린 무 대륙 The Lost Continent of Mu』[10]이라는 저서에 나오는 내용에 근거한 것이다.

그에 의하면 지구상에 한때 위대한 문명이 존재했고 그 문명은 여러 면에서 현재 우리가 누리고 있는 것보다 더 우수한 것이었다고 한다. "이집트와 미얀마, 인도, 일본, 중국, 남태평양 제도, 중앙아메리카, 남아메리카 및 북아메리카 인디언 부족들의 오래된 표상이나 관습들 가운데 몇 가지는 매우 뚜렷한 공통점을 가지고 있기 때문에 그들이 하나의 고대 문명, 즉 '무Mu' 대륙의 문명을 뿌리로 하여 갈라져 나온 것임을 확실히 알 수 있다"[11]는 것이다. 수만 년 동안 축복과 풍요에 넘치던 인류의 모국인 '무(또는 뮤)' 대륙은 1만 2천 년에서 1만 2천 5백 년 전 지진과 화산 폭발로 6천 4백만 명의 사람들과 함께 태평양 속으로 잠겨 버렸다는 것이다. 그는 '무제국 최후의 날'을 이렇게 묘사하고 있다.

대륙은 '밤 사이에(코르테시아누스 고사본 및 트로아노 고사본)' 완전히 파괴되어 산산조각이 나 버렸다. 그리고는 동틀 무렵이 되자 엄청난 굉음과 함께 가라앉아 버렸다. 대륙은 '불바다'를 이룬 지옥의 밑바닥으로 끝없이 추락해 갔다. 조각난 대륙이 거대한 불의 심연 속으로 잠길 즈음 '불길이 솟구쳐 올라 모든 것을 뒤덮어 버리고 말았다(이집트의 전설).' 불은 모든 것을 삼켜 버렸다. '무 제국과 6천 4백만 명의 사람들을 희생시켜 버린 것이다(트로아노 고사본).' 무 대륙이 불길의 심연 속으로 가라앉을 무렵 또 하나의 재앙이 찾아왔다. 8천만 입방 킬로미터의 물이 대륙을 뒤덮어 버린 것이다……인류의 모국, 가련한 무 제국의 자랑이었던 아름다운 도시들과 신전, 궁궐들, 그 모든 빛나는 예술과 과학, 학문은 이제 한낱 과거의 꿈이 되고 말았다. 무 대륙은 죽음의 수의를 뒤집어쓰듯 물속에 잠겨 버리고 말았다.[12]

필자가 연구 조사한 바에 따르면, '어머니 나라'로 불리는 무 제국과 마고 문화와의 직접적인 연계성은 특히 다음 여덟 가지 점에서 분명히 드러난다. 첫째, 처치워드가 나칼의 점토판에 대한 해독에서 고대인들이 사용한 '무Mu'가 "무우Moo, 마Ma, 어머니, 육지, 평원, 국토, 입 등을 의미한다"[13]고 한 점, 둘째, 무 제국을 상징하는 숫자가 3이며 그 핵심사상이 마고의 삼신사상 또는 천부사상과 일치한다는 점, 셋째, 무 제국을 상징하는 3이라는 숫자와 더불어 창조주와 창조의 표상으로 나오는 '일곱 머리'* 뱀[14]과 라사 기록에 나오는 신전神殿이 있는 '일곱' 도시[15]의 7이라는 숫자는,

---

* '나라야나(Nara는 신성함, Yana는 만물의 창조주를 뜻함)'라고도 불리는 일곱 머리 뱀은 나칼 기록에는 '일곱 명의 현자', 베단타에는 '정신의 일곱 단계'로 해석되어 있다.

'곰 토템족'의 웅녀熊女가 삼칠일(3·7일) 동굴수련 끝에 사람다운 사람이 되었다는 단군설화나 예로부터 많이 행해져 온 삼칠일 기도와 그 맥이 통한다는 점,* 넷째, 무 제국의 국교가 무교巫敎로서 우리 고유의 무속巫俗과 일치한다는 점, 다섯 째, 트로아노 고사본과 비문에서 무 대륙을 '쿠이Kui의 나라'[16]라고도 불렀다는 점, 여섯 째, 무 제국의 아이콘인 뱀이 동이족東夷族의 선조인 풍이족風夷族의 종족 아이콘과 일치한다는 점, 일곱 째, '태양의 제국'인 무 제국은 우리의 '환국(밝고 광명한 나라, 즉 태양의 나라)'과 국호의 의미가 일치한다는 점, 여덟 째, 무 제국의 왕관 형태가 신라의 금관과 같은 '山' 자형이라는 점 등이 그것이다. 과연 '마고의 나라麻姑之那'는 무 대륙이 사라지기 전에 마고가 이주해 나와 무 제국의 문화를 계승한 것일까?[17] 아니면 '마고의 나라'와 무 제국은 동시대의 같은 나라로 무 대륙은 '마고의 나라'의 일부였던 것일까? 양자의 연계성에 대한 규명은 인류의 시원을 밝힘에 있어 반드시 해결해야 할 과제다.

통섭을 논함에 있어 우리가 인류의 시원인 마고성의 추억을 떠올리는 것은, 통섭적 사고의 바탕을 이루는 전일적 패러다임(holistic paradigm)이 그

* 하늘을 숭배하는 '桓雄 天孫族'과 원주민인 '곰 토템족'이 서로 융합하여 통혼하기에 이르는 과정을 단군신선사상과 결합시켜 상징적으로 나타낸 단군설화에 보면, 곰이 삼칠일(3·7일=21일)만에 사람이 된 것으로 나온다. '삼칠일'의 3은 우주만물의 기본수이고 7은 생명수이니 삼칠일 동굴수련 끝에 사람다운 사람이 되었다는 것은 一卽三·三卽一의 원리가 인간 존재 속에 구현됨으로써 '人中天地一'을 실현했다는 것이고, 이는 곧 眞性·眞命·眞精의 三眞으로 돌아감으로써 우주만물이 '한생명'임을 체득했다는 의미가 함축된 것이다. 예로부터 많이 행해져 온 삼칠일 기도는 기도의 진정한 의미가 우주 '한생명'을 체득함으로써 '참나'에 이르게 하는 데 있음을 암시하는 것이다.

당시에는 실생활에 통용되고 있었기 때문이다. 말하자면 통섭적 세계관의 원형을 마고성 시대에서 찾아볼 수 있기 때문이다. 결국 현대물리학은 수만 년 전 동양의 현자들이 우주의 실체가 의식이라고 직관적으로 밝혔던 사실을 실험적으로 입증하기 위하여 머나먼 길을 걸어온 셈이 되었다. 파나류산(波奈留山=天山崑崙=시베리아 중앙고원=파미르 고원)을 도읍으로 한 아시아의 대제국 환국桓國의 12연방 중 하나인 수밀이국須密爾國은 천부사상에 의해 오늘날 4대 문명의 하나로 일컬어지는 수메르 문명을 발흥시켰으며, 특히 수메르인들의 종교문학과 의식이 오늘날 서양 문명의 뿌리라고 할 수 있는 기독교에 상당한 영향을 미쳤다는 사실은 이미 밝혀진 바이다. 러시아 태생의 저명한 미국인 수메르학자 사무엘 크레이머(Samuel Creimer)는 인류 최초의 학교, 최초의 민주적 대의제도 등 인류의 문화·문명사에서 최초의 중요한 것 27가지가 모두 수메르인들의 발명품이라고 밝히고, 그들을 인류의 뿌리에 대한 비밀을 간직하고 있는 민족으로 간주한다.

이처럼 우리의 삼신사상[天符사상, '한' 사상]이 동·서양의 문화·문명을 발흥시킨 모체였다는 사실이 점차 밝혀지고 있는 것은, 하늘天과 성性과 신神이 하나로 융해된 삼신사상에서 전 세계 종교와 사상 및 문화가 수많은 갈래로 나누어져 제각기 발전하여 꽃피우고 열매를 맺었다가 이제는 다시 하나의 뿌리로 돌아가 통합되어야 할 시점에 이르렀기 때문일 것이다. 오늘날까지도 세계 각지의 신화, 전설, 종교, 철학, 정치제도, 역易사상과 상수학象數學, 역법曆法, 천문, 지리, 기하학, 물리학, 언어학, 수학, 음악, 건축, 거석巨石,* 세석기細石器, 빗살무늬 토기 등 거의 모든 분야에서 천부문화의 잔영을 찾아 볼 수 있다는 점에서 인류의 문화·문명사와 더불어 전통과 현대, 동양과 서양, 종교와 과학을 상호 관통하는 통섭적 세계관을 이해하려면 9,000년 이상 전부터 찬란한 문화·문명을 꽃피우며 전일적 패러다임을 구현하였던 우리 상고사와 그 중심축으로서 기능하였던 천부사상에 대한 이해가 필수적이다. 인류의 시원에 대한 연구가 필요한 것도 바야흐로 낡은 것이 새 것이 되고 새 것이 낡은 것이 되는 교차점에 이르렀기 때문이다.

마고의 삼신사상

삼신사상은 우리 민족의 근원을 이루는 사상일 뿐만 아니라 모든 종교와 진리의 모체가 되는 사상이기도 하다. 우리 고유의 무속의 '무巫'는 천·지·인 삼신三神을 의미하는 것으로 '3'은 마고 문화를 상징하는 숫자이기도 하다. 지금으로부터 9,000년 이상 전부터 전해진 삼신사상['한' 사상]의 가르침은 유일신[천·지·인 三神]과 우주만물이 하나라는 일즉삼一卽三·삼즉일三卽一의 원리에 기초한 것으로, 천신교天神敎, 신교神敎, 수두교蘇塗敎, 대천교(代天敎, 부여), 경천교(敬天敎, 고구려), 진종교(眞倧敎, 발해), 숭천교(崇天敎·玄妙之道·風流, 신라), 왕검교(王儉敎, 고려), 배천교(拜天敎, 遼·金), 주신교(主神敎, 만주) 등으로 불리며 여러 갈래로 퍼져 나갔다. 불교의 삼신불(三身佛: 法身·化身·報身)이나 기독교의 삼위일체(三位一體: 聖父·聖子·聖靈), 그리고 동학의 내유신령內有神靈·외유기화外有氣化·각지불이各知不移는 천·

---

* 대표적인 巨石문화로 이집트의 피라미드, 영국의 스톤헨지, 프랑스 카르나크의 列石, 태평양 이스터 섬의 巨人像, 멕시코 올메가의 巨石 人頭像, 쿠스코 잉카제국 시대의 石築, 한국이 중심지인 支石墓(고인돌 무덤) 등을 들 수 있다.

지·인 삼신일체의 가르침과 그 내용이 같은 것으로 모두 삼신사상에서 나온 것이다.

「태백일사太白逸史」 삼한관경본기三韓管境本紀 마한세가馬韓世家 상편에서는 하늘의 기틀과 마음의 기틀, 땅의 형상과 몸의 형상, 그리고 사물의 주재함과 기氣의 주재함이 조응하고 있음[18]을 보고 천·지·인 삼신일체(三神一體, 三位一體)의 천도天道가 인간 존재 속에 구현(人中天地一)되어 있음을 명징하게 나타내 보이고 있다. 여기서 삼신일체란 각각 신이 있는 것이 아니고 작용으로만 삼신三神이며 그 체는 일신[唯一神]이다.[19] 말하자면 생명은 분리 자체가 근원적으로 불가능한 절대유일의 하나인 까닭에 본체의 측면에서는 유일신이지만, 유일신의 자기복제로서의 작용으로 우주만물이 나타난 것이니 작용의 측면에서는 천·지·인 삼신이다. 다시 말해 '하나'인 혼원일기(混元一氣, 唯一神)에서 천·지·인 셋[三神]이 갈라져 나온 것이므로 천·지·인이 각각 있는 것이 아니고 작용으로만 셋이라는 뜻으로 천·지·인 삼신이 곧 유일신이다. 유일신 논쟁은 생명의 본체[의식계]와 작용[물질계]을 상호 관통하는 통섭적 세계관을 갖지 못한 데 기인한다. 신인神人인 마고麻姑·궁희穹姬·소희巢姬를 일컫는 '삼신할미' 전설은 일즉삼一卽三·삼즉일三卽一의 원리에 기초한 삼신사상에서 나온 것으로 통섭적 세계관이 투영된 것이다. 여기서 '할미'는 '한어미', 즉 대모大母라는 뜻이다. 삼성三聖으로 일컬어지는 환인·환웅·단군(天皇·地皇·人皇) 또한 역사 속에 나오는 신인으로서의 삼신이다.

우주의 근본 질료인 '하나[神, 天]'의 자기복제를 통한 우주만물의 형성 과정은 신神이 기氣로, 다시 정精으로 에너지가 체화體化하는 과정이다. 이 과정에서 천·지·인 삼신은 『삼일신고』에서 보듯, 성性·명命·정精, 심心·

기기氣·신신身, 감感·식息·촉촉觸으로 나타난다. 삼일신고에서는 "밝은이는 느낌을 그치고止感, 호흡을 고르며調息, 부딪침*을 금하여禁觸 한 뜻으로 나아가 망령됨을 돌이켜 참됨에 이르고 마침내 크게 하늘기운을 펴나니, 성통공완性通功完이 바로 이것이다"라고 하고 있다. 호흡을 고르고調息 원기를 길러養氣 불로장생하는長命 신인합일을 추구하는 도교사상, 느낌을 그치고止感 마음을 고르게 하여調心 참본성을 깨달아覺性 성불을 추구하는 불교사상, 부딪침"을 금하고禁觸 몸을 고르게 하여調身 정기를 다하여 나아감으로써精進 성인군자를 추구하는 유교사상이 모두 삼신사상에서 나온 것이다. 또 중국 발해만渤海灣 동쪽에 있다는 봉래산蓬萊山·방장산方丈山·영주산瀛洲山의 삼신산, 우리나라 금강산·지리산·한라산의 삼신산이란 지명은 모두 삼신사상에서 나온 것이다. 사람이 태어나면서 삼신으로부터 받은 세 가지 참됨, 즉 성性·명命·정精을 일컫는 삼진三眞날(3월 3일) 또한 삼신사상에서 나온 것이다.

『부도지』에도 나와 있듯이 마고성은 지상에서 가장 높은 성으로, 그 기능이나 성격으로 보아 하늘[천·지·인 三神]에 제사 지내던 소도성蘇塗城이었던 것으로 짐작된다. 따라서 우리의 고산高山 숭배사상은 오래 된 것이다. 예로부터 높은 산은 하늘[참본성]로 통하는 문으로 여겨져 제천의식이 그곳에서 거행되었다. 우리나라의 오악으로 알려진 동쪽의 금강산, 서쪽의 묘향산, 남쪽의 지리산, 북쪽의 백두산, 그 중앙에 위치한 삼각산, 그리고 백두산과 갑비고차甲比古次의 단소壇所와 마리산摩利山의 참성단塹城壇, 태백산

---

* 여기서 '부딪침' 이란 신체의 다섯 감각기관(眼·耳·鼻·舌·身)을 통한 부딪침(聲·色·臭·味·淫)과 의식[意, 마음]의 작용을 통한 부딪침(抵)을 포괄한 것이다.

의 제천단 등은 천제가 행해진 곳으로 전해진다. 황해도 구월산에 단군사당인 삼성사三聖祠가 있는 것과 마찬가지로 서울시 수유1동 빨래골에 삼성암三聖庵이 있다는 사실은 삼각산 세 봉우리에서 천제를 올렸음을 짐작케 한다. 천제의식을 통하여 미혹함을 풀고 참본성을 회복함으로써解惑復本 광명이세光明理世·홍익인간의 이념을 구현하고자 했던 것이다.

삼신사상은 본체-작용-본체와 작용의 합일이라는 '생명의 3화음적 구조'에 기초한 것으로 천·지·인 삼신일체의 의미를 함축하고 있다. 삼각산의 '삼'이란 숫자 또한 천·지·인 삼신일체의 의미를 함축한 것이고, '각[人:△]'은 생명의 본체인 원[天:○]과 그 작용인 방[地:□]을 관통하는 원리가 내재된 것으로 한 이치 기운과 하나가 되는 일심[참본성]의 경계라는 의미를 함축한 것이니 '삼'과 그 의미가 같다. 원방각(圓方角,⟠)은 생명의 본체-작용-본체와 작용의 합일이라는 우주섭리를 도형화한 것이다. 일심의 경계에 이르면 한 이치 기운을 함축한 전일적인 의식계[본체계]와 한 이치 기운의 조화 작용을 나타낸 다양한 물질계[현상계]가 분리될 수 없는 하나임을 자연히 알아 더불어 사는 삶을 자각적으로 실천할 수 있게 된다. 무수한 사상事象이 펼쳐진 '다(多,三)'의 세계와 그 무수한 사상이 하나로 접힌 '일一'의 세계는 외재적extrinsic 자연과 내재적intrinsic 자연, 작용[물질계]과 본체[의식계]의 관계로서 상호 조응해 있으며 상호 관통한다. 따라서 삼신사상이 곧 '한' 사상이다. 여기서 마고의 삼신사상을 다루는 것은 그것이 통섭적 세계관의 원형을 보여 주는 것이기 때문이다. 우리 국조께서 세 봉우리가 있는 산에서 천제를 올렸던 것도 하늘[참본성, 일심]과 소통하고자 하는 지극한 염원을 담은 것이라 할 수 있다.

우리의 상고사상은 한마디로 천·지·인 삼재의 융화에 기초한 경천숭조敬天崇祖의 '보본報本' 사상이다. '보본'이라 함은 '근본에 보답한다'는 뜻으로 효孝와 충忠에 기반된 숭조崇祖사상은 제천祭天에 기반된 경천(敬天, 敬神)사상과 함께 우리 전통 사상의 골간을 형성해 왔다. 상고와 고대의 국중國中 대축제는 물론, 중세와 근세에도 제천, 즉 천지의 주재자를 받들고 보본하는 예를 잊지 아니하였다. 우리 조상들은 박달나무 아래 제단을 만들고 소도蘇塗라는 종교적 성지가 있어 그곳에서 하늘과 조상을 숭배하는 수두교蘇塗教를 펴고 법질서를 보호하며 살았다. 말하자면 당시로서는 수두교가 정치의 핵심사상이 되었던 것이다. 이러한 수두, 제천의 고속古俗은 대개 삼한시대 혹은 삼국시대까지 이어졌는데, 부여의 영고, 고구려의 동맹, 동예의 무천, 삼한의 5월제와 10월제 등이 그것이다. 이처럼 하늘에 제사 지내고 보본하는 소도의식을 통하여 천인합일天人合一·군민공락君民共樂을 이루어 국권을 세우고 정치적 결속력을 강화하며 국운의 번창을 기원했던 것으로 보인다.

북애北崖의 『규원사화揆園史話』에 의하면 고대의 임금은 반드시 먼저 하늘과 단군 삼신三神을 섬기는 것을 도道로 삼았다고 한다. 고구려의 조천석朝天石, 발해의 보본단報本壇, 고려의 성제사聖帝祠, 요遼의 삼신묘三神廟, 금金의 개천홍성제묘開天弘聖帝廟는 모두 단군의 묘이며, 근조선에 이르러서도 세종은 단군묘를 평양에 설치했고 세조 원년에는 위패를 「조선시조단군사당」이라 하였다고 한다.[20] 『중용中庸』에서도 "하늘이 명한 것은 성性이고, 이 성을 따르는 것이 도"[21]라고 하여 참본성을 따르는 것이 곧 천도天道임을 나타냄으로써 하늘과 참본성이 하나임을 밝히고 있다. 우주만물에 편재해 있는 '하나'인 참본성이 곧 하늘이요 신神性이니, 우주만물을 떠난 그 어디에 따로이 하늘이나 신이 존재하는 것이 아니다. 그런 까닭에 우리 조상들은 경천敬天 · 경인敬人 · 경물敬物을 생활화해 왔던 것이다.

우리 상고의 원시신앙과 삼신사상의 연원과 우리 정신사의 흐름과 사회 정치적 변천, 이 모든 것을 알기 위해서는 그 역사가 가장 오래된 무속巫俗의 사회정치적 기능을 살펴볼 필요가 있다. 상고시대 사람들은 삼라만상에 성령聖靈이 깃들어 있고 그 성령이 인간의 길흉화복을 좌우하는 것으로 믿었기 때문에 그 성령과 소통할 수 있는 무인巫人이 사회정치적 지배력을 행사하였다. 이러한 무속의 사회정치적 기능으로 인해 무속은 신앙으로서 뿐만 아니라 정치의 핵심사상이 되었다. 즉, 소도의식을 통해서는 물론 제사가 끝난 뒤에는 술과 가무歌舞로 공동체 구성원 간의 결속을 다지고 일체감을 조성함으로써 정치적 지배력을 강화했던 것으로 보인다. 당시 숭앙된 대표적인 성령으로는 천신天神 · 지신地神 · 조상신祖上神을 들 수 있는데 이는 태양숭배, 천제신앙, 산신山神신앙, 성황신城隍神신앙, 조상숭배 등의 다양한 형태로 나타났다.

무속이 상고 이래 그 뿌리가 깊다는 것은,『삼국사기三國史記』에서 보듯 단군과 남해 차차웅次次雄 같은 신라의 초대 임금들이 무사巫師였고,[22] 고구려와 백제에도 국가 중대사를 판단하고 국조묘에 제사하는 무사들이 있었으며,[23]『고려사高麗史』에서 보듯 중세 고려에서도 팔관회八關會와 기우제祈雨祭 등 국가 대행사에 무격巫覡이 동원되었고,[24] 근세 조선에서도 성숙청星宿廳과 동서활인서東西活人署 등 무격이 소속된 관서가 있었다는 사실이 이를 말하여 준다. 특히『삼국사기』『고려사』『조선왕조실록』에는 유 · 불 · 도 3교의 풍속이 무속과 혼합하여 성속成俗된 양상을 가장 잘 보여 주는 사례로 기우제에 관한 기록이 많이 나오고 있다.

상고와 고대의 제천은 천지의 주재자를 받들어 보본하는 신앙의 표현이었다는 점에서 잡귀를 숭배하는 미신적인 통상의 살만교(薩滿教 샤머니즘)와는 다르다는 점을 지적할 필요가 있다. 다시 말해 하늘과 조상을 숭경하며 민중을 지도하는 제사장인 무인과 삼국시대 후기 이래 살만교의 일종으로 퇴화한 미신적 살만을 지칭하는 무격과는 분명히 구별해야 하는 것이다. 『규원사화』 「단군기」에도 이에 관한 언급이 있거니와, 『삼국사기』 고구려 본기 보장왕 4년 기사에도 조선의 무속이 잡귀 숭배 미신으로 퇴화하였음을 보여 주는 사례가 나와 있다. 우리 상고의 무속은 통상의 살만교와는 확연히 구분되며, 천·지·인 삼재의 융화에 기초한 심오한 사상을 배경으로 한다는 점에서 그 차원이 높은 것이다. 그것은 홍익인간·광명이세의 건국 이념과 경천숭조의 보본사상 그리고 우리 고유의 풍류(風流, 玄妙之道)*와 마찬가지로 신성과 이성의 통합성에 기초한 '한' 사상의 전형을 보여 준다.

『부도지』 제7장에서는 잃어버린 참본성을 회복하는 것을 '복본復本' 이라고 하고 있다. 또한 제12장에는 "…천부天符에 비추어서 수신하고 미혹함을 풀고 참본성을 회복할 것을 맹세하며 부도符都 건설을 약속하니…"[25] 라고 나와 있다. 참본성의 회복은 곧 이화세계, 홍익인간으로의 복귀인 동시에, 인류의 시원인 최초의 낙원국가 마고성으로의 복귀를 나타낸 것이다. 이처럼 우리의 '복본' 사상은 잃어버린 참본성[性]의 회복과 더불어 잃어버린 성[麻姑城]의 회복이라는 의미를 함축하고 있는데 이는 우리의 전통적 사유가 의식과 제도, 정신과 물질의 통합이라는 통섭적 세계관에 기초하고 있음을 말하여 준다. 마고의 삼신사상은 한마디로 미혹함을 풀어 참본성을 회복하는 '해혹복본解惑復本' 의 사상이다. 마고·궁희·소희 삼신이나 환인·환웅·단군 삼신은 신인합일의 경지에 이른 존재들로서 만유 속에 깃들어 있는 성령[神性, 참본성]과 소통하는 최고의 무사巫師였다. 이들이 성령과 소통했다는 것은 만유에 편재해 있는 우주적 본성과 혼원일기混元一氣로 이루어진 생명의 유기성 및 상호 관통을 깨달아 우주 '한생명'에 대한 자각적 실천이 이루어졌음을 의미한다.

이들의 완전한 소통성은 물리학자 막스 플랑크(Max Planck)가 묘사하는 우주만물을 잇는 에너지 장場, 즉 매트릭스matrix에 대한 자각에서 기인하는 것으로 볼 수 있다.

> 모든 물질은 오직 어떤 힘에 의해서만 비롯되고 존재한다…이러한 힘의 배후에는 의식과 지성을 가진 존재가 있다고 추정해야 마땅하다. 이 우주 지성이 모든 물질의 매트릭스이다.

* 통일신라 말기 3敎의 說을 섭렵한 당대 최고의 지식인이었던 孤雲 崔致遠의 〈鸞郞碑序〉에는 신시시대와 고조선 이래 우리 고유의 전통 사상의 뿌리에 대한 암시가 잘 나타나 있다. 그 내용인즉, "나라에 玄妙한 道가 있으니, 이를 風流라고 한다. 그 敎의 기원은 先史에 상세히 실려 있거니와, 실로 이는 3敎(儒·佛·仙)를 포함하며 중생을 교화한다. 이를테면, 들어오면 집에서 효도하고 나가면 나라에 충성하는 것은 魯司寇(孔子)의 主旨와 같은 것이고, 無爲에 처하고 不言의 교를 행함은 周柱史(老子)의 宗旨와 같은 것이며, 모든 악한 일을 행하지 않고 착한 일을 받들어 행함은 竺乾太子(釋迦)의 敎理와 같은 것이다"(『三國史記』新羅本紀 第4 眞興王 37년 봄 記事). 孔子는 일찍이 魯나라의 司寇(사법대신)라는 벼슬을 한 적이 있고, 老子는 周나라의 柱下史(柱史는 柱下史의 약칭)가 된 적이 있으며, 竺乾은 인도의 별칭으로 석가는 淨飯王의 태자였다. 당시 교육의 원천이 되었던 우리 고유의 風流 속에는 유·불·선이 중국에서 전래되기 수천 년 전부터 3교를 포괄하는 내용이 담겨져 있어 그 사상적 깊이와 폭을 짐작케 한다. 예로부터 조선이 神仙의 나라로 알려진 것은 仙敎의 뿌리가 동방임을 시사하는 것이다. 桓國으로부터 易사상의 뿌리가 되는 『天符經』이 전수되어 온 것이나, 배달국 제5대 太虞儀 桓雄 때 신선도문화가 체계화된 것 등이 이를 입증한다.

All matter originates and exists only by virtue of a force···We must assume behind this force the existence of a conscious and intelligent Mind. This Mind is the matrix of all matter.[26]

영성靈性 과학자인 그렉 브레이든(Gregg Braden)은 최근의 연구 결과 플랑크의 매트릭스가 실제로 존재한다는 극적인 증거가 나왔다며 이 매트릭스를 '디바인 매트릭스(Divine Matrix)'라고 명명하고 이렇게 정의한다.

디바인 매트릭스는 우주를 담고 있는 그릇이자, 만물을 이어주는 다리이며, 우리가 창조한 것을 우리에게 비추어주는 거울이다.
The Divine Matrix is the container that holds the universe, the bridge between all things, and the mirror that shows us what we have created.[27]

데이비드 봄(David Bohm)에 따르면 우주에 존재하는 모든 것은 초양자장(superquantum field)으로부터 분화되기 때문에 에너지, 마음, 물질 등은 동일한 질료로부터 만들어진다고 한다. 파동이 모여서 다발packet을 형성할 때 입자가 되는 것이고 그 파동의 기원은 우주에 미만彌滿해 있는 초양자장이라는 것이다. 말하자면 초양자장이 곧 우주만물을 잇는 '디바인 매트릭스'라는 것이다. 없는 곳이 없이 실재하는 '디바인 매트릭스', 즉 '우주 지성[우주의식, 순수의식, 보편의식, 근원의식, 전체의식]'과 소통하는 경지야말로 학문의 최고봉이요 종교의 최고봉이며 정치의 최고봉이니 가히 천·지·인 삼신일체를 자각한 '무사巫師'라고 할 수 있을 것이다. 이러한 자각이야말로 영적 진화의 단초가 되는 것이다. 물에 비친 그림자를 보고 실물이 존재함을 알 수 있듯이, 삶의 강물에 비친 현상이라는 그림자를 보고 우주 지성의 실재를 파악할 수 있어야 하는 것이다. 우주의 진행 방향이 영적 진화인 것은 바로 이 우주 지성의 작용에 기인하는 것이다.

이 우주 지성은 대립자의 양 극이 지니는 편견을 지양시켜 '나'와 '너', '이것'과 '저것'이 대립자임을 그만두지 않고서는, 일심의 원천으로 돌아가지 않고서는 그 모습을 드러내지 않는 순수 현존이다. 그것은 존재와 비존재, 물성과 영성의 경계를 넘어 서 있는 까닭에 감각적으로 지각되거나 경험될 수 있는 것이 아니다. 아슈바고샤(Ashvaghosha 馬鳴)는 이 우주 지성을 이렇게 표현하고 있다.

> 존재하는 것도 아니며 존재하지 않는 것도 아니요, 존재와 비존재가 동시에 존재하는 것도 아니며 존재와 비존재가 동시에 존재하지 않는 것도 아니다.
>
> Suchness is neither that which is existence, nor that which is non-existence, nor that which is at once existence and non-existence, nor that which is not at once existence and non-existence.[28]

생명의 자기조직화self-organization의 원리라고도 할 수 있는 이 '우주 지성'은 물리학이 현대에 들어 발견한 것이지만, 상고의 현자들은 수만 년 전에 이미 파악했던 것이다. 우리가 세상 만물과의 연결성을 알아차리지 못하는 것은 의식의 진동수가 낮기 때문이다. 천·지·인 삼재의 융화에 기초한 삼신사상은 의식의 확장을 통해 생명의 전일성과 유기적 통합성을 깨닫게 함으로써 전체와 분리된 개체란 실재하는 것이 아님을 알 수 있게 한다. 이 우주는 분리 자체가 근원적으로 불가능한 거대한 파동의 대양[氣海]이며, 우주만물은 그 파동의 세계가 벌이는 우주적 무도舞蹈에 동등한 참여자로서 참여하고 있다. 이 우주는 누가 누구를 창조하는 것이 아니라 필연적인 자기법칙성에 따라 스스로 생성되고 변화하여 돌아가는 '참여하는 우주'인 것이다. 이러한 사실을 직시할 수 있을 때 천인합일의 의미를 알게 되고 생명의 전일성과 자기근원성을 자각할 수 있게 되어 진정한 자율성과 평등성이 발휘될 수 있는 것이다.

아브라함의 자손 이삭과 이스마일의 비극에서 연원하는 유대교와 이슬람교 간의 끝없는 대립과 전쟁의 역사는 서양문화권의 이원론적인 사고로는 결코 세계평화를 이룩할 수 없음을 명징하게 보여준다. 통섭적 세계관의 원형이 마고의 삼신사상이고 그 사상적 맥이 이어져 환단桓檀시대에 이르러 핀 꽃이 천부사상이다. 마고사상에서 복본을 강조한 것은 근본지根本智로 돌아가 참본성과 하나가 되면 일체의 이원성에서 벗어나 조화세계를 구현할 수 있기 때문이다. 실로 참본성이 열리지 않으면 세상을 밝힐 수가 없는 것이다. 인간의 비극은 낙원이 우리 안에 있다는 사실을 깨닫지 못한 채 낙원에서 더욱 멀어지면서 낙원을 찾고 있다는 데 있다. 마치 소를 타고 소를 찾아 헤매는 것처럼, 우리의 본신인 신을 찾아 천지사방을 헤매고 있는 것이다. 마고의 삼신사상은 우리들 마음의 등잔을 예지叡智의 기름으로 가득 채워 '존재의 집으로 가는 옛길'을 발견할 수 있게 할 것이다.

인류 구원의
여성성

마고麻姑라는 이름은 인류의 집단무의식 속에 인류 구원의 여성성으로 자리 잡은 듯하다. 마고는 몽골, 투르크, 만주, 퉁구스, 시베리아에서 '우마이Umai'라는 대모신大母神의 이름으로 등장하여 인간의 출생을 관장하는 생명의 여신으로 알려져 있고, 이 일대 여성 무당 또한 어마이, 오마이 등으로 불린다. 오마니, 어마이, 오마이는 어머니를 뜻하는 평안도 방언이기도 하다. '마Ma'는 어머니, 엄마, 어멈 등의 뜻으로 영어의 mother, mom, mama, 수메르어의 우뭄Umum, 고타마 싯다르타의 어머니 마야Maya부인, 성모 마리아Mary, 러시아의 토속인형 마툐르시카, 일본의 아마데라스 오오미카미(天照大神), 마야Maya문명, 마고 삼신을 모시는 베트남의 토속종교 모교母敎, 마고 삼신을 의미하는 마을 어귀 '솟대에 앉은 오리 세 마리', 『우파니샤드』에서 우주만물과 유일신 브라흐마의 합일을 나타낸 불멸의 음성 '옴OM', 이들 모두 마고에서 유래한 것으로 볼 수 있다. 치우蚩尤가 군주로 있던 구려족九黎族에서 분화해 나간 하화족(夏華族: 고대 漢族)은 마고를 금모낭낭金母娘娘으로 부르다가 다시 서왕모西王母로 바꾸어 불렀다. 또한 마고의 '마麻'는 마고성 일대에 삼베를 짜는 섬유의 원료인 삼麻을 많이 재배한 데서 붙여진 이름일 수도 있다는 점에서—실제로 삼의 원산지는 중앙아시아에서 서아시아까지로 알려져 있음—'마고'는 '마'가 많이 나는 땅의 여성 지도자를 의미하는 것으로 볼 수도 있다. 사람이 죽으면 수의로 삼베옷을 입혀 매장하는 습속 또한 여기서 유래한 것으로 보인다.

『장자』제1 소요유逍遙遊편에는 막고야산(藐姑射山: 마고산, 삼신산)에 사는 신인神人 마고에 관한 이야기가 나온다.

막고야산에 신인이 살고 있어 피부는 얼음이나 눈처럼 희고 단아하기는 처녀 같은데, 곡식을 먹지 않고 바람을 호흡하고 이슬을 마시며 구름을 타고 용을 몰아 사해 밖에서 노닌다고 한다. 정신이 한데 집중되면 모든 것이 병들지 않고 곡식도 잘 익게 할 수 있다고 한다.[29]

혼다사이(本田濟)의 『포박자抱朴子·열선전列仙傳·신선전神仙傳·산해경山海經』에는 마고에 관한 다음과 같은 이야기가 나온다.

한(漢)의 효환제(孝桓帝) 때에 신선 왕방평(王方平)이 채경(蔡經)의 집에 내려왔다. 도착 시간이 가까워지자 금북(金鼓), 퉁소, 피리, 인마(人馬)의 소리가 들려왔다. 채경의 집안 사람들이 늘어서서 알현하니, 왕방평은 머리에 원유관(遠遊冠)을 쓰고 붉은 옷을 입고, 호랑이 머리로 장식한 패물이 달린 큰 띠와 오색의 끈을 매고, 칼을 차고 누런 수염이 듬성듬성 나있는 보통 키의 사람이었다. 우차(羽車)를 탔는데 다섯 필의 용이 끌었다. 용은 각각 색이 달랐다. 깃발에서부터 시중 드는 사람들까지 위엄을 갖추어 마치 대장군과 같았다. 악기를 연주하는 주 악대는 모두 기린을 타고 하늘에서 내려와 뜰에 모였다. 시종관은 모두 키가 한 길 남짓 되었다. 도착하자마자 시종관은 모두 모습을 감추어 버려 간 곳을 알 수 없었다. 다만 왕방평만이 채경의 부모형제를 찾아뵈었다. 왕방평은 혼자 앉아 있다가 잠시 후 사자(使者)를 시켜서 마고를 방문하게 하였다. 채경의 집에서는 마고가 어떤 분인지 아무도 모르고 있었다. '왕방평이 마고 어른께 삼가 한 말씀 올리겠습니다. 저는 오랫동안 민간인이 되었으나 지금 여기에 와 있습니다. 마고 어른께서는 잠시 왕림하시어 말씀을 들려주시기 바랍니다' 라고 전하게 하였다.

잠시 후 사자가 돌아왔으나 마고의 모습은 보이지 않고 소리만 들릴 뿐이었다. "마고가 인사드립니다. 뵈옵지 못한 채 어느덧 오백 년이 지났습니다. 존비(尊卑)의 서열도 있는데 이렇게 뵙게 되리라고는 기대하지 않았습니다. 소식을 듣고 곧 달려왔습니다. 잠시만 기다려 주시면 곧 돌아오겠나이다"라고 하였다. 이각(二刻: 30분쯤)이 지나자 마고가 왔다. 도착하기 전부터 인마(人馬)와 피리, 북소리가 들렸다. 도착하는 것을 보니, 시종은 왕방평이 올 때의 약 반수였다. 마고가 도착하자 채경 일가는 모두 배알하였다. 마고는 젊고 아름다운 여자로 나이는 열일곱 여덟 정도였다. 머리는 위로 틀어 올리고 남은 머리는 허리까지 늘어뜨리고 있었다. 입은 옷은 금란(金襴)은 아니지만 모양이 있었다. 눈빛도 눈부시게 반짝여 무어라 형용하기 어려울 뿐이었다. 마고는 방에 들어가 왕방평에게 배례하였다. 왕방평도 일어섰다. 좌석이 정해지자 마고는 가지고 온 음식을 내놓았다. 모두 금접시와 옥으로 만든 잔에 음식은 거의 과일 종류였으며, 그 향기는 안팎으로 진동하였다. 마른 고기를 찢어 내놓았는데, 말린 기린 고기를 숯불에 구운 것이었다. 마고가 이렇게 말하였다.

"뵌 이래 벌써 동해가 세 번 뽕나무밭으로 변하는 것을 보았습니다. 지난번 봉래산에 오셨을 때는 물도 먼저 번 대회 때에 비하여 그 반 정도로 얕아졌습니다. 곧 육지가 되지 않을까 싶습니다."

왕방평도 웃으면서, "성인도 모두 바다 가운데에서 먼지가 오를 것이라고 말하고 있습니다"라고 하였다. 마고는 채경의 어머니와 아내를 만나고 싶다고 하였다. 당시 채경의 제수(弟嫂)는 출산한 지 수 일이 지났는데, 마고는 멀리서 보고 알고 있었다. 마고는 "여기에 다시 오기 어려우니"라며, 쌀을 조금 가져오라고 하였다. 쌀을 받아 손에 들고 땅에 뿌리니 모두 진주가 되었다. 왕방평이 웃으면서, "마고 어른은 역시 젊습니다. 나는 늙어 버렸습니다. 이처럼 교묘한 변화를 하는 기분은 벌써 없어져 버렸습니다"라고 말하였다.……(중략)

마고는 새와 같은 손톱을 가지고 있었다. 채경이 그것을 보고 등이 가려울 때 저 손톱으로 긁으면 꽤 기분이 좋겠다고 마음속으로 생각하고 있었는데, 왕방평은 벌써 채경의 마음을 알아채고는 곧 채경을 묶어놓고 매를 때리게 하였다. "마고 어른은 신인이시다. 너는 왜 손톱으로 등을 긁고 싶어하였는가?" 하고 꾸짖었으나, 매가 채경의 등을 때리는 것만 보일 뿐 매를 든 사람의 모습은 보이지 않았다. 왕방평은 채경을 향하여 "내 매는 절대로 얻을 수 있는 것이 아니다"라고 하였다.……(중략)

연회가 끝나자 왕방평도, 마고도 우차를 타고 하늘로 올라갔다. 주악과 행렬은 올 때와 마찬가지였다.[30]

마고를 인류 구원의 여성성으로 인식할 때의 '여성성'은 그리스 신화에 등장하는 대지의 여신 '가이아(Gaia: 지구의 생물들을 어머니처럼 보살펴준다는 뜻에서 붙여진 지구의 영적인 이름)'의 영적인 본질에서 도출된 '여성성[靈性]'이다. 이러한 여성과 자연의 이미지의 동일시는 음陰과 양陽의 역동적 통일성을 그 본질로 하는 자연[靈性]의 이미지가 모성母性을 그 본질로 하는 여성의 이미지와 동일한 까닭이다. '여성성'은 곧 영성이며 이는 생명 그 자체다. 마고가 대지를 관장하는 생명의 여신으로 인식되는 것은 이러한 이유에서이다. 예로부터 아이를 낳게 해 달라고 삼신할머니에게 비는 습속 또한 이러한 인식에서 비롯된 것이다. '여성성'이 인류 구원의 여성성으로 인식될 수 있는 것은 그것이 곧 영성임을 전제한 것이다. 영성은 초논리·초이성의 영역인 까닭에 정신·물질, 영성·이성, 자연·인간, 의식·제도와 같은 이원론으로는 접근할 수가 없다. 생명 자체가 영성이니 영성에 관한 논의를 배제한 생명 논의는 속빈 강정과도 같은 것이다. 생명에 대한 자연과학적 접근—특히 생물학적 접근—이 성공하기 어려운 이유가 여기에 있다. 인간 억압과 자연 억압이 만연한 것은 없는 곳이 없이 실재하는 만유의 영성을 인식하지 못하고 외재화, 물화物化시켰기 때문이다.

생명은 무시무종無始無終이고 무소부재無所不在이며 불생불멸不生不滅인 까닭에 소통성을 그 본질로 한다. 인류 구원의 '여성성'은 단순한 물질적 육체의 속성이 아니다. 그런 까닭에 삶과 죽음의 놀이에 빠지지도 않으며 물질의 노예가 되기를 자청하지도 않는다. 물질적 육체는 단지 생명의 외피일 뿐, 우리가 죽는 것이 아니고 단지 육체라는 외피를 벗는 것이다. 마치 풀벌레가 풀잎 위를 기어가다가 그 끝에 이르면 다른 풀잎으로 옮겨가듯, 우리의 영혼 또한 소년의 몸과 청·장년의 몸, 그리고 노년의 몸을 거쳐 육체를 떠난 후에는 또 다른 육체 속으로 옮겨가는 것이다. 말하자면 낡은 옷을 벗고 새 옷으로 갈아입듯이, 육신의 낡은 몸을 벗고 새 몸으로 갈아입는 것이다.[31] 생사란 천지운행의 한 과정이며, 생명의 흐름은 영원히 이어진다. 일체의 이원성을 넘어선 통섭적[시스템적] 세계관이 아니고서는 생명 자체인 영성을 파악할 길이 없는 것이다. 물질의 궁극적 본질이 비물질과 다르지 않다는 것은 20세기 들어 실험물리학이 발달하면서 이미 밝혀진 바이다. 오늘날의 생명 논의가 이원론에 입각한 서구의 과학문명을 비판하면서도 여전히 생명을 물성物性으로만 간주하는 것은 서구 패러다임의 전 지구적 지배가 너무 깊기 때문인지도 모른다. 이러한 이원론은 의식의 자기분열에서 오는 것으로 의식의 차원 전환이 없이는 물질계의 차원 전환은 이루어지기 어렵다.

세계는 지금 기계론적이고 분석적이며, 추론적이고 물질적이며, 환경 파괴의 남성적이고 양적陽的인 특성을 지닌 서구 문명이 쇠망해 가는 반면, 전일적이고 종합적이며, 직관적이고 정신적이며, 환경 회생의 여성적이고 음적陰的인 특성을 지닌 새로운 문명—동아시아 문명—이 대두하고 있으며, 우리는 바로 그 전환점에 서 있다. 이제 지구 문명은 물고기 별자리인 쌍어궁雙魚宮시대를 지내고 물병 별자리인 보병궁寶甁宮시대를 맞이하고 있으며, 많은 사람들은 새 시대가 쌍어궁시대의 단순한 연장이 아니라, 근본적인 패러다임 전환을 가져올 것이라고 예측한다. 그것은 곧 물질시대에서 의식시대로의 대전환을 의미한다. 대형시대에서 소형시대를 거쳐 극미세에서 공空의 시대로 진입하고 있는 것이다. 물병 별자리가 바로 '공', 즉 여성을 상징함은 우연이 아닐 것이다. 이는 새 시대가 음양지합의 시대가 될 것임을 예고하는 것이다. 인류 구원의 '여성성'으로서의 마고에 대한 관심이 고조되는 것도 지천태괘地天泰卦인 후천後天 곤도坤道시대의 도래와 그 맥을 같이 하는 것이다.

지속 가능한 지구 문명의 구현을 위한 대안 체제 제시와 관련하여 '여성성' 내지는 '여성적 원리'에 기초하고 있는 에코페미니즘 논의에 대해 살펴볼 필요가 있다. 에코페미니즘(ecofeminism 생태여성론)은 생태담론과 마찬가지로 1970년대에 등장하여 남성에 의한 여성 지배와 인간에 의한 자연 지배가 구조적으로 깊이 연결되어 있다는 인식론적 바탕 위에, 정교한 이론화 작업을 거쳐서가 아니라 여성들의 생태운동과 평화운동이 결합된 풀뿌리 생태운동의 과정에서 형성되고 발전된 것으로 강한 실천성을 내포하고 있다.* 여성운동과 결합된 반핵 평화운동에 참여하는 과정에서 여성들은 자연과 인간의 유기적 연관성을 부정하는 산업문명과 여성 지배와 자연 지배를 자행해 온 가부장제적 사회체제가 문제의 핵심이라는 사실을 직시함으로써 생태계 복원과 평화 실현의 문제가 여성해방의 문제와 깊이 연계되어 있음을 느끼게 되었다. 말하자면 '여성성'은 생태 오염 및 착취의 결과를 몸으로 직접 체험하면서 공동체와 자연의 가치를 재발견한 새로운 인간성을 의미하는 것으로 보아야 할 것이다. 에코페미니즘은 기존의 지배적 패러다임의 변화를 통해 인간과 자연의 관계를 재정립하고자 한다는 점에서 다른 생태 논의와 일정한 공유점을 가지고 있기도 하지만, 모든 계급 체계와 인간 억압의 뿌리가 남성의 여성 지배에 있고 그러한 지배가 가부장제에 의해 유지, 강화되어 왔으며 여성 억압에서 자연 억압이 비롯되는 것으로 보는 점에서는 차별화된다.

에코페미니즘은 여성 억압의 근원적인 해소를 통해 진정한 남녀 평등 사회를 실현하고자 한다. 남녀 평등한 법체계를 이룩하고 법률상의 평등(de jure equality)과 사실상의 평등(de facto equality) 간의 괴리를 해소함으로써 진정한 복지사회를 구현하려는 것이다. 이는 곧 여성 참여가 여성해방으로의 길인 동시에 인간해방으로의 길이라는 사실을 말하여 준다. 여기서 우리는 성 차별 문제의 본질을 직시할 필요가 있다. 성 차별은 인종 차별·계

＊ 에코페미니즘 운동의 대표적인 사례로는 1973년 인도의 칩코운동(Chipko movement: 1980년대 인도의 여성들이 대규모 벌목에 저항하여 나무둥치를 껴안고 시위를 벌인 데서 유래한 이름)과 1980년대 중반부터 시작된 나르마다 江 댐 건설 반대운동, 1973년 프랑스의 라작 군사훈련장 건설 반대운동, 1975년 독일의 빌(Whyl) 핵발전소 건설 반대 운동, 1980년 영국 그린햄 코먼(Greenham Common)의 반핵 저항운동, 1979년 미국 펜실베니아주 쓰리마일 섬 핵발전소 방사능 유출사고 항의운동, 1980~1981년 미국 여성들의 펜타곤 봉쇄운동, 그리고 1980년대 케냐 여성들이 주축이 된 그린벨트 운동 등을 들 수 있다.

급 차별 등 일체의 차별상과 마찬가지로 영적 일체성(spiritual identity)이 결여된 데서 오는 것이다. 말하자면 만물의 교직성과 상호연관성을 깨닫지 못하고 부분의식에 사로잡혀 있기 때문에 나타나는 현상이다. 미국의 여성학자 클레인(Anne C. Klein)은 대승불교의 공空사상이 가부장적 자아의 부정을 통해 진정한 '관계적 자아(relational self)'의 정립에 기여할 수 있다고 본다.[32] 에코페미니즘이란 용어를 처음 사용한 급진적 페미니스트 프랑수아즈 도본느(Françoise d' Eaubonne)는 오늘날 생태 위기의 근본 원인이 자본주의도 사회주의도 아니며—비록 도본느 자신이 자본주의를 환경의 적으로 규정하고 있긴 하지만—가부장제적인 사회, 경제 및 정치체계가 여성 착취와 자연 착취를 자행하도록 방조하는 남성 중심의 사회적 지배 구조라고 본다.[33] 생태계 파괴나 계급적 지배, 인종 차별, 군국주의 등은 남성의 여성억압의 다른 표현에 지나지 않으며 그런 점에서 가부장제적 지배 구조를 외면한 생태운동은 실천성을 발휘할 수 없다고 본다.

그동안 여성은 가부장적 사회제도 하에서 공적 존재 기반의 미약성으로 인해 주변화되고, 여성 억압 내지는 성 차별로 인해 남성과 대등한 주체로서의 참여를 해 오지 못한 것이 사실이다. 현대 여성해방론이나 여권론女權論은 이러한 불평등한 여성의 지위가 여성의 인간화를 저해하는 요인이 된다고 보고 이를 극복하기 위해 남녀동권주의의 실현을 강조한다. 그리하여 1960년대 이후 미국 여성운동의 영향이 전 세계를 풍미하게 되면서 유엔이 1975년을 '세계여성의 해'로 선포하고 같은 해 멕시코에서 제1차 세계여성대회가 개최되어 '유엔 여성발전 10년(1976-1985)'을 선포하였다. 1979년에는 유엔 제34차 총회에서 '여성에 대한 모든 형태의 차별 철폐에 관한 협약'이 채택되었다. 1980년 제2차 세계여성대회가 코펜하겐에서 개최된 바 있고, 1985년에는 제3차 세계여성대회가 나이로비에서 개최되어 '2000년을 향한 여성발전 전략'을 채택한 바 있으며, 1995년에는 제4차 세계여성대회가 북경에서 개최되어 여성의 세력화, 특히 정치세력화와 경제 세력화가 주요 의제로 떠올랐다. 2000년 제23차 유엔여성특별총회에서는 북경여성대회 이후 5년 동안의 성과를 점검하고 새천년 여성 발전 전략을 검토했다. 2005년 제49차 유엔여성지위위원회 회의(49th UN Commission on the Status of Women, CSW)에서는 제5차 세계여성대회를 개최하지 않기로 합의를 하였는데 그 배경인즉, 이미 1995년에 선포되고 2000년에 재확인했던 북경여성행동강령이 미국 정부의 보수적 입장으로 인해 하향화될 수 있다는 우려가 만연해 있었던 까닭에 각국은 문서에 대한 협상을 하지 않기로 잠정 합의한 상태였던 것이다.

유엔이 1975년을 '세계여성의 해'로 선포한 지 34년이 되었지만, 성 차별 문제의 본질을 직시하지 못함으로 해서 여성해방과 인간해방으로의 길이 순탄치만은 않은 것으로 보인다. 에코페미니즘은 생태적으로 지속 가능한 사회의 핵심 개념이 남성의 생산production이 아니라 여성의 재생산[생식 reproduction]이라고 보고, 모성에 대한 강조와 더불어 여성과 자연, 남성과 과학문명을 동일시하는 시도를 하였다. 반다나 쉬바(Vandana Shiva)와 마리아 미즈(Maria Mies)는 가부장적인 자본주의 세계정치경제 구조가 환경 파괴와 여성 억압을 초래했다고 보고 개발 관점 대신에 인간과 자연의 재생 능력과 다양성 및 생존 기반 보존에 입각한 '생존 관점(subsistence perspective)'을 그 대안으로 제시한다. 이들은 여성과 자연이—특히 제3세계의 경우—개발의 희생자가 되었다고 보고 최근의 생명공학이 식물의 종자와 여성의 자궁을 식민지화했다고 지적한 것은 특기할 만하다. 이들이 제시하는 생존 관점의 특성은 지역경제체제, 참여적 풀뿌리 민주주의, 정신·물질, 자연·문명, 생산·생존 이원론의 극복 등이다.[34]

에코페미니스트 발 플럼우드(Val Plumwood)는 네 가지 형태의 억압, 즉 여성, 인종, 계급, 자연에 대한 억압의 공통된 원인을 이성과 자연의 대립성을 기반으로 한 서양의 이성 중심주의에서 찾고 있다. 즉, 서양 역사를 타자를 식민화하는 단계의 발전으로 나누어 플라톤의 로고스(logos 이성)·자연의 이분법을 제1단계, 데카르트의 마음·물질의 이분법을 제2단계, 인간의 자아중심주의와 함께 자연을 도구화하는 시각이 나타나는 제3단계, 그리고 세계경제 영역에서 완전 합병 아니면 제거의 양자택일만 남는 마지막 단계로 나눈 것이다. 지금의 이 마지막 단계는 생물계bioshere의 자연 억압과 인간계sociosphere의 여성·인종·계급 억압이 극도로 심화된 상태라는 것이다. 플럼우드가 제시하는 대안은 자연에게도 의지와 목적과 자주성을 가질 수 있는 주체성을 인정하고 존중하는 관점을 가짐으로써 자연에 속하는 것으로 분류된 여성·제3세계·노동자 등에 대한 관점도 함께 변화될 수 있을 것이라는 전망이다.[35] 그러나 플럼우드는 왜 자연에게도 인간과 마찬가지로 주체성을 인정해야 하는지에 대한 설명도 없을 뿐더러, 그녀의 이러한 관점이 자연에 영성spirit을 부여하는 영성주의와는 다르다는 것을 강조함으로써 생명에 관한 진지眞知의 빈곤을 드러내고 있다. 생명[자연] 자체가 영성인데 누가 누구에게 영성을 부여한다는 말인가!

이상에서 보듯 에코페미니즘에 관한 논의에서 공통되는 것은 여성과 자연의 이미지를 동일시하여 남성에 의한 여성 억압과 인간에 의한 자연 억압이 동일한 방식으로 진행되며 그와 같은 억압의 근본 원인이 가부장제적 지배 구조 및 문화와 연결되어 있고 지속 가능한 사회의 핵심 개념이 여성

의 재생산에 있다는 것이다. 대안적인 체제와 관련하여 이들 논의는 한편
으론 서구적 이원론 및 도구주의의 극복을 제시하면서도, 다른 한편으론
일관되게 남성적 원리에 의거한 근대 서구의 발전 모델이 여성성 내지 여
성적 원리에 의거한 새로운 모델로 대체되어야 한다고 주장한다. '여성성'
내지 '여성적 원리'의 본래적 의미는 대지의 여신 '가이아'가 지닌 특성에
서 도출된 것으로 영성을 뜻한다. 따라서 에코페미니즘 논의는 필연적으
로 영성에 관한 논의가 수반될 수밖에 없다. 그런 점에서 여성성은 남성적
원리와 상치되는 것이 아니라 포괄하는 동시에 초월하는 것으로 이해되어
야 할 것이다. 단순히 남성성을 대체하는 여성성으로 이해된다면 또 다른
이원론에 빠지게 될 것이기 때문이다. 그럼에도 나타난 현실적 논의를 보
면, 여성 억압과 자연 억압이 모두 남성 중심의 지배 구조에서 비롯되었다
고 보는 까닭에 단순히 남성성을 대체하는 여성성으로 비춰지기도 한다.

여성 참여가 인간해방으로 나타날 수 있기 위해서는 존재계가 분리될
수 없는 '하나'라는 사실을 직시하지 않으면 안 된다. 오늘의 인류가 직면
한 문제의 본질은 성 차별에 있다기보다는 영적 일체성의 결여에 있다고
보아야 할 것이다. 생명의 전일성을 자각하지 못한 채 오로지 '나' 자신만
을, 내 가족만을, 내 민족과 국가만을, 내 종교만을 내세우며 다른 모든 것
은 근절되어야 할 악으로 간주하는 부분의식에 사로잡힌 데서 비롯되는
것이다. 지역 및 집단이기주의는 모든 불행의 뿌리이며, 고통은 그것의 그
림자일 뿐이다. 영적 일체성이 결여되고서는 인간은 결코 진화할 수 없으
며, 개인의 자유와 공동체의 공공선 또한 조화를 이룰 수가 없다. 존재와
비존재, 개체와 전체, 주관과 객관, 속제俗諦와 진제眞諦의 이분법이 완전히
폐기된 경계, 이 보편의식이야말로 인류 구원의 여성성이요 생명수다. 따

라서 인류를 한 단계 업그레이드 시킬 진정한 '여성성'은 수신과 헌신적 참여를 통한 의식의 진화의 산물로서 영성 그 자체를 의미한다. 의식의 진화란 분별지分別智가 나타나기 전의 근본지根本智, 즉 본래의 참본성을 회복하는 것이므로 이는 곧 마고의 복본사상과 상통한다. 참본성을 회복하는 과정은 우주만물이 상호 연결되어 있고 우리 자신 또한 우주의 일부임을 깨닫는 과정이다.

빅뱅으로 시간이 시작된 이후 언제 어디에서나 존재하는, 우리의 삶 자체에 직접적 영향을 주는 에너지 장인 매트릭스[우주 지성, 우주의식, 순수의식, 보편의식, 근원의식, 전체의식]가 제시하는 3대 법칙을 이해하면, 긍정적이고도 강력한 세계관과 인생관을 갖게 될 것이라고 그렉 브레이든은 말한다.

첫 번째 법칙은 우주만물이 디바인 매트릭스 안에 존재하므로 상호 연결되어 있어 우리가 삶의 한 부분에서 한 것이 삶의 다른 부분에도 영향을 줄 수밖에 없다는 것이다.

The first principle suggests that because everything exists within the Divine Matrix, all things are connected. If this is so, then what we do in one part of our lives must have an effect and influence on other parts.

두 번째 법칙은 디바인 매트릭스가 홀로그램이라는 것으로 매트릭스의 모든 부분에는 매트릭스의 전체가 담겨져 있다는 것이다.

The second principle proposes that the Divine Matrix is holographic—meaning that any portion of the field contains everything in the field.

세 번째 법칙은 과거 현재 미래가 긴밀히 이어져 있다는 것으로 매트릭스는 현재의 선택과 미래의 경험 사이에 연속성을 제공하는 시간을 담는 그릇이라는 것이다.

The third principle implies that the past, present, and future are intimately joined. The Matrix appears to be the container that holds time, providing for a continuity between the choices of our present and the experiences of our future.[36]

천지비괘天地否卦인 음양상극의 선천시대와는 달리 지천태괘地天泰卦의 후천시대는 음양지합의 시대요 상생조화의 시대로서 여성이 제자리를 찾는 시대다. 공동체적 삶의 중요성이 간과되어 온 지식 차원의 좌뇌左腦 주도시대와는 달리, 지성 차원의 우뇌右腦 주도시대는 만물의 교직성과 상호의존성을 직시함으로써 공동체적 삶의 중요성을 인식하게 되고 따라서 진정한 복지사회의 구현 또한 가능하게 된다. 부계 사회의 쇠퇴와 더불어 여성운동이 우리 시대의 가장 강력한 문화 조류의 하나가 되었으며 미래의 진화에도 크게 영향을 미칠 것이라고 보는 것도 이와 맥을 같이 하는 것이다. 문명의 대전환이라는 맥락에서 볼 때 인류 구원의 '여성성'은 필연적으로 서구적 근대 극복으로서의 새로운 문명의 패러다임을 제시해야 할 과제를 안고 있으며 이를 완수하는 것이 궁극적인 지향 목표다. 그것은 한마디로 생명경외사상에 입각하여 우주자연-인간-문명이 조화를 이루는 상생의 삶을 구현하는 것이다. 통섭적 세계관의 필요성이 여기에 있다.

'생명의 3화음적 구조(the triad structure of life)'는 생명의 본질 자체가 본체[眞如, 靈性]와 작용[生滅, 物性]의 상호 관통에 기초해 있는 데서 기인하는 것으로 통섭적 세계관의 바탕을 이루는 것이다…일심의 통섭적 기능은 본체와 작용 그 어느 것에도 구애됨이 없이 양 차원을 모두 포괄하는 동시에 초월함으로써 발휘된다. 일심의 경계에 이르지 않고서는 본체와 작용이 하나임을 알 길이 없으므로 일심의 경계를 본체와 작용의 합일이라는 변증법적 논리구조로 나타낸 것이다…체體·용用·상相을 나타낸 불교의 삼신불(三身佛: 法身·化身·報身), 기독교의 삼위일체(聖父·聖子·聖靈), 그리고 동학「시侍」의 세 가지 뜻인 내유신령內有神靈·외유기화外有氣化·각지불이各知不移는 천부사상의 중핵을 이루는 천·지·인 삼신일체의 가르침과 그 내용이 같은 것으로 모두 일심의 세 측면, 즉 본체-작용-본체와 작용의 합일을 나타낸 것이다…이러한 일심의 세 측면은 성부·성자·성령의 관계와 마찬가지로 삼위일체(三神一體)로서 '회삼귀일(會三歸一, 三郎一)'의 이치에 입각하여 혼원일기(混元一氣)인 '하나(一)', 즉 유일신으로 돌아간다…유일신 논쟁은 일즉삼·삼즉일의 원리를 이해하지 못함으로 해서 본체와 작용을 분리시킨 데서 오는 것으로 일심의 통섭적 기능이 회복되면 자연히 종식될 것이다.

'천부사상의 통섭적 세계관' 중에서

동양의
통섭적 세계관

동서양의 문화·문명에 대한 이해는—강력한 사회는 보편화하며 허약한 사회는 특수화한다는 말이 있듯이—서양문화·문명의 태생적 우월성을 강조하며 이른바 서구적 보편주의의 거울로 동양정신을 해석하는 나르시스적 시도에 의해 종종 왜곡되기도 한다. 이러한 나르시스적 시도는 오로지 자기 거울을 통해서만 타자를 인식하는 왜곡된 집착에 기인하는 것으로 이는 그리스 신화에서 물에 비친 자기 모습을 연모하다가 빠져 죽어 샘가에 수선화로 피어났다는 미모의 소년 나르시스Narcissus의 운명과 비극을 연상케 한다. 나르시스의 운명과 비극은 한마디로 소통부재의 산물이다. 소통의 부재는 자아의 외연적 확대를 가로막아 의식의 확장을 도모할 수 없게 함으로써 생명의 본체인 '하나(ONE 天地人)'인 참본성[一心, 神性, 靈性, 우주의식, 순수의식, 근원의식, 전체의식, 보편의식]을 직시할 수 없게 한다. 물[거울]에 비친 자기 모습과 자기 자신의 동일시는 참본성을 자각하지 못한 채 그 그림자인 에고ego에 탐착하는 현대인의 자화상을 보여 주는 것이기도 하다. 나르시스의 고통은 '거짓 나(假我 ego)' 에 집착하는 마음의 그림자일 뿐이다. 나르시스의 신화는 참본성을 잃어버리고도 잃어버렸다는 사실조차 까맣게 잊어버리고 사는 오늘의 우리에게 주는 심오한 메시지이기도 하다. 나르시시즘(narcissism 자기도취)의 치명적인 병폐는 존재의 본질인 관계성(relativity 또는 intersubjectivity)의 상실에 있다. 나르시시즘은 '닫힌 자아' 와 자기파괴를 상징한다. 서구적 보편주의의 거울로 동양정신을 해석하는 나르시스적 시도는 통섭적 세계관을 갖지 못한 데 기인하는 것으로 반反통섭적일 수밖에 없다.

미국의 사회심리학자 리처드 니스벳(Richard E. Nisbett)은 그의 저서 『생각의 지도 The Geography of Thought』에서 동양과 서양이 세상을 지각하는 방법자체가 상이함을 지적한다. "동양은 좀더 '종합적' 으로 사고하기 때문에 부분보다는 전체에 주의를 더 기울이고, 사물을 독립적으로 파악하기보다는 그 사물이 다른 사물들과 맺고 있는 '관계' 를 통하여 파악한다. 서양의 '분석적' 인 사고방식은 사물과 사람 자체에 주의를 돌리고, 형식논리나 규칙을 사용하여 추리한다."[37] 동양과 서양의 인과적 사고의 차이는 상황에 초점을 맞추는 동양의 상황론과 사물에 초점을 맞추는 서양의 본성론의 차이에서 비롯되며, 서양인들이 동양인들보다 인과적 설명을 더 많이 하는 것으로 나타난다. 범주를 중시하는 서양과 관계를 중시하는 동양의 상이한 지적 전통이, 동양은 동사를 통해 세상을 보고 서양은 명사를 통해 세상을 보는 인지적 차이를 낳았다는 것이다. 논리를 강조하는 서양과 중용을 강조하는 동양의 상이한 지적 전통이, 서양은 논리를 중시하고 동양은 경험을 중시하게 만들었다는 것이다.[38] 니스벳에 의하면 이러한 동서양의 사고방식의 차이의 기원은 두 사회의 생태환경이 경제·사회 구조의 차이를 초래했고, 이러한 구조적 차이는 각 사회를 유지하기 위한 사회 규범과 육아 방식을 만들어 냈으며, 이에 따라 환경의 어떤 부분에 주의 attention를 기울여야 하는지를 결정하게 되었다는 것이다. 그리고 주의를 기울이는 상이한 방식은 우주의 본질에 대한 상이한 이해(민속 형이상학)를 낳고, 이는 다시 지각과 사고 과정(인식론)의 차이를 가져왔다는 것이다.[39]

천부天符사상의 통섭적 세계관을 논하기에 앞서, 동서양의 문화·문명에 대한 이해에 있어서의 문제점과 동서양의 사고방식의 차이에 대해 일별해 보았다. 그러면 『천부경天符經』·『삼일신고三一神誥』·『참전계경參佺戒經』에 나타난 천부사상의 통섭적 세계관에 대해 살펴보기로 하자. 여기서 천부사상이란 천·지·인 삼신일체三神一體의 천도天道에 부합하는 사상이란 뜻으로 주로 천부경·삼일신고·참전계경의 사상을 의미한다. 천부사상은 생명의 본체[眞如, 靈性]와 작용[生滅, 物性]의 상호 관통을 의미하는 일즉삼一卽三·삼즉일三卽一의 원리에 기초해 있는 까닭에 '한' 사상 또는 삼신三神사상이라고도 한다. 생명의 본체의 측면에서는 분리 자체가 근원적으로 불가능한 절대유일의 '하나(一)'이니 '한' 사상이라 한 것이고, 작용의 측면에서는 천·지·인 삼신[우주만물]이니 삼신사상이라고 하는 것이다.

우선 천부경*은 우주만물의 창시창조創始創造와 생성, 변화, 발전, 완성의 원리를 밝힌 총 81자로 이루어진 우리 한민족韓民族 으뜸의 경전이다. 한민족 정신문화의 뿌리이며 세계 정신문화의 뿌리가 되는 큰 원리를 담고 있는 바, 『삼일신고』와 『참전계경』을 비롯한 한민족 고유의 경전과 역易사상에 근본적인 설계 원리를 제공하였다. 『태백일사太白逸史』 소도경전

본훈蘇塗經典本訓 등에는 천부경이 지금으로부터 약 9,000년 전 천제 환인이 다스리던 환국으로부터 구전된 글이라고 나와 있다.[40] 그 후 약 6,000년 전 배달국 시대에 환웅이 신지神誌 혁덕赫德에게 명하여 우리나라 최초의 문자인 사슴 발자국 모양을 딴 녹도鹿圖 문자로 기록케 하여 전하다가, 단군 조선에 이르러서는 전문篆文으로 전하게 되었다. 따라서 오늘날 천부경은 훗날 고운孤雲 최치원崔致遠이 전자篆字로 기록해 놓은 옛 비석을 보고 다시 한문으로 옮겨 서첩書帖으로 만들어 세상에 전한 것이다.[41]**

천부경造化經은 본래 장이 나뉘어 있지 않았지만, 필자는 천부경이 담고 있는 의미를 보다 명료하게 풀기 위하여 상경上經 「천리天理」, 중경中經 「지

* 『天符經』 81자 전문은 다음과 같다.(세로)

中	本	衍	運	三	三	一	盡	一
天	本	萬	三	大	天	三	本	始
地	心	往	四	三	二	一	天	無
一	本	萬	成	合	三	積	一	始
一	太	來	環	六	地	十	一	一
終	陽	用	五	生	二	鉅	地	析
無	昂	變	七	七	三	無	一	三
終	明	不	一	八	人	匱	二	極
一	人	動	妙	九	二	化	人	無

** 최치원 이후 천부경은 조선 중종 때 一十堂主人 李陌이 『太白逸史』에 삽입하여 그 명맥을 잇다가 1911년 雲樵 桂延壽가 『桓檀古記』를 편찬하여 오늘에 이르고 있다. 『환단고기』는 신라 승려 安含老의 『三聖記』와 元董仲의 『三聖記』, 고려 말 杏村 李嵒의 『檀君世紀』, 고려 말 休崖居士 范樟의 『北夫餘紀』 그리고 이암의 현손인 이맥의 『태백일사』를 합본한 것으로 우리 桓檀(환국·배달국·단군조선)의 역사를 알게 해 주는 소중한 역사서이다. 『환단고기』 내의 여러 기록들은 천부경이 환국·배달국·단군조선·부여·고구려·대진국(발해)·고려로 이어지는 우리 역사 속에서 국가적으로 매우 중시되었던 경전임을 밝히고 있다.

전地轉」, 하경下經「인물人物」의 세 주제로 나누어 살펴보았다. 상경「천리」는 '一始無始一析三極無盡本, 天一一地一二人一三, 一積十鉅無匱化三'으로 구성되어 있으며, 시작도 끝도 없는 영원한 '하나(一)'[42]의 본질과 무한한 창조성, 즉 천·지·인 혼원일기混元一氣인 '하나(一)'에서 우주만물(三)이 나오는 일즉삼一卽三의 이치를 드러낸 것이다. 중경「지전」은 '天二三地二三人二三, 大三合六生七八九, 運三四成環五七'로 구성되어 있으며, 음양 양극 간의 역동적인 상호작용으로 천지가 운행하고 음양오행이 만물을 낳는 과정이 끝없이 순환 반복되는 '하나(一)'의 이치와 기운의 조화 작용을 나타낸 것이다. 하경「인물」은 '一妙衍萬往萬來用變不動本, 本心本太陽昂明人中天地一, 一終無終一'로 구성되어 있으며, 우주만물의 근본이 '하나(一)'로 통하는 삼즉일三卽一의 이치와 소우주인 인간이 대우주와 합일함으로써 하늘의 이치가 인간 속에 징험徵驗됨을 보여 주는 것이다.[43]

여기서 생명의 본체를 나타낸「천리」는 한 이치 기운一理氣[44]을 함축한 전일적인 의식계[본체계]이고, 그 작용을 나타낸「지전」은 한 이치 기운의 조화 작용을 나타낸 다양한 물질계[현상계]이며, 본체와 작용의 합일을 나타낸「인물」은 이 양 세계를 관통하는 원리가 내재된 것으로 한 이치 기운과 하나가 되는 일심의 경계이다. 이렇듯 천부경은 생명의 본체-작용-본체와 작용의 합일[정신-물질-정신과 물질의 합일, 보편성-특수성-보편성과 특수성의 합일]이라는 3화음적 구조를 지니고 있다. 한마디로 천부경은 생명경生命經이다. 이러한 '생명의 3화음적 구조(the triad structure of life)'는 생명의 본질 자체가 본체와 작용의 상호 관통에 기초해 있는 데서 기인하는 것으로 통섭적 세계관의 바탕을 이루는 것이다. 천부경의 실천적 논의의 중핵을 이루는 '인중천지일人中天地一'은 천·지·인 삼신일체의 천도가 인간 존재 속에 구현된 것으로 인간의 자기실현이란 이를 두고 하는 말이다. 그것은 바로 본체와 작용을 상호 관통하는 일심의 통섭적 기능에 의해 이루어진다. 이러한 일심의 통섭적 기능은 본체와 작용 그 어느 것에도 구애됨이 없이 양 차원을 모두 포괄하는 동시에 초월함으로써 발휘된다. 일심의 경계에 이르지 않고서는 본체와 작용이 하나임을 알 길이 없으므로 일심의 경계를 본체와 작용의 합일이라는 변증법적 논리 구조로 나타낸 것이다.

우주의 실체는 의식이므로 우주의 본질인 생명은 일심[自性, 靈性, 神性, 참본성], 즉 근원의식·전체의식·보편의식이다. 체體·용用·상相을 나타낸 불교의 삼신불(三身佛: 法身·化身·報身), 기독교의 삼위일체(聖父·聖子·聖靈), 그리고 동학 「시侍」의 세 가지 뜻인 내유신령內有神靈·외유기화外有氣化·각지불이各知不移는 천부사상의 중핵을 이루는 천·지·인 삼신일체의 가르침과 그 내용이 같은 것으로 모두 일심의 세 측면, 즉 본체-작용-본체와 작용의 합일을 나타낸 것이다.[45] 생명의 본체가 내재적 본성인 신성[內有神靈]이라면, 작용은 음양의 원리와 기운의 조화 작용으로 체를 이룬 것[外有氣化]이고, 본체와 작용의 합일은 양 차원을 통섭하는 일심의 경계를 일컫는 것이다. 상경 「천리」의 '천일 지일 인일(天一地一人一)'은 '하나(一)'의 체體의 측면을 나타낸 것으로 '법신法身', 즉 '내유신령'과 조응하는 것이라면, 중경 「지전」의 '천이삼 지이삼 인이삼(天二三地二三人二三)'은 하나(一)의 이치와 기운의 조화 작용인 용用의 측면을 나타낸 것으로 '화신化身', 즉 '외유기화'와 조응하는 것이고, 하경 「인물」의 '인중천지일人中天地一'은 '하나(一)'의 이치와 그 조화 기운과 하나가 되는 상相의 측면을 나타낸 것으로 '보신報身', 즉 '각지불이'와 조응하는 것이다. 이러한 일심의 세 측면은 성부·성자·성령의 관계와 마찬가지로 삼위일체[三神一體]로서 '회삼귀일

(會三歸一, 三卽一)'의 이치에 입각하여 혼원일기混元一氣인 '하나(一)', 즉 유일신으로 돌아간다.

일체의 생명이 천·지·인 혼원일기에서 나와 다시 그 하나인 혼원일기로 돌아감을 보여 주는 천부경은 생명의 본질을 일즉삼·삼즉일의 논리 구조로써 명징하게 밝히고 있다. 우주의 근본 질료인 '하나(一)'에서 우주만물[三, 多]이 나오고 다시 그 '하나'로 돌아가는 다함이 없는 이 과정은 생명의 근원적 평등성과 유기적 연결성을 명료하게 보여 준다. 천부경의 '한' 사상[三神思想]은 유일신 논쟁을 침묵시킬 만한 난공불락의 논리구조와 '천지본음天地本音'을 담고 있다. 이 세상의 모든 반목과 갈등은 유일신의 실체를 직시하지 못하는 데서 오는 것이다. 유일신 논쟁은 일즉삼·삼즉일의 원리를 이해하지 못함으로 해서 본체와 작용을 분리시킨 데서 오는 것으로 일심의 통섭적 기능이 회복되면 자연히 종식될 것이다. 무시무종無始無終이며 무소부재無所不在이고 불생불멸不生不滅인 생명의 본체인 하늘[天主·하늘(님)·유일신]은 곧 우리의 참본성[自性, 神性, 靈性, 一心, 순수의식]이다. 천·지·인 삼신은 참본성, 즉 자성自性의 세 측면을 나타낸 것이다. 참본성을 알지 못하고서는 인간의 자기실현은 불가능한 까닭에 모든 경전에서는 그토록 우상숭배를 경계했던 것이다. 참본성이 바로 절대유일의 '참나'인 유일신이다. 따라서 유일신은 특정 종교의 신도 아니요 섬겨야 할 대상도 아니다. 바로 우리 자신이며 우주만물 그 자체다. 참본성性이 곧 하늘天이요 신神이다.

천부경 81자가 담고 있는 의미는 삼일신고敎化經 366자에서 보다 명료하게 드러난다. 신시개천神市開天의 시대에 나온 『삼일신고』는 천·지·인 삼신일체에 기초한 삼일三一사상을 본령本領으로 삼고 삼신 조화造化의 본원과 세계 인물의 교화를 상세하게 논한 것이다. 삼일사상이란 집일함삼執一含三과 회삼귀일會三歸一을 뜻하는데 이는 곧 일즉삼·삼즉일을 말하는 것이다. 혼원일기混元一氣인 '하나(一)'에서 천·지·인 셋(三神)이 갈라져 나와 다시 그 '하나(一)'로 돌아가는 것이니, 천·지·인 삼신과 혼원일기인 '하나(一)', 즉 유일신은 결국 하나다. 삼일三一 원리의 실천성은 한마디로 성통공완性通功完에 함축되어 있다. 우주만물(三)은 '하나(一)'의 자기복제인 까닭에 '하나'는 우주만물에 편재해 있으며 이러한 '하나'의 진성(眞性, 참본성)을 통하면 태양과도 같이 광명하게 되니 성통광명性通光明이라고 한 것이다. 이는 곧 사람(人物)이 하늘임을 알게 되는 것으로, '성통'은 재세이화·홍익인간의 구현이라는 '공완'을 이루기 위한 전제조건인 동시에 인간의 자기실현을 위한 필수조건이다. 느낌을 그치고(止感) 호흡을 고르며(調息) 부딪침을 금하여(禁觸) 오직 한 뜻으로 이 우주가 '한생명'이라는 삼일의 진리를 닦아 나가면, 삼진(三眞: 眞性·眞命·眞精) 즉 근본지根本智로 돌아가 천·지·인 삼신일체를 이룰 수 있게 되는 것이다.

이러한 생명의 본체와 작용의 상호 관통은 생명의 전일성과 자기근원성을 보여 주는 것으로 통섭적 세계관의 바탕을 이루는 것이다. 하늘天과 참본성性과 신神이 하나임은 삼일신고에서도 명료하게 드러난다. 즉, "소리 내어 기운을 다하여 원하고 기도한다고 해서 '하나'(님)을 친견할 수 있는 것이 아니다"라고 한 것은, 자성[참본성, 一心]에 대한 직관적 지각을 통해서만 내재적 본성인 신성이 발현될 수 있다는 의미이다. "자성에서 '하나'(님)의 씨를 구하라. 네 머릿골에 내려와 계시니라"라고 한 것은 참본성이 곧 하늘이요 신이라는 말이다.[46] 따라서 참본성에 대한 자각이 없는 기도 행위는 아무리 소리 내어 기운을 다하여 해도 헛되다는 것이다. 참본성이 곧 하늘임을 알지 못하고서는 경천敬天의 도道를 바르게 실천할 수 없고 따라서 인간의 자기실현은 불가능하게 된다. 신(神, 天)·인간 이원론은 생명의 본체와 작용의 분리를 의미하는 까닭에 그러한 이분법적 사고로는 통섭적 세계관을 논할 수가 없다.

참전계경(366事, 治化經)은 천부경의 '인중천지일', 삼일신고의 '성통공완'에 이르는 구체적인 길을 366사로써 제시한 것이다. 광명이세光明理世를 구현하기 위해서는 천·지·인 혼원일기의 조화 기운과 하나가 됨으로써 진실로 우주만물의 근본이 하나임을 아는 것이 필수적이다. 참전계경의 가르침의 정수는 제345사에 나오는 '혈구지도絜矩之道'로 압축될 수 있다. '혈구지도'란 남을 나와 같이 헤아리는 추기도인推己度人의 도를 말한다. 남을 나와 같이 헤아린다는 것은 내 마음으로 미루어 남의 마음을 헤아리는 것으로 재세이화·홍익인간을 구현하는 요체다.[47] 이러한 '혈구지도'는 참전계경에서 성誠·신信·애愛·제濟·화禍·복福·보報·응應의 8강령으로 제시되고 있다. 이 여덟 강령은 천·지·인 삼재의 융화에 기초하여 하늘(天)과 사람(人)과 만물(物)을 하나로 관통하는 통섭적 세계관의 전형을 보여 준다. 그 논리 구조는 성·신·애·제 4인因과 화·복·보·응 4과果의 인과관계로 이루어져 있어 참본성이 열리지 않고서는 세상을 밝힐 수 없음을 나타내고 있다. 그런 까닭에 참전계경에서는 8강령에 따른 삼백예순여섯 지혜(366事)로 뭇사람들을 가르침으로써 우주만물의 근본이 하나임을 터득하게 하고 사람으로서의 도리를 깨우치게 하여 광명이세의 이념을 구현하고자 했던 것이다.

천부경·삼일신고·참전계경에서 마음을 밝히는 가르침을 근본으로 삼은 것은 정치의 주체인 인간의 마음이 밝아지지 않고서는 밝은 정치가 이루어질 수 없기 때문이다. 마음이 밝아진다고 하는 것은 내재적 본성인 신성을 깨달아 우주만물이 결국 하나임을 알게 된다는 것이고 이는 곧 더불어 사는 삶을 실천하게 되는 것이다. 이들 경전의 가르침은 재세이화·홍익인간의 이념과 경천숭조敬天崇祖의 보본報本사상 속에 잘 구현되어 있다. 이들 세 경전을 관통하는 핵심 사상인 천·지·인 삼재의 조화는, 생명 현상을 개체나 종種의 차원이 아닌 생태계 그 자체로 인식함으로써 이 우주가 상호 작용하는 네트워크 체제로 이루어져 있다고 보는 현대 과학의 생태적 관점과도 일맥상통하는 것이다. 수천 년 동안 국가 통치 엘리트 집단의 정치교본이자 만백성의 삶의 교본으로서 전 세계에 찬란한 문화·문명을 꽃피우게 했던 천부경은, 현재 지구촌의 종교 세계와 학문 세계를 아우르는 진리 전반의 문제와 정치세계의 문명 충돌 문제의 중핵을 이루는 유일신 논쟁, 창조론·진화론 논쟁, 유물론·유심론 논쟁, 신·인간 이원론, 종교적 타락상과 물신 숭배 사조, 인간소외 현상 등에 대해 그 어떤 종교적 교의나 철학적 사변이나 언어적 미망에 빠지지 않고 단 81자로 명쾌하게 그 해답을 제시하고 있다는 점에서 모든 종교와 진리의 진액이 응축되어 있는 경전 중의 경전이라 할 것이다.

유·불·도와 힌두사상의 통섭적 세계관

**유교의
통섭적 세계관**

앞서 살펴보았듯이, 통섭적 세계관은 생명의 본체와 작

용의 상호 관통에 대한 인식에 기초해 있다. 생명의 본체인 '하나' 인 혼원일기(混元一氣, 至氣)의 작용으로 우주만물이 나오고 다시 그 '하나' 인 혼원일기로 돌아가는 것이니, 전일적인 의식계와 다양한 물질계는 마치 실물과 그림자의 관계와도 같이 상호 조응해 있으며 상호 관통한다. 그런 까닭에 통섭적 세계관은 혼원일기로 이루어진 생명의 유기성과 상호 관통을 직관적으로 깨닫는 생태적 자각에 기초해 있으며, 근대 인간 중심의 anthropocentric 시각에서 전체 생물권biosphere 내지 생태권ecosphere 또는 우주권cosmosphere으로의 의식 확장과 관계된다. 오늘날 통섭적 세계관이 주목을 받게 된 것은 현대 과학–특히 현대물리학–의 발달에 따른 전일적 패러다임(hoilistic paradigm)의 등장과 더불어 생명의 전일성과 자기근원성에 대한 인식이 확산되면서부터이다. 그러나 동양에서는 서구의 현대 과학이나 생태론이 나타나기 수천 년 전부터 통섭적 세계관이 그들의 의식과 실제 삶을 지배해 왔다.

유교 삼경三經의 하나인 『역경易經 The I Ching』은 이러한 통섭적 세계관을 여실히 보여 준다. 역易은 간역簡易·변역變易·불역不易의 세 가지 의미를 함축하고 있는데 『역경』의 요체는 이러한 역의 세 측면이 종합될 때 자연히 드러난다.

> 우주만물이 생장하여 변화하는 모습이 기실은 모두 그 근본으로 되돌아가는 작용으로…무위(無爲)의 작용으로 이루어지는 단순한 변화라는 의미에서 간역이라 한 것이고, 음양동정(陰陽動靜)의 원리에 의해 우주만물이 상호 의존·상호 전화·상호 관통하며 끊임없이 변화한다는 의미에서 변역이라 한 것이며, '하나(一)' 의 묘리(妙理)의 작용으로 삼라만상이 오

고 가며 그 쓰임(用)은 무수히 변하지만 근본은 변함도 다함도 없다는 의미에서 불역이라 한 것이다.[48]

변화하는 우주만물은 불변의 우주섭리를 그 체體로 하고 있는 까닭에 불변의 이치를 알지 못하고서는 현상계의 변화하는 이치 또한 알 수 없으며, 본체와 작용의 상호 관통의 원리 또한 알 수 없는 것이다. 이 불변의 이치는 생명의 본체인 하나인 혼원일기混元一氣를 일컫는 것으로 『역경』에서는 이를 태극(太極, 無極)이라고 하였다. 일심의 원천으로 돌아가 무위이화無爲而化의 덕德과 그 기운과 하나가 되면, 우주만물이 생장하여 변화하는 모습이 기실은 모두 그 근본으로 되돌아가는 무위의 작용임을 알게 되어 본체와 작용이 상호 관통하고 있음을 알 수 있게 되는 것이다. 따라서 '간역'의 이치를 알게 되면 '불역'과 '변역'이 본체[靈性]와 작용[物性]의 관계로서 둘이 아님을 자연히 알게 되는 것이다. 이 우주는 분리할 수 없는 거대한 파동의 대양[氣海]이며, 창조하는 주체와 창조되는 객체가 따로 있는 것이 아니다. 스스로 생성되고 스스로 변화하여 스스로 돌아가는[無爲自化]것이니, 생명은 본체인 동시에 작용이며, 영성인 동시에 물성이며, 정신인 동시에 물질이며, 파동인 동시에 입자인 것이다. 이러한 생명의 본질을 알지 못하고서 어찌 통섭을 논할 수 있으리오! 실제 삶과는 무관하게 생명을 떠나 따로이 지식 차원에서 운위될 수 있는 통섭이 있다면 그것은 한갓 언어의 유희에 지나지 않는다.

유교 삼경의 하나인 『서경書經』에 나타난 홍범구주洪範九疇는 중국 하夏나라 우왕禹王이 요순堯舜 이래의 정치 대법大法을 9개 조항으로 집대성한 것으로, 천시天時와 지리地理 그리고 인사人事의 조응관계에 기초하여 통섭

적 세계관을 정치 실제에 적용시킨 것이다. 홍범구주는 천·지·인 삼재의
융화를 바탕으로 하도河圖와 낙서洛書의 이치를 실제로 적용한 법도로서
그 주요 내용은 정치가 하늘(天)의 상도常道인 오행五行·오사五事·팔정八
政·오기五紀·황극皇極·삼덕三德·계의稽疑·서징庶徵·오복五福 등 구주九
疇*에 의해 인식되고 실현된다는 것이다. 그 요체는 인간 존재의 '세 중심
축'인 천·지·인 삼재의 연관성에 대한 자각이다. 이러한 연관성에 대한
자각은 곧 생명의 본체인 하늘과 그 작용인 우주만물의 상호 관통에 대한
자각이다. 다시 말해 생명의 전일성과 자기근원성에 대한 자각이다. 통섭
적 세계관은 천리天理에 순응하는 삶을 살기 위한 토대가 되는 것이다. 오
늘의 전 지구적 생명 위기에 본질적인 처방을 제시하지 못하는 리더십의
위기는 천·지·인 삼재의 연관성 상실에 따른 반反통섭적 세계관에 기인
한다. 서구의 정치적 자유주의가 기반하고 있는 정신·물질 이원론으로는
생명과 평화의 문명을 개창할 수가 없다.

　유교 사서四書로 일컬어지는 『논어』, 『맹자』, 『대학』, 『중용』의 경우에도

---

* 第一疇 五行은 水火木金土이고, 第二疇 五事는 용모(貌), 언행(言), 시각(視), 청각(聽), 생
각(思)을 공손하고 바르게 행하는 것이고, 第三疇 八政은 食(食糧), 貨(財貨), 祀(祭祀), 司
空(內務), 司徒(教育), 司寇(治安), 賓(外務), 師(軍師)의 여덟 가지 통치 행위와 관련된 것이
고, 第四疇 五紀는 歲, 日, 月, 星辰, 曆數로 천지운행의 법도이고, 第五疇 皇極은 大公至正
의 王道이고, 第六疇 三德은 군왕의 세 가지 덕목, 즉 正直, 剛克(강함으로 다스림), 柔克(부
드러움으로 다스림)이고, 第七疇 稽疑는 국가의 주요 정책을 집행함에 있어 의심이 가는
일에 대해서는 사람이 할 바를 다한 후 하늘의 뜻에 다시 비추어보는 의미에서 卜筮로 결
정하는 방법이고, 第八疇 庶徵은 하늘이 사람에게 보여 주는 징후를 잘 파악하여 충분히
대비하는 것이고, 第九疇 五福(壽, 富, 康寧, 德, 考終命)과 六極(凶短折, 疾, 憂, 貧, 惡, 弱)은
삶의 목표를 올바르게 유도하기 위해 경계로 삼는 것이다.

통섭적 세계관은 여실히 드러난다. 『논어』 「안연顔淵」편에 공자가 그 제자인 번지樊遲와의 문답에서 "인仁이란 남을 사랑하는 것이다"[49]라고 한 데서도 알 수 있듯이, 공자사상의 요체인 인은 주관과 객관의 경계가 허물어진 아가페agape적 사랑의 경계이다. 주관과 객관의 경계가 해체된 통섭적 세계관을 갖지 못하면 진정으로 남을 사랑할 수 없고 따라서 인을 실천할 수도 없는 것이다. 자기를 닦고 백성을 다스리는 이른바 수기치인修己治人의 도를 체득하지 않고서는 인의 덕성적德性的 및 효용적 의미가 제대로 발현되기 어려운 까닭에 공자의 호학적好學的 정신은 수신에 그 토대를 두고 '제가치국평천하齊家治國平天下'로 나아갔던 것이다. 또한 공자는 사회질서 유지를 위해 예禮를 강조하며 인과 예가 결국 하나임을 제자인 안연에게 극기복례克己復禮라는 말로 설명하고 있다.

> 자기를 이기고 예(禮)로 돌아가는 것이 인이며, 하루하루 자기를 이기고 예로 돌아가면 천하가 인으로 돌아갈 것이다…예가 아니면 보지 말며, 예가 아니면 듣지 말며, 예가 아니면 말하지 말며, 예가 아니면 움직이지 말라.[50]

자기를 이기고 예로 돌아가는 것은 주관과 객관의 경계를 허물어 사랑을 실천하는 것이며, 그리하여 천하가 인으로 돌아가면 정치의 가장 주요한 과제인 사회 속의 신信의 확립은 저절로 이루어지는 것이다. 예가 아니면 보지도, 듣지도, 말하지도, 움직이지도 말라고 하는 '사물四勿'이 극기복례의 행동 지침이고, 그 잣대가 되는 것이 중용中庸 즉 시중時中의 도*이다. 공자는 주관과 객관의 조화를 함축한 '시중'의 도로써 대동사회의 이상을 구현하고자 했던 것이다. 이는 곧 평등성지平等性智의 나타남으로 통섭적 세계관의 바탕을 이루는 것이다.

『맹자孟子』는 성선설性善說에 의해 사람이 인을 실천할 수 있는 근거를 사단四端으로써 논증하고 있다. 사람은 누구에게나 남에게 차마 잔인하게 하지 못하는 마음, 다시 말해 남의 고통을 보고 참지 못하는 불인지심不忍之心이 있으니, 그것이 바로 측은지심惻隱之心·수오지심羞惡之心·사양지심辭讓之心·시비지심是非之心이라는 것이다. 『맹자』「공손축상公孫丑上」에는 이렇게 나와 있다.

> 측은한 마음이 없으면 인간이 아니요, 부끄러워하고 미워하는 마음이 없으면 인간이 아니요, 사양하는 마음이 없으면 인간이 아니요, 시비를 가리는 마음이 없으면 인간이 아니다. 측은한 마음은 인仁의 단서端緖이며, 부끄러워하고 미워하는 마음은 의義의 단서이며, 사양하는 마음은 예禮의 단서이며, 시비를 가리는 마음은 지智의 단서이다. 사람이 이 사단四端을 가진 것은 마치 사지四肢를 가진 것과 같다.…이 사단이 자기에게 있는 것을 알고서 확충해 나가면…천하라도 보전할 수 있게 되지만, 확충시키지 못하면 부모조차 섬길 수 없게 된다.[51]

---

* 『孟子』「公孫丑上」에서는 공자의 時中의 道를 찬양하여 이렇게 말하였다. "벼슬을 할 때면 나가서 벼슬하고, 그만두어야 할 때면 그만두고, 오래 머물러 있을 때면 오래 머물러 있고, 빨리 떠날 때면 빨리 떠나는 것은 공자였다(可以仕則仕 可以止則止 可以久則久 可以速則速 孔子也)."

유가의 네 가지 덕목인 인의예지는 모든 사람의 본성인 '사단'을 충실하게 확충시켜 나가면 꽃필 수 있다고 본 것이다. 그것은 바로 교육을 통해서이다. 맹자는 '사단'으로 성선性善을 논하고 있으나 단端은 단지 단서일 뿐 덕성이 원만하게 피어나려면 반드시 자각적 노력이 필요한 것으로 본 것이다. 『맹자』「진심장구상盡心章句上」에서도 타고난 천성을 넓혀서 충실하게 할 수 있도록 수신의 필요성을 강조하고 있다. 이러한 교육을 통한 '사단'의 확충은 의식의 확장과 관계되는 것으로 통섭적 세계관의 본질과 그 맥이 닿아 있다. 오늘날 교육의 문제점은 소위 과학적 합리주의라는 미명하에 무한경쟁과 물신物神 숭배를 조장함으로써 주관과 객관을 통섭하는 기능이 마비되고 그에 따라 '만인에 대한 만인의 투쟁 상태'를 초래했다는 데 있다.

『대학』은 공자의 가르침을 정통으로 나타내는 중요한 경서經書로서 명명덕(明明德: 명덕을 밝힘)·친민(親民[新民]: 백성을 친애함)*·지어지선(止於至善: 지선에 머묾)의 3강령을 격물格物·치지致知·성의誠意·정심正心·수신修身·제가齊家·치국治國·평천하平天下의 8조목八條目으로 정리하여 유교의 근본적인 사상을 제시한 것으로 통섭적 세계관이 그 바탕을 이루고 있다. 8조목의 요지는 다음과 같다.

　　사물의 이치를 궁구하여 이르지 않는 데가 없게 한 다음에야 모든 사물

---

* 3강령 중 '친민[신민]'에 대해, 明의 王陽明은 고본대로 백성을 친애한다는 뜻으로, 程顥나 주자는 親을 新으로 풀이하여 백성을 새롭게 한다는 뜻으로 해석했다. 본래의 타고난 명덕을 밝혀서 백성에게 베풀어 사랑하고 새롭게 하는 것이니 그 뜻이 다른 것이 아니다.

의 이치를 알 수 있게 되고, 모든 사물의 이치를 알고 난 다음에야 뜻이 성실해지고, 뜻이 성실해진 다음에야 마음이 바르게 되고, 마음이 바르게 된 다음에야 몸이 닦아지고, 몸이 닦아진 다음에야 집안이 다스려지고, 집안이 다스려진 다음에야 나라가 다스려지고, 나라가 다스려진 다음에야 천하가 태평하게 된다.

『대학』「전문傳文」치국평천하 18장은 치국평천하함에 있어 군자가 지녀야 할 '혈구지도絜矩之道'를 효孝·제悌·자慈의 도로 제시하고 있다.[52] 치국평천하 19장은 '혈구지도'를 설명한 것으로 이러한 '혈구지도'는 『참전계경』 제345사, 단군팔조교檀君八條敎 제2조, 부여의 구서九誓 제2서 등 여러 경전에서 이미 제시된 것으로 남을 나와 같이 헤아리는 추기도인推己度人의 도를 지켜나간다면 편안한 생활을 할 수 있다는 뜻이다.[53] 이는 곧 주관과 객관의 조화를 함축한 것으로 통섭적 세계관과 그 맥이 통해 있다.

『중용』의 요체를 담고 있는 1장은 천명天命·성性·도道·교敎로써 중용의 철학적 근거를 밝히고 있다. 이는 통섭적 세계관의 바탕을 이루는 하늘[본체]과 인간[작용]의 일원성을 여실히 보여준다.

하늘이 명한 것을 성이라 하고, 성을 따르는 것을 도라 하며, 도를 닦는 것을 교라 한다.[54]

중용의 중은 치우치지도 기울지도 않음(不偏不倚), 지나치지도 모자라지도 않음(無過不及), 희로애락이 일어나지 않음(喜怒哀樂之未發)을 뜻한다. 용은 변함없음(平常, 不易)을 뜻함으로서 인간 성품의 이치를 담고 있다. 따라서 중용이란 말뜻 자체가 성리학의 핵심을 함축하고 있다. "중화를 이루면 하늘과 땅이 제자리에 있게 되고 만물이 자라게 된다(致中和 天地位焉 萬物育焉)"고 하여 중용 최고의 경지를 밝히고 있다. 지극한 정성至誠이 곧 지선至善으로 중용에 가깝다고 할 수 있다. 이렇듯 중용의 도는 천·지·인 삼재의 융화를 바탕으로 통섭적 세계관과 본질적으로 상통한다. 다만 유교의 도는 '인위(人爲, 有爲)'의 도라는 태생적 한계로 인해 '무위자연無爲自然'의 도와는 달리 통섭적 사유가 철저하지 못하다는 비판에 노출될 소지가 있다.

불교의
통섭적 세계관

불교의 자비慈悲, 즉 사랑하고 가엾게 여김은 유교의 인仁과 다르지 않다. 자비심의 결여란 영적 일체성이 결여된 것으로 통섭적 세계관을 갖지 못한 데 기인한다. 마음이 자비심으로 충만하게 되면 분별심이 사라지고 더 이상은 카르마가 일어나지 않게 되므로 윤회輪廻는 종식된다. 그것의 비밀은 일심에 있다. 온전히 하나가 된 진여한 마음은 원융회통圓融會通의 주체요 화쟁和諍의 주체인 까닭에 일체의 공덕의 근원이 되며 평화와 행복의 원천이 된다. 원효가 귀일심원歸一心源, 즉 하나의 마음뿌리로 돌아갈 것을 설파한 이유도 여기에 있다. 세존[釋迦世尊]의 탄생게誕生偈로 잘 알려진 '천상천하유아독존天上天下唯我獨尊'은 통섭적 세계관의 정수를 보여 주는 것이라는 점에서 깊이 음미해 볼 만하다. 필자는 이 게를 다음과 같이 풀어보았다.

'천상천하유아독존'의 '아我'란 태어나지도 죽지도 않으며 세상사에 물들지도 않는, 생명의 본체인 참나를 의미한다. 참나는 이 세상 그 무엇에도 비길 데 없이 존귀한 까닭에 오직 참나만이 홀로 높다고 한 것이다. 이 참나가 바로 없는 곳이 없이 실재하며 다함이 없는 기화氣化의 작용으로 만유를 생멸시키는 불생불멸의 유일자唯我, 즉 유일신混元一氣이다. 우주의 실체는 의식이므로 참나는 곧 참본성순수의식, 우주의식, 근원의식, 전체의식, 보편의식이다. 생명의 본체인 참본성은 분리 자체가 불가능한 절대유일의 하나인 까닭에 '유아唯我'라고 한 것이요, 참본성이 곧 하늘이며 신이니 때론 유일신이라고 부르기도 하는 것이다. 무어라 명명하든, 하나인 생명의 본체에 대한 인식이야말로 통섭적 세계관의 기초가 되는 것이다.

불佛이란 물질과 정신이 하나가 된 마음一心을 일컫는 것이라는 점에서 불교는 일심의 통섭적 기능을 바탕으로 하고 있음을 알 수 있다. 세존께서 성도成道하신 후 3·7일간 설한 경전인 『화엄경華嚴經』은 지상과 천상을 오가는 설법을 통해 현상계와 본체계를 관통하는 통섭적 세계관을 명징하게 보여준다. 세존께서 마가다국의 보리수 아래에서 얻은 깨달음의 요체는 "이것이 있으므로 저것이 있고, 저것이 있으므로 이것이 있다"고 하는 연기緣起의 진리이다. 이 세상의 그 어떤 것도 전체와 분리되어 존재할 수는 없는 까닭에 '이것'이 곧 다른 '모든 것'임을 일즉다一卽多·다즉일多卽一의 논리구조로서 보여 주고 있는 것이다. 이러한 상호 연관과 상호 의존의 세계 구조를 『화엄경』에서는 인드라망Indra網으로 비유하는데, 이는 불교의 본질이 통섭적 세계관에 기초하고 있음을 보여 주는 대표적인 것이다. 『중아함경中阿含經』에는 이렇게 나와 있다.

이것이 있으므로 저것이 있고, 이것이 생하므로 저것이 생한다. 이것이 없으므로 저것이 없고, 이것이 멸하므로 저것이 멸한다.[55]

대표적인 대승불교 경전인 『금강경金剛經』의 핵심은 공空사상이다. 현상계의 무상함에 대해 붓다는 다음과 같이 설한다. "생의 모든 현상은 꿈 같고, 환상 같고, 물거품 같고, 그림자 같고, 이슬 같고, 번갯불 같으니, 그대는 마땅히 그와 같이 관觀하여야 하리라."[56] 일체의 존재를 다 부정하는 공空사상이 붓다와 그 제자인 수보리와의 대화를 통해 나타난다. 하나인 마음의 바다에서 일렁이는 파도와도 같이 생生·주住·이異·멸滅의 일체의 변화가 그 스스로의 실체가 있는 것이 아니므로 아상我相도 없고 인상人相도 없고 중생상衆生相도 없고 수자상壽者相도 없고,[57]* 나아가 법상法相도 없고 법상 아닌 것도 없다는 부정의 부정으로까지 이어진다. 철저한 자기부정의 과정을 통해서만 상대적인 분별지分別智를 뛰어넘어 절대적인 근본지根本智에 이를 수 있고 존재계의 실상을 직시할 수 있다는 것이 이 경전의 요지이다. 이렇듯 『금강경』의 공空사상은 존재와 비존재, 물성과 영성의 완전한 소통성에 기초해 있다는 점에서 『반야심경般若心經』의 '공' 사상과도 일맥상통한다. "색이 곧 공이요 공이 곧 색이다(色卽是空 空卽是色)"라는 『반야심경』의 구절은 공과 색, 즉 본체계와 현상계, 영성과 물성, 본체와 작용

---

* 我相은 자신의 능력을 믿고 다른 사람을 업신여기는 것이고, 人相은 자신이 알고 행한다고 믿고 그렇지 못한 사람을 업신여기는 것이고, 衆生相은 좋은 일은 자기에게 돌리고 나쁜 일은 다른 사람에게 돌리는 것이고, 壽者相은 모든 것에 집착하여 분별심을 내는 것이다. 그러나 깨인 자의 눈으로 보면 四相은 실로 없는 것이다.

의 상호 관통을 보여 주는 대표적인 것으로 이들 모두 통섭적 세계관에 기초해 있다.

마명(馬鳴 Ashvaghosha, 80?~150?)의 『대승기신론大乘起信論 *The Awakening of Faith*』은 주로 일심에 대한 해명을 목적으로 진여문眞如門과 생멸문生滅門의 이문二門을 설정하고, 생멸하는 우주만물[多]과 불생불멸인 궁극적 실재[一]가 작용과 본체의 관계로서 불가분의 하나임을 일심의 통섭적 기능을 통해 명징하게 보여줌으로써 통섭적 세계관의 진수를 파악할 수 있게 한다.

> 일심에는 이문二門이 있다. 그 하나는 진여문이고, 다른 하나는 생멸문이다…이 이문은 상호 긴밀하게 연결되어 있어 분리될 수 없다.
> In the one soul we may distinguish two aspects. The one is the Soul as suchness(眞如), the other is the soul as birth-and-death(生滅)…both are so closely interrelated that one cannot be separated from the other.[58]

원효는 그의 『대승기신론소大乘起信論疏』와 『금강삼매경론金剛三昧經論』에서 개합開合의 논리를 이용하여 이를 명쾌하게 설명한다. 원효는 당시 불교의 최대 논쟁이었던 중관사상中觀思想과 유식사상唯識思想이 『대승기신론』에서 종합되고 있는 점을 간파하고 이 논이야말로 모든 불교사상의 논쟁을 지양시킬 수 있는 근거를 명백히 제시하는 것으로 보고 그의 논지를 펼치고 있다.

> 개開하면 무량무변한 의미를 종宗으로 삼고 합合하면 이문일심二門一心의 법을 요要로 삼는다.[59]

개開하여도 하나가 늘어나지 않고 합合하여도 열이 줄어들지 않는다.[60]

합合하여 말을 하면 일관一觀이요, 개開하여 말을 하면 십문十門이다.[61]

즉, 열면 열이요 닫으면 하나이나, 연다고 해서 그 하나가 늘어나는 것이 아니고 닫는다고 해서 그 열이 줄어드는 것이 아니다. 이렇듯 생명의 본체인 전일적인 의식계와 그 작용인 다양한 물질계는 상호 조응해 있으며 상호 관통하는 까닭에 늘어나는 것도 줄어드는 것도 없다. 『대승기신론』의 주된 내용은 일부터 육까지로 요약되는데, 일심一心, 이문二門, 삼대三大, 사신四信, 오행五行, 육자염불六字念佛이 그것이다. 대승大乘은 곧 일심이며, 일심은 진여심과 생멸심을 다 포괄하고, 일심[自性]의 세 측면은 체體·용用·상相 삼대이다. 여기서 '체'는 법신法身, 법신의 '용'은 화신(化身, 應身), 법신의 '상'은 보신報身으로 일컬어진다. 법신인 '체'를 초논리·초이성·직관의 영역인 진제眞諦라고 한다면, 법신의 '용'인 '화신'은 감각적·지각적·경험적 영역인 속제俗諦로서 본체와 작용의 관계이며, 이 양 세계를 관통하는 원리가 내재된 것이 '보신'이다. 이러한 불교의 삼신불은 통섭적 세계관의 전형을 보여 주는 것이다. 하나인 마음뿌리로 돌아가기 위해서는 진여와 불·법·승 삼보에 대한 네 가지 기본적인 믿음이 필요하다. 그러나 믿음이 수행을 수반하지 못하면 깨달음에 이르지 못하는 까닭에 보시布施·지계持戒·인욕忍辱·정진精進·지관止觀이라는 오행의 수행이 필요하게 된다. 마지막으로 육자염불은 나무아미타불을 외우는 염불이다. 이것은 참선이나 기도 또는 다른 수행으로 대체될 수 있다.

『대승기신론소·별기』에서 중관·유식의 공空·유有 대립을 화쟁회통시키고자 한 원효의 시도는 『금강삼매경론』에서 각覺사상을 토대로 '일미一味' 라는 말로 총결되고 있다. 원효가 논 서두에서 "합하여 말을 하면 일미관행一味觀行이 그 요要이고, 개開하여 말하면 십중법문十重法門이 그 종宗이다"[62]라고 한 데서도 알 수 있듯이, 이 논은 본체와 작용의 상호 관통에 기초해 있는 까닭에 통섭적 세계관이 바탕을 이루고 있다. 원효에 의한 중관·유식의 화쟁회통은 이른바 '무리지지리 불연지대연(無理之至理 不然之大然)',[63] 즉 상대적 차별성을 떠난 여실한 대긍정의 경계를 나타내 보인 데서 명료하게 드러난다. 그의 화쟁의 논리에는 유나 무도 극단이지만 중간도 또 하나의 극단이라는 '이변비중離邊非中'의 논리도 함축되어 있다. 그는 '무소불파無所不破·무소불립無所不立'의 논리로 중관·유식을 화쟁회통시켜 일심의 근원으로 되돌아가 요익중생饒益衆生하는 것이 『금강삼매경』의 종지宗旨라고 본 것이다.

그리하여 그는 본래의 공심을 얻기 위해서는 "진여문에 의하여 지행止行을 닦고 생멸문에 의하여 관행觀行을 일으키어 지止와 관觀을 동시에 닦아 나가야 한다"[64]고 주장한다. 이는 이문二門을 통해 일심에 대한 이론적 논의를 전개하고 궁극에는 믿음을 일으키어 실천적인 행위에로 나아가게 하는 『대승기신론』사상의 진수가 그대로 드러난 것이다. 일심의 본체는 본각本覺인데 『금강삼매경론』에서는 「본각이품本覺利品」이라는 독립된 장을 설치하고 본각의 이利로써 중생에게 이익을 주는 도리를 나타내고 있다. 성속일여聖俗一如이니 본각과 불각不覺과 시각始覺은 상관관계에 있다. 일심[眞如]의 통섭적 기능은 이들 모두를 포괄하면서 동시에 초월하는 데 있다.

진여란 맑고 깨끗하며 고요한 마음의 본바탕을 말하는 것으로 그것은 각

覺이라고도 불린다. 본래 근본으로 있는 것이라는 관점에서 그 각은 본
각이라고 불리기도 하고, 무명의 습기習氣 때문에 가려져 드러나지 않을
때에는 불각이라고 불리기도 하지만, 일단 어느 계기에 그 본바탕이 드
러나기 시작할 경우에는 시각이라고 불린다. 따라서 이 시각은 본각과
같은 것이다. 시각의 뜻은 본각에 의거하므로 불각이 있게 되고, 불각에
의거하기 때문에 시각이 있게 된다고 설명할 수 있다. 말하자면 시각은
불각과 상관관계에 있고, 불각은 본각과 상관관계에 있으며, 본각은 시
각과 상관관계에 있는 것이다.[65]

  통섭적 세계관의 전형을 보여 주는 원효의 화쟁사상이 펼쳐진 가장 대
표적인 저서는 『십문화쟁론十門和諍論』이다. 이 논 서문에서 원효가 화쟁의
필요성을 절감하고 종파주의의 전개에 대한 자신의 견해를 개진한 것은,
세존 생존시에는 세존의 큰 가르침에 힘입어 서로 다툼이 없었으나 열반
하신 후에는 쓸데없는 이론과 견해들이 범람하게 되면서 참된 진리가 가
려져 소통할 수 없게 된 데 따른 것이다. 특히 그는 화쟁론에서 교리적 배
타성은 진리의 편린에 대한 자아 집착의 형태에 불과하며 그런 까닭에 결
국 진리의 본체를 놓치게 된다는 사실을 보여 주려고 하였다. 그리하여 그
는 『열반종요涅槃宗要』에서 "하나가 아니므로 능히 제문諸門이 합당하고,
다르지 아니하므로 제문이 한 맛으로 통한다"[66]고 하여 그의 화쟁론이 통
섭적 세계관에 기초해 있음을 보여 준다.
  『십문화쟁론』에서 화쟁한 내용은 몇 가지로 요약된다. 우선 원효는 유
(有, 現象)와 공(空, 實在)에 대한 쟁론을 화쟁할 수 있었다.[67] 유와 공은 동전의
양면과도 같이 본래 다른 두 개의 개념이 아니기 때문에 편유偏有와 편공偏

空의 집착에서 벗어나 하나의 참된 진리를 가르치는 데 주안점을 두었다. 또한 그는 삼성三性, 즉 변계소집성遍計所執性, 의타기성依他起性, 원성실성圓成實性에 관한 논쟁을 화쟁하였다.[68] 변계소집성과 의타기성은 원성실성에 기초를 두고 있는 까닭에 이 세 가지는 상통하는 진리의 다른 양상에 불과한 것이다. 말하자면 개체화된 자성인 변계소집성은 다른 것에 의존한 자성인 의타기성이라는 연기적緣起的 조망에 의해 성취된 자성인 원성실성으로 통섭되는 것이다. 이 외에도 그는 법집法執과 아집我執에 대한 논쟁을 화쟁하였다.[69] 모든 '법'과 '아'는 본래 공적한 것으로 법집과 아집은 동일한 집착의 두 가지 형태에 불과하며, 이는 진제와 속제, 염染과 정淨의 두 문에도 다름이 없다.[70]

원효는 『금강삼매경론』에서 "일체의 염정제법染淨諸法이 일심에 의거해 있는 까닭에 일심은 모든 법의 근본"[71]이라고 하며 화쟁의 가능 근거를 일심의 통섭적 기능에 의해 밝히고 있다. 바로 이 마음이 모든 법이 의거하는 주가 되기 때문에 '법'과 '아'가 본래 공함을 알고 집착을 버리면 환화의 작용은 그치고 바로 본각本覺의 공적한 마음을 얻어 무쟁無諍에 처할 수 있게 되는 것이다.[72] 원효가 개합의 논리로 다양한 교리 이론을 자유롭게 화쟁할 수 있었던 것도 바로 그의 일심사상에 기초하고 있음을 『대승기신론소』에서는 분명히 밝히고 있거니와,[73] 『십문화쟁론』에서도 일심의 원천으로 돌아가면 평등무차별한 경계가 나타남을 보여 준다.[74] 이는 화쟁의 비밀이 일심의 통섭적 기능에 있음을 명징하게 드러내 보인 것이다.

원효의 주요 화쟁 방법으로는 〈개합과 종요宗要〉〈입파立破와 여탈與奪〉〈동이同異와 유무有無〉〈이변비중離邊非中〉 등을 들 수 있다. 개합과 종요, 이변비중에 대해서는 앞서 살펴보았거니와, 입파와 여탈, 동이와 유무 또한 같은 진리의 차원이다. 『대승기신론소』에서 "긍정立과 부정破에 아무런 구애가 없으니 긍정한다고 얻을 것도 없고 부정한다고 잃을 것도 없다"[75]라고 한 것이나, 『금강삼매경론』에서 "파破함이 없으되 파하지 않음이 없고, 입立함이 없으되 입하지 않음이 없다"[76]라고 하여 '무리지지리 불연지대연(無理之至理 不然之大然)'의 경계를 나타내 보인 것은 모두 입파와 여탈이 같은 진리의 차원임을 보여 주는 것이다. 원효는 '입'과 '여'에만 집착하거나 '파'와 '탈'에만 집착하여 양 세계를 통섭하지 못하면 결코 화해에 이를 수 없는 것으로 보았다. 이는 동이와 유무에 관해서도 마찬가지다. '동'과 '유', '이'와 '무' 그 어느 것에도 집착하지 않을 때 둘이면서 하나가 되는 공존의 논리는 성립될 수 있다. 한마디로 일심의 통섭적 기능은 대립자의 역동적 통일성을 깨달을 때 최고도로 발휘된다.

도가의
통섭적 세계관

　　　　　　도가道家*사상에 나타난 통섭적 세계관의 특성은 도가철학의 시조인 노자(老子, 이름은 耳)의 『도덕경』과 그의 철학을 계승·발전시킨 장자(莊子, 이름은 周)의 『장자莊子』속에 잘 나타나 있다. 노장老莊의 반反문명적·자연주의적 사상체계는 형식적이고 인위적인 공맹의 유교 체계에 대한 비판인 동시에 무위자연無爲自然의 도에 대한 가르침이 그 핵심이다. 『도덕경』 1장 첫 구절에서는 상도常道와 유교의 도를 구분하여 이렇게 말하고 있다.

　　　도라고 말하여지는 도는 상도常道가 아니요, 이름이라고 말하여지는 이

름은 상명常名이 아니다. 무명無名이 천지의 시작이요 유명有名이 만물의
모체이다.[77]

노자의 철학은 생성과 변화의 이법理法을 강조하는 그의 우주관[78]에서
출발하여 일체의 대립과 운동이 궁극적으로 도道에 의해 통일된다고 본
다. '선천지생先天地生' 이라는 말에서도 알 수 있듯이 노자는 경험 세계의
총체 밖에서 그 스스로의 법칙성에 의해 활동하는 가장 포괄적이고도 근
원적인 존재가 있다고 보고 그 존재는 "홀로 서서 변화되지 않으며 두루
운행하여도 위태롭지 않는 고로 가히 천하의 모체가 될 수가 있다"고 하면
서 그 이름을 알지 못하여 '도道'라고도 하며 '대大'라고도 했는데, 이는
억지로 붙인 이름일 뿐[79] 그 이름이 곧 실상實相을 나타내는 것은 아니라고
본다. 도는 아무런 형상도 없는 것이지만 그것이 운행해서 그 속성이 사물
에 내재될 때 덕德이 된다. 원래 도라고 하는 것은 어렴풋하고 걷잡을 수
없는 것이나 도를 떠나서는 삼라만상이 그 모습을 드러낼 수가 없는 까닭

---

* 道家(philosophical Taoism)는 道敎(religious Taoism)와는 구별된다. 전자가 노장사상을 중
  심으로 한 철학사상이라면, 후자는 노장사상은 물론 음양오행, 易, 讖緯, 점성, 의술 등 고
  대의 민간신앙체계 전반을 망라하는, 심지어는 儒·佛적 요소까지도 함유하고 있는 매우
  포괄적인 종교사상이다. 이처럼 도교사상체계가 포괄적인 것은 도교보다 수천 년 앞선 우
  리 상고의 신선도[仙敎]문화가 도교사상 형성에 크게 영향을 미쳤고 또 그 발전과정에서
  유교, 불교 등 다양한 요소들의 영향을 받았기 때문인 것으로 보인다. 우리 고유의 신선도
  문화가 도교사상 형성에 크게 영향을 미쳤다는 것은, 예로부터 조선이 신선의 나라로 알려
  져 있고 桓國으로부터 易사상의 뿌리가 되는 『天符經』이 전수되어 왔으며, 배달국 제5대
  太虞儀 桓雄 때 신선도문화가 체계화되었고, 또한 중국의 시조로 여겨지는 太皥伏羲氏가
  太虞儀 桓雄의 막내아들로서 『易經』을 처음 만들었다는 사실로 미루어 알 수 있다.

에 그 가운데, '상象'이 있고 '물物'이 있다고 하였다. 또한 도는 텅 빈 가운데 기氣의 작용을 지니고 있으므로 "고요하고 그윽한 가운데 정精이 있다"고 하였으며, 이 기가 필연적인 자기법칙성에 따라 움직이는 까닭에 "그 가운데 신信이 있다"고 하였다. 그러므로 일체의 차별상은 모두 도에서 연원하는 것이다.[80]

노자의 통섭적 세계관은 대립 속의 통일이라는 그의 역설적 논리 속에 잘 나타나고 있다. 우주만물은 도에서 나와 다시 도로 복귀하므로 자본자근自本自根·자생자화自生自化하는 것이니 창조하는 주체도 없고 창조되는 객체도 없다. '반자도지동反者道之動'[81]이라고 한 것은 만물만상이 모두 변화하여 그 반대의 면으로 될 수 있다는 것을 의미한다. 『도덕경』42장은 만유의 본원으로서의 도가 천지만물을 생성하는 과정을 음양의 원리가 변증법적인 커뮤니케이션을 통하여 발전하는 과정으로 나타내고 있다. 즉, "도道는 하나(一)를 낳고, 하나는 둘(二)을 낳고, 둘은 셋(三)을 낳고, 셋은 만물을 낳는다"고 하고, 이 네 단계를 거치며 "만물은 음陰을 업고 양陽을 안으며 충기沖氣라는 화합력에 의하여 생성된다"[82]고 한 것이 그것이다. 도가 만물을 생육하는 것이 어떤 인위적인 노력을 들여서 그렇게 하는 것이 아니라 무위자연으로 하는 까닭에 천지만물이 작용하는 주체가 없는 작용, 즉 무위의 작용에 의해 생겨났다고 한 것이다. 무위자연의 힘은 지극히 유약할 것 같으나 실은 이 유약한 힘이 그 어떤 강자의 힘보다도 더 강한 힘인 것이다. 이러한 무위의 작용에 의한 대립자의 역동적 통일성이야말로 통섭적 세계관의 절정을 보여 주는 것이다.

노자는 "천하를 취하는 것이 항상 무위의 덕으로서만 가능하며 인위적인 노력으로서는 천하를 취하지 못한다"[83]고 하는 그의 특유의 정치철학을 보여 주고 있는데, 이는 무위의 실천적 내지는 경험적 효과를 보여 주는 것으로 '무위이무불위無爲而無不爲' 라는 한마디로 포괄된다.

> 학문을 하면 날로 지식이 늘고 도를 행하면 날로 준다. 줄고 또 줄어서 더 이상 인위적인 것이 남지 않은 데까지 가면 함이 없으면서도 하지 않음이 없게 된다.[84]

실로 도 자체는 생멸하지 아니하면서 만유를 생멸케 하고 또한 그 자체는 무규정자[85]이면서 만유를 규정하는 무한자이다. 그리하여 노자는 "천지만물이 유有에서 나오고 유는 무無에서 나온다"[86]고 했다. 이와 같이 무가 유의 원인이라고 하는 것은 모든 유가 무에 의해 작용함을 의미하는 바, 『도덕경』 11장은 무의 공용功用을 이렇게 표현하고 있다.

> 수레바퀴의 구조는 서른 개의 바퀴살이 한 개의 바퀴통에 모여 있는데, 그 바퀴통 빈 곳[無]에서 바퀴가 회전함으로써 수레로서의 작용을 한다. 진흙을 이겨서 그릇을 만드는 경우에도 그 빈 곳[無]이 그릇으로서의 작용을 한다. 벽을 뚫고 창을 내어 방을 만드는 경우에도 그 빈 부분[無]이 방으로서의 작용을 한다. 고로 유(有)가 어떤 작용을 하는 것은 무가 작용하기 때문이라 할 수 있다.[87]

만물의 원인으로서의 무는 곧 도道이다. 도의 작용에 의해 생성된 만물은 궁극에는 다시 무극無極으로 복귀하게 되는데, 이는 경험 세계의 사상事象에 속하는 것들이 영원불변하지 않다는 것을 나타낸다. 도는 만유를 범주하며 또한 만유가 의거해 있는 궁극적인 법칙으로서 대립전화적對立轉化的이고 순환운동적인 규율[88]을 가지고 있다. 근본으로 돌아감은 순환하여 서로 바뀐다는 뜻으로 이러한 운동과 변화는 일체의 사상事象이 대립·의존 관계에 있기 때문이며, 또한 대립물의 상호의존성은 조화의 미를 발현시키게 된다. 이런 까닭에 유有라고 하는 것도 절대적 유가 아니며, 무無라고 하는 것도 절대적 무가 아니다. 따라서 유무는 절대적 모순이 아니다. 마찬가지 논리로 난이難易, 장단長短, 고하高下, 전후前後도 절대적 모순이 아니다. 이는 곧 음양의 조화적 원리를 나타내는 것으로 천지만물의 생성·발전이 이로써 설명된다. 일체의 현상은 일정한 단계에 이르면 다시 변화하는 법이다.

> 화禍 뒤에는 복福이 따르고, 복 뒤에는 화가 도사리고 있다. 누가 그 종극을 알 것인가. 무엇이 꼭 정正이라고 말할 수 없다. 정도 다시 기奇가 되고, 선善도 다시 요妖가 된다.[89]

"궁즉통窮則通"이다. 도는 끊임없이 순환하는 운동을 하는 까닭에 동일한 상태에 오래 머물지 아니하며, 따라서 모든 대립적 갈등이나 투쟁 그 자체도 고정불변하는 것이 아니므로 '기무정사其無正邪'라 하였다. 천지간에 모든 상황과 사물은 부단히 변하고 바뀐다.[90] 『도덕경』36장에서는, "장차 죄고자 한다면 잠시 펴 있게 하고, 약하게 하고자 한다면 강하게 해 주고, 망하게 하고자 한다면 잠시 흥하게 해 주고, 빼앗고자 한다면 잠시 주어야 한다. 부드러운 것이 견고한 것을 이기고 약한 것이 강한 것을 이기게 마련이다"[91]라고 하고 있는데, 이는 치국治國의 원리를 나타낸 것으로 이러한 도리를 아는 것을 '미명(微明, 智慮)' 이라 한다. 이러한 종류의 논리는 모두 '반자도지동' 에서 나온 것이다. 만물만상은 무상한지라 한결같을 수 없고 오직 도만이 한결같아서 이러한 대립과 운동을 통일시킨다. 28장에서는 "사람은 땅의 법칙을 본받고 땅은 하늘의 법칙을, 하늘은 도의 법칙을, 도는 자연의 법칙을 본받아야 한다" *[92]고 나와 있다. 도는 천·지·인의 모든 활동을 포괄하는 자기 스스로의 순수 활동이다. 이러한 도의 통섭적 기능은 앞서 설명한 일심의 통섭적 기능과 일치하는데 이는 도가 곧 일심의 도인 까닭이다.

노자의 통섭적 세계관은 수유부쟁守柔不爭이라는 소극적인 덕목을 통해 잘 나타나고 있다. 노자의 무위는 단순히 개인 철학이기 이전에 국가의 통치철학이며, 그것의 실천적 전개는 수유부쟁을 통해 이루어진다. 그의 치국술治國術은 최상의 정치 형태가 '무위자화無爲自化' 의 그것이라는 것을 보여 준다.

나라를 다스리는 데는 정도正道로써 하고 군대를 쓰는 데는 기책奇策으로써 하지만 인위적인 노력을 버림으로써 천하를 취하게 된다…천하에 금령禁令이 많을수록 백성은 더욱 빈곤해지고, 백성이 이기利器를 많이 가질수록 국가는 더욱 혼란해지고, 사람들의 기교가 발달할수록 기물奇物이 많이 나와 국민정신을 해하고, 법령이 정비될수록 도적이 많아진다. 그러므로 성인은 말씀하시기를, '내가 무위하니 백성이 스스로 순화되

---

* 여기서 '道法自然' 은 『도덕경』의 전체적인 맥락을 통하여 볼 때 자연이 도의 상위 개념으로가 아니라 동위개념인 것으로 나타나므로 道卽自然으로 보아야 할 것이다

고, 내가 고요함을 즐기니 백성이 스스로 바르게 되며, 내가 무사無事하니 백성이 스스로 부유하게 되며, 내가 무욕無欲하니 백성이 스스로 소박하게 된다.[93]

따라서 이상적 위정자가 될 수 있기 위해서는 백성들로부터 칭송을 받는 것만으로는 부족하며, 그의 존재 자체가 백성들에게 의식되지 않도록 하기 위하여 무위자연의 덕을 갖추어야 한다고 했다.[94] 자연의 법을 따라 통치하면 무위이나 사실에 있어서는 무불위인 통치를 하는 것이고, 따라서 최고도로 유능한 정부가 되지만 그러한 유능성은 백성들에게는 의식되지 않는 까닭에 모두가 저절로 그렇게 되었다고 생각하게 되는 것이다. 이렇게 되면 지배와 복종의 관계도 피치자가 저절로 순화되기 때문에 사실상 종적인 관계라 할 수 없으며, 결과적으로 치자와 피치자의 구분 자체도 의미를 상실하게 되어 주관과 객관의 완전한 통섭이 이루어지는 것이다. 무위의 실천을 위하여 노자가 수유부쟁을 강조하는 것은 자연의 대도에 순응하기 위한 것으로 『도덕경』 40장의 '반자도지동反者道之動 약자도지용弱者道之用', 즉 '되돌아가는 것이 도의 움직임이고 약한 것이 도의 작용' 이라는 원리에 근거한다.

노자가 '수유왈강守柔曰强'[95]이라고 할 때 '수유' 는 도에 계합되는 삶을 뜻한다. 성인의 도가 행하기는 해도 다투지 않는 것은 바로 이 도의 작용을 본받아 유약의 덕을 지켜 가는 까닭이다. 노자는 68장에서 이를 '부쟁不爭의 덕' 이라 하였다.[96] 『도덕경』 43장에서 "천하에 가장 부드러운 것이 천하의 가장 딱딱한 것을 부린다"[97]고 한 데서나, 78장에서 "천하에 물보다 더 유약한 것이 없으나 견강한 것을 공격하는 데는 이보다 나은 것이 없다"[98]

고 한 데서 알 수 있듯이, 노자의 수유부쟁에 대한 요구는 강剛을 알고 난 다음의 유柔, 말하자면 강함조차도 넘어선 약함에 대한 요구로 보아야 할 것이다. 28장은 이러한 점을 분명히 밝히고 있다.

> 수컷이 지니는 강한 덕을 알고 있으면서도 암컷이 지니는 유순하고 부드러운 덕을 지켜 간다면 천하의 시내가 될 수 있을 것이다. 이렇게 천하의 시내가 되면 상덕常德이 몸에서 떠나지 않아 마치 갓난애와도 같이 자연 그대로인 마음으로 복귀할 수 있다.[99]

자연 그대로인 마음으로 복귀한다는 것은 곧 일심의 통섭적 기능을 회복하는 것이다. 이와 같은 논리는 우愚·욕辱·정靜·암暗과 같은 소극적인 덕목들에도 마찬가지로 적용된다. 즉 지知를 넘어선 우愚이고, 영榮을 알고 난 다음의 욕辱이며, 동動을 넘어선 정靜이고, 명明을 알고 난 다음의 암暗인 것이다. 이렇게 볼 때 소극적인 덕목들은 적극성의 결여로서가 아니라 사실은 그것을 넘어선 것으로서 이해해야 할 것이다. 이러한 그의 무위관념의 실천적 전개는 필연적으로 그의 정치 이상이 씨족적 취락국가聚落國家, 즉 소국과민小國寡民의 촌락공동체의 구현이라는 것을 드러낸다.[100] 이러한 그의 자연주의적 사회관은 점차 국민국가의 패러다임이 깨어지면서 '제2의 근대'의 도전에 직면하게 된 오늘날에 재음미될 수 있는 것이다. 또한 대안적인 체제로 제시되고 있는 오늘날의 자립적이고 상부상조적이며 생태적으로 조화를 이루는 소규모의 분권화된 공동체와도 일맥상통하는 것이다.

『장자』사상에 나타난 통섭적 세계관은 일체의 대립상과 상대적 차별상을 떠나 만물이 평등하다고 보는 「제물론齊物論」의 만물제동설萬物齊同說에서 명료하게 드러난다.

> 저것은 이것에서 생겨나고, 이것 또한 저것에서 비롯된다. 저것과 이것은 방생方生의 설이다. 삶이 있으면 죽음이 있고, 죽음이 있으면 삶이 있다. 됨可이 있으면 안됨不可이 있고, 안됨이 있으면 됨이 있다. 옳음是에 의지하면 옳지 않음非에 의지하는 것이고, 옳지 않음에 의지하면 옳음에 의지하는 것이다. 하여 성인은 그러한 상대적인 판단에 의하지 않고 절대적인 입장에서 조명하며 또한 대긍정에 의지한다. 이것 또한 저것이고, 저것 또한 이것이다. 저것 또한 하나의 시비이고, 이것 또한 하나의 시비이다. 과연 저것과 이것이 있다는 말인가. 과연 저것과 이것이 없다는 말인가. 저것과 이것의 대립이 사라진 경지, 이를 일러 도추道樞라고 한다.[101]

이러한 상호 연관과 상호 의존의 세계구조를 이해하면 만물을 하나로 평등하게 보는 '도추道樞' 또는 '천균天鈞'의 경지에 이르게 된다. 장자는 노자와 마찬가지로 도道를 자본자근·자생자화하는 우주만물의 근본 원리라고 본다. 도는 명名과 무명無名의 피안에서 일一과 다多, 무無와 유有, 본체와 현상을 모두 포괄하는 동시에 초월하는 근원적 일자를 지칭한 것이다. 사람이 도를 닦아 덕을 몸에 지니게 되면 도의 관점에서 사물을 직시하게 되어 종국에는 "생生과 사死가 동반자이며 만물이 하나이고, 하나의 기운(一氣, 混元一氣)이 천하를 관통하고 있음"[102]을 알게 되는 것이다. 이는 일기一氣의 통섭적 기능을 보여 주는 것으로 『장자』에서 도는 곧 '일기'인 것으로 나타난다. 도, '일기', 일심, 일신(一神, 유일신) 등은 생명의 본체를 일컫는 같은 의미의 대명사이다.

'도추'의 경지는 무궁의 품속에서 노니는 절대적 자유의 경지이다. 절대적 자유는 삶과 죽음을 관통한다. 절대적 자유의 품속에서는 '나'를 잊고 '나'를 잃지 않으므로 온전한 삶을 누릴 수가 있는 것이다. 이는 곧 평등성지平等性智의 나타남으로, 생명의 전일성과 자기근원성에 대한 자각이다. 거기에 이르는 방법으로 장자는 심재心齋, 즉 마음을 비워 깨끗이 하는 것과 좌망坐忘을 들고 있다. 물질적 형상과 지식을 초월하여 대통大通과 하나가 되는 것이 '좌망'의 경지이며,[103] 생사를 초월한 경지이다. 「대종사」편에서는 이렇게 말한다.

> 자기의 생을 망각한 후에 능히 아침 공기처럼 맑은 경지에 들어가고, 아침 공기처럼 맑은 경지에 들어간 후에 능히 단독자가 드러난다. 단독자가 드러난 후에 능히 고금을 초월하고, 고금을 초월한 후에 능히 생도 없고 사도 없는 경지에 도달한다.[104]

「제물론」의 제동사상齊同思想은 「소요유」에 나오는 자유론 및 전생설全生說과 불가분의 관계를 이루면서 그의 사상의 핵심을 형성하고 있다. 그의 사상체계의 중핵을 이루는 평등과 자유의 변증법적 통합은 본체와 작용의 상호 관통에 대한 자각에 기초하여 전생설과 연결되어 있는 것이다. 온전한 삶은 공중을 나는 새가 흔적을 남기지 않듯이 아무런 흔적을 남기지 않는다. 세상 사람들이 칭찬하거나 헐뜯더라도 그것이 자신의 본질에는 아무런 영향을 줄 수 없다는 사실을 알기에 마음이 동요되지 않는다.

만약 천지만물의 참본성을 따르고 자연의 변화에 순응하여 무궁에 노니는 자가 되면 대체 무엇을 의존할 게 있으리오. 그래서 이르기를, 「지인至人에게는 사심이 없고, 신인神人에게는 공적이 없으며, 성인에게는 명예가 없다」라고 한다.[105]

장자는 노자의 무위자연 사상을 보다 철저하게 전개하여 유희삼매遊戱三昧의 경지에 이르고 있으며, 그의 사상은 대부분 우화寓話의 형태로 나타난다. 장자가 나비가 되어 날아다니는 꿈을 꾸다가 깨어나서 '장자가 꿈속에 나비가 된 것인지, 나비가 꿈속에 장자가 된 것인지 알 수 없다'고 한, 이른바 '나비의 꿈胡蝶之夢' 이야기는 그 대표적인 것이다. 「소요유」에는 이런 이야기가 나와 있다. 북녘 바다에 그 크기가 몇천 리나 되는지 알 수가 없는 곤鯤이라는 물고기가 있는데 이 물고기가 변해서 붕鵬이라는 새가 된다는 것이다. 이 새는 그 등 넓이가 몇천 리가 되는지 알 수가 없고, 힘차게 날아오르면 그 날개는 하늘 가득히 드리운 구름과 같으며, 바다 기운이 움직여 대풍大風이 일 때 그 풍력을 타고 남쪽 바다로 날아가려 한다는 것이다. 이는 '소요유'의 즐거움을 무한한 허공을 향해 힘차게 비상하여 북녘 바다로 날아가는 대붕大鵬에 비유한 것이다. 조그만 날짐승들이 '대붕의 비상'을 알 수가 없듯이, 대자연의 무궁한 품속에서 노니는 자유로운 경지를 작은 지혜로서는 알 수가 없다는 것이다.

이러한 장자의 초탈 사상은 만유를 관통하고 있는 일기(一氣, 道)를 깨닫지 못한 채 물질 차원의 에고에 머무르고 있는 인류 의식을 일깨우는 한 줄기 빛과도 같은 것이다. 장자의 사상체계에 나타난 평등과 자유의 변증법적 통합은 통섭적 사유의 본질을 보여 주는 것으로 우리 인류에게 그 시사하는 바가 크다. 노장의 사유체계는 본질적으로 대립자들의 역동적 통일성에 기초해 있다는 점에서 통섭적 세계관을 그 바탕으로 한다. 노장사상은 근본지根本智로의 회귀를 통해 이분법적 사유체계에 기초한 근대 서구의 반反통섭적 문명을 극복할 수 있게 한다. 그리하여 꽃꽂이 삶이 아닌, 우주의 본질인 생명에 깊숙이 뿌리를 내린 진정한 문명, 생명과 평화의 문명으로 안내한다.

힌두사상의 통섭적 세계관

힌두사상의 진수를 엿볼 수 있는 힌두교 3대 경전은 『베다 Veda』, 『우파니샤드 The Upanishads』, 『바가바드 기타 The Bhagavad Gita』이다. 우선 『베다』는 고대 인도에서는 물론 현대에 이르기까지 힌두교도들에게는 절대 권위를 가지는 인도 최고最古의 성전으로 힌두 정신의 뿌리를 이룬다. 베다는 '지식'을 뜻하는 말로서 수세기에 걸쳐 스승이 제자에게 구전한 내용이 저술된 것이다. 제작 연대는 정확히 알 수는 없으나 대부분의 학자들은 B.C. 1500~1200년경으로 추정한다. 베다는 원래 고대 인도인들이 신에 대한 예배와 제사의식을 목적으로 만든 것이나, 그 제식制式이 복잡해짐에 따라 이를 주관하는 사제의 직분도 네 그룹으로 나누어지면서 동일한 사상을 근거로 서로 연관된 역할을 나누어 저술한 것이다. 여기에는 「리그베다 Rig Veda」, 「야주르 베다 Yajur Veda」, 「사마 베다 Sama Veda」, 「아타르바 베다 Atharva Veda」*가 있는데 가장 오래된 것이 「리그 베다」로 힌두사상 연구에 있어 가장 중요하고 근간이 되는 경전이다.

4종의 베다는 일반적으로 각기 4개의 부분으로 구성되어 있는데, 제1의 부분은 상히타(Saṃhitā:本集)로 찬가·가영歌詠제사·만트라mantra 등의 집성 부분이고, 제2의 부분은 브라흐마나Brāhmaṇa로 공희供犧의식과 제식祭式을 상세하게 산문체로 설명하여 본집을 보조하는 부분이며, 제3의 부분은 아라냐카Āraṇyaka로 숲 등에서 몰래 전수하는 비설을 기록한 것이고, 제4의 부분 우파니샤드Upanishads는 베다의 말미末尾라는 뜻으로 베단타Vedānta라 하여 그 무렵의 신비적인 사상을 기록한 것인데 성립 연대는 B.C. 500년 무렵이다. 우파니샤드의 원뜻은 사제 간에 '가까이 앉음'이라는 뜻에서 그 사이에 전수되는 비밀스런 가르침도 의미하게 되었으며, 옛날부터 천계문학(天啓文學:śruti)으로서 신성시되었다. 개개의 우파니샤드는 긴 세월에 걸쳐 여러 사람에 의해 편집·정비된 것으로 인도의 철학·종교 사상의 원천을 이룬다. 베다의 결론부이자 베다적 지식과 지혜의 절정이랄 수 있는 우파니샤드는 인도 사상에서 차지하는 그 자체의 중요성 때문에 보통 독립된 하나의 문헌으로 읽혀지고 있다.

힌두사상의 통섭적 세계관의 진수는 『우파니샤드』와 『바가바드 기타』에서 생생하게 드러난다. 우선 우파니샤드에 대해 살펴보기로 하자. 우파니샤드의 골간을 이루는 기본 개념은 생명의 본체이자 현상계의 본질인

＊「리그 베다」는 신들을 찬미하는 노래를 모아놓은 가장 오래된 찬가집이고, 「야주르 베다」는 供犧의식에 필요한 定則들을 취급하고 제사의식에 필요한 산문체 형식의 주문을 모아놓은 것이며, 「사마 베다」는 신을 찬양하는 歌詞 운문체의 멜로디를 언급한 것이고, 「아타르바 베다」는 재앙을 없애고 복을 부르는 주문이나 장수·질병치료 등의 眞言과 주술 중심의 讚歌 그리고 적들의 퇴치까지도 포함하는 모든 종류의 일들에 대한 주문 등 신앙형식의 정칙을 다룬 것으로 토착적 인도 의학의 시작으로 알려져 있다. 이 네 개의 베다에 의한 종교 통치 시대는 베다 시대(Veda Age)로 일컬어지며 약 천 년간 전성기를 누렸다.

유일자 브라흐마(Brahma, Brahman), 개별 영혼인 아트만Atman, 브라흐마[대우주]와 아트만[소우주]을 분리시키는 물질적 환영幻影인 마야maya, 마야로 인한 삼사라(samsara 生死輪廻), 그리고 아트만이 마야의 미망과 삼사라의 구속에서 벗어나 다시 브라흐마에로 환귀還歸하는 모크샤(moksha 解脫), 이상의 다섯 가지이다. 우파니샤드에서는 우주만물과 유일자 브라흐마를 불가분의 하나, 즉 불멸의 음성 '옴OM'으로 나타내고 있다. 유일자 브라흐마는 도道, '일기一氣', 일심一心, 일신(一神, 유일신) 등과 마찬가지로 생명의 본체를 일컫는 많은 대명사 중의 하나다.

> 불멸의 음성 '옴OM'은 과거요 현재요 미래이며 시간을 초월한 존재 브라흐마이다. 일체 만물이 '옴'이다.
> OM. This eternal Word is all: what was, what is and what shall be, and what beyond is in eternity. All is OM.[106]

일체 만물이 불멸의 음성 '옴'이라고 한 것은 이 우주가 거대한 파동의 대양임을 나타내는 것인 동시에 브라흐마와 아트만, 본체[전체성]와 작용[개체성]의 상호 관통을 보여 주는 것으로 우파니샤드가 통섭적 세계관에 기초하고 있음을 드러낸 것이다.

> 이 세상의 모든 것은 브라흐마이며 아트만이 곧 브라흐마이다.
> Brahma is all and Atman is Brahma.[107]

브라흐마와 아트만, 전체성과 개체성이 하나이므로 주체와 객체의 이분

법은 성립되지 않는다. 브라흐마[아트만]를 가리는 커튼과도 같은 마야maya
가 브라흐마와 둘이 아닌 것은, 앞서 살펴본 『대승기신론소』에서 불각不覺
이 본각本覺과 둘이 아닌 것과도 같다. 마야는 브라흐마의 창조의지가 발
현된 것이므로 브라흐마로부터 분리시킬 수 없으며 이 둘은 불가분의 상
관관계에 있다. 이는 마치 불의 연소력을 불로부터 분리시킬 수 없는 것과
같다. '삼사라' 가 일어나는 것은 물질적 삶 자체가 하나의 미망이라는 사
실을 깨닫지 못하고 자기에 대한 집착我執과 세상에 대한 집착法執에 사로
잡힌 데 있다. '나' 의 생명이란 것이 사대(四大: 地·水·火·風)와 오온(五蘊: 色·
受·想·行·識)이 연기緣起에 의해 일시적으로 결합된 것이며 객관 세계의 일
체법 또한 공空한 것임을 알면 더 이상은 '삼사라' 가 일어나지 않게 된다.
그것은 곧 브라흐마와 아트만, 본체와 작용이 하나임을 자각하는 것이다.
힌두 정신의 정수가 고스란히 담겨져 있는 우파니샤드의 저 명징하고도
아름다운 구절에는 브라흐마와 아트만의 합일을 이렇게 나타내고 있다.

　　'우파니샤드' 라는 위대한 무기를 활로 삼고
　　명상으로 예리하게 간 화살을 그 위에 걸어
　　브라흐마를 향한 일념으로 잡아당기어
　　표적인 바로 그 불멸을 꿰뚫어라.
　　Take the great bow of the Upanishads
　　And place in it an arrow sharp with devotion.
　　Draw the bow with concentration on him
　　And hit the centre of the mark, the same ever-lasting Spirit. [108]

여기서 화살은 우리 영혼의 화살이며, 브라흐마는 화살의 표적, 즉 영혼의 목표이다. 우파니샤드의 영적 메시지를 가슴 깊이 새기며 삶 자체가 명상이 되어 오직 브라흐마를 향한 일념으로 정진할 때 바로 그 불멸에 이를 수 있다. 여기서 화살은 만유에 편재해 있는 하나인 참본성을 향해 쏘는 화살이다. 하나인 참본성을 꿰뚫는 것은 브라흐마와 아트만이 하나임을 자각하는 것이며 이는 곧 불멸에 이르는 길이다.

인도의 대서사시 『마하바라타 *Mahabharata*』에 나오는 모두 700구절의 아름다운 영적인 시로 이루어진 『바가바드 기타』는 '거룩한 자의 노래'란 뜻으로 시대와 종파를 초월하여 가장 널리 애송되는 경전으로서 마하바라타와는 독자적인 문헌으로 읽혀져 왔다. 권위로는 『베다』나 『우파니샤드』 같은 계시서가 더 우위에 있다 하겠지만, 인도 대중들에 대한 영향력은 오히려 바가바드 기타가 계시서를 능가하는 대중의 경전이라는 점에서 힌두교의 살아 있는 '바이블'로 평가된다. 베다의 제사 의식에 대한 가르침, 우파니샤드의 초월적인 브라흐마에 대한 가르침, 바가바타 종교의 유일신에 대한 가르침, 상키아Sankhya의 가르침, 요가의 합일에 대한 가르침 등이 조화를 이루고 있다. 이 경전은 현상계와 본체계의 상호 관통을 무한히 반복되는 브라흐마의 낮과 밤으로 묘사하고 있으며,[109] 시작도 끝도 없고 없는 곳이 없이 실재하는 생명의 본체인 브라흐마에 대한 자각을 강조한다. 우주만물은 브라흐마의 자기현현이므로 참자아 아트만이 곧 브라흐마라는 것이다. 이러한 생명의 본체와 작용, 전체성과 개체성의 상호 관통에 대한 자각의 강조는 이 경전이 통섭적 세계관에 기초하고 있음을 말하여 준다.

바가바드 기타 경전의 배경이 되고 있는 것은 인간 내면의 영적靈的인 전쟁으로, 비슈누Vishnu* 신의 화신인 크리슈나Krishna와 전사인 아르주나

Arjuna 사이에 주고받는 대화로 이루어져 있다. 아르주나의 전차몰이꾼으로 변장한 크리슈나는 두 군대 사이로 전차를 몰고 들어가서 전장이라는 극적인 무대에서 아르주나에게 영적인 세계에 대한 심오한 가르침을 펴 보이기 시작한다. 순간 아르주나가 싸워야 할 상대는 외부의 육적인 친족과 친구가 아니라 자신의 내부에서 영적 진화를 방해하는 온갖 부정적인 에너지라는 사실이 밝혀진다. 두 스승과 친족들과 대치한 전장에서 비탄에 잠겨 있는 아르주나에게 크리슈나는 이렇게 말한다.

> 지혜로운 사람은 산 자를 위해서도 슬퍼하지 않고 죽은 자를 위해서도 슬퍼하지 않는다…그대와 나와 여기에 있는 왕들은 항상 존재해 왔으며, 앞으로도 영원히 존재할 것이다. 참자아 아트만이 어린이의 몸과 젊은 이의 몸과 늙은이의 몸을 거쳐 가듯이 육체라는 허물을 벗은 다음에는 새로운 몸을 입는다. 지혜로운 사람은 이러한 것에 대해 의혹을 품지 않는다.
>
> The wise grieve not for those who live; and they grieve not for those who die…Because we all have been for all time: I, and thou, and those kings of men. And we all shall be for all time, we all for ever and ever. As the Spirit of our mortal body wanders on in childhood, and youth and old age, the Spirit wanders on to a new body: of this the sage has no doubts.[110]

---

* 『바가바드 기타』는 현상세계의 구원에 관심을 두고 있기 때문에 창조하고 유지하며 해체하는 신성의 세 측면—브라흐마, 비슈누, 시바(Shiva)—가운데서 현상세계를 유지하고 지탱하는 비슈누적인 측면을 강조한다.

이는 본체계와 현상계를 상호 관통하는 생명의 순환을 설한 것이다. 우리가 늙는 것이 아니고 우리 육체가 늙는 것이요, 우리가 죽는 것이 아니고 단지 육체라는 허물을 벗는 것이다. 생명은 영원히 이어진다. 생명은 단순한 육체적 자아가 아니므로 그 어떤 것으로도 손상시킬 수 없다.

참자아는 무기로도 상하게 할 수 없고, 불에도 타지 않으며, 물에도 젖지 않고, 바람으로 말릴 수도 없다. 참자아는 벨 수도 없고, 태울 수도 없으며, 젖게 하거나 마르게 할 수도 없다. 참자아는 영원불변하고 두루 편재하는 유일자이다. 참자아는 육안으로 볼 수 없으며, 생각 저 너머에 있어 사유의 대상이 될 수 없고 변화 저 너머에 있어 자신은 변하지 않는다. 그대는 이런 사실을 깨닫고 슬픔에서 벗어나도록 하라.

Weapons cannot hurt the Spirit and fire can never burn him. Untouched is he by drenching waters, untouched is he by parching winds. Beyond the power of sword and fire, Beyond the power of waters and winds, the Spirit is everlasting, omnipresent, never-changing, never-moving, ever One. Invisible is he to mortal eyes, beyond thought and beyond change. Know that he is, and cease from sorrow.[111]

바가바드 기타는 우파니샤드와 마찬가지로 참자아 아트만에 대한 깨달음이 핵심 주제가 되어 있다. 그것을 깨닫기 위해서는 아트만이 곧 브라흐마라는 사실을 알아야 한다는 것이다. 브라흐마와 아트만, 전체성과 개체성은 곧 생명의 본체와 작용의 관계로서 본질적으로 하나라는 것이다. 이러한 깨달음이 없이는 자유로울 수도, 행복할 수도 없으며, 이 세상에 지혜의 빛을 발할 수도 없는 것이다. 브라흐마와 아트만의 합일에 대한 깨달음에 이르기 위해서는 행위를 멈추고 자신의 내면을 들여다봄과 동시에 사심 없는 행위를 해야 하는 것이다.

전사인 아르주나가 비슈누 신의 화신인 크리슈나에게 요가의 길에 대해 묻고 있다.

> 크리슈나여, 당신은 행위의 포기에 대해 말씀하시면서 또한 신성한 행위의 길을 권면勸勉하십니다. 지혜의 길(the path of wisdom, Jnāna Yoga)과 행위의 길(the path of action, Karma Yoga), 이 둘 중에서 어느 것이 더 나은 길입니까?
>
> Renunciation is praised by thee, Krishna, and then the Yoga of holy work. Of these two, tell me in truth, which is the higher path?[112]

여기서 지혜의 길과 행위의 길은 지행止行과 관행觀行 또는 좌선坐禪과 행선行禪의 관계와 같은 것이다. 깨달은 자의 눈으로 보면 이 둘은 결국 하나이며, 그 목표는 같은 것이다. 하지만 보통 사람들에게는 행위를 포기하는 길보다는 행위의 길이 더 낫다고 크리슈나는 말한다.

> 아르주나여, 행위의 길을 따르지 않고 완전한 포기가 일어나기는 매우 어렵다. 지혜로운 자는 순수하고도 헌신적인 행위의 길을 통해 곧 브라흐마에 이르게 될 것이다.
>
> But renunciation, Arjuna, is difficult to attain without Yoga of work. When a sage is one in Yoga he soon is one in God.[113]

이 세상에 육체를 가지고 살면서 모든 행위를 완전히 포기한다는 것은 불가능하다. 진정한 포기는 행위 자체를 포기하는 것이 아니라 행위의 결과에 대한 집착을 포기하는 것이라고 크리슈나는 말한다.

> …진정한 포기는 행위의 결과에 대한 집착을 포기하는 것이다. 행위의 결과를 기대하는 사람은 즐거움이나 괴로움, 또는 그 둘 다를 번갈아 맛본다. 그러나 행위의 결과에 대한 집착을 포기한 사람은 영원히 행위의 속박에서 벗어나게 된다.
>
> …he who renounces the reward of his work is in truth a man of renunciation. When work is done for a reward, the work brings pleasure, or pain, or both, in its time; but when a man does work in Eternity, then Eternity is his reward.[114]

행위의 길에 대한 크리슈나의 영적인 가르침은 지금 이 순간에도 행위의 길을 가고 있는 우리 모두에게 던지는 심오한 메시지다. 신성한 행위의 길을 따르는 사람은 이기적인 욕구충족을 위해서가 아니라 영혼의 정화를 위해서, 마치 신에게 바치는 번제의식과도 같이 정성을 다하여 자신의 의무를 수행한다. 행위의 결과에 대한 집착을 버리고 쉼 없는 행위를 함으로써 종국에는 행위의 속박에서 벗어날 수 있게 되는 것이다.

'한'과 동학과 생명[115]

들어가며

본 절에서는 한민족 정신사를 통해 면면히 이어져 온 우리의 전통 사상인 '한'과 동학의 사상적 연맥連脈을 이들 사상의 중핵을 이루는 생명의 관점에서 조명함으로써 동학의 통섭적 세계관의 본질을 밝혀보기로 한다. '한桓(韓), 하나(一)'은 전일全一·광명 또는 대大·고高를 의미하는 것으로 공공성公共性과 소통성을 그 본질로 한다. 여기서 공공성과 소통성은 영성[神性, 하늘]과 이성[인간]의 조화를 그 본질로 하는 까닭에 생명의 본질과도 상통해 있다. 생명의 본질은 초월성인 동시에 내재성이며, 전체성[一]인 동시에 개체성[多]이며, 우주의 본원인 동시에 현상 그 자체이므로 생명은 곧 영성이다. 생명이 곧 영성임은 동학의 '이천식천 이천화천(以天食天·以天化天)'에서도 분명히 드러난다. 우주만물은 지기(至氣, 混元一氣)인 하늘의 화현인 까닭에 「영부주문靈符呪文」에서는 "하늘로써 하늘을 먹고 하늘로써 하늘로 화할 뿐"이라고 한 것이다. 말하자면 우주만물이 모두 한 기운 한 마음으로 꿰뚫어진 까닭에 우주만물의 생성·변화·소멸 자체가 모두 하늘의 조화造化 작용[116]인 것으로 나타난다. 이처럼 '한'과 공공성, 소통성, 생명, 영성은 상호 긴밀한 연계성을 지니고 있으며 통섭적 세계관을 형성하는 키워드이기도 하다.

인내천*으로 대표되는 동학의 불연기연不然其然의 논리와 「시천주侍天主」 도덕을 관통하는 원리 또한 소통성을 그 본질로 하는 까닭에 '한'의 이념에 닿아 있다. '한'과 동학은 인간 존재의 '세 중심축' ─종교와 과학과 인문, 즉 신과 세계와 영혼의 세 영역(天地人 三才)─의 연관성에 대한 자각에 기초해 있는 까닭에 영성 그 자체인 생명의 본질과도 상통한다. 말하자면 혼원일기로 이루어진 생명의 유기성과 상호 관통에 대한 깨달음에 기초해 있는 까닭에 본질적으로 공공성과 에코토피아(ecotopia 생태적 이상향)적 지향성을 띠게 된다. '한' 사상은 한마디로 천·지·인 삼재의 융화에 기초한 경천숭조敬天崇祖의 '보본報本' 사상이다. '보본' 사상이란 근본에 보답하는 사상이란 뜻으로 효와 충을 기반으로 한 숭조崇祖사상은 제천을 기반으로 한 경천(敬天, 敬神)사상과 함께 '한' 의 골간을 형성해 왔다. 하늘을 숭경하고 조상을 숭배하는 것을 하나로 본 것은 '한' 의 이념이 영성과 이성의 조화에 기초해 있음을 말하여 주는 것으로 공공성과 소통성을 그 본질로 하고 있다는 점에서 동학과도 그 사상적 맥이 상통한다.

지금 이 시대에 '한' 사상과 동학이 주목받는 이유는, 그 속에 함유되어 있는 '하나(一)' 의 원리가 천·지·인 삼재의 연관성 상실을 초래한 근대 서구의 정치적 자유주의를 치유할 수 있는 묘약을 함유하고 있기 때문이다. '한' 의 이념은 국가·민족·계급·인종·성·종교 등 일체의 장벽을 초월하여 평등하고 평화로운 이상세계를 창조하는 토대가 될 수 있다. 그런 점에서 '한' 은 지상천계 또는 지상선계의 이념을 함축한 것이라 하겠으며, 이는 동학적 이상향이 후천개벽에 의한 무극대도無極大道의 세계라는 점과 일치한다. 현대 민주주의가 정치의 요체를 사람이 아닌 제도와 정책에 둠

---

* 人乃天은 흔히 '사람이 곧 하늘' 이란 뜻으로 새겨진다. 여기서 '人' 은 '人物(사람과 우주만물)' 을 나타내는 대명사로서의 '人' 이다. 사람이 만물의 영장인 까닭에 대명사 '人' 으로써 우주만물을 나타낸 것이다. 따라서 사람만이 아닌, 우주만물이 다 하늘이라는 의미가 함축되어 있다.

으로써 인간소외 현상을 야기시켰다면, 이들 사상은 통섭적 세계관을 바탕으로 융합과 조화에 그 토대를 둠으로써 현대사회의 아킬레스건인 인간소외 문제를 극복할 수 있게 할 것이다.

'한'과
삼신사상

'한'은 천·지·인 삼신일체[삼위일체]의 사상이다. 이미 9,000년 이상 전부터 모든 종교와 진리의 모체가 되어 온 상고 한민족의 '한' 사상은 바로 이러한 일즉삼—卽三·삼즉일三卽—의 원리에 기초해 있는 까닭에 삼신사상과 불가분의 관계에 있다. 생명은 본체의 측면에서는 유일신[一]이지만, 작용의 측면에서는 천·지·인 삼신이므로 삼신사상이 곧 '한' 사상이다. 일즉삼·삼즉일의 논리구조는 우주만물이 '하나(一)'라는 인식에 기초하여 주체와 객체의 이분법이 성립되지 않음을 보여 주는 것으로 통섭적 세계관의 바탕을 이루는 것이다. 삼라만상의 천변만화가 모두 혼원일기인 한 이치[理] 기운[氣]의 조화 작용인 까닭에 '하나(一)'와 우주만물(三, 多)은 상호 연관·상호 의존해 있다는 것이다.[117] 이는 생명의 본체와 작용의 상호 관통을 보여 주는 것으로 천·지·인 삼신일체란 이를 두고 하는 말이다. 말하자면 '한'의 생명관은 천·지·인 삼재의 융화에 기초하여 일체 생명이 근원적으로 평등하고 유기적으로 연결되어 있다고 보는 것이다. 그런 점에서 존재성은 곧 관계성이다. 하늘과 성性과 신神은 생명의 본체인 '하나'인 혼원일기를 달리 명명한 것이다. 우주만물에 편재해 있는 '하나'인 참본성이 곧 하늘天이요 신[神性]이니 우주만물을 떠나 따로이 하늘이나 신이 존재하는 것이 아니다. 이렇듯 '한'의 생명관에서는 본체와 작용이 하나인 까닭에 신·인간 이원론은 성립되지 않는다.

『천부경』·『삼일신고』·『참전계경』의 천부사상은 천·지·인 삼신일체의 천도에 부합하는 '한' 사상의 원형이다. 이는 생명의 전일성과 자기근원성에 대한 천부사상의 인식에서 확연히 드러난다. '한' 사상의 특질은 천부경 81자의 본체-작용-본체와 작용의 합일이라는 변증법적 논리 구조 속에 잘 드러나 있다. 생명의 본체는 한 이치[理] 기운[氣]을 함축한 전일적인 의식계[본체계]이고, 그 작용은 한 이치 기운의 조화 작용을 나타낸 다양한 물질계[현상계]이며, 본체와 작용의 합일은 이 양 세계를 관통하는 원리가 내재된 것으로 한 이치 기운과 하나가 되는 일심의 경계이다. 무시무종이며 무소부재이고 불생불멸인 생명의 본체인 '하나(一)'는 곧 우리의 참본성[一心, 自性, 靈性, 神性]이다. 천·지·인 삼신은 참본성, 즉 자성의 세 측면을 나타낸 것이다. 천부사상의 중핵을 이루는 '인중천지일人中天地一', 즉 사람 속에 천지가 하나가 되었다는 것은 일심의 경계에서 천·지·인 삼재의 융화를 깨달은 것을 의미한다. 다시 말해 생명의 본체와 작용이 하나임을 깨달았다는 것이다. 만유에 편재해 있는 '하나'인 참본성이 바로 절대유일의 '참나'인 유일신이다. 이 세상의 모든 반목과 갈등은 우주만물에 편재해 있는 유일신, 즉 절대유일의 '참나'를 깨닫지 못하고 서로 다른 것으로 분리시킨 데서 오는 것이다. 절대유일의 '참나'를 깨닫지 못하고서는 공공성이 발휘될 수 없으며 따라서 인간의 자기실현은 불가능하게 된다. 유일신은 특정 종교의 신도 아니요 섬겨야 할 대상도 아니다. 바로 우리 자신이며 우주만물 그 자체다.

동학의 불연기연의 논리와 「시천주」도덕을 관통하는 원리는 공공성과 소통성을 그 본질로 하는 '한'의 이념에 닿아 있으며 통섭적 세계관을 바탕으로 하고 있다. '그렇지 아니함과 그러함', 즉 불연기연은 본체계와 현상계를 회통시키는 수운 최제우의 독특한 논리로서 생명의 본체인 '하나(一)'와 그 작용인 우주만물이 결국 하나임을 말하여 준다. 수운은 인간의 지식과 경험으로는 분명하게 인지할 수 없는 세상일에 대해서는 '불연'이라고 말하고, 상식적인 추론 범위 내의 사실에 대해서는 '기연'이라고 말한다. 무궁한 하늘의 조화를 깨달으면 조물자인 하늘과 그 그림자인 인간이 분리될 수 없는 하나라는 사실을 알게 된다는 것이다.[118] 인간 존재의 '세 중심축'인 천·지·인 삼재의 연관성 상실을 초래한 근대 서구의 정치적 자유주의자들에게 해월海月 최시형崔時亨은 단호히 말한다.

> 사람이 바로 하늘이요 하늘이 바로 사람이니 사람 밖에 하늘 없고 하늘 밖에 사람 없다[119]

「시」의 세 가지 뜻풀이는 안으로 신령이 있고內有神靈 밖으로 기화가 있어外有氣化 각기 알아서 옮기지 아니한다各知不移는 것이다. 여기서 내유신령이란 내재적 본성인 신성[一心]을 일컫는 것이고 외유기화란 포태시胞胎時 음양의 원리와 기운의 조화 작용으로 체體를 이룬 것을 일컫는 것*[120]이므로 '신령'과 '기화'는 본체와 작용의 관계로서 둘이 아니다. 각지불이는 「시천주」도덕의 실천적 측면과 관계되는 것으로 천심에서 벗어나지 않는 것이다. 요약하면, 인간의 내재적 본성인 신성(영성)과 혼원일기로 이루어진 생명의 유기성과 상호 관통을 깨달아 순천의 삶을 지향하는 것이다. 천도에 순응하는 도덕적 인격의 완성을 통해 마음을 밝히고 세상을 밝혀서 무극대도의 세계를 구현하려는 뜻이 담겨진 것이다. 따라서 동학의 불연기연의 논리와 「시천주」 도덕은 각 개인의 내면적 수양에 기초한 자각적 실천 수행을 통해 만인이 도성입덕道成立德하여 지상천국을 건설하는 이념적 토대가 된다.

수운이 자신의 학을 '심학'[121]이라고 한 데서도 알 수 있듯이, 천·지·인 삼재의 조화는 사람의 마음이 밝아지면 저절로 일어나게 된다. 이는 수운의 수심정기(守心正氣: 마음을 지키고 기운을 바르게 함)**에 대한 강조나 해월이 향아설위向我設位라고 하는 우주적 본성으로의 회귀를 강조한 데서도 잘 드러난다. 만유가 다 하늘을 모시는 영적 주체이고 만유의 근본이 모두 하나로 연결되어 있다는 영적 자각에서 생명의 존엄성과 평등성 그리고 자율성이 도출되고, 개인의 자유와 공동체의 공공선 또한 조화를 이룰 수 있

---

* 海月 崔時亨은 이르기를, "內有神靈이란 처음 세상에 태어날 때의 갓난아기의 마음이요 外有氣化란 포태할 때에 이치(理)와 기운(氣)이 바탕에 응하여 體를 이룬 것"(『海月神師法說』「靈符呪文」: "內有神靈者 落地初赤子之心也 外有氣化者 胞胎時 理氣應質而成體也")이라고 했다. 義菴 孫秉熙는 "靈과 기운이 본래 둘이 아니요 한 기운"이라고 하고 있다(『義菴聖師法說』「講論經義」: "…靈與氣 本非兩端 都是一氣也").

** 수심정기를 '誠敬' 두 자로 설명한 데서나, 천도와 천덕을 평생 잊지 아니하면 일체를 관통하게 된다는 의미의 '永世不忘 萬事知'에서 알 수 있듯이, 수심정기의 요체는 至誠에 있다. 水雲의 천도와 천덕의 眞髓는 '侍天主 造化定 永世不忘 萬事知'의 주문 열세 자에 함축되어 있다. 여기서 '造化定'은 '無爲而化'의 덕과 그 기운과 하나가 되는 것이다.

게 되는 것이다. 이는 곧 개개인의 도덕적 인격의 완성을 통해 마음을 밝히고 세상을 밝혀서 무극대도의 세계를 구현하는 것이다. '오심즉여심(吾心即汝心: 내 마음이 곧 네 마음)'[122]이라는 구절이 말하여 주듯, 동학의 도덕관은 하늘과 인간의 일원성에 기초해 있다. 우주만물은 지기至氣인 하늘기운의 화현인 까닭에 하늘과 둘이 아니다. '천지가 곧 부모요 부모가 곧 천지'[123]인 것은 만유가 천지(기운)의 조화 작용으로 생겨나 천지의 젖[곡식, 양식]을 먹고 자라나므로 천지가 만물의 모체가 되는 까닭이다.

우주섭리와 인사人事의 연계성은 수운의 후천개벽이 천시天時와 인사의 상합에 기초하여 새 하늘과 새 땅을 창조하는 '다시개벽'이라는 점에서도 분명히 드러난다. 후천개벽은 단순히 정신개벽과 사회개벽을 통한 지구적 질서의 재편성이 아니라 천지운행의 원리에 따른 우주적 차원의 질서 재편으로, 이를 통해 곤운坤運의 후천 5만년이 열리게 된다. 해월이 부인수도를 강조한 것도 후천 곤도坤道시대의 도래와 그 맥을 같이 하는 것이다. 후천개벽은 에고ego 차원의 물리시대의 종언인 동시에 「시천주」의 자각적 주체에 의한 우주 차원의 공空시대의 개막이다. 동학의 이상향은 후천개벽에 의한 무극대도의 세계, 즉 우주자연과 인간, 인간과 인간의 연대성에 기초한 성속일여聖俗一如의 도덕적 군자공동체이다. 이러한 동학의 에코토피아적 지향성은 '접接'이라는 소규모의 자율적인 영성공동체나, 「몽중노소문답가夢中老少問答歌」에 나오는 태평곡太平曲 격양가擊壤歌가 의미하는 무위자연의 이상향에서 잘 드러난다.

동학사상은 천·지·인 삼재의 융화, 즉 천시·지리·인사의 조응관계에 기초한 '한'의 이념에 닿아 있다. 인간의 존엄성에 기초하여 치자와 피치자, 개인과 국가, 국가와 세계가 조화를 이루어 밝은 정치를 구현하고자 하는 '한'의 이념은 인간소외의 극복과 그 맥을 같이 한다. 또한 근대 산업문명의 폐해라 할 수 있는 국가·지역·계층간 빈부격차, 지배와 복종, 억압과 차별, 환경 파괴 등의 문제를 해결하고 공존의 대안적 사회를 마련하고자 하는 생태사상과도 그 맥을 같이 한다. 그것은 곧 우주만물에 대한 차별 없는 사랑과 공경의 나타남이다. '하늘을 모심侍天'은 천·지·인 삼신일체가 인간 존재 속에 구현되는 일심의 경계로 '내가 나 되는 것'이다. 생명의 유기성 및 상호 관통을 깨달아 「시천주」의 자각적 주체로서 천리에 순응하는 도덕적 삶을 사는 것이 곧 '시천'이다.

본래의 천심을 회복하면 천시와 지리, 그리고 인사가 조응관계에 있음을 알게 되고 후천개벽 또한 천지개벽의 도수度數에 따른 것임을 알아 사람이 할 바를 다하게 되는 것이다. 수운의 천도는 '우주만물이 모두 간 것은 다시 돌아오고 돌아온 것은 다시 돌아간다는 자연의 이법(無往不復之理)'을 밝힌 것으로 본체계와 현상계의 상호 관통을 보여준다. 이러한 상호 관통을 깨달으면 일체의 생명이 전일적이고 자기근원적이며 근원적으로 평등하고 유기적으로 연결되어 있음을 알게 되어 인간의 도덕적 목적이 달성될 수 있게 된다. 「시천주」의 자율적이고도 자각적인 주체로서 도성입덕이 되면 생명의 전일성을 자각하게 되므로 공공성의 발현이 극대화되어 무극대도의 군자공동체가 구현되는 것이다. 이는 「시천주」도덕이 단순히 수심정기를 통한 도덕적 인격의 완성에 그치는 것이 아니라 마음을 밝히고 세상을 밝혀서 무극대도의 세계를 구현하려는 것임을 잘 말하여 준다.

동학은 전통과 근대 그리고 탈근대를 관통하는 '아주 오래된 새 것'이다. 한민족의 전통 사상인 '한'과 동학의 사상적 연맥에 대해서는 앞서 살펴본 바이다. 동학이 「시천주」로서의 주체적 자각을 통해 귀천·빈부·반상班常·적서 등 일체의 봉건적 신분 차별을 철폐하고 만인이 다 같은 군자로서 평등하다는 인식과 더불어 천하를 만인의 공공물로 생각하는 계기를 마련한 것은 사상적 근대성을 드러낸 것이요, 통섭적 사유체계에 입각하여 생명의 전일성과 자기근원성을 강조하고 생존의 영적 차원의 중요성을 인식한 것은 탈근대성을 내포한 것이다. 동학의 통섭적 세계관은 신성과 이성, 도덕과 정치의 묘합에 기초한 통섭적 사유체계를 그 본질로 하는 까닭에 광명이세의 이념을 현대적으로 구현하는 원리를 제공하고 나아가 평등하고 평화로운 세계를 창조하는 토대가 될 수 있게 한다. 자율성과 평등성에 기초하여 풀뿌리 민주주의를 지향하는 동학의 접포제는 그것이 비록 현실적으로 완성된 형태는 아니었다 할지라도 자율성과 공공성이 조화를 이루는 이상적인 직접정치의 원형을 보여 주고 있다는 점에서 오늘날 대의정치의 한계를 극복하는 하나의 방안을 제시한 것으로 볼 수 있다.

맺으며

근대 서구의 민주주의가 지속 가능한 사회(sustainable society)의 토대를 구축하지 못한 것은 정신·물질 이원론에 입각하여 조직의 합리성·효율성과 같은 제도적 기반에 집중한 나머지 사회적 통합의 단초가 되는 정신적·도덕적 기반이 약화된 데 있다. 동학은 이러한 서구 민주주의의 한계를 극복할 수 있는 새로운 도덕을 제시함으로써 진정한 풀뿌리 민주주의로의 길을 열어 놓고 있다. 동학사상에는 고금을 통하고 역사를 초월하며 민족과 종교의 벽을 뛰어넘는 보편성이 흐르고 있다. 그런 점에서 동학의 통섭적 사유체계는 우리 인류가 시대적·사상적·종교적 질곡에서 벗어나 생명의 근원적 평등성과 유기성을 회복할 수 있게 함으로써 진정한 역사 발전의 동력이 되게 할 것이다. 오늘날 지구의 생태 위기와 총체적인 인간 실존의 위기는 이 세상 그 어떤 것도 천지기운과 분리되어 존재할 수 있는 것은 없으며 모두가 하나인 생명의 그물망(the web of life)으로 엮어져 있다는 사실을 놓친 데서 오는 것이다. 현대 과학—특히 현대물리학—의 발달로 존재계의 실상이 밝혀지면서 통섭적 사고에 대한 관심이 고조된 것은 다행스러운 일이라 하겠다.

오늘날 인류가 직면하고 있는 다차원적인 문제의 본질은 이성과 영성, 현상과 실재, 객관과 주관, 기술과 도덕, 보편성과 독자성간의 심연abyss에 있다. 이러한 심연을 해소시키는 사상이 '한' 사상이고 동학사상이며 생명사상이다. 동학사상은 '한'과 생명을 키워드로 삼아 주관과 객관의 조화를 함축한 공공성을 실천하고자 한다. 그것은 곧 우리의 우주적 본성에 대한 인식이며 동시에 그것의 실천이다. 동학의 통섭적 사유체계는 일체의 장벽을 초월하여 평등하고 평화로운 이상세계를 창조하는 토대가 될 수 있다는 점에서 본질적으로 '한'의 이념과 상통해 있다. 진정한 문명은 내재적 본성인 신성(性·天·神)에 대한 깨달음에서 시작되어야 한다. 그것은 곧 우주만물의 전일성과 생명의 유기성을 깨닫는 것으로 '한' 사상과 동학사상과 생명사상의 본질을 이루는 것이다. 문명의 대전환이라는 맥락에서 볼 때 이들 사상은 새로운 문명의 패러다임, 즉 전일적인 새로운 실재관을 제시함으로써 서구의 기계론적 세계관의 근저에 있는 가치체계의 한계성을 극복할 수 있게 한다는 점에서 서구적 근대의 극복으로서의 의미가 있으며, 나아가 생태적 지속성(ecological sustainability)을 띤 지구공동체의 구현에 기여할 수 있을 것이다.

서양철학은 기원 전 600년경 주로 이오니아의 여러 지방에서 활동하던 그리스 철학자들을 중심으로 시작되었다···소크라테스 이전의 고대 초기 철학이 이오니아를 중심으로 주로 우주 혹은 자연의 원리에 대한 깊은 관심의 표명에서 비롯되었다면, 소크라테스·플라톤·아리스토텔레스의 시기는 아테네를 중심으로 한 고대 철학의 최전성기로서 소크라테스에 의해 철학의 인간학적 주제가 다뤄지고 이어 플라톤과 아리스토텔레스에 의해 체계화된 시기이다. 헬레니즘·로마시대의 고대 말기 철학은 주로 스토아학파와 에피쿠로스학파에 의해 안심입명安心立命을 구하는 개인 윤리와 실천문제가 중점적으로 다뤄졌다. 고대 이오니아의 철학자들은 생장하고 소멸하는 우주자연의 변화와 그러한 현상의 배후에서 작용하는 변증법적인 운동 원리에 대해 깊은 관심을 가졌다. 그들의 지적 탐구는 감각적·현상적 차원에 머무르지 않고 사물의 궁극적인 원리에 대한 규명으로까지 나아갔다. 그들은 운동과 변화 속에서 통일의 원리를 읽었으며, 종래의 신화적·의인관擬人觀적 사고방식에서 탈피하여 수학·천문학 등의 과학과 함께 일원론적이고 물활론(hylozoism)적이며 우주론적인 자연철학을 전개했다.

'통섭적 사유와 변증법' 중에서

06

서양의
통섭적 세계관

통섭적 사유와
변증법

본 절에서는 사유思惟를 구체적인 실천의 장에 연결시키는 논리적 도구이자 생동하는 철학인 변증법에 대한 사상사적 고찰을 통하여 통섭적 사유의 변증법적 요소에 대해 살펴보기로 한다. 현대에 들어 변증법에 대한 관심의 고조는 변증법적 사유가 동일률同一律을 근본 원리로 하는 형식논리학적 사유 방식과는 달리, 모순 또는 대립을 근본 원리로 하여 세계를 추상적 정태靜態로서가 아닌 구체적 동태動態로서 파악함으로써 사회적 총체성(social totality)의 체계에 대한 논리적 이해와 아울러 일체의 사물을 관통하는 운동 법칙 및 발전 법칙을 밝힐 수 있다는 데 있다. 변증법적 사유의 핵심은 모순을 기반으로 한 대립물의 통합에 있다는 점에서 인간 존재의 '세 중심축'인 천·지·인 삼재의 연관성에 대한 자각에 기초한 통섭적 사유와 그 맥이 상통한다.

변증법dialectic이라는 말의 의미는 역사적으로 변천해 온 것으로서 극히

211

다의적多義的이기 때문에 확고부동한 일의적一義的 정의를 하기란 사실상 불가능하다. 변증법이 의미하는 가장 오래된 것 중의 하나는 '세계 원리(world principle)'이다. 서양철학은 기원 전 600년경 주로 이오니아Ionia의 여러 지방에서 활동하던 그리스 철학자들을 중심으로 시작되었다. 이들이 나타나기 훨씬 이전에도 그리스인들은 세계의 발생에 관한 다양하고도 독자적인 우주관을 갖고는 있었지만 주로 신화적인 방식으로 표출되었던 까닭에 철학자로 여겨지지는 않았다. 소크라테스(Socrates, B.C. 469~399) 이전의 고대 초기 철학이 이오니아를 중심으로 주로 우주 혹은 자연의 원리에 대한 깊은 관심의 표명에서 비롯되었다면, 소크라테스·플라톤(Plato, B.C. 427~347)·아리스토텔레스(Aristotle, B.C. 384~322)의 시기는 아테네를 중심으로 한 고대 철학의 최전성기로서 소크라테스에 의해 철학의 인간학적 주제가 다뤄지고 이어 플라톤과 아리스토텔레스에 의해 체계화된 시기이다. 헬레니즘·로마시대의 고대 말기 철학은 주로 스토아학파Stoicism와 에피쿠로스학파(Epicurean School)에 의해 안심입명安心立命을 구하는 개인 윤리와 실천 문제가 중점적으로 다뤄졌다.

고대 이오니아의 철학자들은 생장하고 소멸하는 우주자연의 변화와 그러한 현상의 배후에서 작용하는 변증법적인 운동 원리에 대해 깊은 관심을 가졌다. 그들의 지적 탐구는 감각적·현상적 차원에 머무르지 않고 사물의 궁극적인 원리에 대한 규명으로까지 나아갔다. 그들은 운동과 변화 속에서 통일의 원리를 읽었으며, 종래의 신화적·의인관擬人觀적 사고방식에서 탈피하여 수학·천문학 등의 과학과 함께 일원론一元論적이고 물활론(物活論 hylozoism)적이며 우주론적인 자연철학을 전개했다. 당시의 대표적 철학자로는 우주의 아르케(arché 原理)를 물water이라고 본 탈레스(Thales, B.C.

624?~546?), '아페이론(apeiron 無限者)'이라고 본 아낙시만드로스(Anaximandros, B.C. 610~546), 공기air라고 본 아낙시메네스(Anaximenes, B.C. 585?~525), 불fire이라고 본 헤라클레이토스(Heraclitus, B.C. 540?~480?)가 있다.

이오니아지방의 그리스인 식민도시植民都市 밀레투스Miletus 출신인 탈레스, 아낙시만드로스, 아낙시메네스는 출신 지역이 같은데다가 사상적인 연계성으로 인하여 밀레투스학파(Milesian School)라고 불린다. 밀레투스학파의 시조이자 그리스 철학의 시조인 탈레스는 세계의 구성 원리 내지는 궁극적인 본질을 물이라고 보았다. 아리스토텔레스가 추측한 것처럼, 탈레스가 이런 생각을 갖게 된 것은 아마도 "모든 것의 양분에 수분이 있다고 본 데서나, 열 자체가 물기에서 생성되고 유지된다고 본 것에서, 그리고 만물의 씨가 물기를 지니고 있으며 물이 만물의 습한 본질의 기원이라고 본 데서일 것이다."[124] 탈레스에 의하면 만물은 근원적 요소인 물이 다양한 형태로 나타난 것으로 물은 생명의 원리와 연결되어 있다. 만물일원론萬物一元論이다. "만물이 신神으로 가득 차 있다"고 한 것이나, 자석이 철을 움직이므로 자석에도 영혼이 있다고 본 것은 전형적인 물활론자hylozoist의 사고방식이다. 그가 그리스 철학의 시조로 간주되는 것은 '차이 속의 통일(Unity in Difference)'이라는 변증법적 개념을 처음으로 이해했을 뿐만 아니라 만물의 다양성을 밝히려고 했고, 또한 세계의 구성 원리에 관한 문제를 처음으로 제기했다는 사실에서 오는 것이다.[125]

아낙시만드로스는 우주의 제 원소elements가 대립성에 의해 결합된다고 보았으며, 만물의 근원 및 원리로서 무한하고 무규정적이며 무제약적인 실체, 즉 '아페이론'을 설정하고 있다. 아낙시만드로스는 탈레스와 마찬가지로 만물의 궁극적인 원리에 천착하면서도 어떤 한 규정된 근원적인 요소가 아닌, 만물의 근원으로서의 '무규정적인 무한자(Indeterminate Infinite)'를 설정하고 있다는 점에서 탈레스를 넘어서고 있다.[126] 물과 같은 어떤 특수한 물질은 규정적이고 제약적이어서 만물의 근원적 요소가 될 수는 없다고 보았기 때문에 그는 탈레스의 입장을 수용할 수 없다고 생각한 것이다. 대립자들이나 규정된 것들은 바로 이 무한한 무규정자로부터 생겨나 그것에로 흡수되기 때문에 이 무한자는 대립자들보다 더 근원적인 것이다. 그는 이 세계가 선회운동에 의해서 '아페이론'으로부터 분리되어 나와서 형성된 것이라고 설명한다. 선회운동의 과정을 통하여 생물이 생겨나고 진화의 과정을 거쳐 인간이 형성되어 나온 것이라고 보는 것이다.[127]

아낙시메네스는 만물을 생성·변화시키는 세계 원리를 프네우마pneuma, 즉 세계 이성 또는 세계 법칙이라고 하고 이러한 만물의 근원적 요소를 공기로 보았다. 사람은 숨을 쉬는 한 생명을 유지하므로 공기를 생명의 원리로 본 것이다. 그가 말하는 공기는 탈레스의 물이나 헤라클레이토스의 불과 마찬가지로 단순한 물질이 아니라 생기生氣를 띤 신적神的인 존재라는 물활론에 입각한 것이다. 물활론자들을 유물론자로 간주하기 어려운 것은 이 시기에는 정신과 물질의 구분에 대한 이해가 이루어지지 않았기 때문이다. 그는 이 세계가 어떻게 아르케인 공기로부터 생겨 나오게 되는지를 응축condensation과 희박rarefaction이라는 개념으로 설명한다. 즉, 공기가 희박해지면 따뜻해져 불이 되고, 응축되면 차가워져 바람, 구름, 물, 흙, 돌이 된다. 공기의 응축과 희박은 일정한 공간에 있어 공기의 양과 밀접한 관련을 갖는다. 이와 같이 응축·희박의 과정을 통하여 생겨난 삼라만상은 다시 공기로 해체되지만, 공기는 또한 생명의 원리이기도 하여 영혼이 신체를 이루고 있는 것과 같이 공기가 전 세계를 에워싸고 있다고 했다.[128]

헤라클레이토스는 대립이 모든 삶의 근본을 이루고 있다는 사실에서 투쟁이 변화의 원리라고 보고, "만물은 유전流轉한다", "사람은 똑같은 강을 두 번 다시 건널 수 없다"라고 하면서 반대되는 양극의 의미를 동일한 것으로 보았다. 그는 특히 변화의 문제에 관심을 가지고 그 변화를 설명해 주는 개념으로 불을 선택했다. 그가 불이라는 개념을 도입한 것은 변화하는 물질과 변화의 원리 그 자체를 고려한 것으로 그는 이 세계를 "영원히 살아 있는 하나의 불(an ever-living Fire)"이라고 보았다. 각 종류의 물질이 항상 변화하는 반면에 집합량은 동일한 채로 남아 있는 것은 타는 것과 연소되는 것 간의 일종의 균형을 의미한다. 그에게 있어 대립자의 투쟁은 통일에 있어 필수적인 것으로 오직 대립자의 긴장 속에서만 하나로 통일될 수가 있는 것이다. 불이 다른 것을 태워 죽임으로써만 스스로 살아날 수 있다는 것은 불과 연소되는 물질 사이의 투쟁을 표징하는 것이다. 변화란 투쟁의 산물로서 이러한 변화와 투쟁의 과정은 무질서한 것이 아니라 만물에 내재해 있는 보편법칙에 따른 운동이다. 다양성과 전일성, 상이성과 일체성을 상호 관통하는 그의 철학은 만물을 투쟁의 관점에서 조명하고 그러한 투쟁을 통해서 변화가 일어난다고 봄으로써 변증법적인 사유의 측면을 드러낸다. 이러한 그의 변증법적 논리는 훗날 독일의 철학자 헤겔의 변증법적 논리의 형성에 지대한 영향을 미쳤다.[129]

엠페도클레스(Empedocles, B.C. 490?~430?)는 앞선 네 종류의 일원론을 통일하여 물·공기·불·흙을 만물의 기본 원소로 보는 사원론四元論을 제창함으로써 결과적으로 다원론적 자연철학을 전개했다. 이들 네 원소는 액체·기체·고체 등의 상태를 대표하고, 건乾·습濕·냉冷·열熱·중량 등의 성질도 가지고 있으며, 이들 원소가 로고스logos에 의해 결합·분리될 때 이 세상의 모든 변화가 일어난다는 것이다. 이러한 사원론은 그보다 훨씬 앞선 동양의 지地·수水·화火·풍風이라는 사대설四大說과도 상통하는 것이다. 서양철학의 발상지인 이오니아가 에게 해(Aegean Sea)와 면한 아나톨리아(현재 터키의 아시아 영역)의 서남부였고, 또 일찍이 동양의 세계화로 동양의 우수한 사상·제도·기술이 서구 문명의 발흥에 심대한 영향을 미쳤다는 사실을 감안할 때 고대 그리스 철학이 동양철학의 영향을 받았음은 쉽게 짐작할 수 있는 일이다. 엠페도클레스는 세계의 변화 과정을 순환론적으로 해석한다. 순환이 시작될 때 이 세계는 사랑의 힘이 지배했고 그때는 원소들이 함께 결합해 있었지만, 미움의 힘이 침투하면서 분리 과정이 시작되었으며 이러한 순환과정은 내재적 법칙에 따라 끊임없이 계속된다고 보는 것이다. 말하자면 사랑과 투쟁이 만물을 움직이는 변증법적 대립자라고 보는 것이다.[130]

이러한 다원론적 자연철학은 엠페도클레스와 마찬가지로 원소론자로 불리는 아낙사고라스(Anaxagoras, B.C. 500~428), 원자론자로 불리는 레우키포스(Leukippos, ?~?)와 데모크리토스(Democritos, B.C. 460?~370?) 등에 의해 전개되었다. 데모크리토스의 학설은 그의 스승인 레우키포스의 원자론原子論을 계승·완성한 것이다. 그의 원자론은 불생불멸不生不滅의 더 이상 쪼갤 수 없는 아토마atoma가 무수히 있다고 보고 이러한 아토마가 존재하고 운동하기 위한 장소로서 케논(Kenon 공허)을 그 원리로 삼았다. "있지 않는 것은 있는 것에 못지않게 존재한다"라는 그의 말은 케논의 존재를 천명한 것으로 유명하다. 아토마는 처음에 햇빛 안에 움직이고 있는 먼지와도 같이 각 방면에 움직여 충돌하는 동안에 선회운동을 일으키며 다양한 결집 방법을 통하여 물체를 형성하고 그에 따라 세상이 이루어진다는 것이다. 즉, 선회운동시 비교적 가벼운 원자는 바깥으로 밀집하여 공기·불·하늘이 되고, 비교적 무겁고 큰 원자는 안쪽으로 밀집하여 대지大地가 된다는 것이다. 이러한 원자론을 중심으로 인과적이고 기계론적인 자연관을 표방한 그의 학설은 유물론의 출발점인 것으로 알려져 있다

'세계 원리'로서의 변증법은 엘레아Elea의 제논(Zeno, B.C. 490?~430)에 이르러서는 대화·문답의 기술이라는 의미, 즉 'dialektike techne'로서 사용되었는데, 오늘날 변증법dialectic이라는 말은 바로 이 그리스어에서 유래한다. 이와 같은 문답술問答術로서의 변증법은 상징적인 견해를 매개로 해서 사건의 본질에 대한 탐구 과정을 통하여 진리에 도달하는 방법으로서 모순을 발전의 논리 기반으로 삼는다. 변증법이 동태動態의 논리이자 필연의 논리이며, 또한 부정의 부정(negation of negation)의 논리이자 발전의 논리라고 하는 것은 바로 이 대화dialogue의 논리에서 유추할 수 있는 것이다. 이러한 대화의 논리로서의 변증법은 그 후 소크라테스131와 플라톤132에 의해 일층 발전되어 학문적 사고의 방법 내지는 진리를 인식하기 위한 방법을 의미하는 용어로 사용되게 되었다. 소크라테스의 문답법dialektic이라 불리는 이 대화의 방법은 무지에서 벗어나 진정한 앎에 이르게 하는 방법으로서 개별자와 보편자의 관계성에 기초한 통섭적 사유와 변증법의 관계에 대한 유효한 단서와 통찰력을 제공한다. 플라톤의 이원론(Platonic dualism)의 기초가 되는 그림자세계인 현상계[개별성]와 영원불변의 실재세계인 이데아의 세계[보편성]는 현상계와 본체계의 관계로서 양 세계를 관통하는 통섭적 사유가 이루어질 때 이데아의 세계를 향하여 나아가게 되는 것이다.

질료와 형상, 가능태와 현실태의 변증법적 관계로 설명되던 '세계 원리'는 아리스토텔레스에 이르러 4원인설(Four Causes)로 설명된다. 즉, 질료

인(Material Cause), 형상인(Formal Cause), 동력인(Efficient Cause), 목적인(Final Cause)[133]이 그것이다. 아리스토텔레스는 이 4원인설이 그리스 철학의 핵심 주제가 되었던 문제를 완전히 해결할 수 있는 것으로 보았다. 4원인설을 부연하면, 질료인은 '무엇으로 만들어지는가?', 형상인은 '무엇인가?', 동력인은 '무엇에 의해 만들어지는가?', 목적인은 '어떤 목적으로 만들어지는가?'에 대한 것이다. 이는 세계 원리로서나 어떤 사물의 원리로서나 동일하게 적용될 수 있는 것이다. 왜냐하면 전체성과 개체성은 결국 하나이기 때문이다. 가능태와 현실태가 '부동의 동인(The First Unmoved Mover)',[134] 즉 '제1원리'에 의해 통섭되어 완전태를 향해 나아가는 것은 곧 실재세계인 이데아의 세계를 향하여 나아가는 것이다. 또한 이 우주가 본체와 작용, 영성과 물성의 역동적 통일성에 기초하여 영적 진화를 향해 나아가는 것과도 같은 것이다. 아리스토텔레스가 말하는 '부동의 동인'은 통섭적 기능을 담당하는 일심의 도道와도 같은 것이다. 그런 점에서 앞서 살펴본 동양의 통섭적 세계관은 서양의 '세계 원리'를 이해함에 있어 유효한 통찰력을 제공한다.

근세에 들어 변증법적 세계 원리는 칸트(Immanuel Kant)의 인식론적 변증법에서 싹이 터서 피히테(J. G. Fichte), 셸링(F. W. J. Schelling)을 거쳐 헤겔(G. W. F. Hegel)에 의해 비로소 체계화되었다. 근대의 변증법이 단순한 환원reduction의 논리가 아니라 발전development의 논리이며 인간 실존과의 관계에서 일체의 사회적 제 현상을 파악하는 인간 존재의 기본 구조에 관한 법이라고 하는 것은, 변증법적 사유 자체가 인간학적 내지는 사회학적 영역과 연결된다는 것을 의미한다. 이는 연관적이고 총체적인 변증법적 사유가 인간의 모든 행위 및 발전에 대한 논리적 기초[135]가 된다는 것이다. 칸트에서부터 새로운 형태를 갖추기 시작한 근대의 변증법이 헤겔에 이르러 관념론적 변증법으로 완성되면서 일체의 사물이 운동·변화·발전하는 법칙으로서 정립된 것이다. 헤겔에 의해 완성된 관념론적 변증법은 변증법의 발전사에서 커다란 분수령을 이루는 것으로 평가된다.

헤겔에 이르러 완성된 근대의 변증법은 고정성fixedness과 일면성one-sidedness을 띤 형식논리학적 사유 방식과는 달리, 이 세계를 끊임없는 생성과 발전, 운동과 변화의 과정으로 파악한다. 일체의 사물은 자기모순self-contradiction의 힘에 의하여 운동·발전하므로 사물이 발전하는 근본 원인은 사물의 내부에 있다 하겠으며 발전이란 다름 아닌 가능태에서 현실태로 (from potentiality to actuality) 되는 것이다. 즉, 잠재된 본질의 현실화 과정이요, 이념의 실재화 과정이며, 정신의 자기실현화 과정인 것이다.[136] 이러한 과정을 추진시키는 원리로 헤겔은 '절대정신(absoluter Geist 神的 理念)' 을 들고 있다. 이 절대정신은 헤겔 철학의 근본 전제로서 정(正 Thesis)·반(反 Antithesis)·합(合 Synthesis)이라는 입체적인 3화음적 구조를 가진다. 즉자적 존재(being-in-itself)가 자기 부정(self-negation)에 의해 대자적 존재(being-for-itself)가 되고, 다시 부정의 부정에 의해 즉자대자적 존재(being-in-and-for-itself)가 되는 것이다. 이러한 절대정신의 변증법적 자기 발전은 그의 이론적 출발점인 현상적 주체(phenomenal subject)와 본질nature 간의 괴리를 메우려는 시도라 볼 수 있으며, 이와 같은 자기실현을 위한 부단한 교육 과정은 절대정신이 궁극적으로 인간 존재 속에 실현될 때까지, 환언하면 신적 이념이 역사 발전을 통하여 실재화된 인륜人倫이 될 때까지 계속된다. 이러한 헤겔의 관념변증법은 마르크스(Karl Marx), 엥겔스(Friedrich Engels)의 유물변증법으로 이어진다.

이상에서 우리는 변증법에 대한 사상사적 고찰을 통하여 통섭적 사유의 변증법적 요소에 대해 살펴보았다. 통섭적 사유의 본질은 의식과 존재, 본체와 작용의 합일에 기초한 소통성이다. 객관과 주관, 전체성과 개체성, 통합과 분화 등 대립자의 양 극이 지니는 편견을 지양시켜 양 차원을 자유롭게 소통하는 것이다. 통섭적 사유는 '아我' 와 '비아非我' 의 두 대립되는 자의식의 융섭을 전제로 하고 있다는 점에서 본질적으로 변증법적 요소를 함유한다. 통섭적 사유의 출현 과정은 곧 소외의식의 극복 과정인 동시에 의식과 존재의 합일화 과정이며 자유의 자기실현화 과정이라는 점에서 인류 의식의 진화 과정과 그 맥을 같이 한다. 그런 점에서 의식의 진화와는 무관하게 단순히 지식이나 학문의 경계를 넘나드는 것만으로는 언어 차원을 넘어선 통섭이 논하여질 수가 없다. 통섭적 사유는 원효의 화쟁론과 마찬가지로 상대적 차별성을 떠난 여실한 대긍정의 경계를 지향하는 까닭에 본질적으로 지식과 삶의 화해를 전제한다.

'아' 와 '비아' 의 두 대립되는 자의식의 변증법적 관계는 에고ego 내에서와 마찬가지로 인류 사회의 역사 속에서도 면면히 나타나고 있다. 의식의 진화과정은 '비아' 에 대한 자기부정을 통하여 순수 자아로 복귀해 가는 존재[물질]와 의식[정신]의 합일화 과정, 즉 소외의식의 극복을 통한 존재의 자기실현화 과정이다. 역사적으로 보면, 시민사회와 정치사회의 미분화로 개인과 공동체가 일체성을 띤 그리스 도시국가(the Greek city-state) 시대에는 데모크라티아democratia, 즉 직접 민주정치가 시민권이 없는 다수가 배제된 가운데 소수 시민들에 의해 실시되긴 했지만, 당시 대다수 구성원들은 삶을 실존으로서가 아닌, 단지 추상적인 이념으로서만 느끼며 자기동일성을 유지하는 '금욕주의적 에고(the stoic ego)' 로서 살았던 까닭에 부자유와 불평등의 소외의식도 단지 잠재적인 것에 지나지 않았다. 로마 제국시대, 중세, 르네상스, 그리고 근대 이성(modern reason)의 시기를 거치면서 자의식의 성장과 더불어 '금욕주의적 에고'는 자기부정성에 의해 '회의주의적 에고(the skeptic ego)'가 되고, 다시 종교적·정신적 세계에서 현실적인 것으로 나타나는 '불행한 의식(unhappy consciousness)'이 된다.

'불행한 의식'은 존재와 의식의 괴리에 따른 소통성의 부재의 산물로서, 그 괴리를 메우기 위해 역설적으로 그 괴리를 극대화하는 학습 여건을 창출해낸다. 현대에 이르러 경제적 영역인 시민사회와 정치적 영역인 국가의 완전한 분화로 사적 인간과 공적 인간, 개인적 자유와 공동체의 공공선이 대립하면서 부자유와 불평등의 소외의식이 제도화된 것이다. 냉전시대의 개막과 더불어 자유와 평등을 각기 기치로 내건 세기적인 이데올로기적 실험이 전 지구촌을 강타하면서 양 진영 간의 '삶과 죽음의 투쟁'은 반反통섭적 사유의 극단을 경험하게 했다. 또한 '부익부 빈익빈'이라는 빈곤의 구조화 현상은 날이 갈수록 심화되어 드디어는 풀타임으로 일을 해도 빈곤을 벗어나지 못하는 워킹푸어(working poor 근로빈곤층)의 확산을 초래했다. 뿐만 아니라 정신·물질 이원론에 입각한 근대의 기계론적 사고는 자본주의의 발달 과정에서 돌이킬 수 없는 자연과 인간 간의 불화를 조장했으며 드디어는 지구 생태의 위기와 더불어 총체적인 인간 실존의 위기를 초래했다.

이제 초국적 경제 실체의 등장과 다국적 기업의 확대에 따른 세계경제의 출현으로 경제의 세계화와 더불어 정치의 세계화·문화의 세계화가 가속화되면서 비정부기구NGO의 활동 증대에 따른 시민사회의 활성화로 정치가 더 이상은 국가의 배타적 영역이 될 수 없게 되었다. 정치와 비정치, 국내정치와 국제정치의 구분이 점차 사라지면서 정치 영역이 국가의 경계를 넘어 세계 시민사회로까지 확장되고 있는 추세다. '아' 와 '비아' 의 두 대립되는 자의식 간의 '삶과 죽음의 투쟁' 은 '하나' 인 참본성에 이르기 위한 의식의 자기교육 과정으로 의식의 진화를 위한 학습 여건 창출과 관계되는 것이다. 두 대립되는 자의식의 변증법적 관계는 보편적으로 상호의존적이며 상호적으로 서로를 인식하는 단계에 이르면 일체의 모순 대립이 지양되어 자유의 이념이 천상의 왕국에서가 아니라 지상의 왕국에서 구체적 현실태로 현현하게 된다. 그리하여 존재와 의식 간의 괴리가 사라지고 정신은 자유를 현실로서 실감하게 되므로 더 이상은 불행한 의식에 사로잡히지도 않는다.

'불행한 의식' 은 닫힌 의식의 다른 이름이다. 닫힌 의식은 반통섭적 사유가 일어나게 하는 원천이다. 죽음을 통과하지 않고서는 삶의 의미를 알 수가 없고, 시련의 용광로 속을 통과하지 않고서는 지복至福의 의미를 알 수가 없다는 사실을 '불행한 의식' 은 인지하지 못한다. 통섭적 사유가 일어나기 위해서는 의식이 열려야 한다. 의식이 확장되어야 한다. 그러기 위해서는 대립자가 필요한 것이다. 예컨대 사회주의의 등장은 전체성과 평등성을 일깨움으로써 자본주의의 체질을 강화시키고, 자본주의의 자기 수정을 촉구하였으며, 개체성과 전체성, 자유와 평등이 유기적으로 통합해야 할 필요성을 각인시켰다는 점에서 의식의 확장에 기여한 것이다. 오늘날 통섭적 사유에 대한 관심이 고조되는 것은 반통섭적 사유의 극단화에 따른 지구 생명의 위기, 정보화 혁명에 따른 지구촌의 네트워크화 현상, 그리고 현대물리학의 전일적 실재관에 의한 존재계의 실상 파악 등에 따른 것이다. 통섭적 사유는 열린 의식의 산물인 까닭에 현 물질문명의 위기에 대한 근원적 처방으로 운위되기도 한다. 정치사회의 발전과정은 의식의

진화과정과 긴밀히 연계되어 있고 통섭적 사유 또한 의식의 진화의 산물
이라는 점에서 의식과 존재의 관계론적 기초 위에 있는 변증법과 통섭적
사유의 불가분적 상관성을 엿볼 수 있다.

　마케도니아의 왕 알렉산드로스 대왕(Alexandros the Great, B.C. 356~BC 323)이
그리스·페르시아·인도에 이르는 대제국을 건설하여 그리스 문화와 동방
문화를 융합시킨 새로운 헬레니즘Hellenism 문화를 꽃피운 것이나, 몽골제
국의 칭기즈칸(Chingiz Khan, 1155?~1227)이 동東은 태평양 연안에서, 서西는 우
랄을 넘어 동유럽에까지 이르는 인류 사상 최대의 대제국을 건설하여 동
서 문화의 실크로드를 개척한 것은, 동서 문화의 융섭을 통한 의식 확장의
전기를 마련한 것이라는 점에서 의식의 진화와 인류 사회의 역사 발전 과
정이 조응관계에 있음을 보여 준다. 이렇듯 의식계와 존재계가 상호 조
응·상호 관통하고 있음을 알면 물질적 여건에 구애받지 않고 모든 상황을
자신의 의식을 비춰보는 거울로 삼게 되므로 '불행한 의식'에서 벗어나
자유롭게 된다.

통섭적 사유와
생태적 사유

　　　　통섭적 사유와 생태적 사유의 긴밀한 연계성은 서구의
탈근대 논의에 나타난 생태적 사유가 이분법의 해체에 기초해 있다는 점
에서 분명히 드러난다. 그러면 생태적 사유의 등장 배경과 주요 내용에 대
한 고찰을 통해 통섭적 사유와의 연계성을 살펴보기로 하자. 대개 16세기
에 시작하여 17세기에 그 정점에 이른 근대 과학혁명(Scientific Revolution)은 정
신·물질 이원론에 입각한 데카르트-뉴턴의 기계론적 세계관에 힘입어 과

학기술의 비약적 발전과 더불어 물질적 풍요의 혜택을 가져왔다. 과학혁명을 거치면서 자리 잡기 시작한 근대합리주의는 이성에 대한 믿음과 합리적 사고를 중시하는 18세기 계몽주의와 산업혁명 등 일련의 서구 문명의 흐름과 연결되면서 지난 수백 년간 서구 문화와 여타 세계를 지배한 기초적 패러다임이 되었다. 과학기술의 발전이 경제적 측면에 응용되면서 자본주의의 발달을 가져오고 또한 이를 운용하기 위한 제도로서의 민주주의가 등장하면서 근대 민족국가, 나아가 근대 국민국가로 일컬어지는 근대 세계가 열리게 된 것이다. 이성적이고 과학적이며 합리적인 근대 세계의 특성은 흔히 근대성으로 통칭되어 근대 세계를 규정짓는 준거 틀이 되었을 뿐 아니라 인류의 보편적인 세계관과 가치체계를 추동해내는 원리로 작용하였으며, 오늘에 이르기까지도 과학적 방법론과 합리주의는 연구영역은 물론 자본주의의 원리에 따른 경제활동과 사회정치적 실천 영역에서도 여전히 적용되고 있는 실정이다.

현재 인류가 직면하고 있는 지구 환경의 급격한 변화와 더불어 복합적이며 다차원적인 세계적 변화는 우리의 세계관과 사고방식 및 가치 체계의 근본적인 변화를 필요로 한다. 우리가 살고 있는 세계는 한편으로는 근대화 담론에 기초하여 서구적 보편주의의 망령이 여전히 횡행하고 있는가 하면, 다른 한편으로는 서구적 근대의 초극을 위한 대안 모색이 활발하게 이루어지고 있다. 울리히 베크의 '성찰적 근대화(reflexive modernization)' 명제는 근대성의 역설paradox을 직시하고 과학기술의 가능성과 그 한계를 동시에 인식함으로써 인류의 문명을 보다 지속 가능한 기반 위에 세울 수 있게 하는 지침을 제공한다. 베크가 제시하는 이른바 '제2의 근대화' 개념은 비정부기구와 다국적 기업의 활동 증대 및 초국적 경제 실체의 등장, 그리고

WTO 체제의 출범과 FTA 체결의 확산에 따라 근대화의 추동체인 국민국가의 패러다임이 중대한 도전에 직면하고 있음을 보여준다. '도구적 이성'과 '도구적 합리성'의 발흥에 따른 인간성 상실과 인간소외 현상, 전 지구적 차원의 환경문제와 생태 위기가 총체적인 인간 실존의 위기로 이어지면서 근대합리주의의 해체deconstruction의 필요성을 역설하며 등장한 것이 생태적 사유라는 점에서 근대 세계의 반反통섭적 세계관을 비판하며 등장한 통섭적 사유와 그 맥을 같이 한다.

생태계가 하나의 생명의 순환 고리로 연결되어 있듯이, 인류 문명도 하나의 순환 고리로 연결되어 있다. 일찍이 동양의 세계화로 그곳의 우수한 사상·제도·기술이 서구 문명의 발흥에 심대한 영향을 미쳤다는 것은 주지의 사실이다. 이제 서구의 세계화로 서구중심주의가 전 지구적으로 확산되는가 하면, 서구 산업문명이 초래한 '정신공황'으로 지구상의 전 생명의 절멸이라는 심각한 위기에 직면해 있다. 과학적 방법론에 대한 회의가 일고 과학적 지식의 한계를 절감하면서 이제 우리는 사조의 대전환기를 맞고 있다. 서구의 급진적 생태담론은 기존 제도권의 '환경관리주의'에 대한 비판적 개념으로 1970년대에 등장하여 1970년대 말과 1980년대 초에 들어 비평담론으로서 확고한 위치를 굳히게 된다. 기존 제도권의 생태문제에 대한 논의는 1992년 유엔 리우Rio 지구정상회의(Global Summit)에서 채택된 '환경적으로 건전하고 지속 가능한 발전(environmentally sound and sustainable development, ESSD)'*의 개념에 입각한 환경개량주의 내지는 환경기구의 창설 등과 같은 온건한 형태로 나타났다. 반면 급진적 생태론자들의 논의는 산업주의의 극복이라는 공통된 지향점을 가지고 기존의 지배적 패러다임의 변화를 요구하는 훨씬 심층적이고 포괄적인 형태로 나타난다.

근대합리주의의 비합리성을 비판하는 서구의 탈근대 논의에 나타난 생태적 사유는 급진적 생태주의의 트로이카troika로 불리는 심층생태론deep ecology·사회생태론(social ecology)·에코페미니즘ecofeminism, 생태사회주의, 생태적 근대화와 생태민주주의, 그리고 포스트모더니즘postmodernism 등에서 찾아볼 수 있다. 이들 논의의 공통점은 현재 인류가 처한 위기의 깊이와 폭이 너무 깊고 광범하므로 환경개량주의를 넘어 기존의 지배적 패러다임 자체의 변화에 대한 필요성을 강조한 것이다. 다만 에코페미니즘에 대해서는 4장 3절에서 이미 살펴보았으므로 논외로 하고 여기서는 심층생태론과 사회생태론, 생태사회주의, 생태적 근대화와 생태민주주의, 그리고 포스트모더니즘의 생태적 사유에 대해 요점만 살펴보기로 한다.

아른 네스(Arne Naess)와 빌 드볼(Bill Devall) 및 조지 세션(George Sessions)의 심층생태론[137]은 생명계를 '살아 있는 시스템(living systems)' [138]으로 인식하고 생태 중심의ecocentric 가치에 기초하여 일체 생명이 동일한 내재적 가치(intrinsic value)를 지닌다고 본다. 그런 점에서 인간 중심의anthropocentric 가치에 기초하여 자연의 도구적 존재성만을 인정하는 표피shallow생태론과는 질적으로 구별된다. 이러한 '생태적 자아(ecological self)'와 자연의 동일시는

---

* '환경적으로 건전하고 지속 가능한 발전'의 개념은 1987년 세계환경발전위원회(WCED)가 「우리 공동의 미래(Our Common Future)」라는 브룬트란트 보고서를 통해 처음 제기한 것이다. 이것이 인류 차원의 새로운 성장 패러다임으로 채택된 것은 1992년 6월 3일부터 14일까지 브라질의 수도 리우데자네이로에서 개최된 유엔 리우 지구정상회의에서이다. 「의제(Agenda) 21」은 당시 각국 정부대표단의 리우회의(유엔환경개발회의 UNCED)를 통해 채택된 '리우선언'의 실천 계획으로, 각국 정부의 행동강령을 구체화한 지구환경 보전 종합계획이다.

심층생태론의 바탕을 이루는 것으로, 생명은 전일적이어서 위계가 있을 수 없다는 일종의 존재론적 평등과도 같은 것이다. 말하자면 생명은 지배나 통제의 대상이 될 수 없음을 분명히 한 것이다. 심층생태론자들은 생태문제의 주된 원인이 자연과 인간을 이분화시키는 근대 서구의 기계론적 세계관에 있다고 보고 그 해결책으로 인간의 의식 개조에 의해 경제, 과학, 정치, 사회 전반의 패러다임을 전일적인 생태 패러다임으로 변형시킬 것을 주장한다. 정치 실천적 차원에서는 계층 구조에서 네트워크 구조로의 사회구조적 변화와 더불어 현대 산업기술사회의 거대 공동체가 소규모의 분권화된 체제로 대체되어야 할 필요성을 역설한다. 그리하여 풀뿌리 민주주의, 분권화, 비폭력, 사회적 책임, 영성의 강조 등과 같은 정치적 원칙을 제시한다. 특히 현대 과학에 생태윤리적ecoethical 표준의 도입 필요성을 강조한다. 심층생태론의 대안 체제는 자율적이고 상부상조적이며 생태적으로 조화를 이루는 소규모의 분권화된 공동체이다.[139]

머레이 북친(Murray Bookchin)에 의해 주창되고 이론적 체계화가 이루어진 사회생태론은 생태문제가 곧 사회문제라는 인식에 기초하여 생태 위기의 근본 원인을 인간 중심주의가 아닌 사회의 지배 구조와 위계질서에서 찾고 있다. 말하자면 생태문제를 야기한 사회 내부의 지배 구조, 즉 사회조직의 형태 및 문화적 특성에 초점을 두고 소외계층과 지배계층이 갖는 책임의 차이에 주목하는 것이다. 그리하여 모든 사람들이 생태문제에 동등하게 책임이 있다는 심층생태론의 주장은 사회 내부의 지배 구조를 간과한 것으로 제3세계·노동자·여성에게는 해당되지 않는다는 것이다. 이렇듯 사회생태론은 사회문화적, 경제적 구조와 기술의 반생태적 본질이 사회조직의 지배 체계에 뿌리를 두고 있다고 보고 생태 위기의 해결을 위해서는 자본주의 위계질서만이 아니라 인류 역사 속의 모든 사회적 지배 관계를 근절시킬 것을 주장한다.[140] 북친에 의하면 원초적 자연인 제1자연과 인간화된 또는 사회화된 자연인 제2자연의 조화가 깨어지면서 자연은 한갓 '자원의 저장고' 와 같은 대상으로 전락하게 되었지만, 자연적 삶과 사회적 삶 간의 대립적 관계를 변증법적으로 통일하고 자연의 생태 질서와 자각적 조화를 이루는 제3의 자연인 '자유자연(free nature)' 의 단계가 자연스럽게 도래한다는 것이다. 이러한 진화 과정에서 강조되는 것이 이성과 생태적 합리성에 기초한 인간의 역할 내지는 책무이다. 사회생태론의 대안 체제는 생태학적 원리와 아나키즘anarchism이 결합된 에코아나키즘적 사회이다.[141]*

생태사회주의(eco-socialism)[142]는 생태학적 원리와 사회주의의 접합에 기초한다. 생태적 관점과 사회주의적 관점의 접합 가능성에 대해서는 견해가 다양하다. 심층생태론자들과 사회생태론자들은 사회주의 노선에 대한 생태주의의 적대적 입장과 생태주의 노선에 대한 사회주의의 이원적 태도를 들어 양 진영의 엄격한 분리를 강조한다.[143] 반면 데이비드 페퍼(David Pepper)나 마르틴 라일(Martin Ryle), 앙드레 고르(André Gorz)와 같은 생태사회주의자들은 생태적 관점과 사회적·정치적 관점의 접합 가능성을 주장하며 생태학과 사회주의 간의 이론적 친화성을 강조한다. 생태사회주의자들은 1970년대 당시 사회적 소외문제와 생태문제, 에너지 파동 등에 따른 마르크스주의의 위기상황에서 새로운 사회주의 정치를 모색하고자 포스트마

---

* 에코아나키즘의 원리는 생태적으로 지속가능하고 특정의 '생물구(生物區 bioregion)' 와 연계된 분권화된 지역공동체에 최대한의 정치적·경제적 독자성을 부여하고, 모든 형태의 지배를 거부하며, 풀뿌리 사회운동을 지지하되 목표와 수단의 일관성을 강조한다.

르크스적 시각에서 사회주의와 생태주의의 통합을 시도한 것이다. 생태사회주의는 생태문제의 근본 원인이 자본주의 사회경제체계에 있다고 보는 까닭에 경제 성장 논리에 의해서가 아니라 자본주의 논리의 전도顚倒에 의해서, 다시 말해 생태적 합리성에 기초한 사회주의 생산양식에 의해서만 생태문제가 해결될 수 있다고 본다. 생태사회주의는 인간 이외의 생명을 포괄하는 생명 윤리를 거부하고 자연을 사회적인 구성물로 이해하고 있다는 점에서 자본주의의 기술 중심주의와는 다른 의미에서 인간 중심적인 입장을 취하는 것으로 간주된다. 고르가 추구하는 에코토피아는 '자유로운 개인의 연합체'이며, 그의 새로운 사회주의는 '자유주의적 사회주의' 내지는 '무정부주의적 생태주의'의 경향을 보여 준다.[144]

다음으로 생태적 근대화(ecological modernization)[145]와 생태민주주의는 1980년대 초반 독일 사회학자 요제프 후버(Joseph Huber)와 마르틴 재니케(Martin Jänicke)에 의해 처음 제기된 이후 1984년 OECD(경제협력개발기구)의 환경경제회의에서 국제적 지지를 얻었으며, 1990년대에 들어 '지속 가능한 사회' 개념과 연결되면서 특히 환경사회학과 정치학 분야에서 세계적으로 주목을 받기 시작했다. 생태적 근대화란 정치, 경제, 사회, 문화 각 부문의 생태화(ecologization)를 통해 시스템적으로 추진되는 새로운 차원의 근대화로서 자본주의 정치경제 및 사회문화체계를 생태적으로 건전하고 지속 가능한 수준으로 재구성하는 것이다. 생태적 근대화는 자본주의 정치경제를 생태적으로 재구성함에 있어 정책 결정 과정의 개방성과 투명성을 높이고, 정부, 기업, 생태론자 등이 상호 협력하는 파트너십을 중시한다.[146] 아서 몰(Arthur P. J. Mol)은 생태적 근대화가 실질적으로 진행될 수 있기 위해서는 무엇보다도 참여민주주의와 정부의 탈중심화가 중요하다고 보고 풀뿌리 조직의 적극적인 정책 참여의 필요성을 역설한다.[147] 또한 환경친화적인 기술 개발과 더불어 생산양식의 전환을 통해 생태 위기에 대처하고자 하는 것으로 '초산업화(super-industrialization)'[148]라 불리는 방식이 있는데 이는 환경에 대한 과부하를 최소화함으로써 생태적 근대화를 달성하려는 것이다.

생태적 근대화는 근대화의 네 요소, 즉 정치적 측면의 민주화, 경제적 측면의 산업화, 사회적 측면의 도시화, 문화적 측면의 개인주의화를 환경이라는 명제 하에 통합시켜 상호작용하는 유기적 관계의 틀 속에서 통합적으로 진행되도록 해야 한다고 보는 관점이다. 한마디로 생태적 근대화는 과학기술의 역할 변화, 시장과 경제 주체들의 중요성 증대, 국가 역할의 전환, 생태운동의 위상과 역할 변화 등에 따라 새로운 지속 가능한 발전의 개념으로 재평가를 받게 된 것이다.[149] 오늘의 생태 위기를 해결함에 있어 자유민주주의 체제가 한계를 드러내는 것은 그 작동 방식이 기본적으로 인간이 모든 가치의 근원이며 자연은 단지 도구적인 가치를 지닐 뿐이라는 인간 중심의 가치에 기초해 있는데다가, 자연 이용 과정에서 혜택은 선진국 지배계층이 누리고 환경비용은 후진국 일반 민중이 부담하는 식의 환경제국주의적 구조로 인해 효율적인 공조 체제를 형성하지 못하고 있고, 또 전체 구성원의 이익보다는 현 지배계층의 이익을 대변하고 있기 때문이다. 따라서 생태문제에 효율적으로 대처할 수 있기 위해서는 기존의 구조적 결함이 지양된 새로운 틀이 필요하게 되는데 생태적 근대화와 생태민주주의라는 틀이 바로 그것이다.

생태적 근대화와 생태민주주의의 긴밀한 연계성은 생태민주주의가 생태적 가치를 활성화시킬 수 있는 탈중심성과 소통성을 지향하는 원리가 내재되어 있다는 데 있다. 생태민주주의가 실질적으로 기능할 수 있기 위해서는 이원론적 세계관의 해체와 더불어 제도적 차원의 조정이 이루어져야 한다. 사실 기존의 낡은 제도를 대체할 새로운 제도들이 끊임없이 나타나고는 있지만 정작 그러한 제도들이 효율적으로 작동되지 못하는 것은 여전히 낡은 세계관과 사고방식 및 가치체계로 그들 제도를 운용하려 하고 있기 때문이다. 행정 정치제도의 비효율성과 정책 결정 과정의 비합리성, 사회 경제적 불평등과 분배 정의 문제, 장기적인 환경계획에 따른 책임소재 문제, 생태적 가치의 인식 및 활성화 문제 등은 모두 세계관과 사고방식 및 가치체계의 문제와 관련되어 있다. '생물학적 다양성'과 '지구 환경'이 존중되는 세계를 이념적 지향점으로 삼는 비정부기구의 역할 증대는 이제 생태문제와 이슈들이 사실상 정부 사법권을 넘어서고 있음을 말하여준다. 환경·인권·빈곤·아동 학대·성 차별·마약·에이즈 문제 등 이들 비정부기구의 개입은 실로 광범위하고 다채롭다. 이와 같이 비정부기구는 기성정치가 제대로 다루지 않고 있는 중요한 문제들을 자율적인 직접참여를 통하여 집단적인 자기효능감(self-efficacy)을 확산시킴으로써 괄목할 만한 변화를 유도해 내고 있다. 다국적 기업과 함께 국민국가의 패러다임을 깨뜨리는 선도적 역할을 담당하고 있는 이들 비정부기구는 녹색 공영역의 활성화에도 크게 기여할 것으로 기대된다.

끝으로 탈근대적이고 탈이념적인 포스트모더니즘[150]은 1960년대 후반에 이성 중심적인 근대의 도그마에 대한 반기로서 미국과 프랑스를 중심으로 한 사회운동과 예술·문화 운동으로 시작되어 1980년대에 들어 문예비평, 철학, 신학, 생태학, 인문사회과학, 정신분석학 등 학술 분야는 물론 대중문화에까지 널리 확산되었으며 지금은 거의 모든 분야에서 세계적인 추세가 되고 있다. 포스트모더니즘 사조에 나타난 생태적 사유의 핵심은 근대 합리주의의 해체이며, 해체의 핵심은 근대의 도그마에 깃들어 있는 이분법의 해체라는 점에서 탈근대적인 시대정신 내지는 철학 사조를 지칭하는 대명사가 되었다. 이성 중심주의와 과학적 합리주의를 근간으로 한 모더니즘은 혁신적이긴 했지만, 획일화된 틀과 형식의 강조[151]로 인해 이질적인 문화 영역 간의 소통 단절, 다양성과 개성의 약화, 인간소외, 환경 파괴와 생태 위기를 초래했다. 포스트모더니즘은 이러한 모더니즘이 처한 존재론적 딜레마를 해결하고자 나타난 시대사조로서 기존의 구조와 틀 및 형식을 타파하고 이분법을 해체하며, 개성과 자율성, 다양성과 대중성을 중시하고 절대이념을 거부하는 탈이념적인 색채를 띠게 된다.

탈근대 논의에서 인간 이성의 절대성과 중심성이 거부되는 것은 그것이 영성이 배제된 객관적 이성 중심주의이며, 개성과 다양성이 배려되지 않은 전체성의 관점을 띠는 것이기 때문이다. 한마디로 제국주의적이며 서구 중심의 기획이라는 것이다. 절대성과 중심성이 허구인 것은 그 자체 속에 분리성이 내재되어 진리와 멀어졌기 때문이다. 통섭적 세계관의 긴요성이 여기에 있다. 획일화된 근대성의 틀과 형식의 해체는 통섭적이고 생태적인 사유로의 전환을 가져오는 기본 패러다임으로 작용하고 있다. 중세 신의 도그마에 대한 반기로 실증주의와 실존철학이 나타나 관념체인 신성을 해체시키려했다면, 근대 이성의 도그마에 대한 반기로 다원적이고 탈중심적인 해체주의가 나타나 관념체인 이성을 해체시키려 한 것이다. 해체주의는 데카르트의 합리적 절대자아로부터 실증주의와 실존철학에 이르기까지 서구의 근대 세계 전반에 대한 근본적이고도 종합적인 성찰의 의미를 지닌 것이다. 절대자로 군림한 왜곡된(분리된) 신성의 추방인 동시에 절대자로 군림한 왜곡된 이성의 추방이다. 분리된 관념체가 모두 사라지고 나면 유기적 통일체로서의 실재세계가 그 모습을 드러낼 것이다. 이제 우리는 신성과 이성의 통섭을 통하여 진정한 인간학[생명학]을 수립해야 할 시대적 과제에 직면해 있다.

포스트모더니즘의 사상적 배경은 1960년대 말엽부터 대두되기 시작한 포스트구조주의post-structuralism이다. 자크 데리다(Jacques Derrida), 미셸 푸코(Michel Paul Foucault), 장 프랑수아 리오타르(J. F. Ryotard), 질 들뢰즈(Gilles Deleuze), 자크 라캉(Jacques Lacan), 롤랑 바르트(Roland Barthes) 등의 포스트구조주의자들은 절대 권위나 가치에 대한 급진적인 비판을 의미하는 주체의 해체를 통해 이성과 비이성, 주체와 객체의 명확한 구분이 사라지게 함으로써 탈중심적이고 탈이념적인 정치이론을 낳으며 인문사회과학 전반에 커다란 영향을 미치고 있다. '주체의 죽음'으로 나타나는 주체의 해체에 대한 시도는 서구의 전통적인 형이상학의 진리관을 해체시키려는 것이라는 점에서 실존철학의 선구자인 니체(Friedrich Wilhelm Nietzsche)의 영향을 읽을 수 있다.[152] 니체의 반형이상학적인 실존철학이 하이데거(Martin Heidegger)에 이어 포스트구조주의자들에게 계승되어 포스트모던 시대를 연 것이다. 실증주의와 실존철학이 주로 자연학과 인간학에 몰두하며 신[神性]의 절대성을 기반으로 한 종래의 형이상학적 진리관을 해체시키려 했다면, 해체주의는 거의 모든 분야에서 이성의 절대성을 기반으로 한 종래의 형이상학적 진리관을 해체시키려는 것이다. 말하자면 신의 절대성, 중심성이 허구인 것처럼 이성의 절대성, 중심성 또한 허구인 까닭에 '존재의 형이상학'은 해체되어야 한다는 것이다. 말하자면 서구 문화와 사상의 형이상학적 토대가 되고 있는 이분법은 사회정치 구조 속에 나타나는 지배 문화와 지배 이데올로기의 부당한 억압 구조와 그에 따른 소외 현상을 합리화하고 합법화하는 메커니즘으로 작용해온 까닭에 해체되어야 한다는 것이다.

　해체주의의 등장으로 이성적 주체의 해체와 더불어 과학적 합리주의의 준거가 해체되고 이성 중심의 철학이 비판되면서 감성에 대한 재인식과 더불어 영성[신성]에 대한 새로운 인식이 이루어진 것은 주목할 만하다. 이러한 영성의 인식은 이성이라는 장치에 의해 거부된 전근대적 영성의 단순한 부활이 아니라 이성의 성찰적 자기부정(reflexive self-negation)*을 보여 주는 것이다. 프랑스의 과학철학자이며 구조주의의 선구자인 바슐라르(Gaston Bachelard)는 이성에 기초한 객관적이고 합리적인 과학의 세계에서 이미지와 상상력에 기초한 주관적 상상력의 세계가 우위에 있다고 천명함으로써 서구 문명을 정면으로 부인했는데 이러한 그의 사상은 조르주 캉길렘(Georges Canguilhem), 루이 알튀세르(Louis Althusser)를 통하여 푸코에게도 영향을 미쳤다. 데리다, 푸코와 같은 포스트구조주의자들의 다원적이고 탈중심적인 경향은 포스트모더니즘의 사상적 배경을 이루며 포스트모더니즘의 해체 현상을 이론적으로 조명해 준다. 데리다의 해체이론에 따르면 지배 체제가 의거해 있는 진리란 단지 당대의 지식과 권력이 담합하여 반대 논리를 억압해서 만들어 놓은 허구에 불과한 것이므로 절대성과 중심성을 가질 수 없다는 것이다. 그의 해체이론이 의미하는 해체란 외부의 강압에 의해서가 아닌, 인식의 전환을 통한 해체라는 점에서 시대적 전환기에 자기성찰을 통한 혁신의 한 방법일 수 있다.[153]

＊ 여기서 필자가 '성찰적 자기부정'이라고 한 것은 靈性[神性]의 절대성·중심성을 부정하고 그 자리를 대체한 이성이 근대성의 逆說을 낳으면서 '생각하는 이성(thinking reason)'이 되어 스스로의 중심부를 해체하는 '자기반성적인 부정'의 의미로 사용한 것이다.

포스트모더니즘과 생태 담론은 인간 이성과 과학기술문명에 대한 과도한 신뢰가 결과적으로 인간성 상실과 인간소외, 환경 파괴와 생태 위기를 초래했으며 그 근저에는 정신·물질 이원론에 입각한 근대 서구의 기계론적 세계관이 작용하고 있다는 점에 대해 공통된 견해를 갖는다. 통섭적 사유 또한 이분법의 해체에 기초해 있다는 점에서 같은 맥락에서 이해될 수 있다. 다만 생태적 사유에도 다양한 스펙트럼이 존재하는 까닭에 일치하는 정도는 차이가 있을 수 있다. 포스트모더니즘이나 생태 담론은 반통섭적 세계관에서 통섭적 세계관으로, 데카르트-뉴턴의 기계론적 세계관에서 전일적인 새로운 실재관으로의 패러다임 전환과 그 맥을 같이 한다는 점에서 본질적으로 통섭적 사유의 범주를 벗어나지 않는다. 이분법의 해체란 인식의 전환을 통해서만 가능하며 양 극단을 아우를 수 있는 의식의 확장이 전제되어야 한다. 해체주의의 핵심이 바로 여기에 있다. 포스트모더니즘과 생태담론이 근대적 이성주의와 과학적 합리주의에 대한 경멸감을 공유하며 이분법의 해체를 주장하고 있긴 하지만, 이성적 주체를 해체하려고 하는 그 주체가 누구인지 규명하지 못하면 해체이론은 결국 현란한 말잔치에 불과한 것이 된다. 그것을 알기 위해서는 마음의 구조를 이해할 필요가 있는 바, 앞서 살펴본 동양의 통섭적 세계관은 이에 관한 명료한 통찰을 보여 준다.

현대 과학의 통섭적 세계관

20세기에 들어 실험물리학의 발달로 주체와 객체의 이분법의 허구가 드러나면서 과학적 합리주의에 기초한 기계론적 세계관이 현대 과학의 도전을 받게 된 것은 과학의 아이러니이다. 근대 합리주의에 대한 비판에 기용되고 있는 과학적 방법론은 주로 현대물리학이 제공한 것이다. 근대의 과학적 합리주의가 함축하고 있는 과도한 인간 중심주의와 이원론적 사고 및 과학적 방법론은 실험물리학의 발달로 그 한계성이 지적되고 전일적 패러다임(holistic paradigm)으로의 대체 필요성이 역설되면서 서구 문명의 지양을 위한 새로운 실재관의 정립에 관한 논의가 확산되었다. 물질[色, 有]과 비물질[空, 無]의 궁극적 본질이 하나라고 보는 동양의 일원론적이고 유기론적인 세계관이 불합리하다고 비판하며 정신·물질 이원론에 입각한 데카르트-뉴턴의 기계론적 세계관의 합리성을 옹호해온 과학이, '불합리의 합리' 라는 역설로 동양의 전일적 실재관에 접근한 것은 분명 과학의 아이러니라고 하지 않을 수 없다. 이러한 과학의 아이러니는 순수의식[전체성]의 의미를 알기 위해서는 에고로서의 존재[개체성]를 통과해야 하고, 통섭의 의미를 알기 위해서는 이분법을 통과해야 한다는 평범한 진리를 새삼 환기시킨다. 앞서 살펴보았듯이 대립자의 존재와 그것의 역동적 통일성은 통섭적 사유와 변증법의 논리적 전제로서 그 무엇으로도 거역할 수 없는 천지운행의 이치이다.

과학관에 있어 두드러진 변화는 '부분을 이해하면 전체를 이해할 수가 있다' 는 가정에서 출발한 환원주의적reductionistic 관점이 20세기를 거치면서 '부분의 단순한 합으로는 전체를 이해할 수 없다' 고 보고 부분과 전체의 상호작용 분석에 초점을 두는 전일적 관점으로 바뀌게 된 것이다. 20세기 초반 과학철학을 대표하던 논리실증주의 사조는 20세기 후반에 들어 생명 현상, 응집 현상, 비선형non-linear 패턴, 복잡계(complex system) 등에 관한 비선형적·유기적 과학관이 부상하면서 탈경험주의적인 측면이 나타나다가 마침내 통일 자체를 부정하는 포스트모더니즘적인 과학 풍토도 등장하였다. 21세기의 주류 학문인 생명공학, 나노과학 등의 이론적 토대가 되고 있는 복잡계 과학은 생명계뿐만 아니라 생명의 본질 그 자체를 네트워크로 인식한다. 환원주의 과학에서 복잡계 과학으로의 이행과정은 이분법적인 근대적 합리성에서 전일적인 생태적 합리성으로의 이행과 맥을 같이한다. 데카르트식의 환원주의적 접근은 복잡한 현상을 단순한 요소로 분해해서 부분의 성질을 규명함으로써 전체를 파악하는 분석적 사고에 의해 획기적인 과학적 성과를 거두긴 했지만, 부분의 모든 것을 알고서도 전체를 파악하지 못하는 딜레마에 처하게 되었다.

그리하여 20세기 후반에 이르러서는 기계론적인 환원주의에 대한 반동으로 이 복잡한 세계를 유기적으로 통찰하는 세계관이자 방법론으로서 네트워크 과학[복잡계 과학]이 나타나게 되었다. 네트워크가 상호작용하며 만들어내는 다양한 패턴을 네트워크 과학에서는 '자기조직화(self-organization)'라고 명명한다. 네트워크 개념은 생태계뿐만 아니라 생명의 본질 그 자체를 과학적으로 이해하는 열쇠이며,[154] 통섭적 세계관의 바탕을 이루는 개념이기도 하다. 주체와 객체의 이분법이 성립하지 않는 것으로 드러난 양자역학(量子力學 quantum mechanics)적 실험 결과나 일리야 프리고진(Ilya Prigogine)의 산일구조(dissipative structure)의 자기조직화 원리는 이 우주를 자기생성적 네트워크 체제로 인식한다는 점에서 현대 과학의 통섭적 세계관을 명징하게 보여 주는 대표적인 예다. 이 우주가 자기생성적 네트워크 체제로 이루어져 있다는 것은 모든 존재가 자기근원성을 가지고 있으므로 창조하는 주체와 창조되는 객체가 따로 있는 것이 아니라, 전 우주가 참여자의 위치에 있게 되는 '참여하는 우주'라는 것이다.

현대물리학의 전일적 실재관의 특성은 이 우주가 부분들의 단순한 조합이 아니라 유기적 통일체이며 우주만물은 개별적 실체성을 갖지 않고 전일적인 흐름holomovement 속에서만 파악될 수 있다는 것이다. 근대 과학혁명 이후 1920년대 초반까지도 물질의 최소 단위를 알면 우주 전체를 이해할 수 있다는 라플라스(Pierre Simon de Laplace)의 결정론적 세계관이 지배적이었으나, 원자와 아亞원자 세계에 대한 탐구로 고전 물리학의 기본·개념의 근본적인 수정이 불가피해지면서 그러한 세계관은 빛을 잃게 된다. 아인슈타인의 상대성이론(theory of relativity)과 양자론에 이르러 이삭 뉴턴(Isaac Newton)의 3차원적 절대 시공時空의 개념이 폐기되고 4차원의 시공 연속체가 형성됨으로써 우주는 본질적으로 역동적이며 불가분적인 전체로서, 정신적인 동시에 물질적인 하나의 실재로서 인식된다. 1920년대 중반에 들어 베르너 하이젠베르크(Werner Heisenberg)의 행렬역학(matrix mechanics)과 에르윈 슈뢰딩거(Erwin Schrödinger)의 파동역학(wave mechanics)이 정립됨에 따라 소립자들이 상호연관성의 확률의 패턴으로만 이해될 수 있다는 비결정론적 관점이 나타난다. 이어 1927년 하이젠베르크의 불확정성원리(uncertainty principle)에 의해 양자세계에서의 근원적 비예측성이 입증되면서 결정론적 세계관이 결정적으로 빛을 잃게 됨에 따라 결정론적 세계관에 기초한 뉴턴의 고전역학은 양자역학이라는 새로운 패러다임으로 전환된다.

전자의 속도 및 위치에 관한 하이젠베르크의 불확정성 원리는 빛[전자기파]의 파동-입자의 이중성에 관한 닐스 보어(Niels Bohr)의 상보성원리(complementarity principle)와 결합하여 양자역학에 대한 표준해석으로 여겨지는 코펜하겐 해석(Copenhagen Interpretation of Quantum Mechanics(CIQM), 1927)을 낳는다. 코펜하겐 해석의 핵심은 양자계가 근원적으로 비분리성 또는 비국소성(non-locality)[초공간성]을 갖고 파동인 동시에 입자로서의 속성을 상보적으로 지니며 서로 양립하지 않는 물리량들(예컨대 위치와 운동량)은 불확정성 원리에 따른다는 것이다. 말하자면 관측의 대상이 항상 관측자와 연결되어 있고 또한 관측의 대상과 관측자의 경계가 고정된 것이 아니라고 보아 주체와 객체를 대립적인 관계가 아닌 하나의 연속체로 파악한 것이다. 양자역학의 내용을 해석하는 방법에는 코펜하겐 해석의 확률론적인 해석 외에 결정론적인 해석이 있다. 양자역학의 출현에 크게 기여한 아인슈타인은 물리적 사건에서 본질적인 역할을 하는 것은 우주에 내재해 있는 절대 법칙이라며 "신은 주사위 놀이를 하지 않는다"는 말로써 불확정성 원리와 같은 양자역학적 해석을 수용할 수 없음을 분명히 했다.

결정론적인 해석은 흔히 '숨은 변수이론(hidden variable theory)'으로 알려진 것이다. 아인슈타인의 양자역학적 관점의 충실한 계승자이자 '숨은 변수이론'의 주창자인 데이비드 봄은 숨은 변수가 발견되면 '숨겨진 질서[본체계]'와 '드러난 질서[현상계]'의 상관관계가 밝혀져 결정론적인 해석이 가능하다고 본다. 양자계에서 전자의 위치와 운동량이 불확정적이라는 이유로 확률론적인 해석을 한 데 대해 그는 스스로의 내재적 법칙성에 따라 운동하는 전자가 반드시 있다고 보았다. 또한 양자가 관측되기 전에는 불확정적이어서 존재 여부를 알 수가 없고 관측하는 순간 파동 혹은 입자로서의 존재성이 드러난다는 코펜하겐 해석에 대해, 파동은 관측되기 전에도 존재하며 파동이 모여서 다발을 형성할 때 입자가 되고 그 파동의 기원은 우주에 충만해 있는 초양자장(superquantum field)이라고 했다. 그리하여 파동함수를 존재의 확률이 아닌 실제 장場으로 생각하여 물질은 원자로, 원자는 소립자로, 소립자는 파동으로, 파동은 다시 초양자장으로 환원될 수 있다고 보았다. 이렇듯 양자역학에 대한 확률론적인 해석과 결정론적인 해석 모두가 입자와 파동의 이중성에 기초하여 주체와 객체의 이분법이 성립하지 않는 것으로 보는 점에서는 일치하지만, 코펜하겐 해석이 그러한 이중성의 존재 기반을 규명하지 못한 데 비해 봄은 그러한 이중성을 초양자장 개념을 통해 변증법적으로 통합하고자 했다는 점에서 차이가 있다.

이러한 양자역학적 관점은 현대 과학의 통섭적 세계관을 극명하게 보여주는 대표적인 것이다. 완전한 통섭은 입자와 파동의 상관관계가 규명되어 완전한 앎이 일어날 때, 그리하여 현상계[물질계]와 본체계[의식계]의 완전한 소통이 이루어질 때 일어날 수 있다. 그런 점에서 초양자장 개념에 의해 입자와 파동의 이중성을 변증법적으로 통합한 봄의 결정론적인 해석은 과학과 의식의 통합을 추구한 것이라는 점에서 다양한 분야에서 폭넓은 호응을 얻고 있다. 봄의 양자이론을 인체에 적용한 경우가 양자의학(quantum medicine)이다. 양자의학에서는 인간의 의식 활동을 뇌에서 일어나는 양자의 확률로 설명할 수는 없기 때문에 코펜하겐의 표준해석법인 불확정성 원리는 인체에 적용할 수 없다고 본다. 아원자 물리학의 양자장(量子場 quantum field) 개념에 따르면 물질은 개별적인 원자들로 구성된 실재가 아니라 장場이 유일한 실재이며 물질은 장이 극도로 강하게 집중된 공간의 영역에 의해 성립되는 것이라고 한다. 봄에 따르면 그것의 입자성은 마치 무한한 창조성을 지닌 공空과도 같이 대립자의 역동적 통일성에 기초하여 '드러난 질서'와 '숨겨진 질서'를 상호 관통하며 무수하게 펼쳐진 세계와 하나로 접힌 세계를 끝없이 연출한다는 것이다. 이러한 봄의 양자이론은 향후 과학사상의 발전을 추동하는 기제로써 작용할 수 있을 것이다.

여기서 우리는 코펜하겐 해석의 확률론적인 해석을 둘러싼 20세기 물리학계의 세계적인 권위자들인 보어와 아인슈타인 그리고 봄의 논쟁을 통하여 현대물리학이 풀어야 할 과제인 존재와 인식의 유기적 통합에 대해 살펴볼 필요가 있다. 존재와 인식의 괴리는 '불행한 의식'의 단초가 되는 것이고 양 차원의 유기적 통합은 통섭적 세계관의 바탕을 이루는 것이기 때문이다. 물리적 사건에서 절대법칙이 존재한다는 아인슈타인의 존재론적 입장, 신이 주사위 놀이를 했는지 하지 않았는지가 문제가 아니라 신이 주사위 놀이를 하거나 하지 않았을 때 그것이 의미하는 바가 무엇인지에 대한 보어의 인식론적 입장, 그리고 '숨은 변수이론'으로 결정론적인 해석을 내놓은 봄의 입장은 어떤 근본적인 차이가 있는 것일까? 이들 간의 열띤 논쟁은 존재와 인식 간의 해묵은 논쟁을 떠올리게 한다. 존재와 인식의 괴리는 '불행한 의식'의 원천이다. 필연적인 자기법칙성에 따라 천지운행이 이루어지는 것이니 절대법칙이 존재한다는 아인슈타인의 존재론적 입장은 그럴 만한 근거가 있다. 그런데 필연이냐 우연이냐가 문제가 아니라 필연 또는 우연이었을 때 그것이 의미하는 바가 무엇인지에 대한 보어의 인식론적 입장은 마치 양자가 관측되기 전에는 불확정적이어서 존재 여부를 알 수 없고 관측되는 순간 파동 혹은 입자로서의 존재성이 드러났을 때 그것이 의미하는 바가 무엇인지에 대한 입장과 같은 것이다.

그러나 우리가 인식하지 못한다고 해서 진리가 실재하지 않는 것이 아니듯, 인식 여부와는 상관없이 필연적인 자기법칙성에 따라 움직이는 차원이 실재하는 것은 분명하다. 그와 같은 내재적 법칙성에 의해 우주만물이 간 것은 다시 돌아오고 돌아온 것은 다시 돌아가는 순환운동이 일어나는 것이다. 이처럼 현상계와 본체계, 작용과 본체가 하나인 이치를 알게 되면 입자와 파동의 이중성에 대한 규명도 자연히 이루어지게 된다. 입자와 파동의 이중성은 자연이 불합리해서가 아니라 대립자의 역동적 통일성에 기초하는 '스스로(自) 그러한(然)' 자의 본질인 까닭이다. 진여眞如와 생멸, 본체와 작용이 일심의 통섭적 기능에 의해 변증법적으로 통합되듯, 파동과 입자가 초양자장의 통섭적 기능에 의해 변증법적으로 통합되는 것이다. 봄과 신경생리학자 칼 프리브램(Karl Pribram)의 홀로그램 우주론에 따르면 우리가 인지하는 물질세계는 실재하는 것이 아니라 단지 우리 두뇌에 비쳐지는 홀로그램hologram적 투영물에 불과하다고 한다. 다시 말해 우리의 의식이 지어낸 이미지 구조물이라는 것이다. 이는 곧 의식계와 물질계의 유기적 통합성을 보여 주는 것으로 우주의 실체가 의식[우주의 창조적 에너지]임을 말하여 준다.

이렇게 볼 때 우주의 실체인 초양자장은 우주만물을 연결하는 일심, 즉 보편의식과도 같은 것이다. 보편의식은 '아' 와 '비아' 의 두 대립되는 자의식을 융섭하는 의식으로 일체의 이분법이 완전히 폐기된 열린 의식이다. 존재와 인식의 괴리는 사실 그대로의 존재태를 직시하지 못하는 왜곡된 인식에서 기인하고 왜곡된 인식은 영적 무지에서 기인한다. 일심이 진여인 동시에 생멸로 나타나는 마음의 구조를 이해하면 초양자장이 파동인 동시에 입자로 나타나는 양자역학적 세계관을 이해할 수 있다. 생명의 순환 운동이 일어나는 내재적 법칙성을 이해하면 천리天理에 순응하는 삶을 살게 되므로 필연과 우연, 신[신성]과 인간[이성], 파동과 입자가 분리될 수 없는 하나라는 사실을 알게 되어 존재와 인식의 괴리가 사라진다. 이러한 변증법적 통합은 단순히 이론적으로 알 수 있는 것은 아니며 오직 실천적 삶을 통해서만 체득될 수 있는 것이다. 보어와 아인슈타인의 논쟁이 '끝나지 않은 논쟁' 이 된 것은 존재와 인식의 문제가 단순히 이론적 논쟁을 통하여 밝혀질 수 있는 것은 아니기 때문이다. 따라서 실천적 삶을 통한 의식의 확장은 현대물리학계의 쟁점들을 푸는 열쇠로 작용할 수 있을 것이다.

우리가 살고 있는 복잡계는 무수히 다차원적인 세계가 공존하고 있으며, 결정론적인 해석 외에 확률론적 해석 또한 홀로무브먼트holomovement의 한 측면을 나타낸 것이다. 말하자면 모든 부분은 전일적인 생명과정의 한 측면이다. '홀로무브먼트'라는 용어는 이 세상 그 어떤 것도 포괄하지 않음이 없고 또 포괄되지 않음도 없는 전일적인 흐름이라는 의미에서 현대 과학의 통섭적 세계관을 표징하는 키워드라고 할 만하다. 실로 만유의 내재적 법칙성을 완전히 이해한 사람은 존재와 인식, 필연과 우연의 괴리가 사라져 한 길로 생사를 초월한다. 필연과 우연, 결정론과 확률론의 문제는 존재와 인식의 변증법적 통합의 문제이며 그러한 통합은 양 차원을 관통하는 일심의 통섭적 기능에 의해 이루어진다. 일심의 통섭적 기능은 세계를 부분으로 환원시키지 않고 전체로서 보는 전일적 시각에 기초하며 이는 곧 시스템적 사고와 일맥상통한다. 상호배타적인 것이 상보적이라는 양자역학적 세계관은 부분과 전체의 유기적 통일성에 기초한 시스템적 사고(systems thinking)의 특성을 명징하게 보여 준다. 그 특성은 양자물리학, 유기체생물학(organismic biology), 게슈탈트 심리학(Gestalt psychology), 생태학 등에서 찾아볼 수 있는데, 그 핵심은 부분들이 상호작용하는 관계에 있고 전체의 본질은 항상 부분의 단순한 합과는 다르다는 것이다.

일리야 프리고진이 카오스이론*에서 밝히고 있듯이 비평형의 열린 시스템에서는 비선형 피드백 과정(non-linear feedback process)에 의해 증폭된 미시적 요동fluctuation의 결과로 엔트로피entropy가 감소되어 완전한 질서를 상정한 결정론[필연]과 혼돈을 상정한 근원적 비예측성[우연]이 상보적이며 역동적 균형을 띠게 되어 거시적인 안정적 구조[산일구조]가 나타난다. 프리고진은 복잡계에서 일어나는 변화가 분기bifurcation와 같은 현상 때문에 비가역적irreversible인 것이 특징이며 이 비가역성이 혼돈으로부터 질서를 가져오는 메커니즘이라고 보았다.[155] 결정계(system of crystallization)라고 해도 모두 예측 가능한 것이 아니라 '초기 조건에의 민감성(sensitivity to the initial condition)' 때문에 예측할 수 없는 복잡하고 다양한 파급효과[나비효과 butterfly effect]를 가져올 수 있다는 카오스이론에 의해 기존의 선형적인 접근방식으로는 알 수 없었던 혼돈과 질서가 공존하는 세계가 밝혀진 것이다. 생명계는 혼돈과 질서가 공존하는 산일구조체로서 생명의 구성요소들은 상호작용에 의해 '기이한 끌개(strange attractor)'로 자기조직화 된다는 것이다. 생명의 본질적 특성은 자발적인 질서의 창발emergence이 일어나는 자기조직화에 있다고 복잡계 생물학의 선구자 카우프만(Stuart Kauffman)은 말한다.

프리고진의 복잡계 이론은 비평형 상태에서 일어나는 비가역적, 비선형적인 복잡한 변화를 설명하기 위한 것으로 '있음being'의 불변적 상태보다 '됨becoming'의 가변적 과정을 일반적인 것으로 인식했다. 그에 의하면 비평형의 열린 시스템에서는 자동촉매작용autocatalysis에 따른 비선형의 적극적 피드백 과정에 의해 새로운 구조로의 도약이 가능한데, 그렇게 생성된 새로운 구조가 카오스의 가장자리인 산일구조이고 그러한 과정이 자기조

* 비선형적, 비평형적인 복잡계를 다루는 카오스이론은 일리야 프리고진이 복잡성의 과학을 체계화하고 부분적으로 논의되던 카오스이론을 통합하여 복잡계 이론을 창시함으로써 1970년대 후반부터 활발하게 논의되기 시작했다. 이 이론은 역학계 이론이 모든 분야로 침투하는 계기를 마련함으로써 다양한 분야에서 학제적 접근을 통해 사고의 변혁과 학문적 진전을 이루는 계기를 제공하고 있다.

직화라는 것이다. 위상전환(phase transition)이 이루어지는 카오스의 가장자리는 새로운 창조가 일어나는 임계점이다. 부분이 전체와 닮은 구조로 나타나는 자기유사성[자기반복성]의 패턴인 프랙털fractal 구조 또한 카오스의 일종이다. 일체 생명 현상과 진화 그리고 세계의 변혁이 복잡계의 산일구조에서 발생하는 자기조직화로 설명된다. 프리고진, 헤르만 하켄(Hermann Haken), 만프레드 아이겐(Manfred Eigen), 제임스 러브록(James Lovelock) 등에 의해 더욱 정교화된 자기조직화의 핵심 개념은 산일구조의 유기적·시스템적 속성을 보여 주는 것으로 복잡계 이론을 이해하는 키워드이며, 부분과 전체가 함께 진화하는 공진화co-evolution 개념을 이해하는 키워드이다.

현대 과학의 통섭적 세계관은 20세기 후반에 들어 현대물리학의 주도로 본격화된 '단순성simplicity의 과학'에서 '복잡성complexity의 과학'으로의 패러다임 전환과 그 맥을 같이 한다. 즉, 데카르트-뉴턴의 기계론적·환원론적인 세계관에서 시스템적·전일적인 세계관으로의 전환이 그것이다. 이러한 패러다임 전환은 21세기에 들어 가속화되고 있으며 우리의 세계관에도 심대한 변화를 초래하고 있다. 시스템적 관점에서 인간과 사회는 외부와의 끊임없는 물질 및 에너지의 교환이 이루어지는 '열린 시스템(개방계)'이다. 전체는 '상호작용하는 개체 또는 개체군으로 이루어진 총체'인 까닭에 분석적 방법에 의해 파악될 수 없으며 부분은 단지 전체 조직과의 맥락 속에서만 파악될 수 있다고 하는 시스템적 사고의 출현은 '닫힌 시스템'으로는 파악할 수 없었던 복잡한 생명 현상을 파악할 수 있게 하고 나아가 통섭적 세계관의 형성에 크게 기여했다.

"…전체성은 실재하는 것이고, 분절성은 분절적 사고에 의해 형성된 미망의 지각작용에 대한 전체의 반응이다…필요한 것은 분절적 사고 습관에 주의를 기울여 그것을 알아차리고, 그리하여 그만두는 것이다."

"…wholeness is what is real, and that fragmentation is the response of this whole to man's action, guided by illusory perception, which is shaped by fragmentary thought…what is needed is for man to give attention to his habit of fragmentary thought, to be aware of it, and thus bring it to an end."

-David Bohm, *Wholeness and the Implicate Order*(1980)

제3부 │ '통합 학문'의 시대와 '퓨전(fusion)' 코드

07 과학과 종교의 통섭

08 인문사회과학과 자연과학의 통섭

09 예술과 과학의 통섭

과학과 종교의 통섭에 관한 논의가 획기적인 전기를 맞게 된 것은 현대물리학의 '의식意識' 발견에 있다. 이러한 '의식' 발견은 정신 · 물질 이원론에 입각한 근대 과학의 기반 자체를 흔드는 것이라는 점에서 현대물리학의 가장 위대한 발견이라 할 만하다. 주체와 객체의 이분법이 성립하지 않는 것으로 드러난 양자역학적 세계관을 이해하기 위해서는 일심이문—心二門이라는 마음의 구조를 이해할 필요가 생겨났고, 색즉시공色卽是空 · 공즉시색空卽是色이라는 본체계와 현상계의 유기적 관계에 대해 이해할 필요가 생겨난 것이다…이미 수천 년 전 직관에 의해 밝혀진 종교적 진리를 현대물리학은 실험을 통하여 입증하느라 머나먼 길을 걸어온 셈이 된 것이다…그리하여 과학과 종교, 논리와 직관의 상보성을 사실상 인정함으로써 사실 그대로의 전일적인 우주가 그 모습을 드러내기 시작한 것이다. 모든 종교가 심법이라는 범주에서 벗어날 수 없듯이, 양자역학 또한 '마음의 과학' 그 이상도 이하도 아님을 알게 된 것이다.

'과학과 종교의 만남' 중에서

07

과학과
종교의 통섭

과학과
종교의 만남

과학과 종교의 불가분성을 명쾌하게 설파한 것으로 자주 인용되는 말이 있다. 19세기 바하이교(Bahai敎)의 창시자인 바하울라(Baha Ullah)의 다음 말이 그것이다.

> 과학과 종교는 새의 두 날개와 같다. 그 새는 곧 인류다. 새는 한쪽 날개만으로는 날 수 없다. 과학이라는 날개에 종교라는 통찰력이 결여되면 물질주의에 빠지기 쉽고, 종교라는 날개에 과학의 합리성이 결여되면 미신에 빠지기 쉽다.

그러나 물질과 비물질의 관계를 과학적으로 규명함으로써 과학과 종교의 통섭에 관한 보다 보편적인 논의의 기반을 마련한 것은 20세기 들어 실험물리학이 발달하면서이다. 현대물리학자들에 의하면 우리가 물질이라고 지각하는 것은 특정 범위의 주파수를 가진 에너지 진동에 지나지 않는다고 한다. 물질의 외형적인 견고함은 우리의 감각기관이 진동하는 주파수를 그런 식으로 지각한 것일 뿐, 실제로는 분자·원자·전자·아원자 입자들의 쉼 없는 운동이라는 것이다. 우리가 육체를 형상으로 지각하는 것도 우리의 감각이 만들어 낸 환영이라는 것이다. 우주만물은 쉼 없는 운동으로 진동하는 에너지 장이며 텅 빈 공간으로 이루어져 있다. 생각도 물질과 마찬가지로 똑 같은 에너지로 이루어져 있으나 물질보다 높은 주파수로 진동하는 까닭에 눈에 보이지도 않고 만질 수도 없다는 것이다. 생각 또한 특정 범위의 주파수를 가지고 있으며, 긍정적인 생각은 진동 주파수가 높고 부정적인 생각은 진동 주파수가 낮다고 한다. 이렇듯 현대물리학의 관점에서 생명계는 분리 자체가 근원적으로 불가능한 진동하는 에너지 장인 것이다.

과학과 신神의 운명적인 만남은 일찍이 아인슈타인의 상대성이론과 양자론에서 이미 예견됐었다. 상대성이론에 의해 질량-에너지 등가원리(E=mc² : 질량 m, 에너지 E, 광속 c)를 밝혀 내어 질량을 에너지의 한 형태로 본 아인슈타인의 입자관은 우리의 물질상에 심대한 영향을 끼침으로써 정신세계에 대한 깊은 통찰을 환기시켰다. 그리하여 이 우주를 본질적으로 역동적이며 불가분적인 전체로서, 정신적인 동시에 물질적인 하나의 실재로서 인식하게 됐다. 그는 사유와 언어의 영역을 초월한 실재세계가 과학적인 지식의 기반인 논리와 추론에 의해서는 적절하게 그 본성이 드러날 수 없다고 보고 종교적인 지식의 기반인 직관의 상보성을 사실상 인정함으로써 종교[靈性 spirituality]와 과학의 오랜 분열에 종지부를 찍는 계기를 마련했다. 또한 그는 '과학 없는 종교는 절름발이와 같고 종교 없는 과학은 장님과 같다'고 하여 과학과 종교의 불가분성을 역설했다. 카프라의 『신과학과 영성의 시대 *Belonging to the Universe: Explorations on the Frontiers of Science and Spirituality*』(1991)는 과학과 영성의 주제를 다룬 대표적인 것이다. 이 외에도 유사한 주제를 다룬 것으로는 카프라의 『물리학의 도 *The Tao of Physics*』(1975), 폴 데이비스(Paul Davis)의 『신과 새로운 물리학 *God and the New Physics*』(1983), 장 기똥(Jean Guitton)의 『신과 과학 *Dieu et la Science*』(1991) 등이 있다.

그러나 과학과 종교의 통섭에 관한 논의가 본격적으로 이루어지기 시작한 것은 20세기 후반에 들어서이다. 그 이전에는 중세에는 말할 것도 없고 16세기 갈릴레이 시대까지도 신의 이름으로 종교가 과학을 심판하는 위치에 있었다. 약 1,500년간 지속되던 클라우디오스 프톨레마이오스(Klaudios Ptolemaeos, 85?~165?)의 천동설에 맞선 니콜라우스 코페르니쿠스(Nicolaus Copernicus, 1473~1543)와 갈릴레오 갈릴레이(Galileo Galilei, 1564~1642)의 지동설은 가톨릭의 우주관에 대한 정면 도전으로서 이로 인해 갈릴레이가 종교재판에서 유죄 판결을 받은 것은 과학과 종교의 불화를 보여 주는 대표적인 사례이다. 그러나 정신·물질 이원론에 입각한 근대 과학의 탄생과 더불어 물질문명의 비약적인 진보로 과학이 신을 심판하게 되고 드디어는 인간 이성의 궁극적인 승리를 선언하게 되었다. 과학과 신의 관계는 곧 이성과 신성, 물질과 정신의 관계로서 이러한 과학과 종교의 불화는 근대 과학혁명(Scientific Revolution)* 이후 수 세기에 걸쳐 계속되었다. 이는 중세 신 중심의 세계관에서 근대 인간 중심의 세계관으로의 변화와 그 맥을 같이 하는 것으로 데카르트-뉴턴의 기계론적 세계관이 그 바탕을 이루고 있다. 기계론적 세계관에 입각한 합리적 정신과 과학적 방법은 모든 현상을 분할 가능한 입자의 기계적 상호작용으로 파악하여 드디어는 정신까지도 물질화하는 결과를 초래함으로써 물신 숭배가 전 지구적으로 만연하게 되었다.

그리하여 감각적으로 지각되거나 경험되지 않은 정신의 영역이 부정되고, 정신의 영역을 다루는 종교 또한 비과학적이고 비합리적인 것으로 치부되면서 종교[신성]에 대한 과학[이성]의 학대가 만연하게 되었다. 이성에 의한 신성의 학대가 만연하면서 반생태적인 패러다임이 사회 전반을 주도하게 되고, 힘의 논리에 입각한 파워 폴리틱스가 횡행하면서 인류는 총체적인 인간 실존의 위기에 직면하게 되었다. 근대 물질문명의 진보 과정은 과학기술과 밀접한 관련을 가진 '도구적 이성' 의 기형적 발달을 극명하게 보여 주는 것으로 생태계 파괴, 무한경쟁, 생산성 제일주의, 공동체 의식 쇠퇴와 같은 심각한 폐해를 낳았다. 이에 따라 '도구적 이성' 과 '도구적 합리주의' 에 대한 자기반성이 촉구되고 패러다임 전환의 필요성이 제기되었다. 근대 합리주의가 인간 이성을 자각하지 못한 중세적 패러다임을 전근대적이며 비합리적인 것으로 규정하고 과학적 합리주의에 의해 세계를 해석하려고 했던 것처럼, 이제 생태 합리주의는 생명의 전일성을 자각하지 못하는 근대 합리주의를 기계론적이며 비합리적인 것으로 규정하고 전일적 패러다임에 의해 세계를 재해석하려고 한다.

* 토머스 쿤(Thomas Kuhn)의 저서 『과학혁명의 구조 The Structure of Scientific Revolutions』 (1962)는 근대 이후 오늘에 이르기까지 과학 발전의 과정에 나타난 과학혁명과 패러다임 전환의 상관관계를 구체적 예증을 통해 명징하게 보여줌으로써 그의 패러다임 개념은 과학사 분야는 물론 인문사회과학 분야 전반에 커다란 반향을 불러 일으켰다. 쿤은 상호 경쟁하는 둘 이상의 패러다임이 양립할 수도 없고 공통점도 있을 수 없다는 패러다임의 不可公約性을 강조함으로써 과학 발전의 객관적 보편성을 부정하고 혁명적인 성격에 초점을 맞추었다.

근대 과학혁명을 통해 새로운 정상과학(正常科學 normal science)이 기계론적 세계관의 새 패러다임에 의해 기존의 정상과학을 대체했듯이, 이제 현대 과학혁명을 통해 새로운 정상과학—특히 현대물리학—이 전일적 실재관의 새 패러다임에 의해 기존의 정상과학을 대체하려 하고 있다. 근대 과학혁명 이후 과학적 합리주의가 전 지구적으로 확산되면서 근대 합리주의를 기반으로 한 전통적인 인문사회과학적 방법론을 근대 과학이 제공했듯이, 오늘날 근대 합리주의에 대한 비판에 기용되고 있는 과학적 방법론은 주로 현대물리학이 제공한 것이다. 주체와 객체의 이분법이 폐기된 양자역학적 실험 결과나 산일구조의 자기조직화 원리는 전일적 패러다임을 기용하는 논의들에 있어 자주 인용되는 대표적인 것이다. 근대 합리주의와 과학적 객관주의가 함축하고 있는 과도한 인간 중심주의와 이원론적 사고 및 방법론은 실험물리학의 발달로 그 한계성이 지적되고 전일적 패러다임으로의 대체 필요성이 역설되면서 근대의 초극을 위한 새로운 패러다임에 관한 논의가 확산된 것이다.

과학과 종교의 만남은 실험물리학의 발달에 따른 전일적 실재관의 등장과 더불어 이루어진다. 과학과 종교의 통섭에 관한 논의가 획기적 전기를 맞게 된 것은 현대물리학의 '의식意識' 발견에 있다. 이러한 '의식' 발견은 정신·물질 이원론에 입각한 근대 과학의 기반 자체를 흔드는 것이라는 점에서 현대물리학의 가장 위대한 발견이라 할 만하다. 주체와 객체의 이분법이 성립하지 않는 것으로 드러난 양자역학적 세계관을 이해하기 위해서는 일심이문一心二門이라는 마음의 구조를 이해할 필요가 생겨났고, 색즉시공色卽是空·공즉시색空卽是色이라는 본체계와 현상계의 유기적 관계에 대해 이해할 필요가 생겨난 것이다. 이러한 과학적 필요에 의해 과학과 종교 또는 동양사상과의 만남이 이루어지고 있는 것이다. 이미 수천 년 전 직관에 의해 밝혀진 종교적 진리를 현대물리학은 실험을 통하여 입증하느라 머나먼 길을 걸어온 셈이 된 것이다. 과학과 종교는 각기 다른 방식으로 우리의 삶과 행동 양식을 지배해 왔지만, 종교에서 숭앙해 오던 우주의 실체에 대한 규명이 이루어지기 시작하면서 과학적 실험 결과를 토대로 '불합리의 합리' 라는 역설로 종교적 진리의 정수를 점차 이해하기 시작한 것이다. 그리하여 과학과 종교, 논리와 직관의 상보성을 사실상 인정함으로써 사실 그대로의 전일적인 우주가 그 모습을 드러내기 시작한 것이다. 모든 종교가 심법이라는 범주에서 벗어날 수 없듯이, 양자역학 또한 '마음의 과학' 그 이상도 이하도 아님을 알게 된 것이다.

여기서 우리는 전일적 우주에 대한 양자물리학자 데이비드 봄의 명쾌한 통찰에 주의를 기울일 필요가 있다. 그에 의하면 실재하는 것은 전체성이고, 단지 분절적 사고 습관에 따른 미망의 지각작용에 의해 이 우주가 분절적인 것처럼 생각될 뿐이라는 것이다. 다시 말해 이 우주는 실제로는 분리되어 있지 않은데 마치 분리되어 있는 것처럼 착각하고 있다는 것이다. 의식의 자기분열로 인해 자신의 의식이 분리되어 있으면, 의식이라는 거울에 비친 이 우주 역시 분리되어 있는 것처럼 보이는 것이다. 이는 마치 내 마음이 천국이면 이 세상이 천국이고, 내 마음이 지옥이면 이 세상이 지옥인 것과도 같은 이치다. 의식과 존재는 상호 연결되어 있으며 상호 조응하는 까닭이다. 한마디로 이 우주는 우리의 의식이 지어낸 이미지 구조물이라는 것이다. 일체가 오직 마음이 지어낸 것이라는 '일체유심조—切唯心造'의 진수가 양자역학에 이르러 그 모습을 드러낸 것이다.

전체성은 실재하는 것이고, 분절성은 분절적 사고에 의해 형성된 미망의 지각작용에 대한 전체의 반응이다…필요한 것은 분절적 사고 습관에 주의를 기울여 그것을 알아차리고, 그리하여 그만두는 것이다.

…wholeness is what is real, and that fragmentation is the response of this whole to man's action, guided by illusory perception, which is shaped by fragmentary thought…what is needed is for man to give attention to his habit of fragmentary thought, to be aware of it, and thus bring it to an end.[1]

따라서 우리가 해야 할 일은 분절적 사고 습관을 그만두는 것이다. 그러기 위해서는 '나'와 '너', '이것'과 '저것'이라는 분리의식에서 벗어나야 한다. 이웃을 내 몸과 같이 사랑하면 그만큼 영적 확장이 이루어지고, 이는 국가와 인류, 나아가 우주자연에까지 확장될 수 있는 단초가 되기에 예수는 그토록 간절하게 "이웃을 네 몸과 같이 사랑하라"고 설파했던 것이다. 모든 불행과 비극은 사실 그대로의 존재태를 직시하지 못하는 왜곡된 인식이 조장한 존재와 인식의 괴리에서 비롯된다. 사실 그대로의 전일적인 우주를 직시할 수 있기 위해서는 의식의 자기분열에서 벗어나 분리되지 않은 순수의식, 즉 일심의 원천으로 돌아가야 한다. 잃어버린 참본성을 회복해야만 하는 것이다. 모든 종교에서 사랑의 실천을 강조하는 것은 이 때문이다.

교리적 배타성에 물들지 않은 종교의 본래 의미는 '근본이 되는 가르침'이다. 종교의 본래적 의미로 본다면 종교는 진리를 추구하는 학문과도 불가분의 관계에 있어야 한다. 그러나 종교는 근본이 되는 가르침에 충실하지 못하고 교리적 배타성에 물들어 집단적 분리의식에 빠진 채 세속화·상업화·기업화의 길로 치달았다. 그리하여 근대 과학에 의해 비과학적이고 비합리적인 것으로 비판받게 되고 심지어는 종교적 진리의 정수인 영성마저도 미신으로 치부되기에 이른 것이다. 종교와 과학의 불화에서 과학적 방법론을 기용하는 학문과 종교의 불화가 생겨나고 그에 따라 생명 그 자체인 영성은 학문의 영역에서 완전히 배제되고 말았다. 진리를 추구하는 학문이 우주의 본질인 생명을 배제하고서 추구해야 할 또 다른 진리가 있단 말인가!

우리가 처해 있는 시대는 근대와 탈근대가 중층의 구조를 이루는 과도기인 까닭에 인간의 이성과 과학적 합리주의를 중심으로 한 근대 세계에 대한 비판적 담론이 일고 있긴 하지만 현재 통용되고 있는 패러다임이나 과학적 방법론은 여전히 근대 세계의 연장선상에 있다. 하여 한편으로는 현대물리학의 '의식' 발견에 따른 과학과 종교의 통섭이 과학적 방법론을 기용하는 학문과 종교의 통섭으로까지 이어질 것이라는 낙관적인 전망을 할 수 있게 한다.* 종래 비학문으로 분류되던 영성의 영역이 특히 현대물리학의 주도로 학문의 영역으로 편입되기 시작했고 그에 따라 학문과 비학문의 경계가 무너지기 시작한 것이다. 물질시대에서 의식시대로, 좌뇌 주도 시대에서 우뇌 주도 시대**로의 패러다임 전환이 시작된 것이다. 다른 한편으로는 중세적 인간이 신을 맹신했던 것과 마찬가지 방식으로 근대적 인간은 여전히 이성을 맹신하고 있다. 그러나 한 가지 분명한 사실은 중세적 인간이나 근대적 인간 그 어느 쪽도 신과 이성의 불가분성을 인식하지 못했다는 것이다. 우주의 실체는 의식이므로 신은 곧 신성이며, 그 본질은 전체성이다. 만유에 편재해 있는 '하나'인 참본성[ONE 天地人]이 곧 신이다. 참본성을 떠나 따로이 경배해야 할 신이 있는 것이 아니므로 신·인간 이원론은 성립되지 않는다.

신은 하늘(天)·천주·창조주·브라흐마·알라·도道·태극[無極]·일심[신성,
순수의식, 근원의식, 전체의식, 보편의식]·혼원일기[至氣, 우주의 창조적 에너지] 등과
마찬가지로 생명의 본체를 지칭하는 무수한 대명사 중의 하나다. 에너지
시스템인 생명계는 분리 자체가 불가능한 절대유일의 하나인 까닭에 유일
신이라고 명명하기도 한다. 말하자면 신은 특정 존재를 지칭하는 고유명
사가 아니라, 없는 곳이 없이 실재하는 보편자인 까닭에 붙여진 이름도 다
양할 수밖에 없다. 이렇듯 신神과 하늘天과 참본성性의 관계를 이해한다면,
우주의 실체가 의식임을 이해한다면, '신이 존재 하는가 아니 하는가' 또
는 '신이 위대한가 그렇지 아니한가' 하는 식의 초보적인 질문은 하지 않
을 것이다. 그보다는 오히려 '신을 어떻게 인식할 것인가' 하는 문제에 초
점을 두게 될 것이다. 유사 이래 신의 존재는 인간의 최고 관심사가 되어
오긴 했지만, 신의 존재는 여전히 미궁에 빠져 있다. 신이라고 불리는 이 우

---

* 과학적 합리주의에 기초한 근대 서구의 학문이 유입되기 전 동양의 전통 사회에서는 학문,
  종교, 과학, 정치 간에 엄격한 경계가 설정되지 않았다.
** 좌뇌 주도 시대와 우뇌 주도 시대의 구분은 곧 左腦와 右腦의 특성에 기인한다. 이론·법
  칙의 정립이나 전기·정보기술의 혁명적 효과는 모두 물리 차원의 좌뇌의 활동에 기인한
  다. 좌뇌는 分別智에 기초하여 주로 지식 축적에 관계한다. 반면 우주 순수의식의 작용은
  영성 차원의 우뇌의 활동에 기인한다. 우뇌는 根本智에 기초하여 주로 우주공명에 관계
  한다. 따라서 좌뇌 주도 시대가 지식 차원의 이성이 지배하는 시대라면, 우뇌 주도 시대
  는 우주공명 차원의 영성이 지배하는 시대다. 좌뇌 주도 시대가 에고(ego) 차원의 물리시
  대라면, 우뇌 주도 시대는 우주 차원의 쏫대다. 좌뇌 주도 시대가 논리·판단·언어·수
  학·과학·時空·인과관계에 기초한 시대라면, 우뇌 주도 시대는 직관·초이성·초논리·
  초언어·초과학·초시공·상상력·창조력·영적 개념에 기초한 시대다.

주 지성은 존재와 비존재, 물성과 영성의 경계를 넘어서 있는 순수 현존인 까닭에 일심의 원천으로 돌아가지 않고서는 대면할 길이 없는 것이다.

2001년 9·11 테러 이후 신이 초미의 관심사로 부상하면서, 종교의 해악성을 설파한 리처드 도킨스(Richard Dawkins)의 『신이라는 미망迷妄 The God Delusion』(2006),[2] 크리스토프 히친스(Christopher Hitchens)의 『신은 위대하지 않다 God Is Not Great』(2007),[3] 샘 해리스(Sam Harris)의 『종교의 종말 The End of Faith』(2004)[4] 등의 책이 봇물을 이루고 있다. 이들 책에서 제기되고 있는 '신이 존재하는가 아니 하는가' 또는 '신이 위대한가 그렇지 아니한가' 하는 식의 신의 존재론적 차원의 문제는, '신은 대체 인간에게 무엇이며 어떻게 인식할 것인가' 하는 인식론적 차원의 문제가 해결되면 자연히 사라진다. 신은 이분법적 사유체계를 넘어서 있으므로 언어와 논리의 세계에 갇혀서는 신을 인식할 수가 없다. 좁은 문틈으로는 넓은 하늘을 볼 수가 없듯이, 의식의 문이 열리지 않고서는 무한자인 신을 인식할 길이 없는 것이다. 생명의 본체인 신을 인식하지 못하면 그 작용인 우주만물의 존재성 또한 인식할 수 없다는 데에 문제의 심각성이 있다.

신이라고 부르든, 도道라고 부르든, 또는 하늘天이라고 부르든, 그 밖의 다른 어떤 이름으로 부르든, 이는 억지로 붙인 이름일 뿐 그 이름이 곧 실상實相을 나타내는 것은 아니며, 그러한 명명이 있기 전부터 이미 그것은 사실로서 존재해 온 것이다. 따라서 신이라는 존재를 부정한다고 해서, 또는 그 이름을 폐기처분한다고 해서 그것이 표징하는 생명의 근원 자체가 사라지는 것은 아니다. 그럼에도 여전히 신이라는 이름에 집착하여 '신이 존재하는가 아니 하는가' 하는 식의 질문에 매달린다면, 그것은 문제의 본질을 벗어난 것으로 영적 무지를 극명하게 드러내는 것이라고 밖에 할 수 없다. 이 세상은 소경이 소경을 인도하는 '소경의 역설'로 가득 차 있다. 도킨스에게 말하고 싶다. 정녕 신이라는 미망에서 벗어나고자 한다면 신이라는 이름의 미망에서 먼저 벗어나야 한다고. 역사상 신이라는 이름으로 자행된 그 숱한 기만과 폭력, 살육과 파괴가 단순히 신을 부정하거나 그 이름을 폐기처분한다고 해서 사라질 수 있는 것인가!

신은 에너지 시스템인 생명계를 지칭하는 대명사이기도 하고, 만물이 만물일 수 있게 하는 우주의 근본 원리이기도 하며, 천변만화가 일어나게 하는 조화造化 작용이기도 하다. 삼라만상의 천변만화가 신의 놀이이며 만물만상이 신의 모습일진대, 우주만물을 떠나 따로이 운위해야 할 신이 있는 것이 아니다. 신이라는 이름은 무명無名을 드러내기 위한 방편일 뿐, 신은 이름 그 너머에 있는 까닭에 시스템적·전일적 사고를 통해서만 접근할 수 있는 영역이다. 신의 본질은 전체성이며, 의식이 열린 만큼 신을 인식할 수 있을 뿐이다. 기독교의 하느님과 이슬람교의 알라를 둘러싼 유일신 논쟁에서 보듯, 개체화 의식이 자리 잡게 되면 의식의 거울에 비친 신의 모습 또한 개체화되고 물질화된 형태로 나타난다. 말하자면 유일신이 짚신이나 나막신 수준의 물신物神으로 전락하는 것이다. 따라서 왜곡된 인식을 조장하는 개체화 의식이야말로 신에 대한 가장 큰 불경이자 신성 모독이며, 우상숭배를 낳는 원천이다.

신이 생명의 본체[一]라면 신의 자기복제인 우주만물은 그 작용[多]이니, 우주만물을 떠난 그 어디에 따로이 신이 존재할 수 있는 것이 아니다. 따라서 신은 숭배해야 할 대상이 아니라 우리 자신이며 우주만물 그 자체다. 생명의 본체인 유일신과 그 작용인 '다신多神', 즉 우주만물은 일一과 다多, 이理와 사事, 정靜과 동動, 공空과 색色이라는 불가분의 관계로서 상호 관통한다. 우주만물의 본체가 곧 신이므로 특정 종교의 신만이 유일신이라는 인식은 종교의 이름으로 자행된 개체화되고 물질화된 물신들의 잔영을 보여주는 것일 뿐이다. 정확하게 말하면 신은 기독교의 신도 아니요 이슬람교의 신도 아니요 힌두교의 신도 아니다. 자본자근自本自根·자생자화自生自化하며 없는 곳이 없이 실재하는 우주섭리 그 자체다. 모든 종교와 지식체계는 신이라는 진리를 가리키는 손가락들일 뿐, 진리 자체는 손가락들 저 너머에 있다.

현대 과학의 진보로 우주의 실체가 밝혀지고 인류 의식이 깨어나면서 인간 위에 군림하는 신들의 시대는 사실상 종말을 고하고 있다. 그러나 역설적이게도 이러한 군림하는 신들은 역사상 단 한 번도 실재한 적이 없다. 다만 의식의 진동수가 낮아 생명의 전일성을 깨닫지 못하고 이 우주를 창조주와 피조물로 이분화한 분열된 의식의 자기 투사체로서의 군림하는 신들이 존재했을 뿐이다. 군림하는 신들은 자신이 피조물이라고 생각하는 이분화된 의식 속에서만 그 존재성을 드러낼 수가 있다. 절대적 권위를 갖는 인격체로서 인간 세계를 군림한 신들은 우주섭리의 의인화의 산물이다. 우주섭리의 의인화는 우주섭리에 대한 이해를 용이하게 해주는 순기능적인 측면이 있는 반면, 사고를 제한시키고, 착각을 증폭시키고, 본질을 왜곡시키고, 결과적으로 우민화愚民化시켜 맹종을 강요하는 것과 다름없는 역기능적인 측면이 있음을 부인할 수 없다.

영적 진화의 단계에 따라 사물에 대한 인식 방법이 달라져야 한다는 것은 자명하다. 유치원생과 대학생의 사물에 대한 인식 방법이 다를 수밖에 없는 것처럼. 우주섭리의 의인화 내지 인격화는 일반적으로 난해한 것으로 여겨지는 우주섭리에 사람과 같은 인격을 부여함으로써 이해를 도우기 위한 방법으로 사용된 것이다. 유치원생에게는 사물의 근원적인 이치를 바로 이해시키는 것이 불가능하기 때문에 의인화의 방법을 사용하여 쉽게 이해할 수 있게 한다. 예를 들면, '하나'님을 아버지라고 부르는 것과 같은 것이다. 그러나 대학생에게는 그럴 필요가 없다. 신이란 생명의 본체를 일컫는 많은 대명사 중의 하나일 뿐이다. 그런데 도킨스는 개체화 의식의 투사체인 인격신만을 신이라고 부르며 그러한 신은 한갓 가설에 불과하다는 주장을 펴고 있으나 이러한 그의 주장은 문제의 본질을 벗어난 것이다. 왜냐하면 신이라는 이름이 사라진다고 해서 생명의 근원에 대한 논쟁이 종식되는 것은 아니기 때문이다. 삼라만상의 천변만화가 한 이치 기운인 신의 조화 작용임을 알지 못한다면 신에 관한 논의는 부질없는 공론空論에 불과한 것이 된다.

인격신의 문제는 진리의 왜곡 가능성에 있다. 그러나 인격화된 물신이 실체가 아님을 알아차리기만 하면 된다. 역사상 등장했던 폭군적인 신들은 매저키즘masochism적인 집단의식의 투사체로서 나타난 것일 뿐이다. 유사 이래 신을 경외하고 섬기는 의식이 보편화된 것은 우리의 본신이 곧 신[神性]이기 때문이다. 신을 향한 경배란 궁극적 실재인 생명의 근원에 대한 경배이다. '하나'님 또는 유일신이라는 이름 속에는 우주의 본질인 생명의 전일성의 의미가 함축되어 있다. 도킨스는 물리학자들의 비유적 또는 범신론적 신이 '숭배하기에 적합한(appropriate for us to worship)' 초자연적 창조자(a supernatural creator)가 아니므로 신이라고 지칭하는 것은 옳지 않으며, 성경에 나오는 인격신과 혼동하는 것은 '고도의 지적인 반역 행위(an act of intellectual high treason)'라고 하고 있다.[5] 그는 신이라는 용어를 창조주와 피조물이라는 주체-객체 이분법에 근거한 것으로 자의적으로 규정하고 인격신에만 신이라는 이름을 허용하고는 그 인격신마저 하나의 가설로 간주함으로써 신을 폐기처분해 버렸다.

사실 신이라는 이름은 생명이라는 진리를 담는 용기에 불과한 것이기 때문에 문제는 신이라는 이름에 있는 것이 아니라 신에 대한 왜곡된 인식에 있다. 실제로는 생명의 본체인 '하나' 인 참본성[참자아]을 동양에서는 수천 년 이상 신이라 지칭해 온 것인데,* 문제는 의식의 진동수가 낮아 그것을 자각하지 못한다는 데 있다. 다시 말해 '하나' 인 참본성을 자각하기만 하면 신에 관한 논쟁은 자연히 종식된다. 그럼에도 신을 인격신[物神]과 동일시하여 서둘러 폐기처분한 것은 문제의 본질을 놓친 것일 뿐만 아니라, 신이란 존재 자체를 영원히 미궁에 빠지게 한 것이다. 폐기처분해야 할 물신만이 신이 아니라 숭앙해야 할 정신 또한 신이라는 사실을 알았다면, 물리학자들의 비유적 또는 범신론적 신이 '숭배하기에 적합한' 초자연적 창조자가 아니므로 신이라고 지칭하는 것은 옳지 않다는 식의 의미 없는 논쟁에 빠지지는 않았을 것이다. 역사적 실제와 부합되지 않는 도킨스의

---

* cf. 『海月神師法說』「三敬」: "吾心不敬이 卽天地不敬이라." "敬天[敬神]의 道는 허공을 향하여 上帝를 공경하는 것이 아니라 우주만물에 대한 차별 없는 사랑과 공경의 원천인 바로 그 하나인 마음(一心)을 공경하는 것"이라고 해월은 말한다.

** cf. 임종호, 「자연의학의 혁명」, 미내사클럽, 『지금여기』, vol. 71(2007, 9/10), 80쪽: " '리처드 도킨스' 같은 사회생물학자들이 바로 그런 부류이고 그의 저작을 보면 보이는 생물학에만 근거한 지식의 박피를 드러낸다. '리처드 도킨스' 가 본 현상은 강아지 눈에도 보이는 현상들이다. 그는 현대물리학과 현대수학, 현대화학이 혁명적으로 발견한 새로운 차원(불연속, 도약)의 우주와 자연에 대해서는 아는 바 없고, 300년 전의 뉴턴이나 다윈, 그리고 그런 환원주의를 근거로 삼는 분자생물학적 낡은 발견들(연속적 세계관)에 근거하고 있다."

신관神觀은 과학을 신으로부터 분리시킨 기계론적인 근대적 사유의 연장선상에 있는 것으로 신과 과학의 만남이 이루어지고 있는 오늘날의 신과학의 흐름에 역행하는 것이다.**

신은 전체의식의 투사체이며, 창조주와 피조물이라는 이분법에 근거한 물신은 개체화 의식의 투사체이다. 이러한 물신의 등장은 생명의 전일성을 자각하지 못하는 데서 오는 것이다. 인류가 신이라는 미망에 빠지게 된 것은 개체화된 물신이 횡행하게 된 데 있다. 신이라는 미망에서 벗어날 수 있는 유일한 방법은 신이라는 이름의 미망에서 벗어나는 것이다. 신은 곧 우리 자신이며 우주만물 그 자체라는 점에서 우주만물의 상위 개념이 아니라 동위 개념이다. 그럼에도 도킨스가 그의 저서 전반을 통하여 무신론자냐 유신론자냐에 천착하는 것은 진리의 본질을 놓친 것으로 일종의 지적 희론에 지나지 않는다. 새로운 계몽의 필요성을 논하고자 한다면 유신론이냐 무신론이냐에 매달릴 것이 아니라 생명의 구조를 밝힘으로써 만물을 떠나 따로이 신이 존재하는 것이 아니라는 사실을 밝히는 것이 초점이 되어야 한다. 이렇게 되면 따로이 신을 믿을 필요도 없게 되는 것이다. 진리[根本智]에 대한 명료한 인식이 없이는 새로운 계몽시대를 열 수가 없다.

생명의 전일성에 대한 인식 부재는 인류 의식의 현주소를 말하여 주는 것이다. 신이라는 미망에서 벗어나기 위해서는 '신이 있는가 없는가' 또는 '신을 믿는가 믿지 않는가'에 천착하기보다는 '신이란 대체 무엇이며 어떻게 인식할 것인가'에 대한 진지한 고민이 선행되어야 한다. 생명의 유기성과 상호 관통에 대한 인식이 없이는 신을 인식할 수가 없다. 오늘날 종교가 개체화 의식의 조장을 통해 물신을 양산해 내어 계속해서 생명의 파괴를 일삼는다면 머지않아 종교 자체가 중대한 위기를 맞을 수도 있다. 중세의 신이 이성을 배격한 것과 꼭 같은 방식으로 오늘날의 이성이 신을 배격한다면 그 어떠한 대안도 나올 수가 없다. 왜냐하면 이성적 힘의 원천은 참본성인 신성[神]에 있기 때문이다. 중요한 것은 신이라는 이름 너머에 있는 궁극적 실재에 대한 인식이다. 신의 실체를 인식하지 못하면 생명의 근원을 인식할 수가 없으므로 생명의 전일성 또한 파악할 길이 없는 것이다. 따라서 과학과 종교, 이성과 신성의 만남을 통해 우주의 실상을 파악하고 참삶을 살기 위해서는 개체화되고 물질화된 신이라는 이름의 미망에서 벗어나야 한다. 그러기 위해서는 전체와 분리된 '나'라고 하는 개체화 의식이 사라져야 한다. 공동체 의식을 강조하는 이유가 여기에 있다. 새로운 문명의 건설자인 21세기형 인간을 호모 레시프로쿠스(Homo Reciprocus: 상호 의존하는 인간)·호모 심비우스(Homo Symbious: 공생하는 인간)라고 명명한 것도 같은 맥락에서이다. 그런 점에서 양자역학의 통섭적 세계관은 인류의 의식 확장을 통해 정신과 물질이 조화를 이루는 인류 문명의 대전기를 마련하게 될 것으로 전망된다.

자기조직화 원리와
창조주

우주의 기원에 대하여 이 시대 대다수의 우주론자들과 천문학자들은 약 180억 년 전에 우주창조라는 것이 있었으며, 방사능 연구를 통하여 밝혀진 지구의 나이가 약 45억 년이라고 하는 이론에 뜻을 같이 한다. 흔히 '빅뱅(big bang)'으로 알려진 엄청난 대폭발과 함께 물질계의 우주가 갑작스럽게 그 존재를 나타내었다고 보는 것이다. 그러나 이 이론의 많은 부분은 여전히 현대 이론물리학의 미개척 영역으로 남아 있다.[6]

우주와 생명의 기원에 관한 내용이 담긴 경전으로는 『천부경』, 『삼일신고』, 『도덕경』, 『반야심경』, 『리그베다』, 『우파니샤드』, 『바가바드 기타』, 『성경』, 『황극경세서』, 『태극도설太極圖說』, 『동경대전』, 『해월신사법설』 등이 있으며, 이들 경전의 내용은 현대 과학의 우주 탐구에 유익한 단서와 통찰력을 제공할 수 있다고 본다. 북송北宋시대 성리학의 비조鼻祖 주돈이(周敦頤, 周濂溪라고도 함, 1017~1073)의 『태극도설』에 의하면 태극의 동정動靜에 의해 음양이 생겨나고 음양의 이기二氣에 의해 오행(水·火·木·金·土)이 생성되고 음양오행에 의해 만물이 생겨나지만 음양과 오행 및 만물 내에도 생명의 본체인 '하나(一)'의 진성은 그대로 존재하므로 '하나(一)'와 음양오행과 만물은 분리시켜 생각할 수 없다고 한다.* 이는 곧 생명의 전일성과 자기근원성을 보여 주는 것이다.

현대 과학에서는 실험 결과에 따른 우주의 실상을 설명하기 위해 수천 년 전부터 전해 오는 동양의 경전 속의 구절들을 차용하기도 한다. 그것은 경전 속의 내용들이 현대물리학의 전일적 실재관과 일맥상통하는 점이 있기 때문일 것이다. 그리하여 미시세계를 다루는 실험물리학과 거시세계를 다루는 동양적 지혜의 상호 피드백의 필요성에 착안하게 된 것이다. 물리

---

* 『태극도설』에 의하면, 우주만물의 생성 과정은 太極-陰陽-五行-萬物로 되어 있으며 태극의 動靜에 의해 음양이 생겨나지만 음양 내에도 역시 태극은 존재한다. 음양의 二氣에 의해 水·火·木·金·土의 오행이 생성되고 음양오행에 의해 만물이 생겨나지만 오행 및 만물 내에도 태극은 존재한다. 朱子에 이르면 태극은 理라 해석되는데 이 理가 곧 道이다. 태극은 본래 다함이 없는 無極이다. 無極의 眞과 음양오행의 精과의 妙合으로 하늘의 道인 乾道는 陽의 남자를 이루고 땅의 道인 坤道는 陰의 여자를 이루며 만물이 化生하나, 만물은 결국 하나의 음양으로, 그리고 음양은 하나의 태극으로 돌아간다.

학계뿐만 아니라 인문사회과학 분야 전공자들에게도 크게 영향을 미쳐 온 프리초프 카프라는 동양적 지혜의 정수가 담긴 많은 경전들을 그의 저서에 인용한다. 데이비드 봄의 양자이론 또한 동양적 지혜의 정수에 닿아 있으며, 특히 그의 정신적 스승이었던 인도의 철학자 지두 크리슈나무르티(Jiddu Krishnamurt)의 영향은 지대했다. 이들 물리학자들은 객관주의와 과학적 합리주의만으로는 우주자연의 궁극적 신비를 풀 수 없다고 보고 과학이 인간의 의식세계와 분리될 수 없음을 분명히 했다. 다시 말해 복잡계인 생명체는 물리·화학적인 분석 방법만으로는 우주와 생명의 본질을 이해하는 데 한계가 있으므로 의식과의 통합을 추구해야 한다는 것이다. 이러한 과학과 의식의 통합 추구는 물리학자 막스 플랑크(Max Planck)와 물리학자 아밋 고스와미(Amit Goswami)의 글에서도 분명히 드러난다.

> 과학은 자연의 궁극적 신비를 풀 수가 없다. 최종 분석에서 우리들 자신이…우리가 풀려고 하는 신비의 일부이기 때문이다.
> Science cannot solve the ultimate mystery of nature. And that is because, in the last analysis, we ourselves are…part of the mystery that we are trying to solve.[7]

> 우리가 우리 자신의 의식을 이해할 때 우주 또한 이해하게 될 것이고, 우리와 우주 사이의 분리는 사라질 것이다.
> When we understand us, our consciousness, we also understand the universe and the saparation disappears.[8]

인간과 우주의 분리는 의식과 물질의 분리에 기인한다. 눈에 보이는 물질적 우주는 에너지로서 접혀진 보이지 않는 우주가 드러난 것이므로 '드러난 질서'와 '숨겨진 질서'는 동전의 양면과도 같이 상호 조응한다. 따라서 감각적으로 지각되고 경험된 것만이 진실은 아니며, 이분법으로는 우주의 본질인 생명 현상을 이해하는 데 한계가 있다. 실로 생명의 본체와 작용의 유기적 통합성에 대한 자각이 없이 생명 현상을 이해하기는 불가능하며, 이에 대해 현대 과학과 동양적 지혜의 상호 피드백 과정은 유익한 통찰력을 제공해 줄 것이다. 이성과 영성, 논리와 직관의 상호 피드백 과정은 미시세계 연구자들에게 인식의 지평을 확장시킴으로써 우주와 생명의 본질에 보다 심층적으로 접근할 수 있는 메커니즘으로 작용할 것이다. 마찬가지로 이러한 상호 피드백 과정은 동양의 거시세계 연구자들에게 인식 체계의 논리적 기반 강화 및 이론 체계의 정밀화를 가져오는 메커니즘으로 작용할 것이다.

현대 과학자들에 의하면 창발emergence—종교에서 말하는 창조—현상이 가능한 것은 분자가 갖고 있는 '정보-에너지 장(information-energy field)' 때문이며, 이 정보-에너지 장場이 목적과 방향을 알고 있고 필요에 따라 모여서 단세포 생물이 탄생하게 된다고 한다. '디바인 매트릭스(Divine Matrix)'라고도 불리는 이 미묘한 에너지(subtle energy)를 막스 플랑크는 '의식과 지성을 가진 정신(conscious and intelligent Mind)'이라고 명명했다. 여기서 정보-에너지 장이란 자기조직화하는 모든 시스템의 조직 원리인 것으로 나타나는 루퍼트 쉘드레이크(Rupert Sheldrake)의 '형태형성장(morphogenic field)'과도 같은 것이다. 물리학자 만프레드 아이겐(Manfred Eigen)은 효소가 모여서 임계치에 도달하면 효소 집단은 스스로 효소를 합성할 수 있는 창발성이 생긴다고 하고 이러한 효소의 자기조직화하는 원리를 초사이클hypercycle이라고 불렀다. 정보-에너지 의학에서는 이 초사이클을 효소가 갖고 있는 정보-에너지 장으로 간주한다.[9] 이 정보-에너지 장은 플랑크가 말하는 우주 지성이며 이는 곧 창조주다. 우주의 실체는 의식이므로 창조주는 무소부재無所不在인 보편자, 즉 보편의식[一心]이다.

현대 과학과 의식의 접합은 다음의 비교에서도 분명히 드러난다. 양자역학적 실험에서 주체와 객체를 하나의 연속체로 파악한 것이나 산일구조에서 일어나는 자발적인 자기조직화 원리는 천부사상, 힌두사상, 유·불·도, 동학에서 이 우주를 자기생성적 네트워크 체제로 보는 관점과 조응한다. 특히 『천부경』의 상생상극하는 천지운행의 현묘한 이치는 양자역학의 비국소성(non-locality)의 원리, 복잡계의 특성인 프랙털 구조, 자기조직화, 비평형, 비가역성, 비선형성, 분기bifurcation, 피드백 과정, 요동fluctuation현상, 창발 현상을 함축하고 있다. 또한 『참전계경』에 나오는 천지운행의 도수度數, 간지干支, 사주팔자 등은 복잡계의 전형적인 특성을 함축하고 있으며 당시 통용되었던 복잡계 과학의 실상을 보다 구체적으로 보여 준다. 프랙털 구조 또한 자기조직화의 원리에 기초해 있다는 점에서 우주만물[多]을 전일성[一]의 자기복제로 보는 일즉다·다즉일의 원리와 조응한다. 불교의 연기적緣起的 세계관은 제프리 츄(Geoffrey Chew)의 구두끈 가설(bootstrap hypothesis)과도 상통한다. 마치 구두의 모든 구멍이 구두끈으로 연결되듯 자연 또한 어떤 근본적인 특성을 지닌 실체들의 단순한 집합이 아니라 상호 연관된 사건들의 '역동적인 그물망' 으로 보는 것이다.

이러한 상호 연관과 상호 의존의 세계 구조는 수많은 구성요소들이 유기적으로 링크되어 있는 복잡계의 특성을 여실히 보여 준다. 도가사상은 양자역학적 패러다임이나 복잡계 과학의 핵심 원리와 상통한다. 천지만물이 작용하는 주체가 없는 작용, 즉 무위의 작용에 의해 생겨났다고 보는 것은 주체와 객체의 이분법이 폐기된 양자역학적 패러다임과 조응한다. 또 음양의 원리에 의해 도道가 천지만물을 생성하는 과정은 비평형의 열린 시스템에서 상호 피드백 과정에 의해 일어나는 자발적인 자기조직화의 창발 현상과 조응하며, 무질서 속의 질서를 찾아내고자 하는 복잡계 과학의 특성을 잘 함축하고 있다. 도는 명名과 무명無名의 피안에서 일—과 다多, 무無와 유有, 본체와 현상을 모두 포괄하는 동시에 초월하는 우주만물의 근본 원리, 즉 보편자[창조쥐이다. 생명의 본체인 도는 위치라는 것이 없으므로 어디에도 존재하지 않으면서 동시에 모든 곳에 존재하는 비국소성[초공간성]을 띠는 안개와도 같은 것이다. 여기서 도는 봄의 초양자장이나 자기조직화의 창발 현상을 가능하게 하는 '정보-에너지장' 또는 효소의 자기조직화하는 원리와도 조응하는 일심의 도이다.

인간이 완성을 향해 진화하는 과정에서 작용하는 삶의 법칙인 카르마(karma 業)의 법칙[輪廻의 법칙 또는 작용·반작용의 법칙]* 은 자기조직화하는 우주의 진화를 설명한 물리학자 에리히 얀츠(Erich Jantsch)의 공진화co-evolution 개념과도 조응한다. 일체가 오직 마음이 지어낸 것이라는 '일체유심조'는 일즉다·다즉일의 원리를 함축한 것으로 우주만물이 자기유사성을 지닌 프랙털 구조와도 같은 것임을 말하여 준다. 또한 이 우주를 의식이 지어낸 이미지 구조물, 즉 마음의 모형으로 보는 홀로그램 우주론과도 조응한다. 여기서 일심은 자기조직화의 창발현상을 가능하게 하는 '정보-에너지장'이나 효소의 자기조직화하는 원리와도 조응한다. 일체가 하나인 마음—心에서 나와 다시 그 하나인 마음으로 돌아가는 일심사상은, 일체가 초양자장에서 나와 다시 그 초양자장으로 환원하는 봄의 양자이론과 조응한다. 생명의 본체인 일심 또는 보편의식은 어디에도 존재하지 않거나 또는 모든 곳에 존재하는 비국소성[초공간성]을 띠는 안개와도 같은 것이다. 따라서 '정보-에너지장'이나 초양자장 또는 효소의 자기조직화하는 원리는 일심 또는 보편의식[보편자, 창조주]과 조응하는 것으로 볼 수 있다.

생명의 자기조직화 원리는 생명의 본체와 작용이 분리될 수 없는 하나임을 보여 주는 대표적인 것이다. 우주만물은 하나인 생명의 본체[混元一氣, 至氣, 우주의 창조적 에너지]의 자기복제로서의 작용으로 나타난 것이므로 창조주와 피조물이라는 주체-객체 이분법은 성립될 수 없다는 것이다. 따라서 삶에서 일어나는 모든 현상을 통제하는 주체는 심판자로서의 신이 아니라 인간의 의식이라는 것이다. 이처럼 새로운 우주론에서 우주는 '서로 긴밀히 연결되어 있는 에너지-의식의 그물망'인 까닭에 근대 과학이 물질을 근간으로 삼는 것과는 달리, 진동하는 파동을 근간으로 삼는다. 이러한 파동

---

* 카르마의 법칙이란 카르마의 작용이 불러일으키는 생명의 순환을 지칭한 것이다. 이러한 순환은 生·住·異·滅의 四相의 변화가 그대로 空相임을 깨닫지 못하고 탐욕과 분노의 에너지에 이끌려 집착하는 데 있다. '카르마'는 산스크리트어로 원래 '행위'를 뜻하지만, 죄와 괴로움의 인과관계를 나타내는 '業'이라는 의미로 흔히 사용된다. 지금 겪는 괴로움은 과거의 어떤 행위가 원인이 되어 나타나는 결과라는 것이다. 카르마는 근본적으로 靈性이 결여된 데서 생기는 것이다. 영적 일체성이 결여되어 '나'와 '너', '이것'과 '저것'을 구분하는 데서 생기는 것이다. 행위 그 자체보다는 동기와 목적이 카르마의 작용을 불러일으키는 원인이 된다. 카르마의 목적은 단순한 징벌에 있는 것이 아니라, 영적 교정의 의미와 함께 영적 진화를 위한 靈性 계발에 있으며 인간의 영혼이 완성에 이르기 위한 조건에 관계한다. 내적 자아의 각성과 영적인 힘의 계발을 위해 있는 것이다. 인내하고 용서하고 사랑하는 마음이야말로 이러한 법칙에 대한 유일한 溶劑이다.

은 어떤 응결점에 도달하면 원자와 아원자 등으로 바뀌어 물질화되어 나타나 보이지만, 그 본질은 여전히 진동이다. 우리의 상념에 의해 진동이 시작되면 우주적 에너지의 바다에 녹아 있는 질료들이 응축하여 그 진동에 상응하는 형태의 다양한 사물이 생성되어 나오는 것이다. 의식의 질이 중요한 것은, 의식의 질이 높을수록 높은 진동수의 사물이 생성되어 나오고, 낮을수록 낮은 진동수의 사물이 생성되어 나오기 때문이다. 그것은 우주의 절대법칙이다.

이렇게 물질화되어 나타나 보이는 현상을 흔히 '창조creation'라고 부르지만, 이 우주는 자기생성적 네트워크 체제로 이루어져 있는 까닭에 창조주와 피조물이 따로 있는 것이 아니다. 일체 생명은 스스로 생성되고 스스로 변화하여 스스로 돌아가는데 누가 누구를 창조한다는 말인가! 생명의 밤의 주기가 되면 에너지로 접혀져 있다가 생명의 낮의 주기가 되면 다시 '드러난 질서(explicate order)'로 화하는 것이다. 마치 꽃봉오리가 접혀져 있다가 아침이면 활짝 열리는 것처럼. 마치 어둠 속에 묻힌 세상이 아침 햇살에 환하게 드러나는 것처럼. 하지만 그 누구도 이러한 현상을 창조라고 말하지는 않는다. '숨겨진 질서(implicate order)'가 드러난 것일 뿐이다. 다만 감각적인 물질세계가 전부라고 생각하는 사람들의 눈에는 그것이 창조인 양 비칠 수도 있는 것이다.

에너지 시스템인 생명계의 비밀이 과학과 의식의 통합을 추구하는 현대 물리학자들에 의해 벗겨지기 시작하면서 창조론과 진화론 논쟁이 다시 불붙고 있다. 창조론과 진화론 논쟁은 생명의 전일성과 자기근원성에 대한 인식 부재에서 오는 것이다. 유물론·유심론 논쟁, 신·인간 이원론과 마찬가지로 생명의 본체[一]와 작용[多]의 상호 관통에 대한 인식이 이루어지지 못한 데서 오는 것이다. 진화론 또한 생물학적 진화론만으로는 우주의 진행 방향인 영적 진화(의식의 진화)에 대해서나, 영적 진화의 지향성을 갖는 우주의 불가분의 한 부분인 인간에 대해 설명할 수 없다. 창조론이나 진화론의 문제의 본질은 이들 모두 보이는 물질세계가 전부라고 생각하는 왜곡된 인식에 기초해 있다는 데 있다. 본체와 작용, 의식계와 물질계의 상호 관통을 이해하지 못하고서는 사실 그대로의 우주를 파악할 수 없다. 창조론과 진화론 논쟁은 이분법적 사고가 종식될 때 끝나게 될 것이다.

자발적인 자기조직화 원리는 일체 생명이 스스로 생성되고 변화하여 돌아가는 생명의 전일성과 자기근원성을 여실히 보여 준다. 생명의 원리는 자동성automatism이며, 보편의식에 기초한 자발성spontaneity이다. 자기조직화 원리는 곧 주체와 객체의 이분법이 폐기된 창조성의 원리이며 이를 의인화하여 나타낸 것이 창조주다. 생명의 자기조직화는 전체와 부분 간의 상호 피드백에 의해 전체 속에 포괄된 부분이 동시에 전체를 품고 있을 때 가능한 것으로 나타난다. 말하자면 생명의 시스템적 속성에서 자기조직화가 일어나는 것이다. 생명의 자기조직화를 이해하기 위해서는 본체와 작용이 하나임을 알아야 한다. 이러한 상호 관통을 깨닫지 못하면 죽음에서 죽음으로 떠돌게 된다고 『까타 우파니샤드 Kata Upanishad』에서는 말한다.

> 여기에 있는 것은 또한 거기에 있고, 거기에 있는 것은 또한 여기에 있다. 다양성을 보고도 전일성을 보지 못하는 사람은 죽음에서 죽음으로 떠돌게 된다.
>
> What is here is also there, and what is there is also here. Who sees the many and not the ONE, wanders on from death to death.[10]

생명의 본체인 하나인 혼원일기混元一氣의 자기복제로서의 작용으로 우주만물이 나타난 것이니 전일성[전체성]이 곧 다양성[개체성]이고 다양성이 곧 전일성이다. 여기에 있는 것이 거기에 있는 것이고, 거기에 있는 것이 여기에 있는 것이다. 양 차원의 소통성을 알지 못하고서는 자기조직화 원리를 이해할 수 없으며, 그 당연한 귀결로서 창조주의 의미를 파악할 수도 없고 나아가 인간 스스로가 누구인지조차 알 수 없게 된다. 모든 존재는 자기근원성을 가지고 있으므로 모두가 '참여자'의 위치에 있으며, 주체와 객체의 이분법이 성립되지 않으므로 상대계의 언어로는 적절하게 설명될 수 없다. 하나인 참자아의 순수 현존을 보여 주는 『이샤 우파니샤드 *Isa Upanishad*』의 경문에는 이분법을 초월한 양자계의 역설적 존재성이 생생하게 드러나 있다.

> 참자아는 움직이면서 동시에 움직이지 않고, 멀리 있으면서 동시에 가까이 있으며, 만유 속에 내재해 있으면서 동시에 만유 밖에 있다.
>
> He moves, and he moves not. He is far, and he is near. He is within all, and he is outside all.[11]

만물이 상호 연결되어 있다는 홀로그램적 관점에서 본다면 움직이는 것은 움직이지 않는 것이고, 멀리 있는 것은 가까이 있는 것이고, 안에 있는 것은 밖에 있는 것이다. 양자 캔버스는 언제 어디에나 이미 존재한다. 우리는 캔버스이자 캔버스 위의 그림이며, 연기자이자 관객이며, 춤추는 자이자 춤 그 자체다. 이러한 존재의 역설은 생명의 본체와 작용이 하나라는 사실에서 기인한다. 우리가 흔히 창조 또는 생성이라고 부르는 것은 생명의 본체인 신神이 기氣로, 다시 정精으로 에너지가 체화體化한 것이고, 죽음 또는 소멸이라고 부르는 것은 '정'이 '기'로, 다시 '신'으로 돌아간 것이다. 말하자면 본체계[의식계]에서 현상계[물질계]로, 현상계에서 다시 본체계로 돌아가는 과정이 끝없이 순환 반복되는 것이다. 분명한 사실은 주체와 객체의 이분법이 성립하지 않는다는 것이다. 닐스 보어가 말한 것처럼, 이제 우리는 이 우주의 장대한 드라마에서 관객인 동시에 연기자로서의 입장을 조화시킬 수 있기 위해 동양사상의 정수 속에 담겨진 인식론적 문제로 회귀하지 않으면 안 된다. 본체와 작용, 파동과 입자의 유기적 통합성을 인식하는 것, 바로 거기에 생명의 비밀을 푸는 열쇠가 있다.

양자역학과 마음

"양자역학과 마음"이라는 동영상을 감명 깊게 본 적이 있는데, 과학과 의식의 접합을 표징하는 타이틀이라 생각되어 여기서도 사용한 것이다. 양자역학과 마음의 접합의 단초는 양자역학의 통섭적 세계관에 있다. 이러한 통섭적 세계관은 아원자 물리학의 '양자장(quantum field)' 개념에서도 분명히 드러난다. 이 세계가 근본적인 전일성의 현시이며 독립된 최소의 단위로 분해될 수 없다고 하는 양자장 개념은 물질이 개별적인 원자들로 구성되어 있는 것이 아니라 근본적인 물리적 실체, 즉 공간의 도처에 미만彌滿해 있는 연속체로 되어 있는 것으로 본다. 말하자면 장場이 유일한 실재이며 물질은 장이 극도로 강하게 집중된 공간의 영역에 의해 성립되는 것이라고 보는 것이다. 양자계가 근원적으로 비분리성 또는 비국소성[초공간성]을 갖고 파동인 동시에 입자로서의 속성을 상보적으로 지닌다는 양자역학적 관점은, 존재와 비존재, 주체와 객체의 이분법이 폐기됨으로써 전 우주가 참여자의 위치에 있게 되는, 이른바 '참여하는 우주'의 경계를 밝힌 것으로 무주無住의 덕에 계합하는 것이다.

『금강삼매경론』본각이품本覺利品의 장을 보면 무주보살無住菩薩이 나온다. '무주'란 머무름이 없이 두루 교화하는 일을 하기 때문에 그 덕에 의해 붙여진 이름이다. 무주의 덕은 걸림이 없는 완전한 소통성이며 통섭이 일어나게 하는 메커니즘이다. 무주보살과 붓다의 문답하는 내용이 나온다.

> 무주보살이 말하였다. "일체 경계가 공(空)하고 일체 몸이 '공'하고 일체 식(識)이 '공'하니, 깨달음(覺) 또한 응당 '공'이겠습니다." 붓다께서 말씀하셨다. "모든 깨달음은 결정성(決定性)을 훼손하지도 않고 파괴하지도 않으니, 공도 아니고 공 아닌 것도 아니어서 공함도 없고 공하지 않음도 없다."[12]

이러한 존재와 비존재, 물질과 정신, 입자와 파동 그 어느 것에도 구애됨이 없는 자유자재한 경지에서 '무주'의 덕이 발현되고 순수 현존이 일어난다. 이러한 '무주'의 덕은 적정寂靜한 일심의 체성體性이 그대로 드러난 것이므로 "공空함도 없고 공空하지 않음도 없는 것"이다. 생명은 무시무종이고 무소부재이며 부증불감不增不減이고 불생불멸인 궁극적 실재[근원적 일자]로서 이는 곧 진리[根本智]이다.[13] 합일合一이 진리이고 분리는 환상이다. 해월이 "사람이 바로 하늘이요 하늘이 바로 사람이니 사람 밖에 하늘 없고 하늘 밖에 사람 없다(人是天 天是人 人外無天 天外無人)"라고 한 것은 생명의 본체인 하늘과 그 작용인 사람이 하나라는 말이다.

고금을 통하여 동양의 누적된 지혜는 한결같이 본체와 작용의 관계에 주목한다. 본체와 작용의 관계는 우주의 본질인 생명의 비밀을 푸는 열쇠이기 때문이다. 이러한 관계를 이해하지 못하고서는 생명의 전일성과 자기근원성을 알 길이 없는 까닭이다. 『대승기신론』에서 마음의 구조를 일심이문一心二門이라 하여 일심을 진여문眞如門과 생멸문生滅門으로 나타낸 것도 생명의 본체와 작용의 관계를 밝힌 것이다. 삼라만상의 천변만화가 일심 속에 포괄되고, 일심 또한 천변만화 속에 포괄된다. 삼라만상이 생명의 그물망 속에서 상즉상입相卽相入의 구조로 상호 연기緣起하고 있는 것이다. 『불설대변사정경佛說大弁邪正經』에 나타난 저 유명한 물과 얼음의 비유를 보자.

> 무릇 깨달음을 구하는 것은 물을 버리고 얼음을 찾는 것과 같다. 얼음이 곧 물이며 물이 곧 얼음이다. 얼음 밖에 물이 없으며 물 밖에 얼음이 없다. 번뇌와 깨달음의 경우도 이와 같다. 번뇌를 버리고 깨달음을 구하는 것은 마치 형체를 버리고 그림자를 구하는 것과 같기 때문이다. 형체가 곧 그림자요 그림자가 곧 형체다. 형체 밖에 그림자는 없으며 그림자 밖에 형체는 없다.

이 세상 그 어떤 것도 분리되어 존재하는 것은 없다. 실물과 그림자가 하나이듯 본체와 작용은 하나다. 번뇌가 집착에서 기인한 망상이라는 것을 아는 것이 곧 깨달음이니, 번뇌와 깨달음의 뿌리가 서로 다른 것이 아니다. 물이 본체라면 얼음이나 수증기는 그 작용이니, 본체와 작용은 결국 하나다. 우주만물은 한 이치 기운一理氣이 무수하게 다양한 형태로 나타난 것일 뿐, 그 본체가 다른 것이 아니다. 『돈오무생반야송頓悟無生般若頌』에서는 일一과 다多, 즉 본체와 작용이 같음을 이理와 사事의 관계를 통하여 나타내고 있다.

> 움직임과 고요함이 함께 묘(妙)하니, 이(理)와 사(事)는 모두 같은 것이다. 이(理)는 그 정(淨)한 곳을 통하여 사(事)의 다양성 속에 도달하고, 사(事)는 이렇게 해서 이(理)와 상통하여 무애(無礙)의 묘(妙)를 나타낸다.*

여기서 이理와 사事는 본체와 작용의 관계다. 근원적인 일자에서 만유가 생성되어 나오지만 그렇게 해서 생성된 만유는 궁극에는 다시 그 근원으로 되돌아가므로 둘이 아니다. 이와 같이 일一과 다多, 이理와 사事, 정靜과 동動, 진眞과 속俗, 정淨과 염染, 공空과 색色 등의 상호 대립하는 범주들은 본체[體]와 작용[用]이라는 불가분의 관계로 분석될 수 있다. 신과 인간 역시 본체와 작용의 관계다. 생명의 본체인 신은 없는 곳이 없이 실재하며 만유 속에 만유의 본질로서 내재해 있는 까닭에 사람들은 제각기 신을 자기 편이라고 믿고 또한 다른 이방인보다 자기를 신이 더 사랑한다고 믿는다. 신의 보편성은 우주만물의 특수성을 모두 포괄하므로 사람들은 각자의 입장에서 그렇게 생각하는 것이다. 그러나 생명의 본체와 작용의 상호 관통을 이해하면, 신이 자기편인 것만큼 다른 사람들 편이기도 하고 또한 자기를 사랑하는 것만큼 다른 이방인도 사랑한다는 것을 알게 된다. 신은 그 누

---

* 荷澤神會, 『頓悟無生般若頌』: "動寂俱妙 理事皆如 理淨處 事能通達 事理通無礙."

구의 신도 아니요, 다만 보편자[보편의식], 즉 일심[참본성]일 따름이다.

만물만상은 곧 일심의 나타남이다. 하나[一]와 여럿[多]은 상호 연관되어 있으며 상호 관통한다. 여럿[多]이 하나로 돌아간다면, 하나는 여럿[多]으로 돌아간다. 귀로 듣고 눈으로 보고 입으로 말하고 코로 냄새 맡고 손으로 잡고 발로 걷고 뛰고 하는 것 모두 일심이 감각기관을 통해 활동하는 것이다. 희로애락애오욕喜怒哀樂愛惡慾의 감정 또한 일심의 나타남이다. 호수 위의 물안개, 연꽃 사이로 불타오르는 원색의 저녁놀, 영혼을 적시는 희열, 폭풍우 같은 분노, 문명이라는 이름의 화산…. 이 모두 일심의 나타남이다.

그러나 일심을 깨닫지 못하면 이 마음을 떠나서 다른 마음을 만들고, 본체를 버리고 그림자를 구하게 되어 미망 속을 헤매게 된다. 그러나 지혜는 남이 대신 닦을 수 없는 것. 아침 햇살이 비치면 간밤의 어두움이 자취를 감추듯, 지혜의 밝음이 드러나면 어리석음의 어두움은 저절로 사라진다. 그것은 곧 '평등성지平等性智'의 나타남이다. '나'가 없기 때문에 '나' 아닌 것이 없고, '나' 아닌 것이 없으므로 일체가 평등무차별해진다. 다만 일심의 도道는 지극히 가까우면서도 또한 지극히 먼 것이어서, 찰나에 저절로 만나게 되는가 하면 억겁을 지나도 이르지 못한다. 그것의 비밀은 바로 의식의 깨어 있음에 있다.

미시세계를 다루는 양자역학적 실험에서도 관찰자의 의식은 관찰 대상에 영향을 미치는 것으로 밝혀졌다. 양자역학의 통섭적 세계관의 핵심은 인과론에 기초한 뉴턴의 고전역학의 틀을 벗어나 관찰자와 그 대상이 항상 연결되어 있고 그 경계 또한 고정된 것이 아니라고 보아 주체와 객체를 하나의 연속체로 파악함으로써 이 우주를 자기생성적 네트워크 체제로 인식한 것이다. 여기서 관찰자의 의식이 대상에 영향을 미치는 것은 마치 소우주인 인간이 정신적으로 만다라mandala에 들어가서 우주 생성에 개입하는 것과도 같다는 것이다. 그러나 모든 곳에 존재하거나 어느 곳에서도 존재하지 않는다는 '미시세계에서의 역설paradox'이 의미하는 바가 무엇인지, 또는 왜 미시세계에서는 입자와 파동의 이중성이 존재하는지에 관한 설명은 여전히 현대물리학의 아킬레스건achilles腱으로 남아 있다.

우선 미시세계에서의 역설을 양자역학과 마음의 접합을 통해 살펴보자. 모든 곳에 존재하거나 어느 곳에서도 존재하지 않는다는 미시세계에서의 역설은, "존재하는 것도, 존재하지 않는 것도 아니요, 존재와 비존재가 동시에 존재하는 것도, 존재와 비존재가 동시에 존재하지 않는 것도 아니다"라는 존재의 역설과 그 의미가 상통한다. 또한 "공空함도 없고 공空하지 않음도 없다"는 무주無住의 덕과도 그 의미가 상통한다. 일심[보편의식]의 체성體性이 드러난 것이 무주의 덕이다. 이는 상대적 차별성을 떠난 여실한 대긍정의 경계로서 긍정과 부정 그 어느 쪽에도 구애됨이 없이 양 극단을 상호 관통하므로 상대계의 언어로는 적절히 설명할 수가 없어 그와 같은 역설적 표현을 한 것이다. 따라서 미시세계에서의 역설은 생명의 본체인 일심의 초공간성[非局所性 non-locality]을 드러낸 것으로, 무주의 덕을 이해하면 역설의 의미 또한 이해할 수 있다. 무주의 덕은 곧 우주 '큰사랑'이다. '큰사랑'이란 태양이 사해를 두루 비추고 비가 대지를 고루 적시듯 미치지 않는 곳이 없는 보편의식의 나타남이다. 우주 '큰사랑'은 오직 자각적 실천을 통해서만 드러날 수 있다. 왜냐하면 사랑은 이론이 아니기 때문이다. 그러기 위해서는 일심의 원천으로 돌아가야 한다. 하나인 참본성을 회복해야 하는 것이다. 이렇듯 양자역학의 차원 상승을 위해서는 의식의 차원 상승이 선행되어야 한다.

다음으로 입자와 파동의 이중성에 대해 살펴보자. 미시세계에서 양자가 입자인 동시에 파동으로 나타나는 것은 자연이 불합리해서가 아니라 대립자의 역동적 통일성에 기초하는 '스스로(自) 그러한(然)' 자의 본질인 까닭이다. 일체 생명은 스스로 생성되고 변화하여 돌아가는 까닭에 '스스로 그러한' 자라고 한 것이다. 이는 곧 자연이다. 대립자의 역동적 통일성이란 삶과 죽음, 물질과 정신, 입자와 파동 등 일체의 대립자가 낮과 밤의 관계와도 같이 하나인 생명의 순환 고리로 연결되어 있다는 것이다. 즉, 만물만상이 모두 변화하여 그 반대의 면으로 될 수 있다는 '궁즉통窮則通'의 이치를 말하는 것이다. 그러한 통일성이 이루어지는 원궤의 중심축이 바로 우주만물의 중심에 내려와 있는 보편의식, 즉 일체의 이분법이 완전히 폐기된 일심이다. 일심은 근원성·포괄성·보편성의 속성을 지닌 까닭에 일심의 원천으로 돌아가기 위해서는 의식이 확장되어야 한다.

이렇듯 양자역학적 실험에서 나타난 파동과 입자의 이중성은 하나의 고리로 연결된 원궤로서 양 차원을 관통하며 유기적 통합을 이루는 '스스로 그러한' 자, 즉 자연(생명)의 본질이다. 파동인 동시에 입자로서 양 차원을 관통하는 데이비드 봄의 초양자장 개념은, 진여眞如인 동시에 생멸生滅로 나타나는 일심의 통섭적 기능과 조응한다. 파동과 입자, 진여와 생멸은 본체와 작용의 관계로서 이러한 대립하는 범주는 이 양 차원을 포괄하는 동시에 초월하는 초양자장, 즉 일심에 의해 통섭된다. 따라서 미시세계에서의 입자와 파동의 이중성은 생명의 본질 자체가 본체와 작용을 상호 관통하는 완전한 소통성인 데서 기인하는 것이다. 생명의 본체인 일심의 중요성을 재삼 강조하는 것은 이 때문이다. 사실 오늘날 양자역학은 소립자물리학이나 고체물리학에서 거둔 많은 성과와는 달리, 상대성이론과 접목한 양자장이론이나 중력과의 통합을 모색하는 이론 분야는 여전히 많은 과학자들의 현안으로 남아 있다. 그런 점에서 인간 의식의 확장은 현대물리학계의 쟁점들을 푸는 열쇠로 작용할 수 있을 것이다.

현대물리학자들은 우리의 육체가 견고한 물질이 아니라 텅 빈 공간으로 이루어져 있다는 것을 발견했다. 다시 말해 우주의 실체가 의식이며 우리가 딱딱한 육체가 아니라는 사실이 밝혀진 것이다. 우주가 결정론적이고 방향감각 없이 기계적으로 움직이는, 단지 작은 입자들의 우연한 집합체라는 개념이 더 이상 옳지 않다는 것이 입증된 것이다. 이원론에 빠진 과학이 외면해 온 보이지 않는 반쪽의 우주[본체계, 의식계]는 우리의 보이는 우주[현상계, 물질계]와 긴밀하게 연결되어 있어 그 반쪽의 우주를 이해하지 못하고서는 우리의 우주를 온전히 이해할 수가 없다. 우리가 육안으로 보는 분절된 물질적 세계는 개체화 의식의 자기투사에 불과한 것이다. 개체화 의식이 일어나면 시공이 일어난다. 따라서 개체화 의식 속에서는 시공을 초월한 생명을 알 길이 없는 것이다. 전체와 분리되지 않은 열린 의식 속에서는 에너지의 흐름이 원활하여 자기조직화가 일어나 보다 고차원적인 존재로 진화할 수 있게 된다. 의식이 확장될수록 시스템적 속성이 드러나게 된다. 내가 내 마음을 타고 본성의 세계로 되돌아가는 임계점을 향하여 오늘도 과학과 종교는 물질과 의식, 논리와 직관의 통섭을 시도하며 의식의 항해를 계속하고 있다.

근대 분과학문의 경계를 허물고 지식의 융합을 통해 복합적이며 다차원적인 세계적

변화의 역동성에 대처하려는 움직임이 전 세계적으로 일고 있다…인문사회과학과

자연과학의 통섭은 전자가 후자에 종속되는 환원적 통합이 아니라 상호 관통하는 대

등한 의미의 통섭이라는 점에서 에드워드 윌슨의 자연과학 중심의 통섭 논리와는 구

별된다…"이 세상에는 다수의 진리가 존재하는가? 아니면 단 하나의 기본 진리만이

존재하는가?"라는 윌슨의 질문은 전개와 통합이 자유로운 통섭의 본질을 이해하지

못한 데서 오는 것이다. 무수한 사상事象이 펼쳐진 다多의 현상계와 그 무수한 사상이

하나로 접힌 일─의 본체계는 상호 조응해 있으며 상호 관통하므로 다多가 진리이듯,

일─ 또한 진리이다. 생명의 본체인 하늘[─]이 진리이듯, 그 작용인 우주만물[多] 또한

진리이다. 윌슨이 중시하는 '경험적 시험(empirical tests)', 즉 환원주의에 근거한 분

자생물학적 접근으로는 본체와 작용, 전일성과 다양성, 전체성과 개체성의 상호 관통

을 이해할 수가 없는 것이다. 통섭의 노력이 일체를 관통하는 보편적인 진리에 이르

기 위한 것이라면, 그것은 일심의 기능적 측면과 관계된다.

— '인문사회과학과 자연과학의 통섭' 중에서

인문사회과학과
자연과학의 통섭

인문사회과학의 위기와
대안적 논의

오늘날 인문사회과학의 위기는 지식의 파편화에 따른 낡은 기계론적 세계관의 관점이 더 이상은 실제 세계를 반영하지도, 문제 해결의 유익한 단서를 제공하지도 못한다는 데 있다. 현재 인류가 직면한 모든 문제는 세상이 분리되어 있다는 믿음에서 생겨나는 것이다. 사람들은 지구와 지구에 사는 모든 생명체와 분리되어 있고 인간과 인간 또한 분리되어 있다고 믿는다. "땅과 그 거주자들에 대한 '지배권'을 확립하라는 성서의 명령에서 미국 정부의 행동지침인 '명백한 운명'에 이르기까지, 또 우주를 식민화하는 공상과학소설에 이르기까지",[14] 우리 인간은 모든 생명체를 지배할 자격과 운명을 타고났다고 믿는 것이다. 설령 흙이 죽더라도 흙에서 최대한의 양분을 뽑아내는 것이 오늘날의 농법이고, 지구가 멸망하더라도 모든 수단을 동원하여 지구 지배권을 극대화하는 것이 오늘날의 경영법이다. 이러한 사고방식은 인류 문화의 토대를 형성한 사상가들의 글 속에도 잘 나타나고 있다.

아리스토텔레스는 『정치학』이라는 제목의 저서에서 전형적인 그리스 세계관을 이렇게 정리했다. "식물은 동물을 위해서 존재한다. 또 가축은 인간이 부리거나 식량으로 먹고, 대부분의 야생동물은 어떤 식으로든 장비나 옷 같은 물건이나 식량으로 사용된다는 점에서, 동물은 인간을 위해 존재한다." 그리고 로마인의 사상을 일목요연하게 정리했던 키케로는 이렇게 썼다. "우리는 지구가 생산해 내는 모든 것의 최고 주인이다…우리는 두 손과 다양한 처리 방법으로 세상을 전혀 다른 것으로 만들어 내고 있는 것이다." 1600년경, 프란시스 베이컨은 『노붐 오르가눔 *Novum Organum*』에서 이 점을 더욱 명료하게 표현했다. "내가 진실로 말하지만, 우리 인간은 자연과 자연의 모든 자식들을 노예로 삼아야 한다." 19세기에 이르러 칼 마르크스는 사회주의의 목표를 "인간과 자연 간의 물질 교류를 합리적으로 조절하고 그 관계를 인간의 공동 통제하에 두는 것"으로 규정했으며, 엥겔스는 인간을 "자연의 진짜 주인"으로 지칭했다.[15]

근대적인 것이 합리적인 것이고 과학적인 것이며 객관적인 것이라는 등식화가 말하여 주듯, 서구의 근대성은 합리성과 과학성 그리고 객관성을 표징하는 용어가 되어 온 것이 사실이다. 특히 근대 과학의 비약적인 발달에 따른 과학만능주의 사조는 산업사회의 물적物的 토대 구축과 더불어 우리의 인식 및 가치 체계와 행동양식을 총체적으로 지배해 왔다. 학문 분야 또한 예외는 아니어서 전 학문 분야가 실증주의적인 과학적 방법론을 기용하게 되고, 이로 인해 과학적 방법론은—20세기 들어 실험물리학의 획기적인 진보가 있기 전까지는—진리를 검증하는 가장 확실한 기준으로 자리매김한 것이다. 그리하여 인문과학, 사회과학, 생활과학 등에서 보듯 '과학'이라는 용어를 즐겨 사용하게 되었다.

19세기 말까지 과학 연구의 기본 패러다임이었던 기계론적 세계관은 생명현상까지도 물리, 화학적으로 모두 설명할 수 있다고 보는 환원주의 과학방법론에 의해 기술될 수 있는 것이었다. 그러나 인문과학은 인문정신을 배제하고서는 논하여질 수가 없고, 사회과학이나 생활과학은 수많은 구성 요소들이 유기적으로 링크되어 있는 복잡계를 이해하지 못하고서는 우리가 살고 있는 세계의 실상을 파악하거나 유효한 대처 방안을 제시하기 어렵다는 것은 주지의 사실이다. 특히 사회과학의 근본적인 문제는 지배와 복종의 이분법에 기초한 강자의 논리가 여전히 맹위를 떨치고 있다는 점이다. 정치사회 실상을 보더라도 모든 것이 정치지향적이다 보니 이데올로기적 측면이 과대평가된 반면, 인도주의적 측면이 과소평가되고 있다. 정신·물질 이원론에 입각한 근대 과학의 기계론적 세계관으로는 사실 그대로의 세계를 파악할 수도, 산적한 현실의 문제를 해결할 수도 없다. 명실상부한 진리를 추구하는 학문이 과학이라는 용어를 즐겨 사용하면서도 베를린 장벽의 붕괴나 소연방의 해체 등에 대한 사회과학적 예측에서 보듯, 그 예측이 현저히 빗나간 것은 말할 것도 없고 그 원인에 대해 일치된 견해를 제시하지 못하는 것은 사실 그대로의 세계를 조망하지 못하는 기계론적 세계관의 한계라 할 것이다.

오늘의 사회과학이 시대적 및 사회적 요구에 부응하기 위해서는 현대과학의 방법론을 수용할 필요가 있다. 21세기의 주류학문인 생명공학, 나노과학 등의 이론적 토대가 되고 있는 일명 '네트워크 과학'으로도 불리는 복잡계 과학은 생명을 이해하기 위해 분자를 연구하는 식의 환원주의에서 완전히 벗어나 생명계뿐만 아니라 생명의 본질 그 자체를 네트워크로 인식한다. 복잡계 네트워크 이론의 창시자인 알버트 라즐로 바라바시(Albert-Laszlo Barabasi)는 오늘의 인류가 부분의 모든 것을 알게 되고서도 전체를 파악하지 못하는 이유를 수많은 구성 요소들이 유기적으로 링크되어 있는 복잡계에서 찾고 있다. 네트워크 과학은 생명계를 전일적이고 유기적으로 통찰하는 세계관이자 방법론으로서 21세기 전 분야의 패러다임을 주도할 전망이다.

앞서 살펴본 바와 같이 지난 100여 년간 현대 과학은 특히 실험물리학의 발달로 주체와 객체의 이분법이 폐기된 새로운 차원의 우주에 접근하는 혁명적인 진보를 이룩했다. 반면 인문사회과학은 여전히 이분법에 근거한 지식의 박피를 드러내며 수백 년 전 뉴턴이나 다윈 같은 환원주의적 reductionistic 관점에 근거해 있다. 오늘날 인문사회과학이 현대 과학의 전일적 실재관(holistic vision of reality)을 반영하지 못하는 것은 학문의 분과화에 따른 이질적인 영역 간 소통 부재 때문이다. 특히 인문사회과학과 자연과학의 학문적 경계는 너무나 뚜렷해서 소통할 기회도 거의 없을 뿐더러, 심지어는 소통할 필요조차 느끼지 못하는 전공자들이 대부분이다. 자연과학 또한 인문사회과학과의 소통 부재로 인해 미시세계에 대한 실험 결과를 거시세계에 적용시킬 수 있는 인식의 토대를 구축하지 못함으로 해서 결과적으로 학문과 삶의 심대한 불화를 초래했다.

카프라에 의하면, 전 지구적인 각종 위기 현상은 이미 낡은 데카르트-뉴턴의 기계론적 세계관의 관점을 그러한 관점으로는 이해할 수도, 해결할 수도 없는 실제 상황에 무리하게 적용하려는 데서 비롯된 것으로 본질적으로 '인식의 위기(crisis of perception)'라고 한다. 따라서 생물적, 심리적, 사회적, 환경적 현상이 상호적으로 연결되어 있는 이 세계를 적절히 기술하기 위해서는 생태학적 전망(ecological perspective)이 필요하다는 것이다.[16] 여기서 생태학적 전망은 전일적·시스템적·통섭적인 관점과 일맥상통한다. 그리하여 그는 새로운 정치의 제1원리를 생태학에서 찾고 녹색정치의 위상을 새로운 생태 패러다임에 근거하는 것으로 규정 짓고 있다. 오늘의 인류가 직면한 전 지구적 차원의 생태 위기를 본질적으로 인식의 위기라고 본 카프라의 관점은 문제의 핵심을 간파한 것이다. 이러한 인식의 위기를 극복할 수 있기 위해서는 기계론적·환원론적 세계관에서 시스템적·전일적 세계관으로의 패러다임 전환이 이루어져야 하는데 현재 통용되고 있는 인문사회과학의 패러다임은 이러한 시대적 요구에 부응하지 못하고 있다.

　패러다임 전환의 필요성은 지난 수백 년간 근대 서구 사회의 형성과 여타 세계에 심대한 영향을 끼쳐 온 데카르트-뉴턴의 기계론적 세계관으로는 일체 현상이 상호적으로 연결된 오늘의 세계를 적절하게 설명할 수 없다는 데 있다. 다시 말해 국제정치의 영역과 세계 자본주의의 영역은 물론 문화와 이데올로기의 영역, 나아가 과학과 사유의 영역에까지 미치고 있는 복합적이고도 다차원적인 세계적 변화에 역동적으로 대처할 수 있기 위해서는 시스템적인 관점으로의 전환이 필수적이다. 따라서 생태학적 측면이 고려되지 않은, 단순히 성장 체제를 전제로 한 종래의 사회과학적 이론과 실제는 급속하게 진행되고 있는 생태 위기에 신속하고도 효율적으로 대처하기에는 무리가 있으므로 전일적인 생태 패러다임에 의해 재정립될 필요가 있다는 것이다.

　'근대 세계 체제(The Modern World System)'[17]에 대한 분석으로 널리 알려진

이매뉴얼 월러스틴(Immanuel Wallerstein)은 사회주의를 자본주의 세계체제 내에서 작동한 자본주의 체제의 일부로 파악하고, 이제 사회주의의 붕괴로 자유주의적 대안이 그 의미를 잃게 된 만큼 앞으로 50년 내 역동성을 상실한 현재의 세계체제가 붕괴할 것이라고 단언한다. 그가 진단하는 오늘날 사회과학의 위기는 이러한 체제 위기를 극복할 새로운 문명의 원리를 제시하지 못함으로써 변화의 가능성을 보여 주지 못한다는 데 있다. "세계화 시대의 국민국가는 큰 문제를 해결하기에는 너무 작고 작은 문제를 해결하기에는 너무 크다"라고 다니엘 벨(Daniel Bell)이 적절하게 표현했듯이, 국제적인 빈곤 퇴치운동에도 불구하고 날이 갈수록 심화되고 있는 국가간·지역간 빈부 양극화 현상은 복지국가와 국제 협력 체제의 한계를 실감케 한다. 게다가 기술 전쟁의 위험성 증대와 지구 생태계 위기는 국민국가가 해결하기에는 너무 큰 문제가 되어 버렸다.

그러면 대안적 사회과학의 틀은 무엇인가? 작은 이치에는 밝지만 큰 이치에는 어두운, 무절제한 지식욕구와 무익한 지적 호기심은 인류애나 진실 추구와 같은 보편적 가치에 그 뿌리를 두고 있지는 않은 것 같다. 작은 도리에는 밝지만 큰 도리에는 어두운, 정치권의 실종된 윤리의식도 마찬가지다. 도대체 무엇을 위한 지식이며, 누구를 위한 정치인가? 영국의 심리학자 리자 마샬(Lisa Marshall)의 연구 분석에 의하면, 정치인·증권브로커·범죄자는 합법·불법의 차이만 있을 뿐 공통된 정신질환적 특징을 가지고 있다고 한다. 이기주의, 상습적 거짓말, 천박한 언행, 무자비하게 다른 사람들을 이용하는 심리 등이 그것이다. 모든 사람이 다 그렇다고 할 수는 없겠지만 한번쯤은 생각해 볼 일이다.

이제 우리 지구촌은 '국민국가'의 한계를 넘어선 '제2의 근대'에 돌입하고 있다. '제1의 근대'의 패러다임에서 글로벌화는 국가와 정치, 사회와 문화 등이 지역적인 척도에 의해 해석되었다면, '제2의 근대'의 패러다임에서는 영토에 귀속된 국가 및 사회의 개념과 내용을 바꿔 놓음으로써 국가·민족·계급·인종·성·가족 등의 전통적인 개념들이 이제 그 구분의 정당성이나 효용성을 잃게 되었다. 4I, 즉 개인Individuals, 정보Information, 산업Industry, 투자Investment의 자유로운 국경 이동은 기존의 정치·경제 블록 개념을 크게 변화시키고 있으며, FTA 체결의 확산으로 점차 민족국가가 해체되고 지역경제 단위화 할 것이라는 전망이 무성하다. '정보화 혁명'과 초국적 경제 실체의 등장이라는 지구촌의 역동적 변화 추세에 비추어 볼 때, 윈-윈(win-win) 구조의 협력체계에 기초하여 '열린 사회'를 지향하는 세계시민사회 패러다임이야말로 대안적 사회과학의 틀을 형성하는 기초적 조건이 되는 것이라 하겠다.

지배와 복종의 이원적 구조를 토대로 한 종래의 정치이론과 실제는 우주와 생명의 본질에 대한 인식이 결여된 까닭에 복합적이고 다차원적인 현상이 연결된 오늘의 생태 위기를 적절하게 설명하지도 못할 뿐더러 그러한 위기에 효율적으로 대처할 수 없게 한다. 생태학적 측면이 고려된 새로운 정치학의 모색이 이루어져야 하는 것은 이 때문이다. 세계화의 시대를 살고 있는 오늘의 우리에게 시급한 현안으로 떠오르고 있는 지역화 regionalization와 세계화globalization, 특수성과 보편성의 유기적 통합문제 또한 UR(우루과이라운드), WTO(세계무역기구) 등 초국적 실체에 대한 인식 및 협력의 다층적 성격에 대한 이해와 더불어 초국적 패러다임을 모색하는 접근이 필요하다. 세계체제론의 입장에서 볼 때 동북아는 미국 헤게모니의 쇠퇴와 중국의 등장이라는 세계사적 변화를 담아 내고 있음은 물론, 한반도 통일의 새로운 발전 패러다임을 제시하는 틀을 제공하는 것으로 볼 수 있다.

특히 동북아 시대를 맞이하여 초국적 발전 패러다임에 대한 연구는 국가를 분석 단위로 한 기존의 사회과학의 틀을 뛰어넘어 남북 문제를 한반도를 둘러싼 동북아의 역동적인 거시적 변화와 연결시킴으로써 제로섬 (zero-sum) 게임이 아닌 윈-윈 게임이라는 새로운 발전 패러다임을 제시할 수 있게 한다는 점에서 시의적절하다. 다시 말해 동북아 체제로의 전환 과정에서 영토 분쟁의 핵으로 떠오르고 있는 만주 지역의 영토 주권과 역사 주권의 갈등 해소나 동북아와 세계의 평화 질서 구축과 같은 시급한 현안에 대해 오늘의 상황에 맞는 새로운 패러다임을 창출할 수 있게 함으로써 남북통일은 물론 동북아 시대의 본격적인 개막을 가능하게 하는 단초를 제공할 수 있게 한다는 점에서 그 의미는 자못 크다 하겠다.

근대 인간 중심의 세계에서 정치 영역은 인간의 복지 구현을 주요 기능으로 담당한 국가가 배타적 권한을 행사하였다. 이제 생명계의 시스템적 성격이 강조되는 오늘의 세계에서 정치 영역은 국가의 경계를 넘어 세계 시민사회로까지 확장되고 있는 추세이다. 말하자면 초국적 경제 실체의 등장과 다국적 기업의 확대에 따른 세계경제의 출현으로 경제의 세계화와 더불어 정치의 세계화·문화의 세계화가 가속화되면서 NGO의 활동 증대에 따른 시민사회의 활성화로 정치가 더 이상은 국가의 배타적 영역이 될 수 없게 된 것이다. 이러한 정치 영역의 확장은 공존의 룰을 무시한 특정 국가 중심의 세계 질서나 다양한 시민사회를 의식하지 않은 국가 중심의 세계 질서에 대한 NGO의 연대적 반란에서 선명하게 드러난다. 고전적 의미에서 정치의 탈정치화 현상이 나타나게 된 것도 정치와 비정치의 구분이 점차 사라지면서 정치 영역이 대폭적으로 확장된 데 따른 것이다.

오늘의 정치학은 '가치의 권위적 배분', '분배적 정의' 등을 표방하는 것과는 별도로 정치의 주체인 인간이 인간과 비인간 모두로부터 소외되고 있는 현실에 대해 진지하게 고민하지 않을 수 없게 되었다. 말하자면 생태계 보전을 위해 인간과 인간, 인간과 우주자연의 새로운 관계 정립에 대해 생각하지 않을 수 없게 된 것이다. 그러나 지금까지 생태학적 논의는 주로 철학적·사회학적 및 경제학적 차원에서 이루어져 온 까닭에 총체적인 생태 위기 내지는 인간 실존의 위기에 효율적으로 대처하기에는 미흡했다. 예컨대 풀뿌리 민주주의, 분권화, 비폭력, 사회적 책임 등과 같은 원칙에서 나타나듯 생태학적 논의가 고도의 정치성을 내포하고 있음에도 정치학적 차원에서의 논의나 정치실천적 차원의 노력은 상대적으로 미약했던 것이 사실이다. 이는 21세기에 진입한 지금에도 20세기 파워 폴리틱스의 유산이 여전히 정치학적 논의의 기본 틀이 되고 있고, 국제정치 무대에서도 정치 행위자들의 행위 준거가 국제정의(international justice)가 아닌 국익(national interests)에 초점이 맞춰져 있다는 사실에서 잘 드러난다.

정치학과 생태학이 결합된 생태정치학적 담론은 1970년대 초에 등장하여 1970년대 말과 1980년대 초에 들어 비평담론으로서 확고한 위치를 굳히게 된다. 생태정치학은 자율성과 평등성에 기초한 세계시민사회의 영역을 그 대상으로 한다. 다시 말해 21세기 정치학의 메가트렌드인 생태정치학은 국민국가 패러다임에서 세계시민사회 패러다임으로, 빅 프레임(big frame) 체제에서 그랜드 네트워크(grand network) 체제로의 전환을 요구한다. 생태정치학은 전일적인 생명 과정을 포괄하는 새로운 사회과학적 패러다임의 수립과 더불어 전체 생물권 내지 생명권 또는 우주권으로의 의식 확장을 통해 인간과 인간, 인간과 우주자연의 연대성을 회복함으로써 공존의 대안적 사회를 구현하기 위한 것이다. 오늘의 생태적 사유는 이 우주를 자기생성적 네트워크 체제로 인식하는 양자역학적 실재관과 일치한다는 점에서 생물학적 이용가능성bioavailability 내지는 환경보호의 유용성utility에 근거한 소극적 의미의 환경보호와는 차원을 달리하는 것이다.

서구 산업문명은 이제 전 지구적 자원과 환경이 이를 지탱할 수 없는 상태에까지 이르게 하고 있다. 카프라가 새로운 정치의 제1원리를 생태학에서 찾고 녹색정치의 위상을 새로운 생태 패러다임에 근거하는 것으로 규정짓는 것은 이 때문이다. 생태계 보전은 단순히 환경정책의 강화나 기술적 능력의 증대만으로 달성될 수 있는 것이 아니다. 인간 중심의 가치관에서 생명 중심의 가치관으로의 패러다임 전환을 통해 근대의 과학적 합리주의 내지 실증주의는 전일적인 생명과정을 포괄하는 생태 합리주의로 일신해야 한다. 이는 곧 인류가 처한 생태 위기에 효율적으로 대처할 수 있는 위기관리(crisis management) 능력을 배양하기 위한 것이다. 인문사회과학과 생태학의 접합은 물질적 성장 제일주의가 아닌 인간의 의식 성장을 목표로 하는 것이어야 한다. 이는 곧 근대 서구의 세계관과 가치체계의 근본적인 변화를 의미하는 것으로 데카르트-뉴턴의 기계론적 세계관으로부터 전일적인 실재관으로의 패러다임 전환과 맥을 같이 하는 것이다. 이제 인류 문명의 구조를 생태 패러다임으로 재구성해야 할 시점에 이른 것이다.

우리의 시대적·역사적 과제는 국민국가의 패러다임을 넘어선 초국적 발전 패러다임의 모색이다. 다시 말해 주권국가를 기본 단위로 하는 연대의 내재적 한계를 극복할 수 있는, 이른바 윈-윈 구조의 협력체계의 가능성을 열어 보이는 것이다. 지정학적으로나 경제지리학적으로 또는 물류 유통상으로 동북아 지역의 통합적 가치가 증대하고 있는 현 시점에서 새로운 동북아 시대를 여는 해법을 제공할 수 있어야 한다. EU(유럽연합)와 NAFTA(북미자유무역지대) 등 지역주의 추세의 심화로 아시아도 지역경제권을 형성하여 이에 대응해야 한다는 경쟁적 논의가 일고 있는 현 시점에서 초국적 발전 패러다임은 경제적 지역주의(economic regionalism)와 세계화의 조화를 통해 동북아 경제의 미래를 보다 예측 가능하게 할 것이고 그에 따라 동북아 연대 또한 보다 탄력을 받게 될 것이다. 오늘날 전 지구적 생태 위기 극복의 양대 축을 이루는 대체 에너지와 식량 문제의 해결 또한 세계 시민사회의 연대에 의거한 초국적 발전 패러다임의 모색이 필요하다.

자유민주주의의 생명력은—적어도 이념상으로는—치자와 피치자의 자동성의 원리에 입각하여 자발적 복종의 개념을 중시하고 정치 참여를 활성화시킨 데 있다. 그러나 정치참여의 활성화는 생태적으로 지속 가능한 발전을 위한 필요조건은 될지언정 충분조건은 될 수 없다는 세계환경발전위원회WCED의 입장은 자유민주주의가 직면한 생태적 딜레마를 명징하게 보여준다. 오늘날 자유민주주의는 오로지 물질적 성장이라는 신화를 꿈꾸며 주체와 객체의 이분법에 근거한 패러다임의 태생적 한계로 인해 존재의 자기근원성에 대한 인식이나 인간 존재의 세 중심축인 천·지·인 삼재의 연관성에 대한 자각이 이루어지지 못함으로 해서 생명의 본질에서 점차 멀어지게 되었다. 다시 말해 개인적 가치를 공동체적 가치와 결합시키지 못함으로 해서 오늘의 생태 위기에 그 어떤 효율적인 방안도 내놓지 못하고 있는 실정이다. 물질에서 의식으로의 패러다임 전환이 이루어져야 하는 것은 이 때문이다.

서구적 근대의 초극이 단순한 선언적 의미로서가 아니라 세계사적인 실천으로 나타날 수 있기 위해서는 개인과 국가와 세계를 관통하는 새로운 세계관 및 역사관의 정립과 더불어 근대 초극의 방향과 방법에 대한 구체적인 논의가 필요하다. 그것은 천·지·인 삼재의 융화에 기초한 상고上古 '한' 사상의 부활과 맥을 같이 한다. 이제 우리 인류는 제2의 르네상스, 제2의 종교개혁을 통해 신성과 이성의 화해에 기초한 생명과 평화의 새로운 문명을 열어야 할 시점에 와 있다. 서구의 르네상스와 종교개혁이 신 중심의 세계관에서 인간 중심의 세계관으로의 이행을 촉발함으로써 유럽 근대사의 기점을 이루었다면, 제2의 르네상스, 제2의 종교개혁은 물질에서 의식으로의 방향 전환을 통해 지구촌 차원의 새로운 정신문명시대를 여는 계기가 될 것이다. 따라서 유럽적이고 기독교적인 서구의 르네상스나 종교개혁과는 그 깊이와 폭이 다를 수밖에 없다. 그것은 전 인류적이고 전 지구적이며 전 우주적인 존재혁명이 될 것이다. 존재혁명을 통한 신인류의 탄생과 더불어 인문사회과학 또한 통섭적 사고에 기초한 학문적 재범주화의 과정을 거쳐 새로운 형태로 전개될 것이다.

인문사회과학과 자연과학의 통섭

근대 분과 학문의 경계를 허물고 지식의 융합을 통해 복합적이며 다차원적인 세계적 변화의 역동성에 대처하려는 움직임이 전 세계적으로 일고 있다. 자원과 에너지의 과잉소비, 지구 경제의 남북 간 분배 불균형, 빈곤과 실업의 악순환, 민족간·종교간·지역간·국가간 대립과 분쟁의 격화, 군사비 지출 증대, 지구 온난화와 오존층 파괴, 생물종 다양성의 감소와 대기·해양의 오염, 유해폐기물 교역과 공해산업의 해외 수출 등 우리를 괴롭히는 이슈들은 자연과학적 지식과 인문사회과학적 지식의 경계를 넘나들지 않고서는 해결될 수 없는 것이 대부분이다.

최근 방영된 EBS 다큐 프라임 '햄버거 커넥션(Hamburger Connection)'은 인류가 직면한 문제 해결의 관건이 바로 우리의 세계관과 사고방식 및 가치체계라는 사실을 잘 말하여 준다. 햄버거에 숨어 있는 '불편한 진실'의 하나는 바로 햄버거가 열대림과 맞바꾸어 만들어졌다는 사실이다. '햄버거 커넥션'이란 햄버거의 재료가 되는 질 좋은 중앙아메리카산 소고기를 얻기 위해 조성되는 목장이 중앙아메리카 곳곳에서 열대림의 대규모적인 파괴 현상으로 이어지는 것을 말한다. 베스트셀러 작가이자 환경 파수꾼인 톰 하트만이 그의 저서 『우리 문명의 마지막 시간들 The Last Hours of Ancient Sunlight』에서 지적하고 있는 문제의 핵심은 우리 인류가 귀 기울여야 할 의미심장한 대목이다.

우리가 겪는 문제들은 과학기술이나 식량생산, 언론 폭력같이 우리가 저지른 일들 때문에 생긴 게 아니라는 점이다. 그것들은 우리 문화에서, 말하자면 세계관에서 생겼다. 세상 위기에 대한 대부분의 해결책이 비현실적인 이유는 그것들이 문제를 일으킨 바로 그 세계관에서 나온 것들이기 때문이다. 앞으로 보게 되겠지만, 재활용이 세상을 구하지는 못하고, 산아제한이 세상을 구하지는 못하며, 이제 얼마 남지 않은 열대우림의 보존이 세상을 구하지는 못한다. 설사 이 모든 바람직한 실천들이 완벽하게 이루어진다 해도, 우리의 근본문제는 여전히 남을 것이고, 불가피하게 되풀이될 것이다. 설사 상온 핵융합 방식이 성공하여 석유 사용을 그만두고 모든 사람에게 무료로 전기를 공급해준다 해도, 그것이 '세상을 구하지는' 못할 것이다. 진실로 의미 있는 변화가 이루어지려면 세상을 바라보고 받아들이는 방식을 바꿔야 한다. 자연스런 인구조절과 산림복구, 공동체의 재창조, 물자 낭비의 감소는 이런 시각 변화가 있고서야 가능하다.[18]

오늘날 학문의 전문화, 세분화 현상은 사회구조의 분화 및 전문화의 요청에 따른 것이다. 이러한 분화 및 전문화가 사회적 효율성을 증대시키고 획기적인 물질적 진보를 이룩하는 데 기여하긴 했지만, 개체화 현상에 따른 사회적 응집력의 약화와 각종 사회적 병리현상으로 공동체 해체 현상까지 낳기에 이르렀다. 지금까지 사회과학, 자연과학 그리고 인문학 분야는 물론 각 분야 내의 세부 전공 분야까지도 학문간 경계가 뚜렷하여 학문간 상호 이해를 어렵게 만들었을 뿐 아니라 학문적 의사소통 자체를 불가능하게 만들다시피 했다. 이로 인해 복합적이고 다층적인 현실 문제에 대한 대처 능력이나 실천적 해결 능력 또한 미비할 수밖에 없었다.

인문사회과학과 자연과학의 통섭은 의식과 과학의 통합을 추구하는 노력의 연장선상에서 성리와 물리의 통섭으로 나타난다. 성품의 이치와 사물의 이치는 실물과 그림자의 관계와도 같이 상호 조응하는 까닭에 물리 세계는 성리에 대한 인식의 바탕이 없이는 명쾌하게 설명될 수 없다. 물리와 성리는 물질과 정신, 작용과 본체, 가변과 불변이라는 불가분의 표리관계로서 통섭적 사고를 통해서만 그 통합성이 이해될 수 있다. 실제 영토와는 무관한 지도가 의미가 없듯이, 실제 삶과는 유리된 단순한 지식 차원의 통섭은 의미가 없다. 실천적인 삶 속에서 이루어지지 않는 통섭은 실제 영토와는 무관한 상상의 지도에 불과하다. 통섭의 기술은 전일성을 그 본질로 하는 영성 계발이 관건이다. 영성이 깨어날 때 비로소 통섭이 일어난다. 통섭은 의식의 진화에 따른 열린 의식의 산물로서 단순히 물리적 실험을 통해 일어날 수 있는 것이 아니다. 지도가 영토 그 자체가 될 수 없듯이, 의식이 깨어나지 않고서는 지식의 통섭은 한갓 지적 희론에 불과할 뿐, 삶의 통섭으로 연결될 수가 없다.

여기서 운위되는 인문사회과학과 자연과학의 통섭은 전자가 후자에 종속되는 환원적 통합이 아니라 상호 관통하는 대등한 의미의 통섭이라는 점에서 에드워드 윌슨의 자연과학 중심의 통섭 논리와는 구별된다. "통섭을 입증하거나 반박하는 것은 자연과학에서 개발된 방법을 통해서만 가능하다"[19]라고 한 윌슨의 말은 이성과 논리의 세계에 갇혀 있는 듯이 보인다. 진리는 특정 학문의 경계에 머물지 아니하므로 학문의 국경을 고수하고자 한다면 진리의 궤적을 추적할 수가 없다. 학문의 영역들 간의 통섭이 이루어져 학문의 경계를 자유롭게 넘나드는 학문의 세계화가 이루어질 때 소통하는 삶 또한 기대해 볼 수 있을 것이다. 통섭은 원효가 화쟁의 방법으로 제시한 개합開合의 논리에서 보듯 전개와 통합, 분석과 종합이 자유로워야 하며, 이 세상 모든 것은 상호 유기적인 관련 속에 있고 전체와 부분은 함께 있으므로 어떤 경우에도 "산山을 버리고 골짜기로 돌아가거나 나무를 버리고 숲 속으로 달려가는 격"이 되어서는 안 될 것이다.

"이 세상에는 다수의 진리가 존재하는가? 아니면 단 하나의 기본 진리만이 존재하는가?"[20]라는 윌슨의 질문은 전개와 통합이 자유로운 통섭의 본질을 이해하지 못한 데서 오는 것이다. 무수한 사상事象이 펼쳐진 다多의 현상계와 그 무수한 사상이 하나로 접힌 일一의 본체계는 상호 조응해 있으며 상호 관통하므로 다多가 진리이듯, 일一 또한 진리이다. 생명의 본체인 하늘[一]이 진리이듯, 그 작용인 우주만물[多] 또한 진리이다. 윌슨이 중시하는 '경험적 시험(empirical tests)', 즉 환원주의에 근거한 분자생물학적 접근으로는 본체와 작용, 전일성과 다양성, 전체성과 개체성의 상호 관통을 이해할 수가 없는 것이다. 통섭의 노력이 일체를 관통하는 보편적인 진리에 이르기 위한 것이라면, 그것은 일심의 기능적 측면과 관계된다. 분화와 통합, 개체의 가치성과 공동체의 가치성을 포괄하는 통섭의 주체는 바로 일심이다.

1세기경 인도의 대논사大論師로 알려진 아슈바고샤(Ashvaghosha 馬鳴)는 그의 『대승기신론』에서 대승을 한낱 교리체계가 아닌 마음으로 표현했다. 원효 또한 '일심위대승법一心爲大乘法'이라 하여 일심의 근원성·포괄성·보편성을 강조했다.

> 실로 이 마음으로 말미암아 이 세상의 모든 것이 다 포괄되며, 이 세상의 모든 것 자체는 오직 일심일 따름이다. 소승小乘에서 일체의 것이 각기 그 자체를 가지고 있다고 하는 것과는 같지가 않다. 고로 일심을 대승大乘의 법이라고 말하는 것이다.[21]

그런데 여기서 원효는 '수기육도지랑 불출일심지해(雖起六道之浪 不出一心之海)'라 하여 비록 육도六道의 파랑이 일지만 일심의 바다를 벗어나지 않는다고 보고 이 일심의 바다는 일체의 세간법世間法과 출出세간법을 다 포괄한다고 하였다. 현상계와 본체계를 넘나드는 일심의 통섭적 기능을 보여 주는 대목이다. 『대승기신론별기』에서는 '사상유시일심四相唯是一心'[22]이라 하여 '사상'—생生·주住·이異·멸滅—이 일심일 뿐임을 강조하고, 마음과 '사상'의 뜻을 바닷물과 파도에 비유하고 있다.

마치 바닷물이 움직이는 것과 같이 바닷물의 움직임을 파도라고 설명하지만, 파도는 그 스스로의 본체가 없다. 따라서 파도의 움직임은 없다고 한다. 물은 그 스스로의 본체를 가지고 있으므로 물의 움직임이 있다고 한다. 마음과 사상四相의 뜻도 역시 이와 같다.[23]

일체 현상은 근본적인 전일성Oneness의 현시顯示이며 모든 사물의 전일성과 상호연관성을 깨달아 고립된 개별아個別我라는 관념을 초극할 때 궁극적 실재와 합일될 수 있다. 말하자면 만물은 이 우주 전체와 상호의존적인 불가분의 부분들로서 동일한 궁극적 실재의 다른 현현이다. 사물들 전체의 단일성이 개오開悟되지 못할 때 개체화되고 무지無知가 일어나서 온갖 부정한 심상이 커지는 것이다. 따라서 일체의 집착은 인간의 근본적인 망상이며, 그것을 떠난 본래의 마음을 회복하면 대승大乘이 스스로 그 모습을 드러내어 비로소 상대적 차별성을 떠난 여실如實한 대긍정의 경지에 이르는 것이다. 바로 이 진여한 마음, 즉 일심이 원융회통圓融會通의 주체요 통섭의 주체인 것이다.

오늘날의 지식혁명은 통섭의 형태로 전개되고 있다. 통섭에 대한 믿음은 자연과학의 근간이라고 윌슨은 말한다. 자연과학 분과 사이의 경계들은 물리화학에서부터 분자유전학, 화학생태학 그리고 생태유전학에 이르기까지 다양한 수준의 혼성 영역(hybrid domains)이 생겨나면서 사라지고 있으며 그러한 영역에서 통섭이 일어나고 있다.[24] 윌슨이 말하는 "통섭적 세계관의 요점은 인간 종의 고유한 특성과 문화가 자연과학과 인과적인 설명으로 연결될 때에만 온전한 의미를 갖는다."[25] 그에 의하면 "사회과학은 세분화되어 어떤 부분은 생물학으로 편입되거나 그 연장선상에 있게 될 것이고 그 밖의 부분들은 인문학과 융합될 것"이므로 21세기 학문의 거대한 두 가지는 과학과 인문학, 특히 창조적 예술이 될 것이라고 전망한다. "사회과학의 분과들은 계속해서 존재하겠지만 그 형태는 근본적으로 변할 것이고, 철학, 역사학·윤리학·비교종교학·미학을 아우르는 인문학은 과학에 접근할 것이며 부분적으로 과학과 융합할 것"[26]이라고 보는 것이다.

이처럼 윌슨은 사회과학—그가 말하는 사회과학의 범주는 인류학, 사회학, 경제학 그리고 정치학을 포괄하고 있다—의 지위에 대해 매우 회의적인 태도를 보이는데 이는 의학과의 비교에서 분명히 드러난다. 의학과 사회과학은 둘 다 사회적으로 중요하고 긴급하며 복잡한 문제들을 해결해야 하는 임무를 맡고 있다. 윌슨에 의하면 의학이 극적으로 진보하고 있는 반면, 사회과학은 그 진보가 훨씬 느리다는 것이다. 신경생물학자·미생물학자 그리고 분자유전학자는 경쟁 속에서도 서로를 이해하고 격려하는 반면, 인류학자·경제학자·사회학자 그리고 정치학자는 서로를 이해하지도 격려하지도 못한다는 것이다. 그는 사회과학과 의학 두 영역 간의 결정적인 차이점이 통섭이라고 말한다. 의학자들은 분자생물학과 세포생물학의 정합적 토대에 기초하여 건강과 질병의 요소들을 생물 물리학적 화학(biophysical chemistry)의 수준까지 내려가서 연구하는 반면, 사회과학자들은 막대한 양의 사실적 정보와 세련된 통계 기법들을 활용하고 있기는 하지만 통합과 그러한 비전 제시를 위해 노력하지 않는다는 것이다.[27]

윌슨은 사회과학자들이 대체로 자연과학을 통일시키고 이끌어가는 지식의 위계성 개념을 일축하며, 과학적 심리학과 생물학의 발견들을 무시한다고 본다. 사회과학자들은 공산주의 지배의 힘을 과대평가한 반면 인종적·민족적 적개심을 과소평가함으로써 소련의 붕괴를 예측하지 못했을 뿐더러, 여전히 그 원인들에 대해 일치된 견해를 제시하지 못하고 있다는 것이다. 그는 자연과학을 가장 닮은 분과인 경제학의 경우도 마찬가지라고 보고 경제학을 비롯한 사회과학에 심리학과 생물학의 도입 필요성을 제기한다. 간단히 말해 사회과학자들은 인간 본성의 토대에 주목하지 못했으며 그 본성의 깊은 기원에 대해 거의 관심을 갖지 않았다는 것이다.[28]

월슨에 의하면 통섭을 향한 첫 걸음은 사회과학이 서술적·분석적 지향성을 가질 때 진정한 과학이 되겠지만 아직은 진정한 과학이 아니라는 사실을 인식하는 것이다. 사회과학은 풍부한 자료에 근거하여 사회현상들을 체계적으로 분류한다는 점에서 초기 자연사 전통의 자연과학과 동일한 일반적 특징을 갖는다고 본다. 사회과학은 예기치 않은 공동 행동의 양상을 발견해 왔고 역사와 문화적 진화의 상호 작용을 성공적으로 추적해 왔다는 것이다. 그러나 월슨은 사회과학이 "사회로부터 마음과 두뇌에 이르기까지 여러 수준의 조직을 관통하는 인과적 설명망(a web of causal explanation)을 만들어내지는 못했다"[29]고 보고 그러한 이유로 진정한 과학 이론의 본질을 결여하고 있다고 보는 것이다. 그는 사회과학과 자연과학을 잇는 4개의 교량으로 인지뇌과학·인간행동유전학·진화생물학·환경과학의 역할을 강조하는데,[30] 그의 통섭체계에서 보면 이 네 분야는 교량의 역할을 한다기보다는 사회과학을 자연과학으로 환원시키는 역할을 한다고 보는 것이 옳을 것이다.[31] 결국 월슨의 논의를 종합하면, 사회과학과 인문학은 궁극적으로 자연과학, 특히 유전학·뇌과학·진화학과 같은 생명과학으로 환원되는 것으로 나타난다.

오늘날 대부분의 사회과학자들이 통합과 그러한 비전 제시를 위해 노력하지도, 노력할 필요도 느끼지 않은 채 자연과학적 지식의 박피를 드러내고 있다는 것은 부인할 수 없는 사실이다. 그럼에도 사회과학과 창조적 예술을 기본으로 하는 인문학이 자연과학, 특히 유전학·뇌과학·진화학으로 환원된다는 월슨의 사회생물학적 통섭 논리는 근원성·포괄성·보편성을 띠는 통섭의 본질과 부합되지 않는다. 통섭은 종속적 환원주의가 아니라 상호 관통하는 대등한 의미의 통섭이어야 하기 때문이다. 월슨을 비롯한 사회생물학자들과 진화심리학자들의 사회생물학적 통섭 논리는 "인간의 심리, 행동, 문화, 사회, 정치, 도덕 및 감성 등을 인간 종이 공유하고 있는 진화적 속성으로부터 완전히 분리하여 인간의 '자연적 속성'을 무시한 채 오로지 '문화적 속성'으로만 파악하려는 이원론적 설명방식을 고수하는 전통적 사회과학자들에 대한 비판적 함의를 지니고 있다."[32] 현대 과학이 혁명적으로 발견한 새로운 차원의 우주와 자연과는 거리가 먼, 환원주의에 근거한 분자생물학적 방식으로는 새로운 통합 학문의 시대를 열 수가 없다. 자연과학 중심의 반反통섭적 사고는 무엇이 통섭인지를 역설적으로 보여 주는 것이라는 점에서 통섭 논쟁에 불을 붙이는 도화선이 될 수 있을 것이다. 이러한 모든 과정이 통섭의 한 과정임을 직시할 때 진정한 통섭이 일어날 수 있다.

통섭은 본질적으로 논리와 초논리, 이성과 신성, 물성과 영성을 넘나듦이 없이는 일어날 수 없다. 이러한 통섭의 본질에 대한 무지는 우주의 본질인 생명에 대한 무지에서 오는 것이다. 본체와 작용을 상호 관통하는 생명의 역동적 본질을 이해하지 못하는 데서 오는 것이다. 이 우주에 분리되어 존재하는 것은 아무 것도 없으며 모두가 연결되어 있다. 분리된 것처럼 보이는 복잡한 현상들이 실제로는 통합되어 있음을 아는 것은 의식의 작용에 의해서이다. 고대의 현자들은 월슨이 말하는 과학으로부터 사실적인 지식을 공급받지 않고도 진리를 이해할 수 있었다. 그것은 바로 직관을 통해서이다. 직관의 영역은 비논리가 아니라 초논리의 영역이며, 이성이 아니라 초이성의 영역이다. 그가 말하는 과학이란 진리에 접근하는 한 방법일 뿐, 유일한 방법은 아니다. 다양한 분야의 지식이 단순히 축적된다고 해서 진리에 접근할 수 있는 것은 아니다. 우리가 누구이며 왜 여기에 있는지를 이해할 수 있기 위해서는 전문화라는 도그마에서 벗어나 통섭적 접근이 필요하다. 원융무애한 통섭의 본질을 이해하지 못하고서 통섭을 논하는 것은 언어의 유희에 불과하며 실재성이 없다.

통합 학문과
퓨전 코드

21세기에 들어서면서 거의 모든 학문 분야에 통합integration 바람이 거세게 불고 있다. 세계는 지금 공존공영을 위해 호모 레시프로쿠스(Homo Reciprocus: 상호 의존하는 인간)·호모 심비우스(Homo Symbious: 공생하는 인간)의 새로운 문명을 모색하고 있는 중이다. 미국 뉴멕시코주 산타페 연구소는 근대 분과학문의 경계를 넘는 통합 학문―물리학·생물학·컴퓨터학 같은 과학 및 기술분야, 환경·정치·경제 같은 인문사회과학 영역을 아우르는―의 연구를 통해 새로운 문명의 가능성을 탐색한다. 남아공의 스텔렌보쉬 연구소도 아프리카의 지역 문제에 대한 연구 외에 각 분야 첨단지식의 교류와 융합으로 자연과학과 인문사회과학을 통합하는 '새롭고 종합적인 학문'을 탐색한다. 네덜란드 헤이그의 라테나우 연구소는 과학과 기술의 발전이 인간의 삶의 양식과 사회구조 전반에 미치는 영향을 분석 연구하는 대표적인 연구소로 매년 주목할 만한 각종 보고서를 내고 있다.[33]

근년에 들어 과학기술의 융합 현상이 여러 학문 분과에서 동시다발적으로 진행되면서 '통합 학문'의 시대를 촉발시키고, 사회 전 분야에 걸쳐 혼융을 통해 새로운 문화를 창출해 내는 '퓨전fusion' 코드의 급부상을 초래하고 있다. 말하자면 과학기술 패러다임의 변화가 지식의 대통합을 통해 총체적인 패러다임 전환을 주도하고 있는 것이다. 기술융합이 단일 기술로는 해결하기 어려운 의료복지, 환경 등의 복합적인 문제 해결을 위한 사회적 필요에 의해 생겨난 것이듯, 지식 통합 또한 개별 학문의 지식만으로는 해결하기 어려운 현대 사회의 복합적인 문제 해결을 위한 사회적 필요에 의해 생겨난 것이다. 기술융합이 현재의 경제적·기술적 정체상태를 돌파할 수 있게 함으로써 모든 산업분야에서 근본적인 변화를 추동해낼 전망이듯, 지식통합 또한 협소한 전문화의 도그마에서 벗어날 수 있게 함으로써 전 인류적이고 전 지구적이며 전 우주적인 존재혁명을 추동해 낼 전망이다.

월슨의 '통합 학문의 꿈'은 서구 계몽주의의 지적 유산을 계승하여 인간의 앎의 능력을 신뢰하며[34] 자연과학을 통섭의 주축으로 삼아 지식의 대통합을 지향하는 것이었다. 나아가 그는 생물학 내지는 물질과학의 지식에 근거하여 인간의 사고와 행위의 윤리적 지침을 마련하고자 했다.[35] 생물학에 근거하여 자연과학과 인문사회과학의 통섭을 지향하는 그의 사회생물학적 통합 논리는 '종속적 환원주의'라는 이유로 많은 비판에 직면해 있다.* 월슨은 스즈끼(D. T. Suzuki)의 다음 말을 한 번쯤은 음미해 볼 필요가 있을지도 모른다.

…자아에 관한 지식은 과학적 연구가 종료됐을 때, (그래서 과학자들이) 그

들의 모든 실험 도구들을 내려 놓고 더 이상 연구를 지속할 수 없다고 고백했을 때라야만 가능하다.[36]

이 시대의 초개인심리학(transpersonal psychology) 분야의 대가이자 대표적 포스트모던 사상가인 켄 윌버의 홀라키적 전일주의(holarchic holism)가 보여주는 통합 패러다임[37]은 통합 학문의 연구에 유용한 틀을 제시한다. 윌버는 '통합적integral'이란 용어를 '다양성 속의 통일unity-in-diversity' [38]이라는 의미로 사용한다. 즉, 의식과 물질, 내면과 외면, 자아와 세계, 주관과 객관이 모두 '한맛(One Taste)'이라는 것이다. 윌버의 홀라키적 우주론(Holarchic Kosmology)[39]에 의하면 이 우주 속의 모든 것은 상호 연결되어 있는 까닭에 홀라키적인 다차원적 생명의 그물망을 형성한다는 것이다. 그것은 대승불교의 중관中觀·유식唯識·화엄華嚴사상, 힌두교의 베단타 철학 등에 그 뿌리를 두고 있다. 그는 모든 실재가 홀론으로 구성되어 있고, 모든 홀론은 작인(作因 agency 또는 self-preservation), 공생(communion 또는 self-adaptation), 초월

＊ 최종덕 상지대 교수(철학)는 2007년 7월 말 '韓國醫哲學會' 여름 세미나에서 발표한 "통섭에 대한 오해"라는 글에서 "최재천 이화여대 교수가 번역한 '통섭'이라는 말이 학계의 충분한 성찰적 논의 없이 무분별하게 쓰이고 있다"고 밝혔다(『경향신문』 2007년 8월 6일자). 또한 2008년 12월 3일 삼성뮤지엄 아카데미 강의에서 김상현 교수는 "근대화 이후 서양의 학문 방법에 크게 영향 받고 있는 우리 학계 또한 크게 세분화됨으로서 전체를 아우르는 안목을 잃어가는 형편이기 때문에 '지식의 대통합'을 선창하며 학문의 경계를 허물고 일관된 이론의 실로 꿰는 범학문적 접근을 할 때가 됐다고 외치는 최 교수의 주장을 경청할 필요가 있다"며 그의 의견에 일부분 동조했다. 그러나 김 교수는 "그것이 에드워드 윌슨의 통섭 이론과 같이 모든 학문이 자연과학에 포섭되고 궁극적으로 환원된다는 논리는 안 된다"고 비판했다(http://www.mediabuddha.net) (2009.10.10) (transcendence 또는 eros), 분해(dissolution 또는 thanatos)라는 네 가지 추동력을 공유하며 홀라키적으로 창발한다고 본다.[40] 그는 홀론holons이 홀라키적으로 창발하는 것을 아서 쾨슬러(Arthur Koestler)의 자연적 위계(natural hierarchy)라는 용어를 사용하여 설명하면서 자연적 위계가 곧 홀라키라고 말한다.

자연적 위계란 입자에서 원자, 세포, 유기체로, 혹은 낱글자에서 단어, 문장, 문단으로의 관계에서 보듯 단순히 점증하는 전체성의 질서이다. 한 수준의 전체는 보다 큰 전체의 부분이 된다. 환언하면, 자연적 위계는 홀론으로 구성되어 있다. 그래서 쾨슬러는 "위계"를 "홀라키"라고 불러야 마땅하다고 했는데, 그의 말은 절대적으로 옳다. 사실상 물질에서 생명으로, 마음으로의 모든 성장 과정은 자연적 홀라키 혹은 점증하는 전일성과 전체성의 질서—새로운 전체의 부분이 되는 전체—를 통하여 일어난다. 그것이 자연적 위계 혹은 홀라키라고 하는 것이다.

A natural hierarchy is simply an order of increasing wholeness, such as: particles to atoms to cells to organisms, or letters to words to sentences to paragraphs. The whole of one level becomes a part of the whole of the next. In other words, natural hierarchies are composed of holons. And thus, said Koestler, "hierarchy" should really be called "holarchy." He's absolutely right. Virtually all growth processes, from matter to life to mind, occur via natural holarchies, or orders of increasing holism and wholeness—wholes that become parts of new wholes—and that's natural hierarchy or holarchy.[41]

쾨슬러의 저서 『기계속의 유령 *The Ghost in the Machine*』(1967)에서 처음 사용된 홀론이라는 용어는 그리스어 홀로스(holos 전체)와 온(on 부분)의 합성어로 전체와 부분이 상즉상입相卽相入의 구조로 상호 연기緣起하고 있음을 나타낸 용어이다. 홀론은 그 자체로서 전체 시스템을 이루기도 하지만, 더 큰 시스템의 부분이 되기도 하는 것이다. 전체와 부분의 관계는 대우주와 소우주의 관계에서 분명히 드러난다. 소우주인 우주만물은 대우주의 자기현현인 까닭에 소우주와 대우주는 상호 포괄하지 않음이 없고 포괄되지 않음도 없는 것이다. 물질의 궁극적 본질이 비물질과 다르지 않은 데서 기인하는 물질의 공성voidness[42]을 이해한다면, 보이지 않는 무한의 대우주[비존재]와 보이는 유한의 소우주[존재]가 영성과 물성의 관계로서 상호 의존·상호 관통하고 있음을 자연히 알게 되는 것이다. 다시 말해 이 우주가 생명의 전일적인 흐름 속에 있음을 알게 되는 것이다.

윌버는 라마나 마하리쉬의 말을 빌려 "문맹한 사람은 무지하고 교육을 받은 사람은 유식하게 무지하다"라고 하며 이 양자는 모두 이원론적이고 상징적인 앎의 방식에만 관심을 갖는 까닭에 비이원론적 앎의 방식인 '진정한 목표'를 알지 못한다고 말한다.[43] 현상적인 우주를 창조한 최초의 분리 행동, 우리 자신을 현상의 세계에 가둬 버린 최초의 분리 행동을 윌버는 '근본적인 이원주의(the Primary Dualism)'라고 부른다. "인식론적으로 그것은 인식자를 인식 대상과 분리하는 행위이고, 존재론적으로 무한한 것을 유한한 것과 분리하는 행위이고, 신학적으로 그것은 원죄이며, 일반적으로 우리는 그것을 주체와 객체로의 가공의 분리"라고 말한다.[44] 그것은 제1질료(Prima Materia)로부터 세계의 창조를 설명하며, 인류가 지식의 나무에서 선악과善惡果라는 열매를 따먹었을 때 타락이라 불리는 이원론적 지식이 발생한 것을 설명한다.

> 신화에서 남성과 여성은…성별보다는 이원성을 의미한다. 아담과 이브
> 의 타락은 사고와 감각에서 이원론적 상황에 대한 인간 정신의 종속이
> 다. 선과 악, 쾌락과 고통, 생과 사의 해결할 수 없는 갈등에로의 종속을
> 뜻하는 것이다.[45]

　이러한 근본적인 이원주의가 환영幻影이 아니라 진짜라고 상상하는 순
간, 의식의 스펙트럼이 발생하기 시작한다. 윌버는 의식의 스펙트럼의 진
화에 대한 연구에서 여섯 개의 주요 의식 수준─그림자 수준(the Shadow
Level), 에고 수준(the Ego Level), 생물사회적 대역, 실존 수준(the Existential Level),
초개인 대역, 정신의 수준(the Level of Mind)[46]─을 제시하며 의식 차원의 통섭
에 기초한 통합 학문의 전망을 펼쳐 보이고 있다. 그의 체계 속에서 통합은
분화를 포괄하는 동시에 초월하는 것으로서 이 우주가 오직 마음뿐임을
나타내는 비이원론적인 앎의 방식과 일치한다.[47] '존재의 대사슬(Great
Chain of Being)'로 지칭되는 비이원론적 앎의 방식은 인류의 전승된 지혜의
정수를 함축한 '영원의 철학(perennial philosophy)' 속에 잘 나타나 있다.

> 영원의 철학의 핵심은 물질에서 몸, 마음, 영혼, 정신에 이르기까지 실재
> 가 다양한 존재의 수준─존재 수준과 앎의 수준─으로 이루어져 있다고
> 보는 것이다. 각 상위 차원은 그것의 하위 차원을 초월하는 동시에 포괄
> 한다. 따라서 이는 속성(俗性)에서 신성에 이르기까지 무한계적으로 전
> 체 속의 전체 속의 전체와도 같은 개념인 것이다. 환언하면, 이 "존재의

대사슬"은 흡사 일련의 동심원(同心圓) 혹은 동심구(同心球)와도 같이 각 상위 차원이 그것의 하위 차원을 포괄하는, 사실상 "존재의 대둥지"이다…존재의 대둥지는 영원의 철학의 골간을 이루고 있으며, 따라서 진정한 통합심리학의 중대한 요소가 될 것이다.

…the core of the perennial philosophy is the view that reality is composed of various levels of existence—levels of being and of knowing—ranging from matter to body to mind to soul to spirit. Each senior dimension transcends but includes its juniors, so that this is a conception of wholes within wholes within wholes indefinitely, reaching from dirt to Divinity. In other words, this "Great Chain of Being" is actually a "Great Nest of Being," with each senior dimension enveloping and embracing its juniors, much like a series of concentric circles or spheres…The Great Nest of Being is the backbone of the perennial philosophy, and it would therefore be a crucial ingredient of any truly integral psychology.[48]

윌버의 통합적 비전은 전근대성과 근대성 그리고 탈근대성의 통합이라는 맥락에서 살펴볼 수 있다. 윌버의 "온수준·온상한(all-level, all-quadrant)"의 통합적 접근법(integral approach)에 기초한 통합 모델은 전근대성의 최상(존재의 대둥지)과 근대성의 최상(진·선·미, 과학·도덕·예술 삼대가치의 분화와 진화), 그리고 탈근대성의 최상(진·선·미, 과학·도덕·예술의 통합)을 포괄하는 통합적인 진리인 것으로 나타난다.[49] 말하자면 온수준이지만 온상한은 아닌(all-level but not all-quadrant) 전근대성과, 온상한이지만 온수준은 아닌(all-quadrant but not all-level) 근대성,[50] 그리고 극단적 해체와 허무주의로 이어진 탈근대성에 대한 비판적 대안으로 제시된 것이다.

월버는 근대 이전의 세계에서 미분화된 예술·도덕·과학의 삼대 권역이 근대 세계에서 각기 나(I), 우리(We), 그것(It)으로 분화되었다고 보고[51] 이를 인간 진화의 필연적인 과정으로 이해한다. "예술은 미적·표현적 영역, 주관적 영역을 가리키며, 일인칭 언어 또는 '나(I)' 언어로 묘사된다. 도덕은 윤리적·규범적 영역, 상호 주관적 영역을 가리키며 2인칭 언어 또는 '우리(We)' 언어로 묘사된다. 그리고 과학은 외적·경험적 영역, 객관적 영역을 가리키며 3인칭 언어 또는 '그것(It)' 언어로 묘사된다."[52] 월버는 이러한 근대성의 삼대가치의 분화 및 진화가 자유민주주의의 발전, 페미니즘 운동의 전개와 노예제 폐지, 경험 과학과 의학, 물리학, 생물학, 생태학의 발전에 기여한 반면, 이러한 분화가 통합의 형태로 나아가지는 못했음을 지적하고 있다.[53]

월버가 앎의 세 양태로서 들고 있는 세 가지 눈, 즉 육의 눈(肉眼), 마음의 눈(心眼), 영혼의 눈(靈眼)은 각기 고유한 앎의 대상을 갖고 있으며 진화적 홀라키(evolutionary holarchy)로 이루어져 있다.[54] 이러한 진화적 홀라키는 서로를 포함하면서 넘어서는 관계이므로 궁극적으로는 통합 패러다임의 모색에 기여할 수 있게 한다. 우주의 본질인 생명은 심리·물리적 통합체일 뿐만 아니라 정신·영적 통합체이므로 올바른 이해를 위해서는 다양한 분야를 포괄하는 통합 학문의 정립이 시급하다. 월버의 통합적 비전(integral vision)[55]에 의하면 인류의 영적 진화는 특정 수준이나 특정 상한象限에 집착하지 않는, 삼대가치의 "온수준·온상한"의 통합적 접근을 전제로 한다. 새로운 변형은 개인의 의식과 집단의 문화, 사회 제도 모두에서 일어나야 한다는 것이 월버의 통합 패러다임의 요체다.

최근 들어 분과학문의 경계를 허무는 통합 학문으로의 지향성은 지식사회 전반에 걸쳐 확산되고 있는 융합 현상에서 잘 드러난다. 문화예술에서 과학기술에 이르기까지 장르의 벽을 뛰어넘어 사회 전 분야에 걸쳐 혼융을 통해 새로운 문화를 창출해내는 '퓨전fusion' 코드의 급부상으로 지식융합이 시대사조로 자리 잡아가고 있다. 2001년 12월 미국 과학재단과 상무부가 공동으로 작성한 융합기술(convergent technology)에 관한 "인간의 성취를 증진시키기 위한 기술융합(Converging Technologies for Improving Human Performance)"이라는 정책보고서는 4대 핵심기술인 나노기술, 바이오기술, 정보기술, 인지과학[56]*이 융합한 것(NBIC)을 융합기술이라 정의하고 인류가 융합기술 '르네상스' 기에 진입하고 있음을 환기시켰다.

특히 첨단기술 사이의 융합은 더욱 활발하게 진행되고 있다. 정보기술과 바이오기술은 인간 게놈 프로젝트를 추진하는 과정에서 융합학문인 생물정보학(bioinformatics)을 탄생시켰고, 생물정보학의 발전에 따라 단백질체학(proteomics)과 시스템생물학(systems biology)이 급성장하게 되었다. 바이오기술은 나노기술과 융합하여 질환의 발견과 치료에서 혁명적 변화를 초래할 것으로 전망되는 나노바이오기술을 출현시켰다. 나노바이오 기술의 궁극적인 목표는 나노 크기의 로봇, 즉 나노봇(nanobot)의 개발이다. 나노의학

---

* 인지과학(cognitive science)은 1950년대에 미국을 중심으로 새로이 형성된 학문으로 심리학, 철학, 언어학, 인류학, 신경과학, 인공지능 등 여섯 분야 학문으로 구성되어 있다. 인지과학은 그 역사가 매우 짧은 과학이긴 하지만, 여섯 분야의 학문에 뿌리를 두고 있다는 점에서는 가장 긴 역사를 가진 과학이라고 할 수 있다. 마음을 연구하는 과학자들은 어느 학문도 다른 학문과의 융합 없이 독자적으로 연구를 해서는 마음의 작용에 관한 비밀을 풀어낼 수 없다고 한다.

(nanomedicine)은 나노봇의 개발을 통해 인류를 노화로부터 해방시켜줄 것으로 기대된다. 또한 디지털 기술을 매개로 서로 뿌리가 다른 기술들이 융합하는 디지털 컨버전스(digital convergence), 정보기술과 전통 산업이 융합하여 부가가치가 높은 유망 산업으로 부상하고 있는 텔레매틱스(telematics), 유전학·행동학·심리학이 융합된 행동유전학(behavioral genetics), 화석 대신에 DNA 분자를 연구하는 분자고고학(molecular archeology), 인류 사회와 생태계의 지속 가능한 발전을 함께 추구하는 생태경제학(eco-economics)과 생태정치학(eco-politics) 등이 있다.[57] 이 외에도 인지과학과 융합학문, 뇌과학과 융합학문, 진화론과 지식융합, 비선형세계의 융합학문, 컴퓨터과학과 지식융합, 바이오기술과 지식융합, 경제학과 지식융합[58] 등에서 나타난 지식융합의 사례는 일일이 열거할 수 없을 정도이다. 실로 융합기술뿐만 아니라 융합학문의 육성은 대학의 미래와 직결되는 추세이다.

오늘의 시대정신을 특징짓는 21세기 문화 코드라고 할 수 있는 '퓨전' 코드의 급부상은 퓨전 음악, 퓨전 음식, 퓨전 한복, 퓨전 한옥, 퓨전 사극 등에 이어 문학의 표현 방법에도 혁신적인 변화를 암시하는 하이퍼 문학의 탄생을 가져왔다. 하이퍼텍스트(hypertext) 문학의 1차적 특성은 비선형성, 비순차성이다. 후기구조주의가 이론적, 사상적 관점에서 비선형성을 논하였다면, 하이퍼텍스트 문학은 실제에서 같은 사상과 생각을 반영한 것이라고 할 수 있다. 하이퍼텍스트 문학의 또 다른 특성은 양방향성이다. 하이퍼텍스트 문학에서는 독자와 작가의 상호 대화가 가능하므로 참여와 창작이 결합된 초월의 디지털 문학인 것으로 나타난다. 이 외에도 하이퍼 문학은 시청각적 요소를 텍스트에 도입할 수 있다는 특성이 있다. 하이퍼 문학은 이런 특성만이 아니라 부정적인 면도 공유하게 되는데, 사고의 즉흥성, 경박성, 책임감의 결여, 인내심의 부족 등이 그것이다.[59] 진정한 하이퍼텍스트의 출현은 1987년, 539개의 텍스트와 951개의 링크를 갖춘 마이클 조이스(Michael Joyce)의 『오후, 이야기 Afternoon, A Story』부터라고 할 수 있다.

근년에 들어 퓨전 문화의 대표적인 것으로는 '한류'를 들 수 있다. 현재 한류가 일고 있는 지역은 거의 동아시아 전역에 이른다. '한류'는 1999년 중반 중국 언론 매체들에 의해 만들어진 신조어로 중국, 일본, 동남아 등지에서 유행하고 있는 한국 대중문화 열풍을 가리키는 말이다. '한류' 현상은 문화적 공동체에 대한 아시아인들의 열망이 표현된 것일 수 있다는 점에서 적극적 의미를 부여할 수 있다. '한류'를 퓨전 문화로 보는 것은, '한류'의 모태가 된 한국의 대중문화가 한국 전통문화를 기반으로 하기보다는 현대 서구 대중문화의 한국판 시뮬레이션에 가깝다는 점에서이다. 그럼에도 '한류'는 현대 "대중예술의 여러 장르를 시뮬레이션을 통해 우리 식으로 종합하여 21세기 초 사회 특징과 결합시킨 새로운 아방가르드(avante-garde 전위예술) 문화로서의 특성을 가지고 있다"는 점에서 주목할 만하다. '한류'가 동아시아 대중문화에 강력한 영향을 미칠 수 있었던 이유는 그 속에 담겨진 "무정부주의적이고 자유주의적인 보헤미안적 문화 기풍" 때문일 것이다. 이는 "현대 아방가르드 정신의 21세기 버전이며, 무정부적인 글로벌 네트워크의 사회 상황을 가장 잘 표현해 주는 퓨전적 대중예술 형태"라는 점에서 세계화 및 정보화 추세를 반영한 "새로운 차원의 실험적 퓨전 문화"로서 인식할 필요가 있다.[60]

20세기가 과학의 시대였다면, 21세기는 과학과 영성의 접합시대라는 점에서 예술과 과학의 통섭은 시대적 필연이다. 인류 역사의 흐름 속에서 과학은 예술에 방법론적 도구를 제공하고 예술은 과학 발전에 창의적 모델을 제공하며 논리적 이성과 창의적 직관의 역동적 상호작용을 통해 진화해 왔다는 사실에서 예술과 과학의 불가분성은 잘 드러난다. 예술과 과학은 창조성이라는 공통된 정신작용을 기반으로 하고 있으며, 이러한 창조성의 발현에는 뇌에서의 '시각화 과정'이 필수적이다. 뉴턴이 나무에서 떨어지는 사과를 보고 만유인력의 법칙을 깨달은 것, 요하네스 구텐베르크(Johannes Gutenberg)가 포도주 압착기의 작동을 보고 인쇄기에 대한 아이디어를 얻은 것… 등은 그 좋은 예다. 예술과 과학이 탐구와 정복의 정신을 통해 자연 구조를 재현하려는 것은 그것이 우주의 본질인 생명과 소통하는 길이기 때문이다. 과학적 지식이 참 앎이 되기 위해서는 영성과 결합해야 하며 이는 창조적 영감의 도움을 필요로 한다. 근대의 과학적 지식은 보는 자와 보는 대상이 분리되어 있으므로 '봄(seeing)' 그 자체가 될 수 없으며 따라서 참 앎(knowing)이 일어날 수도 없다. 예술적 상상력과 고도로 각성된 의식 속에서 예술과 과학의 창의성은 최고도로 발휘된다.

- '예술과 과학의 통섭' 중에서

09

예술과 과학의
통섭

예술과

인생

"예술은 길고 인생은 짧다(Art is long, life is short)"는 말은 크게 두 가지 의미로 해석될 수 있다. 그 하나는 예술을 광의의 기술의 뜻으로 보아 "의술醫術에 이르는 길은 멀고 인생은 짧다"는 의미로 해석하는 것이고, 다른 하나는 협의의 예술의 뜻으로 보아 "예술은 영원하고 인생은 순간이다"라는 의미로 해석하는 것이다. 원래 라틴어의 아르스ars, 영어의 아트art, 프랑스어의 아르art, 독일어의 쿤스트Kunst 등은 광의의 기술이라는 의미를 지닌 고대 그리스어 테크네techne에서 비롯된 것으로, 예술의 순수성과 실용성의 스펙트럼 또한 여기서 생겨난 것이다. 그러나 18세기부터는 광의의 기술과 구별하여 오늘날과 같은 예술의 의미로 사용되게 되었다. 일반적으로 예술은 '예술의지(Kunstwollen)'와 창조적, 직관적인 미적 표현양식을 통해 인간의 삶을 윤택하게 해주는 활동과 그 성과를 총칭한다. 예술에 대한 사전적 정의를 보면, 브리태니커 백과사전에는 '다른 사람들과 공유할 수 있는 심미적 대상, 환경, 경험을 창조하는 과정에서 기술과 상상력을 동원·발휘하는 인간의 활동과 그 성과"라고 나와 있고, 위키백과에는 "학문·종교·도덕 등과 같은 문화의 한 부문으로 예술 활동(창작, 감상)과 그 성과(예술 작품)의 총칭"이라고 나와 있다. 예술은 때로는 모든 인문학을 총칭하기도 하지만, 전통적으로는 문학, 시각 예술, 공연 예술, 음악, 건축 등 창조적 예술 활동과 그 작품을 지칭하는 것으로 본다.

예술의 중심 개념이 '아름다움'이라고 하지만, 역사적으로 '아름다운 것'과 '예술적인 것'이 항상 일치를 이루었던 것은 아니다. 이는 플라톤의 미론美論과 예술론에서 분명히 드러난다. 플라톤은 단순히 감각의 세계에 속하는 미美와 초감각의 세계에 속하는 미를 확연히 구분 짓고 있다. 그에 의하면 시공을 초월한 불변의 실재, 즉 이데아idea에 대한 인식이 참된 인식이며, 이러한 초감각계는 지성에 의해 인식되는 세계로서 우리의 감각기관에 의해서는 포착될 수 없다고 한다. 그에게 있어 감각계는 감각에 의해 인식되는 세계로서 일종의 환상인 것으로 간주되는 까닭에 별 관심을 끌지 못하고 있다. 플라톤에게 있어 진정한 미는 감각계가 아닌, 초감각계의 미인 까닭에 미적 경험에 대한 인식이 감각계의 그것과는 근본적으로 다른 것으로 나타난다. 이처럼 미를 초월적인 실체인 것으로 보는 그의 관점에서 예술이란 그가 가치를 부여하지 않는 감각의 세계를 모방한 것에 지나지 않으므로 '아름다운 것'과 '예술적인 것'이 일치를 이루지 못했음은 물론 예술의 의미 또한 격하되었다. 한편 예술학의 원조로 일컬어지는 피들러(K. Fiedler)는 19세기 후반 자연과학의 영향으로—미와 예술을 동일시하여 예술의 문제를 미학의 문제라고 본 독일 관념론의 미학과는 달리—미와 예술을 구분하였다. 그리하여 그는 "아름다움은 단지 감각에 호소하는 것이지만, 예술은 진리의 독특한 인식"이라고 하여 미학과 예술학을 별도로 고찰하였다.

예술은 시대적·사회적 산물인 까닭에 예술적인 것은 아름다움의 가치 외에 정신적·사회적인 문화생활과 긴밀한 관계를 맺게 된다. 여기서 '예술을 위한 예술(l'art pour l'art)'이냐, '인생을 위한 예술(l'art pour la vie)'이냐의 문제가 제기된다. 전자가 예술의 수단화를 거부하고 예술의 순수성과 독립성을 지키려는 예술지상주의로서 낭만주의와 더불어 일어나 유미주의唯美主義와 통하는 것이라면, 후자는 예술이 정신적 고양과 사회적 진보에 기여해야 한다고 보는 실용주의와 통하는 것이다. 표면적으로는 양자의 입장이 서로 다른 것 같지만, 본질적으로는 예술의 존재성과 그 의의를 인정한다는 점에서 다르지 않다. 다시 말해 예술의 정체성이 확립될 때 비로소 예술이 예술로서의 진가眞價를 발휘할 수 있다는 점에서 본질적으로는 다르지 않은 것이다. 아름다움의 느낌이나 예술의식과 같은 순수한 예술적 충동과 실용적인 필요에 따른 비예술적 충동, 이 가운데 어느 한 가지만으로는 복합적인 예술의 기원을 밝히기에 충분하지 않다. 예술을 생명력의 한 가지 발현 형태로 볼 수 있다면, 예술과 인생은 조화로운 통섭이 일어날 수 있을 것이다.

예술의 존재성과 그 의의를 인생과 직결시키는 태도는 대문호 톨스토이(Lev Nikolaevich Tolstoi)의 예술론에서 잘 드러난다. 음식의 가치성이 단순히 맛 그 자체에 있다기보다는 영양가에 있는 것처럼, 예술의 가치성 역시 단순히 예술적 쾌감 그 자체에 있다기보다는 사랑의 완성에 있다는 것이다. 그에게 있어 인생의 지고의 목표는 사랑이며 그 사랑을 완성하는 데에 예술의 목적이 있다는 것이다. 따라서 예술이 사랑의 완성에 기여하지 못한다는 것은 예술과 삶의 분리로 인해 예술로서의 진정한 가치가 발휘되지 못한다는 것이며, 그리 되면 예술의 존재 이유 또한 상실되게 된다. 예술의 목적은 단순한 즐거움에 있는 것이 아니라 정서를 순화하고 사념邪念을 제거하여 완전한 소통을 실현하는 데 있으며, 이로 인한 일체감의 형성은 아가페적 사랑의 바탕을 이루는 것이 된다. 사랑의 비밀은 존재의 본질인 관계성의 회복에 있으며 이를 위해서는 감정의 순화와 소통이 필요한 것이다. 그런 점에서 소통성을 고려하지 않은 단순한 심미주의적 예술 태도는 예술과 인생을 분리시킴으로 해서 사랑의 완성에 기여할 수 없다는 것이다.

공자의 예술관은 톨스토이가 인생을 위한 예술을 논한 것과 일맥상통한다. 공자가 교육에 있어 특히 시詩와 악樂을 중시한 것은, 이들에 대한 깊은 이해가 세상을 이해하고 인생을 통찰하는 근간이 된다고 믿었기 때문이다. 말하자면 이들이 실천도덕과 통해 있음으로 해서 인간을 도치陶冶하고 대동사회를 구현함에 있어 순기능적으로 작용할 수 있다고 본 것이다. 이는 『시경詩經』 300편의 내용을 한마디로 '사무사思無邪',[61] 즉 "생각에 간사함이 없다"는 말로 표현한 데서도 잘 드러난다. 인간이 인간다울 수 있기 위해서는 정서적 감수성이 풍부해야 하며 진·선·미에 대한 자각적 인식 작용이 있어야 한다. 시의 효용성에 대해 공자는 다음과 같이 말하며 『시경』을 배우기를 권한다.

너희들은 어찌 시를 배우지 않느냐? 시는 감흥이 일어나게 하며, 있는 그대로 볼 수 있게 하며, 더불어 어울릴 수 있게 하며, 비정非情을 원망할 줄 알게 한다. 가까이는 어버이 섬기는 것을 가르치고, 멀리는 임금 섬기는 것을 가르치며, 새와 짐승과 초목의 이름을 많이 알게 한다.[62]

공자의 전인교육은 우선 시적 감흥에서 진·선·미를 지향하는 도덕적 정서가 일어나고, 다음으로 사회적인 규율로써 행동의 기준을 세우며, 나아가 주체와 객체, 존재와 당위, 우연과 필연, 사私와 공公의 양 극단을 음악으로 조화시키는 정신문화의 단계를 보여준다. 말하자면 시적 감흥을 예禮로써 다듬고 악樂으로써 조화시켜 완성한다는 것이다. "시로써 일어나 예로써 서며 음악으로 완성한다"[63]고 한 것이 그것이다. 공자는 중용의 덕을 음악의 조화력에서 얻고자 했던 것이다. 공자의 악은 광의의 예에 속하는 예악禮樂으로서 제례의식 때에 연주하는 예식의 음악이다. 예악은 도덕적 정서를 함양하고 인격을 도야하며 나아가 나라를 다스림에 있어서도 중요한 역할을 하므로 치악治樂이라고 하였다. 이러한 예술의 순수미에 의해 인간의 정서가 완전히 순화될 때 인仁, 즉 사랑을 실천하는 것*이 된다.

> 공자께서 이르기를, 소악韶樂은 미美의 극치를 이루고 또한 선善의 극치를 이루었도다. 무악武樂은 미의 극치는 이루었으나 선의 극치를 이루지는 못하였도다.[64]**

---

* 공자가 그 제자인 樊遲와의 문답에서 "仁이란 남을 사랑하는 것이다"(『論語』「顔淵」二十二 : "樊遲問仁 子曰 愛人")라고 한 데서도 알 수 있듯이, 인을 실천한다는 것은 곧 남을 배려하는 마음을 갖는다는 것이다.

** 여기서 韶樂은 舜의 음악을 일컫는 것이고, 武樂은 周 武王의 음악을 일컫는 것이다. 고대 중국에서는 왕좌에 오르면 曲을 만들어 成業을 천지신명께 告하는 제례의식을 가졌다. 黃帝의 曲은 雲門, 堯의 曲은 咸池, 舜의 曲은 大韶, 禹의 曲은 大夏, 湯의 曲은 大濩, 周 武王의 曲은 大武라 하여 이를 통틀어 六樂이라 칭하는데, 중국 고대 음악의 대표적인 것이다.

요堯임금으로부터 평화적으로 정권을 이양 받은 순舜임금의 소韶 음악은 온전한 미와 온전한 선을 겸비한 것으로 본 반면, 은殷나라를 정복한 주周나라 무왕武王의 무武 음악은 온전한 미를 지니고 있기는 하지만 온전한 선을 겸비하지는 못한 것으로 공자는 평하고 있다. '무악'이 온전한 선을 겸비하지 못한 것으로 평해진 것은, 무왕이 비록 성왕聖王이라고는 하나, 은나라 주왕紂王을 무력혁명으로 타도했다는 점에서—부득이한 상황이 인정되기는 하지만—그의 음악이 선의 극치에 이른 것으로는 볼 수 없었을 것이다. 이처럼 공자의 예술에 대한 논의는 정치와 도덕과의 긴밀한 연계 속에서 이루어졌다. 그는 미와 선을 예술의 주요 요소로 삼은 까닭에 도덕과 부합되지 않는 예술은 무가치한 것으로 배척되었다. 한마디로 공자의 예술론은 인생을 위한 예술에 초점이 맞춰져 있다.

공자가 주로 가르친 것은 육예六藝를 통한 수신이다. 주대周代에 정형화되어 전통적으로 배우고 익히던 교과목인 유교의 육예는 예禮, 악樂, 사(射: 弓術), 어(御: 馬術), 서書, 수數의 여섯 가지이다. 문과와 이과 과목을 포괄하는 육예가 오늘날 다시 주목받고 있다. 근대 이후 형성된 과학과 문화예술의 경계가 퓨전 시대의 도래와 더불어 허물어지면서 지식의 융합 단계로 접어든 데 따른 것이다. 중요한 것은 예藝를 통해 인仁, 즉 사랑을 실천하는 것이다. 사랑을 실천하는 것이 곧 도에 이르는 길이다. 고운 최치원은 "도불원인 인원도 산비리속 속리산(道不遠人 人遠道 山非離俗 俗離山)"이라고 하여 "도는 사람을 멀리하지 않는데 사람이 도를 멀리하고, 산은 세속을 여의지 않는데 세속이 산을 여의는구나"라고 했다. 도는 곧 삶의 도이며 생활 속의 도이다. 삶을 떠난 도는 이미 도가 아니듯, 삶을 떠난 예술은 이미 예술이 아니다. '문화적 르네상스' 기를 맞이하여 진정한 교양인이 되려면 지식의 융섭과 더불어 도덕적 정서의 함양이 이루어져야 한다.

음악의 조화성에 대한 예찬은 이탈리아의 시인이자 문예부흥의 선구자로 일컬어지는 단테의 『신곡』[65]에서도 잘 드러난다. 문학과 예술을 엄격하게 분리하기 어려운 것은 그 속에 예술적 요소들이 깊숙이 용해되어 있기 때문이다. 단테 자신의 영혼의 순례과정, 즉 잃어버린 신성을 찾아가는 과정을 그린 이 작품은 당시는 물론 오늘의 인류 문화가 지향할 목표를 제시하고 있다. 지옥편, 연옥편, 천국편의 3부로 이루어진 이 작품은 우리에게 신성에 이르는 길을 생생하게 보여 준다. 여기서 일반적으로 지옥편은 조각에, 연옥편은 회화에, 천국편은 음악에 비유되기도 하는데, 이는 지옥편이 예리한 조각적 표현으로, 연옥편이 섬세한 회화적 표현으로, 그리고 천국편이 시공을 초월한 음악적 표현으로 노래하고 있는 데서 붙여진 이름이다. 지옥은 물질[형상] 차원에 갇힌 무명無明의 삶의 행태를 말함이니 조각 작품처럼 표현되고 있는 것이고, 천국은 형상을 초월한 초시공의 영역을 말함이니 음악적 표현으로 나타낸 것이다. 하늘음악(天樂)은 바로 조화자의 말씀 그 자체다. 그리고 이 양단의 중간에 지옥보다 순화된 회화적 표현으로 연옥편이 나타나고 있다. 지옥편에서 연옥편을 거쳐 천국편으로의 여행은 물질 차원에서 의식 차원으로의 변환, 즉 의식의 자기 확장을 의미한다. 이렇듯 르네상스기의 대표적 작품인 『신곡』은 예술의 목적과 사명을 선명하게 보여준다.

그러나 단테가 인류에게 제시한 신성에 이르는 길은 서구의 현대 예술에서는 잠시 잊혀진 듯하다. 서구의 현대 예술이 정신병자들의 '짓거리'와 유사한 것은 세상이 미쳐 돌아가고 있기 때문이다. 미쳐 돌아가는 세상을 가감 없이 진솔하게 표현하다 보니 그렇게 된 것이다. 이성적인 것과 합리적인 것, 과학적인 것이 등식화되어 있는 근대 세계에서 인간의 이성은 최적의 삶의 조건을 창출해 낼 수 있을 것이라는 믿음이 확산되어 있었으나 이러한 믿음은 산업혁명 이후 점차 심화된 자본주의의 구조적 모순으로 흔들리기 시작하여 역사상 유례없는 양차 세계대전의 참극과 인종대학살을 목격하면서 치명적인 손상을 입게 되었다. 그리하여 인간 이성의 산물인 사회구조와 틀 자체를 부정하게 되고 나아가 인종적·문화적 편견과 그에 따른 폭력행사를 비판하는 등 근대의 패러다임과 근대 세계의 산물 전반에 대해 회의적인 태도를 갖게 된 것이다. 이러한 인간 이성에 대한 극단적인 불신은 몸—특히 성적인 몸—에 대한 왜곡된 집착으로 나타나게 된다. 피에르 만쪼니(Pierre Manzoni)라는 작가는 자신의 대변을 여러 용기에 담아 진열하면서 '똥' 예술의 권위자(?)로 인구人口에 회자되었다. 한마디로 똥 같은 세상이라는 것이다. 뿐만 아니라 많은 작가들이 마치 성도착증 환자들처럼 인간의 성기에 집착하는 작품들을 경쟁적으로 내놓았다.

르네상스기에 있었던 일화이다. 1533년 미켈란젤로(Buonarroti Michelangelo)는 교황 클레멘스 7세로부터 시스티나 성당의 제단 위 벽에 그 유명한 '최후의 심판도'를 그리라는 명을 받았다. 그러나 얼마 안 되어 클레멘스 7세가 사망하고 그의 뒤를 이어 교황이 된 바오로 3세가 다시 그에게 이 작업을 의뢰했고, 1541년 10월 31일 드디어 공식적인 낙성식이 거행되었다. 거대한 벽면에 드러난 갖가지 모습을 한 총 391명의 나체 인물상, 그 중앙에 무서운 형상의 심판자 그리스도가 수염도 나지 않은 당당한 나체로 그려진 것을 보며, 전 로마 시민은 경악과 찬탄을 금치 못했다. 나체 인물상의 분위기가 좀 비속卑俗하다고 생각한 교황이 그에게 말했다.

"그림을 좀 바꾸어야 하지 않겠소?"

그러자 미켈란젤로는 담담한 표정을 지으며 이렇게 답했다.

"그건 지극히 사소한 일이오. 교황께서 먼저 세상을 바꾸시면…."

예술가는 단지 보이는 대로 표현할 뿐이다. 예술가를 탓할 것이 아니라 먼저 세상이 바뀌어야 한다. 그러나 1564년 1월 트리엔트공의회에서 〈비속한 부분은 모두 가려져야 한다〉는 칙령이 반포되어 결국 생식기 부분에는 덧그림이 그려지게 되었다. 생식기 부분을 가린다고 해서 인간의 비속함이, 이 세상의 비속함이 가려질 수 있을까?

세상이 바뀌기 위해서는 내재적 본성인 신성에 대한 자각적 인식이 이루어져야 한다. 근대의 '도구적 이성'이 비판받는 것은, 목적의 타당성이나 가치를 중요시하는 대신 목표 달성의 효과성·효율성만을 강조한 나머지 참본성인 신성에 대한 자각적 인식이 부재하는 서구 물질문명의 몰가치적 정향(value free)을 대변하는 개념이기 때문이다. 도구적 이성으로 계몽된 인간은 일체를 도구의 대상으로 파악하고 계측, 수량화하여 심지어는 인성人性까지도 물화物化시킴으로써 모든 것을 도구적 기능으로 환원시킨다는 것이다. 예술은 시대적·사회적 성찰인 동시에 우리 자신을 비춰볼 수 있는 거울이다. 예술의 창조적 생명력은 삶과의 비분리성에 있다. 예술은 삶이고 또한 삶이어야 하며, 삶 또한 예술이고 예술이어야 한다. 삶과 분리된 예술은 생명력 없는 예술, 즉 죽은 예술이 될 것이고, 예술과 분리된 삶 또한 생기를 잃은 삶이 될 것이기 때문이다. 예술적이지 못한 삶은 감동이 없는 삶인 까닭에 우주와 공명할 수 없으며 따라서 영적으로 진화할 수도 없다.

분리의식에 기초한 예술이 죽은 예술인 것은 그것이 생명의 본질에 역행하는 것이기 때문이다. "예술은 하되 예술가는 되지 말라"는 말이 있다.

매너리즘에 빠지게 되면 예술의 생명인 창의적 정신이 죽게 되는 까닭이다. 예술의 궁극적인 목적은 단순히 아름다움이나 즐거움을 추구하는 데 있는 것이 아니라 우주와 공명함으로써 완전한 소통성을 실현하는 데 있다. 인류가 원죄로 인한 심리적 추방감에 시달리는 것은 선악과善惡果라는 생명의 열매를 따먹음으로 해서 생명의 본질인 전일성이 훼손되었기 때문이다. '선악과'는 분별지分別智·부분지部分智를 나타냄이니, 선악과를 따먹는 순간부터, 말하자면 선과 악이라는 '분별지'가 작용하는 순간부터 '나'와 '너', '이것'과 '저것'이 구분되고 대립하게 되어 죄악에 빠져들게 되었기 때문이다. 영적 무지(spiritual ignorance)에 따른 분별지가 작용하면서 인간은 낙원[根本智]에서 멀어지게 되고 드디어는 번뇌의 대해大海에 들게 되었다. 그리하여 다생多生에 걸쳐 카르마를 쌓게 된 것이다.

예술의 창조적 생명력은 소통성의 실현에서 오는 것이다. 예술적 정서가 감정을 순화시켜 인간다움을 확장시킬 때, 그리하여 의식이 긍정성으로 가득 차게 될 때 창조적 생명력이 발휘되고 영적으로도 진화할 수 있게 된다. 보기에 따라서는 인생만큼 치열한 예술도 없다. 삶의 예술을 음미할 수 있는 심미안을 가진 사람은 생성과 파괴의 과정을 반복하는 생명의 순환 작용이란 것이 단지 끊임없이 계속되는 우주심장(cosmic heart)의 확장과 수축 작용에 지나지 않는 것임을 알게 된다. 그리하여 영적 초超자아와 육체적 자아가 생명의 본체와 작용의 관계임을 알아 마침내 모든 생존의 고통에서 벗어나 자유롭게 된다. 자아와 초자아, 행위자와 관찰자의 불가분성을 예술적으로 그려낸 『우파니샤드』의 '두 마리 새' 이야기는 생명의 본체와 작용의 상호 관통을 보여 주는 것으로 이러한 상호 관통을 깨닫는 데서 예술의 창조적 생명력은 극대화된다.

절친한 친구지간인 두 마리 새가 같은 나무(생명의 나무)에 살고 있다. 그 중 한 마리(자아, 행위자)는 나무열매를 먹고 있고, 다른 한 마리(초자아, 관찰자)는 열매를 먹고 있는 새를 말없이 응시하고 있다. 나무에 앉아서 열매를 먹고 있는 새는 활동적이긴 하지만 자신의 어리석음을 슬퍼하고 있다. 그러나 그가 그를 응시하고 있는 불멸의 다른 한 마리 새를 알아볼 때 그는 온갖 슬픔과 고통에서 벗어나게 된다.

There are two birds, two sweet friends, who dwell on the self-same tree. The one eats the fruits thereof, and the other looks on in silence. The first is the human soul who, resting on that tree, though active, feels sad in his unwisdom. But on beholding the power and glory of the higher Spirit, he becomes free from sorrow.[66]

예술과 과학의 통섭

파리에 있는 '예술과 과학의 만남(Rencontres Art et Science)' 협회의 공동 설립자인 엘리안 스트로스베르(Eliane Strosberg)는 그녀의 저서 『예술과 과학 *Art and Science*』에서 DNA 나선구조를 닮은 예술과 과학의 역동적 상호작용과 융합을 통한 미학적 화학반응이 빚어낸 빛나는 인류 유산을 학제적으로 조명하고 있다. 예술과 과학의 대화는 이렇게 시작되고 있다.

예술작품은 그것이 가진 내재적 가치와 세계에 대한 혁신적 시각 때문에 감상된다고 많은 사람들은 생각한다. 과거에 예술은 종교에 봉사하고 후원자들의 권력을 증대시켜 주었으며, 우아한 물건을 만드는 기술이었다. 그러나 오늘날 예술은 자기표현을 위해서, 심지어는 치료법으로 사용되고 있다.…과학은 자연의 법칙에 대한 지식이다. 달리 표현하면 과학은 객관적이고 검증 가능한 사실들에 근거한 연구방법들을 수행하면서, 보편적인 의미를 갖는 모든 학문들을 구현한다. 그러나 우리는 수백 년 동안 형이상학, 신학, 철학이 우세하였고 과학 역시 신념의 자양분을 받았다는 사실을 기억해야 한다. '방법과 객관성' 같은 개념은 최근에야 나타났으며, 아직도 과학을 신비스럽게 여기는 사람들이 많다.[67]

네덜란드의 화학자 야곱 반 트호프(Jacob van 't Hoff)는 "가장 혁신적인 과학자들은 언제나 미술가, 음악가이거나 시인이다"[68]라고 했다. 사실 레오나르도 다빈치(Leonardo da Vinci)와 알브레히트 뒤러(Albrecht Dürer)는 예술가이면서 재능 있는 과학자였고, 니콜라우스 코페르니쿠스(Nicholaus Copernicus)와 루이 파스퇴르(Louis Pasteur)는 과학자이면서 타고난 예술가였다. 물리학자인 제임스 클럭 맥스웰(James Clerk Maxwell)은 전기장의 개념을 그림으로 가시화하였으며 컬러 사진을 처음으로 만들어냈다. 그럼에도 근대 이후 예술과 과학은 주관적인 창조 활동과 객관적인 지적 활동이라는 이분법적 신화에 의해 마치 서로 다른 분야인 것처럼 인식되어 왔고* 이는 '좌뇌, 우뇌' 가설에 의해 더욱 강화되었다. 이성적·논리적·추론적·분석적인 과업을 수행하는 과학자들은 좌뇌를 주로 사용하는 반면, 초이성적·초논리

---

* 이러한 예술과 과학의 분리는 18세기 이후 과학적 합리주의와 계몽 철학의 압도적인 영향 하에 과학의 위상은 급속도로 높아진 반면, 예술은 비이성적이고 감정적인 차원의 인간 활동이라 여겨져 상대적으로 격하된 데 기인한다.

적·직관적·종합적인 과업을 수행하는 예술가들은 우뇌를 주로 사용한다는 것이다. "예술가들은 정서를 자극하려고 노력하지만, 과학자들은 납득을 시켜야 한다. 예술은 '왜'를 탐구하지만, 과학은 '어떻게'라는 질문도 함께 던진다.…예술은 누구나 감상할 수 있지만, 과학은 소수만이 접근할 수 있다는 것이 보통의 생각이다."[69] 이러한 상이성에도 불구하고 혹은 상이성 때문에, 예술가와 과학자는 서로를 필요로 한다. 지난 수천 년간 창조적 영감을 주고받은 예술과 과학의 대화록이랄 수 있는 스트로스베르의 『예술과 과학』은 한 폭의 그림, 한 점의 조각, 하나의 건축물 속에 얼마나 많은 과학이 감춰져 있는가를 여과 없이 펼쳐 보이고 있다.

20세기가 과학의 시대였다면, 21세기는 과학과 영성의 접합시대라는 점에서 예술과 과학의 통섭은 시대적 필연이다. 인류 역사의 흐름 속에서 과학은 예술에 방법론적 도구를 제공하고 예술은 과학 발전에 창의적 모델을 제공하며 논리적 이성과 창의적 직관의 역동적 상호작용을 통해 진화해 왔다는 사실에서 예술과 과학의 불가분성은 잘 드러난다. 예술과 과학은 창조성이라는 공통된 정신작용을 기반으로 하고 있으며, 이러한 창조성의 발현에는 뇌에서의 '시각화 과정'이 필수적이다.[70] 뉴턴이 나무에서 떨어지는 사과를 보고 만유인력의 법칙을 깨달은 것, 요하네스 구텐베르크(Johannes Gutenberg)가 포도주 압착기의 작동을 보고 인쇄기에 대한 아이디어를 얻은 것, 뤼미에르(Lumière)가 재봉틀의 작동을 보고 활동사진(영화)을 발명한 것 등은 그 좋은 예다. 예술과 과학이 탐구와 정복의 정신을 통해 자연 구조를 재현하려는 것은 그것이 우주의 본질인 생명과 소통하는 길이기 때문이다. 과학적 지식이 참 앎이 되기 위해서는 영성과 결합해야 하며 이는 창조적 영감의 도움을 필요로 한다. 근대의 과학적 지식은 보는 자와 보는 대상이 분리되어 있으므로 봄(seeing)[71] 그 자체가 될 수 없으며 따라서 참 앎(knowing)이 일어날 수도 없다. 예술적 상상력과 고도로 각성된 의식 속에서 예술과 과학의 창의성은 최고도로 발휘된다.

예술과 과학은 아이디어와 형상을 탄생시킨다. 양자는 공통적으로 우주를 탐구하고 자연을 조사하고 뇌를 연구한다. 양자는 평행한 길을 가면서 다양한 방법으로 서로를 가능하게 한다. 예를 들면 큐비즘 회화와 상대성이론은 서로 유사한 세계 해석이라는 것이다. 세계의 다양한 문화들에서 발견되는 대칭무늬는 예술가들이 장식을 하기 위해 만들어낸 것이었으나 19세기부터는 수학적 원리로 분석되어 기계 제작되었다. 낭만주의 작가이자 생물학자이기도 했던 괴테(J. W. Goethe)는 '형태학(Morphology)'의 개념을 도입하여 종의 진화 이론을 개발하는 기초를 제공했다. 18세기 초 야곱 크리스토프 르 블론(Jacob Christoph Le Blon)이 삼원색(노랑, 빨강, 파랑)의 조합으로 다색 판화를 찍는 기법을 발명한 것은 뉴턴의 광학에서 영감을 받은 것이다. 건축과 공연 예술 및 설치 예술에서는 과학과 기술이 자주 촉매 역할을 한다. 1980년 파리의 조르주 퐁피두센터에서 전시된 캐서린 이캄(Catherine Ikam)의 「원형(Archetype)의 파편들」이라는 기념비적 조상은 설치 예술의 하나로서 16개의 비디오 레코더와 거대한 원형 네온으로 구성되어 있다.[72] 토머스 에디슨(Thomas Edison)은 수많은 발명을 통하여 영화와 공연 예술에 커다란 공헌을 하였고, 비디오 아티스트 백남준은 TV를 예술의 도구로 활용하였다. 인쇄술의 발전 또한 그 자체가 과학 예술이다.

예술과 과학을 절묘하게 결합한 레오나르도 다빈치에 대해 살펴보기로 하자. 영국의 과학저술가 마이클 화이트(Michael White)는 그의 저서 『레오나르도 다빈치, 최초의 과학자 LEONARDO : The First Scientist』에서 그의 천재성에 대해 이렇게 헌사를 쓰고 있다. "그의 내면에서 모든 과학이 태어났고, 그는 그것을 화려하게 스케치하여 다음 세기들에 넘겨준 것 같다"라고. 이탈리아 밀라노의 다빈치 동상 아래에 적혀 있는 '과학과 예술의 혁명가(AL Rinnovatore Delle Arti E Delle Scienze)'라는 문구가 말하여 주듯, 다빈치에게서 예술과 과학은 게슈탈트(Gestalt: 통합 형태를 의미하는 형태 심리학의 용어)가 되었다. 다빈치는 광학, 기계공학, 해부학과 지리학 분야에서 놀랄 만한 발견을 했다. 그는 일종의 성형술을 창안하고, 매우 정교한 카메라의 주름상자(camera obscura)를 발전시켰으며, 콘택트렌즈와 증기의 힘에 대해 기록하고, 하늘이 푸른 이유를 설명하고, 컴퓨터 단층 촬영기의 발명을 통해서만 가능한 신체 재현 기술을 발전시켰다.[73] 특히 그는 미술과 과학을 결합하여 우주 전체의 질문에 대한 답을 찾아내려고 했다. 과학적 발견을 보여 주기 위해 미술가로서의 기술을 사용하였으며, 예술을 단련시키기 위해 과학 지식을 이용하였다. 인간과 동물의 모습을 더 정교하게 표현하기 위해 해부학 지식을 이용하였고, 그림에서 명암과 대조와 원근법 사용 방식을 개선하기 위해 광학 지식을 이용하였으며, 풍경의 정밀성과 사실성을 높이기 위해 지리학적 및 지질학적 탐구에 의존했다.[74] 그가 물의 과학에 관심을 가진 것은 좋은 다리를 만들기 위해서였고, 유체역학에 대한 연구는 비행기 설계로 이어졌다.

이렇듯 다빈치는 대단히 다방면의 재능을 가진 사람이었는데, 그의 업적을 세 가지 주요 부분으로 압축한다면 미술, 기계공학, 과학이다. 다빈치의 그림 중에서 오늘날까지 전해지는 그림은 극소수이며, 그의 서명이 되어 있는 단 한 작품 「모나리자」만 그 자신의 손으로 그린 것으로 알려져 있다. 하지만 약 1만 3000쪽에 이르는 다빈치의 노트에는 거의 모든 페이지

마다 그림이 들어 있으며, 이들 중 약 1,500편은 탁월한 도표와 삽화들이다. 다빈치의 1492년 소묘 작품인 「비트루비우스의 인간(Vitruvian Man)」 또는 비트루비우스Vitruvius의 인체비례도는 우주와 지구를 상징하는 원과 사각형 그리고 그 중심에 인간이 그려져 있어 대우주와 소우주의 유비를 나타내고 있다.[75] 고대에는 물론 르네상스기를 거쳐 오늘에 이르기까지 인체비례는 조상과 기념물의 치수를 결정하는 데 사용되어 온 것이다. 다빈치의 초기 연구(1484~1500)에서는 특히 두 가지 분야를 탐구 주제로 선택하고 있는데, 그 하나는 탱크, 대포와 박격포 장치, 잠수용 수중 호흡기, 헬리콥터, 낙하산 등과 같은 군사공학 분야이고 다른 하나는 음향 연구와 악기 설계였다.[76] 40대 말에 이르러 그는 두 가지 큰 재능—예술가로서의 재능과 군사공학 분야 전문가로서의 재능—을 가진 사람으로 명성을 얻었다.

다빈치의 후기 연구(1500~1519)에서는 정원, 말의 머리, 연극을 위한 무대 디자인, 장식품의 종이 스케치에 몰두하였으며, 군수품, 축성築城, 수로, 댐, 그리고 온갖 종류의 기계를 위한 설계도도 그렸다. 이와 더불어 해부학, 지질학, 지리학, 천문학, 그리고 인간의 비행 가능성 등에 대한 탐구와 연관된 메모와 드로잉들을 남겼다. 다빈치에게 가장 중요했던 것이자 가장 위대한 업적이라고도 할 수 있는 것은 해부학 분야에서의 드로잉과 관찰이었던 것으로 나타난다. 그는 해부학 탐구를 그림으로 보여 주는 일에 몰두하였는데, 수십 구의 인체를 직접 해부하여 사지와 근육, 신경, 혈관, 관절 등을 그 이전의 누구도 해본 적이 없는 방식으로 탐구하였다. 화가로서 그는 근육의 구조와 근육 사이의 관계에 착안하였으며, 신경의 배치에도 관심을 가졌다. 과학자로서 그는 신체의 근육과 신경 조직망을 탐구하는 것을 중요하게 여겨 서로 다른 근육들이 사지의 다양한 동작을 어떻게 만들어내는지, 그리고 신경과 뇌가 어떻게 연결되어 있는지를 탐구하였다.[77] 그의 해부학적 드로잉들은 그의 시대에 이르기까지 시도된 것 중에서 가장 상세한 것으로서 표현 방식 또한 오늘날 CD-ROM을 만들 때 사용하는 방식에 비길 만한 아주 현대적인 것이었다.

다빈치의 이름으로 출간된 단 하나의 저술인 『회화론』은 그의 사고의 발전을 엿볼 수 있게 한다. 회화에 대한 그의 기록 중에서 가장 중요한 것으로는 빛과 그림자를 다룬 「매뉴스크립트 C」, 나무와 식물의 구조와 그들을 어떻게 묘사해야 할지를 다룬 「매뉴스크립트 E」, 「2038 이탤리언」으로 알려진 국립박물관의 원고를 들 수 있다. 이 기록들은 19세기 말 리히터(J. P. Richter)라는 레오나르도 연구자에 의해 『레오나르도의 문학 작품』이라는 제목으로 출간되었다. 이 책은 해부학 이해의 중요성, 광학과 원근법 연구, 나무와 식물의 특성, 물의 움직임, 비례 연구 등 회화의 '과학적 측면'이라 할 만한 내용도 포함하였다. 이와 더불어 회화의 윤리, 화가의 생활 방식, 미술의 여러 유형들의 상대적인 이점 등 '미술 철학'이라고 할 만한 내용도 포함하였다. 다빈치는 자신의 『회화론』에 대해 지적인 확신을 가지고 있었던 것으로 보인다. 그는 서문에서 이렇게 선언하고 있다. 이것이 쓸모없는 책이라고 말하는 사람들은 "그들의 입에서 나오는 바람이 그들의 아랫도리에서 나오는 바람(방귀)보다 더 나을 것이 없는 사람들이다. 이들은 오로지 물질적 복지를 위한 욕망을 가질 뿐, 정신의 건강을 유지해 주는 지혜에 대한 욕구는 완전히 결핍된 사람들이다"라고.[78]

다빈치는 1465~1466년 사이 베로키오의 작업장에 도착한 날부터 1519년 사망할 때까지 반세기가 넘는 기간 동안 혼신의 노력을 다하여 처음에는 예술가로서 활동하고 이어서 매우 다양한 주제들을 다룬 만능인으로서의 삶을 살았다. 그의 인생 목표는 '보는 법을 아는 것(saper videre)' 이었다. 그는 이렇게 말했다. "시력을 잃은 사람은 우주에 대한 자신의 시각을 잃는다. 눈은 별들의 거리와 크기를 측정했으며 건축과 원근법, 마지막으로 그림이라는 신성한 예술을 창조했다."[79] 그는 물리적 우주와 숭고한 정신의 영역, 양쪽 모두에서 자신의 위치를 구축하였다. 다빈치의 지식은 단지 아이디어 구상 단계에 머문 것이 아니라 실험을 통해 검증하는 단계를 거친 것으로 오늘날 소개되고 있다. '나는 유용함의 능력을 잃기보다는 차라리 움직임의 능력을 잃어버리는 쪽을 택하겠다. 활동하지 않는 것보다는 차라리 죽음을 택하겠다…쓸모 있는 사람노릇을 하는 일에 나는 지친 적이 없다'[80]고 한 다빈치의 말에서도 알 수 있듯이 그는 정녕 노력하는 천재였다. 그는 자기 시대를 수백 년 앞서는 과학적 정밀함과 방법론을 가지고 지칠 줄 모르는 탐구를 계속하였다. 오늘날 통합 학문의 시대를 맞이하여 그는 지식인들이 꿈꾸는 통섭의 이상적인 모형을 제시한 만능인의 표상으로 꼽힌다. 최근 미국과 유럽에서는 다빈치식 사고를 교육법에 적용하려는 시도와 더불어 '다빈치처럼 생각하기' 열풍이 일고 있다. 하지만 다빈치는 자신의 사고방식이 얼마나 인습적이지 않은지를 자신의 노트에 이렇게 기록하였다.

독자여, 내게서 기쁨을 찾으려거든 나를 연구하라. 나는 아주 드물게만 세상으로 돌아오는 것이니. 그리고 이런 작업을 위해 필요한 인내심은 오로지 사물을 새로 구성하려는 극소수의 사람들에게만 있는 것이니 말이다. 오, 사람들이여, 와서 그런 연구들이 자연에서 밝혀 드러내는 기적들을 보라.[81]

한편 미생물학의 아버지인 프랑스의 루이 파스퇴르는 20세까지 그림에 열중했으며 전문적인 화가가 될 수 있는 소양을 지니고 있었다. 그가 예술 학교(École des Beaux-Arts)에서 응용 물리 화학 분야 석좌교수를 맡고 있을 때 자신의 이중적인 관심을 이렇게 표현했다. "어떤 상황에서 나는 과학과 예술 사이의 가능하고도 바람직한 결합을 명확히 볼 수 있다. 그리고 과학자가 예술가의 바로 옆자리에 위치할 수 있음을 안다." 그는 잘 훈련된 눈을 가지고 있었다. 그는 수정의 형태가 세 가지, 즉 오른쪽, 왼쪽, 그리고 대칭 형태로 존재함을 처음으로 발견함으로써 한편으로는 현대 예술 이론을 탄생시키는 데 도움을 주었고 다른 한편으로는 분자 구조 연구에 필수적인 것이 되었다.[82] 거의 동시대에 오스트리아의 정신과 의사이자 정신분석학의 창시자인 지그문트 프로이트(Sigmund Freud)는 우리 인간이 리비도libido와 타나토스thanatos, 즉 삶의 본능과 죽음의 본능을 동시에 갖는다고 보고 성욕을 삶에서 주요한 동기 부여의 에너지로 새로이 정의함으로써 자아에 대한 인식을 근본적으로 바꾸어 놓았다. 이러한 그의 자아의 재발견은 특히 예술에 의해 영향을 받은 것으로 나타난다. 그는 평생 고대 예술에 대한 깊은 관심과 열정을 가지고 있었고, 사후에 그의 재는 그가 소중히 간직했던 고대 도자기 안에 안치되었다.

예술과 과학의 오묘한 결합은 특히 고대의 신전이나 중세의 사원 · 수도원 등의 건축물에서 찾아볼 수 있다. 건축은 기능적·기술적·미적인 요소가 결합된 응용 예술이다. 세계에서 가장 오래된 석조물인 계단식 피라미드는 실로 기술적·예술적 경이 그 자체다. 고대 그리스인들에게 피라미드는 기하학적인 미의 상징이었다. '신석기시대의 컴퓨터'라고 불리는 고대의 구조물인 스톤헨지Stonehenge 사원은 천문학의 기본 요소들이 건축 설계에 구현되어 있다. 메소포타미아의 지구라트ziggurat는 문자 쓰기와 계산, 의술, 천문학이 일반적으로 통용되는 대단히 발달된 사회에 의해 건설된 것이다.[83] 천문학과 사원 건축의 연계는 시대를 초월하여 상이한 문명들에서 발견된다. 근대에 이르기까지도 우주적 원리를 건축물과 인간의 신체에 적용하는 것은 우주적 질서와의 조화가 미의 원천인 것으로 본 까닭이다. 16세기 페르시아 필사본인 「황도 12궁 인간」이라는 그림은 각 별자리의 힘이 작용한다고 생각했던 신체 부분들을 보여 주는 것으로 사혈瀉血을 목적으로 사용되었다. 인체는 네 가지 체액—혈액(열정), 점액(냉정), 흑담즙(우울), 황담즙(분노)—에 의해 조절된다고 생각하였으며 이 네 가지 기질을 우주 발생의 네 부분으로 간주하였다. 인체가 고대에서와 마찬가지로 우주에 대한 구조적 유비로서 인식되고 있었음은 영국의 내과 의사 윌리엄 하비(William Harvey)에게서 찾아볼 수 있다. 천문학과 의학의 발견에 기초하여 혈액 순환론을 체계화한 그는 피의 운동에 관하여 이렇게 쓰고 있다. "심장은 생명의 시작, 즉 소우주의 태양이다. 역으로 태양은 세계의 심장이다. 심장의 미덕과 고동에 의해 피가 움직인다. 심장은 한 왕국의 왕처럼 모든 것을 지배한다."[84]

21세기 들어 예술과 과학의 긴밀한 연계는 레이저 기술과 홀로그램 및 컴퓨터 그래픽의 도입 등에 의해 촉발되고 있다. 홀로그램은 공간적인 상상력을 자극함으로써 새로운 미학적 영역을 개척하고 있다. 보다 혁신적인 예술 형태를 위한 경쟁이 거세게 일고 있긴 하지만, 예술과 과학에서 창조성은 이제 더 이상 전문가의 영역임을 주장할 수 없게 되었다. 오늘날 가장 도전적인 경쟁자는 인터넷을 서핑하는 청소년들이기 때문이다. 그들에게는 누가 예술가이고 과학자인지는 전혀 중요하지 않다. 이제 분별지分別

智에 기초하여 주로 지식 축적에 관계하는 좌뇌 주도의 물리시대는, 근본지根本智에 기초하여 주로 우주공명에 관계하는 우뇌 주도의 공空시대로 이행하고 있다. 지식 차원의 이성이 지배하는 시대에서 우주공명 차원의 영성이 지배하는 시대로 이행하고 있는 것이다. 과학은 예술적 직관과 상상력의 도움 없이는 창의성을 발휘하기 어려우며, 예술은 과학적 방법론의 도구 없이는 조화의 묘미를 표현할 길이 없다. 예술 작업에서 컴퓨터 프로그래밍(computer programming)의 도움을 받을 경우, 그 예술은 다분야 작업이 된다. 과학 기술의 발달은 연출가와 대중 사이의 커뮤니케이션의 본질 자체를 바꿔놓고 있으며, 그에 따라 예술과 과학의 전통적인 경계 또한 허물어지고 있다.[85]*

엘리안 스트로스베르는 예술과 과학의 공생(An art and science symbiosis)을 기술과 미학 및 논리학이 융합된 고대 정신의 부활인 것으로 설명한다.

> 오늘날 멀티미디어 공연에 사용되는 레이저 기술과 홀로그램, 컴퓨터 동기화(synchronization)는 예술가와 과학자에게 뿐만 아니라 일반 대중들에게도 호소력이 있다. 초분야적 문화(trans-disciplinary culture)가 완성된 것이다. 창조자들의 수만큼 많은 스타일이 존재한다.…지난 몇십 년 동안 예술과 과학의 전통적인 경계가 점점 허물어져 왔다. 테크네(techne)는 다시 한 번 고대의 정신적인 차원을 발견하였다. 미학과 논리학의 신들은 올

---

* '예술인류학'이란 개념을 체계화한 문화인류학자 박정진은 "예술이야말로 인간이 창조한, 자연에 대응할 수 있는 순수한 것이고, 종교와 과학도 예술로서 남지 않으면 안 된다"고 하며 미래의 인류가 예술을 통해서 과학과 종교를 인식할 것이라고 예단한다.

림피아로 되돌아와 일상에 시와 호기심을 위한 공간을 만들고 있다.[86]

예술과 생명
그리고 진화

예술의 기원이 고대 제의祭儀와 긴밀히 연계되어 있음은 모든 연구에서 공통적으로 밝혀진 바이다. 문명의 여명기에 인류는 이미 예술과 과학의 불가분성을 알고 있었으며, 신전의 설계 속에 우주의 원리에 관한 그들의 생각을 상징적으로 투영시켰다. 고대의 아름다운 도시들과 신전, 궁궐들, 그 모든 빛나는 예술과 과학, 학문은—말하자면 삶이라는 이름의 종합예술은—생명의 본체인 신을 경배하는 순수한 '희생제(犧牲祭, 燔祭儀式 Sacrifice)'*의 표징으로서의 의미가 있는 것이었다. 마치 사람이 육체를 신전神殿으로 삼아 매일 위장胃腸이라는 제단의 불기운 속에 대가성 없는 제물[음식물]을 바치며 하늘기운인 생명을 경배하듯이. 희생제는 인간과 하늘[참자아]을 연결하는 상징적인 제전이었다. 구약제사의 공통된 번제

---

* '犧牲祭'는 어린 양이나 흰 소, 비둘기 등의 제물이 불로 태워져 제물로 올려진 까닭에 '燔祭儀式'이라고 명명되기도 한다. 원래 희생제의 의미는 영적 진화를 위한 필수 덕목인 대가성 없는 헌신을 학습하는 데 있었다. 마치 신에게 바치는 번제의식과도 같이 정성을 다함으로써 無爲而化의 德과 그 기운과 하나가 되어 내재적 본성인 신성이 발현될 수 있는 까닭이다. 그리되면 춤추는 자는 사라지고 춤만 남는 경지, 즉 행위자는 사라지고 행위만 남는 경지에 이르게 되어 주체와 객체의 이분법은 사라지게 된다. 우주만물은 각기 고유의 존재 의미와 가치를 지니는 까닭에 누가 누구를 위하여 희생될 수 있는 것이 아니므로 '희생제'라는 표현은 적절하지 않을지도 모른다. 그럼에도 상대계의 언어로서는 달리 표현할 길이 없으므로 부득이 관습적으로 사용되어 온 용어를 사용했을 뿐이다.

행위는 속죄를 통해 참자아인 하늘과의 연결고리를 재개하기 위한 것이었다. 삶이라는 이름의 희생제가 경건함과 생명의 환희로 넘치는 제전이 되려면 행위로 인한 모든 카르마가 영적인 지혜의 불로써 정화되어야 함을 상징적으로 보여 주는 것이다.

유사 이래 신을 섬기는 의식이 보편화된 것은 우리의 본신이 곧 신[神性]이기 때문이다. 이기적인 욕구 충족을 위해서가 아니라 '영혼의 정화'를 위해서, 마치 신에게 바치는 번제의식과도 같이 정성을 다함으로써 무위이화無爲而化의 덕과 그 기운과 하나가 되어 신성이 발현될 수 있는 까닭이다. 오직 이 육체가 자기라는 에고(ego 個我)의 죽음을 통해 영적으로 거듭난다는 의미를 함축하고 있는 동시에, 사랑은 그 어떤 대가도 바라지 않는 온전한 희생제임을 보여 주는 것이다. 이렇듯 고대 예술 정신의 진수는 생명[天·性·神]에 대한 경배, 즉 대가성 없는 헌신에 있었다. 인간이 영적으로 진화하기 위해서는 내재적 본성인 신성이 발현되어야 하며 이를 위해 갖추어야 할 제1 덕목이 헌신임을 고대인들은 알고 있었던 것이다. 그들에게 희생제는 영적 진화를 위한 필수 덕목인 대가성 없는 헌신의 학습기제로서의 의미가 있는 것이었다.

예술이 미적 감각의 계발과 불가분의 관계에 있음은 미학(aesthetics)의 어원인 희랍어 에스테티케esthetike가 원래 '감각sensation'을 의미했다는 사실에서도 알 수 있다. 아리스토텔레스에 의하면 "모든 테크네techne의 본질은 예술 작품의 근원을 이해하고, 그 배후에 있는 기법과 이론을 연구하고, 창작 자체에 있는 것이 아니라 그것을 만든 사람 안에 있는 원리를 발견하는 것"으로서 상징적이고 정신적인 의미를 함축하고 있었다.[87] 예술적 감각은 과학과 영성을 매개하며 영적으로 진화할 수 있게 한다. 예술의 본질은 영적 진화와 긴밀히 연계되어 있으며 이러한 진화는 생명력의 고양을 통해 이루어진다. 생명이 무엇인지를 알면 예술성이 최고도로 발휘된다. 예술의 생명력이 극대화되는 것이다. 단전호흡, 명상, 요가, 무술 등의 수련 또한 생명력을 고양시키는 예술이다. 삶 그 자체가 생명력을 고양시키는 종합예술이어야 한다. 생명력이 고양되면 의식이 확장된다. 의식의 확장을 통한 영적 진화야말로 최고의 예술이다.

고대의 지식과 예술—건축, 조각, 회화—은 사제가 관장하였으며 예술가들은 독립성을 가지지 못했다. 고대인들의 집단의식의 표징인 탁월한 예술성은 생명 경외敬畏에서 오는 것이다. 이러한 생명 경외는 중세 이후 차츰 약화되어 근대에 들어서는 이분법적인 기계론적 세계관의 등장으로 예술의 영역에 대한 사회적 관심은 멀어지게 되었다. 과학이 사회의 핵심적인 역할을 수행하게 된 반면, 예술의 사회적 지위는 미약하고 정립되지 않았다. 예술이 표피적이고 그로테스크grotesque한 아름다움에 빠져 삶의 종합예술로 자리 잡지 못하고 주변화된 것은 예술혼이 사라짐으로 해서 생명과 단절되어 영적 진화에서 멀어졌기 때문이다. 20세기 이후 포스트모더니즘적인 전위예술(前衛藝術, 아방가르드 avant-garde) 및 행위예술performance의 등장과 더불어 기존의 예술 개념은 혁명적으로 변화하게 된다. 20세기 후반에 들어 특히 미술은 그 전위적 양상이 더욱 두드러지게 되는데, 팝 아트, 하이퍼 리얼리즘, 비디오 아트에서 보듯 후기산업사회의 성격을 수용하는 새로운 방향으로 나아가고 있는 것이다.

이제 예술은 다시 과학과의 대화를 시도하고 있다. 주체와 객체의 이분법이 폐기된 양자역학적 패러다임의 등장으로 '참여하는 우주'의 실상이 밝혀지면서 물질과 비물질의 경계가 사라지고 생명이 신비의 베일을 벗기 시작한 것과 맥을 같이 한다. 전일적 실재관의 등장과 더불어 생존의 영적 차원의 중요성이 인식되기 시작한 것이다. 그러나 우리가 처한 시대가 아직은 근대성의 패러다임이 유효하게 작동하고 있고 모더니즘과 포스트모더니즘이 중층화重層化된 구조를 이루는 과도기인 까닭에 한편으로는 인간의 이성과 과학적 합리주의를 중심으로 한 근대 세계에 대한 비판적 담론이 일고 있긴 하지만, 다른 한편으로는 현대 세계에서 통용되고 있는 패러다임이나 과학적 방법론은 여전히 근대 세계의 연장선상에 있는 것이다. 말하자면 근대의 기계론적 세계관과 현대의 시스템적 세계관이 기묘한 동거 형태를 보이고 있는 것이다. 따라서 오늘의 예술은 분리 자체가 근원적으로 불가능한 생명의 전일적 본질을, 그 소통성을 아직은 제대로 구현해 내지 못하고 있다. 삶이라는 이름의 종합예술이 소통하는 예술이 되기 위해서는 생명의 영성에 대한 자각이 선행되어야 한다. 이는 일종의 고대 예술혼의 부활과도 같은 것이다.

본서 4장과 5장에서 살펴본 상고上古의 천부天符사상은 삶이라는 종합예술의 사상적 토대였다. 하늘과 사람이 하나이고, 사람과 사람이 하나이며, 사람과 우주만물이 하나이니, 일체 우주만물의 근본은 모두 하나로 통해 있는 것이다. 말하자면 신성과 인성과 물성이 한데 어우러져 상호 관통하고 있는 것이다. 천부사상의 패러다임은 생명의 전일적 본질을 함축한 것이라는 점에서 오늘의 양자역학적 패러다임과 본질적으로 상통한다. 그것의 본질은 소통성 그 자체였다. 한마디로 상고의 예술은 천부사상을 근간으로 한 천부 예술이었던 까닭에 고도의 조화의 묘미를 함축하고 있었다. 천부 예술과 문화의 잔영은 세계 각지의 신화, 전설, 종교, 철학, 정치제도, 역易사상과 상수학象數學, 역법曆法, 천문, 지리, 기하학, 물리학, 언어학, 수학, 음악, 건축, 거석巨石, 세석기細石器, 빗살무늬 토기 등 거의 모든 분야에서 찾아볼 수 있다. 이렇듯 고대 예술혼의 정수가 되었던 천부사상이 오늘날 다시 주목받게 된 것은 전 세계 종교와 사상 그리고 예술과 문화가 수많은 갈래로 나누어져 제각기 발전하여 꽃피우고 열매를 맺었다가 이제는 다시 하나의 뿌리로 돌아가 통합되어야 할 시점에 이르렀기 때문일 것이다.

천부사상의 핵심은 한국 전통 사상의 골간이 되어온 경천숭조敬天崇祖의 보본報本사상에서 찾아볼 수 있다. 효孝와 충忠에 기반된 '숭조' 사상은 제천祭天에 기반된 '경천' 사상과 함께 한국 전통 사상의 골간을 형성해 온 것이다. 상고와 고대의 국중國中 대축제는 물론, 중세와 근세에도 제천 즉 천지의 주재자를 받들고 보본하는 예를 잊지 아니하였다. 우리 조상들은 박달나무 아래 제단을 만들고 소도蘇塗라는 종교적 성지가 있어 그곳에서 하늘과 조상을 숭배하는 수두교蘇塗敎를 펴고 법질서를 보호하며 살았다. 말하자면 당시로서는 수두교가 예술과 정치의 핵심사상이 되었던 것이다. 이러한 수두, 제천의 고속古俗은 대개 삼한시대 혹은 삼국시대까지 이어졌는데, 부여의 영고, 고구려의 동맹, 동예의 무천, 삼한의 5월제와 10월제 등이 그것이다. 이처럼 하늘에 제사지내고 보본하는 소도의식을 통하여 천인합일天人合一・군민공락君民共樂을 이루어 국권을 세우고 정치적 결속력을 강화하며 국운의 번창을 기원했던 것으로 보인다. 이는 우리의 전통 사상과 예술이 천・지・인 삼재의 조화를 바탕으로 경천敬天・경인敬人・경물敬物을 생활화해왔음을 말하여 준다. 단군이 천제를 지낸 백두산과 갑비고차甲比古次의 단소壇所와 마니산摩利山의 참성단塹城壇 등은 고산高山 숭배 사상의 단면을 보여 주는 것으로 하늘과 소통하고자 하는 고대 예술 정신의 진수를 엿볼 수 있게 한다.

인류 역사상 그 어떤 예술도 정치에서 자유로울 수가 없다는 것은 우리가 사는 사회가 정치사회이고 인간이 정치적 동물인 데서 오는 당연한 귀결인지도 모른다. 세속적 권위와 신적 권위가 조화를 이루었던 고대 제정일치 시대에는 말할 것도 없고, 신성에 의한 이성의 학대로 신앙과 이성이 부조화를 이루었던 중세, 메디치 가(Medici family)와 같은 후원자들에 의해 근대 예술사가 시작된 르네상스기, 그리고 과학혁명에 의해 추동된 정신·물질 이원론에 의해 예술과 과학이 결별한 근대 세계에서도 예술은 정치와 과학과 무관하지 않았다. 20세기에 들어 컴퓨터 단층촬영(CT)과 3차원 정밀 스캔, DNA 분석, 방사성 탄소연대 측정 등 첨단과학기술에 의해 예술사는 첨단기술을 이용하는 분야가 되었다. 오늘날 과학과 종교, 과학과 예술이 만나면서 논리와 직관, 분석과 종합, 이성과 초이성의 상호 관통으로 과학과 예술에 대한 균형 감각이 회복되고 있으며, 정치와 예술의 관계 또한 새롭게 조명되고 있다. 다양한 영역 간의 통섭이 긴요해진 것은 과학혁명 이후 지나친 전문화가 초래한 파편화된 지식으로는 총체적인 삶의 현실을 바르게 다룰 수가 없기 때문이다.

예술과 정치의 관계에 대해 살펴보기로 하자. 바그너와 함께 19세기 세계 오페라의 쌍벽을 이루었던 주세페 베르디(Giuseppe Verdi)는 조국통일을 노래한 민족주의자로서 베니토 무솔리니(Benito Mussolini)의 파시즘에 이용당하기도 했으나 정치적 비극을 인간적 고뇌로 승화시킨 인물이다. 40대인 1854년부터 베르디는 이탈리아 해방을 노래한 『시칠리아 섬의 저녁 기도』(1854), 왕의 암살을 정당화한 『가면무도회』(1859), 『운명의 힘』(1862)과 실러(Johann Christoph Friedrich von Schiller)의 작품을 원작으로 한 『돈 카를로스』(1867), 그리고 베르디의 애국적 그랑 오페라의 하나로 당시 이탈리아인의 애국심을 크게 고취시킨 『아이다』(1871)와 같은 정치적 오페라를 작곡했다. 베르디의 정치 오페라는 단순히 통일이나 해방을 노래하지도, 애국심과 같은 거대 담론으로 정치를 우상화하지도 않았다. 그의 작품의 진정한 가치는 "권력과 사회, 교회와 국가, 전쟁과 평화, 전통과 개인, 관습과 자유 등을 테마로 하며, 어느 것에나 인간의 자유에 대한 열망으로 가득 차 있다는 점"에 있다. 그의 정치적 오페라의 최고 걸작인 『아이다』는 정치를 넘어선 개인의 숭고한 사랑을 펼쳐 보인다는 점에서 비정치적 오페라이기도 하며, 비록 제국주의적인 요소가 전혀 없는 것은 아니지만 그렇다고 '제국주의적 찬양의 축제극'이라고 말하여질 수 있는 것은 결코 아니다.[88]

20세기를 상징하는 예술인 영화의 왕으로 불린 찰리 채플린(Charles Spencer Chaplin)은 코미디를 예술로 승화시킨 평화주의자로서, 보헤미안 기질을 지닌 타고난 아나키스트로서, 무성영화와 유성영화를 잇는 위대한 감독으로서 세계 영화사에서 매우 드물게 예술적 성공과 경제적 성공을 함께 이룩한 인물이다. 그는 큐비즘의 대가인 파블로 피카소(Pablo Ruiz Picasso)가 히틀러에 대항해 전쟁에 항의하는 『게르니카』를 그린 3년 뒤인 1940년에 히틀러를 조롱한 영화 『독재자』를 만들었고, 그보다 4년 앞선 1936년에 반자본주의적 영화 『모던 타임스』를 만들었다. 2002년 프랑스에서 62년 전의 작품인 『독재자』가 일반 극장에서 상영되어 여전히 흥행을 기록한 것이나, 2003년 칸 국제영화제 폐막작이 영화제 사상 처음으로 옛날 작품으로, 그것도 69년 전의 작품인 『모던 타임스』로 선정된 것은 그가 20세기뿐 아니라 21세기에도 여전히 '영화의 왕'임을 말하여 준다. 그의 영화 『살인광시대』(1947)는 마지막에 나오는 유명한 대사—"한 사람을 죽이면 악당이고, 100만 명을 죽이면 영웅이다. 죽은 사람의 수가 살인을 신성하게 만든다"—로 반전영화로 평가되었다. 또한 반공주의 미국을 풍자한 『뉴욕의 왕』(1957)은 그가 공산주의자로 몰려 40년 동안 살아온 미국에서 추방되어 만든 최후의 주연 작품으로 개봉시에는 좋은 평가를 받지 못했으나 후에 자유인의 영화라는 점에서 걸작으로 평가되었다.[89]

가장 철저하게 권력을 거부한 예술가 장 폴 사르트르(Jean Paul Sartre)는 노벨문학상 수상을 거부한 작가이자 세계평화를 사랑했던 아나키스트로서, 실존철학을 완성한 세기의 지성으로서, 평생 계약결혼 관계로 살았던 자유주의자로서 어느 국가나 사회 제도에 속하기를 거부하고 자유인으로 남기를 원했던 독특한 인물이다. 그는 인간과 문화가 기관의 간섭 없이 존재해야 한다는 변함 없는 신념을 가지고 있었던 까닭에 노벨상은 물론 제2차 세계대전 중 그의 레지스탕스 활동에 대해 1945년 그에게 수여될 예정이었던 레지옹 도뇌르 훈장도 거부하였으며, 프랑스 최고 지성의 전당이라고 하는 콜레주 드 프랑스의 교수직도 거부했다. 10~20대에 싹트기 시작한 그의 실존주의는 인권사상의 문제점과 식민지에 대한 제국주의적 침략을 비판하는 아나키즘에서 비롯되었으며, 1938년 그가 33세 때 발표한 『구토』는 커다란 반향을 불러 일으켰다. 사르트르는 33세까지 절대적 평화주의를 신봉하는 '자유로운 아나키스트'로서 살았지만, 제2차 세계대전 발발 직전에 파시즘을 적으로 인식하면서 1938년부터 1944년까지(33~39세) 6년 동안 '참여하는 아나키스트'로 살게 된다. 그는 군대에서 두 번째 소설인 『자유의 길』 제1부와 철학서 『존재와 무』를 완성했으며, 1945년 이후 그는 세계적인 인물로 부상했다. 그는 프랑스의 식민지 지배를 정면으로 비판하였으며, 샤를 드골(Charles Andr Joseph Marie de Gaulle)에 반대하여 알제리의 독립을 지지하기도 했다. 자유와 정의를 추구한, 프랑스의 양심에서 가장 영향력 있고 가장 독창적인 목소리를 낸 반反권력의 예술가 사르트르. 그의 사후 여러 신문에는 '더할 나위 없이 자유롭고 성실한 사람'이라는 그를 흠모하는 기사가 실렸다.[90]

예술가로 자처한 로마 제국의 제5대 황제 네로Nero는 서기 64년 로마 대화재 당시 불타는 로마를 내려다보며 하프를 켜고 시를 읊은 것으로 알려져 있고,[91] 시, 노래, 건축 등 예술을 적극적으로 지원한 인물로도 알려져 있지만 역사에는 예술가로 기록되지 않았다. 제3제국의 아돌프 히틀러(Adolf Hitler) 또한 예술가로 자처하며 리하르트 바그너(Wilhelm Richard Wagner)[92] 오페라에 탐닉하여 세계 제국을 건설하고자 유대인을 학살하고 드디어는 제2차 세계대전을 일으켰지만 그 역시 예술가로 기록되지는 않았다. 발레 무용수이자 건축가이기도 했던 프랑스의 루이 14세(Louis XIV)는 예술을 통해 정치를 했고 자신의 정치를 예술이라고 생각했지만 그 역시 예술가로 기록되지는 않았다. 예술이 예술로서의 가치를 지니기 위해 소비자를 필요로 한다는 것은 두 말할 필요도 없지만, '소비자나 후원자의 편협한 기호'에서, '시장과 화폐의 권력'에서 해방되지 않고서는 예술의 생명력이 발휘될 수 없다. 예술이 정치적일지라도 권력에 종속되지 않고 인류의 보편적 예술을 지향할 수 있다면 바람직한 예술로 평가받을 수 있을 것이다.

예술의 본질은 생명력의 고양을 통한 영적 진화와 긴밀히 연계된 까닭에 반생명적인 권력정치가 예술적일 수는 없다. 네로의 기독교인 학살과 히틀러의 유대인 학살은 생명을 단순히 분리된 개체[신체]로 인식한 생명정치적 분열의 살아 있는 상징으로 인류의 각성을 촉구하는 기폭제가 되었다. 네로와 히틀러의 의식은 '닫힌 자아'와 자기파괴를 상징하는 반생명적 사유의 전형이며, 이들의 운명과 비극은 소통성의 부재의 산물로서 이는 오로지 자기 거울을 통해서만 타자를 인식하는 왜곡된 집착에 기인하는 것이다. 개체화 의식 속에서는 생명을 파악할 길이 없으며 또한 진화할 수도 없다. 권력정치가 생명정치로 전환되어야 하는 이유가 여기에 있다. 삶이라는 이름의 종합예술은 생명의 전일적·시스템적 속성에서 만들어질 수 있는 것이다. 네로와 히틀러의 학살에서 보듯 인류가 그토록 심대하고도 처절한 의식의 자기교육 과정을 겪지 않을 수 없었던 것은, 어쩌면 인류 의식의 자기분열이 너무 깊기 때문이었는지도 모른다. 죽음을 통과하지 않고서는 영원한 삶에 이를 수 없다는 역설적인 명제도 있으니 말이다.

모든 성취와 행복의 원천은 참자아이다. 나무가 껍질이 터지고 뱀이 허물을 벗어야 살 수 있듯이 인간도 에고의 껍질을 벗어야 참자아인 하늘과 연결될 수 있다. 삶 자체가 희생제가 되어야 하는 것은 이 때문이다. 삶 자체가 희생제가 된다는 것은 영적 진화를 위한 필수 덕목인 대가성 없는 헌신을 생활화해야 한다는 것이다. 육체라는 이름의 신전에서 이루어지는 신진대사 작용이나, 식물들의 잎에서 일어나는 증산, 호흡, 광합성 작용과 질소동화작용은 모두 그 자체가 생명을 유지케 하는 대가성 없는 희생제이다. 만유의 존재성 그 자체가 생명을 경배하는 순수한 희생제의 표징이다. 만유의 존재성은 우주의 진행 방향인 영적 진화[의식의 진화]와 조응해 있다. 한 개의 바퀴통을 향하여 모여 있는 서른 개의 수레바퀴살처럼 일사불란하게 작용하는 생명의 자기조직화는 영적 진화가 이루어지게 하는 아무런 대가성 없는 희생제이다. 이러한 순수한 희생제는 우주의 본질인 생명이 존재하는 방식이다. 예술은 이러한 존재성의 표현이고 또한 표현이어야 한다. 영원히 마르지 않는 영혼의 샘이어야 한다.

비존재[靈性]와 존재[物性]를 거침없이 넘나드는 그대는
죽음마저도 삼켜버리는 그대는
그대는 정녕 순수 현존이다.

천변만화千變萬化가 그대의 놀이이며
만물만상이 그대의 모습이다
그대는 영원히 타오르는 의식意識의 불꽃이다.

만유 속에서 그 자신을 보고
그 자신 속에서 만유를 보는 그대는
그대는 무無의 향기다.

- 최민자, 『생명에 관한 81개조 테제: 생명정치의 구현을 위한 眞知로의 접근』

(2008)

제4부 | 통섭으로의 길

10 마음의 과학

11 지식시대에서 지성시대로

이 세상이 마음속 생각의 투사영이라면, 왜 마음속 생각과 실제 체험 간에 시차가 일어나는가? 다시 말해 왜 마음먹은 대로 즉시 이루어지지 않는 것인가? 생각과 체험 간의 시차는 우리가 유한한 몸을 가지고 시간이라는 관점 속으로 들어왔기 때문에 일어나는 것이다. 몸과 시간은 의식의 자기교육 과정에서 '지금 여기', 즉 순수 현존(pure presence)에 이르기 위한 필수적인 학습 도구다. 그러나 우리가 몸을 떠나 물질계에서 영계로 이동하면 시간이라는 관점에서도 떠나게 되므로 그러한 시차는 사라진다. 따라서 마음속 생각과 실제 체험 간에 어떤 지체도 없이 생각대로 즉시 이루어진다. 물질계에서는 생각과 체험 간의 시차로 인해 양자의 인과성을 인식하지 못하다가, 영계에서는 그 시차가 사라져 양자의 인과성이 마치 실물과 그림자의 관계와도 같이 동시적이고도 즉각적으로 나타남을 알아차리게 되는 것이다. 그리하여 반복적인 시행착오의 과정을 통해 생각을 조절하는 법을 점차 익혀가게 된다. 그러나 영계에서의 학습은 물질계에서의 감각적 체험과 시간이라는 관점에 의한 것만큼 구체적이고 치열할 수는 없는 까닭에 상대성과 물질성이라는 관점 속으로 다시 들어오게 된다. 말하자면 삼사라(samsara 生死輪廻)가 일어나는 것이다. 무엇을 위하여? 영적 진화를 위하여…실로 이 우주를 관통하는 의식의 대운하를 건설하지 않고서는, 영적 진화를 추동하는 마음의 과학을 이해하지 못하고서는 그 어떤 실제적인 통섭도 일어날 수가 없다.

- '마음의 과학' 중에서

10

마음의 과학

마음은

모든것

삶이라는 이름의 거울은 우리가 마음속으로 생각한 모든 것을 그대로 되비추어 주는 정직한 거울이다. 강물에 비친 달그림자를 보고 달이 실재함을 알 수 있듯이, 육안으로 보이는 삶의 세계를 보고 보이지 않는 의식계[본체계]가 실재함을 알 수 있는 것이다. 마음속 생각이 우리가 실제 경험하는 모든 것의 청사진이 되므로 이 세상은 마음속 생각의 투사영일 뿐이다. 인간은 마음의 작용을 통하여 시간과 공간 위에 행위의 궤적을 남긴다. "오이 심으면 오이 얻고 과일 심으면 과일 얻는다"[1]는 말은 작용·반작용의 법칙을 나타낸 것이다. '일체유심조一切唯心造', 즉 일체가 오직 마음이 지어낸 것이니 마음이 조물자이다. 이 세상 그 어떤 것도 마음을 떠나 존재할 수 있는 것은 없으므로 '마음은 모든 것(mind is all)' 이다. 마음은 생사生死, 선악善惡, 미추美醜, 정사正邪, 희비喜悲, 애증愛憎, 화복禍福 등의 요소가 운명처럼 동거하고 있는 복합체이다.

『장자』「재유在宥」에는 인간의 마음이 변화무쌍하여 예측하기 어려움을 다음과 같이 나타내고 있다.

> 인간의 마음은 억누르면 가라앉고 일으키면 올라간다. 그 오르내림이
> 마치 죄수가 옥에 갇혀 괴로워하는 것과도 같은 모습이다. 부드러움으
> 로 굳센 것을 유연하게 하고, 날카로운 것으로 파고 새겨 상처를 낸다.
> 뜨거워지면 불길처럼 타오르고, 차가워지면 얼음처럼 결빙된다. 그 재
> 빠르기는 순식간에 사해의 밖을 두 번이나 돌 수 있는 정도이다. 그 거처
> 함은 심연처럼 고요하나, 움직이면 하늘만큼 동떨어져 버린다. 세차게
> 치달려서 잡아 매어 둘 수 없는 것, 그것은 오직 인간의 마음뿐이다.[2]

마음은 바람과 같아서 붙잡을 수가 없고, 흐르는 물과 같아서 머무르지
아니한다. 그런데 이 마음이란 것이 있는 것도 없는 것도 아닌 묘한 것이어
서 이 우주를 손바닥 위에 올려놓는가 하면, 천 길 불길 속으로 떨어지게도
한다. 마음의 진상을 파악하기란 참으로 어려운 것이다. 원효는 『대승기
신론소』에서 삼계三界의 모든 법은 오직 마음이 짓는 것이라고 하여 '삼계
제법유심소작'[3]이라고 하였다. 무명無明의 훈습薰習으로 생긴 식識에 의하
여 주관과 객관이 나타나고, 허망한 경계를 취하게 되어 평등성과는 위배
되게 되므로 "마음이 일어나면 갖가지 법이 일어난다(心生則種種法生)"고 한
것이고, 만일 무명의 마음이 소멸되면 그에 따라 경계도 소멸하게 되고, 갖
가지 분별식分別識도 멸진滅盡하게 되므로 "마음이 사라지면 갖가지 법이
사라진다(心滅則種種法滅)"고 한 것이다. 실로 "일체의 분별은 자신의 마음
의 분별이고 마음은 마음을 볼 수 없으며 파악할 만한 것이 없다."[4]
일체가 자신의 마음의 분별임을 달마達磨의 『이입사행론二入四行論』에서

는 이렇게 말하고 있다.

> 문: "어떻게 자기 마음이 (대상을) 나타내는 것입니까?
> 답: "일체 존재가 있다고 생각할 경우 그 스스로 있는 것이 아니라 자기
> 마음이 분별하여 있다고 생각하는 데 지나지 않는다. 일체 존재가 없다
> 고 생각할 경우에도 그 스스로 없는 것이 아니라 자기 마음이 분별하여
> 없다고 생각하는 데 지나지 않는다. 이는 일체 존재에 대해서도 마찬가
> 지다. 모두 자기 마음이 분별하여 있다고 생각하기도 하고, 없다고 생각
> 하기도 한다. 도대체 무엇을 탐내고, 탐내는 분별을 하는 것인가? 그것은
> 모두 자기 마음이 분별을 일으킨 것일 뿐이며, 자기 마음이 본래 아무 것
> 도 없는 것을 분별한 것으로, 이를 일러 망상이라 한다."[5]

그러나 "마음이 어디에도 속하지 않는다는 것을 알아차린다면, 도의 발
자취를 얻는 것이 된다. 왜냐하면 눈이 모든 물질을 보아도 그것에 구속되
지 않을 때 그것이 자성의 해탈이고, 귀가 모든 음성을 들어도 그것에 구속
되지 않을 때 그것이 자성의 해탈이기 때문이다."[6] 눈이 물질에 구속되지
않고 귀가 음성에 구속되지 않을 때, 그것이 눈의 본질적 해방이고 귀의 본
질적 해방이며 동시에 자성의 해탈인 것이다. 『벽암록碧巖錄』 「조주삼전어
趙州三轉語」에서는 "쇠로 만든 부처는 용광로를 건너지 못하고, 나무로 만
든 부처는 불을 건너지 못하고, 진흙으로 만든 부처는 물을 건너지 못한다.
참 부처는 각자의 내면 속에 있다"[7]고 하였다. 원래 부처(佛)란 석가세존을
가리키는 고유명사가 아니라 각자覺者, 즉 깨달은 자를 의미하는 보통명사
다. 또한 우주의 실체는 의식이므로 부처는 물질과 정신이 하나가 된 마음,

즉 참자아[참본성]인 일심 그 자체를 일컫는 것이다. 일심은 우주만물을 관통하는 지기至氣로서 일체의 이분법을 넘어서 있는 까닭에 건너지 못하는 곳이 없다.

『육조단경六祖壇經』[8]에는 '자성자도自性自度', 즉 '자기 본성에 의하여 스스로 건너다' 라는 의미심장한 말이 나오는데 이에 얽힌 일화가 있다. 혜능慧能은 집이 가난하여 나무를 팔아 어머니를 봉양했는데, 어느 날 장터에서 『금강경』을 독송하는 것을 듣고 출가할 뜻을 세워 선종의 오조五祖 홍인弘忍의 문하에 들어가게 된다. 얼마 후 그는 한밤중에 아무도 모르게 홍인으로부터 돈오頓悟의 가르침과 가사와 바리때를 전수받고 법통을 이어받았다. 홍인이 말하기를, "예로부터 교법을 이어받은 사람은 목숨이 실 끝에 매달린 것처럼 위태로우니 여기를 빨리 떠나야 한다"고 했다. 이에 혜능은 "저는 원래 남방 사람인지라 이곳 산길에 어두운데, 어떻게 가면 구강九江어귀까지 이를 수 있습니까?' 라고 물었다. 그러자 홍인은 자신이 직접 전송해 주겠다고 했다. 그리하여 혜능은 구강의 배가 닿는 선착장까지 홍인과 동행했는데, 마침 한 척의 배가 있었다. 홍인은 혜능을 배에 태우고 자신이 노를 저어 갔다. 혜능이 직접 노를 젓겠다고 하자, 홍인은 자신이 혜능을 건네주는 것이 옳다며 받아들이지 않았다. 그러자 혜능은 "제가 미망에 빠져 있을 때는 큰스님께서 건네주셔야 겠지요. 그러나…큰스님의 가르침과 법맥을 넘겨주신 덕택으로 이제는 이미 깨닫게 되었습니다. 그러니 자기 본성에 의하여 스스로 건너야 합니다"라고 했다. 그러자 홍인은 '자성자도' 라는 견해에 크게 동조하여 혜능의 뜻을 받아들였다. 혜능은 남방으로 가서 신수神秀가 펴는 북종선北宗禪에 맞서 후일 남종선을 개창하게 되는데, 후세의 오가칠종五家七宗은 모두 남종선에서 발전하였다.

육조六祖 혜능이 고종高宗 연대에 광주(광동성)의 법성사法性寺를 찾아갔을 때 마침 인종印宗법사가 『열반경』을 강의하고 있었다. 그때 바람이 불어 깃발이 날리자, 어느 승려가 "깃발이 움직인다"고 말했고, 다른 승려는 '바람이 움직이는 것이다'라고 말했다. 그러자 혜능은 "깃발이 움직이거나 바람이 움직이는 것이 아니라, 당신들 마음이 스스로 움직이고 있는 것이다"라고 했다. 이 말을 듣고 인종은 소스라치게 놀랐다고 한다. 모든 분별은 자신의 마음의 분별인 것이다. 혜능이 "본래 아무것도 없는데, 어느 곳에 먼지나 티끌이 있을 손가(本來無一物 何處有塵埃)"라고 설한 게송은 남종선의 사상을 단적으로 나타낸 것으로 유명하다. 이 게송은 자성, 즉 마음의 본체가 본래 청정하며 생멸生滅이 없고, 고요하며 스스로 구족具足하고, 그 자체로서 만법을 낸다는 것을 나타내고 있다. 『육조단경』은 혜능이 "무념無念을 종宗으로 하고, 무상無相을 체體로 하며, 무주無住를 근본으로 한다"[9]고 설한 것이 그 요체다. 이처럼 『육조단경』의 사상은 철두철미하게 '자성자오(自性自悟: 자기 본성을 스스로 깨침)'·'자성자도'에 있는 것으로 나타난다. 참본성을 통하면 육진六塵을 여의지도 않고 그것에 물들지도 않아서 오고 감이 자유롭게 되는 것이다.

혜능의 '자성자도'는 스스로 생성되고 변화하여 돌아가는 스스로(自) 그러한(然) 자, 즉 생명(참본성, 一心)의 본질적 속성과 상통하는 것으로 '참여하는 우주'의 경계를 나타내 보인 것인 동시에, 삶과 죽음의 강을 건너 피안의 언덕에 오르는 방법을 비유적으로 제시한 것이다. 생명의 본체인 하나인 참본성을 통하지 않고서는 그 어떤 생각이나 행위도 온전할 수가 없다. 마음은 곧 기운이니, 흔히 마음이 '좋다'는 것은 기질氣質, 즉 기운의 질이 맑고 밝다는 것이고, '나쁘다'는 것은 기운의 질이 탁하고 어둡다는 것이다. 유유상종이란 같은 기질끼리 잘 어울리는 것을 두고 하는 말이다. 기질이 탁하고 어두운 경우에는 무슨 일을 하더라도 망쳐지지 않는 것이 없다. 특히 정치나 학문과 같이 영향력이 큰 분야에 종사하는 경우일수록 해악을 끼치는 수준도 심대해진다. 참본성을 꿰뚫어보지 못하는 학문은 공허한 말장난에 불과하며 배워도 쓸모가 없다. 성인들께서 '성통공완性通功完'을 강조한 것은 참본성을 통하지 않고서는 공덕을 완수할 수가 없기 때문이다. 물질계에서 최고의 성공은 하나인 참본성을 깨닫는 것이다. 우주만물을 관통하는 하나인 참본성을 알지 못한 채 통섭을 운위하는 것은 언어의 유희에 지나지 않으며 학문과 삶의 근원적 불화를 조장할 뿐이다. 통섭의 주체인 하나인 참자아(참본성), 즉 일심을 깨닫지 못하고서는 진정한 의미의 통섭이 이루어질 수가 없다.

삶에서 일어나는 모든 문제는 관점의 차이에서 오는 것이다. 모든 것이 마음먹기 나름이라는 말은 삶의 향방이 어떤 관점을 취하느냐에 달려 있다는 말이다. 이 세상의 그 어떤 사물도 우리를 고통에 빠뜨릴 수는 없다. 단지 그것을 받아들이는 관점으로 인해 고통 받는 것이다. 죽음이 고통스럽게 느껴지는 것은 삶과 죽음이 낮과 밤의 관계와 마찬가지로 하나의 고리로 연결되어 있다는 사실을 알지 못하기 때문이다. 생명의 낮의 주기가 다하면 죽음이 오고, 또 생명의 밤의 주기가 다하면 삶이 온다는 사실을 알지 못하기 때문이다. 이러한 연결고리를 직시하면, 삶이 다하여 죽음이 오는 것은 마치 낮이 다하여 밤이 오고 구름이 비 되는 것과도 같은 자연의 이치임을 알게 되어 한길로 생사를 초월하게 된다. 마찬가지로 우리가 즐거움을 느끼는 것 역시 받아들이는 관점에서 오는 것이다. 살 만한 가치가 있다는 긍정적인 관점을 가지면 삶은 즐거움으로 넘쳐나지만, 그렇지 못하다는 부정적인 관점을 가지면 삶은 괴로움의 나락 속으로 빠져든다. 개인이나 집단의 진화 정도는 무엇을 즐거움으로 여기고 무엇을 괴로움으로 여기는가에 의해 측정될 수 있다. 말초적인 감각적 쾌락을 즐거움으로 여기고 이기심을 버리는 것을 괴로움으로 여긴다면, 진화 수준은 낮다고 할 수밖에 없다. 모든 고통과 슬픔과 죄악은 주인인 영혼이 감각적 쾌락의 노예가 될 때 생겨나는 것이다.

고대 사회에서 신을 섬기는 의식이 보편화된 것은 정성을 다하는 의식을 통해 영혼이 정화되고 내재적 본성인 신성이 발현되어 하늘과 통하는 직로가 뚫린다고 생각했기 때문이다. 어떤 이는 재물을 제물로 바치고, 어떤 이는 고행을 제물로 바치고, 또 어떤 이는 경전 연구나 명상 또는 생명의 기운을 제물로 바치기도 한다. 이렇듯 각기 나름의 방식으로 감각기관을 제어하는 훈련과 정성을 다하는 행위를 통해 참본성에 이를 수가 있는 것이다. 그러나 크리슈나는 말한다.

> 아르주나여, 신성한 지혜를 제물로 바치는 것이 그 어떤 물질을 제물로 바치는 것보다 낫다. 영적인 지혜야말로 진실로 모든 신성한 행위의 목표이기 때문이다.
> But greater than any earthly sacrifice is the sacrifice of sacred wisdom. For wisdom is in truth the end of all holy work.[10]

따라서 신에 대한 지고의 경배는 헌신의 길을 가며 계속해서 영적인 지혜의 불을 타오르게 하는 것이다. 영적인 지혜의 불이 타오르면 내면의 불순함이 정화되어 조화롭고 균형된 감각을 갖게 되므로 완전한 자유와 평화에 이르게 된다. 영적 무지에서 움터난 의심을 잡초를 베어내듯 지혜의 칼로 베어내고 일념으로 정진하여 잠들어 있는 우리 영혼을 깨우는 것, 그 것이 바로 영적인 지혜의 불을 타오르게 하는 것이다. 그러한 작업은 자신의 내부에 있는 마음의 제단을 자각하게 되면 언제 어디에서나 가능한 것이다. 크리슈나는 말한다. "이 세상에 영적인 지혜의 불만큼 순수하게 정화시키는 것은 없다. 요가를 길을 가며 계속해서 영적인 지혜의 불을 타오르게 하는 사람은 참자아[참본성]에 이르는 길이 자신의 내면에 있음을 깨닫게 될 것이다"[11]라고.

육체의 병을 치료하기 위해서는 병의 원인이 밝혀져야 하듯, 영적 치유를 위해서는 어두움의 본질이 드러나지 않으면 안 된다. 사성제四聖諦는 고성제苦聖諦, 집성제集聖諦, 멸성제滅聖諦, 도성제道聖諦의 네 가지 진리로 이루어져 있다. 첫째 고성제는 인생은 괴로움이라는 진리이다. 자연현상으로서의 생로병사가 괴로움이 아니라 자신에게 일어나는 생로병사가 괴로움인 것이다. 그럼에도 생로병사를 피할 수 없으니 그것이 괴로움인 것이다. 여기에는 8고八苦가 있는데, 사랑하는 이와 헤어져야 하는 괴로움(愛別離苦), 미워하는 이와 만나야 하는 괴로움(怨憎會苦), 구하고자 하나 얻지 못하는 괴로움(求不得苦), 이러한 괴로움의 근본인 오온五蘊에 집착하는 데서 오는 괴로움(五取蘊苦)의 4고四苦와 생로병사生老病死의 4고四苦를 합한 것이 그것이다. 집성제는 괴로움의 원인을 밝힌 진리이다. 인생이 괴로운 것은 마음속 깊이 갈애渴愛가 있기 때문이다. 갈애에는 감각적 욕망인 욕애慾愛, 생존의 영속을 바라는 욕망인 유애有愛, 생존의 단절을 바라는 욕망인 무유애無有愛의 세 가지가 있다. 갈애는 모든 욕망의 근저가 되는 것으로 채워질 수 없는 욕망인 까닭에 번뇌와 괴로움의 원인이 되는 것이다. 멸성제는 괴로움은 없앨 수 있다는 진리이다. 괴로움의 원인이 소멸되면 해탈과 열반의 경지에 이르게 되는 것이다. 도성제는 고苦와 집集의 멸滅을 실현하는 길을 밝힌 진리이다. 그 수행방법은 정견正見·정사正思·정어正語·정업正業·정명正命·정정진正精進·정념正念·정정正定의 8정도八正道이다.

인간의 감정체계는 대개 영혼[삶]의 영역에 속하는 사랑과 육체[죽음]의 영역에 속하는 두려움의 두 가지로 대별할 수 있다. 사랑이 참본성[순수의식, 전체의식, 보편의식]의 다른 이름이라면, 두려움은 에고[부분의식, 특수의식]의 다른 이름이다. 사랑은 우주의 근원적 생명력이며 진리 그 자체다. 두려움은 분노·증오·질투·슬픔·탐욕·우울·소외감·죄책감·열등감·무력감 등 분리의식에서 파생되는 모든 부정적인 감정을 포괄한다. 우리의 내부에 사랑이 충만하면 우리가 사는 세상 또한 사랑의 파동에 힘입어 점점 사랑으로 충만할 것이고, 우리의 내부가 두려움으로 가득 차면 우리가 사는 세상 또한 두려움의 파동의 영향으로 점점 두려움으로 가득 찰 것이다. 이와 같이 긍정적인 성향과 부정적인 성향은 우리의 내부에만 깃들어 있는 것이 아니라 외부에도 반영되게 된다. 이렇듯 긍정적 및 부정적인 성향의 이원성은 그 자체의 리듬과 긴장감이 영적 진화를 위한 학습기제가 된다. 그러나 근본지[根本智]에 이르게 되면 이러한 대립성과 분절성은 소멸하게 된다. 마치 하나인 마음의 바다에서 일렁이는 파도와도 같이 생주이멸(生住異滅, 成住壞空)의 네 과정의 변화가 그 스스로의 본체가 있는 것이 아님을 깨달으면 일체가 환화幻化의 작용임을 알아 미망에서 벗어날 수 있게 된다.

인간이 부정적인 성향을 키우게 되는 것은 근원적인 영혼의 갈증에 있다. 문제는 재물·권력·명예·인기·쾌락 등 허상으로 영혼의 갈증을 해소하려는 데서 생긴다. 이러한 대리만족은 공허한 자아를 재생산해낼 뿐 근본적인 해결책이 되지 못한다. 학문을 해서 날로 지식이 늘고, 사업을 해서 날로 재산이 늘고, 권력을 잡아서 날로 지위가 높아진다고 해서 공허감이 메워질 수 있는 것은 아니다. 왜냐하면 그 공허감은 우주 생명의 뿌리와 단절된 데서 오는 것이기 때문이다. 다시 말해 우주로부터 버림받은 데서 오는 공허감인 까닭에 물질계의 그 어떤 것으로도 대체될 수 없는 것이다. 반면, 영적인 충만감으로 가득 찬 사람은 허상에 대한 집착이 없다. 충분한 지하수원에 뿌리를 내린 나무는 지상의 사소한 상황에 영향을 받지 않듯이, 우주 생명의 뿌리와 연결된 삶은 충분한 생명의 기운을 흡수할 수 있으므로 물형계의 조건에 구애받지 않는다. 따라서 뿌리 없는 꽃꽂이 식물과는 삶의 질이 다를 수밖에 없다. 각자가 타고난 천품을 계발하고 개화시킬 수 있는 여건과 환경을 마련하고 알찬 삶의 결실을 맺을 수 있도록 촉매역할을 하는 공동체의 조성이 시급하다.

마음의 과학

이 세상이 마음속 생각의 투사영이라면, 왜 마음속 생각과 실제 체험 간에 시차가 일어나는가? 다시 말해 왜 마음먹은 대로 즉시 이루어지지 않는 것인가? 생각과 체험 간의 시차는 우리가 유한한 몸을 가지고 시간이라는 관점 속으로 들어왔기 때문에 일어나는 것이다. 몸과 시간은 의식의 자기교육 과정에서 '지금 여기', 즉 순수 현존(pure presence)에 이르기 위한 필수적인 학습 도구다. 그러나 우리가 몸을 떠나 물질계에서 영계로 이동하면 시간이라는 관점에서도 떠나게 되므로 그러한 시차는 사라진다. 따라서 마음속 생각과 실제 체험 간에 어떤 지체도 없이 생각대로 즉시 이루어진다. 물질계에서는 생각과 체험 간의 시차로 인해 양자의 인과성을 인식하지 못하다가, 영계에서는 그 시차가 사라져 양자의 인과성이 마치 실물과 그림자의 관계와도 같이 동시적이고도 즉각적으로 나타남을 알아 차리게 되는 것이다. 그리하여 반복적인 시행착오의 과정을 통해 생각을 조절하는 법을 점차 익혀가게 된다. 그러나 영계에서의 학습은 물질계에 서의 감각적 체험과 시간이라는 관점에 의한 것만큼 구체적이고 치열할 수는 없는 까닭에 상대성과 물질성이라는 관점 속으로 다시 들어오게 된 다. 말하자면 삼사라(samsara 生死輪廻)가 일어나는 것이다. 무엇을 위하여? 영적 진화를 위하여.

전 우주는 자연법인 카르마kama의 지배하에 있다. 하늘의 그물은 넓고 넓어서 보이지는 않지만 티끌 하나라도 새는 일이 없으며, 아무리 미세한 카르마라 할지라도 언젠가는 반드시 보상하게 되어 있다. 죄와 괴로움의 인과관계를 나타내는 '업業'이라는 의미로 흔히 사용되는 카르마는 물리 현상에서의 작용·반작용의 법칙[인과의 법칙]과도 같은 것으로 영성과 과학 의 접합을 표징하며 영적 진화를 추동하는 법칙이다. 영적 진화 과정에서 생성과 소멸의 주기를 반복하며 삶과 죽음을 관통하는 이 우주의 법칙은 인간 행위의 불완전성에서 기인하는 것이다. 인간의 행위가 불완전하다는 것은 곧 행위가 전체적이지 못하다는 것으로 이는 의식이 깨어나지 못한 데 기인한다. 하나인 만유의 참본성을 인식하지 못하고 오직 이 육체가 자기라는 분리의식에 빠져 반생명적인 이기적 행위에 사로잡히는 것이다. 카르마는 생生·주住·이異·멸滅의 사상四相의 변화가 실재하지 않는 것임을 깨닫지 못하고 탐욕과 분노의 에너지에 이끌려 집착하는 데서 생기는 것이다. 근본적으로 영성이 결여된 데서 생기는 것이다.

『참전계경』에서는 말한다. '하늘의 그물(天羅)'은 넓고 넓으나 사소한 일 하나라도 놓치지 아니하므로 악을 행하면 반드시 재앙을 만나게 되어 하는 일마다 끝을 맺지 못한다.[12] '땅의 그물(地網)'은 그 누구도 벗어날 수 없으므로 악을 행하면 반드시 흉한 곳만 찾아다니게 되어 하는 일마다 끝을 맺지 못한다.[13] 작은 선善이라 하여 행하지 않고 크지 않은 악惡이라 하여 행한다면 악으로 된 산(惡山)을 이루어 그 앙화를 받게 될 것이다.[14] '악'이란 '선'의 결여이며, 이는 곧 남을 나와 같이 생각하는 마음이 결여된 데서 오는 것이다. 매순간 정성을 다하여 천·지·인 삼신일체의 천도를 실천한다면 이는 곧 사람이 천지를 품어 하나가 되는 것이니 이루어지지 않는 일이 없게 된다. 참전계경의 가르침에 따라 '혈구지도絜矩之道', 즉 남을 나와 같이 헤아리는 추기도인推己度人의 도를 지켜나간다면 '하나'인 참본성에 이를 수 있다.

카르마의 목적은 단순한 징벌에 있는 것이 아니라, 인간의 영혼이 완성에 이르기 위한 조건에 관계한다. 내적 자아의 각성과 영적인 힘의 계발을 위해 있는 것이다. 생사윤회란 실로 없는 것이지만, 이기적 행위에 사로잡힌 자들에게는 실로 있는 것이다. 생사윤회란 계속해서 영성 계발과 영적 교정이 이루어질 수 있도록 상대성과 물질성이라는 관점 속으로 다시 들어와 재수강을 할 기회가 주어지는 것을 말한다. 하여 생명의 낮의 주기와 생명의 밤의 주기—이러한 생명의 낮과 밤을 물질계에서는 삶과 죽음이라고 부른다—를 반복하며 죄와 괴로움의 인과관계에 대한 응시를 통해 종국적으로는 영혼의 완성에 필요한 학점을 이수함으로써 생사의 굴레에서 벗어나게 되는 것이다. 이 광막한 기氣의 대양에 쳐 놓은 카르마의 그물은 바로 이 재수강을 필요로 하는 사람들을 잡기 위한 것이다. 이 그물에 걸리지 않는 유일한 방법은 행위가 전체적이 되게 하는 것이다. 사익과 공익의 조화를 강조하는 것은 이 때문이다. 그러나 영[정신]과 육[물질]이 하나임을, 생명의 전일성을 깨달은 자에게는 가는 것도 오는 것도 없으니 생사윤회란 실재하지 않는 것이다.

행위가 전체적이 된다는 것은 무위이화無爲而化의 덕과 그 기운과 하나가 됨으로써 행위자는 사라지고 행위만 남는 경지에 이르는 것이다. 춘하추동의 사시가 순환하듯, 새가 공중을 날지만 자취를 남기지 않듯, 순수한 행위 그 자체가 되는 것을 의미한다. 전체적인 행위 속에 있는 사람은 성공과 실패, 삶과 죽음, 즐거움과 괴로움의 양 극단을 동일한 것으로 여긴다. 행위가 전체적이 되지 못하는 것은 이 세상을 무수하게 분리된 '존재의 섬'으로 인식하기 때문이다. 대가성에 기초한 행위는 전체적이 될 수 없으므로 카르마의 그물에 걸리게 된다. 기복신앙의 문제의 본질이 여기에 있다. 하나인 달이 무수한 달그림자를 만들어내고 거두어들이듯, 하나인 참자아[영성]는 생명의 낮이 되면 우주만물[물성]이라는 무수한 그림자를 만들어내고 생명의 밤이 되면 다시 거두어들인다. 이렇듯 물성과 영성을 거침없이 넘나드는 참자아는, 죽음마저도 삼켜버리는 참자아는 천변만화千變萬化를 자신의 놀이로 삼고 만물만상을 자신의 모습으로 삼는 순수 현존이다.

거칠고 방종한 자아를 길들일 수 있는 유일한 방법은 행위에 의한 행위의 초극밖에 없는 까닭에 불완전한 행위라 할지라도 행위를 멈출 수는 없다. 전체적이지 못한 불완전한 행위는 쉼 없는 행위에 의한 의식의 자기교육 과정을 통해서만 교정될 수 있으며, 그리하여 종국에는 에고가 무르익어 떨어져나가게 되는 것이다. 따라서 타고난 기질에 따라 무슨 행위든 해야 한다. 그러나 이기적인 욕망을 끊지 않고서는, 마음의 차원을 변형시키지 않고서는 지혜와 깨달음에 이를 수 없다. 우리의 의무는 오직 해야 할 일을 하는 것일 뿐, 행위의 결과에 대해서는 집착하는 마음을 버려야 한다. 실로 깨인 자의 눈으로 보면 행위자란 없는 것이다. 이 우주는 넘실거리는 파동의 대양—춤 그 자체일 뿐, 춤추는 자가 따로 있는 것이 아니다. 춤추는 자가 따로 없으므로 슬퍼하거나 두려워할 이유도 없다. 산 자를 위해서도, 죽은 자를 위해서도 슬퍼할 이유가 없는 것이다. 물질적 우주인 상대계가 존재하는 것은 의식의 확장을 위한 학습 여건 창출과 관계되며, 의식을 탐구하는 수단으로 감각기능이 주어지고 또한 이를 활성화할 양 극단의 상황—즉, 행복과 불행, 성공과 실패, 희망과 절망, 건강과 병 등—이 주어지는 것이다.

상대계에서의 자기실현이란 생명의 본체인 절대유일의 참자아[참본성, 신성]를 깨닫는 것이다. 그러나 생명의 본체인 참자아는 인식의 대상이 될 수 없으므로 참자아를 깨닫는 유일한 방법은 참자아와 하나가 된 삶을 사는 것이다. 깨달은 자는 만유의 다양성이 하나인 참자아의 자기복제로서의 작용으로 나타난 것임을, 하여 만유 속에 참자아가 내재해 있음을 아는 까닭에 하늘과 사람과 만유를 공경하는 삶을 실천하게 된다. 이 세상에 다양한 종교들이 존재해 온 것도 이러한 참자아에 뿌리를 둔 '참삶'으로 사람들을 인도하기 위한 것이었다. 다시 말해 '참사랑'을 실천하게 하고 영적 진화의 길로 나아갈 수 있도록 안내하기 위한 것이었다. 흔히 신이라고도 불리는 참자아는 만유 속에 편재해 있으므로 만유를 떠나 따로이 경배할 수 있는 대상이 아니다. 참자아인 신은 만유를 관통하는 하나인 참본성인 까닭에 일체의 이원성을 넘어서 있으며 무어라 이름 지을 수도 없다. 그럼에도 제각기 이름을 붙여 신을 물질화·영역화하고 있으니 이들에게 신이란 단지 자신의 분리의식의 투사에 지나지 않는다. 하나인 참본성이 아닌, 자신의 분리의식의 투사체로서의 물신物神을 경배하는 것, 그것이 바로 모든 종교에서 그토록 경계하는 우상숭배다.

일체의 분별지分別智에서 벗어나 본래의 근본지根本智로 되돌아가면 이 분법을 초월한 참자아가 그 모습을 드러내게 된다. 그리하여 궁극적인 의미에서 '나'라고 할 만한 것이 존재하지 않는다는 사실을 알게 되어 물질 차원의 기운을 초월하게 되므로 즐거움과 괴로움을 하나로 여기게 되는 것이다. '하나'인 참자아는 생각의 저 너머에 있으므로 사유의 대상이 될 수 없으며, 변화의 저 너머에 있으므로 그 자신은 변화하지 않는다. 참자아는 만유의 본질로서 내재해 있는 동시에 만유를 초월해 있으므로 이해를 넘어서는 존재이다. 참자아는 만유를 생성하는 창조자 (Brahma)이고, 이들을 지탱하는 유지자(Vishunu)이며, 동시에 이들을 소멸시키는 파괴자(Shiva)이다. 참자아는 영원과 변화의 피안彼岸에, 선과 악의 피안에, 본체와 현상의 피안에 있다. 이 세상 그 어떤 것도 포괄하지 않음이 없고 또한 포괄되지 않음도 없다.[15]

참자아인 신은 곧 진리다. 진리는 그 어떤 의미에서도 부분이 아니다. 그것은 일체의 대립성과 분열성이 소멸된 거대한 전체다. 참자아인 신은 곧 생명이다. 생명은 분리 자체가 근원적으로 불가능한 절대유일의 하나인 까닭에 특정 개인이나 특정 집단의 전유물이 될 수 없다. 기독교인만의 하느님, 이슬람교인만의 알라와 같은 불순한 의식은 전체적인 행위가 일어날 수 없게 하는 불완전한 행위의 원천이 되는 까닭에 카르마의 그물에 걸리게 된다. 이러한 물신에 대한 우상숭배는 짚신이나 나막신을 숭배하는 것과도 같이 우스꽝스런 짓이다. 이제 종교는 진리의 편린에 집착하는 교리적 배타성이나 기복신앙 차원에서 벗어나 인류의 영적 진화를 선도할 수 있어야 한다. 인생의 목적은 각자 내부의 신성을 자각하며 인내하고 용서하고 사랑하는 순수하고도 일관된 마음으로 영적으로 진화해 가는 데 있다. 삶의 고난을 피하려고만 하지 말고 그 원인과 의미를 새겨 고난 속에서도 포용하고 인내하고 배우는 자세로 고난의 구간을 통과해야 한다.

새로운 카르마를 짓지 않는 비결은 이 육체가 '나'라는 착각에서 벗어나 만유를 하나인 참본성으로 인식하는 것이다. 올바른 생각과 행위가 뿌리를 내리면 원래의 카르마의 방향이 바뀌고 그 힘 또한 약해지는 것이다. 정제된 행위의 길을 통해 영혼의 완성에 이를 수 있기 위해서는 행위를 하되 그 행위의 결과에 집착함이 없이 담담하게 행위할 수 있어야 한다. 춤추는 자가 사라지고 춤 그 자체만이 남을 때, 그리하여 생명의 전일성과 근원적 평등성 및 유기적 통합성을 자각할 때 비로소 카르마의 그물에서 벗어나 자유롭게 된다. 실로 이 우주를 관통하는 의식의 대운하를 건설하지 않고서는, 영적 진화를 추동하는 마음의 과학을 이해하지 못하고서는 그 어떤 실제적인 통섭도 일어날 수가 없다. 본서의 핵심 주제어인 통섭이 의식 차원과의 융합 없이 단순히 지식 차원에서 논하여진다면, 그것이야말로 언어의 유희에 지나지 않으며 삶과 지식의 불화를 조장하는 단초가 될 뿐이다.

카르마의 법칙에 있어 인과관계는 아주 가까운 과거에 있을 수도 있고, 아주 먼 과거에 있을 수도 있다. 반작용으로서의 지금의 이 카르마는 바로 직전이나 며칠 전의 작용이 낳은 결과일 수도 있고, 몇 년 전이나 몇만 년 전의 작용이 낳은 결과일 수도 있는 것이다. 이 우주는 본질적으로 역동적이며 불가분의 전체이므로 카르마가 작용하는 것은 한정된 시공 속에서가 아니라, 시공 연속체에서 일어난다. 한마디로 카르마를 보상하기에 가장 적절한 시기와 장소에서 나타나는 것이다. 행위 그 자체보다는 동기나 의도가 카르마의 작용을 불러일으키는 원인이 되는 까닭에 순수성과 일관성 그리고 정성을 다하는 마음이 중요하다. 카르마의 법칙에 대한 유일한 용제溶劑는 인내하고 용서하고 사랑하는 마음이다. 원수를 내 몸과 같이 사랑할 수 있을 때 '다시는 돌아오지 않는 길' [16]을 발견함으로써 영적 진화를 위한 과제는 끝이 난다. 말하자면 저 붓다처럼 '존재의 집으로 가는 옛길'을 발견함으로써 삼사라(生死輪廻)에서 벗어나게 되는 것이다.

원래 카르마는 전체적이지 못한 불완전한 생각이나 행위가 축적된 것이라는 점에서 자유의지와 필연의 변증법적 복합체다. 불완전한 생각이나 행위가 오랫동안 축적되면 카르마는 더욱 강력해져서 그 방향을 바꾸기가 어렵고 결국 카르마의 지배하에 있게 된다는 점에서는 카르마를 필연과 연결 지을 수 있지만, 영성 계발과 영적 교정을 통해 행위가 전체적이 되면 카르마가 약해지고 그 방향 또한 바뀐다는 점에서는 자유의지와 연결 지을 수 있다. 전자는 인과의 법칙의 '과果'에 치중한 것이고, 후자는 '인因'에 치중한 것이라는 점에서 카르마는 자유의지와 필연의 변증법적 복합체이다. 영적 진화를 추동하는 법칙으로는 카르마의 법칙 외에 선택과 책임의 법칙, 인력의 법칙을 들 수가 있는데, 후자의 두 가지 법칙은 카르마의 법칙에서 파생된 것이다. 이 세 가지 법칙은 분리시켜 이해하기보다는 종합할 때 상호 연관과 상호 의존의 세계 구조가 보다 분명히 드러나므로 진화의 원리 또한 분명해진다.

선택과 책임의 법칙은 인간이 스스로 선택하고 그에 따른 책임을 지는 과정에서 영적 진화가 이루어지는 우주의 법칙이다. 자신의 영혼을 성장시키고 완성시키는 책임은 개개인 스스로에게 있다는 것으로 자유의지적 측면의 중요성을 강조한 것이다. 책임감 있는 선택은 긍정적인 에너지를 발휘하게 되므로 카르마를 약화시키는 반면, 무의식적인 혹은 무책임한 선택은 부정적인 카르마를 낳는다. 오늘날 지구촌이 존재론적 불구의 형태를 보이는 것은 하나인 참본성을 인식하지 못한 채 분리의식의 투사체인 물신物神들에 의해 점령당해 있기 때문이다. 자유의지가 물신들에 의해 점령당하면 책임감 있는 선택을 할 수가 없으므로 부정적인 카르마가 맹위를 떨친다. 매순간 정성을 다하는 것이 타고난 참본성을 지키는 길인 동시에 카르마를 약화시키는 길이다. 믿음과 정성을 다하여 중도中道, 즉 중정中正의 도를 지킬 줄 아는 '지중知中'의 경지에 이르면, 자유의지는 필연과 하나가 되어 '진인사대천명盡人事待天命'의 지혜를 발휘하게 된다.

선택과 책임의 법칙이 인간의 자유의지적 측면을 강조하고 있기는 하지만, 자유의지가 책임감 있는 선택을 할 수 있는 역량을 갖추지 못할 경우 카르마를 낳게 되므로 자유의지를 순화시키고 단련시키는 것이 무엇보다 중요하다. 이는 우리의 생각과 행위가 우리가 선택하는 정보의 양과 질에 달려 있다는 점에서 더욱 그러하다. 진실로 "내가 나 되는 것", 다시 말해 하나인 참본성을 회복하는 것이 올바른 선택을 할 수 있는 필수조건이다. 일심의 원천으로 돌아가기를 역설하는 이유가 여기에 있다. 일체가 오직 마음이 지어낸 것일 뿐, 일심 이외에 다른 실재가 있는 것이 아니므로 일심의 경계는 일체 공덕의 근원이 되며 평화와 행복의 원천이 된다. 따라서 일심의 원천으로 돌아가면, 다시 말해 잃어버린 참본성을 회복하면 책임감 있는 선택을 할 수 있게 되는 것이다.

인내·용서·사랑은 참본성에 이를 수 있도록 의식을 성장시키는 주요 덕목이다. 인내는 능동적이고 적극적인 것이어야 한다. 각자의 의식이 시공時空의 제약에서 벗어날 때 인내는 완성된다. 영혼의 홀로서기는 성장을 위한 필수요건이다. 영적인 성장에서 타인의 도움과 위로는 영적 진화에 필요한 자유의지를 침해하지 않는 범위 내에서 이루어져야 한다. 하늘의 뜻에 부합되는 행위는 반드시 하늘의 감응이 있게 마련이다. 하늘에 대한 믿음과 정성 그리고 인내에 대해 『참전계경』에서는 이렇게 말하고 있다.

> 하늘의 감응感應을 마음속 깊이 기다리지 않는다는 것은 곧 하늘을 믿는 정성이 부족한 것이니, 기다림도 끝이 없고 정성도 끝이 없어야 한다. 비록 하늘의 감응이 지나갔다 해도 스스로 하늘을 믿는 정성을 그치지 않아야 한다.[17]

'서(용서)'에 관한 공자와 그의 제자 자공과의 문답이 있다. 자공이 묻기를, "일생 동안 행할 수 있는 것이 있습니까?" 공자 왈, "그것은 '서'이다. 자기가 하고 싶지 않은 것을 남에게 시키지 말라."[18] 여기서 '서'는 실천공부를 지적한 것이다. 공자가 중시한 것은 지知가 아니라 의지 자체이며, 인지 활동이 아니라 의지의 방향이다. 실로 지식은 단순히 사물의 법칙을 이해하기 위한 것이 아니라 인간 자신을 이해하고 내적인 자아의 성장에 기여할 수 있는 것이어야 한다. 용서는 곧 인仁의 나타남이다. '인'에 관한 공자와 그의 제자 번지樊遲와의 문답에서 "인仁이란 남을 사랑하는 것이다"[19]라고 한 데서도 알 수 있듯이, '인'은 주관과 객관의 경계가 사라진

대공大公한 경계로 이는 곧 '큰사랑'을 뜻한다. 따라서 용서와 사랑은 같은 뜻의 다른 표현에 지나지 않는다. 사랑은 곧 섬김과 나눔이다. 범사에 항상 기뻐하는 것은 삶 자체에 대한 사랑의 나타남이며, 이러한 사랑의 나타남은 능동적이고도 적극적인 삶을 구현하게 한다.

대가성에 기초한 선행은 사랑의 나타남이 아니다. 사랑하는 마음이 없이는 책임감 있는 선택이나 헌신적 참여가 일어날 수 없으며 영적 진화 또한 이루어질 수 없다. 인간은 마음의 작용을 통하여 시간과 공간 위에 행위의 궤적을 남긴다. 영적 진화를 추동하는 마음의 작용을 이해하지 못하고서는 물질계의 존재 이유를 알 수가 없고, 책임감 있는 선택 또한 이루어지기 어렵다. '마음에는 아홉 개의 구멍(九竅)이 있어 육감이 희롱하면 하늘의 이치를 구하고자 해도 가히 얻지 못하리니, 만일 한 마음[靈臺]이 우뚝 높이 서면 태양의 밝은 빛에 구름과 안개가 걷히고 큰 바다가 넘실거림에 티끌이 사라짐과 같다.'[20] 아홉 개의 구멍, 즉 구규九竅란 사람 몸에 있는 아홉 구멍인 눈, 코, 입, 귀, 요도, 항문을 말하는데, 마음에도 아홉 구멍이 있다고 한 것은 몸과 마음이 조응관계에 있는 까닭이다. 다시 말해 눈, 코, 입, 귀, 요도, 항문은 통로일 뿐이고 기실은 모두 마음의 작용이니 마음에 아홉 구멍이 있다고 한 것이다.

인간의 무의식의 창고 속에는 각자가 개체화되고 난 이후의 모든 기억이 저장되어 있다. 인간은 영적 교정을 위해 자신의 과거 행위에 대한 반작용을 받고 있으며, 동시에 장차 반작용으로 나타나게 될 새로운 카르마를 짓고 있다. 사심 없는 행위를 하는 것, 바로 여기에 새로운 카르마를 짓지 않는 비결이 있다. 사심 없는 행위를 한다는 것은 정성을 다한다는 것이고, 이는 곧 순천順天의 삶을 산다는 것이다. 운명이란 각자의 영혼이 하늘[참본성]과 어떤 관계를 형성하느냐에 달려 있다. 수신을 통해 참본성을 깨닫고 헌신적 참여를 통해 우주 진화에 자율적이고도 적극적으로 참여함으로써 영적인 진화가 이루어진다. 수신과 헌신적 참여는 자전궤도와 공전궤도의 관계와도 같이 상호의존적이고 동시적으로 존재한다. 이렇게 각성된 의식이 이 세상을 주관하는 시대가 급속히 도래할 것이다.

인력의 법칙은 영적 진화 과정에서 각각의 인격이 같은 진동수의 의식을 끌어당긴다는 것이다. 흔히 유유상종이라고 하는 것이 그것이다. 밝은 기운은 밝은 기운과 어울리고, 어두운 기운은 어두운 기운과 어울린다. "기질이 밝은 사람은 밝은 기운을 따르고, 기질이 격정적인 사람은 권력과 부를 따르며, 기질이 어두운 사람은 어두운 기운을 따른다."[21] 기질이 밝은 사람은 삶 자체를 희생제로 여겨 대가를 바라지 않고 순수한 마음으로 정성을 다하여 자신의 의무를 수행한다. 기질이 격정적인 사람은 결과에 집착하며 남에게 보이기 위한 것을 주요한 가치로 삼는다. 기질이 어두운 사람은 진리를 따르는 신심이 없는 까닭에 삶 자체가 어두움의 제전祭典이 된다. 말하자면 밝은 기운은 밝은 기운끼리, 어두운 기운은 어두운 기운끼리 친화력을 갖게 되는 것이다. 이는 국가 차원에도 그대로 적용된다. 명군明君은 밝은 기운을 끌어들여 나라를 밝게 하지만, 암군暗君은 어두운 기운만 주위에 끌어 모아 나라를 암울하게 한다. 긍정적인 기운은 긍정적인 기운과 친화력을 갖고, 부정적인 기운은 부정적인 기운과 친화력을 갖는다. 미움이 없어야 기氣의 순환이 정상적이 되어 심신이 건강하고 영적으로도 진화할 수 있게 된다. 실로 지혜의 통찰력이 생겨나면 우주에 충만한 힘과도 동조synchronization할 수 있게 되어 커다란 힘을 발휘하게 된다.

『바가바드 기타』에서는 우주만물의 생성과 진화를 설명하기 위해 프라크리티(prakṛti: 근본 질료)와 푸루샤(puruṣa: 영혼 또는 우주 지성)—후에 상키아(Samkhya 또는 Sankhya) 학파에 의해 정교하게 발전된—라는 개념을 도입하고 있다. 프라크리티는 푸루샤와 결합하여 만물을 생성해내는 우주의 자궁이다. 말하자면 프라크리티는 자궁이고 푸루샤는 생명의 씨를 뿌리는 아버지이다.[22] 물질세계를 창조하는 푸루샤와 프라크리티의 두 원리는 천(天, 乾)과 지(地, 坤)의 원리가 결합하여 우주만물이 생성되는 것과도 같은 것으로 이해될 수 있다. 프라크리티는 삿트바(sattva: 밝고 고요한 기운), 라자스(rajas: 활동적이고 격정적인 기운), 타마스(tamas: 어둡고 무거운 기운)라는 세 가지 구나(guna: 기운 또는 성질)로 이루어져 있으며, 이 세 가지 구나에 의해 불멸의 영혼은 육체의 감옥 속에 유폐된다.[23] 유폐된 푸루샤는 프라크리티의 세 기운이 만들어내는 현란한 유희를 단지 관찰하고 체험할 뿐이다. 물질세계의 다양한 특성은 이 세 가지 기운이 어우러져 나타난 것이다.

> 삿트바는 행복에 집착하게 하고, 라자스는 활동으로 내몰며, 타마스는 지혜를 가려 미혹에 빠지게 한다.
>
> Sattva binds to happiness; Rajas to action; Tamas, over-clouding wisdom, binds to lack of vigilance.[24]
>
> 지혜는 밝은 기운에서 생기고, 탐욕은 활동적인 기운에서 생기며, 태만과 미망과 무지는 어두운 기운에서 생긴다.
>
> From Sattva arises wisdom, from Rajas greed, from Tamas negligence, delusion and ignorance.[25]
>
> 물질 차원의 세 기운을 초월한 사람은 생로병사에서 벗어나 불멸(不滅)에 이른다.

And when he goes beyond the three conditions of nature which constitute his mortal body then, free from birth, old age, and death, and sorrow, he enters into Immortality.[26]

해탈(mokṣa)은 세상의 모든 행위가 이 세 가지 기운의 활동임을 알아서, 이들이 만들어내는 현상이라는 환영幻影에 미혹되지 않고 마치 구경꾼처럼 그저 바라보며 싫어하거나 갈구渴求하지도 않고 그 활동에 영향을 받지 않는 경지이다. 말하자면 주관과 객관의 경계가 사라진 경지이다. 지혜로운 자는 프라크리티에 집착하지도 않고, 그것으로부터 벗어나려고 애쓰지도 않는다. 그저 관찰하고 체험할 뿐이다. 『장자』에서 "장래를 앞당겨 걱정하지도 않고, 지난 일을 좇지도 않는다(不將不逆)"고 한 것도 같은 맥락에서 이해될 수 있다. 진정한 초월이란 분리나 이탈離脫이 아니라 합일이며, 우주적 무도舞蹈에 동참하는 것이다. 인간의 삶은 단순히 육안으로 보이는 지상에서의 삶 그것이 아니다. 인간이 상상할 수조차 없는 큰 세계가 있다. 인간의 삶은 우주적 구도 속에서 카르마의 법칙, 선택과 책임의 법칙, 인력의 법칙에 따라 영적 진화를 향해 나아간다. 모든 것이 마음, 즉 기운의 작용이므로 모든 문제의 해답은 각자의 내부에 있다. 진정으로 마음의 과학을 이해하게 되면, 우리의 삶은 사랑의 발현으로 생명의 뿌리와 연결될 것이다.

온전한 앎, 온전한 삶

『논어』「술이述而」편에 "소인은 늘 근심에 쌓여 있다(小人長戚

戚)"라는 말이 나온다. 근심과 두려움은 온전한 앎이 결여된 데서 생겨난 것으로 명리名利에 대한 집착의 부산물이다. 영적 무지(spiritual ignorance)는 카르마를 짓는 근본 원인자인 동시에 온전한 삶을 방해하는 근본 원인자이다. 영적 무지에서 움터난 근심과 두려움을 지혜의 칼로 베어내면, 근심할 것도, 두려워할 것도 아무 것도 없다는 사실을 알게 된다. 진리에 눈을 뜨게 될 때 비로소 현실세계는 영원불변한 것도, 항구고정된 것도 아니라는 사실을 자각하게 된다. 생은 사에 의존하고, 생성은 파괴에 의존하며, 있음은 없음에 의존한다. 그리고 다시 통털어 하나가 되는 것이다. 온전한 앎은 일체의 이원성을 넘어서 있으므로 이원적인 대립에서 비롯되는 현상이라는 환영幻影을 실재로 착각하는 미망에 빠지지 않는다. 궁극적인 의미에서 '나'라고 할 만한 것이 존재하지도 않는데, 무엇을 근심하고 두려워한다는 것인가. 비존재와 존재, 영성과 물성, 본체와 작용이 하나임은 존재로서의 체험을 통해서만 체득될 수 있는 까닭에 물질계가 존재하고 생명의 순환이 일어난다.

이 세상에서 최고의 지혜는 생명의 본체인 참자아[참본성, 참나]를 아는 것이다. 이 세상 그 어떤 것도 참자아로부터 분리되어 존재하는 것은 없으며, 만유가 참자아와 연결되어 있다. 없는 곳이 없이 실재하는, 생명 그 자체인 참자아를 통찰할 수 있기 위해서는 '본체-작용-본체와 작용의 합일'이라는 생명의 3화음적 구조를 이해할 필요가 있다. 이러한 생명의 변증법적 구조를 이해하지 못하고서는 생명의 다차원적 속성을 알 수가 없고, 생명의 다차원적 속성을 알지 못하고서는 생명의 전일성을 깨달을 수도, 또한 생명을 진리로, 사랑으로 인식할 수도 없다. 생명의 본체와 작용이, 전일성과 다양성이 하나임은 양 차원을 관통하는 일심의 경계에 이르지 않고서는 알 수가 없다. 일심의 경계에 이르기 위해서는 영성 계발이 이루어져야 하고, 영성 계발이 이루어지기 위해서는 헌신의 감정을 일깨울 필요가 있다. 영성 계발은 단순히 두뇌 차원에서 이루어질 수 있는 것이 아니라, 헌신적 참여를 통해 존재의 차원에서 실천적으로 이루어질 수 있는 것이기 때문이다.

온전한 앎이란 참자아를 아는 것이다. 참자아를 알지 못하고서는 그 어떤 일도 의미나 가치를 알 수 없게 된다. 이 세상에 참자아를 깨닫는 것보다 더 큰 일은 없다. 참자아와 하나가 되어야 진실로 세상일을 할 수 있는 자격이 생기고, 또한 만사가 성취되기 때문이다. 따라서 참자아와 연결되지 않은 관념으로서의 지식은 모두 헛된 공론에 불과한 것이다. 직관적인 앎이 참된 지식이다. 그러나 분별지分別智에 기초한 과학적 지식이나 학문으로는 영성 그 자체인 참자아를 이해하는 데 한계가 있다. 하여 존재계가 하나임을 인식하지 못하고 에고ego에 집착하여 현재를 떠나 과거의 기억과 미래의 욕망 속에서 무의식적인 삶을 살아가는 까닭에 온전한 앎이 일어날 수가 없다. 의식이 잠들어 있으면 아무 것도 변화되지 않는다. 의식이 깨어나기 위해서는 기계론적인 과학과 반생명적인 종교나 철학의 질곡으로부터 마음을 해방시켜야 한다. 만물만상이 참자아의 모습 그대로인데 오직 인간만이 그렇지 않다고 생각하는 것이다.

『바가바드 기타』는 참자아와 하나가 되는 방법으로 지혜의 길(jnāna yoga)과 행위의 길(karma yoga) 그리고 헌신의 길(bhakti yoga)을 제시하는데, 이 세 가지 길 모두가 다 참자아에 이르는 길인 것으로 나타난다. 그러나 보통 사람들에게는 감각기관을 제어하면서 보이지 않는 진리를 찾는 것이 매우 어려우므로 지혜의 길보다는 사랑과 헌신의 길을 가는 것이 가장 완벽하고 안전한 길이라고 말한다. 참자아에 대한 지식보다는 사랑과 헌신을 실천하는 것이 참자아와 하나가 되는 보다 효과적이고도 쉬운 방법이라는 것이다.

> 나를 지고의 목표로 삼고 모든 행위를 내게 제물로 바치는 사람, 마음을 집중하여 나를 명상하며 내게 헌신하는 사람은 곧 생사윤회의 바다를 건널 수 있다.
>
> But they for whom I am the End Supreme, who surrender all their works to me, and who with pure love meditate on me and adore me - these I very soon deliver from the ocean of death and life-in-death, because they have set their heart on me.[27]

『바가바드 기타』의 이러한 가르침은 참자아를 깨달을 수 있도록 헌신을 생활화하는 방법을 제시한 것이다. 그러나 모든 사람이 타고난 근기가 같은 것은 아니므로 깨달음에 이르는 다양한 길이 제시되고 있다. 즉, 사랑과 헌신에 집중하기 어려우면 다른 수행을 규칙적으로 하고, 규칙적인 수행에 대한 의지마저 부족하다면 결과에 집착하지 말고 행위하라고 권면한다. 행위는 하되 그 결과에 집착하지 않는 것이 진정한 포기이며, 이런 행위를 통해서 종국에는 완성에 이를 수 있다는 것이다.[28] 여기서 우주적 힘을 끌어오는 비결은 바로 주의력을 집중하는 데 있다.

의식이 깨어나면 앎은 전체적이고 완전하게 된다. 앎(knowing)은 전체적이므로 지식(knowledge)에서 일어날 수 없다. 그것은 초논리·초이성의 영역으로 지식 저 너머에 있다. 앎은 지성(intelligence)에서 일어난다. 온전한 앎은 단순히 이론적 지식의 통합에서 일어나는 것이 아니라, 그러한 통합의 궁극적 기반에 대한 올바른 이해를 통하여 일어난다. 완전한 통섭은 온전한 앎에서 일어난다. 통섭은 열린 의식과 직관이 작동할 때 일어난다. 사물의 이치와 성품의 이치가 하나임을, 물질과 정신이 하나임을 알아야 인문사회과학과 자연과학의 통섭의 의미를 아는 것이다. 일심의 통섭적 기능을 이해하지 못하고서는 그 어떤 통섭도 논하여질 수가 없다. 우주의 실체가 의식임을 직시하면 현상이라는 환영은 사라진다. 환영을 실재로 착각하고서는 아무 것도 이룰 수가 없다.

우주만물은 물질화된 영靈이다. 물은 수소와 산소가 결합한 것으로 이 둘을 분리하면 물 자체가 없어지듯이, 인간 또한 영(생명의 본체)과 육(본체의 자기복제로서의 작용)이 결합한 것으로 이 둘을 분리하면 인간 자체가 사라진다. 모든 죄악과 죽음은 분리의식에서 생겨난다. 이 우주 속의 그 어떤 것도 분리할 수 있는 것이 아닌데 무리하게 분리하려는 데서 오는 것이다. 생명은 영원한 현재인데 삶과 죽음을 이원화하는 분리의식 그 자체가 죽음의 원인이 되는 것이다. 분리의식은 건전하지 못한 부정한 의식이다. 건전함이란 전체적인 것으로 분리가 없는 완전한 단일성이다. 하나인 거대한 전체다. 하나인 참자아 이외에는 아무도 없다. 영성인 참자아는 전일적이며 분리될 수 있는 것이 아니기 때문이다. 우주만물의 다양성은 유일 원리가 물화物化되어 나타난 것인 까닭에 하나인 생명의 본체와 그 작용인 우주만물은 하나라고 하는 것이다. 하나인 달과 무수한 달그림자가 하나이듯, 만물만상이 하나인 참자아의 자기현현이다. 이러한 사실 그대로의 우주, 즉 무시무종이고 무소부재이며 불생불멸인 생명의 영성에 대한 자각이 없이는 결코 태어남과 죽음이 반복되는 윤회의 바다를 건널 수 없다.

인간을 자유롭게 할 수 있는 것은 진리다. 진리는 전지(omniscience)·전능(omnipotence)이다. 앎이 중요한 것은 이 때문이다. 안다는 것은 곧 이해한다는 것이다. 우주의 본질인 생명을 이해한다는 것이다. 생명이 곧 진리다. 생명은 스스로 생성되고 스스로 변화하여 스스로 돌아가는 '스스로(自) 그러한(然) 자'이니, 생명은 자유다. 따라서 "진리가 너희를 자유롭게 하리라"는 말은 사실과 부합된다. 생명이 자유임에도 자유롭지 못한 것은 개체화된 자아 관념에 사로잡혀 있기 때문이다. 이러한 개체화된 자아 관념은 개체화되고 물질화된 신 관념만큼이나 허구적이다. 오늘날 문명충돌·정치충돌·종교충돌에서 보듯 이 세상의 모든 문제는 사실 그대로의 우주를 직시하지 못하고 생명을 개체화·물화시킨 데서 파생된 것이다. 이 세상에서 생명의 영성을 자각하는 일보다 더 중요한 일은 없다. 우리가 해야 할 일은 생명이란 것이 전일적이고 자기근원적이며 근원적으로 평등하고 유기적으로 통합되어 있다는 사실을 알고 받아들이는 일뿐이다. 그러나 분리의식에서 벗어나지 않고서는 생명의 봉인封印을 열 길이 없으니 분리의식에서 벗어나는 것이 급선무이며, 그러기 위해서는 온전한 앎이 전제되어야 한다.

삶 자체가 의식의 자기교육을 위한 학습 과정이며, 의식을 탐구하는 수단으로서 감각기능이 주어지고 학습 효과를 극대화하기 위한 학습 기자재로서 상대계인 물질계가 존재한다는 사실을 알지 못하고서는 삶이라는 생명 교과서를 쓸 수가 없다. 삶 자체가 생명 교과서를 쓰는 것이 되려면 앎이 전제되어야 한다. 앎과 삶은 동전의 양면과도 같은 것이어서 온전한 앎이 없이는 생명의 본질에 순응하는 온전한 삶도 없기 때문이다. 우리의 앎과 삶에 치명적으로 유해한 것이 바로 개체화된 자아 관념이다. 모든 부정성의 근원인 개체화된 자아 관념은 허구에 불과한 것으로 사실 그대로의 삶을 직시할 수 없게 한다. 이러한 자아 관념으로부터 자유로워진 초인의 출현은 곧 개체화되고 물질화된 신의 죽음을 의미한다. 물신은 죽어야 하고 또 죽을 수밖에 없는 운명에 처해 있다. 왜냐하면 신인류의 탄생이 목전에 와 있기 때문이다. 실로 참본성을 회복하는 일 외에 이 세상에서 새로이 이루어야 할 것은 아무 것도 없다. 우리가 의식하든 하지 못하든, 우주의 진행 방향은 영적 진화이며, 그 진화는 오직 참본성을 회복함으로써만이 가능한 것이기 때문이다. 또한 이 세상의 모든 조직과 제도는 영적 진화라는 우주적 필요와 목적에 일치하여 존재하는 것이기 때문이다.

온전한 앎은 주관과 객관의 경계 저 너머에 있다. 남이 내게 해주기를 바라는 대로 내가 남에게 하는 것이 아는 자의 실천 방식이며 조화의 원리를 지키는 것이고 또한 참본성에도 부합되는 것이다. 인간이 영적인 (spiritual) 마인드를 갖게 되면 생명의 전일성과 자기근원성을 자각하게 되므로 생명과 평화가 오지만, 육적인(corporal) 마인드를 갖게 되면 분리의식에 빠지게 되므로 죽음이 온다. 전일적 실재관을 갖지 않고서는 이 우주가 상즉상입相卽相入의 구조로 상호 연기緣起하고 있음을 알 길이 없는 것이다. 생명의 본체를 흔히 신[神性]이라고 부르는데, 신은 곧 생명이고 진리이고 사랑이고 영Spirit이다. 이들 모두는 최고의 주파수를 가진 말들이다. 참자아인 '영'은 우주 생명력 에너지(cosmic life force energy)인 동시에 우주 지성[knowing]이고 또한 우주의 근본 질료[form]이다. 에너지·지성·질료는 '영'이 활동하는 세 가지 다른 모습으로, 이른바 제1원인의 삼위일체라고 하는 것이다. 영성과 물성, 전일성과 다양성의 통섭은 분리의식의 영역인 지식 속에서가 아니라, 일심의 영역인 지성 속에서 이루어진다. 신에 대한 인간의 무조건적인 헌신은 결과적으로 신의 높은 주파수에 자신을 동조시킴으로써 그 힘을 자신 속으로 끌어오게 된다. 유사 이래 신을 섬기는 의식이 보편화된 것은 헌신의 생활화를 통하여 내재적 본성인 신성을 발현시키기 위한 것이었다. 생명의 본체인 참자아와 그 작용인 우주만물이 하나임을 아는 것은 일심의 경계, 즉 완전한 사랑[보편의식] 속에서이다. 신광보조神光普照, 보편자의 빛은 두루 비치어 평등무차별성을 드러내는 까닭이다.

내재적 본성인 신성[영성]의 발현이 곧 우주 생명력의 발현이며, 또한 우주 생명력이 발현되는 삶이다. 진리의 문을 향해 나아가는 기초는 수행(practice)이다. 믿음과 정성을 다하여 분노를 이기는 수행, 이 세상 모든 것을 사랑하는 수행을 쉼 없이 행해야 한다. 부정적인 의식은 삶 자체를 부정하게 하므로 영적으로도 퇴보하게 된다. 논쟁이 치열할수록 진리로부터 더욱 멀어지게 되므로 열린 의식과 직관력을 갖는 것이 무엇보다 중요하다. 흔히 영적인 것을 비과학적, 비학문적이라고 생각하는 것은 이분법적인 사고에 깊이 세뇌되어 있기 때문이다. 생명의 영성을 부인하면 생명의 뿌리로부터 단절되어 우주 생명력 에너지를 받을 수가 없고, 또한 온전한 앎이 결여되어 실재하지 않는 환영에 현혹되므로 온전한 삶을 살 수가 없게 된다. 종교적·철학적 배타성은 영적 무지에서 오는 것이다. 그 어떤 경계선도 긋지 않는 것이 참된 종교요, 참된 철학이다. 진리인 생명은 경계선이 없기 때문이다.

오늘날 학문과 지식은 인종적, 문화적, 정치적, 종교적 신념의 덫에 걸려 불균형한 사고와 행동들을 낳고 있다. 주로 물질세계의 영역만 다루다보니 의식세계를 도외시하여 실천에서 멀어지게 되었다. 학문과 삶, 지식과 삶의 불화가 조장되면서 지식을 위한 지식이 판을 치는 지적 희론이 만연하고, 실종된 윤리의식의 빈자리에 사회악이 독버섯처럼 피어나고 있지만 그 어떤 유효한 대안도 제시하지 못하고 있다. 작은 이치에는 밝지만 큰 이치에는 어두운, 무절제한 지식 욕구와 무익한 지적 호기심은 인류애나 진리 추구와 같은 보편적 가치에 그 뿌리를 두고 있지는 않은 것 같다. 도대체 무엇을 위한 지식인가? 지식의 통합에 관한 논의 또한 생명의 영성에 관한 논의는 배제된 채 지식의 파편들만 어지럽게 널려 있다. 무엇을 위한 통합인가? 인간은 영적인 동시에 육적이며, 정신적인 동시에 물질적이다. 영과 육, 정신과 물질은 마음의 매개 작용을 통해 변증법적 통합이 이루어진다. 양 차원의 조화성은 일심의 경계에서 발휘된다.

생명의 영성을 자각하지 못하고서는 단지 먹기 위해, 즐기기 위해 사는 것의 허망함을, 그 죄악성을 알 수가 없다. 인류 역사는 통섭을 위한 실험 무대이고, 그 통섭의 기술은 지식의 축적의 산물이 아니라 의식의 진화의 산물이다. 앎은 전체적이므로 지식에서 일어날 수가 없고 지성에서 일어난다. 통섭은 지성에서 일어나는 앎에 기초하는 까닭에 '지식의 통섭'이란 표현은 정확하다고 볼 수 없다. 통섭의 필요성은 소통 부재에서 오는 갖가지 사회문제의 출현과 맥을 같이 한다. 의식이 변하지 않고서는 아무 것도 변할 수 없다. 의식이 우주의 실체인데 실체는 논하지 않고 그림자인 제도만 논해서는 세상이 바뀔 수가 없다. 속죄(atonement)란 단어 자체가 하나 됨(at-one-ment)을 의미하는 것은 모든 죄악이 분리의식에서 생겨난 것임을 역설적으로 말하여 준다. 붓다나 예수와 같은 성인의 말씀은 침묵을 전하기 위한 방편이었고, 그들의 형상은 무형상의 형상을 드러내기 위한 방편이었음에도 인간은 그 방편에 매달려 논쟁을 일삼음으로 해서 근본이 되는 가르침의 의미를 퇴색시켰다. 진리는 종교의 경계를 초월한다.

육조 혜능은 말한다. "절대적 평정은 바로 현재의 이 순간이다. 무한히 열려 있는 이 순간 속에 영원의 희열이 깃들어 있다." 순간의 인식은 영원의 시작이다. 전체적인 시각에서 보면, 인간이 우주 진화에서 이탈하는 것은 불가능한 일이다. 깨달은 자의 눈으로 보면 이미 모두가 깨달은 자들이다. 어떤 사람은 오늘, 또 어떤 사람은 내일, 그리고 누군가는 모레···. 모두가 깨달음의 길 위에 있다. 모두가 우주 진화에 동참하고 있는 것이다. 에고에 의해 자승자박되는 고통의 악순환을 더 이상 견딜 수 없을 때 의식은 깨어나기 시작한다. 형상인 육체는 무형상을 드러내기 위한 방편이며, 내면의 하늘로 통하는 영적인 세계로의 문이다. 그 내면의 하늘은 우주 생명력 에너지로 충만해 있으며, '보이는 우주'가 형성되어 나오는 '보이지 않는 우주'이다.

우주 생명력 에너지이자 우주 지성이며 근본 질료인 영(靈, 神)은 자신의 앎을 존재로서 온전히 체험하기 위해 자기복제로서의 작용을 통해 개체성인 물질적 자아의 형태로 현현한다. 물질세계는 '영' 자신의 설계도가 스스로의 에너지·지성·질료의 삼위일체의 작용으로 형상화되어 구체적 현실태(concrete actuality)로 나타난 것이다. 따라서 형상은 본체인 '영'의 잠재적 본질(potential nature)이 드러난 것이므로 우주만물은 물질화된 '영'이고 그런 점에서 우주만물은 '영'과 둘이 아니다. 스스로 생성되고 변화하여 돌아가는 참자아인 영은 영원과 변화의 피안彼岸에, 선과 악의 피안에, 내용과 형식의 피안에 있는 까닭에 이분법적인 지식세계의 저 너머에 있다. 참자아인 영은 바로 우리 자신이며 우주 만물 그 자체다. 우리 자신이 누구인지, 왜 존재하는지를 아는 것보다 더 중대하고 더 시급한 일이 있는 것인가! 자신이 누구인지, 왜 존재하는지를 알지 못한 채 살아간다는 것은 마치 몽유병 환자와도 같이 무의식적인 삶을 사는 것이다. 무의식적인 삶이 일어나고 무의식적인 죽음이 일어나는 것이다. 윤회의 수레바퀴는 바로 이런 사람들을 위해 준비된 것이다.

　지식은 진리의 달을 가리키는 손가락일 뿐이다. 분석적인 지식으로 이해되지 않는다고 해서 참자아인 영을 부인하는 것은, 마치 달을 가리키는 손가락에 달이 달려 있지 않다고 해서 달을 부인하는 것과도 같은 것이다. 지식의 차원 전환이 이루어져야 한다. 인간은 육적인 동시에 영적이므로 '자기自己 자신自身'은 곧 '자기自己 자신自神'이다. 몸은 물질화된 영이다. 아무리 개혁을 외쳐도 그 성과가 나타나지 않는 것은 개혁의 주체인 참자아를, 스스로의 존재성을 부인함으로 인해 그 어떤 에너지도 우주로부터 끌어올 수가 없기 때문이다. 칠흙 같은 어둠을 저주한다고 해서 어둠이 사라지는 것은 아니다. 그 어둠을 지우는 데에는 단 한 줄기 빛으로도 충분하다. 아무리 바빠도 실을 바늘허리에 꿰매어 쓸 수는 없는 법. 참자아와 하나가 된 만큼 이 세상은 밝아지기 마련이다. 참자아와 하나가 되는 것이야말로 생명과 평화로 가는 가장 빠르고도 확실한 길이다. 지식시대에서 지성시대로의 전환이 이루어져야 하는 것은 이 때문이다.

근대성이 '미완성의 프로젝트'일 수밖에 없는 것은 근대성 운동의 논리 자체가 이원성, 즉 분별지分別智에 기초해 있는 까닭이다.…근대성이 완성의 프로젝트가 되려면 근본지根本智에 기초하여 분리가 아닌, 합일을 향해 나아가야 한다.…지식시대에서 지성시대로의 차원 전환은 물적 가치에서 영적 가치로의 차원 전환과 그 맥을 같이 한다. 지식은 미혹의 강을 건너는 나룻배와도 같은 것. 강을 건너기 위해서는 나룻배가 필요하나, 진리의 언덕에 오르기 위해서는 배를 버려야 한다.…통섭이라는 툴(tool)을 사용하는 주체가 바로 일심이다. 일심[참본성, 영성]이 통섭적 기능을 수행할 수 있는 것은, 그것이 우주 생명력 에너지인 동시에 우주 지성이며 근본 질료인 까닭에 본체와 작용, 전일성과 다양성, 정신과 물질을 하나로 관통할 수 있기 때문이다. 일심은 지식(knowledge)이 아니라 앎(knowing)이며, 앎은 지성에서 일어난다.…지식은 단편적이고 관념이며 과거와 연결되어 있지만, 지성은 전체적이고 실재이며 '지금 여기'와 연결되어 있다. 지성은 전일적이고 자족적이며 자각적이다. 지성은 자치 · 자율 · 소통과 조응하며, 이들 덕목은 지성시대를 구현하는 기초가 되는 것이다. 한 사회의 진화 정도를 측정할 수 있는 것은 개체성과 전체성의 소통성이다.…인간은 영적으로 진화할수록 무엇이 진실로 자신에게 쓸모 있는 것인지를 알게 되므로 기쁨에 대한 개념도 계속해서 바뀔 수밖에 없다.

- '지식시대에서 지성시대로' 중에서

11

지식시대에서
지성시대로

지식시대에서

지성시대로

휴머니즘humanism 사상 또는 휴머니즘 운동이라고 불리는 르네상스에는 고대 그리스·로마 문화의 재생 또는 부활이라는 단순한 복고 정신뿐만 아니라 인간성의 부활 내지는 인간의 지적·창조적 힘의 재흥再興이라는 의미가 담겨 있다. 이러한 르네상스를 기점으로 근대적 주체의 탄생과 더불어 시작된 지식시대의 도래는 주관과 객관, 기술과 도덕, 이성과 영성 간의 간극으로 인해 오늘의 인류 문명을 심대한 위기에 빠뜨렸다. 근대성은 이원론적인 존재론에 기초하여 인간 자신의 관점에서만 윤리에 접근하는 관계로 윤리의 범위에 객체의 존재를 포함시키지 않는다.* 근대성은 '왜' 라는 순수 존재론이 아니라, '어떻게' 라는 방법론적이고 도구론적인 존재론이라는 것이다. 프랑스의 환경철학자 오귀스탱 베르크(Augustin Berque)는 세계를 설명하고 지배하려는 근대성의 노력이란 것이 결국 '왜' 를 '어떻게' 로 대체해 나간 과정에 지나지 않는다고 본다.

근대성은 사물을 '어떻게' 기능하게 만들며, 그것을 좀 더 효과적으로 다루려면 '어떻게' 해야 하는지를 이전의 어떤 문명보다도 잘 가르쳐주었다. 그러나 동시에 인류가 행위의 이유보다는 행위의 방법에 대해 더 많은 관심을 쏟도록 부추겼다. 이 점에서 근대성은 윤리의 뿌리를 말살시켜 가는 거창한 과정이기도 했다. 괴테가 뉴턴에게 "문제의 해결책에만 만족할 뿐 그 근본적인 이유는 찾으려고 하지 않는다"고 비난한 이유가 아마 여기에 있을 것이다.[29]

주체와 객체, 인간과 자연을 분리시킨 근대성의 폐해는 특히 환경생태 분야에서 두드러지지만 결코 그 분야에만 국한된 것은 아니며, 총체적인 인간 실존의 위기로까지 나타나고 있다. 서유럽 사회에서 보듯 가장 먼저 근대화가 이루어진 곳에서 근대성에 대한 성찰과 더불어 환경에 대한 개념의 탄생 및 '근대화 넘어서기' 시도가 이루어졌으며, 근대화에 따른 급속한 지식의 진보로 근대성의 원칙은 밑에서부터 점차 허물어져 갔다. 위르겐 하버마스(Jürgen Habermas)가 근대성을 '미완성의 프로젝트'라고 표현한 것처럼, 근대성은 외부 조건 때문이 아니라 프로젝트 자체의 본성 때문에, 완성된다는 것은 처음부터 불가능한 일이었다. 마치 삶의 전개가 곧 삶

---

* 에른스트 융거(Ernst Jünger)의 저서에 나오는 양계장에서 사육되는 닭들에 대한 이야기는 그 한 예다. "수천 마리의 닭들을 닭장 속에 일렬로 세워 놓고, 먹이로 겨우 연명만 시키면서 사육하고 있는 것을 보았다. 그 닭들은 골렘과 같은 기계나 도구로밖에는 여겨지지 않고 있었다"(오귀스탱 베르크 지음, 김주경 옮김, 『대지에서 인간으로 산다는 것』(서울: 미다스북스, 2001), 27쪽에서 재인용).

의 해체로의 길이듯 근대성의 진척은 곧 근대성의 해체로의 길이었으며, 이제 근대성의 패러다임은 사실상 끝난 것이나 다름없다.[30]

근대성이 '미완성의 프로젝트' 일 수밖에 없는 것은 근대성 운동의 논리 자체가 이원성, 즉 분별지分別智에 기초해 있는 까닭이다. 동식물을 마치 기계 대하듯 하거나, 생물학적 이용가능성(bioavailability)에 근거한 시각은 이 우주를 '생명의 그물' 로 인식하는 전일적 시각과는 분명 다른 것이다. 근대성이 완성의 프로젝트가 되려면 근본지根本智에 기초하여 분리가 아닌, 합일을 향해 나아가야 한다. 현재 인류가 직면한 모든 문제는 세상과 분리되어 있다는 믿음에서 오는 것이다. 이 세상 그 어떤 것도 분리되어 있지 않은데 분리되어 있다고 착각하고 있으니 실재성을 띨 수가 없고, 그러한 허구적 토대 위에 세워진 모든 것은 분리를 가속화시키는 방향으로 나아가게 할 뿐이다. 분리가 이원론적인 지식의 영역이라면, 합일은 일원론적인 지성의 영역이다. 지성(intelligence)의 어원이 라틴어 'intelliger', 즉 '사물을 연결하다' 이니, 분리는 곧 반反지성과 상통한다. 그러나 지식의 급속한 진보는 분리에 따른 근대성의 폐해를 극복하고자 오히려 분리를 타파하는 방향으로 이루어져왔으니, 현대물리학의 전일적 실재관의 등장이 바로 그것이다.

전일적 실재관은 생명의 전일성과 자기근원성에 기초하여 단순한 지식의 축적보다는 각성을 그 본질적 목표로 삼는 까닭에 지성의 영역에 닿아 있다. 인간 두뇌는 뉴런(neuron 신경세포)으로 조직되어 있고, 사고 활동은 뉴런과 뉴런을 연결하는 시냅스(synapse 신경세포 連接)의 작용으로 이루어진다. 지식을 두뇌의 뉴런이라고 한다면, 지성은 시냅스의 연결이다. 사람은 각성이 될수록 두뇌에 있는 시냅스의 연결고리가 확장되어 사고 능력이 증폭되고 지성이 높아진다. 말하자면 각성이 될수록 시냅스가 확장되어 거기서 나오는 파동이 사회에 유익한 영향을 미치게 되는 것이다. 지성이 높다는 것은 시냅스가 확장되는 것을 의미하며, 시냅스가 확장될수록 각성된 지성인이 되는 것이다. 또한 지성이 높아질수록 포괄적 이해 능력이 향상되어 공동체적 삶의 중요성을 인식하게 되므로 개인적 가치와 공동체적 가치가 조화를 이루게 된다. 고도로 각성된 지성인은 우주와의 공명 속에 있게 되므로 그 파동은 그만큼 전체적이 된다. 성인이 출현하여 한 시대를 변화시키고 새로운 역사의 장을 여는 것은 바로 이 시냅스의 작용에 기인하는 것으로 거기서 나오는 파동의 위력은 대단하다.

이 우주 또한 상호의존적이며 불가분의 전체라는 점에서 인간 사회는 바로 시냅스의 집합체라고 할 수 있다. 한 사회가 어느 정도로 계몽된 양질良質의 사회인가 하는 것은 어느 정도로 확장된 시냅스를 보유하고 있느냐에 달려 있다. 말하자면 공동체의 각 구성원이 어느 정도로 자신의 개체성을 공동체의 전체성과 연결시키고 있느냐에 있는 것이다. 물질이란 마음의 습(habit)이 응결된 것으로 생각과 물질은 표현된 형태만 다를 뿐 동일한 것이다. 우리의 생각은 바꾸지 않은 채 물질 세상을 바꾸려고 하는 것은 마치 실물은 그대로 둔 채 그림자를 바꾸려는 것과도 같이 비현실적이다. 지식은 진리의 달을 가리키는 손가락에 불과한 것. 손가락에 의지하여 손가락을 여윈 달을 보는 것과도 같이 언설에 의지하여 언어가 끊어진 법을 볼 수 있어야 한다. 지식시대에서 지성시대로의 차원 전환이 이루어져야 하는 것은 이 때문이다.

지식시대에서 지성시대로의 차원 전환은 물적 가치에서 영적 가치로의 차원 전환과 그 맥을 같이 한다. 지식은 미혹의 강을 건너는 나룻배와도 같은 것. 강을 건너기 위해서는 나룻배가 필요하나, 진리의 언덕에 오르기 위해서는 배를 버려야 한다. 지식을 넘어선 지식을 알기 위해서는 물질의 가치가 영적 진화를 위한 도구적 기능에 있다는 사실을 알아야 한다. 육과 영이 하나임을, 생명의 영성을 깨닫는 것은 지성에서 일어난다. 각성된 지성인의 마음은 거울과도 같아서 마음의 도로 위를 질주하는 무수한 생각의 차들을 그저 비추기만 한다. 기쁨이나 슬픔, 젊음이나 늙음, 탄생이나 죽음이 와도 비추기만 할 뿐 그 어느 것에도 집착하지 않으며, 지나가 버리면 흔적도 남기지 않는다. 분리의식에 사로잡히는 일도 없으므로 주관과 객관의 경계가 사라져 허허공공해지니 상처 주는 일도, 상처 받는 일도 없다.

지성은 초논리·초이성·직관의 영역이므로 통섭은 지성에서 일어난다. 지식의 영역에서는 이 우주의 중심이 자기가 되어 자기가 이해하지 못하는 것은 아니라고 한다. 말하자면 자신의 이해 수준이 옳고 그름의 판단기준이 되는 것이다. 지식의 영역에서 통섭이 일어날 수 없는 것은 이 때문이다. 수천 년 동안 검증된 성인의 말씀은 믿지 않으면서 전혀 검증되지 않은 사이비 종교를 맹신하는 것, 진리의 말씀에는 귀 기울이지 않으면서 이해관계가 있는 말에는 쉽게 현혹되는 것은 같은 기운끼리 유유상종하는 인력의 법칙이 작용하기 때문이다. 오늘날 통섭적 세계관이 본격적으로 논의되게 된 것은 현대물리학의 '의식' 발견에 있다. 통섭은 지식시대에서 지성시대로의 전환을 표징하는 키워드인 동시에 원융무애한 마음의 본체를 드러낸 키워드라는 점에서 학계의 화두가 되고 있다. 마음의 차원 변형이 없이는 지식에서 지성으로의 차원 변형이 일어날 수 없다는 점에서 마음은 물성과 영성을 가교하는 메커니즘이다.

마음의 차원 변형이란 소음으로 가득 찬 마음을 멈추는 것이다. 텅 빈 마음에서 변형이 일어나고 초월이 일어난다. 이것이 마음의 해방이다. 진정한 해방은 마음의 해방에서 오는 것이다. 해방된 마음은 물질의 영역에 속하는 것도 아니고, 물질이 아닌 영역에 속하는 것도 아니다. 즉, 마음은 색으로서의 마음도 아니고, 공으로서의 마음도 아니다. 마음은 사물을 비추지만, 비추는 마음의 작용은 색과 공, 그 어디에도 속하지 않는다. 이렇듯 일심의 원천이 유와 무, 색과 공을 떠나서 홀로 청정하며, 그 어떤 것에도 속하지 않음을 깨달으면 우리의 마음은 이미 해방된 것이다. 해방된 마음은 먹장구름에 물들여지지 않는 푸른 하늘과도 같이 세상사에 물들여지지 않는다. 통섭적 기능을 수행하는 마음은 해방된 마음이다. 명상이나 기도, 요가 등은 마음을 해방시키기 위한 하나의 방편이다. 오늘날 지식인은 많으나 지성인은 드문 것은 마음의 해방이란 것이 그만큼 힘든 것임을 말하여 준다. 마음은 본능적으로 채우는 데는 능하지만, 비우는 데는 능하지 않은 까닭이다.

오늘날 통섭이란 용어가 학계의 주목을 받게 된 것은, 학문 분과 간의 소통이 이루어지지 못하는 것은 말할 것도 없고 학문과 종교, 학문과 삶 간의 소통이 이루어지지 못함으로 해서 총체적인 인간 실존의 위기에 효율적으로 대처하지 못하는 현실에 대한 성찰적 의미와 더불어 변화를 추동하는 의미가 내포된 것으로 볼 수 있다. 하여 전일적 패러다임(holistic paradigm)으로의 전환을 표징하는 용어로 통섭이라는 용어를 사용하게 된 것이다. 그러나 통섭하려는 주체가 누군지 알지 못한 채 지식의 통섭이니 학문의 통섭이니 운운하는 것은 실제 영토와는 무관한 상상의 지도에 대해 운운하는 것과 마찬가지로 공허한 것이다. 일심의 통섭적 기능이 배제된 통섭에 관한 논의는 실재성이 없으므로 헛된 공론에 불과한 것이 된다. 이제 생물적, 심리적, 사회적, 환경적 현상이 더 이상 제어할 수 없는 임계점에 이르면서 학문과 지식 또한 스스로의 생존을 위해 변신을 꿈꾸고 있다. 스스로가 처한 존재론적 딜레마에서 벗어나기 위해 통섭이라는 툴tool로 학문과 지식의 경계를 해체하고 새로운 계몽시대를 열고자 하는 것이다.

통섭이라는 툴을 사용하는 주체가 바로 일심이다. 일심[참본성, 영성]이 통섭적 기능을 수행할 수 있는 것은, 그것이 우주 생명력 에너지인 동시에 우주 지성이며 근본 질료인 까닭에 본체와 작용, 전일성과 다양성, 정신과 물질을 하나로 관통할 수 있기 때문이다. 일심은 지식(knowledge)이 아니라 앎(knowing)이며, 앎은 지성에서 일어난다. 앎은 곧 '봄(seeing)'이며, 봄 또한 지성에서 일어난다. 지식은 단편적이고 관념이며 과거와 연결되어 있지만, 지성은 전체적이고 실재이며 '지금 여기'와 연결되어 있다. 지성은 전일적이고 자족적이며 자각적이다. 지성은 자치·자율·소통과 조응하며, 이들 덕목은 지성시대를 구현하는 기초가 되는 것이다. 한 사회의 진화 정도를 측정할 수 있는 것은 개체성과 전체성의 소통성이다. 사회 구성원들이 무엇을 기쁨으로, 즐거움으로 여기는지에 따라 공공성에 대한 순응도를 측정할 수가 있다. 인간은 영적으로 진화할수록 무엇이 진실로 자신에게 쓸모 있는 것인지를 알게 되므로 기쁨에 대한 개념도 계속해서 바뀔 수밖에 없다.

지식이 이원적이라면, 지성은 전체적이다. 전체적인 지성에서 '봄(seeing)'이 일어난다. '봄'이 무르익어 절정에 이르면 '보는 자'가 존재계 속으로 사라지고 존재계가 '보는 자' 속으로 사라진다. 전 존재계가 들꽃 속으로, 모래알 속으로, 티끌 속으로 사라진다. 우주만물이 생명의 불꽃으로 타오른다. 그 어떤 것도 포괄하지 않음도 없고 포괄되지 않음도 없는 소통성의 완성이다. 이는 곧 무위이화(無爲而化)의 덕과 그 기운과 하나가 되는 것으로 생명을 경외하는 마음이 저절로 일어난다. 생명의 전일성에 대한 자각에 기초한 헌신적 참여가 일어나는 것이다. '봄'의 중요성이 여기에 있다.[31]

　사회정치적 측면에서 보면, 이데올로기의 통섭은 이데올로기를 넘어서지 않고서는 이루어질 수가 없다. 종교라는 문을 통하여 종교를 넘어서듯이, 이데올로기라는 문을 통하여 이데올로기를 넘어서는 것이다. 다양한 종교의 문은 진리의 전당에 이르는 통로일 뿐이다. 다양한 이데올로기의 문 또한 생명·평화·복지의 전당에 이르는 통로일 뿐이다. 특정한 통로만이 유일한 길은 아니므로 보다 큰 틀에서 종교나 이데올로기라는 이름을 넘어서는 실질적인 통섭이 이루어질 수 있다. 그 방법은 윈-윈 구조의 협력체계에 기초해야 하며, 다양한 상황적 변수가 고려되어야 한다. 그 외피가 종교든, 이데올로기든, 사상이든, 통섭의 기능을 담당하는 일심이라는 주체가 달라지는 것은 아니다. 일심은 곧 온전한 앎으로서 통섭이 일어나게 하는 영적 메커니즘이다.

　통섭은 경계가 없이 넘나드는 영적 기술이다. 소통의 미美의 발현을 통해 인생을 아름답게 만드는 진정한 의미의 예술이다. 생명의 본질 자체가 소통성이니, 통섭의 기술을 체득하는 것은 곧 삶의 기술, 죽음의 기술을 체득하는 것이다. 통섭이 일어나게 하는 메커니즘은 영성(일심, 참본성)이다. 근원성·포괄성·보편성을 띠는 영성은 사랑의 원리에 의해 이기심이나 탐욕과 같은 에고를 녹여 만물을 조화롭게 유지한다. 인간이 우주와 합일하지 못하는 것은 에고의 먹이인 신조나 도그마, 미신에 집착하기 때문이다. 우리가 할 일은 오직 만유의 단일성을 깨닫는 것이다. 무의식적인 호흡이나 무의식적인 삶에서 벗어나 '지금 여기'에서 자각적인 호흡이 일어나고 자각적인 삶이 일어나야 한다. 그러기 위해서는 사실 그대로의 우주를 직시할 수 있는 온전한 앎을 지녀야 한다. 이 우주에는 심판자가 따로 있는 것이 아니고 매순간 우리가 우리 자신을 심판한다. 우리 생각이나 말의 진동이—좋은 것이든 나쁜 것이든—원을 그리며 우주 끝까지 퍼져나갔다가 다시 우리에게로 돌아오는 것이니, 매일매일이 심판의 날이 되는 셈이다. 카르마의 법칙[인과의 법칙]이란 바로 이를 두고 하는 말이다.

마치 "불이 연기에 싸여 있고 거울이 먼지에 덮여 있으며 뱃속의 태아가 막으로 덮여 있듯이,"³² 참된 지혜가 이기적인 욕망에 가려지면 자연히 그 앙화를 받게 된다. 영적 무지가 모든 불행의 단초다. 『참전계경』 제195사에서는 말한다. "물욕物慾이 영대(靈=靈臺)를 가리면 몸에 있는 아홉 구멍(九竅: 눈, 코, 입, 귀, 요도, 항문)이 다 막히어 금수禽獸와 같아져서 단지 빼앗아 먹으려는 욕심만 있을 뿐 염치나 두려움은 없게 된다."³³ 참본성인 영성을 자각하지 못하고서는, 우주 지성과 연결되는 삶을 살지 않고서는, 마치 불타는 집안에 있는 것과도 같이 이 세상은 고통스러운 것이 된다.

참본성을 자각하지 못하고 삼독(三毒: 貪·瞋·癡)에 물든 사람에게 육체는 불타는 집과도 같이 고통스러운 것이 된다. 집착과 노여움과 어리석음의 삼독의 불길이 스스로를 다 태워 재가 되게 함으로써 결국에는 우주 생명의 뿌리로부터 멀어지는 것이다. 에고(ego)는 모든 불행의 뿌리이며 고통은 에고의 그림자일 뿐이다. 에고는 소아(小我)에 집착하여 '나'를 강조하며 '나'를 잃어버리고 산다. 삶은 행(幸)도 불행도 아니다. 그것은 단지 에고의 해석일 뿐이다. 에고는 육체만이 자기라는 착각이며 일종의 병(病)이다. 에고는 하나의 과정이며 흐름일 뿐 실체가 아니다. 실체는 순수의식이다. 순수의식이 하늘이라면 에고는 구름이다. 구름은 단지 오고 갈 뿐 아무런 흔적을 남기지 않는다. 구름이 비 되고 다시 또 구름이 되는 것이니 구름에 집착할 필요가 없는 것이다. 에고는 경계선이요 분열이며 갈등이다. 장벽이란 에고가 만들어낸 것이다. 정신의 본질은 자유이다. 열반(涅槃)이 참본성의 집이라면, 윤회(輪廻)는 에고의 집이다.[34]

오로지 이 육체가 자기라는 에고는 분리의식의 산물로서 환영幻影에 불과하며 실재하지 않는 것이다. 에고가 사라져야 한다는 것은, 실재하지 않는데 실재한다고 착각하고 있으니 착각하는 그 마음이 사라져야 한다는 것이다. 에고는 그 스스로가 실재하지 않는 까닭에 관념적이고 추상적이며 실재하지 않는 환상에 집착한다. 하여 순수 현존의 '지금 여기'에 머물지 못하고 쉼 없이 과거를 배회하고 미래를 기웃거린다. '지금 여기'의 작은 일들을 존중하는 대신, 추상적인 위대함에 사로잡히거나 실재하지 않는 부귀영화에 탐착한다. '지금 여기'의 일들은 원자처럼 가장 작은 것이지만 그것 없이는 존재론적 토대 자체가 허물어진다. 에고에게 '지금 여기'는 없다. 에고는 소유를 존재 가치와 동일시하는 까닭에 계속해서 물질을 사냥해야 하니 늘 부재중이다. '지금 여기' 말고는 어떤 시간이나 공간도 실재하는 것이 아니므로 끝도 없는 미망 속에서 무의식적인 삶을 살게되는 것이다. 지식은 분리의식의 산물인 에고에 기초해 있는 까닭에 '지금 여기'에 없다. 세상이 혼란한 것은 인류가 '지금 여기'에 없기 때문이다. 이제 인류 문명은 임계점에 이르렀다. '지금 여기'에 없고서는 지구촌의 그 어떤 난제도 해결할 길이 없는 것이다. 지식시대가 끝장날 수밖에 없는 것은 이 때문이다.

"온유한 자에게 복이 있나니 그들이 땅을 상속받을 것이다(마태복음 5:5)" *라고 한 구절 속의 '온유한 자(the meek)'란 자연의 대도大道에 순응하는 삶을 사는 존재, 즉 각성된 지성인을 뜻한다. 이는 『도덕경』40장에서 "약한 것이 도의 작용(弱者道之用)"이라고 한 것과 일맥상통한다. 우주 순수의식과 하나가 되기 위해서는 순응적이어야 하는 것이다. 그러나 도는 천지인의 모든 활동을 포괄하는 자기 스스로의 순수 활동인 까닭에 이 유약한 힘은 그 어떤 강자의 힘보다도 더 강한 힘으로 나타난다. 이러한 무위의 공능功能은 『도덕경』 3장에서 "무위의 정치를 하면 다스려지지 않는 것이 없다(爲無爲 則無不治)"고 한 데서 잘 드러나 있고, 『도덕경』 48장에서 만물이 저절로 순화되는 '무위이무불위無爲而無不爲'의 경지에서 절정에 이른다. "복이 있나니…"라고 한 것은 바로 이 '무위의 공능'을 일컫는 것이다.

순수 현존을 자각하지 못한 채 지식 차원에서 이루어지는 것들은 어떤 것이든 단지 상대적이고 불안정하며 일시적으로만 진실이다. "지옥으로 가는 길은 좋은 의도들로 포장되어 있다"는 말이 있다. 아무리 좋은 의도를 가지고 있다 하더라도 사실 그대로의 우주를 알지 못하고서는 천리天理에 순응하는 삶을 살 수가 없는 것이다. 지옥이란 다름 아닌 역천逆天의 삶

---

* "Matthew" in *Bible*, 5:5: "Blessed are the meek, for they will inherit the earth."

을 사는 사람들의 참담한 의식 상태를 일컫는 것이다. 누가 벌을 내리는 것도 아닌데 스스로 카르마의 덫에 걸려 괴로워하는 것이다. 카르마의 덫에 걸리지 않는 유일한 방법은 순천順天의 삶을 사는 길밖에 없다. 그러나 그 길은 이원론적인 지식 차원에서 이루어질 수 없다. 흔히 사회적으로 인정받고 부귀영화를 누리면 성공했다고 하지만, 그 성공은 누군가의 실패를 먹이로 한 것으로 결과론적인 해석이다. 사회적 인정이나 부귀영화는 성공의 부산물이지 성공 그 자체가 아니다. 진정한 성공은 참자아[참본성]를 자각하는 것이다. 참자아를 자각하는 것이 진정한 자기실현이다. 많은 사람들이 사회적 기여를 통해 삶의 보람을 느끼고자 하지만, 참본성이 열리지 않고서는 카르마만 양산해 낼 뿐이다.

자각적 삶을 산다는 것은 순수의식과 하나가 된 삶을 사는 것으로 실패란 없다. 13세기 시인 루미Rumi가 말했듯, "우리는 거울인 동시에 거울 속의 얼굴"인 까닭이다. 그렉 브레이든은 우주만물을 잇는 에너지 장, 즉 디바인 매트릭스가 우리 세계에 있는 모든 것이라고 보고 "양자(quantum) 의식 속에서 살고, 사랑하고, 치유하라"고 말한다.

> 디바인 매트릭스는 우리 세계이다. 또한 우리 세계에 있는 모든 것이다. 우리 자신이자, 우리가 사랑하고 미워하고 창조하고 경험하는 모든 것이다. 우리는 디바인 매트릭스 안에서 살면서 신비한 양자 캔버스의 본질을 통해 내면 깊은 곳의 열정, 두려움, 꿈, 열망을 표현하는 예술가이다. 우리는 캔버스이자 캔버스 위의 그림이며, 그림물감이자 붓이다.
> The Divine Matrix is our world. It is also everything in our world. It is us and all that we love, hate, create, and experience. Living in the Divine Matrix,

we are as artists expressing our innermost passions, fears, dreams, and desires through the essence of a mysterious quantum canvas. But we are the canvas, as well as the images upon the canvas. We are the paints, as well as the brushes.[35]

우주의 실상을 있는 그대로 볼 수 있는 통찰력을 갖게 되면 세상은 뒤집어진다. 세상이 뒤집어진다는 것은, 이미 뒤집어져 있으니 한 번 더 뒤집어지면 바로 서게 된다는 말이다. 고대 동양의 지혜의 정수가 오늘날 양자 물리학에서 실험적으로 밝혀진 것은 인류 의식의 진화과정에서 실로 일대 쾌거라 아니할 수 없다. 양자계가 근원적으로 비분리성 또는 비국소성[초공간성]을 갖고 파동인 동시에 입자로서의 속성을 상보적으로 지닌다는 양자역학적 관점은, 이 우주를 자기생성적 네트워크 체제로 보는 동양의 유기론적 세계관과 상통한다. 생명의 전일성과 자기근원성에 기초한 양자 패러다임은 이원론적인 지식 차원에서는 이해될 수 없는 것으로 인류 사회가 이미 지식시대에서 지성시대로 진입하고 있음을 보여 주는 강력한 패러다임이다. 현대물리학의 '의식' 발견을 가장 위대한 발견이라고 하는 것은 그것이 바로 우주의 실체이기 때문이다. '의식'의 발견으로 그림자 삶이 아닌, 실재 삶을 과학적으로 이해할 수 있는 단초를 제공했기 때문이다. 이제 인류 의식의 차원 전환으로 인류 문명은 대전환의 시기에 접어들고 있다. 바야흐로 미망迷妄의 지식시대가 가고, 순수 현존의 지성시대가 도래하고 있는 것이다.

정치실천적 과제[36]

지식시대에서 지성시대로의 전환은 지구생명공동체의 구현과 그 맥을 같이 한다. 현재 인류가 직면한 모든 문제는 지구와 지구에 사는 모든 생명체와 분리되어 있고 인간과 인간 또한 분리되어 있다는 믿음에서 오는 것이다. 생명 위기에 대한 대부분의 해결책이 실효성이 없는 것은, 그것들이 바로 문제를 야기한 그 패러다임에서 나온 것들이기 때문이다. 현대물리학자들은 객관주의와 과학적 합리주의만으로는 우주자연의 궁극적 신비를 풀 수 없다고 보고 과학이 인간의 의식세계와 분리될 수 없음을 분명히 했다. 지식의 파편화에 따른 낡은 기계론적 세계관의 관점이 더 이상은 오늘의 실제 세계를 반영하지도, 문제 해결의 유익한 단서를 제공하지도 못한다는 것은 주지의 사실이다. 하여 근대의 '도구적 이성'과 '도구적 합리주의'에 대한 자기반성이 촉구되고 패러다임 전환의 필요성이 제기되면서 전일적인 생명 패러다임에 의해 세계가 재해석되기 시작한 것이다. 공존의 논리가 아닌, 힘의 논리에 입각하여 죽음을 향해 치닫는 타나토스thanatos적 성향을 강하게 드러내는 오늘의 지구 경영법은 지구생명공동체를 꿈꾸는 생명과 평화의 길에서 한참 벗어나 있는 것처럼 보인다.

그러나 낡은 문명은 이제 임계점에 이르고 있으며, 인류의 문명은 프랑스 고생물학자 피에르 테야르 드 샤르댕(Pierre Teilhard de Chardin)이 말하는 '오메가 포인트(Omega Point: 인류의 영적 탄생)'를 향하여 나아가고 있다. 오늘날 지구생명공동체 논의의 확산은 교통·통신기술의 발달에 따른 지구적 공간개념의 변화, 인터넷·언론매체 등을 통한 정보 공유 및 다차원적인 세계화 현상에 따른 세계시민사회의 활성화, 지구 생태환경의 변화에 따른 공동대처의 필요성 증대 및 생명장場으로서의 지구의 유기체적 속성 강조와 에코토피아ecotopia에 대한 인류의 염원 증대 등에 따른 것이다. 이러한 다양한 요소들에 의해 추동되고 있는 지구생명공동체는 국가사회를 포괄한 세계시민사회가 전 지구적 차원에서 제도화되는 것이다. 지구가 생명공동체가 되려면 국민국가와 세계시민사회가 조화를 이룰 수 있어야 한다는 점에서 그것의 성공 여부는 지역화와 세계화, 특수성과 보편성을 통섭할 수 있는 인류의 의식 수준에 달려 있다. 이제 우리 인류는 생명에 대한 새로운 철학적·과학적 성찰을 통하여 지구의 재조직화를 단행해야 할 시점에 와 있다. 이는 곧 생태 정의(ecological justice)와 초국적 패러다임의 연계를 통해 유기적 생명체 본연의 통합적 기능을 회복하게 함으로써 지구생명공동체를 건설하는 것이다.[37]

현재의 세계 자본주의 네트워크는 생태적으로나 사회적 또는 정치적으로 지속 가능하지 않은 까닭에 인간의 자기실현과 생태계의 지속 가능성을 위해서는 생물학적·인지적·사회적 차원에서의 근본적인 변화가 필요하다. 세계 자본주의 체제의 이윤 극대화의 논리에 의해 생명이 지구 시장의 볼모로 잡혀 있는 지금, 평화란 분리주의자들이 내거는 정치적 슬로건에 지나지 않는다. 토플러적인 의미에서 '제2물결'의 낡은 세계관과 사고방식 및 가치 체계 그리고 낡은 정치제도나 조직은 '제3물결' 시대에는 적용될 수 없을 뿐더러 오히려 역사 발전을 저해하는 질곡이 되어 위기를 증폭시키는 요인이 된다. 특정 지배 구조와 소비문화의 형태가 바뀌려면 세계관과 사고방식 및 가치체계의 변화가 선행되어야 한다. 세계화의 도덕적 기반 상실에 따른 지구공동체의 구심력 약화는 이제 우리 인류가 정치적 결단을 내려야 할 임계점에 이르렀음을 환기시킨다. 전 지구적인 공조

체제의 형성을 위해서는 냉전시대의 국가 중심적 발전 전략에서 벗어나 윈-윈 구조의 협력체계를 기반으로 초국적 패러다임을 모색하는 접근이 필요하다. 오늘날 환경에 대한 선진국과 후진국의 입장 차이나 환경과 발전의 두 마리 토끼를 쫓고 있는 개발도상국의 입장은 지역성과 세계성, 특수성과 보편성을 조화시킬 수 있는 세계시민주의 정신과 '열린 사회'를 지향하는 평등주의적 세계관 및 정의관의 확립이 시급함을 말하여 준다.

지구생명공동체의 구현을 위해서는 무엇보다도 생명의 전일성[다양성]과 자기근원성에 대한 자각을 전제로 생태합리성에 기초한 새로운 생명 패러다임의 수립이 절실히 요구된다. 생존의 영적 차원의 중요성을 인식해야 하며, 자율성과 평등성을 그 본질로 하는 풀뿌리 민주주의가 실현되어야 한다. 생태적 가치가 활성화될 수 있기 위해서는 생태친화적인 문화가 정착될 수 있도록 정치사회화 과정을 재정향화할 필요가 있으며, 또한 에너지 절약 및 소비저감, 청정생산, 자원 재활용 촉진, 환경보호산업 발전, 순환경제 정책 및 법규 마련, 순환경제 기술 개발 및 발전 기반 조성 등을 통해 경제와 환경이 공존하는 순환경제(circulatory economy) 사회를 구축하는 것이 시급하다. 자유민주주의의 치명적 약점은 과학기술만능주의가 초래한 의식과 제도의 단절에 있다. 평화란 외부로부터 주어지는 것이 아니라 의식의 진화의 산물인 만큼, 의식과 제도의 통섭은 우리 인류의 시대적 과제다. 지구생명공동체의 구현을 위한 정치실천적 과제는 크게 다음 몇 가지로 나누어 살펴볼 수 있다.

첫째, 통섭적 생명관의 정립과 체계적인 생명교육의 실시이다.

이는 가장 근본적이고도 총체적인 실천 과제로서, 이를 위해서는 교육철학 및 교육체계가 지식 차원의 기능적인 형태에서 지성 차원의 통섭적인 형태로 변환되어야 하며 생명교육 이념을 근간으로 재편되어야 한다. 시민사회의 다양한 주체들 또한 이러한 생명교육 이념을 근간으로 생태혁명(존재혁명, 의식혁명)을 통해 사회적 소외 극복에 기여할 수 있어야 한다. 특히 21세기 유망 첨단과학기술로 인식되고 있는 바이오기술(BT), 나노기술(NT), 정보기술(IT), 환경에너지기술(ET), 우주항공기술(ST), 문화기술(CT) 등 이른바 6T와 이들 간 기술융합이 전 지구적 위기에 대처하여 유효하게 작동할 수 있기 위해서는 우주의 본질인 생명에 대한 올바른 인식이 선행되어야 한다. 지구문명을 파국으로 몰고 있는 환경문제와 생태 위기는 단순히 유해폐기물 교역이나 공해산업의 해외수출과 같은 환경제국주의적 방식으로 해결될 수 있는 것이 아니다. 국가간·지역간·계층간 분배 불균형의 심화와 억압과 차별 및 빈곤의 악순환, 무차별 테러의 만연, 대립 및 분쟁의 격화와 군사비 지출 증대와 같은 현상 또한 국가이기주의적 방식이나 집단이기주의적 방식으로 해결될 수 있는 것이 아니다.

유전자공학을 통하여 개발된 생화학무기, 의료체계와 우생학 과정, 유전자조작과 관련된 식품 등은 오늘날 과학기술의 발전이 세계 자본주의 체제의 이윤 극대화의 논리와 긴밀히 연계되어 인간의 생명을 볼모로 잡고 있음을 잘 말하여 준다. 더욱이 최근에 들어서는 지구 자체를 무기로 이용하는 다양한 '지구공학(geoengineering) 무기'*가 지구환경을 인위적으로 조종하여 적국에게 대규모 환경재앙을 일으키는 전략무기로 악용될 가능성에 대한 우려까지 나오고 있다.[38] 맑은 계곡물도 젖소가 먹으면 젖이 되지만 독사가 먹으면 독이 된다는 것은 자연의 이치다. 같은 칼이라도 의사의 손에서는 활인검이 되지만 살인자의 손에서는 살인검이 되는 것이다. 현재 지구가 위기에 처하게 된 것은 과학기술이 발달하지 않아서가 아니라 생명에 대한 무지로 인해 그것이 오용된 데 따른 것이라는 점을 감안할 때 생명교육의 중대성은 아무리 강조해도 지나치지 않을 것이다.

둘째, 에너지와 식량 문제이다.

화석 에너지에 의존한 지구문명이 초래한 물·대기·토양 오염, 오존층 파괴와 지구 온난화, 자연자원의 고갈, 생태계 파괴 등 심각한 환경파괴와 생태재앙은 이제 더 이상 방치할 수 없는 임계점에 이르고 있다. 또한 기상 이변과 생태재앙에 따른 식량 생산의 절대 감소로 지구촌 곳곳에서 대규모 기아사태가 발생하는 등 심대한 위기의식이 지구촌을 강타하고 있다. 뿐만 아니라 대두, 유채, 오일팜, 코코넛, 자트로파, 피마자 등이 바이오디젤 원료로 사용되면서 식량난은 가중되고 있다. 화석연료시대의 종말 또한 예고된 상태이다 보니 이제 대체 에너지 개발은 인류의 사활이 걸린 문제로 떠오르고 있다. 현재 선진 각국에서 실용화 단계에 접어든 대체 에너지로는 태양 에너지, 풍력 에너지가 주종을 이루며, 수소, 바이오매스, 지열, 수력, 해양온도차 등을 이용한 대체 에너지 개발이 활발히 진행되고 있다. 특히 무한 청정 에너지로서의 수소 에너지는 국내외적으로 5년 이내에

---

* 지구온난화를 막기 위한 기술이 오히려 전략무기로 악용될 위험성이 커지고 있다. '지구 공학 무기'는 적은 비용으로 적국에게 장기적으로 큰 타격을 입힐 수 있다는 점 때문에 국가나 테러단체 등에 의해 손쉽게 이용될 소지가 크다. 식물플랑크톤을 번성케 하여 대기권의 이산화탄소를 흡수하게 하는 친환경 기술이 악용되면 치명적인 환경재앙을 일으킬 수 있다. 이를테면 녹조를 적국의 해안에 인위적으로 퍼뜨려 어업과 생태계를 파괴하는 것이 그것이다. 이 외에도 심해(深海)의 찬 물을 바다 표면으로 끌어올리면 허리케인의 방향을 적국으로 향하게 할 수도 있다. 이처럼 지구 자체를 무기로 이용하는 '지구공학' 무기화 시대에 대비하여 국제적 감시체계의 설립이 시급하다.

상용화 단계에 진입할 것으로 예측되면서 대체 에너지 시대의 에너지원이 될 것으로 전망된다.

국제수소협회 의장국인 아이슬란드는 지열을 이용한 대표적인 수소 에너지 인프라 국가이다. 미국 캘리포니아주에서는 태양광을 이용한 해수면 수소 발생 저장을 통해 농업 에너지를 비축하는가 하면, 몽골에서는 태양광과 풍력을 이용한 수소 에너지 발전 시스템의 구축으로 고비사막의 녹지화가 진행 중이다. 기존의 축전지 에너지 저장 방식과는 달리, 대용량의 에너지를 장기보존 관리, 재사용할 수 있는 수소스테이션을 기본적인 인프라로 구축하고 태양광과 풍력으로 얻어지는 1차 전력으로 수소를 생산 저장한 후 필요한 전력을 생산하는 방식으로 완전한 에너지 독립 단지를 조성할 수 있다면, 생태환경과 산업환경 문제는 획기적이고도 근본적으로 해결될 수 있을 것이다. 태양광 분야 중 폴리 실리콘 전지판 기술과 수소저장합금 조성 및 수소 함유율 증진 기술이 획기적으로 개발될 경우, 동북아 지역, 나아가 지구촌의 수소 에너지 인프라 구축과 지역별 대규모 에너지·식량 단지 조성에 대해서도 생각해 볼 수 있다. 또한 핵무기 제조와 핵 발전*에서 발생하는 핵폐기물 처리 문제도 인류가 해결해야 할 시급한 과제다.[39]

셋째, 건강관리와 보건위생 문제이다.

---

* 온난화·고유가 등의 영향으로 전 세계적으로 원자력발전소 건설 붐이 일고 있다. 최근 국제원자력기구(IAEA) 자료에 따르면 현재 30여 개국에서 원자로 370여 기가 가동 중이지만, 향후 10년 내에 원자로 보유국은 최대 20개국이 더 늘어날 전망이며, 2050년까지 원자로 수는 1400기 정도가 증가할 것이라고 한다. 국제에너지기구(IEA)는 지구온난화 방지를 위해 2050년까지 원자력 발전 시설을 지금의 5배 수준으로 늘려야 한다고 주장한다(『조선일보』, 2009년 9월 10일자 기사).

인류는 지금 대기 오염뿐 아니라 광범위한 종류의 독성 화학 물질에 의한 식수 및 식품의 오염으로 건강을 위협받고 있다. 식수 및 식품에서는 물론이고 일반 생활용품, 문구류, 젖병이나 장난감, 새 가구와 벽지, 바닥재 등에서 광범하게 검출되는 환경호르몬—다이옥신, PCB, PAH, 푸란, 페놀, 그리고 DDT와 같은 일부 살충제 등—은 불임 유발, 기형아 출산, 아토피성 피부염 발진 등으로 건강을 크게 위협하는 요인이 되고 있다. 또한 핵 방사능 유출, 생화학 무기의 사용, 유전자조작과 관련된 식품의 만연, 인구 증가와 환경 악화 및 자연 재해에 따른 빈곤의 악순환 등도 건강을 심대하게 위협하는 요인이 되고 있다. 제3세계에서는 영양 결핍 및 전염병이 최대의 사망 원인이 되고 있는데, 특히 아프리카의 경우 식량, 식수, 의료 시설 문제는 심각한 수준이다. 한편 산업사회에서는 '문명병(diseases of civilization)' 40 이라 불리는 만성적인 퇴행성 질환인 심장병, 암, 뇌일혈 등이 주된 사망 원인이 되고 있다. 이 외에도 사회 환경의 악화로 인해 심한 우울증, 정신분열증 및 정신 의학적 질병들이 많이 발생하고 있고, 특히 청소년 폭력 범죄와 자살의 증가, 알코올 중독과 마약 남용, 기형아·지진아 및 지체부자유자 증가 등의 현상이 크게 늘어나고 있다. 최근에는 신종플루가 전 세계적으로 기승을 부리고 있으며 변종 바이러스까지 나타나면서 전염병 확산에 대한 우려가 커지고 있다.

영어로 '건강(health)'이란 말은 '전체(whole)'를 의미하는 앵글로색슨어 'hale'에서 연원한 것이다. 말하자면 건강하다는 것은 전체적이라는 것이다. '신성한(holy)'이란 영어 또한 같은 뿌리에서 나온 것이다.[41] 따라서 전체적인 것이 건강한 것이고 신성한 것이니, 건강하고 가치 있는 삶을 영위하고자 한다면 우주의 본질인 생명이 분리 자체가 근원적으로 불가능한 절대유일의 하나라는 사실을 알아야 한다. 프리초프 카프라(Fritjof Capra)가 전 지구적인 각종 위기 현상을 '인식의 위기(a crisis of perception)' 라고 부르는 것은, 오늘의 인류가 처한 딜레마가 다양한 것 같지만 본질적으로는 모두 생명에 관한 문제와 관련되어 있으며 또한 거기서 파생된 것이기 때문이다. 인류가 처한 총체적인 인간 실존의 위기는 하나인 생명의 그물망을 벗어나 존재할 수 없다는 사실을 인식하지 못한 데서 오는 것이다. 질병 치유를 위한 생명공학과 유전공학의 대안적 발전은 생명에 대한 명료한 인식이 전제될 때 가능한 것이다. 생명교육의 이념이 지구촌에 뿌리내리게 되면 생명 존중 차원의 자연성을 추구하는 경제가 자리 잡게 될 것이고, 인류의 삶의 패러다임 또한 본질을 우선적으로 추구하는 삶, 자기정체성을 제고하는 삶, 자연성을 추구하는 삶, 사회에 직접 참여하는 삶 등으로 변모하게 될 것이다.

넷째, 유엔(United Nations) 개혁 문제이다.

생명과 평화는 동전의 양면과도 같이 그 가치가 상호 결합되어 있는 까닭에 인류의 생명권에 대한 자각이 없이는 평화란 한갓 헛된 신념을 추동하는 이념에 지나지 않는다. 인류의 평화를 위해서 과연 세계정부가 필요한가? 라는 물음은 세계정부의 이상을 피력한 단테의 『제정론 *De Monarchia*』[42] 제1권의 논지이기도 하다. 평화와 정의에 대한 단테의 관점은 '정의 없이는 땅 위에 평화가 없다' 라는 말을 상기하게 한다. 단테는 제권帝權이 인류의 평화, 정의, 행복을 보장할 수 있는 유일한 체제라고 보고, 단일 군주 밑에 통합된 인류와 그리스도교의 보편교회에 상응하는 보편제국(universale Imperium)을 논구하는 것을 과제로 삼고 있다. 그가 사용하는 '제권' 개념은 전 인류의 연대 속에서 이루어지는 고유한 활동과 보편적 평화(pax universalis)와 단일 군주(unus Monarcha)의 개념을 함축하고 있다는 점에서 세계 정부의 이상과 상통하는 것으로 볼 수 있다. 그가 말하는 '보편제국'은 전 인류의 유기적 연대에 의해 보편적 평화가 보장되는 유기체적인 세계시민 사회라 할 수 있고, 단일 군주는 인류의 생명권에 대한 명료한 자각을 가진 '철인왕(philosopher-king)'의 존재라 할 수 있다. 그런 점에서 단테가 말하는 평화는 팍스로마나(Pax Romana), 팍스브리태니카(Pax Britanica), 그리고 팍스아 메리카나(Pax Americana)가 함축하고 있는 로마나 영국, 미국이 주도하는 세 계평화와는 본질적으로 다른 것이다. 단테는 보편적 평화가 실제적이고도 영속적으로 보장될 수 있는 유일한 정부 형태가 세계정부라고 보고, 당시 신성로마제국의 패러다임에서 유추하여 그것을 보편 군주제(universalis Monarchia)라고 불렀던 것이다. 단테의 '제권' 개념을 기반으로 한 세계정부 의 이상은 유엔 개혁 방향에 유효한 단서를 제공한다. 전 지구 차원의 내전 이나 다름없는 테러와의 전쟁, 세계화가 가져온 광신도들에 의한 종교적 갈등과 배금주의자들에 의한 경제적·생태적 재앙으로 인류가 파멸의 위 기에 처해 있는 지금, 유엔의 개혁은 인류의 지상과제로 떠오르고 있다.[43]

유엔이 명실상부한 세계정부로서의 기능을 다할 수 있기 위해서는—단 테식의 표현을 빌리자면—유엔의 '제권帝權'을 위협하는 존재가 있어서 는 안 될 것이다. 여기서 유엔의 '제권'은 경직성·타율성을 띤 수직적 구 조와 조응하는 개념이 아니라, 탄력성·자율성을 띤 수평적 구조와 조응 하는 개념이다. '다스리지 않고도 다스리지 않음이 없는(無爲而無不爲)' 그 강력한 힘은 명령에 의해서가 아니라 자치에 의해 도출되는 것이라는 점 에서 더욱 강력한 것이다. 그러나 유엔은 이름 그대로 국익을 기반으로 한 주권국가 간의 연합, 즉 국제연합인 까닭에 강대국의 횡포를 제어할 제도적 장치가 없다. 따라서 유엔은 초국적 실체에 기초한 연합으로 거듭나지 않으면 안 된다. 프랑스 사회학자 에드가 모랭(Edgar Morin)이 제창하는 '세계 연방(Confederation mondiale)' 론과 같은 역사적 단계에 대해 생각해 볼 수도 있을 것이다. 이는 국가를 없애지 않으면서 국가가 연방과 관련해 상대적으로 존재하는 단계인데, 이를테면 아랍ㆍ이슬람권 전체가 연방에서 하나의 거대한 지방이 되고, 세계 연방은 빈국에 대한 마셜 플랜(Marshall Plan)을 실시하고 의약품과 치료 지원을 전담하는 국제기구를 창설하는 것 등이 그것이다. 그러나 이러한 유엔의 개혁도 인류의 자각과 인식 전환이 선행되지 않고서는 요원한 과제일 수밖에 없다. 권력을 포함한 모든 제도적 장치는 생명권에 귀속된다는 사실을 자각할 수 있을 때, 세계 연방이 명실상부한 '제권' 을 확립할 수 있을 때, 공진화co-evolution가 삶의 목표가 되어 '섬김' 과 '나눔' 을 실천하는 사랑의 장場이 열릴 수 있을 것이다.[44]

새로운 문명의 가능성

아일랜드의 극작가인 조지 버나드 쇼(George Bernard Shaw)는 "인간은 삶의 기술에 관해서는 발명한 게 아무것도 없지만, 죽음의 기술에 관해서는 화학물질과 기계류를 통해 역병, 전염병, 기근이라는 대량학살을 일으킨다는 면에서 자연을 훨씬 능가한다" 라는 의미심장한 말을 남겼다. 여기서 말하는 죽음의 기술이란 심오한 의식 차원의 기술이 아니라, 표피적인 물질 차원의 파괴적인 기술이다. 인간이 이러한 죽음의 기술에 능한 것은 생명과 삶의 과학에 대한 깊은 통찰력을 갖고 있지 못한 데 기인한다. 말하자면 삶과 유리된 학문이나 과학, 종교가 초래한 영적 무지로 인해 우주 생명의 뿌리로부터 단절되어 생명력 에너지가 고갈되었기 때문이다. 고삐 풀린 과학 기술이 재앙이 될 수밖에 없음은 두말할 필요도 없다. 이제 더 이상 생명력이 없어진 낡은 집단의식으로는 지구가 직면한 난제들을 풀 수가 없다는 것은 자명하다.

인간이 삶의 기술을 진보시키기 위해서는 무엇보다도 생명의 영성에 대한 자각이 절실히 요구된다. 지식의 통섭은 영성에 대한 자각이 없이는 언어의 유희에 불과한 것이 된다. 오늘의 세계화가 외적 자아의 결합에 머물러 있듯, 통섭이 외적[언어적] 통섭에 머물러 있는 것은 삶과 지식의 불화로 생명의 영성에 대한 자각이 결여되었기 때문이다. 지식이 단순히 몸에 걸치는 장신구가 아닐진대, 어찌 삶과, 참자아인 영성과 무관하다 할 수 있으리오! 우리 몸의 균형과 조화로운 기능을 방해하는 온갖 부정적인 감정들은 지식의 파편들이 제공하는 불완전한 앎에서 기인하는 것이다. 분리의식에 기초한 지식으로는 생명의 전일성을 파악할 길이 없으므로 분리감에 사로잡혀 두려움, 불안, 슬픔, 분노, 미움, 질투 등의 감정이 일어나는 것이다. 그러나 깨인 자의 눈으로 보면 분리란 실로 없는 것이다. 『이샤 우파니샤드 *Isa Upanishad*』에서는 말한다.

이 세상 어디서나 하나됨을 볼 수 있다면, 어떻게 슬픔이나 미혹에 빠질 수 있겠는가?

When a sage sees this great Unity and his Self has become all beings, what delusion and what sorrow can ever be near him?[45]

통섭이란 용어의 매력은 바로 이 '하나됨'에 있다. '하나됨'이란 주관과 객관의 경계가 사라지는 것이다. 이처럼 개체와 공동체가 조화를 이룬 대아大我를 참자아라고 한다. 존재계 전체와 하나가 되는 체험은 완전한 사랑을 느낄 때 일어난다. 완전한 사랑을 느끼기 위해서는 이해의 폭을 넓혀야 하며, 이해의 폭을 넓히기 위해서는 희로애락애오욕의 온갖 감정을 맛보는 의식의 자기교육 과정을 거쳐야 한다. '하나됨'이 일어나면 이심 전심으로 통하므로 문제성을 띨 것이 없고 따라서 해결할 것도 없다. 이 세상의 모든 문제는 실재하는 참자아는 보지 못하면서, 실재하지 않는 에고에 중독된 집착을 보이는 데서 오는 것이다. 참자아를 보지 못하는 것은 영적 시력이 낮기 때문이다. 생명의 전일성을 자각하지 못하기 때문이다. 영적 시력이 낮은 자의 특징은 실재보다는 관념을, 연결보다는 분리를, '지금 여기'보다는 과거나 미래를 추종한다. 하여 '지금 여기'의 일들보다는 실재하지 않는 위대함이나 부귀영화를 좇게 되므로 그들에게 '지금 여기'는 없다. 미래에 너무 깊이 몰두한 나머지, 현재가 사라진 것이다. 미망에 빠진 삶이란 바로 '지금 여기'에 없는 삶을 일컫는 것이다. 참자아는 순수 현존이므로 '지금 여기'에 없고서는 볼 방법이 없는 것이다.

따라서 통섭은 지식 차원의 언어적 기술이 아니라, 지성 차원의 영적 기술이다. '하나됨'은 온전한 앎, 즉 지성에서 일어난다. 지성은 실재이고, 전체성이며, 순수 현존인 참자아와 연결되어 있다. 심心에 입각하여 무심無心을 이루듯, 지식에 입각하여 지성을 이루어야 하는 것은 이 때문이다. 지식을 넘어선 참지식이 되어야 하는 것이다. 이 세상 그 어떤 지식이나 학문도 삶과 분리되어 존재할 수는 없다. 분리되는 순간, 존재 이유를 상실하기 때문이다. 참자아를 자각하는 것이야말로 모든 문제를 근원적으로 해소하는 길이다. 인간이 느끼는 불행은 심리적이고 감정적인 문제로서 분리의식에서 오는 것이다. 단순히 물질적인 보상이나 제도적인 처방으로 치유될 수 있는 것이 아니다. 진실로 '하나됨'에 이르지 않고서는 근원적인 치유가 이루어질 수 없다. '하나됨'에 이르는 것은 이성이나 논리를 통해서가 아니라 감정의 질을 고양시킴으로써 가능하다. 감정의 질이 고양되기 위해서는 실재하지 않는 에고라는 분리의식에서 벗어나야 한다. 그러기 위해서는 참자아인 영성에 대해 이해할 필요가 있다. 10장에서 마음의 과학에 대해 살펴본 것은 이 때문이다. 고대 지혜의 정수를 이루는 것도 마음의 과학이었다.

이 시대의 패러다임 전환을 주도하고 있는 현대물리학의 전일적 실재관은 바로 이 마음의 과학에 닿아 있다. 본서 7장에서 다룬 "양자역학과 마음"이 그것이다. 영성인 참자아는 막스 플랑크가 말한 "의식과 지성을 가진 정신(conscious and intelligent Mind)"이다. 만유를 관통하며 만유를 잇는 이 미묘한 에너지 장은 언제 어디에나 이미 존재하며, 우주 지성이 내재되어 있다. 또한 만유를 이루는 근본 질료이자 만유를 그 속에 담고 있으며, 우리의 생각과 느낌과 감정을 삶 속의 사건을 통해 그대로 비추어주는 양자 거울이다. 삶 속에서 일어나는 일은 우리의 생각과 느낌과 감정이 물질화되어 나타난 것이다. 따라서 삶 속에서 일어나는 일을 통해 우리 스스로의 의식을 탐구할 수 있게 되며, 그 수단으로 감각기능이 주어진 것이다. 물질계인 삶의 영역은 의식계인 생각의 영역과 정확하게 조응하며, 삶은 생각의 투사영인 것으로 나타난다. 두려운 생각을 하면 두려움과 친화력을 갖는 에너지를 끌어당기므로 두려운 일이 일어나고, 기쁜 생각을 하면 기쁨과 친화력을 갖는 에너지를 끌어당기므로 기쁜 일이 일어나는 것이다.

'하나됨'은 곧 삶의 흐름에 몸을 맡긴다는 것이다. 우리들 각각은 '우주' 라는 춤추는 자에게서 흘러나오는 장대한 춤이다. 삶은 소유할 수 있는 것이 아니기에 '나의 삶'이 아닌, '우리의 삶'이다. '우리(We)'는 개인 의식의 단순한 누적으로서가 아니라 초월로서이며, 동시에 그 다양성이 유지되는 것으로서 소통성을 본질로 한다. 일체의 모순과 소외의 극복을 통한 '이성적 자유(rational freedom)'의 실현은 '나'의 형태로서가 아니라 보편적으로 상호의존적인 '우리'의 형태로서의 자유로운 정신이다. '우리(We)'는 보편의식이므로 이는 곧 사랑이다. 우주 원리가 사랑이니, '우리'는 '우리(宇理)'다. 한글은 다른 언어와는 달리, 개인 소유격보다는 단체 소유격을 즐겨 쓴다. 제3자에게 자기 집이나 남편에 관한 얘기를 할 때 '우리 집, 우리 남편'과 같은 식의 표현을 쓴다. 이러한 표현을 영어나 중국어로 옮기면 그 집은 제3자와의 공동의 집이 되고 남편 또한 공동의 남편이 되는 것이니, 있을 수 없는 일이다. 한글이 단체 소유격을 즐겨 쓰는 것은, 삶이란 것이 소유할 수 있는 것이 아님을 우리 조상들이 일찍이 깨달았기 때문이 아닐까?

삶의 흐름에 역류하고자 할 때 모든 문제가 일어난다. 삶의 흐름은 홀로 무브먼트 그 자체이기에 파편적으로는 이해될 수가 없다. 물방울과 물결, 개체성과 전체성의 상호 의존성에 대한 인식에 이르지 않고서는 결코 삶 속에 구현되고 있는 정신의 참모습을 볼 수가 없다. 새로운 문명의 표징어로 통섭이란 용어를 사용한다면 그것은 '하나됨'에 착안한 것이다. 여기서 '됨(becoming)'이라는 표현을 쓴 것은, 존재론적 측면에서 아무런 변화가 없는 '있음(being)'의 상태로 존재하는 것은 아무것도 없기 때문이다. '하나됨'은 개인이나 사회의 진화 정도를 측정하는 근간이 되는 것이다. 오늘날의 종교충돌·문명충돌·정치충돌은 인류 의식의 현주소를 말하여 준다.

이러한 충돌은 인류가 갖고 있는 가치 개념—즉, 자유, 정의, 평화, 인류애, 복지 등—이 보편적이지 않은 데서 기인하는 것으로 인류가 깊은 분리의 식에 빠져 있음을 반증하는 것이다. 참자아, 즉 참본성으로부터의 분리는 곧 생명의 뿌리로부터 단절되는 것이니, 이는 곧 죽음이다. 말하자면 분리는 죽음이고, 연결은 삶이다.

과학 기술의 진보가 의식의 진화와 조화를 이루지 못할 때, 문명은 물신物神을 신으로 받들고 섬긴다. 과학 기술과 기술이 낳은 모든 문명의 이기利器들, 그리고 돈·권력·명예가 모두 숭배의 대상이 되는 것이다. 참자아가 아닌, 물신을 숭배하는 것이 바로 우상숭배다. 우상숭배가 판을 치면 세상은 끝장나기 마련이다. 우상숭배가 사라지려면 의식이 바뀌어야 한다. 의식이 바뀌려면 의식을 고양시켜야 한다. 뒤틀린 논리로 구성된 삶 전체를 새로운 관점에서 살펴볼 때가 되었다. 인간은 영과 육 그리고 이들 양차원을 매개하는 마음으로 이루어진 까닭에 물질 일변도의 사고로서는 결코 언어적 차원의 통섭을 넘어설 수가 없다. 지성 차원의 영적 기술이 필요한 것은 이 때문이다. 수천 년 동안 인류는 마음을 자기와 동일시하여 에고라는 허구의 존재감에 사로잡혀 무의식적인 삶을 영위해 왔다. 집단적인 에고는 더 무의식적이어서 나치 독일의 유대인 절멸에서 보듯 잔혹한 행위를 서슴지 않는다. 그러나 죽음을 통과하지 않고서는 영원한 삶에 이를 수 없다는 역설적인 명제도 있듯이, 더 높은 차원에서 보면 삶은 언제나 영적 진화에 보탬이 되는 체험만을 우리에게 준다.

오늘날 전 지구 차원의 테러와 만연한 폭력 현상은 오랜 탄성을 지닌 에고가 그 필연적인 소멸에 앞서 더 강력해지고 있기 때문이다. 동트기 전 어둠이 가장 짙은 것과 같은 이치다. 이 시대의 혼돈은 물질시대에서 의식시대로의 대전환기에 나타나는 불가피한 산고産苦이다. 그러나 낡은 관념이 지배하는 사고의 형태들이 무너지고 의식의 변환을 경험한 사람들의 수가 기하급수적으로 증가하면서 2010년대 초반부가 양자 변환(Quantum Shift)의 시기가 될 것이라는 예단도 나오고 있다. 새로운 문명은 '새 하늘'과 '새 땅'을 여는 신인류에 의해 건설될 것이다. 새로운 문명의 건설자인 21세기형 인간은 흔히 호모 레시프로쿠스(Homo Reciprocus)·호모 심비우스(Homo Symbious)로 불린다. '새 하늘'은 의식의 고양된 상태이며, '새 땅'은 고양된 의식이 물질화되어 나타난 것이다. '새 하늘'과 '새 땅'은 의식과 물질의 관계와도 같이 실체와 그림자의 관계로서 상호 조응·상호 관통한다.

　새로운 문명의 가능성은 인류가 통섭적 마인드를 가지고 '하나됨'을 실천하는 데 있다. 다시 말해 문화의 다양성을 이해하고 그 속에서 새로운 휴머니즘을 발견하는 데 있다. 진리는 본래 무명無名이고 따라서 경계가 없기 때문이다. 이는 곧 권력정치에서 생명정치로의 이행과 맥을 같이 한다. 생명이 정치적으로 문제시되게 된 것은 프랑스대혁명 이후 인민(popolo)이 주권의 유일한 담지자가 되고 더 이상은 인민이 스스로를 예종隸從의 형태로 표현하지 않게 되면서부터였다. '주권 권력 대對 벌거벗은 생명'을 중심축으로 우리 시대의 생명정치적 현상들을 새롭게 분석한 조르조 아감벤(Giorgio Agamben)의 『호모 사케르 Homo Sacer』는 정치와 과학이—심지어는 종교까지도—모두 생명의 지배와 장악을 기본 목표로 삼고 있음을 생생하게 보여준다. 생명의 통제와 복제가 과학과 정치와 자본의 지배 기능을 가능하게 하는 조건이라는 것이다. 아감벤에 따르면 우파든 좌파든, 자본주의 국가든 사회주의 국가든—비록 그 방식과 정치적 지평이 다르긴 하지만—모두 분열되지 않은 인민의 창출이라는 '생명정치적 프로젝트'에 사활을 걸게 되었다는 것이다. 그러나 나치즘의 유대인 '절멸 작전'은 생명 정치적 분열의 극복이 아니라 생명정치적 분열의 극단적 획책이었다. 생명정치적 분열은 '큰 인민'이 '작은 인민'을 제거함으로써 극복될 수 있는 것이 아니라 전일적인 새로운 패러다임의 정치에 의해서만 극복될 수 있는 것이기 때문이다.[46]

지속 가능한 지구 문명의 구현을 위한 대안 체제 제시와 관련하여 '여성성' 내지는 '여성적 원리'에 대해 살펴볼 필요가 있다. 인류의 집단무의식 속에 인류 구원의 여성성으로 자리 잡은 이름이 바로 마고麻姑이다. 마고의 '여성성'은 대지의 여신 '가이아'의 영적인 본질에서 도출된 '여성성'으로 자연의 이미지와 동일시되고 있다. '여성성'은 곧 영성이며 이는 생명 그 자체다. '여성성'이 인류 구원의 여성성으로 인식될 수 있는 것은 그것이 곧 영성임을 전제한 것이다. 만유의 영성을 인식하지 못할 때 인간 억압과 자연 억압이 일어난다. 통섭은 우리의 참본성인 영성에 대한 자각 없이는 일어날 수 없으며, 새로운 문명의 가능성 또한 영성에 관한 논의를 배제하고서는 접근하기 어렵다. 지식의 대융합은 궁극적으로는 삶과 지식, 삶과 죽음의 통섭을 위한 기초 작업에 지나지 않는다. 지식의 존재 이유가 삶을 윤택하게 하는 것인데, 지식을 위한 지식이 판을 치고 지식이 삶 속으로 연결되지 못한다면 그것은 실재와는 유리된 '그림자이론'에 불과한 것이 된다. 통섭의 기술은 우주만물의 근원인 하나인 참본성에 대한 이해와 자각에 기초한 것이어야 한다.

새로운 우주론에서 우주는 '상호 긴밀히 연결되어 있는 에너지-의식의 그물망'이다. 양자파동함수(Quantum Wave Function)의 붕괴를 결정짓는 것은 바로 의식이며, 이는 '본질적 삶에서 일어나는 일체의 현상을 통제하는 주체가 심판의 신이 아니라 인간의 정신'임을 의미한다. 신성과 이성이 조화를 이루었던 상고와 고대 일부의 제정일치 시대, 세속적 권위에 대한 신적 권위의 가치성이 정립된 중세 초기, 왜곡된 신성에 의한 이성의 학대가 만연했던 중세, 신적 권위에 대한 세속적 권위의 가치성이 정립된 근세초기, 왜곡된 이성에 의한 신성의 학대가 만연한 근대 이후 물질만능주의 시대를 거쳐 이제 우리 인류는 신성과 이성, 정신과 물질, 의식과 제도의 대통합시대를 열어야 할 시점에 와 있다. 그것은 곧 완전한 소통·자치·자율에 기초한 생명시대의 개막이다. 루퍼트 셸드레이크(Rupert Sheldrake)에 따르면, 정신 능력의 '형태장(Morphogenetic Field)'은 그것과 상호 작용하는 사람이 많을수록 그 힘이 강력해져서 결국에는 물리적인 실체 자체의 모습을 변형시킨다고 한다. 지구촌은 지금 언제든 공론의 장으로 합류할 준비가 돼 있는, 소통의 욕망이 분출하는 사람들로 꽉 차 있다. 생명 패러다임으로의 이행을 위해서는 생명에 대한 온전한 앎을 높여가야만 한다. 이것이 통섭의 영적 기술을 향상시킬 수 있는 유일한 길이자 새로운 문명을 여는 길이다.

주 석

01 통섭의 이해

1 元曉, 「金剛三昧經論」, 趙明基 編, 『元曉大師全集』(서울: 보련각, 1978), 130쪽(이하 『金剛三昧經論』이라 略함).

2 『金剛三昧經論』, 130쪽; 元曉, 「大乘起信論別記」, 『元曉大師全集』(이하 『大乘起信論別記』라 略함), 464쪽.

3 수운의 불연기연적 세계관에 대해서는 최민자, 『동학사상과 신문명』(서울: 도서출판 모시는사람들, 2005), 34-37쪽.

4 Edward O. Wilson, *Consilience: The Unity of Knowledge*(New York: Vintage Books, 1998), 최재천·장대익 옮김, 『통섭』(서울: 사이언스 북스, 2005).

5 최재천·장대익 옮김, 위의 책, 19쪽.

6 위의 책, 21쪽.

7 Edward O. Wilson, *op. cit.*, p.9.

8 *Ibid.*, p.7: "When we have unified enough certain knowledge, we will understand who we are and why we are here."

9 '생명의 실체'에 대해서는 최민자, 『생명에 관한 81개조 테제: 생명정치의 구현을 위한 眞知로의 접근』(서울: 도서출판 모시는사람들, 2008), 33-41쪽. 데이비드 봄에 따르면 우주만물은 超量子場(superquantum field)으로부터 분화되기 때문에 에너지, 마음, 물질 등은 동일한 질료로부터 만들어진다고 한다. 그리하여 물질은 원자(atom)로, 원자는 素粒子(elementary particle)로, 소립자는 파동으로, 파동은 다시 초양자장으로 환원될 수 있다고 보았다. 파동인 동시에 입자로 나타나는 초양자장은 본체인 동시에 작용으로 나타나는 '하나(ONE 天地人)'인 混元一氣와도 같은 것으로 우주의 근본 질료인 셈이다. 그의 이론에 따르면 양자역학이 확률론적으로 해석되는 것은 아직 발견되지 않은 숨은 변수 때문이라는 것이다. 그는 아인슈타인이 상대성이론에 의해 질량-에너지 등가원리($E=mc$: 질량 m, 에너지 E, 광속 c)를 밝혀냈듯이, '숨은 변수이론'에 의해 입자-파동의 이중성을 밝혀내고자 했다. 숨은 변수가 발견되어 '숨겨진 질서'와 '드러난 질서'의 상관관계가 밝혀지면 결정론적인 해석이 가능하다는 것이다. 그리되면 '드러난 질서'는 '숨겨진 질서'가 물리

적 세계로 현현한 것임을 알게 된다는 것이다. 첨단 이론물리학 중의 하나인 이러한 상관 관계를 규명함으로써 그는 노벨물리학상을 수상했다.

10 David Bohm, *Wholeness and the Implicate Order*(London: Routledge & Kegan Paul, 1980), pp.190-197.

11 cf. 『道德經』40章: "反者道之動." 즉, 되돌아가는 것이 道의 움직임이다.

12 cf. 열역학 제1법칙(the first law of thermodynamics): 에너지는 한 형태에서 다른 형태로 변화할 수는 있지만 어떠한 물리적 변화에서도 모든 물체가 지닌 에너지의 합은 불변이라는 에너지보존의 법칙.

13 Edward O. Wilson, *op.cit.*, p.105: "…the mind unaided by factual knowledge from science sees the world only in little pieces."

14 『金剛三昧經論』의 本覺利品의 장을 보면 無住菩薩이 나온다. "無住菩薩은 本覺(一心의 본체)에 달하여 본래 起動함이 없지만 그렇다고 寂靜에 머무르지 않고 항상 두루 교화하는 일을 하기 때문에 그 德에 의해 이름 붙이기를 無住라고 한 것"(『金剛三昧經論』, 181쪽: "言無住菩薩者 此人雖達本覺 本無起動 而不住寂靜 恒起普化 依德立號 名曰無住")으로 나온다.

15 과학의 통일성에 대한 믿음을 뜻하는 '이오니아의 마법'은 물리학자이자 역사학자인 제럴드 홀턴(Gerald Holton)이 처음 쓴 말이다. 그 뿌리는 기원전 6세기 이오니아에 살았던 밀레투스의 탈레스(Thales of Miletus)로 거슬러 올라간다. 탈레스는 모든 물질이 궁극적으로 물로 구성된 것으로 보았는데, 이러한 그의 생각은 세계의 물질적 기초와 자연의 통일성에 대한 형이상학을 상정하고 있다는 점에서 주목할 만하다(Edward O. Wilson, *op.cit.*, pp.4-5).

16 『莊子』「大宗師」: "墮枝體 黜聰明 離形去知 同於大通此謂坐忘."

17 cf. 『莊子』「知北游」: "生也死之徒 死也生之始 孰知其紀 人之生 氣之聚也 聚則爲死 若死生爲徒 吾又何患 故萬物一也…故曰通天下一氣耳 聖人故貴一." 生과 死가 동반자이며 만물이 하나이고, 하나의 기운(一氣)이 천하를 관통하고 있기에 성인은 그 하나를 귀하게 여긴다는 것이다. 그 하나가 곧 一氣(混元一氣)이다.

18 『道德經』25章.

19 『道德經』40章.

20 『道德經』42章: "萬物負陰而抱陽 ?氣以爲和."

21 『道德經』28章

22 『東經大全』「論學文」.

23 cf. 元曉, 「大乘起信論疏」, 『元曉大師全集』(이하 『大乘起信論疏』라 略함). 427쪽: "心生則種種法生 心滅則種種法滅 三界唯心 萬法唯識." 즉, "마음이 일어나면 갖가지 법이 일어나고 마음이 사라지면 갖가지 법이 사라지니, 三界는 오직 마음뿐이요 萬法은 오직 識뿐이라"는 뜻이다.

24 『大乘起信論疏』, 427쪽.

25 『符都誌』第10章: "有因氏 繼受天符三印 此卽天地本音之象而使知其眞一根本者也" 즉, "有因氏가 天符三印을 이어받으니 이것이 곧 天地本音의 象으로, 진실로 근본이 하나임을 알게 하는 것"이라는 뜻이다.

26 『東經大全』「後八節」: "我爲我而非他."

27 『大乘起信論別記』, 483쪽.

28 『大乘起信論疏』, 416쪽.

29 최민자, 『생명에 관한 81개조 테제: 생명정치의 구현을 위한 眞知로의 접근』, 216쪽.

30 cf. 톰 하트만 지음, 김옥수 옮김, 『우리 문명의 마지막 시간들』(서울: 아름드리미디어, 1999), 31쪽: "우리가 겪는 문제들은 과학기술이나 식량 생산, 언론 폭력같이 우리가 저지른 일들 때문에 생긴 게 아니라는 점이다. 그것들은 우리 문화에서, 말하자면 세계관에서 생겼다……진실로 의미 있는 변화가 이루어지려면 세상을 바라보고 받아들이는 방식을 바꿔야 한다. 자연스런 인구 조절과 산림 복구, 공동체의 재창조, 물자 낭비의 감소는 이런 시각 변화가 있고서야 가능하다."

31 최민자, 『생태정치학: 근대의 초극을 위한 생태정치학적 대응』(서울; 도서출판 모시는사람들, 2007), 105쪽.

32 未會는 宇宙曆 12개월–子會, 丑會, 寅會, 卯會, 辰會, 巳會, 午會, 未會, 申會, 酉會, 戌會, 亥會–가운데 8월을 일컫는 것이다. 宇宙曆 12會에서 전반부 6會인 子會에서 巳會까지는 자라나고 후반부 6會인 午會에서 亥會까지는 줄어든다. 午會에 이르러 逆이 일어나고 未會에 이르러 통일이 되는 것이다. 每 會는 1만 8백 년이며, 12會 즉 宇宙曆 1년(一元)은 12만 9천6백 년이다. 邵康節은 『黃極經世書』, 「觀物內篇·10」벽두에서 日月星辰을 元會運世로 헤아리고 있다. 즉 "日은 하늘의 元으로 헤아리고, 月은 하늘의 會로 헤아리며, 星은 하늘의 運으로 헤아리고, 辰은 하늘의 世로 헤아린다(日經天之元 月經天之會 星經天之運 辰經天之世)"가 그것이다. 星의 76 즉 寅會의 가운데에서 開物이 되는 것은 1년의 驚蟄에 해당하고, 315 즉 戌會의 가운데에서 閉物되는 것은 1년의 立冬에 해당한다.

33 『黃極經世書』, 「纂圖指要·下」와 「觀物內篇·10」.

34 邵康節이 子會에서 하늘이 서북으로 기운다고 하고 丑會에서 땅이 동남이 불만이라고 한

것은 천축과 지축이 기울어진 것을 말하는 것이다. 지축이 23.5도로 기울어짐으로 인해 陽은 360보다 넘치고 陰은 354일이 되어 태양·태음력의 차이가 생겨나게 된 것이다. 乾運의 先天 5만 년이 陰陽相剋의 시대로 일관한 것은 지축의 경사로 인해 음양이 고르지 못한 데 기인한다. 陰陽動靜의 원리로 이제 그 극에서 음으로 되돌아오면서 우주의 가을인 未會에서는 천지가 정원형으로 360이 되어 음양이 고르게 되는 후천개벽이 일어나게 되는 것이다. 이른바 지축이 바로 선다는 것이 이를 두고 하는 말이다. 선천개벽에 대해서는 『黃極經世書』, 「纂圖指要·下」에 나와 있다. 天開於子 즉 子會에서 하늘이 열리고, 地闢於丑 즉 丑會에서 땅이 열리며, 人起於寅 즉 寅會에서 人物이 생겨나는 선천개벽이 있게 된다고 한 것이 그것이다.

35 『龍潭遺詞』「安心歌」:"십이제국 괴질운수 다시개벽 아닐런가 요순성세 다시 와서 국태민안 되지마는 기험하다 기험하다 아국운수 기험하다.";『龍潭遺詞』「夢中老少問答歌」:"천운이 둘렀으니 근심 말고 돌아가서 윤회시운 구경하소 십이제국 괴질운수 다시개벽 아닐런가."

36 『東經大全』「不然其然」:"付之於造物者 則其然其然 又其然之理." 즉 하늘의 섭리에 부처 살펴보면 不然은 또한 其然이라는 뜻이다.

37 『東經大全』「論學文」:"曰吾心卽汝心也 人何知之 知天地而無知鬼神 鬼神者吾也."

38 『黃極經世書』「纂圖指要·下」:"時動而事起天運而人從, 猶形行而影會聲發而響

39 『黃極經世書』「纂圖指要·下」:"天之時由人之事乎. 人之事有天之時乎."

40 『黃極經世書』「纂圖指要·下」:"時者天也. 事者人也. 時動而事起…."

41 『黃極經世書』「纂圖指要·下」:"故聖人與天 行而不逆與時俱遊而不違是以自天祐之吉無不利…."

42 *The Bhagavad Gita*, translated from the Sanskrit with an introduction by Juan Mascaro(London: Penguin Books Ltd., 1962), 8. 18-19.

43 *The Bhagavad Gita*, 13. 26. : "Whatever is born, Arjuna, whether it moves or it moves not, know that it comes from the union of the field and the knower of the field."

44 *Maitri Upanishad* in *The Upanishads*, translated from the Sanskrit with an introduction by Juan Mascaro(London: Penguin Books Ltd., 1962), p.104: "Mind is indeed the source of bondage and also the source of liberation. To be bound to things of this world: this is bondage. To be free from them: this is liberation."

45 cf. 파동-입자의 이중성(wave-particle duality). 眞如性[본체]인 동시에 生滅性[작용]으로 나타나는 一心의 이중성은 파동인 동시에 입자로 나타나는 파동-입자의 이중성과 같은 맥락

에서 이해될 수 있다.

46 *The Bhagavad Gita*, 13. 14. : "…He is beyond all, and yet he supports all. He is beyond the world of matter, and yet he has joy in this world."

47 이에 관한 자세한 내용은 최민자, 『생태정치학: 근대의 초극을 위한 생태정치학적 대응』, 221-230쪽.

48 *The Bhagavad Gita*, 13. 17. : "…It is vision, the end of vision, to be reached by vision, dwelling in the heart of all."

49 cf. 『金剛三昧經論』: "歸一心源."

50 J. J. Rousseau, *The Social Contract*, translated and introduced by Maurice Cranston(London: Penguin Books Ltd., 1968), Book II, pp.72-73.

51 *Ibid.*, Book I, ch.6, p.61: "Each one of us puts into the community his person and all his powers under the supreme direction of the general will."

52 *Ibid.*, Book I, ch.6, p.60: "each individual, while uniting himself with the others, obeys no one but himself, and remains as free as before."

53 G. W. F. Hegel, *The Phenomenology of Mind*, trans. by J. B. Baillie(London: George Allen & Unwin, 1931), p.243. 역사적으로는 그리스 도시국가(the Greek city-state) 시대가 이 단계에 해당된다(See G. W. F. Hegel, *The Philosophy of History*, trans. by J. Sibree(New York: Dover Publications, 1956), p.239).

54 Hegel, *The Phenomenology of Mind*, pp.246-247. 역사적으로는 로마 제국시대가 이 단계에 해당된다(See Hegel, The Philosophy of History, p.267).

55 불행한 의식의 단계의 자유는 이 지상의 왕국(the earthly kingdom)에서 자기실현이 불가능한 것을 깨닫고 다른 세계, 즉 천상의 왕국(the heavenly kingdom)에서 초월적 신(a transcendent God)–말하자면 절대적 주인(an absolute master)–의 노예가 됨으로써 자기실현을 꿈꾸는 기독교 세계(a Christian World)에서의 자유이다. 역사적으로 볼 때 불행한 의식의 제1단계는 神과 인간 간의 분리의식인 Judaism에 해당된다(See *Ibid.*, pp.251-257, 366). 불행한 의식의 제2단계는 기독교의 초기 형태에 해당된다(See *Ibid.*, pp.258-259). 불행한 의식의 제3단계는 중세 유럽에서 르네상스를 거쳐 modern reason에 이르는 시기에 해당된다(See *Ibid.*, pp.263-83).

56 인간 불평등의 기원론에 대해서는 최민자, 『생명에 관한 81개조 테제: 생명정치의 구현을 위한 眞知로의 접근』, 244-254쪽.

57 J. J. Rousseau, *A Discourse on Inequality*, translated with an introduction and notes by Maurice

Cranston(Loncon: Penguin Books Ltd., 1984), p.137: "…inequality, being almost non-existent in the state of nature, derives its force and its growth from the development of our faculties and the progress of the human mind, and finally becomes fixed and legitimate through the institution of property and laws."

58 이에 대한 좋은 해설서로 Walter Kaufmann, *Hegel: Texts and Commentary*(New York: Anchor Books, Doubleday, 1965)가 있다.

59 J. J. Rousseau, *A Discourse on Inequality*, p.67: "The most useful and the least developed of all the sciences seems to me to be that of man."

60 이러한 사실은 '근대인은 전혀 노예를 갖지 않지만 그 자신이 노예' 라고 한 루소의 말에서도 잘 드러난다. 루소의 『사회계약론』제1편의 주제는 다음과 같은 명귀로 시작하고 있다. "인간은 자유롭게 태어났다. 그럼에도 도처에서 사슬에 얽매어 있다. 자신이 다른 사람들의 주인이라고 생각하는 사람도 실제로는 그들 이상으로 노예인 것이다"(J. J. Rousseau, *The Social Contract*, Book I, ch.1, p.49: "Man was born free, and he is everywhere in chains. Those who think themselves the masters of others are indeed greater slaves than they").

61 강정인, 『서구중심주의를 넘어서』(서울: 아카넷, 2004), 395-417쪽.

62 John Plamenatz, *Man and Society*(London: Longmans, 1963), vol. II, pp.21-36.

63 John Stuart Mill, "Utilitarianism," in A. D. Lindsay(ed.), *Utilitarianism, Liberty, and Representative Government*(New York: Everyman's Library, Dutton, 1950), pp.10-14.

64 George H. Sabine and Thomas L. Thorson, *A History of Political Theory*, 4th edn.(Tokyo: The Dryden Press, 1973), pp.612-651; Dante Germino, *Machiavelli to Marx*(Chicago and London: The University of Chicago Press, 1972), pp.233-254.

65 Thomas Hill Green, *Lectures on the Principles of Political Obligation*, with preface by Bernard Bosanquet, ed. by Lord Lindsay(London: Longmans, 1941), p.viii.

66 Thomas Hill Green, *Prolegomena to Ethics*, ed. by A. C. Bradley(Oxford: Oxford University Press, 1883), p.193.

67 Thomas Hill Green, "Liberal Legislation and Freedom of Contract," in John R. Rodman(ed.), *The Political Theory of T. H. Green*(New York: Appleton-Century-Crofts, 1964), pp.43-73.

68 W. H. Fairbrother, M.A., *The Philosophy of T. H. Green*(London: Methuen & Company Ltd., 1896), pp.76-93.

69 Harold J. Laski, *The Decline of Liberalism*(London: George Allen & Unwin Ltd., 1940), p.12.

70 Ramesh Mishra, *The Welfare State in Crisis*(Brighton, Sussex: Wheatsheaf Books Ltd., 1984), pp.1-25.

71 Jean Hardy, *Values in Social Policy*(London: Routledge & Kegan Paul Ltd., 1981), pp.87-96 참조.

72 *Ibid.*, pp.16-27.

73 John M. Romanyshyn, *Social Science and Social Welfare*(New York: Council on Social Work Education, 1974), pp.7-31 참조.

74 Norman Ginsburg, *Class, Capital and Social Policy*(London: The Macmillan Press Ltd., 1979), pp.95-107.

75 S. N. Eisenstadt and Ora Ahimeir(eds.), *The Welfare State and Its Aftermath*(London and Sydney: Croom Helm Ltd., 1985), p.3.

76 Padma Sambhava, *The Tibetan Book of the Dead : Liberation through Understanding in the Between*, translated by Robert A. F. Thurman and foreword by H. H. the Dalai Lama(New York: Bantam Books, 1994)(原語로 『바르도 퇴돌 *Bardo Thödol*』), 류시화 옮김, 『티벳 死者의 書』(서울: 정신세계사, 2001).

77 cf. *The Bhagavad Gita*, 8. 12-13. : "If when a man leaves his earthly body he is in the silence of Yoga and, closing the doors of the soul, he keeps the mind in his heart, and places in the head the breath of life. And remembering me he utters OM, the eternal WORD of Brahman, he goes to the Path Supreme."

78 *The Bhagavad Gita*, 7. 4-5. : "The visible forms of my nature are eight: earth, water, fire, air, ether; the mind, reason, and the sense of 'I'. But beyond my visible nature is my invisible Spirit. This is the fountain of life whereby this universe has its being."

79 『道德經』48章: "無爲而無不爲."

80 達磨, 『二入四行論』: "迷時人逐法 解時法逐人 迷時色攝識 解時識攝色." 즉, "미혹하면 사람이 法을 좇지만, 깨달으면 法이 사람을 좇는다. 미혹하면 물질이 의식을 거두어들이지만, 깨달으면 의식이 물질을 거두어들인다."

81 천·지·인 三才의 융화가 인간 존재 속에 구현된 의미를 지닌 천부경의 '人中天地一'을 축약한 '中一'과 天道(the way of Heaven)에 부합하는 의미를 지닌 천부경의 '天符'가 결합되어 천·지·인 三神一體의 천도에 부합하는 弘益人間·理化世界의 이상을 나타내는 의미로 사용된 것이다.

82 『明心寶鑑』「天命篇」, 제1장: "子曰 順天者 存 逆天者 亡."

83 cf. *Svetasvatara Upanishad* in *The Upanishads*, 4, p.92: "He rules over the sources of creation.

From him comes the universe and unto him it returns. He is···the one God of our adoration"; *Kata Upanishad* in *The Upanishads*, 5, p.64: "He is Brahman···who in truth is called the Immortal. All the worlds rest on that Spirit and beyond him no one can go···There is one Ruler, the Spirit that is in all things, who transforms his own form into many."

84 David Bohm, *op.cit.*, p.205.

85 Ilya Prigogine, *From Being to Becoming*(San Francisco: Freeman, 1980). 이는 에너지 보존의 법칙과 엔트로피 증가의 법칙을 바탕으로 한 종래의 평형 열역학에서 '있음'의 상태가 일반적이고 '됨'의 과정이 예외적 현상으로 여겨진 것과는 근본적인 차이가 있다.

86 과정철학을 체계화한 화이트헤드의 저서로는 *Process and Reality*(New York: Macmillan, 1929)가 있다.

87 cf. *The Bhagavad Gita*, 2. 22. : "As a man leaves an old garment and puts on one that is new, the Spirit leaves his mortal body and then puts on one that is new."

88 cf. *The Bhagavad Gita*, 9. 19. : "I am life immortal and death; I am what is and I am what is not."

89 *The Bhagavad Gita*, 14. 19-20. : "When the man of vision sees that the powers of nature are the only actors of this vast drama···And when he goes beyond the three conditions of nature which constitute his mortal body then, free from birth, old age, and death, and sorrow, he enters into Immortality."

90 『金剛三昧經論』, 130쪽 : "離邊非中(非有非無 遠離二邊 不着中道)."

91 David Bohm, *op.cit.*, p.14.

92 『大乘起信論疏』, 426쪽 : "一切分別卽分別自心."

93 『金剛三昧經論』, 181쪽 : "無住之德 契合本利."

94 『大乘起信論疏』, 410쪽 : "有慧光明遍照法界平等無二." cf. *The Bhagavad Gita*, 14. 22-25.

95 *Mandukya Upanishad* in *The Upanishads*, p.83.

96 최민자, 『생명에 관한 81개조 테제: 생명정치의 구현을 위한 眞知로의 접근』, 738-739쪽.

97 위의 책, 739-740쪽.

98 cf. Alexandre Kojève, *Introduction to the Reading of Hegel*, ed. by Allan Bloom, trans. by James H. Nichols Jr.(New York: Basic Books, 1969), p.55.

99 Hegel, *The Phenomenology of Mind*, p.250.

100 *Ibid.*, pp.251-283.

101 최민자, 『생명에 관한 81개조 테제: 생명정치의 구현을 위한 眞知로의 접근』, 727-728쪽.

102 『金剛三昧經論』, 130-132쪽에서는 一心의 원천이 有·無를 떠나서 홀로 청정하며 三空(我空·法空·俱空)의 바다는 眞·俗을 융화하여 湛然한 것이라고 하고 있다. 자기에 대한 집착(我執)을 깨뜨린 것이 我空이며, 물질계에 대한 집착(法執)을 깨뜨린 것이 法空이고, 我空·法空마저도 모두 버리어 諸法의 본성에 契合하는 것이 俱空이다.

02 동양과 서양의 통섭적 세계관

1 『符都誌』第2章: "先天之時 大城 在於實達之城 竝列 火日暖照 無有具象 唯有八呂之音 自天聞來 實達與虛達 皆出於此音之中 大城與麻姑 亦生於斯 是爲朕世."

2 『符都誌』第3章: "後天運開 律呂再覆 乃成響象 聲與音錯 麻姑 引實達大城 降於天水之域 大城之氣 上昇 布幕於水雲之上 實達之體 平開 闢地於凝水之中 陸海 列 山川 廣坼 於是 水域變成地界而雙重 替動上下而斡旋 曆數始焉."

3 『符都誌』第4章: "…分管響象而修證 曆數始得調節 城中諸人 稟性純情 能知造化 飮地乳 血氣淸明…隨發魂識而潛聲能言 時動魄體而潛形能行 布住於地氣之中 其壽無量."

4 『符都誌』第7章: "諸人之惑量 甚大 性相變異故 不得同居於城中 然 自勉修證 淸濟惑量而無餘則自然復本 勉之勉之."

5 『符都誌』第8章: "靑穹氏 率眷出東間之門 去雲海洲 白巢氏 率眷出西間之門 去月息洲 黑巢氏 率眷出南間之門 去星生洲 黃穹氏 率眷出北間之門 去天山洲."

6 『符都誌』第12章: "壬儉氏…遍踏四海 歷訪諸族 百年之間 無所不往 照證天符修身 盟解惑復本之誓 定符都建設之約 此 地遠身絶 諸族之地言語風俗 漸變相異故 欲講天符之理於會同協和之席而使明知也."

7 찰스 햅굿 지음, 김병화 옮김, 『고대 해양왕의 지도』(서울: 김영사, 2005), 293쪽.

8 위의 책, 272-274쪽.

9 이러한 환국의 강역에 관한 환단고기의 내용은 당 태종 때 편찬된 『晉書』의 내용과 일치하며, 『符都誌』에 나오는 중요한 기록의 대부분의 내용과 일치하고 있다. 1990년 7월 환국의 한 영역이었던 러시아 카자흐공화국의 수도 알마아타 서쪽 600km 지점 잠불 지역에서 한국 석기 유물과 닮은 유물이 많이 출토된 것 등은 환국의 강역에 관한 시사점을 주는 것이다. 중국 지도에는 인도의 갠지스강이 지금도 '환하(桓河)'라고 표기되어 있어 환국의 강역이었음을 실감케 한다. 근년에 들어 단군조선시대의 천문 현상—예를 들면, 『환단고기』

「단군세기」에 나오는 13세 단군 屹達 50년(B.C. 1733) 戊辰에 수성, 금성, 화성, 목성, 토성의 다섯 행성이 결집한 五星聚婁 현상—을 박창범 연구팀이 컴퓨터 합성 기법을 이용하여 시각화함으로써 그러한 사실을 과학적으로 검증한 것은 상고사 연구자들에게는 매우 고무적인 일이다. 『환단고기』의 내용은 北崖의 『揆園史話』, 李承休의 『帝王韻紀』, 大野勃의 『檀奇古事』 등의 내용과 큰 줄기가 일치한다. 국내에서는 일부 연구자들이 『환단고기』의 사료적 가치에 대해 의문을 제기하기도 하지만, 일본에서는 그것의 사료적 중요성에 대해 일찍이 주목한 바 있다. 즉, 2차 세계 대전이 끝나자 일본에서는 고사 고전 연구가 붐을 이루면서 한국의 『환단고기』가 일본의 고사 고전 가운데 『호쯔마 전(秀眞傳)』 및 웃가야(上伽倻) 왕조사의 내용과 부합하는 것에 주목한 것이 그것이다. 일본의 가시마(鹿島昇)는 『환단고기』를 일어로 全譯하고 사서로서뿐만 아니라 문화서로서도 독자적 지위를 갖는 것으로 높이 평가한다.

10 제임스 처치워드 저, 박혜수 역, 『뮤 대륙의 비밀』(서울: 문화사랑, 1997), 13쪽.

11 위의 책, 36쪽.

12 위의 책, 42-43쪽.

13 위의 책, 22쪽.

14 위의 책, 26쪽.

15 라사 기록에 의하면 무 제국에는 종교와 과학, 학문의 중심지였던 일곱 개의 대도시가 있었다고 한다. 라사 기록에서 발췌된 일부 내용은 다음과 같다. "발(Bal)의 별이 지금은 하늘과 바다뿐인 그곳에 떨어졌을 때 황금의 문과 투명한 신전이 있는 일곱 도시는 폭풍 속의 나뭇잎처럼 떨리고 흔들렸다. 그리고는 보라, 궁궐들에서 불과 연기의 홍수가 일어났다. 수많은 사람들의 함성과 울부짖음이 대기를 가득 채웠다…"(위의 책, 69쪽).

16 위의 책, 39, 65쪽. 쿠이는 句麗와 같은 뜻으로 단군조선시대의 句麗國[졸본부여], 高句麗가 모두 쿠이라는 문자에서 나왔다

17 노중평은 天文에서 麻姑와 동일시되는 별은 베가성으로 불리는 織女星이라고 하고, 마고는 지금으로부터 14,000년 전에 막고야산(마고산, 삼신산)에서 인류 최초로 문명을 시작했다고 본다.

18 『桓檀古記』「太白逸史」三韓管境本紀 馬韓世家 上: "天地有機 見於吾心之機 地之有象 見於吾身之象 物之有宰 見於吾氣之宰也."

19 『桓檀古記』「太白逸史」三神五帝本紀 : "自上界 却有三神 卽一上帝 主體則爲一神 非各有神也 作用則 三神也."

20 『揆園史話』「檀君記」.

21 『中庸』: "天命之謂性 率性之謂道."

22 『三國史記』新羅本紀 第1 南海次次雄 記事; 『三國史記』雜志 第1 祭祀; 李能和, 『朝鮮巫俗考』(서울: 동문선, 2002), 33쪽.

23 『三國史記』高句麗本紀 第1 琉璃王 19년 8월 記事; 『三國史記』高句麗本紀 第4 山上王 13년 9월 記事; 『三國史記』高句麗本紀 第9 寶藏王 上 4년 5월 記事; 『三國史記』百濟本紀 第1 始祖 溫祚王 25년 2월 記事; 『三國史記』百濟本紀 第6 義慈王 20년 6월 記事; 李能和, 『朝鮮巫俗考』, 24-25, 28-29쪽.

24 『高麗史』世家 第15 仁宗 總序, 癸卯 元年(1123) 記事; 『高麗史』世家 第35 忠肅王 乙亥 後4년(1335) 5월 記事; 『高麗史』列傳 第37(通卷124) 鄭方吉條; 李能和, 『朝鮮巫俗考』, 36-50쪽.

25 『符都誌』第12章: "…照證天符修身 盟解惑復本之誓 定符都建設之約…."

26 Gregg Braden, *The Divine Matrix*(New York: Hay House, Inc., 2007), p.vii에서 재인용.

27 *Ibid.*, p.4.

28 Ashvaghosha, *The Awakening of Faith*, trans. Teitaro Suzuki(Mineola, New York: Dover Publications, INC., 2003), p.59.

29 『莊子』第一 逍遙遊: "藐姑射之山有神人居焉 肌膚若冰雪 綽約若處子 不食五穀 吸風飮露 乘雲氣 御飛龍 而遊乎四海之外 其神凝 使物不疵癘 而年穀熟."

30 박제상 지음, 김은수 번역 · 주해, 『부도지』(서울: 한문화, 2002), 20-22쪽에서 재인용.

31 *The Bhagavad Gita, 2. 22.* : "As a man leaves an old garment and puts on one that is new, the Spirit leaves his mortal body and then puts on one that is new."

32 Anne C. Klein, "Finding a Self: Buddhist and Feminist Perspectives," *The Harvard Women's Studies in Religion Series*, vol. II, U.M.I. Research Press(Fall 1987).

33 Françoise d' Eaubonne, *Le Feminism ou La Mort*(Paris: Pierre Horay, 1984).

34 Maria Mies & Vandana Shiva, *Ecofeminism*(New Delhi: Zed Books, 1993); Vandana Shiva, "Development, Ecology and Women," in Carolyn Merchant(ed.), *Ecology: Key Concepts in Critical Theory*(New Jersey: Humanities Press, 1994).

35 이귀우, 「생태담론과 에코페미니즘」, 『새한영어영문학』제43권 1호, 2001, 6-9쪽; Val Plumwood, *Feminism and the Mastery of Nature*(London and New York: Routledge, 1993).

36 Gregg Braden, *op. cit.*, p.34.

37 리처드 니스벳 지음, 최인철 옮김, 『생각의 지도』(서울: 김영사, 2004), 표지 글.

38 위의 책, 107-163쪽.

39 위의 책, 195쪽.

40 『桓檀古記』「太白逸史」蘇塗經典本訓 : "天符經 天帝桓國口傳之書也."

41 『桓檀古記』「太白逸史」蘇塗經典本訓.

42 생명의 본체인 이 '하나(ONE 天地人)'인 混元一氣는 하늘(天)·天主[하느님, 하나님, 창조주, 유일신, ALLAH神·道·佛·太極[無極]·브라흐마(Brahma: 創造神)·전체의식[근원의식, 보편의식, 우주의식, 一心, 참본성, 神性, 靈性]·우주의 창조적 에너지[至氣, 一氣]·우주섭리[진리, 自然] 등으로 다양하게 명명되고 있는 根源的 一者[唯一者] 또는 窮極的 實在로서의 우주의 本源을 일컫는 것이다.

43 최민자, 『천부경·삼일신고·참전계경』(서울: 도서출판 모시는사람들, 2006), 55-120쪽.

44 cf. 『海月神師法說』「天地理氣」 : "天地 陰陽 日月於千萬物 化生之理 莫非一理氣造化也." 즉, "天地, 陰陽, 日月, 千萬物의 化生한 이치가 한 이치 기운(一理氣)의 造化 아님이 없는 것이다"라는 뜻이다. "처음에 기운을 편 것은 이치요, 형상을 이룬 뒤에 움직이는 것은 기운이니, 기운은 곧 이치이다"(『海月神師法說』「天地理氣」 : "初宣氣 理也 成形後運動 氣也 氣則理也").

45 cf. 『六祖壇經』卷上, VI 說一體三身佛相門, 24 : "三身佛在自性中."

46 『三一神誥』 : "聲氣願禱 絶親見 自性求子 降在爾腦."

47 『大學』「傳文」治國平天下 18장에서는 齊家·治國·平天下함에 있어 君子가 지녀야 할 '絜矩之道'를 孝·悌·慈의 道로 제시하고 있다.

48 최민자, 『생태정치학: 근대의 초극을 위한 생태정치학적 대응』, 255쪽.

49 『論語』「顏淵」 : "樊遲問仁 子曰 愛人."

50 『論語』「顏淵」 : "克己復禮爲仁 一日克己復禮 天下歸仁焉…非禮勿視 非禮勿聽 非禮勿言 非禮勿動."

51 『孟子』「公孫丑上」六 : "無惻隱之心 非人也 無羞惡之心 非人也 無辭讓之心 非人也 無是非之心 非人也 惻隱之心 仁之端也 羞惡之心 義之端也 辭讓之心 禮之端也 是非之心 智之端也 人之有是四端也 猶其有四體也…凡 有四端於我者 知皆擴而充之矣 若火之始燃 泉之始達 苟能充之 足以保四海 苟不充之 不足以事父母."

52 『大學』「傳文」治國平天下 18章 : "所謂平天下 在治其國者 上 老老而民 興孝 上 長長而民 興弟 上 恤孤而民 不倍 是以 君子 有絜矩之道也."

53 『大學』「傳文」治國平天下 19章 : "所惡於上 毋以使下 所惡於下 毋以事上 所惡於前 毋以先後 所惡於後 毋以從前 所惡於右 毋以交於左 所惡於左 毋以交於右 此之謂絜矩之道也."

54 『中庸』1章 : "天命之謂性 率性之謂道 修道之謂敎."

55 『中阿含經』 : "此有故彼有 此生故彼生 此無故彼無 此滅故彼滅."

56 『金剛經』: "一切有爲法 如夢幻泡影 如露亦如電 應作如是觀."

57 cf. 『金剛經五家解』「大乘正宗分」: "…若菩薩 有我相 人相 衆生相 壽者相 卽非菩薩."

58 Ashvaghosha, op. cit., p.55.

59 『大乘起信論疏』, 391쪽.

60 『金剛三昧經論』, 131-132쪽.

61 『金剛三昧經論』, 130쪽.

62 『金剛三昧經論』, 130쪽: "合而言之 一味觀行爲要 開而說之 十重法門爲宗."

63 『金剛三昧經論』, 130쪽; 『大乘起信論別記』, 464쪽.

64 『金剛三昧經論』, 145쪽.

65 『大乘起信論疏』, 415-419쪽.

66 元曉, 「涅槃宗要」, 『元曉大師全集』(이하 『涅槃宗要』라 略함), 24쪽.

67 元曉, 「十門和諍論」, 『元曉大師全集』(이하 『十門和諍論』이라 略함), 641쪽.

68 『十門和諍論』, 641-642쪽.

69 『十門和諍論』, 646쪽; 『金剛三昧經論』, 144-145쪽.

70 『大乘起信論疏』, 390쪽; 『金剛三昧經論』, 129쪽.

71 『金剛三昧經論』, 153쪽; 『大乘起信論別記』, 471, 474쪽.

72 『金剛三昧經論』, 144-145쪽.

73 『大乘起信論疏』, 391쪽: "開則無量無邊之義爲宗 合則二門一心之法爲要 二門之內容萬義 而不亂 無邊之義 同一心而混融."

74 『十門和諍論』, 643쪽: "一切衆生同有佛性 皆同一乘一因一果同一甘露 一切當得常樂我淨 是故一味."

75 『大乘起信論疏』, 391쪽: "立破無碍 立而無得破而無失."

76 『金剛三昧經論』, 130쪽: "無破而無不破 無立而無不立."

77 『道德經』1章: "道可道非常道 名可名非常名 無名天地之始 有名萬物之母."

78 老子의 우주관에 대해서는 許大同, 『老子哲學』(臺北: 五洲出版社, 中華民國 66년), 22-34面 참조.

79 『道德經』25章: "有物混成 先天地生 寂兮寥兮 獨立而不改 周行而不殆 可以爲天下母 吾不 知其名 强字之曰道 强爲之名曰大."

80 『道德經』21章: "孔德之容 惟道是從 道之爲物 惟恍惟惚 惚兮恍兮 其中有象 恍兮惚兮 其中 有物 窈兮冥兮 其中有精 其精甚眞 其中有信 自古及今 其名不去 以閱衆甫."

81 『道德經』40章. cf. 『道德經』25章: "大曰逝 逝曰遠 遠曰反."

82 『道德經』42章: "道生一 一生二 二生三 三生萬物 萬物負陰而抱陽 冲氣而爲和." 여기서 '一'은 道의 본체, '二'는 道의 작용[陰陽二氣], '三'은 우주만물을 나타낸다.

83 『道德經』48章: "取天下常以無事 及其有事 不足以取天下."

84 『道德經』48章: "爲學日益 爲道日損 損之又損 以至于無爲 無爲而無不爲矣."

85 『道德經』32章에 나타나는 바와 같이 '道常無名'이므로 道는 곧 無規定者이다.

86 『道德經』40章: "天下之物生於有 有生於無."

87 『道德經』11章: "三十輻共一轂 當其無有車之用 挺埴以爲器 當其無有器之用 鑿戶牖以爲 室 當其無有室之用 故有之以爲利 無之以爲用."

88 王雲五主 編, 陳鼓應 註譯, 『老子今註今譯』(臺北: 商務印書館, 中華民國66년) 1-6面 참조.

89 『道德經』58章: "禍兮福所倚 福兮禍所伏 孰之其極 其無正邪 正復爲奇 善復爲妖."

90 『道德經』22章: "曲則全 枉則直 窪則盈 敝則新 少則得 多則惑."

91 『道德經』36章: "將欲歙之 必固張之 將欲弱之 必固强之 將欲廢之 必固興之 將欲奪之 必固 與之 …… 柔弱勝剛强."

92 『道德經』28章: "人法地 地法天 天法道 道法自然." cf. 王雲五主 編, 陳鼓應 註譯, 前揭書, 113-117面.

93 『道德經』57章: "以正治國 以奇用兵 以無事取天下 …… 天下多忌諱 而民彌貧 民多利器 國 家滋昏 人多技巧 奇物滋起 法令滋彰 盜賊多有 故聖人云 我無爲而民自化 我好靜而民自 正 我無事而民自富 我無欲而民自樸."

94 『道德經』17章.

95 『道德經』52章.

96 『道德經』68章: "善爲士者不武 善戰者不怒 善勝敵者不爭 善用人者爲之下 是謂不爭之德."

97 『道德經』43章: "天下之至柔 馳騁天下之至堅."

98 『道德經』78章: "天下莫柔弱於水 而攻堅强者莫之能勝."

99 『道德經』28章: "知其雄 守其雌 爲天下谿 爲天下谿 常德不離 復歸於嬰兒."

100 『道德經』80章.

101 『莊子』「齊物論」: "彼出於是 是亦因彼 彼是 方生之說也 雖然 方生方死 方死方生 方可方 不可 方不可方可 因是因非 因非因是 是以聖人不由而照之於天 亦因是也 是亦彼也 彼亦 是也 彼亦一是非 此亦一是非 果且有彼是乎哉 果且無彼是乎哉 彼是莫得其偶 謂之道樞."

102 『莊子』「知北游」.

103 『莊子』「大宗師」.

104 『莊子』「大宗師」: "已外生矣 而後能朝徹 朝徹而後能見獨 見獨而後能無古今 無古今而後

能入於不死不生."

105 『莊子』,「逍遙遊」: "若乎乘天地之正 而御六氣之辯 以遊無窮者 彼且惡乎待哉 故曰 至人無己 神人無功 聖人無名."

106 *Mandukya Upanishad* in *The Upanishads*, p.83. cf. "Revelation" in *Bible*, 1:8 : "I am the Alpha and the Omega," says the Lord God, "who is, and who was, and who is to come, the Almighty"; "Revelation" in *Bible*, 21:6 : "I am the Alpha and the Omega, the beginning and the End."

107 *Mandukya Upanishad* in *The Upanishads*, p.83.

108 *Mundaka Upanishad* in *The Upanishads*, 2.2.3., p.79.

109 *The Bhagavad Gita*, 8. 18-19.

110 *The Bhagavad Gita*, 2. 11-13.

111 *The Bhagavad Gita*, 2. 23-25.

112 *The Bhagavad Gita*, 5. 1.

113 *The Bhagavad Gita*, 5. 6.

114 *The Bhagavad Gita*, 18. 11-12.

115 이 글은 2009년 8월 22일 일본 Kyoto Forum에서 발표한 필자의 논문 " '한' 과 동학과 생명"을 통섭적 세계관이라는 키워드를 중심으로 축약하여 본서의 형식에 맞게 재구성한 것이다. 韓民族 고유의 '한' 과 동학의 사상적 連脈을 생명의 관점에서 조명함으로써 동학의 통섭적 세계관의 본질을 밝히고자 하였다.

116 『海月神師法說』,「靈符呪文」: "吾道 義 以天食天-以天化天…宇宙萬物 總貫一氣一心也."

117 cf. 『莊子』,「齊物論」: "萬物與我爲一."

118 『龍潭遺詞』,「興比歌」.

119 『海月神師法說』,「天地人・鬼神・陰陽」: "人是天 天是人 人外無天 天外無人."

120 『海月神師法說』,「靈符呪文」: "內有神靈者 落地初赤子之心也 外有氣化者 胞胎時 理氣應質而成體也."

121 『龍潭遺詞』,「敎訓歌」.

122 『東經大全』,「論學文」.

123 『海月神師法說』,「天地父母」: "天地卽父母 父母卽天地 天地父母 一體也."

124 Frederick Copleston, S. J., *A History of Philosophy*(Westminster, Maryland: The Newman Press, 1962), I, p.22.

125 *Ibid.*, p.23.

126 *Ibid.*, p.25.

127 *Ibid.*, pp.24-25.

128 *Ibid.*, pp.26-27.

129 *Ibid.*, pp.40-45.

130 *Ibid.*, pp.61-65.

131 *Ibid.*, chs. 12-16, esp. ch. 14 참조.

132 *Ibid.*, chs. 17-26, esp. chs. 19-23 참조.

133 *Ibid.*, p.306.

134 *Ibid.*, p.311.

135 cf. J. F. Rychlak, "The Multiple Meanings of Dialectic," in Rychlak(ed.), *Dialectic: Humanistic Rationale for Behavior and Development*(Basel, Switzerland: S. Karger AG., 1976), p.2.

136 Walter Kaufmann, *Hegel: Texts and Commentary*(New York: Anchor Books, Doubleday, 1965).

137 Bill Devall & George Sessions, *Deep Ecology*(Salt Lake City, Utah: Peregrine Smith Books, 1985).

138 Fritjof Capra, *The Web of Life*(New York: Anchor Books, 1996), p.3.

139 cf. J. R. Desjardins, *Environmental Ethics: An Introduction to Environmental Philosophy* (California: Wadsworth Publishing Company, 1997), pp. 214-215.

140 Murray Bookchin, *Remaking Society: Pathways to a Green Future*(Boston, MA: South End Press, 1990); Murray Bookchin, *The Ecology of Freedom: The Emergence and Dissolution of Hierarchy*, rev. ed.(Montréal and New York: Black Rose Books, 1991).

141 티모시 도일·더그 맥케이컨 지음, 이유진 옮김, 『환경정치학』(서울: 한울 아카데미, 2002), 61쪽.

142 생태사회주의와 생태마르크스주의의 구분에 대해서는 문순홍, 『생태위기와 녹색의 대안』(서울: 나라사랑, 1992), 107쪽 참조. 생태사회주의자(적색-녹색주의자 Red-Greens)들은 사회생태론자(녹색-녹색주의자 Green-Greens)들과 마찬가지로 사회 정의의 문제에서 출발하여 생태문제로 접근하는 점에서 심층생태론에 반대한다. 그럼에도 양 진영은 또한 많은 차이를 보이고 있다(티모시 도일·더그 맥케이컨 지음, 이유진 옮김, 앞의 책, 65-66쪽; David Pepper, *Eco-Socialism: From Deep Ecology to Social Justice*(London and New York: Routledge, 1993).

143 문순홍, 앞의 책, 85-86쪽.

144 장원석, 「생태정치학의 이념과 새로운 사회주의론: 앙드레 고르(André Gorz)의 경우」, 『한국정치학회보』 30집 4호, 한국정치학회, 2004, 79쪽.

145 마르턴 하여르(Maarten Hajer)는 '환경적으로 건전하고 지속 가능한 발전'의 개념이 담겨진 「우리 공동의 미래(Our Common Future)」(1987) 라는 브룬트란트 보고서를 생태적 근대화의 핵심 문건으로 분류했다(Maarten Hajer, *The Politics of Environmental Discourse: Ecological Modernization and the Policy Process*(Oxford: Oxford University Press, 1995), p.26).

146 cf. Peter Christoff, "Ecological Modernisation, Ecological Modernities," *Environmental Politics*, 5, 1996.

147 Arthur P. J. Mol, "Ecological Modernisation and Institutional Reflexivity: Environmental Reform in the Late Modern Age," *Environmental Politics*, 5, 1996, pp.314-315 참조. 1992년 리우(Rio) 유엔환경개발회의(UNCED)에서 채택된 기후변화협약(UNFCCC)을 이행하고자 이산화탄소 등 온실가스 배출 동결에 합의한 1997년의 '교토의정서(Kyoto Protocol 또는 교토기후협약)'에 세계 온실가스 배출량의 25%와 선진국 배출량의 36.1%를 차지하는 미국의 불참으로 발효가 늦어지고 있는 것을 보더라도 환경제국주의적 구조가 사라지지 않고서는 국제적 차원에서의 환경과 개발의 조화는 이루어지기 어렵다. 한편 2009년 12월 7일부터 19일까지 193개국이 참가한 가운데 덴마크 코펜하겐에서 개최된 제15차 유엔기후변화협약(UNFCCC) 당사국 총회에서 채택된 '코펜하겐 합의'(Copenhagen Accord) 또한 선진국과 개도국들 간의 첨예한 대립으로 실질적이고 구체적인 결과를 도출해내지 못한 채 '유의'하는 수준에 그쳤다. '코펜하겐 협정'에서 향후 지구의 평균 기온이 산업화 이전 시대보다 섭씨 2도를 초과하지 않기로 합의한 것은 선진국들의 주장이 반영된 것으로 저개발 島嶼 국가들의 "1.5도 이상은 절대 안 된다"는 입장을 묵살한 것이었다. 1.5도를 초과할 경우 저개발 島嶼 국가들은 해수면 상승으로 인해 당장 수몰 위기에 직면하게 된다. 한편 미국 등 선진국들이 2010~2012년 사이에 300억 달러를 개도국에 긴급 지원하는 것으로 시작해, 2013~2020 사이에 연간 1000억 달러를 지원하기로 합의한 것 등은 개도국의 요구가 반영된 것이다. 그러나 1000억 달러 지원금도 '다양한 원천(a variety of sources)'에서 조달한다고 적시돼 누가 얼마를 부담할지 구체적인 언급이 없고, 또한 '코펜하겐 합의' 자체에 구속력이 없어 공수표가 될 가능성도 배제할 수 없다.

148 허상수, 『기술발달과 생태적 패러다임 전환』, 정책자료 2005-05, 과학기술정책연구원, 2005, 23쪽에서 재인용.

149 위의 책, 24-26쪽.

150 최민자, 『생태정치학: 근대의 초극을 위한 생태정치학적 대응』, 463-475쪽.

151 모더니즘이 획일화된 틀과 형식을 강조한 데 비해, 포스트모더니즘은 '차이'와 '타자성'을 핵심적인 범주로 설정하고 있다(홍원표, 「탈근대주의의 한국적 수용」, 한국정치학회 편, 『현대정치사상과 한국적 수용』(서울: 법문사, 2009)), 361쪽.

152 마단 사럽 지음, 임헌규 옮김, 『데리다와 푸꼬 그리고 포스트모더니즘』(서울: 인간사랑, 1999) 참조. 한국칸트학회, 『포스트모던 칸트』(서울: 문학과지성사, 2006)에서는 흔히 니체의 적자로만 알려진 데리다, 푸코, 리오타르, 들뢰즈 등 포스트모던 철학자들이 실상은 칸트 철학의 磁場 안에 있는 것으로 본다.

153 자크 데리다(Jacques Derrida)의 해체이론에 관해서는 Michael Naas, *Taking on the Tradition: Jacques Derrida and the Legacies of Deconstruction*(Stanford, CA: Stanford University Press, 2003); 김영한, 「푸코, 데리다, 료타르의 해체사상」, 『해석학연구』제4집, 한국해석학회, 1997, 259-278쪽 참조.

154 Capra, *The Web of Life*, pp.33-35.

155 Ilya Prigogine and Isabelle Stengers, *Order out of Chaos: Man's New Dialogue with Nature*, foreword by Alvin Toffler(Toronto, New York: Bantam Books, 1984), p.292.

03 '통합 학문'의 시대와 '퓨전fusion' 코드

1 David Bohm, *Wholeness and the Implicate Order*, p.9.

2 Richard Dawkins, *The God Delusion*(New York: Houghton Mifflin Company, 2006).

3 Christopher Hitchens, *God Is Not Great: How Religion Poisons Everything*(New York: Twelve, 2007).

4 Sam Harris, *The End of Faith: Religion, Terror, and the Future of Reason*(New York: W. W. Norton & Company Inc., 2004).

5 Richard Dawkins, *op. cit.*, pp.13-19.

6 우주의 기원에 대해서는 폴 데이비스 지음, 류시화 옮김, 『현대물리학이 발견한 창조주』(서울: 정신세계사, 1988), 31-100쪽 참조.

7 Gregg Braden, *op. cit.*, p.3에서 재인용.

8 *Ibid.*.

9 최민자,『생태정치학: 근대의 초극을 위한 생태정치학적 대응』, 378-379쪽.

10 *Kata Upanishad* in *The Upanishads*, 4, pp.62-63.

11 *Isa Upanishad* in *The Upanishads*, p.49.

12 『金剛三昧經論』, 185쪽: "無住菩薩言 一切境空 一切身空 一切識空 覺亦應空 佛言可一覺者 不毀不壞 決定性 非空非不空 無空不空." 決定性地는 본래 寂靜한 一心의 體性을 일컫는 것이다(『金剛三昧經論』, 188쪽: "一心之體 本來寂靜 故決定性地").

13 cf. "John" in *Bible*, 14:6 : "I am the way and the truth and the life…."

14 톰 하트만 지음, 김옥수 옮김, 앞의 책, 187쪽.

15 위의 책, 188쪽.

16 Capra, *The Turning Point*, pp.15-16.

17 Immanuel Wallerstein, *The Modern World System : Capitalist Agriculture and the Origins of the European World Economy in the Sixteenth Century*(New York : Academic Press, 1974) 참조.

18 톰 하트만 지음, 김옥수 옮김, 앞의 책, 31쪽.

19 Edward O. Wilson, *op.cit.*, p.9: "The only way either to establish or to refute consilience is by methods developed in the natural science."

20 최재천·장대익 옮김, 앞의 책, 한국어판 서문, 25쪽.

21 『大乘起信論疏』, 402쪽: "良由是心通攝諸法 諸法自體唯是一心 不同小乘一體諸法各有自體 故說一心爲大乘法也." cf.『大乘起信論別記』, 466쪽: "良由是心通攝諸心言是心卽攝一體諸法 顯大法自體 唯是一心 不同小乘一體諸法各有自體皆得作法 故說 一心爲大乘法." 『대승기신론소』와 『대승기신론별기』의 관계를 보면, 『別記』는 『疏』의 草稿와 같은 것으로 『대승기신론』을 간략하게 주석한 것이고 『疏』는 『대승기신론』 본문을 해석한 것인데 『대승기신론』의 大義는 『疏』와 『別記』 양자의 것을 종합할 때 그 논지가 분명히 드러난다.

22 『大乘起信論別記』, 484쪽.

23 『大乘起信論別記』, 483쪽: "猶如海水之動 說名爲波 波無自體故 無波之動 水有體故 有水之動 心與四相義亦如是."

24 Edward O. Wilson, *op.cit.*, p.11.

25 *Ibid.*, p.292.

26 *Ibid.*, p.12.

27 *Ibid.*, p.198.

28 *Ibid.*, pp.198-200.

29 *Ibid.*, p.205.

30 *Ibid.*, pp.208-209.

31 그가 강조한 것처럼 "진화생물학은 문화 변동에 대한 사회이론을 대체할 것이며, 개인을 이해하는 인지뇌과학과 인간행동유전학은 환경과학과 결합해서 개개인의 사회적 행동을 이해 가능한 것으로 만들기 때문이다"(홍성욱, 「21세기 한국의 자연과학과 인문학」, 최재천·주일우 엮음, 『지식의 통섭』(서울: 이음, 2007), 279쪽).

32 안상헌, 「사회생물학적 '통섭(consilience)'의 이데올로기적 성격」, 『人文學志』제38집 (2008), 25쪽.

33 http://news.chosun.com/site/data/html_dir/2007/12/31/2007123100989.html (2009.9.7)

34 Edward O. Wilson, *op.cit.*, p.48: "David Hilbert once said, capturing so well that part of the human spirit expressed through the Enlightenment, Wir m?ssen wissen. Wir werden wissen. We must know, we will know."

35 *Ibid.*, pp.260-290. cf. 유권종, 「유교문화 전통연구에 관한 통합학문의 전망」, 『철학탐구』제 22집(2007), 5쪽.

36 켄 윌버 지음, 박정숙 옮김, 『의식의 스펙트럼』(서울: 범양사, 2006), 33쪽에서 재인용.

37 켄 윌버의 통합 패러다임에 대해서는 조효남, 「공학에서 부분과 전체」, 『계간 과학사상』 (2002 봄), 74-107 참조.

38 Ken Wilber, *A Brief History of Everything*(Boston: Shambhala, 2007), p.181.

39 켄 윌버의 홀라키적 우주론에 대해서는 이정배, 「켄 윌버의 홀아키적 우주론과 과학과 종 교의 통합론」, 『신학과 세계』, 42권(2001), 242-265쪽 참조.

40 Ken Wilber, *A Brief History of Everything*, pp.29-33, 521-522.

41 *Ibid.*, pp.39-40.

42 물질의 空性에 대해서는 최민자, 『생명에 관한 81개조 테제: 생명정치의 구현을 위한 眞知 로의 접근』, 168-173쪽.

43 켄 윌버 지음, 박정숙 옮김, 앞의 책, 183쪽.

44 위의 책, 180-181쪽.

45 위의 책, 190쪽에서 재인용.

46 위의 책, 177쪽.

47 위의 책, 183쪽.

48 Ken Wilber, *Integral Psychology*(Boston & London: Shambhala, 2000), pp.5-6.

49 *Ibid.*, pp.158-159.

50 *Ibid.*, p.67.

51 윌버는 '나(I)', '우리(We)', '그것(It)', '그것들(Its)' 이라는 네 개의 영역 또는 차원을 '四象限(four quadrants)' 이라고 부른다. 즉, 개체와 집합의 내면적·주관적 영역과 외면적·객관적 영역을 일컫는 것이다. '四象限' 에 대해서는 Ken Wilber, *A Brief History of Everything*, p.110 도표 참조.

52 박정호, 「진·선·미: 켄 윌버의 통합적 진리관에 대한 소고」, 『범한철학』제36집(2005 봄), 137쪽에서 재인용; Ken Wilber, *A Theory of Everything*(Boston: Shambhala, 2001), p.70.

53 Ken Wilber, *A Brief History of Everything*, pp.188-189.

54 Ken Wilber, *Eye to Eye*(Boston: Shambhala, 1999) 참조.

55 Ken Wilber, *A Brief History of Everything*, pp.512-520.

56 이인식, 『지식의 대융합』(서울: 고즈윈, 2008), 19쪽

57 위의 책, 333-418.

58 위의 책, 439-445 도표 참조.

59 채수영, 「퓨전과 하이퍼 문학」, 문예운동사, 『문예운동』, 2007년 여름호(통권 94호), 140-142쪽.

60 이상훈, 「퓨전문화로서의 한류 이해」, 철학문화연구소, 『철학과 현실』, 2004년 겨울호(통권 제63호), 105-107쪽.

61 『論語』「爲政」二 : "子曰「詩三百 一言蔽之 曰思無邪」."

62 『論語』「陽貨」九 : "子曰「小子 何莫學夫詩 詩 可以興 可以觀 可以羣可以怨 邇之事父 遠之事君 多識於鳥獸草木之名」."

63 『論語』「泰伯」八 : "子曰「興於詩 立於禮 成於樂」."

64 『論語』「八佾」二十五 : "子謂「韶盡美矣 又盡善也」謂「武盡美矣 未盡善也」."

65 Alighieri Dante, *The Divine Comedy: Hell, Purgatory, Paradise,* translated by Henry F. Cary(Danbury, Conn.: Grolier Enterprises Corp., 1980).

66 *Mundaka Upanishad* in *The Upanishads*, p.80.

67 엘리안 스트로스베르 지음, 김승윤 옮김, 『예술과 과학』(서울: 을유문화사, 2002), 17쪽.

68 위의 책, 23쪽에서 재인용.

69 위의 책, 19쪽.

70 위의 책, 24쪽: "아이디어나 이미지와의 마주침은 예술과 과학에 있어 필수적이다. 창조를 하기 위해서는 예술과 과학 모두 심적으로, 혹은 종이 위에 또는 측정을 통하여 가시화될 필요가 있다. 계량화와 시각화는 동전의 양면과 같다."

71 최민자, 『생명에 관한 81개조 테제: 생명정치의 구현을 위한 眞知로의 접근』, 673쪽: " '봄'
   은 이념이나 종교, 과거나 미래와 같은 프리즘을 통하여 보는 것이 아니라 '지금 여기' 에
   존재하는 순수의식 상태다."

72 엘리안 스트로스베르 지음, 김승윤 옮김, 앞의 책, 19-27쪽. 예술 작업에서 과학을 주요 도
   구로 사용하는 설치미술가 2명의 전시가 2009년 10월 서울에서 동시에 열렸다. 덴마크 출
   신으로 세계적인 명성을 얻은 올라퍼 엘리아슨과 네덜란드 출신 설치미술가 프레 일겐은
   모두 과학의 연구 성과를 이용해 작품을 만든다는 점에서 공통점을 지닌다. 엘리아슨은
   빛과 물, 안개 등 자연현상을 과학과 접목해 현대미술 작품으로 표현하는 작가이다. 엘리
   아슨이 빛의 파장을 분석하는 등 과학적 데이터를 작업에 이용한다면, 일겐은 인간의 '지
   각과 인식' 이라는 다소 추상적인 영역을 탐구하기 위해 과학의 힘을 이용했다. 뇌전문가
   와 신경전문가, 인간지각전문가와 프로젝트를 진행하는 그는 사람들이 어떤 색깔과 형태
   에 끌리는지를 연구한 결과를 반영해 작품을 만들어 냈다. 작가는 "철학과 예술과 과학은
   서로 교집합처럼 맞물려 있다" 면서 "나는 인간이 어떤 행태나 크기, 색깔을 왜 좋아하는
   지 과학이 다 알아낼 수 있다면 이 결과를 조합하는 것만으로도 예술작품이 만들어질 수
   있다고 생각한다" 고 말했다. http://news.naver.com/main/read.nhn?mode=LSD&mid=sec&
   sid1=001&oid=001&aid=0002910366(2009.11.6)

73 마이클 화이트 지음, 안인희 옮김, 『레오나르도 다빈치 최초의 과학자』(서울: 사이언스 북
   스, 2003), 24-25쪽.

74 위의 책, 32쪽.

75 엘리안 스트로스베르 지음, 김승윤 옮김, 앞의 책, 26쪽. 고대 로마의 건축가 비트루비우스
   가 쓴 『건축 10서 De Architectura』 3장 신전 건축편에서 '인체의 건축에 적용되는 비례의
   규칙을 신전 건축에 사용해야 한다' 고 쓴 대목을 읽고 그린 것으로 전해진다.

76 마이클 화이트 지음, 안인희 옮김, 앞의 책, 226-228쪽.

77 위의 책, 352-361쪽.

78 위의 책, 407-409쪽.

79 엘리안 스트로스베르 지음, 김승윤 옮김, 앞의 책, 217쪽.

80 마이클 화이트 지음, 안인희 옮김, 앞의 책, 269쪽.

81 위의 책, 404쪽에서 재인용.

82 엘리안 스트로스베르 지음, 김승윤 옮김, 앞의 책, 106쪽.

83 위의 책, 53, 55쪽.

84 위의 책, 90쪽.

85 박정진, 『예술 인류학 예술의 인류학』(서울: 이담북스, 2009); 박정진, 『예술인류학으로 본 풍류도』(서울: 이담북스, 2009).

86 엘리안 스트로스베르 지음, 김승윤 옮김, 앞의 책, 270쪽.

87 위의 책, 37쪽.

88 위의 책, 131-157쪽.

89 위의 책, 185-211쪽.

90 위의 책, 213-247쪽.

91 그러나 당시의 역사학자 타키티우스(Tacitius)에 의하면, 로마의 대화재 당시 네로는 로마 인근의 휴양지 오스티아에 머물렀다고 한다. 네로는 화재 소식을 듣고 곧바로 로마로 달려가 화재 진압에 주력했으며 이후 체계적인 로마 재개발을 실시했다는 것이다. 만약 이것이 사실이라면 네로의 로마 방화설이 굳어지게 된 것은 네로 황제로부터 시작되어 콘스탄티누스 대제(Constantine the Great)의 기독교 공인(313)이 있기까지 지속된 로마 제국의 기독교 박해와 관련이 있을지도 모른다. 당시 기독교는 황제 숭배를 반대하는 반국가적인 종교로 지목되어 박해를 받고 있었다. 네로의 거듭된 부인에도 불구하고 그가 화재를 명령했다는 소문이 그치지 않자 그는 로마인들이 배척하는 기독교 신자들에게 혐의를 씌우고 잔인하게 처벌했다. 이러한 기독교와의 惡緣으로 인해 기독교 공인 후 네로는 그 자신이 화재 혐의를 뒤집어쓰게 되었는지도 모른다. 어찌 되었건 간에, 네로는 그의 잔학성과 무책임함으로 인해 서기 68년 대규모 폭동이 일어나자 자살로 생을 마감하게 된다.

92 19세기에 오페라의 황제로 일컬어지는 바그너는 『니벨룽겐의 반지』라는 세계 최장의 오페라를 작곡했고, 히틀러는 바그너의 오페라에 열광하여 그 오페라의 세계를 현실에 실현시키고자 일으킨 것이 제2차 세계대전이었다(박홍규, 『예술, 정치를 만나다』(서울: 이다미디어, 2007), 100쪽.

04 통섭으로의 길

1 『金剛經五家解』: "種瓜得瓜 種果得果."

2 『莊子』「在宥」: "…人心排下而進上 上下囚殺 淖約柔乎剛彊 廉劌彫琢 其熱焦火 其寒凝冰 其疾俛仰之閒 而再撫四海之外 其居也淵而靜 其動也縣而天 僨驕而不可係者 其惟人心乎."

3 『大乘起信論疏』, 426쪽: "三界諸法唯心所作."

4 『大乘起信論疏』, 426쪽: "一切分別卽分別自心心不見心無相可得者."

5 達磨, 『二入四行論』四九: "問 云何自心現 答 見一切法有 有自不有 自心計作有 見一切法無
   無自不無 自心計作無 乃至一切法 亦復如是 並自心計作有 計作無 貪似何物作貪解 此皆自
   心起見故 自心計無處所 是名妄想."

6 達磨, 『二入四行論』七四: "若悟心無所屬 卽得道迹 何以故 眼見一切色 眼不屬一切色 是自
   性解脫 耳聞一切聲 耳不屬一切聲 是自性解脫."

7 『碧巖錄』第九六則 「趙州三轉語」: "金佛不渡鑪 木佛不渡火 泥佛不渡水 眞佛內裏座."

8 『六祖壇經』은 중국 禪宗의 六祖이자 南宗禪의 開祖인 唐나라 禪僧 慧能(638~713)이 韶州刺
   史 韋據의 요청에 따라 大梵寺의 戒壇에서 한 授戒說法을 제자 法海 등이 편찬한 것이라
   고 하는데 후인의 추가 부분도 포함되어 있다. 본래 명칭은 『六祖大師法寶壇經』이며 약칭
   하여 『단경』이라고도 한다. 禪宗語錄에 불타설법의 호칭인 경자를 사용하는 예가 다른 곳
   에는 없어 남종선의 개조로서의 혜능에게 붓다와 동등한 지위와 권위를 부여하려는 撰者
   의 의도가 엿보인다. 達磨를 개조로 한 중국 선의 흐름은 육조 혜능에 오게 되면 『금강경』
   의 반야사상에 근거한 새로운 경향을 띠게 된다. 『단경』은 東土 禪脈의 주봉이라 할 혜능
   의 직설 법어록으로 그의 생애와 중심사상을 담고 있으며 남종선의 기본 입장과 특징을
   보여 주는 근본 자료로 매우 중요하다. 남종의 선사상은 일체 중생이 본래 具足하고 있는
   반야의 지혜와 自性空을 깨달아 어리석음에서 벗어나 佛智를 證得할 것을 강조한다. 혜
   능의 뒤를 이어 荷澤神會·南陽慧忠·永嘉玄覺·靑源行思·南岳懷讓 등이 남종선을 더
   욱 발전시켰다.

9 『六祖壇經』一七: "先立無念爲宗 無相爲體 無住爲本."

10 Bhagavad Gita, 4. 33.

11 Bhagavad Gita, 4. 38. : "Because there is nothing like wisdom which can make us pure on this
   earth. The man who lives in self-harmony finds this truth in his soul."

12 『參佺戒經』第357事 「天羅」(應 5果 31形).

13 『參佺戒經』第358事 「地網」(應 5果 32形).

14 『參佺戒經』第360事 「小」(應 6果).

15 최민자, 『생명에 관한 81개조 테제: 생명정치의 구현을 위한 眞知로의 접근』, 546-547쪽.

16 The Bhagavad Gita, 15. 4. : "…and with the strong sword of dispassion let him cut this strong-
   rooted tree, and seek that path wherefrom those who go never return."

17 『參佺戒經』第42事 「待天」(誠 5體 36用): "無待天之深則無信天之誠 待之無限而誠亦無限
   雖經感應 自不已信天之誠也."

18 『論語』 「衛靈公」: "子貢問曰, 有一言而可以終身行之者乎? 子曰, 其恕乎! 己所不欲 勿施於 人".

19 『論語』 「顔淵」: "樊遲問仁 子曰 愛人."

20 『參佺戒經』 第12事 「正心」(誠 2體).

21 The Bhagavad Gita, 17. 4. : "Men of light worship the gods of Light; men of fire worship the gods of power and wealth; men of darkness worship ghosts and spirits of night."

22 The Bhagavad Gita, 14. 4. : "Wherever a being may be born, Arjuna, know that my Nature is his mother and that I am the Father who gave him life."

23 The Bhagavad Gita, 14. 5. : "SATTVA, RAJAS, TAMAS - light, fire, and darkness - are the three constituents of nature. They appear to limit in finite bodies the liberty of their infinite Spirit".

24 The Bhagavad Gita, 14. 9.

25 The Bhagavad Gita, 14. 17.

26 The Bhagavad Gita, 14. 20.

27 The Bhagavad Gita, 12. 6-7.

28 The Bhagavad Gita, 12. 9-11.

29 오귀스탱 베르크 지음, 김주경 옮김, 『대지에서 인간으로 산다는 것』, (서울: 미다스북스 2001)

30 위의 책, 29-30쪽.

31 최민자, 『생명에 관한 81개조 테제: 생명정치의 구현을 위한 眞知로의 접근』, 671쪽.

32 The Bhagavad Gita, 3. 38-39. : "All is clouded by desire: as fire by smoke, as a mirror by dust, as an unborn babe by its covering. Wisdom is clouded by desire, the everpresent enemy of the wise…."

33 『參佺戒經』 第195事 「奪」(禍 2條): "物慾 蔽靈 竅塞 九竅 盡塞 與禽獸相似 只有食奪之慾而 已 未有廉恥及畏惻."

34 최민자, 『생명에 관한 81개조 테제: 생명정치의 구현을 위한 眞知로의 접근』, 156-157쪽.

35 Gregg Braden, The Divine Matrix, p.vii.

36 "정치실천적 과제"는 2009년 10월 16일 필자가 동학 국제학술대회에서 발표한 "동학과 현 대 과학의 생명사상"이란 논문의 제4장을 보완하여 정리한 것이다.

37 최민자, 『생명에 관한 81개조 테제: 생명정치의 구현을 위한 眞知로의 접근』, 526-528쪽.

38 위의 책, 533-534쪽.

39 윤희봉, 『무기이온교환체 ACTIVA 연구와 응용의 실제와 가설 1권: 기초 점토연구 편』(서

울: 에코엑티바, 2006); 윤희봉, 『무기이온교환체 ACTIVA 연구와 응용의 실제와 가설 2권: 파동과학으로 보는 새 원자 모델 편』(서울: 에코엑티바, 2006); 윤희봉, 『무기이온교환체 ACTIVA 연구와 응용의 실제와 가설 3권: 물의 물성과 물관리 편』(서울: 에코엑티바, 2007)에는 현재 인류가 직면해 있는 에너지 문제, 자원 문제, 핵폐기물 처리 문제, 식량 문제, 건강관리 문제 등을 해결할 수 있는 파동과학의 혁명적인 원리가 제시되어 있다.

40 Fritjof Capra, *The Turning Point*(New York : Simon & Schuster, 1982), p.24.

41 David Bohm, *op. cit.*, pp.3-4.

42 Alighieri Dante, *De Monarchia*, edited by E. Moore, with an introduction on the Political Theory of Dante by W. H. V. Reade(Oxford: Oxford University Press, 1916).

43 최민자, 『생명에 관한 81개조 테제: 생명정치의 구현을 위한 眞知로의 접근』, 530-532쪽.

44 위의 책, 532-533쪽.

45 *Isa Upanishad* in *The Upanishads*, p.49.

46 최민자, 「생명정치론」, 한국정치학회(이정희·최연식) 편, 『현대정치사상과 한국적 수용』(서울: 법문사, 2009), pp.417, 427.

참고문헌

1. 경전 및 사서

『高麗史』	『揆園史話』	『金剛經』
『金剛經五家解』	『金剛三昧經論』	『論語』
『檀奇古事』	『大乘起信論』	『大乘起信論別記』
『大乘起信論疏』	『大學』	『道德經』
『頓悟無生般若頌』	『東經大全』	『般若心經』
『符都誌』	『孟子』	『明心寶鑑』
『碧巖錄』	『三國史記』	『三國遺事』
『三一神誥』	『書經』	『十門和諍論』
『龍潭遺詞』	『六祖壇經』	『涅槃宗要』
『易經』	『義菴聖師法說』	『二入四行論』
『莊子』	『帝王韻紀』	『中阿含經』
『中庸』	『晉書』	『澄心錄追記』
『天符經』	『參佺戒經』	『太極圖說』
『海月神師法說』	『華嚴經』	『華嚴一乘法界圖』
『桓檀古記』	『皇極經世書』	Bible
The Bhagavad Gita	The Upanishads	

2. 국내 자료

강정인, 『서구중심주의를 넘어서』, 서울: 아카넷, 2004.

김동수, 「기후변화협약의 국제정치: 우리나라에 대한 영향과 대응방안」, 『한국정치학회보』, 28집 2호(1994. 12), 한국정치학회, 1994.

김번웅, 『환경행정학』, 서울: 대영문화사, 2004.

김세균 외, 『정치학의 대상과 방법』, 서울: 박영사, 2005.

김영한, 「푸코, 데리다, 료타르의 해체사상」, 『해석학연구』제4집, 한국해석학회, 1997.

김장권, 「지구환경문제의 국제정치적 고찰」, 『정세논총』, 1집 1호(1990. 12), 세종연구소, 1990.

김재영 외, 『환경정치와 환경정책』, 서울: 삼우사, 1996.

김지하, 『생명학』, 2 vols., 서울: 화남, 2003.

_____, 『동학이야기』, 서울: 솔, 1994.

데이비드 V. J. 벨 외 편, 정규호·오수길·이윤숙 옮김, 『정치생태학』, 서울: 당대, 2005.

데이비드 페퍼, 이명우 외 옮김, 『현대환경론』, 서울: 한길사, 1989.

도널드 워스터 지음, 문순홍 옮김, 『지속 가능한 사회를 향한 생태전략』, 서울: 나라사랑, 1995.

레스터 브라운 지음, 한국생태경제연구회 옮김, 『에코 이코노미』, 서울: 도서출판 도요새, 2003.

레스터 W. 밀브래스 지음, 이태건·노병철·박지운 공역, 『지속 가능한 사회: 새로운 환경 패러다임의 이해』, 고양: 인간사랑, 2001.

로빈 애트필드, 구승회 옮김, 『환경윤리학의 제문제』, 서울: 따님, 1997.

류시화 옮김, 『현대물리학이 발견한 창조주』, 서울: 정신세계사, 1988.

리처드 니스벳 지음, 최인철 옮김, 『생각의 지도』, 서울: 김영사, 2004.

마단 사럽 지음, 임헌규 옮김, 『데리다와 푸꼬 그리고 포스트모더니즘』, 서울: 인간사랑, 1999.

마단 사럽 지음, 전영백 옮김, 『후기구조주의와 포스트모더니즘』, 서울: 조형교육, 2005.

마이클 탤보트 지음, 이균형 옮김, 『홀로그램 우주』, 서울: 정신세계사, 1999.

마이클 화이트 지음, 안인희 옮김, 『레오나르도 다빈치 최초의 과학자』, 서울: 사이언스 북스, 2003.

문순홍, 『생태위기와 녹색의 대안』, 서울: 나라사랑, 1992.

박정진, 『예술 인류학 예술의 인류학』, 서울: 이담북스, 2009.

_____, 『예술인류학으로 본 풍류도』, 서울: 이담북스, 2009.

박정호, 「진·선·미: 켄 윌버의 통합적 진리관에 대한 소고」, 『범한철학』제36집(2005 봄).

박제상 지음, 김은수 번역·주해, 『부도지』, 서울: 한문화, 2002.

박홍규, 『예술, 정치를 만나다』, 서울: 이다미디어, 2007.

손주용, 「탈근대의 지구환경문제」, 하영선 편, 『탈근대 지구정치학』, 서울: 나남, 1993.

안상헌, 「사회생물학적 '통섭(consilience)'의 이데올로기적 성격」, 『人文學志』제38집(2008).

에드워드 윌슨 지음, 최재천·장대익 옮김, 『통섭』, 서울: 사이언스 북스, 2005.

에른스트 울리히 폰 바이츠제커 지음, 권정임 옮김, 『환경의 세기』, 서울: 생각의 나무, 1999.

엘리안 스트로스베르 지음, 김승윤 옮김, 『예술과 과학』, 서울: 을유문화사, 2002.

오귀스탱 베르크 지음, 김주경 옮김, 『대지에서 인간으로 산다는 것』, 서울: 미다스북스, 2001.

유권종, 「유교문화 전통연구에 관한 통합학문의 전망」, 『철학탐구』제22집(2007).

윤희봉, 『무기이온교환체 ACTIVA 연구와 응용의 실제와 가설 1권: 기초 점토연구 편』,

서울: 에코엑티바, 2006.

윤희봉, 『무기이온교환체 ACTIVA 연구와 응용의 실제와 가설 2권: 파동과학으로 보는 새 원자 모델 편』, 서울: 에코엑티바, 2006.

_____, 『무기이온교환체 ACTIVA 연구와 응용의 실제와 가설 3권: 물의 물성과 물관리 편』, 서울: 에코엑티바, 2007.

이귀우, 「생태담론과 에코페미니즘」, 『새한영어영문학』제43권 1호, 2001.

이능화, 『조선무속고』, 서울: 동문선, 2002.

이상훈, 「퓨전문화로서의 한류 이해」, 철학문화연구소, 『철학과 현실』, 2004년 겨울호(통권제 63호).

이인식, 『지식의 대융합』, 서울: 고즈윈, 2008.

이정배, 「켄 윌버의 홀아키적 우주론과 과학과 종교의 통합론」, 『신학과 세계』42권(2001).

이진우, 『녹색 사유와 에코토피아』, 서울: 문예출판사, 1998.

임종호, 「자연의학의 혁명」, 미내사클럽, 『지금여기』, vol. 71(2007, 9/10).

장원석, 「생태정치학의 이념과 새로운 사회주의론: 앙드레 고르(André Gorz)의 경우」, 『한 국정치학회보』30집 4호, 한국정치학회, 2004.

장회익, 『삶과 온생명: 새 과학 문화의 모색』, 서울: 솔, 1998.

_____, 『과학과 메타과학』, 서울: 지식산업사, 1990.

전황수, 허필선, 「IT-BT-NT 기술 융합에 따른 산업육성전략」, 『전자통신동향분석』제21권 제2 호(2006. 4).

제레드 다이아몬드 지음, 강주헌 옮김, 『문명의 붕괴』, 서울: 김영사, 2005.

제임스 처치워드 저, 박혜수 역, 『뮤 대륙의 비밀』, 서울: 문화사랑, 1997.

조명기 편, 『원효대사전집』, 서울: 보련각, 1978.

조효남, 「공학에서 부분과 전체」, 『계간 과학사상』(2002 봄).

존 배리 지음, 추선영·허남혁 옮김, 『녹색사상사: 루소에서 기든스까지』, 서울: 이매진, 2004.

존 S. 드라이제크 지음, 정승진 옮김, 『지구환경정치학 담론』, 서울: 에코리브르, 2005.

존 벨라미 포스터, 조길영 옮김, 『환경혁명: 새로운 문명의 패러다임을 찾아서』, 서울: 동 쪽나라, 1996.

차원용, 『2030년까지의 녹색융합 기술 & 비즈니스 발전 로드맵』, 서울: 아스팩국제경영교 육건설팅, 2009.

찰스 햅굿 지음, 김병화 옮김, 『고대 해양왕의 지도』, 서울: 김영사, 2005.

채수영, 「퓨전과 하이퍼 문학」, 문예운동사, 『문예운동』, 2007년 여름호(통권 94호).

최민자,『생명에 관한 81개조 테제: 생명정치의 구현을 위한 眞知로의 접근』, 서울: 도서출판
　　　모시는사람들, 2008.

＿＿＿,『생태정치학: 근대의 초극을 위한 생태정치학적 대응』(서울; 도서출판 모시는사람
　　　들, 2007)

＿＿＿,『천부경 · 삼일신고 · 참전계경』서울: 도서출판 모시는사람들, 2006.

＿＿＿,『동학사상과 신문명』, 서울: 도서출판 모시는사람들, 2005.

＿＿＿,「생명정치론」, 한국정치학회(이정희 · 최연식) 편,『현대정치사상과 한국적 수용』, 서
　　　울: 법문사, 2009.

최재천 · 장대익 옮김,『통섭』, 서울: 사이언스 북스, 2005.

최태영,『한국 고대사를 생각한다』, 서울: 눈빛, 2002.

＿＿＿,『인간단군을 찾아서』, 서울: 학고재, 2000.

톰 하트만 지음, 김옥수 옮김,『우리 문명의 마지막 시간들』, 서울: 아름드리미디어, 1999.

티모시 도일 · 더그 맥케이컨 지음, 이유진 옮김,『환경정치학』, 서울: 한울 아카데미, 2002.

프리초프 카프라 지음, 김재희 옮김,『신과학과 영성의 시대』, 서울: 범양사, 1997.

켄 윌버 지음, 조효남 옮김,『만물의 역사』, 서울: 대원출판사, 2002.

＿＿＿,『감각과 영혼의 만남』, 범양사출판부, 2000.

켄 윌버 지음, 박정숙 옮김,『의식의 스펙트럼』, 서울: 범양사, 2006.

한국동양정치사상사학회 편,『한국정치사상사: 단군에서 해방까지』, 서울: 백산서당, 2005.

한국불교환경교육원 편,『동양사상과 환경문제』, 서울: 모색, 1996.

한국칸트학회,『포스트모던 칸트』, 서울: 문학과지성사, 2006.

한국칸트학회,『포스트모던 칸트』, 서울: 문학과지성사, 2006.

허상수,『기술발달과 생태적 패러다임 전환』, 정책자료 2005.5, 과학기술정책연구원, 2005,

홍성욱,「21세기 한국의 자연과학과 인문학」, 최재천 · 주일우 엮음,『지식의 통섭』, 서울:
　　　이음, 2007.

홍원표,「탈근대주의의 한국적 수용」, 한국정치학회(이정희 · 최연식) 편,『현대정치사상과
　　　한국적 수용』, 서울: 법문사, 2009.

황태연,『환경정치학과 현대정치사상』, 서울: 나남출판, 1994.

최슬레, 김용정(대담),「전일적 세계관을 향해서」,『과학사상 제13호』, 서울: 범양사, 1995.

『경향신문』, 2007년 8월 6일자 기사.

『조선일보』, 2009년 9월 10일자 기사.

3. 국외 자료

Aristotle, *Politics*, ed. and trans. by Ernest Barker, Oxford: Oxford University Press, 1962.

_____, *Nicomachean Ethics*, trans. by J. L. Ackrill, London: Faber & Faber Ltd., 1973.

Ashvaghosha, *The Awakening of Faith*, trans. Teitaro Suzuki, Mineola, New York: Dover Publications, INC., 2003.

Beck, Ulrich, Anthony Giddens and Scott Lash, *Reflexive Modernity: Politics, Tradition and Aesthetics in the Modern Social Order*, UK : Polity Press, 1994.

Beckerman, W., "Sustainable Development: Is it a Useful Concept?," *Environmental Values*, 3, 1994.

Bell, Simon and Stephen Morse, *Sustainability Indicators: Measuring the Immeasurable?*, London: Earthscan Publications Ltd., 1999.

Bohm, David, *Wholeness and the Implicate Order*, London: Routledge & Kegan Paul, 1980.

Bookchin, Murray, *Remaking Society: Pathways to a Green Future*, Boston, MA: South End Press, 1990.

_____, *The Ecology of Freedom: The Emergence and Dissolution of Hierarchy*, rev. ed., Montréal and New York: Black Rose Books, 1991.

_____, *The Philosophy of Social Ecology: Essays on Dialectical Naturalism*, Montréal and New York: Black Rose Books, 1995.

Braden, Gregg, *The Divine Matrix*, New York: Hay House, Inc., 2007.

Butterfield, Herbert, *The Origins of Modern Science*, New York: Free Press, 1997.

Capra, Fritjof, *The Web of Life*, New York: Anchor Books, 1996.

_____, *The Turning Point*, New York : Simon & Schuster, 1982.

_____, *Uncommon Wisdom*, New York: Simon & Schuster Inc., 1988.

Capra, Fritjof, *Science of Leonardo*, New York: Random House, 2008

_____, *The Hidden Connections*, New York: Random House Inc. 2004.

Christoff, Peter, "Ecological Modernisation, Ecological Modernities," *Environmental Politics*, 5, 1996.

Copleston, Frederick, S. J., *A History of Philosophy*, Westminster, Maryland: The Newman Press, 1962.

Crosby, A. W., *Ecological Imperialism: The Biological Expansion of Europe, 900-1900*, Cambridge: Cambridge University Press, 1986.

Dante, Alighieri, *The Divine Comedy: Hell, Purgatory, Paradise*, translated by Henry F. Cary,

Danbury, Conn.: Grolier Enterprises Corp., 1980.

Dante, Alighieri, *De Monarchia*, edited by E. Moore, with an introduction on the Politica Theory of Dante by W. H. V. Reade, Oxford: Oxford University Press, 1916.

Davies, Paul, *God & The New Physics*, New York: Simon & Schuster, 1983.

Dawkins, Richard, *The God Delusion*, New York: Houghton Mifflin Company, 2006.

Desjardins, J. R., *Environmental Ethics: An Introduction to Environmental Philosophy*, California: Wadsworth Publishing Company, 1997.

Devall, Bill & George Sessions, *Deep Ecology*, Salt Lake City, Utah: Peregrine Smith Books, 1985.

Einstein, Albert, *Ideas and Opinions*, New York: Three Rivers Press, 1982.

Eisenstadt, S. N. and Ora Ahimeir(eds.), *The Welfare State and Its Aftermath*, London and Sydney: Croom Helm Ltd., 1985.

Etzioni, Amitai W., *The Active Society*, New York: The Free Press, 1968.

Fairbrother, W. H., M.A., *The Philosophy of T. H. Green*, London: Methuen & Company Ltd., 1896.

Germino, Dante, *Machiavelli to Marx*, Chicago and London: The University of Chicago Press, 1972.

Ginsburg, Norman, *Class, Capital and Social Policy*, London: The Macmillan Press Ltd., 1979

Green, Thomas Hill, *Lectures on the Principles of Political Obligation*, with preface by Bernard Bosanquet, ed. by Lord Lindsay, London: Longmans, 1941.

_____, *Prolegomena to Ethics*, ed. by A. C. Bradley, Oxford: Oxford University Press, 1883.

_____, "Liberal Legislation and Freedom of Contract," in John R. Rodman(ed.), *The Political Theory of T. H. Green*, New York: Appleton-Century-Crofts, 1964.

Griffin, Susan, *Women and Nature: The Roaring Inside Her*, New York: Harper & Row, 1978.

Hajer, Maarten, *The Politics of Environmental Discourse: Ecological Modernization and the Policy Process*, Oxford: Oxford University Press, 1995.

Hardy, Jean, *Values in Social Policy*, London: Routledge & Kegan Paul Ltd., 1981.

Harris, Sam, *The End of Faith: Religion, Terror, and the Future of Reason*, New York: W. W. Norton & Company Inc., 2004.

Hawking, Stephen, *A Briefer History of Time*, New York: Bantam Dell, 2005.

Hegel, G. W. F., *The Phenomenology of Mind*, trans. by J. B. Baillie, London: George Allen & Unwin, 1931.

_____, *Philosophy of Right*, ed. and trans. by T. M. Knox, Oxford: Oxford University Press, 1980.

_____, *Philosophy of Mind*, translated from the Encyclopedia of the Philosophical Sciences by

William Wallace, Oxford: The Clarendon Press, 1894.

Hegel, G. W. F., *The Philosophy of History*, trans. by J. Sibree, New York: Dover Publications, 1956.

Heisenberg, Werner, *Physics and Beyond*, New York: Harper & Row, 1971.

Hitchens, Christopher, *God Is Not Great: How Religion Poisons Everything*, New York: Twelve, 2007.

Huntington, Samuel P., *The Clash of Civilizations and the Remaking of World Order*, New York: Simon & Schuster, 1996.

Jantsch, Erich, *The Self-Organizing Universe*, New York: Pergamon, 1980.

Kaufmann, Walter, *Hegel: Texts and Commentary*, New York: Anchor Books, Doubleday, 1965.

Ken Wilber, *A Brief History of Everything*, Boston: Shambhala, 2007.

_____, *Integral Psychology*, Boston & London: Shambhala, 2000.

_____, *A Theory of Everything*, Boston: Shambhala, 2001.

_____, *Eye to Eye*, Boston: Shambhala, 1999.

Klein, Anne C., "Finding a Self: Buddhist and Feminist Perspectives," *The Harvard Women's Studies in Religion Series*, vol. II, U.M.I. Research Press(Fall 1987).

Kojève, Alexandre, *Introduction to the Reading of Hegel*, ed. by Allan Bloom, trans by James H. Nichols Jr., New York: Basic Books, 1969.

Kuhn, Thomas S., *The Structure of Scientific Revolutions*, Chicago: Univ of Chicago Press, 1996.

Laski, Harold J., *The Decline of Liberalism*, London: George Allen & Unwin Ltd., 1940.

Merchant, Carolyn, *The Death of Nature: Women, Ecology, and the Scientific Revolution*, San Francisco: Harper & Row, 1980.

Mies, Maria & Vandana Shiva, *Ecofeminism*, New Delhi: Zed Books, 1993.

Mill, John Stuart, "Utilitarianism," in A. D. Lindsay(ed.), *Utilitarianism, Liberty, and Representative Government*, New York: Everyman's Library, Dutton, 1950.

Mishra, Ramesh, *The Welfare State in Crisis*, Brighton, Sussex: Wheatsheaf Books Ltd., 1984.

Mol, Arthur P. J., "Ecological Modernisation and Institutional Reflexivity: Environmental Reform in the Late Modern Age," *Environmental Politics*, 5, 1996.

Morowitz, Harold J., *Beginnings of Cellular Life*, New Haven: Yale University Press, 1992.

Naas, Michael, *Taking on the Tradition: Jacques Derrida and the Legacies of Deconstruction*, Stanford, CA: Stanford University Press, 2003.

Nicolis, G. and Ilya Prigogine, *Self-Organization in Nonequilibrium Systems: From Dissipative Structures to Order through Fluctuations*, New York: Jone Wiley & Sons, 1977.

Ophuls, William, *Ecology and the Politics of Scarcity*, San Francisco: W. H. Freeman and Company, 1977.

Pepper, David, *Eco-Socialism: From Deep Ecology to Social Justice*, London and New York: Routledge, 1993.

Pirages, Dennis C., "Introduction: A Social Design for Sustainable Growth," in Dennis C. Pirages(ed.), *The Sustainable Society: Implications for Limited Growth*, London: Praeger Publishers, 1977.

Plamenatz, John, *Man and Society*, London: Longmans, 1963.

Plumwood, Val, *Feminism and the Mastery of Nature*, London and New York: Routledge, 1993.

Popenoe, Oliver and Cris, *Seeds of Tomorrow: New Age Communities That Work*, San Francisco : Harper & Row, 1984.

Prigogine, Ilya, *From Being to Becoming*, San Francisco: Freeman, 1980.

Prigogine, Ilya and Isabelle Stengers, *Order out of Chaos: Man's New Dialogue with Nature*, foreword by Alvin Toffler, Toronto, New York: Bantam Books, 1984.

Rifkin, Jeremy, *The Age of Access: The New Culture of Hypercapitalism, Where All of Life is a Paid-For Experience*, New York: Penguin Group, 2001.

Romanyshyn,, John M., *Social Science and Social Welfare*, New York: Council on Social Work Education, 1974.

Rousseau, J. J., *The Social Contract*, translated and introduced by Maurice Cranston, London: Penguin Books Ltd., 1968.

_____, *A Discourse on Inequality*, translated with an introduction and notes by Maurice Cranston, Loncon: Penguin Books Ltd., 1984.

Rychlak, J. F., "The Multiple Meanings of Dialectic," in Rychlak(ed.), *Dialectic Humanistic Rationale for Behavior and Development*, Basel, Switzerland: S. Karger AG., 1976.

Sabine, George H. and Thomas L. Thorson, *A History of Political Theory*, 4th edn., Tokyo: The Dryden Press, 1973.

Sambhava, Padma, *The Tibetan Book of the Dead : Liberation through Understanding in the Between*, translated by Robert A. F. Thurman and foreword by H. H. the Dalai Lama, New York: Bantam Books, 1994.

Schumacher, E. F., *Small is Beautiful: Economic as if People Mattered*, New York: Harper & Row, 1973.

Shiva, Vandana, "Development, Ecology and Women," in Carolyn Merchant(ed.), *Ecology: Key Concepts in Critical Theory*, New Jersey: Humanities Press, 1994..

The Bhagavad Gita, translated from the Sanskrit with an introduction by Juan Mascaro, London: Penguin Books Ltd., 1962.

The Upanishads, translated from the Sanskrit with an introduction by Juan Mascaro, London: Penguin Books Ltd., 1962.

Toffler, Alvin and Heidi, *Creating a New Civilization*, Atlanta: Turner Publishing, Inc.,1994.

Wallerstein, Immanuel, *The Modern World System : Capitalist Agriculture and the Origins of the European World Economy in the Sixteenth Century*, New York : Academic Press, 1974.

WCED, *Our Common Future*, Oxford: Oxford University Press, 1987.

White, Lynn Jr., "The Historical Roots of Our Ecological Crisis," *Science* 155, 1967.

Whitehead, Alfred North, *Process and Reality*, New York: Macmillan, 1929.

Wilber, Ken, *Integral Psychology*, Shambhala, Boston, 1999.

_____, *Sex, Ecology, Spirituality: The Spirit of Evolution*, Shambhala, Boston, 1995

Wilson, Edward O., *Consilience: The Unity of Knowledge*, New York: Vintage Books, 1998.

王雲五主 編, 陳鼓應 註譯, 『老子今註今譯』, 臺北: 商務印書館, 中華民國 66년

許大同, 『老子哲學』, 臺北: 五洲出版社, 中華民國 66년.

4. 인터넷 사이트

http://news.chosun.com/site/data/html_dir/2007/12/31/2007123100989.html(2009.9.7)

http://www.mediabuddha.net(2009.10.10)

http://news.naver.com/main/read.nhn?mode=LSD&mid=sec&sid1=001&oid=001&aid=0002910366& (2009.11.6)

찾아보기

[용어편]

【ㄱ】

가능태 62, 217, 218, 219
가면무도회 341
가뭄과 홍수 49
가변과 불변 30, 296
가변성 108, 109
가변적 과정 244
가변적 본질 107
가부장적 149
가부장적 사회제도 148
가부장제 147
가부장제적 사회체제 147
가부장제적 지배 구조 148
가시권 46
가영歌詠제사 192
가이아Gaia 13, 144, 151, 412
가치 박탈 71
가치관 52
가치성 413
가치체계 46, 50, 224, 231, 295, 397
가치체계의 한계성 209
가톨릭 251
각覺사상 177
각성 385, 386
각성된 의식 7, 328
각성된 지성인 393
각지불이各知不移 130, 160, 204
간역簡易 165, 166
간주관성間主觀性 62
간지干支 268
갈애渴愛 356
감각 337
감각계 316
감각기관 250, 278, 316, 373
감각기능 11, 362, 376, 408
감각의 세계 316
감각적 6, 25, 29, 176
감각적 체험 359

감각적 환영 96
감각적·현상적 차원 212
감感·식息·촉觸 132
감수작용 112
감응感應 367
감정의 순화 318
감정의 질 408
감정적인 질병 12
감정체계 357
갑비고차甲比古大 132, 340
강剛 187
강화도 124
개開 177
개발 관점 149
개발도상국 77, 82, 398
개방사회 26
개방성 112, 229
개벽 54
개별 유기체 42
개별 학문 24, 304
개별성 217
개별아個別我 299
개별자 217
개별적 실체성 238
개별적 자의지self-will 69, 72
개별적 특수의지 68
개성 232
개성의 성장 81
개성의 자기 발전 81
개아個我 73
개인 67, 68, 99, 220, 289
개인 윤리 212
개인 의식 409
개인 철학 185
개인의 권리 81
개인적 가치 39, 74, 293, 386
개인적 수신 74
개인적 자유 67, 221
개인주의화 230
개천홍성제묘開天弘聖帝廟 134
개체 29, 33, 39, 45, 58, 60, 61, 68, 100, 139, 151, 193, 195, 197, 407
개체성 12, 25, 32, 57, 74, 111, 200, 218, 220, 222, 273, 380, 386, 389, 409

개체의 가치성 298
개체화 11, 43, 65, 104, 259, 260, 263, 264, 299, 368, 376, 377
개체화 의식 43, 49, 64, 66, 105, 259, 261, 263, 264, 281, 345
개체화 현상 296
개체화된 자아 관념 376, 377
개합開合 175, 179
개합과 종요宗要 179
개합의 논리 179, 297
개혁의 주체 11, 381
객관 24, 68, 107, 108, 151, 168, 170, 171, 186, 209, 220, 383
객관 세계 111, 194
객관성 284
객관적 234, 284, 326
객관적 보편성 252
객관적 세계 71, 107
객관적 영역 310
객관적 이성 중심주의 232
객관적인 지적 활동 326
객관주의 266, 396
객체 32, 166, 193, 233, 235, 237, 268, 307, 319, 384
거대한 전체 375
거룩한 자의 노래 195
거석巨石 129, 340
거석 인두상人頭像 130
거석문화 130
거시세계 265, 267, 286
거시적 변화 290
거인상巨人像 130
거짓 나(假我 ego) 156
건강health 402
건강관리 401
건강관리의 위기 49
건국이념 136
건도乾道 265
건운乾運 53
건축 129, 316, 328, 332, 338, 340
게놈 프로젝트 311
게르니카 342
게슈탈트 329
게슈탈트 심리학 79, 243
격물格物 170
격양가擊壤歌 206

결정계 244
결정론 243
결정론적 281
결정론적 세계관 238
결정론적인 해석 239, 240, 241,
   243
결정성決定性 275
용인 124
영해 124
경서經書 170
경신敬神
경영법 283
경제 398
경제 성장 논리 229
경제 주체 230
경제세력화 149
경제의 세계화 290
경제적 49, 51
경제적 구조 227
경제적 영역 67, 221
경제적 지역주의 293
경제적 측면 230
경제적·생태적 재앙 404
경제지리학적 292
경제학 300, 301, 312
경제학자 300
경제활동 224
경천敬天 262
경천사상 134, 201
경천敬天·경인敬人·경물敬物
   100, 135, 340
경천의 도道 163
경천교敬天敎 130
경천숭조敬天崇祖 133, 136, 164,
   201, 340
경험 156
경험 과학 310
경험 세계 35, 181, 183
경험적 6, 176
경험적 시험 28, 298
경험적 판단 25, 29
경험적 효과 183
계급 제도 72
계급 질서 72
계급 체계 147
계급 차별 147

계급적 지배 148
계단식 피라미드 333
계몽 263
계몽주의 67, 224, 304
계몽철학 326
계시서 195
계약결혼 343
계약의 자유 81
계의稽疑 167
계층 399
계층 구조 227
계합契合 25
고품 357
고高 200
고고학 123
고구려 134, 135, 158, 340
『고기古記』 125
고대 14, 30, 31, 134, 135
고대 그리스 철학 216
고대 그리스·로마 문화 383
고대 말기 철학 212
고대 문명 124, 125, 126
고대 사회 355
고대 예술 333, 337
고대 예술 정신 337, 340
고대 예술혼 339, 340
고대 인도 191
고대 정신의 부활 335
고대 제의祭儀 336
고대 지도 125
고대 철학 212
고대 초기 철학 212
『고대 해양왕의 지도』 124
고대사회 67
고대인127
고려 134, 135, 158
『고려사高麗史』 124, 135
고마固麻 124
고비사막 401
고산高山 숭배 사상 132, 340
『고려왕조실록』 135
고유가 401
고인돌 130
고전 물리학 238
고전역학 238, 278
고전역학32

고정성fixedness 219
고조선 137
고차원적 언어 25
고체물리학 280
고하高下 184
곡식 103
곤도坤道 265
곤도시대 146, 206
곤륜 산맥 120
곤운坤運 53, 53, 206
곰 토템족 128
공空 176, 178, 240
공空과 색色 259, 277
공공복지 81
공空사상 148, 174
공공선 67, 83, 111, 151, 200, 201,
   203, 204, 205, 207, 208, 209
공공성公共性 200, 389
공空시대 146, 206, 257, 335
공공의 이익 68
공기air 213, 214, 215
공도公都 124
공동체 67, 99, 105, 111, 147, 151,
   205, 220, 227, 358, 386, 407
공동체 구성원 135
공동체 해체 현상 296
공동체 의식 252, 264
공동체의 가치성 298
공동체의 공공선 221
공동체적 가치 39, 74, 293, 386
공동체적 삶 111, 153, 386
공론의 장 413
공리주의utilitarianism 80, 81
공생 305
「공손축상公孫丑上」 169
공심 177
공연 328
공연 예술 328
공완 74
공익 111, 361
공자사상 168
공자의 예술론 320
공적 인간 67, 221
공전궤도 369
공조 체제 83, 230, 397
공존의 논리 111, 180

공진화 99, 245, 269, 405
공해산업의 해외 수출 49, 77, 294, 399
공허한 자아 102, 357
공희供犧의식 192
과정철학(process philosophy) 97
과학 13, 15, 129, 200, 249, 250, 251, 252, 256, 257, 263, 300, 303, 310, 320, 326, 329, 335, 337, 411
과학 기술 410
과학 기술 패러다임 24
과학 발전 252
과학 예술 328
과학계 50
과학과 기술 303
과학과 신 54, 251
과학과 영성의 접합시대 7, 327
과학과 예술의 혁명가 329
과학과 의식의 접합 274
과학과 의식의 통합 240, 266, 271
과학과 종교 7, 251, 253, 254, 256, 264
과학관 236
과학기술 24, 48, 50, 224, 230, 252, 295, 304, 311, 335, 399
과학기술 패러다임 48, 304
과학기술만능주의 76, 398
과학기술문명 235
과학만능주의 284
과학문명 145
과학사 252
과학사상 240
과학성 284
과학의 세계 234
과학의 시대 7, 327
과학의 통일성 33
과학자 326, 327
과학저술가 328
과학적 47, 224, 250, 284, 322, 395, 397
과학적 객관주의 253
과학적 방법 251
과학적 방법론 224, 225, 236, 253, 256, 284, 335, 339
과학적 세계관 97

과학적 심리학 300
과학적 지식 7, 225, 327, 373
과학적 합리주의 9, 44, 45, 51, 65, 78, 170, 232, 234, 235, 236, 252, 253, 256, 257, 266, 292, 326, 339, 396
과학철학 236
과학철학자 234
과학혁명 224, 252, 341
『과학혁명의 구조』 252
관觀 177
관계 156
관계성relativity 29, 70, 75, 91, 92, 93, 156, 202, 217, 318
관계적 자아(relational self) 148
관념 4, 37, 110, 113, 389
관념론적 변증법 219
관념적 392
관념체 232
「관물내편觀物內篇」 55
관료제 82
관점 62
관행觀行 177, 198
광명 200
광명이세 133, 136, 163, 208
광주(광동성) 353
광학 329, 331
광학 지식 329
광합성 작용 345
교敎 171
교리적 배타성 178, 255, 364
교육 기자재 71, 75
교육제도 개혁 76
교육철학 398
교육체계 398
구강九江 352
구규九竅 368
구나guna 370
구두끈 가설 268
구려족九黎族 141
구마한국寇莫汗國 125
구부득고求不得苦 356
구서九誓 171
구석기시대 125
구약제사 336
구월산 133

구조주의 234
구주九疇 167
구체적 동태動態 211
구체적 현실태 10, 62, 69, 73, 222, 380
『구토』 343
국가 67, 73, 75, 76, 123, 221, 290, 399
국가 중심적 발전 전략 83, 398
국가사회 397
국가의 최고의지 68
국가의 통치철학 185
국가이기주의 51, 399
국내정치 221
국민국가 83, 225, 231, 288, 397
국민국가 패러다임 187, 291, 292
국민주권론 68
국익(national interests) 291
국제 협력 체제 288
국제기구 405
국제수소협회 401
국제에너지기구(IEA) 401
국제연합 404
국제원자력기구(IAEA) 401
국제적 감시체계 400
국제정의 291
국제정치 221, 287, 291
국제정치경제 49, 52, 77
군국주의 148
군림하는 신 260
군민공락君民共樂 134, 340
군사공학 330
군자공동체 207
궁극적 실재 31, 34, 58, 90, 175, 261, 264, 275, 299
궁즉통 34, 36, 48, 184, 280
권력과 자유의 조화 68
권력정치 13, 45, 60, 345, 411
『귀납적 과학의 철학』 27
귀일심원歸一心源 36, 172
『규원사화揆園史話』 134, 136
균형사회(equilibrium society) 51
그것(It) 언어 310
그랜드 네트워크 체제 291
그리스 223
그리스 도시국가 220

그리스 문화 223
그리스 세계관 284
그리스 신화 144, 155
그리스 철학 213, 218
그리스 철학자 212
그리스도 322, 403
그린벨트 운동 147
그림자 수준 308
그림자세계 40, 74
극기복례克己復禮 168
극대 46
극동 124
극미 46, 146
근대 14, 30, 44, 47, 48, 78, 207, 232, 256, 294
근대 과학 40, 65, 77, 78, 251, 253, 256, 270, 284, 285
근대 과학혁명 223, 238, 251, 253
근대 국민국가 224
근대 물질문명 252
근대 민족국가 224
근대 분과학문 7, 24, 48, 303
근대 산업문명 50
근대 세계 45, 224, 232, 225, 256, 310, 322, 339, 341
근대 세계 체제 287
근대 예술사 341
근대 이성 221
근대 합리주의 236, 252, 253
근대 합리주의의 해체 232
근대성 12, 224, 232, 284, 309, 310, 383, 384, 385
근대성 운동의 논리 385
근대성의 역설 224, 234
근대성의 최상 309
근대성의 패러다임 339, 385
근대성의 폐해 384
근대성의 해체 385
근대의 도그마 231, 232
근대의 변증법 218, 219
근대의 아버지 68
근대의 초극 16, 224, 253, 293
근대의 패러다임 322
근대인 51
근대적 77, 284
근대적 사유 263

근대적 이성주의 235
근대적 인간 256
근대적 주체 383
근대적 합리성 237
근대합리주의 224, 225, 226
근대화 77, 225, 229, 230, 305, 384
근대화 넘어서기 384
근대화 담론 224
근본 원인자 372
근본 질료 12, 369, 370, 380, 389, 408
근본 원리 188, 269
근본적인 이원주의 307, 308
근본지根本智 12, 30, 31, 36, 45, 62, 64, 102, 240, 257, 152, 162, 174, 335, 357, 363, 385
근세 14, 134
근원성 32, 280, 298, 302
근원성·포괄성·보편성 390
근원의 세계 88, 89
근원의식 31, 38, 42, 43, 46 58, 65, 152, 155, 160, 173, 257
근원적 95, 181
근원적 비예측성[우연] 238, 243
근원적 생명력 357
근원적 일자 31, 34, 58, 188
근원적 평등성 10, 72, 73, 92, 97, 161, 208, 364
근원적인 치유12
글로벌화 289
금金 134
『금강경金剛經』 174, 352
금강산 132
『금강삼매경』 177
『금강삼매경론金剛三昧經論』 28, 106, 177, 179, 275
금욕주의stoicism 69, 108
금욕주의적 에고 108, 109, 220, 221
금주시錦州市 124
금촉禁觸 132
급진적 생태담론 225
급진적 생태론자 225
급진적 생태주의 226
급진적 페미니스트 148
급진파 82

긍정적인 성향 357
기氣 42, 58, 99, 103, 131, 182, 274
기계공학 329
기계론적 146, 217, 221, 252, 263
기계론적 세계관 10, 45, 50, 60, 209, 223, 227, 235, 251, 253, 283, 285, 287, 338, 339, 396
기계론적·환원론적 세계관 287
기계론적인 환원주의 237
『기계속의 유령』 307
기계적 상호작용 251
기氣·색色·유有 30
기氣의 대양 360
기의 주재함 131
기의 취산聚散 102
기능적인 형태 398
기대혁명 82
기도 176, 388
기독교 41, 117, 118, 129, 130, 160, 259, 260, 294
기독교인 363
기무정사其無正邪 35, 184
기복신앙 361, 364
기상이변 400
기술 209, 335, 383
기술 개발 230, 398
기술융합 23, 24, 48, 304, 311, 399
기술 중심주의 229
기술적 능력 52
기술 전쟁 288
기업화 256
기연其然 25, 29, 54, 204
기우제祈雨祭 135
기운 42
기운의 작용 371
기운의 조화 작용 160
기이한 끌개 244
기질氣質 353, 369
기하학 129, 333, 339
기화氣化 58, 204
깊이 잠든 상태 107, 108
『까타 우파니샤드』 272
깨어 있는 의식 78
깨이지 않은 자 63
깨인 자 63
깬 상태 108

꿈[미망 delusion] 107
꿈꾸는 상태 107, 108

【ㄴ】

나(I) 75
나(I) 언어 310
나노공학 237
나노과학 285
나노기술(NT) 23, 311, 399
나노바이오기술 311
나노봇nanobot 311, 312
나노의학nanomedicine 311
나라야나 127
나르마다 강江 댐 147
나르시스Narcissus 155, 156
나르시스의 신화 156
나르시스적 시도 155
나르시시즘 110, 156
나무아미타불 176
나비의 꿈胡蝶之夢 190
나비효과(butterfly effect) 244
나이로비 149
나치즘 412
나칼 기록127
나칼Naacal의 점토판 126, 127
낙서洛書 167
낙원 63, 107, 118, 324
낙원국가 120
낙원의 상실 118, 122
난랑비서鸞郞碑序 137
난이難易 184
날숨exhalation 85, 86
날숨과 들숨 사이 89
날숨과 들숨의 경계 86
날숨과 들숨의 통섭 89
남녀 평등 사회 147
남녀동권주의148
남북 문제 290
남북 간 분배 불균형 76, 294
남북통일 290
남성 중심 148
남성 중심의 지배 구조 151
남성성 146, 151
남성적 원리 151
남성현南城縣 124

남아공 24
남아메리카 126
남자陽 118
남제 124
남종선 352, 353
남태평양 제도 126
낭만주의 317
내가 나 되는 것 39, 207
내면의 하늘 106, 380
내용과 형식의 피안 380
내유신령 130, 160, 204, 205
내유신령 · 외유기화 · 각지불이 41
내재성 25, 32, 57, 200
내재와 초월 58
내재적 42
내재적 가치 63, 226
내재적 법칙성 239, 241, 242
내재적 본성 42, 47, 78, 90, 100, 106, 108, 160, 162, 164, 204, 205, 209, 323, 336, 337, 355, 378
내재적intrinsic 자연 42, 133
내적 자아 36, 65, 270, 360
냉전시대 83, 221, 398
네 가지 체액 334
네크워트 32, 222, 285, 286
네트워트 과학 237
네크워트 구조 227
네트워트 체제 164
노고단老姑壇 124
노고산 124
노고산성 124
노魯나라 137
노동 62, 69
노동당 80
노동자 150, 227
『노붐 오르가눔』 284
노예 51, 62
노예의식 69
노예제 310
노장사상 181, 191
녹도鹿圖 문자 158
녹색 공영역 231
녹색정치 287, 292
녹조 400

녹지화 401
논리 156, 250, 257, 267, 281
논리실증주의 236
논리와 직관 7, 29, 254, 341
논리와 초논리 8, 33, 302
논리의 영역 104
논리적 37, 92, 326
논리적 이성 327
논리학 335
『논어』 167, 168, 371
농림수산 23
농법 283
농업 에너지 401
뇌과학 301, 302, 312
뇌일혈 402
뇌파동조 65
뉴런 385
뉴욕의 왕 343
뉴턴의 광학 328
능동성 45
능동적 367, 368
니스벳 156
니힐리즘 93, 110

【ㄷ】

다多 57, 188
다(多, 三)의 세계 28, 42, 133
다국적 기업 221, 224, 231, 290
다多의 현상계 297
다빈치 동상 329
다빈치식 사고 332
다빈치의 노트 329
다빈치의 초기 연구 330
다빈치의 후기 연구 330
다빈치처럼 생각하기 332
다색 판화 328
다시개벽 54, 206
다신多神 259
다양성 11, 42, 46, 57, 60, 62, 215, 232, 272, 273, 377, 389
다양성 속의 통일 305
다원론적 자연철학 215, 216
다원적 232, 234
다의 현상계 86
다이옥신 402

다즉일多卽一 41
다차원적 224, 287, 289, 294
다차원적 생명의 그물망 305
다차원적인 세계 243
다학문적 유희 5, 27
단군 고조선 시대 124
단군 삼신三神 134
「단군기」 136
단군묘 134
단군사당 133, 134
단군설화 128
『단군세기檀君世紀』 158
단군신선사상 128
단군조선 158
단군팔조교檀君八條敎 171
단백질체학 311
단선적인 사회 발전 125
단세포 생물 267
단소壇所 132, 340
단순성의 과학 245
단일 군주(unus Monarcha) 404
단일 기술 304
단일성 299, 375
단전호흡 85, 338
닫힌 시스템 245
닫힌 의식 26
닫힌 자아 93, 156, 344
당위 319
대大 181, 200
대공大公 34, 368
대궁정 93
대궁정의 경계 106, 177, 220, 279
대궁정의 경지 299
대기·해양의 오염 49
대도大道 393
대동사회 168, 318
대리만족 357
대립 속의 통일 182
대립물의 상호의존성 35
대립물의 통합 53, 211
대립상 33
대립성 92, 99, 102, 357, 363
대립자의 역동적 통일성 34, 180, 182, 240, 242, 280
대립자의 투쟁 215
대립전화적對立轉化的 184

대모大母 131
대모신大母神 141
대붕大鵬 190
대속(代贖 atonement) 113
대승大乘 176, 298, 299
『대승기신론大乘起信論』 175, 176, 177, 276, 298
『대승기신론별기』 298
『대승기신론소大乘起信論疏』 106, 175, 179, 180, 194, 350
『대승기신론소·별기』 176
대승불교 148, 174, 305
대아大我 36, 43, 407
대안 체제 227, 228, 412
대안적 15, 16
대안적 논의 15, 283
대안적 사회 50, 207, 292
대안적 사회과학 288, 289
대왈서 서왈원 원왈반 34
대우주 159, 307, 330
대의정치 208
대자적對自的 단계 109
대자적 존재 219
대전 124
대전환기 13
대전환의 시기 395
대정화大淨化 47
대조적 체험 38, 92
대종사大宗師 102, 189
대중 참여 82
대중성 232
대지의 여신 13, 144, 151, 412
대진국[발해] 158
대천교代天敎 130
대체 에너지 개발 400
대체 에너지 시대 401
대칭무늬 328
대통大通 34, 189
『대학』 167, 170, 171
대형시대 146
대화dialogue 217
대화·문답의 기술 217
대화의 논리 217
덕德 181
덕성적德性的 168
데모크라티아democratia 220

데모크리토스Democritos 216
데카르트-뉴턴의 기계론적 세계관 235, 236, 292
데카르트-뉴턴의 기계론적·환원론적인 세계관 245
도道 31, 34, 171, 181, 183, 189, 193, 257, 258, 265, 269
도가道家 180, 181
도가道家사상 180, 268
도가철학 180
도교道敎 119, 181
도교사상 132, 181
도구적 기능 323, 387
도구적 이성 30, 48, 65, 79, 225, 252, 323, 396
도구적 존재성 226
도구적 합리성 225
도구적 합리주의 252, 396
도구주의 151
도덕 209, 310, 320, 383,
『도덕경』 180, 183, 184, 185, 265, 393
도덕성 83
도덕적 군자공동체 206
도덕적 기반 397
도덕적 인격 207
도덕적 정서 319, 321
도법자연道法自然 185
도성입덕道成立德 205, 207
도성제道聖諦 356
도시화 230
도의 법칙 185
도의 작용 186
도즉자연道卽自然 185
도추道樞 34, 106, 188, 189
독립성 317
독일 관념론 316
독자성 209
독재자 342
독창성 77
돈오頓悟 352
『돈오무생반야송頓悟無生般若頌』 277
『동경대전東經大全』 25, 265
동굴수련 128
동기화synchronization 335

동귀일체同歸一體 54
동남아 지역 122
동動 187
동력인(Efficient Cause) 218
동맹 134, 340
동방문화 223
동북아 289, 290
동북아 경제 293
동북아 시대 290, 293
동북아 연대 293
동북아 지역 292, 401
동북아 체제 290
동사 156
동서 문화 223
동서고금 15, 37
동·서양의 통섭적 세계관 15
동서활인서東西活人署 135
동심구同心球 309
동심원同心圓 309
동아시아 124
동아시아 문명 146
동양 6, 7, 15, 30, 31, 78, 79, 92, 129, 156, 165, 216, 218, 235, 236
동양 사상 117
동양 우주론 52
동양문화권 119
동양사상 7, 31, 254, 274
동양의 세계화 216, 225
동양의 정치사상 76
동양의 지혜 395
동양인 156
동양적 '무無' 54
동양적 지혜 265, 266, 267
동양정신 155, 156
동양철학 216
동예 134, 340
동위개념 185, 263
동유럽 223
동이 179, 180
동이同異와 유무有無 179
동이족東夷族 128
동일률同一律 211
동조synchronization 369
동태動態의 논리 217
동학 15, 29, 41, 119, 130, 160, 200, 201, 204, 205, 206, 207, 208, 209, 268
동학사상 206, 208, 209
동학적 이상향 201
됨becoming 97, 244, 409
두뇌 차원 373
두뇌의 뉴런 385
두려움 101, 357
두마리斗麻里 124
두 마리 새 324
드러난 질서 28, 70, 239, 240, 267, 271
드러난 물리적 세계 6
들숨inhalation 85, 86
들숨과 날숨 34
디바인 매트릭스 138, 152, 267, 394
디지털 기술 312
디지털 문학 312
디지털 컨버전스 312
땅의 그물(地網) 360
땅의 형상 131

【ㄹ】

라사 기록127
라자스rajas 370
라작 군사훈련장 건설 반대운동 147
라테나우 연구소 24, 303
랴오닝성遼寧省 124
『레오나르도 다빈치, 최초의 과학자』 328
레오나르도의 문학 작품 331
레우키포스Leukippos 216
레이저 기술 334, 335
레지웅 도뇌르 훈장 343
로고스(logos 이성)150, 215
로마 대화재 344
로마 제국 344
로마 제국시대 220
로마 제사장 113
로마 제정시대 스토아파 51
로마시대 212
루미Rumi 394
르네상스 221, 294, 383

르네상스기 341
「리그베다 Rig Veda」 191, 192, 265
리더십의 위기 167
리비도libido 90, 333
라우데자네이로 226
라우선언 226
라우Rio 지구정상회의 225

【ㅁ】

마麻 141
마가다국 173
마고 문화 124, 127, 130
마고 삼신 141
마고대성 119, 122
마고사상 140
마고산 124, 141
마고산성 124
마고상麻姑像 124
마고선녀 124
마고성麻姑城 117, 119, 120, 121, 122, 123, 124, 132, 136, 141
마고성 시대 121, 125, 126, 129
마고성 이야기 118
마고성의 추억 128
마고성의 회복復本, 多勿 117
마고야산麻姑射山 124
마고의 나라麻姑之邦 124, 128
마고의 삼신사상127
마고할매당 124
마고할미 124
마니산摩利山 132, 340
마르크스주의 228
마셜 플랜(Marshall Plan) 405
마야maya 193, 194
마야문명 123, 141
마야부인 141
마음 61, 90, 138, 274, 308, 349, 350, 387, 410
마음·물질 150
마음뿌리 176
마음은 모든 것 349
마음을 멈추는 것 387
마음의 과학 8, 15, 40, 254, 358, 364, 371
마음의 구조 235, 242, 253, 276

마음의 기틀 131
마음의 눈(心眼) 310
마음의 매개 작용 379
마음의 바다 174
마음의 본체 353, 387
마음의 분별 106
마음의 습habit 46, 386
마음의 작용 64, 104, 311, 349, 368
마음의 제단 356
마음의 차원 361, 387
마음의 해방 13, 388
『마이뜨리 우파니샤드』 61
마카오 124
마케도니아 223
마태복음 393
마툐르시카 141
마포구 124
『마하바라타』 59, 195
「마한세가馬韓世家」 131
마Ma 127, 141
막고야산(藐 姑射山: 마고산, 삼신산) 124, 141
만능인의 표상 332
만다라mandala 279
『만두까 우파니샤드 Mandukya Upanishad』 107
만물은 유전流轉 215
만물의 근원 214
만물일원론萬物一元論 213
만물제동설萬物齊同說 33, 188
만유의 단일성 391
만유의 존재성 61
만유인력의 법칙 327
만인에 대한 만인의 투쟁 45, 170
만주 141
만주 지역 290
매뉴스크립트 C 331
매뉴스크립트 E 331
매저키즘masochism 261
매트릭스matrix 137, 138, 152
『맹자孟子』 167, 169
멀티미디어 공연 335
메가트렌드 291
메디치 가(Medici family) 341
메소포타미아 120, 334

메소포타미아(수메르)문명 123
메커니즘 23
멕시코 올메가 130
멸滅 357
멸성제滅聖諦 356
명明 187
명名 188
명군明君 101, 369
명名과 무명無名 34
명명덕 170
명사 156
명상 338, 388
모계 씨족사회 118
모교母敎 141
모나리자 329
모더니즘 232, 339
모던 타임스 342
모성母性 118, 144, 149
모순 217
모순의 요소 67
모크샤(moksha 解脫) 193
목적인(Final Cause) 218
몰가치적 정향(value free) 323
몸 308
몸의 형상 131
몽골 141, 401
몽골제국 223
「몽중노소문답가夢中老少問答歌」 206
묘향산 132
무無 188
무 대륙 127, 128
무武 음악 320
무 제국 127, 128
무격巫覡 135
무교巫敎 128
무규정자 183, 214
무규정적인 무한자 214
무극無極 31, 35, 166, 183
무극대도 201, 205, 206, 207
무극대도의 세계 206, 207
무념無念 353
무리지자리 불연지대연 25, 177, 180
무명無名 181, 188, 411
무명無明의 삶의 행태 321

무無와 유有 34, 269
무無존재성nothingness 109
무불위 186
무사巫師 135, 136, 138
무사無事 186
무사지[無師智, 根本智] 43
무상無相 112, 353
무성영화 342
무소구행無所求行 30
무소부재無所不在 32, 145, 161, 203, 268, 275, 375
무소불립無所不立 177
무소불파無所不破 177
무속巫俗 128, 130, 135, 136
무술 338
무시무종無始無終 95, 145, 161, 203, 275, 375
무신론 263
무신론자 263
무심無心 62, 112, 407
무아 112
무악武樂 319
무애無礙의 묘妙 277
무왕武王 320
무왕불복지리無往不復之理 35, 207
무욕無欲 186
무우Moo 127
무위無爲 54, 165, 183, 185, 186
무위관념 187
무위의 공능功能 393
무위의 덕 182
무위의 실천 186
무위의 작용 166, 182, 269
무위의 정치 393
무위이무불위無爲而無不爲 183, 393, 404
무위이화無爲而化 90, 166, 205, 361, 390
무위이화의 덕 336, 337
무위자연無爲自然 54, 55, 172, 180, 182, 186
무위자연 사상 190
무위자화無爲自化 166, 185
무유애無有愛 356
무의 공용功用 183

무의식 104, 108
무의식 상태 107
무의식의 창고 368
무의식적인 삶 88, 89, 111, 373, 381, 391, 392, 410
무의식적인 생사 89
무의식적인 죽음 88, 89, 111, 381
무의식적인 호흡 89, 391
무인巫人 135
무쟁無諍 179
무정부주의적 생태주의 229
무제국 최후의 날 126
무주無住 275, 353
무주無住의 경계 106
무주無住의 덕德 32, 86, 106, 275, 279
무주보살無住菩薩 275
무차별 테러 399
무천 134, 340
무한경쟁 170, 252
무한자 183, 258
무한청정 에너지 400
무형상의 형상 379
무Mu 127
무Mu 대륙 126
문경 124
문답법dialektic 217
문답술問答術 217
문명 125, 278
문명 세계 67, 72
문명병 402
문명의 대전환 153, 209
문명충돌 164, 376, 409
문예부흥 321
문예비평 231
문학 316
문헌학적 123
문화 129
문화기술(CT) 24, 399
문화예술 311, 320
문화의 세계화 221, 290
문화인류학자 335
문화인류학적 123
문화적 378
문화적 르네상스 320
문화적 속성 302

문화적 측면 230
물water 212, 213
물物 182
물고기 자리 146
물류 유통상 292
물리 30
물리 차원 257
물리物理 29
물리세계 7, 30, 31, 296
물리시대 206, 335
물리와 성리 296
물리와 성리의 통섭 30
물리적 변화 95
물리적 세계 28
물리적 실체 274
물리적 우주 332
물리학 7, 31, 65, 129, 139, 303, 310, 339
『물리학의 도』 251
물리학자 137, 261, 262, 266
물리현상 45, 359
물리화학 299
물병 별자리 146
물성 30, 42, 45, 46, 47, 48, 57, 58, 59, 60, 61, 62, 65, 79, 91, 99, 139, 145, 166, 174, 218, 258, 307, 339, 361, 377, 387
물성과 영성 302
물성과 영성의 역동적 통일성 57, 58, 59
물신物神 11, 363, 364, 366, 377, 410, 259, 260, 262, 263
물신物神 숭배 170, 252
물신 숭배 사조 164
물욕物慾 391
물의 과학 329
물적 가치 12, 386
물적 차원 46
물적物的 토대 284
물질 46, 61, 67, 79, 83, 90, 96, 99, 102, 112, 136, 137, 138, 144, 145, 166, 173, 375, 386, 389, 214, 220, 239, 240, 249, 250, 264, 270, 275, 281, 308, 361, 375
물질[色, 有] 236

물질 차원 45, 90, 101, 102, 190, 321, 363, 405
물질계 6, 11, 28, 39, 40, 42, 43, 60, 70, 71, 73, 74, 77, 86, 89, 90, 91, 95, 101, 105, 112, 133, 145, 159, 165, 176, 203, 242, 264, 281, 354, 358, 359, 360, 368, 372, 376, 408
물질과 정신 8, 30, 32, 33, 34, 38, 251, 296
물질과 정신의 변증법적 통합 61
물질과학 304
물질만능주의 시대 14, 413
물질문명 222, 251
물질상 250, 359, 360
물질세계 10, 61, 37, 242, 271, 272, 370, 378, 380
물질시대 13, 146, 256, 410
물질의 공성voidness 307
물질적 8, 146, 238, 250, 379
물질적 보장 82
물질적 사고 113
물질적 성장 293
물질적 성장 제일주의 83, 292
물질적 세계 281
물질적 우주 63, 267, 362
물질적 육체 145
물질적 자아 61, 380
물질적 진보 296
물질적 환영幻影 193
물질주의 249
물질차원 370
물질화 11, 43, 57, 65, 251, 259, 260, 264, 271, 376, 377, 362, 408
물질화된 영靈 10, 375, 380, 381
물형계 358
물화物化 11, 43, 145, 323, 375, 376
물활론 214
물활론(物活論 hylozoism) 212
물활론자hylozoist 213, 214
미국 국립과학재단NSF 23
미명(微明, 智慧) 185
미묘한 에너지 267
미美의 극치 319
미생물학의 아버지 333

미생물학자 300
미술 329
미술철학 331
미시세계 32, 265, 267, 278, 280, 286
미시세계에서의 역설 32, 279
미시적 요동 243
미얀마 126
미완성의 프로젝트 12, 384, 385
미적 감각의 계발 337
미적 경험 316
미적 표현양식 315
미적·표현적 영역 310
미학 316, 317, 300, 335, 337
미학적 화학반응 325
미혹의 강 12
미회未會 53, 54
민간신앙체계 181
민속 123
민속학적 123
민족국가 289
민주복지국가론 81
민주적 대의제도 129
민주주의 81, 208, 224
민주화 230
밀라노 329
밀레투스Miletus 213
밀레투스학파 213
밀양시 124

【ㅂ】

『바가바드 기타』 59, 61, 191, 192, 195, 196, 265, 369, 373, 374
바가바타 종교 195
바라문婆羅門 72
바르도Bardo 85, 86, 87, 89
바이샤Vaisya 72
바이오기술(Biotechnology, BT) 23, 311, 312, 399
바이오디젤 원료 400
바이오매스 400
바하이교(Bahai敎) 249
박달나무 134, 340
반反문명적 180

『반야심경般若心經』 28, 174, 265
반反통섭적 42, 47, 49, 66, 156
반反통섭적 문명 191
반反통섭적 사고 33, 302
반反통섭적 사유 221, 222
반反통섭적 세계관 167, 225, 235
반생명 42, 47, 51, 66
반생명적인 문화 47
반생태적 본질 227
반우주 47
반자도지동反者道之動 35, 182, 185, 186
반핵 저항운동 147
반핵 평화운동 146
반反형이상학적 233
발라시호 120
발전 모델 77, 151
발전 패러다임 290
발전론 92
발전의 논리 217
발전의 요소 67
발전development의 논리 218
발해 134
발해만渤海灣 132
밝은 기운sattva 102
밝은 정치 163, 206
방기放棄 107
방법론 286
방법론적이고 도구론적인 존재론 383
방사성 탄소연대 측정 341
방생方生의 설 188
방장산方丈山 132
밭 61
밭을 아는 자 61
배달국 137, 158, 181
배달국 시대 158
배천교拜天敎 130
백두산 132, 340
백소씨白巢氏 121, 122
백제 124, 135
백체魄體 120
번뇌의 대해大海 63, 118
번제 336
번제의식 199, 337
번지樊遲 168, 367

범신론적 신 261, 262
범학문적 접근 5, 28, 305
법률상의 평등(de jure equality) 147
법상法相 174
법성사法性寺 353
법신法身 160, 176
법집法執 179
법칙 257
법칙성 181
『베다 Veda』 191, 195
베다 시대(Veda Age) 192
베단타Vednta 127, 192
베단타 철학 305
베로키오의 작업장 331
베를린 장벽 285
베버리지 81
베트남 141
『벽암록碧巖錄』 351
변계소집성遍計所執性 179
변역變易 165, 166
변증법 15, 211, 212, 217, 223, 236
변증법적 182, 242
변증법적 관계 217
변증법적 논리 구조 160, 203
변증법적 대립자 216
변증법적 발전론 92
변증법적 복합체 365
변증법적 사유 211, 218
변증법적 통합 8, 54, 61, 64, 83, 97, 111, 189, 190, 242, 243, 379
변증법적인 운동 원리 212
변형 13, 388
변화의 원리 215
보건사회적 보장체계 82
보건위생 문제 401
보건의료 23
보는 법을 아는 것 332
보는 자 389
보리달마菩提達磨 30
보리수 173
보병궁寶甁宮시대 146
보報 163
보본報本 134, 164
보본단報本壇 134
보본報本사상 134, 136, 201, 340
보수파 82

보시布施 176
보신報身 160, 176
보원행報怨行 30
보이지 않는 우주 9, 39, 46, 267, 380
보통사람(the ordinary man) 81
보편 군주제 404
보편교회 403
보편성 32, 83, 108, 109, 208, 209, 277, 280, 289, 298, 302, 397, 398
보편성-특수성-보편성과 특수성의 합일 159
보편의식 31, 38, 42, 43, 46, 58, 65, 68, 69, 151, 152, 155, 160, 173, 217, 242, 257, 268, 269, 270, 272, 278, 279, 280, 357, 397, 398, 409
보편자 217, 257, 268, 270, 278
보편적 77, 95, 222, 249, 326
보편적 가치 9, 288, 379
보편적 자의식 69
보편적 평화 403, 404
보편적인 세계관 224
보편적인 진리 298
보편제국 403, 404
보편화 77, 261, 355, 378
복福 163
복고 정신 383
복본復本 121, 122, 136, 140
복본사상 136, 152
복식호흡 85
복잡계(complex system) 236, 243, 244, 245, 266, 268, 285, 286
복잡계 과학 237, 268, 269, 286
복잡계 네트워크 이론 286
복잡계 생물학 244
복잡계 이론 79, 244
복잡계 현상 65
복잡성의 과학 244, 245
복제 13, 411
복지 410
복지 구현 83, 290
복지 비용 82
복지 수준 82
복지국가 80, 81, 82, 83, 288

복지사회 52, 147, 153
복지제도 82
복합적 224, 287, 289, 294
복합체 349
본각本覺 106, 177, 178, 179, 194
「본각이품本覺利品」 177, 275
본성론 156
본성의 세계 281
본성적인 에너지 90
본질nature 67, 219
본체 39, 42, 57, 64, 70, 71, 75, 92, 99, 113, 133, 160, 161, 162, 163, 166, 174, 175, 176, 177, 188, 189, 193, 194, 195, 202, 203, 204, 220, 241, 242, 273, 274, 276, 280, 302
본체계 25, 29, 38, 55, 54, 57, 59, 61, 75, 91, 173, 174, 195, 197, 204, 207, 217, 240, 241, 253, 274, 281, 298
본체와 작용 7, 10, 12, 29, 41, 44, 79, 91, 93, 69, 159, 218, 272, 274, 298, 276, 277, 372
본체와 작용의 상호 관통 75
본체와 작용의 합일 42, 159, 160, 203
본체와 현상 34, 269, 363
본체의 측면 131, 202
본체-작용-본체와 작용의 합일 41, 45, 133, 160, 203, 372
봄seeing 4, 7, 241, 328, 389
봉래산蓬萊山 132
부계 사회 153
부도符都 123, 136
『부도지符都誌』 38, 118, 119, 123, 132, 136
부동의 동인 218
부메랑 효과 6, 97, 96
부분 65, 66, 96, 99, 156, 243, 245, 272, 307
부분과 전체 83
부분의식 71, 148, 151
부분지部分智 118, 324
부성父性 118
부여 134, 158, 171, 340
부익부 빈익빈 221

부인수도 206
부자유 66, 67, 68, 70, 110, 220, 221
부자유의 의식 111
부쟁不爭의 덕 186
부정 180
부정성negativity 11, 69, 93
부정의 부정(negation of negation) 72, 217
부정의injustice 71
부정적인 성향 357
부정적인 에너지 64, 101, 196
부정한 의식 78, 94, 375
부증불감不增不減 275
부처 351
부천시 124
부패선거구(rotten borough) 80
부활 383
북경 149
북경여성행동강령 149
북두칠성 124
『북부여기北夫餘紀』 158
북송北宋시대 성리학 265
북아메리카 126
북종선北宗禪 352
북핵문제 77
분과학문 311
분권화 227, 228,
분권화된 공동체 187, 227
분권화된 체제 227
분기bifurcation 244, 268
분리 12
분리성 232
분리의식 5, 8, 12, 90, 106, 107, 110, 117, 255, 274, 323, 357, 359, 363, 366, 375, 376, 377, 387, 392, 406
분리의식의 투사체 363
분리주의자 397
분배 불균형 82, 399
분배 정의 231
분배적 정의 291
분별심 172, 174
분별지分別智 12, 31, 30, 42, 45, 62, 63, 64, 66, 118, 152, 174, 257, 324, 324, 363, 373, 385

분석과 종합 32, 297, 341
분석적 31, 146, 156, 326
분석적 사고 6, 31, 237
분석적 지식 48
분열 도수度數 53, 55
분열성 363
분자 96, 250, 267
분자 구조 연구 333
분자고고학(molecular archeology)
    312
분자생물학 7, 262, 298, 300, 302
분자유전학 299
분자유전학자 300
분절성 60, 92, 99, 102, 255, 357
분절적 사고 254, 255
분해(dissolution 또는 thanatos) 306
분화 308, 310
불fire 213, 214, 215
불佛 31, 173
불·법·승 삼보 176
불가공약성不可公約性 252
불가분 255, 259, 272, 277, 299
불가분성 251, 256, 238, 250
불가분의 전체 106, 365, 386
불가오류성 25, 68
불가촉천민 72
불각不覺 177, 178,
불교 41, 119, 130, 160, 172, 173,
    176, 181, 268
불교사상 132, 175
불멸 194, 195
불멸의 음성 38, 119, 193
불변성immutability 108, 109
불변의 실재 316
불변의 이치 166
불변적 본질 107
불변적 상태 244
불생불멸不生不滅 145, 161, 173,
    175, 203, 216, 275, 375
『불설대변사정경佛說大弁邪正
    經』 276
불순한 의식 363
불역不易 165, 166
불연不然 25, 29, 54, 204
불연기연不然其然 25, 200, 204,
    205

불인지심不忍之心 169
부장불역不將不逆 371
불편한 진실 295
불평등 72, 67, 68, 70, 71, 73, 74,
    82, 220, 221
불평등상태 72
불평등의 의식 66
불합리의 합리 236, 254
불행 110, 111
불행한 의식 69, 109, 110, 221,
    222, 223, 241
불확정성 원리 32, 238, 239, 240
불확정적 241
붓다 174, 275, 365, 379
브라만(Brahman) 72
브라질 226
브라흐마(Brahma 창조신) 31, 38,
    58, 59, 193, 194, 195, 196,
    197, 198, 257
브라흐마나Brhmana 192
브라흐마의 낮과 밤 59, 195
브라흐마의 밤 59
브라흐마의 아침 59
브룬트란트 보고서 226
비가시권 46
비가역성 244, 268
비가역적irreversible 244
비결정론적 관점 238
비과학적 47, 78, 252, 256, 378
비교종교학 300
비국소성非局所性 32, 238, 268,
    269, 270, 274, 279, 395
비디오 아트 338
비디오 아티스트 328
비리국卑離國 125
비물질 99, 145, 249
비분리성 32, 238, 274, 395
비선형 244
비선형 피드백 과정 243
비선형성 268, 312
비선형세계 312
비선형적 244
비선형적·유기적 과학관 236
비선형non-linear 패턴 236
비순차성 312
비슈누Vishnu 195, 196

비슈누 신 198
비아(非我 other) 15, 37, 67, 69, 220
비예술적 충동 317
비유적 262
비이성 78, 233
비이원론적 308
비이원론적 앎의 방식 308
비정부기구NGO 221, 224, 231
비정치학적 78
비존재 58, 61, 139, 174, 258, 275
비존재성[본체, 靈性] 42, 58, 60, 62
비존재성과 존재성 59
비트루비우스의 인간 330
비트루비우스Vitruvius의 인체비
    례도 330
비판적 담론 256, 339
비판적 대안 310
비평담론 225, 291
비평형 243, 244, 268, 269
비평형 열역학 97
비평형적 244
비폭력 227, 291
비학문적 47, 78, 378
비합리성 226, 231
비합리적 78, 252, 256
비행기 설계 329
빅 프레임(big frame) 체제 291
빅뱅(big bang) 264
빈곤 77, 231
빈곤 퇴치운동 288
빈곤과 실업의 악순환 76, 294
빈곤의 개념 변화 82
빈곤의 구조화 51, 221
빈곤의 악순환 83, 399, 402
빈곤의 철폐 82
빈부 양극화 현상 288
빌Whyl 핵발전소 건설 반대 운동
    147
빗살무늬 토기 129, 340
빨래골 133

【ㅅ】

사고 과정(인식론) 157
사고능력 385
사고방식 46, 50, 224, 231, 295,

사고의 변혁 244
사구司寇(사법대신) 137
사단四端 169, 170
사대(四大: 地·水·火·風) 111, 194
사대설四大說 216
사랑 101, 103, 255, 357, 367, 372,
　　377, 409
사랑과 헌신의 길 373
사랑의 완성 317
사랑의 원리 390
「사마 베다 Sama Veda」 191, 192
사막화 49
사무사思無邪 318
사물四勿 168
사물의 근본 이치 25, 29
사물의 원리 218
사물의 이치 30, 296, 375
사물의 주재함 131
사물의 현상적 측면 25, 29
사상四相 97, 129, 174, 270, 298,
　　299, 359
사상유시일심四相唯是一心 298
사상적 근대성 208
사상적 연맥連脈 200, 207
사성제四聖諦 356
사신四信 176
사실상의 평등 147
사양지심辭讓之心 169
사용가치 72
사원 건축 334
사원론四元論 215, 216
사유proprietorship 71
사유재산제도 67, 74
사유체계 191
「사이전四夷傳」 125
사익 361
사자 86
사적 인간 67, 221
사주팔자 268
사해四海 123
사행四行 30
사혈瀉血 334
사회 개혁 81
사회 경제적 불평등 231
사회 상태 67
사회 환경 402

사회개량주의 81
사회개벽 54, 55, 206
사회계약 68
『사회계약론 Du Contrat Social』 68
사회계약설 67
사회과학 285, 290, 296, 299, 300,
　　301, 302
사회과학의 위기 288
사회과학자 300, 301
사회과학적 285, 287
사회과학적 패러다임 291
사회교육 81
사회구조의 분화 296
사회구조적 변화 227
사회문제 227
사회문화체계 229
사회보장 82
사회보장제도 80, 81
사회복지 81
사회복지제도 81
사회생물학자 262, 302
사회생물학적 통섭 302, 304
사회생태론 226, 227, 228
사회생태론자 228
사회심리학자 156
사회운동 231
사회적 49, 228, 287, 397, 389
사회적 부정의(social injustice) 80
사회적 불평등(social inequality) 71
사회적 삶 74, 228
사회적 소외 극복 399
사회적 소외문제 228
사회적 영역 67
사회적 응집력 296
사회적 인정 111, 394
사회적 자아(social self) 110
사회적 조건 75
사회적 지배 관계 228
사회적 지배 구조 148
사회적 진보 317
사회적 책임 227, 291
사회적 총체성(social totality) 211
사회적 측면 230
사회적 통합 82, 208
사회적 필요 304
사회적 효율성 296

사회정치 구조 233
사회정치적 49, 50, 224, 390
사회주의 148, 222, 228, 229, 284,
　　288
사회주의 국가 411
사회주의 노선 228
사회주의 생산양식 229
사회주의 정치 228
사회주의적 관점 228
사회진화론 75
사회학 300
사회학자 229, 300
사회학적 218
사회화된 자연 228
사후세계 88
산문체 192
산스크리트어 36
산신山神신앙 135
산업Industry 289
산업 분야 23
산업국가 80
산업문명 49, 146, 207
산업사회 284, 402
산업적 중산계급 80
산업주의 225
산업혁명 80, 224
산업화 230
산업환경 401
산일구조 237, 244, 245, 253, 268
산일구조체 244
산山자형 128
산타페 연구소 24, 303
살만교(薩滿教 샤머니즘) 136
살아 있는 시스템 14, 226
살인광시대 342
『삼국사기三國史記』 135, 136
『삼국사기』 신라본기 137
『삼국유사三國遺事』 125
『삼일신고三一神誥』 131, 157,
　　161, 265
삶 5, 6
삶[陽] 86
삶과 과학 14, 15
삶과 예술 14, 15
삶과 종교 14, 15
삶과 죽음 14, 34, 38, 44, 91, 93,

113, 145, 189
삶과 죽음을 통섭하는 기술 112
삶과 죽음의 경계 88, 107
삶과 죽음의 계곡 88, 89, 99, 111
삶과 죽음의 비밀 85
삶과 죽음의 이원화 95, 113
삶과 죽음의 통섭 44, 85, 89, 90, 95, 105
삶과 죽음의 투쟁 5, 69, 221, 222
삶과 학문 14, 15
삶의 교본 164
삶의 기술 88, 112, 390, 405
삶의 도 320
삶의 미망 107, 108
삶의 법칙 36, 98, 104, 269
삶의 본능 90
삶의 세계 87, 95
삶의 양식 52
삶의 예술 324
삶의 원 40, 44, 47, 48, 61, 73, 90, 93
삶의 통섭 40, 43, 297
삶의 패러다임 52
삼각산 132, 133
삼경三敬 262
삼계 350
삼계제법유심소작 350
삼공 112
삼국시대 134, 340
삼대三大 176
삼대가치 310
삼덕三德 167
삼독(三毒: 貪·瞋·癡) 391
삼라만상 38, 57, 112, 135, 165, 181, 202, 214, 259, 261, 276
삼사라(生死輪廻) 6, 61, 78, 89, 111, 193, 194, 359, 365
삼성三聖 131
삼성三性 179
「삼성기전三聖紀全」 125
삼성사三聖祠 133
삼성암三聖庵 133
삼신 132, 136, 162
삼신 마고 124
삼신 조화造化 161
삼신묘三神廟 134

삼신불三身佛(法身·化身·報身) 41, 130, 160, 176
삼신사상天符사상, '한' 사상) 15, 117, 129, 130, 131, 132, 133, 135, 136, 139, 140, 157, 202
삼신三神 130, 131
삼신산 132
삼신三神사상 132, 157
삼신일체三神一體 131
삼신할머니 144
삼신할미 131
삼악도三惡道 87
삼위일체三位一體(聖父·聖子·聖靈) 10, 41, 130, 160
삼위일체의 작용 380
삼일三一 원리 162
삼일三一사상 161, 162
삼일신고 157, 161, 163
삼즉일三卽一 90, 159
삼진三眞 128, 162
삼진三眞날(3월 3일) 132
삼칠일(3·7일) 128
삼칠일 기도 128
삼한 134, 340
삼한관경본기三韓管境本紀 131
삼한시대 134, 340
삿트바sattva 370
상相 160
상象 182
상고上古 14, 130, 134, 135, 136, 181, 202, 294, 339, 413
상고사상 133
상고시대 124, 135
상관관계 239, 240
상대계 11, 14, 35, 38, 57, 58, 59, 63, 64, 65, 73, 86, 92, 100, 105, 273, 279, 362, 376
상대계의 비밀 57, 59
상대성 359, 360
상대성이론 238, 250, 280, 328
상대적 393
상대적 분별지 112
상대적 빈곤 81
상대적 차별상 33, 187
상대적 차별성 25, 37, 106, 177, 220, 279, 299

상덕常德 187
상도常道 167, 180
상명常名 181
상보성 7, 250, 254
상보성원리 32, 86, 238
상보적 239, 243, 395
상부상조적 187, 227
상상력 257, 335
상생 40
상생과 조화의 패러다임 67
상생의 삶 153
상생의 정치 52
상생의 패러다임 9, 45
상생조화 153
상수학설象數學說 52
상수학象數學 129, 339
상승적인 결합 23
상업화 256
상온 핵융합 방식 295
상위 개념 263
상위 차원 309
상이성 215
상제上帝 262
상즉상입相卽相入 27, 30, 33, 54, 58, 103, 276, 307, 377
상키아Sankhya 195
상키아Samkhya학파 370
상호 관통 39, 40, 41, 42, 43, 86, 54, 60, 70, 71, 73, 74, 75, 91, 104, 129, 131, 133, 137, 157, 159, 160, 162, 165, 166, 167, 175, 176, 177, 189, 193, 195, 197, 201, 202, 205, 207, 215, 223, 259, 263, 271, 272, 277, 278, 279, 280, 297, 297, 298, 302, 307, 324, 339, 341
상호 연결 273, 305
상호 연관 33, 65, 98, 173, 188, 202, 268, 278, 365
상호 의존 33, 65, 75, 98, 165, 173, 188, 202, 268, 307, 365, 409
상호 작용 164, 413
상호 조응 42, 86, 133, 165, 176, 223, 254, 267, 272, 296, 297, 411
상호 주관적 영역 310

상호 피드백 265, 267, 269, 272
상호배타적 243
상호연관성 148, 238, 299
상호의존성 153, 184
상호의존적 69, 75, 222, 299, 369, 386
상호작용 237, 244
상호적 인식(mutual recognition) 72
상호전화 165
상황론 156
상히타(Samhit:本集) 192
새 땅 14, 54, 206, 411
새 하늘 14, 54, 206, 411
새로운 계몽시대 389
새로운 문명 13, 14, 24, 92, 146, 153, 209, 264, 294, 303, 405, 411, 412, 413
새로운 문명의 원리 288
새로운 실재관 209, 235, 235, 236
새로운 인간상 147
새로운 패러다임 13, 238
색色 112
색즉시공 공즉시색 28, 79, 253
생각 46, 96, 101, 108, 250, 386
생각과 물질 46
『생각의 지도 The Geography of Thought』 156
생각의 투사영 358, 408
생각하는 이성 234
생각하는 존재 5, 27
생기生氣 214
생로병사生老病死 356
생리적 욕구 111
생멸 242, 280
생멸문生滅門 175, 177, 276
생멸生滅 280
생멸성生滅性 61, 99
생멸심 176
생명 4, 5, 8, 9, 10, 13, 14, 15, 16, 19, 25, 26, 29, 31, 32, 33, 38, 40, 42, 43, 44, 45, 46, 47, 51, 57, 63, 65, 71, 72, 73, 64, 66, 92, 95, 102, 103, 106, 109, 113, 121, 131, 144, 145, 137, 150, 160, 161, 162, 163, 166, 167, 191, 194, 195, 200, 202, 203, 204, 205,

207, 208, 209, 226, 227, 229, 256, 261, 262, 270, 271, 272, 273, 275, 276, 280, 281, 286, 294, 302, 307, 310, 327, 336, 338, 339, 344, 345, 353, 363, 372, 375, 376, 377, 378, 381, 397, 399, 402, 403, 411, 412
생명 경시 풍조 50
생명 경외敬畏 338
생명 과정 291
생명 교과서 11, 376
생명 에너지 101, 107
생명 위기 49, 50, 83, 167
생명 윤리 229
생명 정치적 분열 344, 412
생명 존중 403
생명 중심의 가치관 292
생명 차원 60, 66
생명 패러다임 396, 413
생명 현상 42, 45, 63, 65, 66, 97, 164, 236, 245, 267
생명·평화·복지 390
생명가치 50
생명경生命經 159
생명경외사상 153
생명계 6, 14, 95, 96, 97, 100, 226, 237, 244, 250, 257, 259, 271, 286, 290
생명계의 순환 113
생명공동체 397
생명공학 23, 149, 237, 285, 403
생명과 평화의 길 396
생명과 평화의 문명 57
생명과정 243, 292
생명과학 301
생명교육 398, 399, 400, 403
생명권 45, 291, 403, 404, 405
생명력 47, 91, 317, 406
생명력의 고양 338, 344
생명사상 209
생명수 128, 151
생명시대 14, 413
『생명에 관한 81개조 테제』 16
생명에너지 102
생명위기 396
생명의 3화음적 구조 41, 45, 68,

133, 159, 372
생명의 구성요소 244
생명의 구조 263
생명의 그물 385
생명의 그물망 41, 73, 209, 276, 403
생명의 근원 90, 95, 108, 258, 261, 264
생명의 기운 108, 358
생명의 낮 361
생명의 낮과 밤 36, 44, 360
생명의 낮의 주기 47, 87, 94, 271, 354, 360
생명의 다차원적 속성 372
생명의 밤 271, 361
생명의 밤의 주기 48, 87, 94, 354, 360
생명의 변증법적 구조 372
생명의 본질 11, 31, 79, 159, 161, 166, 200, 201, 237, 266, 280, 289, 293, 257, 258, 259, 261, 262, 267, 269, 270, 273, 275, 277, 279, 280, 297, 323, 324, 376
생명의 본체 9, 11, 28, 32, 38, 39, 40, 41, 42, 57, 58, 60, 68, 70, 74, 78, 83, 88, 90, 91, 101, 109, 131, 133, 155, 157, 159, 160, 161, 164, 165, 166, 167, 173, 176, 189, 192, 193, 195, 197, 202, 203, 204, 222, 259, 271, 324, 336, 353, 362, 372, 375, 377, 378
생명의 본체와 작용 70, 90
생명의 본체와 작용의 합일 40, 62
생명의 본체-작용-본체와 작용의 합일 159
생명의 봉인封印 376
생명의 불꽃 389
생명의 비밀 113, 274, 276
생명의 뿌리 43, 47, 93, 101, 371, 378, 391, 410
생명의 순환生死輪廻 44, 48, 59, 70, 73, 74, 88, 89, 92, 97, 112, 197, 270, 372

생명의 순환 고리 34, 35, 36, 86, 91, 93, 225, 280
생명의 순환 과정 35
생명의 순환 구조 69
생명의 순환 운동 242
생명의 순환 작용 324
생명의 시스템적 속성 272
생명의 씨 370
생명의 여신 141, 144
생명의 역동적 본질 57, 302
생명의 열매 324
생명의 영성靈性 40, 375, 376, 378, 379, 387, 406
생명의 영원성 113
생명의 외피 145
생명의 원리 213, 214, 272
생명의 원천 47
생명의 유기성 165, 201, 207, 209, 263
생명의 자기조직화 42, 139, 272, 345
생명의 작용 41
생명의 전일성 38, 39, 40, 45, 60, 64, 66, 68, 83, 91, 92, 97, 98, 48, 63, 71, 105, 106, 109, 113, 118, 139, 140, 162, 165, 167, 189, 203, 207, 208, 252, 260, 263, 263, 264, 265, 271, 272, 276, 361, 364, 372, 377, 385, 390, 395, 406, 407
생명의 전일성 398
생명의 전일적 본질 339
생명의 전일적인 흐름 70, 71
생명의 존엄성 205
생명의 진성眞性 30
생명의 통제 13, 411
생명의 파동적 성격 38, 91, 119
생명의 파편화 113
생명의 피류 63
생명장場 397
생명정치 13, 16, 45, 345, 411
생명정치적 분열 13
생명정치적 프로젝트 411
생명정치적 현상 411
생명체 65, 96, 266, 283, 396
생명 패러다임 52, 398

생명학 74
생명학 3부작 15
생명현상 285
생물 물리학적 화학 300
생물계bioshere 150
생물구(生物區 bioregion) 228
생물권biosphere 165, 291
생물사회적 대역 308
생물적 287, 388
생물정보학bioinformatics 311
생물종 다양성 49, 77, 294
생물학 262, 299, 300, 301, 303, 304, 310
생물학 제국주의 6, 28
생물학자 26
생물학적 49, 50, 145, 397
생물학적 다양성 231
생물학적 이용가능성 292, 385
생물학적 진화론 272
생사윤회生死輪廻 36, 360, 361
생사윤회의 바다 374
생사의 비밀 89
생산·생존 50
생산·생존 이원론 150
생산성 제일주의 252
생산양식 230
생산production 149
생生·주住·이異·멸滅 174, 359
생성 369
생성 과정 265
생성과 발전 219
생장·분열 53
생장염장生長斂藏 53
생존 관점 149
생존의 영적 차원 50, 208, 339, 398
생주이멸(生住異滅, 成住壞空) 357
생태 논의 147
생태 담론 79, 235, 235
생태 위기 148, 209, 399, 225, 227, 230, 232, 235, 287, 289, 291, 292, 293
생태 재앙 16, 49
생태 정의(ecological justice) 397
생태 중심의ecocentric 가치 226
생태 질서 228

생태 패러다임 227, 287, 292
생태 합리주의 252, 292
생태경제학(eco-economics) 312
생태계 164, 400, 225, 237, 252, 291, 312
생태계 보전 292
생태계 복원 147
생태계 위기 288
생태계 파괴 49, 148, 400
생태계의 지속 가능성 397
생태권ecosphere 165
생태담론 146, 235, 235
생태론 165
생태문제 225, 227, 228, 229, 230, 231
생태민주주의 226, 229, 230
생태사상 207
생태사회주의 226, 228, 229
생태사회주의자 228
생태운동 146, 148, 230
생태유전학 299
생태윤리적ecoethical 표준 227
생태이론 79
생태재앙 400
생태적 187, 397, 227, 228, 229, 232, 293
생태적 가치 230, 231, 398
생태적 관점 164, 228
생태적 근대화 226, 229, 230
생태적 딜레마 293
생태적 사유 15, 223, 225, 226, 231, 235, 292
생태적 자각 165
생태적 자아(ecological self) 226
생태적 재앙 51
생태적 지속성 49, 50, 52, 209
생태적 합리성 51, 228, 229, 237
생태정치학 16, 291, 312
생태정치학적 담론 291
생태정치학적 대응 16
생태주의 228, 229
생태친화적인 문화 398
생태학 49, 228, 231, 243, 287, 289, 291, 292, 310
생태학적 논의 291
생태학적 원리 228

생태학적 전망 287
생태합리성 398
생태혁명(존재혁명, 의식혁명) 399
생태화(ecologization) 229
생태환경 157, 396, 401
생태효율성 50
생화학무기 399, 402
생활과학 285
생활화 374
『서경書經』 166
『성경』 265
서구 문명 146, 216, 224, 225, 234,
    236
서구 문화 224, 233
서구 물질문명 323
서구 민주주의의 한계 208
서구 산업문명 49, 51, 225, 292
서구 정치학 78
서구 중심 232
서구 패러다임 145
서구 학문 33
서구의 세계화 225
서구의 정치사상 76
서구적 77
서구적 근대의 극복 209
서구적 보편주의 77, 155, 156,
    224
서구적 이원론 151
서구적 표준 78
서구중심주의 77, 225
서아시아 141
서양 6, 7, 15, 31, 33, 92, 129, 156,
    210
서양 문명 129
서양 사상 117
서양문화권 118, 140
서양인 156
서양적 '유有' 54
서양철학 212, 216
서징庶徵 167
서첩書帖 158
석축石築 130
선과 악 38, 63
선과 악의 진실게임 6, 61, 63
선과 악의 피안 363, 380
선교仙敎의 뿌리 137

선善의 극치 319
선악善惡 62
선악과善惡果 117, 118, 307, 324
선종禪宗 30, 352
선진공업국 82
선진국 76, 77, 230, 398
선천先天 53, 54, 55, 118, 120
선천 건도시대 53
선천시대 53, 119, 153
선천지생先天地生 181
선택과 책임의 법칙 104, 105,
    365, 366, 371
선형적 244
선회운동 214, 216
선·후천의 대개벽 53
설명explanation 27
설명하는 뇌 27
설명하는 존재 5, 27
설치 예술 328
성性 58, 129, 136, 161, 162, 171,
    202, 257
성誠 163
성聖과 속俗 79
성性·명命·정精 131, 132
성 차별 148, 151, 231
성경誠敬 205, 261
성령聖靈 109, 135, 137
성리性理 30
성리와 물리 38
성리와 물리의 통섭 296
성리학性理學 52, 172
성모상 124
성부·성자·성령 160
성불 132
성상性相 121
성생주星生州 120, 122
성선설性善說 169
성선性善 170
성속일여聖俗一如 53, 79, 106,
    177, 206
성숙청星宿廳 135
성·신·애·제 163
성의誠意 170
성인 386
성인군자 132
성장 체제 287

성장 패러다임 226
성제사聖帝祠 134
성주괴공(成住壞空, 生住異滅) 112
성찰적 근대화 224
성찰적 자기부정 234
성통공완性通功完 73, 132, 162,
    163, 354
성통광명性通光明 162
성품의 이치 30, 296, 375
성형술 329
성황신城隍神신앙 135
세 중심축(天地人 三才) 45, 167,
    200, 204, 211
세간법世間法 298
세계 146, 200, 211, 217
세계 구조 365
세계 문화 124
세계 법칙 214
세계 시민사회 83, 222
세계 연방 405
세계 원리 212, 214, 217, 218
세계 이성 214
세계 자본주의 287
세계 자본주의 네트워크 49, 397
세계 자본주의 체제 47, 49, 397,
    399
세계 제국 344
세계 질서 290
세계 해석 328
세계경제 221, 290
세계관 46, 50, 224, 231, 251, 286,
    295, 397
세계사적 변화 289
세계사적인 실천 293
세계성 83, 398
세계시민사회 290, 291, 293, 397,
    404
세계시민사회 패러다임 289, 291
세계시민주의 정신 83, 398
세계여성의 해 148, 149
세계의 구성 원리 213
세계의 변혁 245
세계의 심장 334
세계적 변화 224, 294
세계정부 403, 404
세계체제 288, 289

세계평화 52, 140, 404
세계화globalization 49, 50, 51, 52,
    82, 83, 289, 293, 397, 404, 406
세계화 시대 288
세계화 현상 396
세계환경발전위원회 226, 293
세기의 지성 343
세상 74, 75, 79
세상에 대한 집착 111
세석기細石器 129, 340
세속적 권위 14, 341, 413
세속화 255
세포 306
세포생물학 300
소개벽 53
소경의 역설 259
소국과민小國寡民 187
소극적인 덕목 187
「소도경전본훈蘇塗經典本訓」 157
소도성蘇塗城 132
소도蘇塗 134, 340
소도의식 134, 135, 340
소리 119
소리의 경계 38
소립자 238, 239
소립자물리학 280
소비문화 397
소소韶 음악 320
소승小乘 298
소아小我 43
소악韶樂 319
소연방의 해체 285
소외 현상 233
소외계층 227
소외의식 67, 68, 220, 221
소외의식의 극복 220
소외의식의 극복 과정 67, 220
소요유逍遙遊 189, 190, 124, 141
소우주 55, 97, 159, 307, 330
소우주의 태양 334
소유 관념 67, 71
소유 관념의 제도화 67
소유가치 72
소유권 71, 74
소유의식 74
소통 5, 24, 413

소통·단절 232
소통·부재 9, 155
소통·자치·자율 11, 14, 40, 45,
    413
소통성 12, 52, 106, 112, 137, 145,
    174, 200, 201, 204, 220, 230,
    273, 275, 280, 318, 324, 339,
    389, 390, 409
소통성의 부재 93, 110, 221, 345
소통의 기술 390
소통의 미美 12, 37
소형시대 146
속제俗諦 151, 176, 179
속죄atonement 379
솟대에 앉은 오리 세 마리 141
송대宋代 52
수기치인修己治人 168
수두교蘇塗敎 130, 134, 340
수드라Sudra 72
수력 400
수렴·통일 53
수메르 129
수메르어 141
수메르인 129
수밀이국須密爾國 129
수보리 174
수소 400
수소 발생 저장 401
수소 에너지 400
수소 에너지 발전 시스템 401
수소 에너지 인프라 401
수소 함유율 401
수소스테이션 401
수소저장합금 조성 401
수신修身 75, 104, 152, 168, 170,
    320, 369
수심정기守心正氣 205, 207
수연행隨緣行 30
수오지심羞惡之心 169
수유부쟁守柔不爭 185, 186, 187
수유왈강守柔曰强 186
수자상壽者相 174
수증修證 121
수학 129, 339
수학·천문학 212
수학적 원리 328

수행practice 176, 378
순기능적인 측면 260
순수 자아 220
순수 현존(pure presence) 32, 105,
    106, 107, 108, 109, 110, 111,
    113, 139, 258, 273, 275, 358,
    361, 392, 393, 395, 407
순수 활동 393
순수성 98, 315, 317, 365
순수의식 31, 43, 58, 65, 94, 97,
    99, 107, 108, 112, 152, 155,
    161, 173, 236, 255, 257, 357,
    392, 394
순수의식 상태 107
순수자아純粹自我 67
순수존재론 383
순응적 393
순천順天 55, 368, 394
순천자順天者 92
순환 고리 75, 93, 225
순환경제 398
순환론 92, 216
순환운동 184, 241
순환적 발전론 92
술라이만 산맥 120
「술이述而」 371
숨겨진 질서[본체계, 의식계] 28,
    29, 48, 70, 239, 240, 267
숨겨진 전일성의 세계 6
숨은 변수이론 6, 28, 239, 241
숭조崇祖사상 134, 201
숭천교崇天敎 130
스스로 그러한 42, 280, 376
스텔렌보쉬 연구소 24, 303
스토아학파Stoicism 212
스톤헨지Stonehenge 130, 333
습기習氣 178
시侍 160, 204
시각 예술 316
시각始覺 177, 178
시각화 과정 327
『시경詩經』 318
시공時空 연속체 98, 238, 365
시냅스 385, 386
시냅스의 연결 385
시냅스의 작용 386

시냅스의 집합체 386
시대사조 311
시대적 과제 233, 398
시대적 전환기 234
시대정신 232, 312
시드파 바르도(Sridpahi Bardo) 88
시민사회 67, 220, 221, 290, 399
시바Shiva 196
시베리아 141
시베리아 중앙고원 129
시비是非 62
시비지심是非之心 169
시스템 39, 287, 290
시스템생물학(systems biology) 311
시스템의 속성 42
시스템적 관점 245
시스템적 사고 14, 38, 243
시스템적 세계관 10, 46, 50, 145,
    339
시스템적 속성 42, 43, 281
시스템적·전일적 사고 259
시스템적·전일적 세계관 287
시스템적·전일적인 세계관 245
시스티나 성당 322
시詩 318
시적 감흥 319
시중時中의 도 168, 169
시천 207
시천주侍天主 206, 207
시천주 도덕 200, 204, 205, 207
시천주 조화정 영세불망 만사지
    205
시칠리아 섬의 저녁 기도 341
식량 문제 400
식량생산 295
식물플랑크톤 400
식민도시植民都市 213
식자우환 25
신 200, 256, 258, 259, 261, 262,
    264, 277
신信 163, 168, 182
신神 58, 99, 129, 131, 161, 162,
    202, 214, 250, 257, 274
신[神性] 8, 106, 134, 202, 242, 261,
    337, 377
신 중심의 세계관 65, 294

신·인간 이원론 163, 164, 203,
    256, 271
신·인간 일원론 118
신경과학 311
신경생리학 79
신경생리학자 37, 242
신경생물학자 300
『신곡 La Divina Commedia』 38, 321
『신과 과학 Dieu et la Science』 251
신과 과학의 만남 263
『신과 새로운 물리학 God and the
    New Physics』 251
『신과학과 영성의 시대 Belonging
    to the Universe: Explorations on
    the Frontiers of Science and
    Spirituality』 251
신과학 263
신관神觀 263
신광보조神光普照 378
신교神敎 130
신기술 분야 23
신념의 덫 9, 378
신라 123, 135
신라시대 118
신라의 금관 128
신·인간 이원론 118
신령 204
신석기시대의 컴퓨터 333
신석기시대 125
신선도 119
신선도문화 137, 181
신선神仙의 나라 137, 181
신성神性 9, 14, 31, 42, 44, 47, 58,
    62, 65, 78, 79, 100, 105, 106,
    108, 121, 136, 155, 160, 162,
    164, 203, 205, 208, 209, 232,
    233, 252, 256, 257, 264, 294,
    321, 323, 336, 337, 339, 341,
    355, 362, 364, 378, 413
신성 모독 259
신성과 이성 14
신성로마제국 404
신성의 학대 14
신시개천神市開天 161
신시시대 137
신神의 언어 25

신앙 123
『신은 위대하지 않다 God Is Not
    Great』 258
신의 놀이 259
신의 도그마 232
신의 모습 259
신의 본질 259
신의 실체 264
신의 절대성 233
신의 죽음 11, 377
『신이라는 미망迷妄 The God
    Delusion』 258
신인神人 118, 131, 141, 144, 190
신인류 11, 50, 294, 377, 411
신인합일[天人合一] 54, 118, 132,
    136
신적 권위 14, 341, 413
신적 이념 219
신종플루 402
신지神誌 158
신진대사 작용 345
신체 재현 기술 329
신학 78, 231, 307, 326
신화 123, 129, 339
신화적 사고방식 212
『실낙원(Paradise Lost)』 117, 122
실달대성 120
실달성實達城 119
실상實相 181
실업률 82
실용성 315
실용주의 317
실재reality 4, 97, 178, 209, 250,
    308, 389, 407
실재성 303, 385, 388
실재세계 40, 217, 218, 233, 250
실재화 과정 219
실존 수준(the Existential Level) 308
실존적 삶 108
실존주의 343
실존철학 232, 233, 343
실증주의 51, 232, 233, 284, 292
실천 문제 212
실천도덕 318
실천적 개혁 이론 80
실천적 삶 243

실천행 30
실체 74
실크로드 223
실험 과학 6, 28
실험물리학 7, 31, 145, 235, 236, 249, 253, 265, 284, 286
심리·물리적 통합체 310
심리적 12, 287, 389
심리적 추방감 324
심리학 301, 311, 312
심멸즉종종법멸心滅則種種法滅 350
심미주의적 318
심법 8, 254
심생즉종종법생心生則種種法生 350
분별식分別識 350
심心 62, 112, 407
심心·기氣·신身 132
심장 334
심장병 402
심재心齋 33, 189
심층생태론deep ecology 226, 227
심층생태론자 227, 228
심판의 신 14
심판자 92
심학 205
십문화쟁론十門和諍論 178
『십문화쟁론』 178, 179
십자가 죽음 113
십중법문十重法門 177
쌍어궁雙魚宮시대 146
쓰리마일 섬 147
씨족적 취락국가聚落國家 187

【ㅇ】

아(我 self) 15, 37, 69, 220
아가페agape 37
아가페적 사랑 43, 168, 318
아귀도餓鬼道 87
아나키스트 342, 343
아나키즘anarchism 228, 343
아나톨리아 216
아동학대 231
아라나카Aranyaka 192

아랄해 120
아랍 118
아랍·이슬람권 405
아르스ars 315
아르주나Arjuna 195, 196, 198, 355
아르케 214, 212
아르art 315
아름다운 것 316
아메리카 인디언 124
아상我相 174
아식 140
아원자亞原子 96, 238, 250
아웃 카스트 72
아원자 물리학 240, 274
아이다 342
아이슬란드 401
아집我執 179
아킬레스건achilles腱 279
아테네 212
「아타르바 베다 Atharva Veda」 191
아토마atoma 216
아토피성 피부염 402
아트만Atman 193, 194, 197, 198
아트art 315
아파치 124
아페이론apeiron 213, 214
아프리카 402
아홉 구멍(九竅) 391
악기 설계 330
악마의 유혹 117
악樂 318, 319
안심입명安心立命 212
안전에 대한 욕구 111
알라 58, 118, 257, 259, 363
알제리의 독립 343
알타이 산맥 120
앎(knowing) 4, 7, 10, 374, 389
앎의 수준 308
앎의 원 34, 36, 38, 39, 40, 43, 44, 47, 48, 61, 62, 73, 90, 108
암暗 187, 402
암군暗君 101, 369
애愛 163
애별이고愛別離苦 356
「야주르 베다」 192
「야타르바 베다」 192

야훼신 118
약자도지용弱者道之用 186, 393
양陽 35, 86, 144, 182
양운국養雲國 125
양자 239, 241, 280
양자 거울 408
양자 물리학 395
양자 변환(Quantum Shift) 411
양자 캔버스 273, 394
양자 패러다임 395
양자 의식 394
양자계 238, 239, 273, 274, 395
양자론 48, 238, 250
양자물리학 65, 79, 243
양자물리학자 28, 37, 254
양자세계 238
양자역학 4, 8, 32, 237, 238, 239, 240, 254, 264, 268, 274, 278, 279, 280, 408
양자역학과 마음의 접합 279
양자역학적 41, 253
양자역학적 관점 239, 275, 395
양자역학적 세계관 242, 243, 253
양자역학적 실재관 292
양자역학적 실험 268, 278, 280
양자역학적 패러다임 269, 338
양자역학적 해석 239
양자의 확률 240
양자의학 79, 240
양자이론 240, 266, 270
양자장 240, 274
양자장이론 281
양자파동함수 412
양적 쾌락 81
양적陽的 146
어두운 기운tamas 102
어두움의 본질 356
어마이 141
어머니 127
억압과 차별 83
언론 폭력 295
언어 차원 220
언어와 논리의 세계 258
언어의 세계 26
언어의 유희 46, 166, 303, 364
언어적 기술 12, 15, 37, 407

언어적 미망 164
언어학 123, 129, 311, 339
업業 359
에게 해(Aegean Sea) 216
에고(ego 個我) 5, 13, 27, 45, 48, 60, 62, 63, 93, 106, 108, 110, 112, 156, 190, 220, 337, 373, 391
에고[부분의식,특수의식] 357
에고 수준(the Ego Level) 308
에고ego 차원 206
에고로서의 존재[개체성] 236
에고의 영역 5
에고의 집 392
에고의식 90
에너지 138, 250, 400
에너지 독립 단지 401
에너지 보존의 법칙 95
에너지 시스템 6, 14, 95, 96, 97, 100, 113, 257, 259, 271
에너지 위기 49
에너지 장場 96, 102, 137, 152, 250, 394
에너지 진동 96, 250
에너지 파동 228
에너지[氣]의 대양 100
에너지 · 식량 단지 조성 401
에너지 · 지성 · 질료 8, 10, 377, 380
에너지원 401
에너지의 총량 95
에너지-의식의 그물망 270, 412
에덴 동산 31, 117, 118
에스테티케esthetike 337
에이즈 231
에코아나키즘 228
에코토피아(ecotopia) 11, 40, 92, 201, 206, 229, 397
에코페미니스트 150
에코페미니즘ecofeminism 146, 147, 148, 149, 150, 151, 226
에테르 90
에피쿠로스학파 212
엔트로피entropy 243
엘레아Elea 217
여권론148

여성 150, 227
여성 억압 147, 148, 149, 150, 151
여성 지도자 141
여성 착취 148
여성 참여 147, 151
여성성 13, 141, 144, 145, 146, 147, 151, 152, 153, 412
여성운동 146, 148, 153
여성의 세력화 149
여성의 인간화 148
여성적 원리 146, 151, 412
여성해방 147, 149
여성해방론 148
여실如實한 대긍정 25, 37
여자陰 118
여탈 179, 180
역易 165, 181
『역경易經』 165, 166, 181
역기능적인 측면 260
역동성 294
역동적 238, 250, 365
역동적 변화 289
역동적 본질 4, 25, 32, 96
역동적 상호작용 325, 327
역동적 통일성 59, 60, 65, 79, 144, 191, 218, 236
역동적인 그물망 268
역동적인 상호작용 159
역법曆法 129, 339
역사 71
역사 발전 66, 70, 219, 223, 397
역사 주권 290
역易사상 129, 137, 157, 181, 339
역사적 실재 125
역사학 300
역설적 존재성 273
역수曆數 120
역易의 조종祖宗 52
역종적 본질 26
역천逆天 393
역천자逆天者 92
역학계 이론 244
연결성 139
연계성 206, 213, 223, 230
연관성 167, 200, 211, 293
연기緣起 27, 33, 58, 103, 111, 173,

179, 194, 276, 307, 377
연기적緣起的 세계관 268
연대 52
연대성 291
연속성 104, 152
연속적 세계관 262
연속체 33, 239, 268, 274, 278
연옥편 321
열린 사회 83, 289, 398
열린 시스템 243, 244, 245
열린 의식 89, 222, 242, 281, 297, 375, 378
열반涅槃 178, 357, 392
열반경 353
열반종요涅槃宗要 178
염染 179
염정제법染淨諸法 179
영藥 187
영Spirit(생명의 본체) 46, 375, 377
영(靈, 神) 8, 9, 10, 361, 380, 381
영계 358, 359
영고 134, 340
영과 육 8, 10, 379
영국 130
영대(靈=靈臺) 368, 391
영부주문靈符呪文 200
영성靈性 8, 9, 10, 13, 40, 42, 43, 45, 46, 47, 48, 57, 58, 59, 60, 61, 62, 65, 66, 79, 97, 99, 139, 144, 145, 150, 152, 155, 157, 160, 166, 174, 200, 201, 203, 209, 218, 227, 232, 234, 250, 251, 256, 257, 258, 267, 296, 307, 327, 335, 337, 339, 359, 361, 373, 375, 377, 383, 387, 390, 391, 406, 408, 412
영성 계발 36, 98, 270, 296, 360, 365, 373
영성 · 물성 이원론 45
영성 · 이성 43
영성공동체 206
영성과 과학의 접합 359
영성과 물성 10
영성과 물성의 역동적 통일성 92
영성론자 66
영성靈性 과학자 138

영성의 개화 67
영성의 꽃 111
영성의 진화 62
영성주의 150
영세불망만사지 205
영역화 362
영靈과 육肉 44
영원 380
영원과 변화의 피안彼岸 363, 380
영원성 25
영원의 철학 308, 309
영원한 현재 105, 375
영원히 살아 있는 하나의 불 215
영육쌍전靈肉雙全 53
영적spiritual 8, 37, 38, 42, 101,
    324, 337, 378, 379, 381
영적 가치 12, 386
영적 개념 257
영적 교정 36, 100, 104, 270, 360,
    365, 368
영적 교훈 98
영적 기술 12, 14, 15, 37, 390, 407,
    410
영적 메시지 195
영적 무지(spiritual ignorance) 40,
    95, 110, 113, 242, 258, 324,
    356, 372, 378, 391, 405
영적 사고 113
영적 성장 103
영적 시력(spiritual sight) 25, 407
영적 일체성(spiritual identity) 36,
    100, 148, 151, 172, 270
영적 자각 205
영적 주체 205
영적 진화 6, 8, 11, 36, 39, 43, 62,
    64, 71, 74, 97, 98, 100, 102,
    103, 104, 138, 139, 196, 218,
    260, 270, 272, 310, 336, 337,
    338, 344, 345, 357, 359, 362,
    364, 365, 366, 367, 368, 369,
    371, 377, 387, 410
영적 차원 46
영적 초超자아 324
영적 치유 356
영적 확장 255
영적인 본질 13, 412

영적인 성장 104, 367
영적인 세계 380
영적인 주체 65
영적인 지혜 93, 355, 356
영적인 진화 369
영적인 충만감 101, 112, 358
영적인 힘 36, 65, 270, 360
영적인(spiritual) 마인드 377
영주瀛州 124
영주산瀛洲山 132
영체(靈體, 意識體) 86, 87, 95
영토 주권 290
영토 분쟁 290
영혼 36, 88, 94, 104, 145, 193, 200,
    214, 278, 308, 355, 356, 357,
    360, 368, 370
영혼[삶]의 영역 101
영혼의 갈증 101, 102, 357
영혼의 눈(靈眼) 310
영혼의 목표 195
영혼의 샘 345
영혼의 순례과정 321
영혼의 여정 94
영혼의 완성 63, 64, 98, 103, 105,
    360, 364
영혼의 의식(魂識) 120
영혼의 정화 199, 337
영혼의 학습효과 100
영혼의 홀로서기 104, 367
영혼의 화살 195
영화 328
영화의 왕 342
예藝 320
예禮 168, 169, 319
예술 15, 310, 315, 317, 328, 333,
    335, 338
예술 학교(ole des Beaux-Arts) 333
예술 활동 316
예술가 323, 326, 327
예술과 과학 335
『예술과 과학 Art and Science』 325,
    327
예술과 과학의 만남 협회 325
예술과 과학의 불가분성 327
예술과 과학의 창의성 7
예술과 과학의 통섭 7, 327

예술과 정치의 관계 341
예술관 318
예술론 316, 317
예술·문화 운동 231
예술사 341
예술성 338
예술을 위한 예술 317
예술의 가치성 317
예술의 기원 317, 336
예술의 목적 317, 318, 321
예술의 본질 337, 344
예술의 생명 324
예술의 생명력 338, 344
예술의 순수미 319
예술의 의미 316
예술의 정체성 317
예술의 존재성 317
예술의 존재 이유 318
예술의식 317
예술의지(Kunstwollen) 315
예술인류학 335
예술적 감각 337
예술적 상상력 7, 328
예술적 정서 324
예술적 직관 335
예술적 충동 317
예술적인 것 316
예술지상주의 317
예술학 316, 317
예악禮樂 319
예禮, 악樂, 사(射: 弓術), 어(御: 馬
    術), 서書, 수數 320
오가칠종五家七宗 352
오기五紀 167
오마이 141
오메가 포인트(Omega Point) 396
오미五味의 변 117, 121
오미의 책임 122
오복五福 167
오사五事 167
오심즉여심吾心卽汝心 206
오온五蘊 111, 112, 194
오조五祖 352
오존층 파괴 49, 77, 294, 400
오취신고五取蘊苦 356
오페라 341

오행五行 167, 176, 265
온(on 부분) 307
온난화 49, 401
온상한 309
온수준 309
온유한 자 393
온전한 미 320
온전한 삶 11, 107, 371, 376, 378
온전한 선 320
온전한 앎 4, 9, 11, 12, 14, 26, 28, 63, 371, 373, 376, 377, 378, 391, 407, 413
온전한 통섭 31
올림피아 335
옴·OM 38, 119, 141, 193
완성의 프로젝트 12, 385
완전지完全智 102
완전태 218
완전한 사랑(보편의식) 378
완전한 소통 318
완전한 앎 62, 240
완전한 통섭 62
왕검교王儉敎 130
왜곡된 신성 14, 44, 78, 232, 413
왜곡된 이성 14, 44, 78, 232, 413
왜곡된 인식 262
왜곡된 집착 110
외유기화外有氣化 130, 160, 204, 205
외재적 42
외재적extrinsic 자연 42, 133
외재화 43, 145
외적 관계 71
외적 자아 406
외적(언어적) 통섭 406
외적·경험적 영역 310
외현화externalization 72
요遼 134
요要 177
요가 195, 198, 338, 388
요동fluctuation현상 268
요堯임금 320
「요한복음」 38, 119
요익중생饒益衆生 177
욕구 구조 52
욕망의 투사 107

욕애慈愛 356
욕瑜 187
용用 160
용서 367
우愚 187
용제溶劑 365
우뇌右腦 257, 327, 335
우뇌右腦 주도시대 153, 256, 257
우랄 223
우리 공동의 미래 226
우리We 75, 409
『우리 문명의 마지막 시간들』 295
우리 언어 310
우마이Umai 141
우뭄Umum 141
우민화愚民化 260
우상숭배 161, 259, 363, 364, 410
우생학 과정 399
우연 238, 241, 242, 243, 319
우연성contingency 108
우주 8, 11, 47, 62, 63, 65, 60, 64, 79, 96, 99, 102, 113, 118, 152, 164, 212, 218, 237, 238, 239, 250, 255, 266, 289, 292, 359, 385, 386, 412
우주 큰사랑 279
우주 한생명 36, 137
우주 가을 55
우주 기운 85, 86
우주 만물 380
우주 생명력 8, 12, 377, 378, 389
우주 생명의 뿌리 358, 406
우주 생성 279
우주 순수의식 393
우주 원리 409
우주 지성 8, 12, 99, 137, 139, 152, 268, 370, 377, 380, 389, 391, 408
우주 진화 105, 369, 380
우주 차원 206, 257
우주공명 257, 335
우주공명 차원 335
우주관 52, 181, 212, 251, 291
우주권cosmosphere 165
우주력宇宙曆 53

우주론 270
우주론자 264
우주론적 212
우주만물 10, 11, 27, 35, 38, 41, 48, 51, 55, 58, 59, 60, 69, 70, 83, 90, 91, 96, 109, 128, 130, 131, 134, 137, 140, 141, 152, 157, 159, 161, 162, 164, 165, 166, 167, 175, 182, 188, 193, 200, 202, 204, 206, 207, 209, 238, 241, 242, 250, 258, 259, 260, 262, 263, 265, 268, 269, 270, 273, 276, 277, 297, 354, 361, 370, 375, 378, 380, 389, 394, 412
우주만물의 기본수 128
우주생명력 에너지 380
우주섭리 31, 54, 55, 95, 133, 166, 206, 260
우주섭리의 의인화 260
우주심장(cosmic heart) 324
우주와 생명의 기원 265
우주의 가을 54
우주의 근본 원리 259
우주의 근본 질료 8, 32, 41, 58, 131, 161, 377
우주의 기원 264
우주의 법칙 359, 366
우주의 본원 25, 32, 57, 200
우주의 본질 8, 14, 28, 31, 41, 43, 44, 46, 93, 38, 47, 57, 63, 73, 101, 113, 157, 160, 191, 256, 261, 267, 276, 302, 310, 327, 345, 376, 399, 402
우주의 비밀 48, 61, 113
우주의 시간대 53, 55
우주의 실상 395
우주의 실체 6, 14, 31, 37, 38, 43, 58, 94, 96, 113, 129, 160, 173, 242, 254, 256, 257, 260, 268, 281, 351, 375, 379, 395
우주의 원리 336
우주의 진행 방향 10, 11, 39, 43, 62, 65, 71, 139, 272, 345, 377
우주의 진화 269
우주의 창조적 에너지 29, 31, 32,

41, 58, 70, 96, 99, 103, 242, 270
우주의식 31, 43, 46, 58, 65, 97, 152, 155, 173
우주적 구도 371
우주적 무도舞蹈 60, 96, 140, 371
우주적 본성 137, 205, 209
우주적 에너지 271
우주적 오르가즘 112
우주적 원리 334
우주적 자아 105
우주적 질서 44, 72, 334
우주적 차원 54, 206
우주창조 264
우주항공 기술(ST) 24, 399
우파右派 411
『우파니샤드 The Upanishads』 38, 119, 141, 191, 192, 193, 195, 197, 265, 324
우화寓話 190
운동과 변화 219
운명의 힘 341
운해주雲海州 120, 122
워킹푸어(working poor) 221
원근법 331, 332
원방각圓方角 133
원성실성圓成實性 179
원소 215, 216
원시 문명 125
원시사회 72
원시시대 72
원시신앙 135
원시적인 에고 95
원유관遠遊冠 142
원융무애圓融無碍 4, 24, 26, 303, 387
원융회통圓融會通 172, 299
원자 96, 217, 238, 239, 250, 306
원자력 발전 시설 401
원자력발전소 401
원자로 401
원자론原子論 216, 217
원자론자 216
원자세계 103
원자와 아원자 271
원죄 117, 118, 307

원중회고怨憎會苦 356
원초의 심연 86
원초적 자연 228
원형(Archetype)의 파편들 328
원회운세元會運世 53, 55
월식주月息州 120, 122
웰빙 라이프 23
위계 306
위계질서 228
위구르 126
위기관리(crisis management) 292
위상전환(phase transition) 245
원-원win-win 게임 45, 290
원-원 구조 협력체계 83, 292, 390, 398
원-원(win-win) 구조 289
유有 176, 178, 188
유柔 187
유가 170
유교 119, 164, 170, 172, 181
유교 사서四書 167
유교 삼경三經 165, 166
유교 체계 180
유교사상 34, 132
유교의 도 180
유교의 육예 320
유기론적 78, 236
유기론적 세계관 395
유기성 137, 205, 208
유기적 237, 286
유기적 관계 253
유기적 생명체 397
유기적 연결성 161
유기적 연대 404
유기적 통일성 51, 243
유기적 통일체 51, 233, 238
유기적 통합 241, 280
유기적 통합문제 289
유기적 통합성 10, 63, 68, 72, 73, 92, 97, 109, 139, 242, 267, 274, 364
유기체 8, 33, 306
유기체생물학 79, 243
유기체적 속성 397
유대교 117, 118, 140
유대인 118

유럽 근대사 294
유럽적 294
유물론 217
유물론·유심론 논쟁 164, 271
유물론자 214
유물변증법 219
유미주의唯美主義 317
유·불·도 15, 164, 268
유·불·선 30
유성영화 342
유식 176, 177
유식사상唯識思想 175
유식唯識 305
유신론 263
유신론자 263
유아唯我 173
유애有愛 356
유약의 덕 186
유엔 77, 404
유엔 리우 지구정상회 226
유엔 여성발전 10년 148
유엔 개혁 문제 403
유엔 개혁 404
유엔환경개발회의 UNCED 226
유오산천 무원부지(遊娛山川 無遠不至) 123
유위有爲 54
유유상종類類相從 101, 369
유인有因 123
유인씨有因氏 124
유일 원리 11
유일신唯一神 38, 41, 57, 58, 118, 130, 131, 161, 162, 173, 195, 202, 203, 257, 259, 260, 261
유일신 논쟁 41, 131, 161, 164, 259
유일신 브라흐마 141
유일원리 375
유일자 58, 95, 131, 173, 193, 197
유전공학 403
유전자공학 399
유전자조작 399, 402
유전학 301, 302, 312
유지자(Vishunu) 363
유체역학 329
유토피아utopia 105

유해폐기물 교역 49, 77, 294, 399
유혹하는 뱀 31
유희삼매遊戲三昧 190
육 9, 361, 375
육도六道 298
육예六藝 320
육의 눈(肉眼) 310
육자염불六字念佛 176
육적 8, 379, 381
육적인corporal 마인드 377
『육조단경六祖壇經』 352, 353
육조六祖 혜능 353
육진 353
육체 61, 357
육체(죽음)의 영역 101
육체의 감옥 370
육체의 옷 113
육체적 51
육체적 자아 96, 105, 110, 324
윤리의식 76, 288, 379
윤리적·규범적 영역 310
윤리학 300
윤회輪廻 172, 392
윤회의 바다 375
윤회輪廻의 법칙 36, 269
윤회의 수레바퀴 381
율려 119
융통融通 24
융합 24, 325
융합 현상 24, 48, 304, 311
융합기술 르네상스기 311
융합기술 23, 311, 312
융합학문 311, 312
융합형 기술 혁신 23
은殷나라 320
은하계 103
음陰 119
음陰 35, 86, 144, 182
음과 양 38
음악 129, 316, 321, 340
음악(하늘소리) 38
음악의 조화력 319
음악의 조화성 321
음악적 표현 321
음양의 조화 원리 35
음양 86, 184, 265

음양동정陰陽動靜 54, 165
음양상극 53, 153
음양오행 159, 181, 265
음양의 원리 42, 160, 182, 204, 269
음양의 이기二氣 265
음양지합陰陽之合 53, 54, 153
음양지합의 시대 146
음적陰的 146
음향 연구 330
음향학 65
응應 163
응용 예술 333
응집 현상 236
응축condensation 214
의義 169
의료복지 24, 304
의료체계 399
의술醫術 181, 315
의식意識 11, 14, 26, 31, 37, 38, 43,
    46, 63, 67, 71, 72, 74, 75, 76,
    78, 79, 80, 83, 88, 90, 94, 95,
    96, 98, 100, 102, 107, 109,
    113, 119, 129, 136, 144, 160,
    173, 220, 221, 222, 223, 242,
    254, 256, 257, 259, 266, 268,
    269, 278, 279, 280, 281, 351,
    359, 367, 375, 379, 380, 410,
    412
의식 개혁 76, 77
의식 발견 7, 387, 395
의식 상태 394
의식 성장 47, 83, 292
의식 수준 397
의식 차원 40, 45, 48, 66, 76, 78,
    79, 308, 321, 364, 405
의식 확장 43, 73, 165, 223, 264,
    291
의식·제도 43
의식·존재 45
의식계 6, 9, 28, 39, 40, 42, 43, 44,
    60, 70, 71, 73, 74, 86, 89, 90,
    95, 133, 159, 165, 176, 223,
    242, 281, 349
의식계와 물질계 272
의식과 과학의 통합 296
의식과 제도 14, 40, 79

의식과 제도의 관계 80
의식과 제도의 변증법 75, 79
의식과 제도의 통섭 398
의식과 존재 254
의식과 존재의 합일화 과정 220
의식과 지성을 가진 정신 267,
    408
의식세계 7, 31, 266, 378, 396
의식시대 13, 146, 256, 410
의식의 거울 259
의식의 깨어 있음 278
의식의 대운하 364
의식의 문 258
의식의 발견 31
의식의 불 106
의식의 빛 69
의식의 성장 72, 104
의식의 순도純度 8, 31
의식의 스펙트럼 308
의식의 자기교육 11, 39, 62, 64,
    69, 71, 72, 99, 222, 345, 358,
    361, 376, 407
의식의 자기분열 42, 145, 254
의식의 자기확장 321
의식의 작용 113, 302
의식의 주파수 87
의식의 진동수 26, 78, 139, 260,
    262
의식의 진화 11, 39, 40, 45, 48, 63,
    64, 65, 66, 67, 69, 70, 71, 72,
    73, 74, 75, 92, 110, 111, 152,
    220, 222, 223, 297, 379, 398,
    410
의식의 진화 과정 63, 69
의식의 질 271
의식의 차원 전환 145
의식의 투사영投射影 74, 75, 79
의식의 확장 38, 64, 73, 103, 110,
    139, 155, 170, 222, 235, 243,
    281, 338, 362
의식 발견 253
의식의 진동수 25
의식적 만족 67
의식적인 호흡 89
의식체 44, 87, 88
의인관擬人觀적 사고방식 212

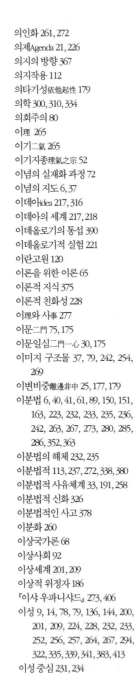

의인화 261, 272
의제Agenda 21, 226
의지의 방향 367
의지작용 112
의타기성依他起性 179
의학 300, 310, 334
의회주의 80
이理 265
이기二氣 265
이기지종理氣之宗 52
이념의 실재화 과정 72
이념의 지도 6, 37
이데아idea 217, 316
이데아의 세계 217, 218
이데올로기의 통섭 390
이데올로기적 실험 221
이란고원 120
이론을 위한 이론 65
이론적 지식 375
이론적 친화성 228
이理와 사事 277
이문二門 75, 175
이문일심二門一心 30, 175
이미지 구조물 37, 79, 242, 254,
    269
이변비중離邊非中 25, 177, 179
이분법 6, 40, 41, 61, 89, 150, 151,
    163, 223, 232, 233, 235, 236,
    242, 263, 267, 273, 280, 285,
    286, 352, 363
이분법의 해체 232, 235
이분법적 113, 237, 272, 338, 380
이분법적 사유체계 33, 191, 258
이분법적 신화 326
이분법적인 사고 378
이분화 260
이상국가론 68
이상사회 92
이상세계 201, 209
이상적 위정자 186
『이샤 우파니샤드』 273, 406
이성 9, 14, 78, 79, 136, 144, 200,
    201, 209, 224, 228, 232, 233,
    252, 256, 257, 264, 267, 294,
    322, 335, 339, 341, 383, 413
이성 중심 231, 234

이성 중심주의 150, 232
이성과 논리의 세계 75, 297
이성과 신성 8, 29, 32, 251, 302
이성과 신성의 만남 264
이성과 영성 48
이성과 초이성 341
이성의 도구화 47
이성의 도그마 232
이성의 성찰적 자기부정 234
이성의 절대성 233
이성의 학대 14
이성적 321, 326, 224
이성적 자유rational freedom 69
이성적 주체 234, 235
이수理數 52
이스터 섬 130
이슬람교 118, 140, 259, 260, 363
이오니아Ionia 212, 213, 216
이오니아의 마법 33
이오니아의 철학 212
이원론 5, 14, 32, 42, 43, 50, 79,
    145, 151, 236, 281
이원론적 15, 118, 253, 302, 307,
    308, 385, 394, 395
이원론적 세계관 77, 79, 231
이원론적 지식 307
이원론적인 사고 140
이원론적인 존재론 383
이원성 6, 12, 28, 31, 93, 140, 61,
    63, 102, 108, 145, 308, 357,
    362, 372, 385
이원적 10, 14, 37, 228, 389
이원적 구조 289
이원화 60, 62, 99, 375
이유 극대화의 논리 47, 397, 399
이理 · 공空 · 무無 30
이理와 사事 259
이입理入 30
『이입사행론二入四行論』 30, 350
이입理入과 행입行入 30
이중성duality 61, 62, 99, 100, 109
이중의식 61, 109
이중적 본능 90
이집트 123, 126, 130
이천식천 이천화천 200
이치 30, 42

이치 기운 261
이해understanding 27, 376
이화세계 136
인仁 34, 168, 169, 172, 319, 320,
    367
인간 144, 242, 384
인간 본성 70, 301
인간 불평등 71, 72, 73
인간 불평등의 기원 67, 71, 421
인간 사회 386
인간 세계 260
인간 실존 218, 384
인간 실존의 위기 16, 26, 49, 111,
    209, 221, 225, 252, 291, 388,
    403
인간 억압 26, 145, 147, 412
인간 이성 232, 235
인간 존재 43, 109, 128, 131, 159,
    167, 200, 204, 207, 211, 218
인간 중심 230, 290
인간 중심의 세계관 65, 251, 294
인간 중심의 가치 165, 226, 292
인간 중심적 229
인간 중심주의 227, 236, 253
인간 진화 310
인간계sociosphere 87, 88, 150
『인간 불평등의 기원』 73
인간성 상실 225, 235
인간성의 부활 383
인간소외 202, 207, 225, 232, 235
인간소외 현상 164
인간의 문제 73
인간의 시조 118
인간의 실재 109
인간의 자기실현 43, 49, 50, 160,
    161, 162, 163, 203, 397
인간의 정신 14, 413
인간학(the science of man) 82, 233
인간학적 218
인간해방 147, 149, 151, 163
인간행동유전학 301
인간화 228
인격신 261, 262
인격체 260
인격화 260
인공지능 311

인과관계 36, 98, 257, 270, 359, 360, 364
인과론 32, 278
인과因果의 법칙 36, 106, 108, 365, 391
인과성 359
인과적 217
인과적 사고 156
인과적 설명망 301
인권 231
인내 367
인내천人乃天 200, 201
인더스문명 123
인도 122, 126, 137, 223, 266
인도 사상 192
인도 의학 192
인드라망(Indra網) 33, 173
인디언 부족 126
인력의 법칙 100, 104, 105, 365, 369, 371, 387
인류 구원 140, 144, 145, 146, 151, 153, 412
인류 구원의 여성성 13
인류 문명 50, 53, 225, 264, 292, 383, 393, 395
인류 문화 283, 321
인류 사회 16, 75, 83, 220, 223, 312, 395
인류 유산 325
인류 의식 29, 190, 220, 260, 263, 395
인류애 9, 379, 410
인류의 모국 126, 127
인류의 뿌리 129
인류의 시원 117, 119, 122, 128, 130, 136
인류의 정신사 75
인류의식 395, 409
인류학 300, 311
인류학자 300
인륜人倫 219
인문 200
인문과학 285
인문사회과학 7, 15, 24, 38, 47, 231, 233, 252, 266, 283, 286, 287, 292, 294, 297, 303, 375

인문사회과학의 위기 283
인문사회과학적 방법론 253
인문사회과학적 지식 294
인문정신 285
인문학 5, 27, 28, 296, 300, 302, 316
인물人物 159, 160
인민popolo 411
인사人事 55, 166, 206, 207
인상人相 174
인생을 위한 예술 317
인성人性 323, 339
인쇄술의 발전 328
인식 242, 243
인식 체계 30
인식 판단의 작용 112
인식론적 307
인식론적 문제 274
인식론적 변증법 218
인식론적 입장 241
인식론적 차원 258
인식의 위기 287, 403
인식의 전환 234, 235
인식의 토대 286
인식체계 267
인욕忍辱 176
인위(人爲, 有爲)의 도 172
인위적 180, 182, 183
인의예지 170
인종 차별 147, 148
인종대학살 322
인종적 378
인중천지일 128, 159, 160, 163, 203
인지 활동 367
인지과학 23, 311, 312
인지뇌과학 301
인지적 49, 50, 397
인지적 차이 156
일 69, 188
일곱 도시 127
일곱 명의 현자 127
일곱머리 뱀127
일一과 다多 34, 259, 269, 277
일관성 98, 365
일군국一群國 125
일기一氣 95, 188, 189, 190, 193

일면성one-sidedness 219
일미一味 177
일미관행一味觀行 177
일반의지 68, 69
일본 126
일신(一神, 유일신) 131, 189, 193
일심一心 8, 10, 12, 31, 32, 34, 36, 37, 38, 42, 43, 46, 58, 61, 65, 99, 155, 160, 172, 175, 176, 177, 179, 185, 189, 193, 218, 242, 257, 269, 270, 275, 276, 278, 279, 280, 298, 299, 352, 354, 366, 377, 389
일심사상 179, 269
일심위대승법一心爲大乘法 298
일심(眞如)의 통섭적 기능 177
일심의 경계 42, 46, 133, 159, 160, 203, 207, 372, 373, 378, 379
일심의 근원 177
일심의 기능적 측면 7, 44, 298
일심의 도道 278
일심의 바다 298
일심의 본체 106, 177
일심의 세 측면 160
일심의 원천 36, 139, 166, 179, 255, 258, 279, 280, 366, 388
일심의 이중성 61
일심의 통섭적 기능 160, 161, 173, 175, 179, 180, 185, 187, 242, 280, 298, 375, 388
일심이문一心二門 253, 276
일원一元 53
일원론一元論 212, 215, 236, 385
일원성 206
일一의 본체계 86, 297
일一의 세계 28, 42, 133
일인칭 언어 310
일즉다一卽多 41
일즉다·다즉일 28, 69, 99, 173, 268, 269
일즉삼·삼즉일 128, 130, 131, 157, 159, 161, 162, 202
일체법 111
일체성 215
일체유심조一切唯心造 37, 254, 269, 349

『잃어버린 무 대륙』 126
임검씨 123
임계점(critical point) 49, 245, 397,
    389, 393
입법 81
입법 이론 81
입자 29, 96, 138, 166, 239, 240, 241,
    242, 274, 275, 280, 306, 395
입자관 250
입자성 240
입자와 파동의 이중성 240, 241,
    279, 280
입파 179, 180
입파立破와 여탈與奪 179
있음being 8, 33, 96, 97, 244, 409
잉카 제국 94
잉카문명 123

【ㅈ】

자각적 12, 207, 389
자각적 삶 69, 394
자각적 실천 137, 279
자각적 인식 108, 318, 323
자각적 주체 106, 108, 206, 207
자각적인 삶 391
자각적인 호흡 391
자기 부정(self-negation) 219
자기 확신self-certainty 108, 109
자기근원성 9, 10, 29, 38, 40, 45,
    60, 66, 71, 118, 140, 162, 165,
    167, 189, 203, 208, 237, 265,
    271, 272, 273, 276, 377, 385,
    395, 398
자기근원적self-originating 42, 376
자기동일성 35, 109
자기로부터의 자유 93
자기모순self-contradiction 219
자기법칙성 42, 60, 140, 182, 241
자기복제 9, 41, 46, 61, 69, 91,
    103, 109, 131, 162, 259, 268,
    270, 273, 362, 380
자기부정 67, 174, 220
자기부정성self-negativity 109
자기생성적 네트워크 체제 237,
    268, 271, 278, 292, 395

자기성찰 234
자기실현 39, 74, 219, 362
자기실현화 과정 219
자기에 대한 집착我執 111
자기유사성 103, 245, 269
자기정체성 403
자기조직화 237, 244, 245, 267,
    268, 269, 272, 281
자기조직화 원리 237, 253, 264,
    268, 270, 272, 273
자기중심적 110
자기효능감self-efficacy 231
자동-성automatism 272
자동촉매작용autocatalysis 244
자립적 187
자발성spontaneity 103, 272
자발적 268
자발적 복종 293
자발적 의지 68
자본 13, 411
자본자근自本自根 34, 91, 99, 182,
    188, 260
자본주의 66, 148, 222, 224, 229
자본주의 국가 411
자본주의 논리 229
자본주의 사회경제체계 229
자본주의 세계체제 288
자본주의 정치경제 149, 229
자본주의 체제 288
자본주의 경제 81
자본주의의 구조적 모순 322
자비慈悲 172
자생자화自生自化 34, 91, 99, 182,
    188, 260
자성 160, 161, 162, 203
자성의 세 측면 203
자성의 해탈 351
자성자도自性自度 352, 353
자성자오自性自悟 353
자아 관념 11, 376
자아의 재발견 333
자아중심주의 150
자연 51, 144, 226, 228, 280, 384
자연 상태 67, 71
자연 억압 14, 26, 145, 147, 150,
    151, 412

자연 재해 76, 402
자연 착취 148
자연·문명 50, 150
자연·인간 43
자연과학 5, 6, 7, 15, 28, 31, 38,
    286, 296, 297, 299, 300, 301,
    302, 304, 305, 316, 375
자연과학 중심의 통섭 논리 297
자연과학자 31
자연과학적 47, 145
자연과학적 지식 294
자연관 217
자연권 67
자연법 67, 68, 98, 100, 104, 359
자연성 403
자연의 가치 147
자연의 법칙 185, 326
자연의 원리 212
자연의학의 혁명 262
자연자원 400
자연적 삶 228
자연적 속성 302
자연적 위계(natural hierarchy) 306
자연적 홀라키 306
자연주의적 사상체계 180
자연주의적 사회관 187
자연철학 52, 212
자연철학자 27
자연학 233
자원 고갈 49
자유 69, 75, 110, 111, 189, 190,
    205, 222, 376, 392, 410
자유당 내각 80
자유론 189
자유민주주의 76, 293, 310, 398
자유민주주의 체제 230
자유방임주의 81
자유의 길 343
자유의 이념 69
자유의 자기실현화 과정 71, 220
자유의지 51, 104, 365, 366, 367
자유자연(free nature) 228
자유주의 81
자유주의자 343
자유주의적 대안 288
자유주의적 사회주의 229

자율성 45, 60, 140, 208, 205, 232, 291, 369, 398
자율적 206, 207, 227, 231
자원재활용 398
자의식 15, 37, 109, 220, 221, 222, 242
자의지self-will 39
자재율自在律 121
자전궤도 369
자정작용自淨作用 54
자족적 12, 389
자치 404
자치·자율·소통 12, 389
작용 39, 42, 57, 62, 64, 70, 92, 99, 160, 161, 162, 163, 164, 166, 167, 174, 175, 176, 177, 189, 194, 195, 197, 202, 203, 204, 220, 241, 242, 258, 270, 273, 275, 276, 280, 297, 302, 324, 375, 378, 389
작용·반작용의 법칙 36, 97, 98, 269, 359, 349
작용 39, 40, 71, 72, 75, 113, 131, 133, 157, 166, 193, 259, 271
작용과 본체 30, 34, 296
작용의 측면 131, 157, 202
작용의 합일 28
작은 인민 412
작인(作因, self-preservation) 305
잠깬 상태 107
잠재된 본질 219
잠재의식 93
잠재적 본질 10, 380
장시성江西省 124
『장자莊子』 33, 38, 124, 119, 141, 180, 187, 188
재생 383
재생산(생식 reproduction) 149
재세이화 74, 162, 163, 164
재유 349
재흥再興 383
적극국가론 80
적극적 367, 368, 369
적극적 자유 81
적극적 피드백 과정 244
적석산磧石山 시대 124

전 우주적 294
전 인류적 294
전 지구적 294
전개와 통합 7, 297
전근대성 309
전기 257
전기장 326
전능omnipotence 376
전략무기 400
전문篆文 158
전문傳文 171
전문화 296, 303, 341
전문화의 도그마 304
전생轉生 99
전생설全生說 189
전설 123, 129, 339
전위예술avant-garde 338
전인교육 319
전일소一 200
전일성 9, 10, 14, 29, 33, 42, 46, 48, 57, 60, 62, 65, 107, 112, 151, 209, 215, 261, 268, 272, 273, 274, 296, 299, 306, 324, 377, 389
전일성과 다양성 7, 12, 298, 372
전일성의 세계 28
전일적holistic 8, 12, 31, 37, 10, 13, 14, 30, 40, 42, 43, 50, 52, 60, 70, 71, 73, 74, 78, 90, 102, 133, 146, 209, 227, 235, 237, 243, 255, 286, 287, 291, 292, 375, 376, 389, 396, 412
전일적 과정(holistic process) 44, 97
전일적 관점 236
전일적 본질 64
전일적 속성 43
전일적 시각 243, 385
전일적·시스템적 345
전일적 실재관 7, 31, 78, 79, 222, 236, 238, 253, 265, 286, 339, 377, 385, 408
전일적 우주 254
전일적·자기근원적 207
전일적 패러다임 5, 40, 74, 77, 79, 128, 130, 165, 236, 252, 253, 388

전일적인 실재관 292
전일적인 흐름holomovement 5, 71, 106, 238, 243, 307
전자electron 29, 96, 238, 239, 250
전자篆字 158
전지omniscience 376
전체 4, 39, 65, 66, 68, 96, 99, 100, 106, 139, 151, 156 , 243, 245, 250, 272, 307, 218, 220, 222, 232, 254, 255, 256, 259, 402
전체성 12, 25, 32, 42, 43, 57, 58, 68, 61, 74, 83, 90, 111, 112, 193, 195, 197, 200, 306, 407, 386, 389, 409
전체성과 개체성 7, 298
전체성의 질서 306
전체의식 31, 38, 42, 43, 46, 58, 65, 71, 78, 97, 152, 155, 160, 173, 257, 263, 357
전체의지(volont de tous) 68
전체적 108, 359, 361, 374, 375, 379, 380, 386, 389, 402
전통 129, 207
전통·사상 134, 137, 200, 207, 340
전통·사회 257
전후前後 184
절대 시공時空 238
절대법칙 239, 241, 271
절대성 232, 233, 234
절대유일 8, 31, 57, 117, 131, 157, 161, 173, 203, 257, 362, 363, 403
절대자 232
절대지絶對智 102
절대적 권위 260
절대적 근본지 112
절대적 모순 35, 184
절대적 빈곤 81
절대적 자유 189
절대적 평정 380
절대정신 219
접接 206
접포제 208
정·반·합 219
정견正見 357
정념正念 357

정명正命 357
정보Information 289
정보기술 23, 257, 311, 312, 399
정보-에너지 의학 268
정보-에너지장 267, 268, 269, 270
정보화 혁명 222, 289
정사正思 357
정상과학正常科學 253
정서적 감수성 318
정신spirit 60, 61, 67, 71, 79, 83,
    108, 109, 112, 136, 144, 166,
    173, 200, 214, 219, 222, 251,
    252, 262, 264, 275, 308, 375,
    389
정신 의학적 질병 402
정신·물질 43, 45, 50, 150
정신·물질 이원론 50, 60, 167,
    208, 221, 223, 235, 236, 251,
    253, 285, 341
정신·영적 통합체 310
정신개벽 54, 55, 206
정신계 112
정신공황 49, 51, 225
정신과 물질 8, 12, 14, 38, 44, 79,
    83, 379
정신과 의사 333
정신문명시대 294
정신문화 319
정신-물질-정신과 물질의 합일
    159
정신분석학 231, 333
정신분열증 402
정신사 200
정신세계 250
정신의 본질 392
정신의 수준(the Level of Mind) 308
정신의 여명기(the dawning) 76
정신의 일곱 단계 127
정신의 자기실현화 과정 72
정신의 진보 71
정신적 8, 51, 146, 238, 250, 379
정신적 고양 317
정신적 제 가치의 실현 82
정신적 황폐 49
정심正心 170
정어正語 357

정업正業 357
정원 54
정음정양正陰正陽 53
정의 403, 410
정의관 83, 398
정淨 179
정靜 187
정精 58, 99, 118, 131, 182, 274
정靜과 동動 259, 277
정淨과 염染 277
정정正定 357
정정진正精進 357
정제된 행위 112
정진精進 176
정책 201
정책 결정 과정 229, 231
정책 참여 230
정책 공조 77
정책적·제도적 처방 80
정치 13, 138, 257, 320, 411
정치 대법大法 166
정치 실제 167
정치 실천적 과제 396, 398
정치 실천적 차원 227
정치 영역 221, 290
정치 참여 293
정치 행위자 291
정치경제 구조 52
정치교본 164
정치권력 80
정치사상적 수용 77
정치사회 53, 67, 70, 75, 220, 222,
    285, 341
정치사회화 과정 398
정치세계 164
정치세력화 149
정치의 세계화 221, 290
정치의 요체 201
정치의 제1원리 292
정치의 주체 163, 291
정치이론 233, 289
정치적 49, 378, 397
정치적 관점 228
정치적 동물 341
정치적 영역 67, 221
정치적 원칙 227

정치적 자유주의 167, 201
정치적 자유주의자 204
정치적 지배 81, 135
정치적 측면 230
정치적·종교적 중심지 124
정치적·종교적 충돌 16
정치제도 129, 339, 397
정치철학 80, 182
정치체 68
정치충돌 376, 409
정치학 229, 291, 300
『정치학』 284
정치학자 300
정태靜態 211
정합적 토대 300
제濟 163
제1원리 218
제1원인의 삼위일체 8, 377
제1의 근대 289
제1자연 228
제1질료(Prima Materia) 307
제1차 세계여성대회 148
제23차 유엔여성특별총회 149
제2물결 397
제2의 근대 187, 289, 288
제2의 근대화 224
제2의 르네상스 294
제2의 종교개혁 294
제2자연 228
제2차 세계여성대회 148
제3물결 397
제3세계 149, 150, 227, 402
제3의 자연 228
제3제국 344
제3차 세계여성대회 149
제49차 유엔여성지위위원회 회
    의 149
제4차 세계여성대회 149
제가齊家 170
제가치국평천하 168
제국주의적 232
제권帝權 403, 404
제논Zeno 217
제도 70, 73, 75, 76, 77, 79, 83, 136,
    144, 201
제도 개혁 76, 77

제도의 문제 73
제도적 개혁 11, 40, 45, 66, 82
제도적 변화 75
제도적 장치 76, 405
제도적 차원 82, 231
제도적 처방 71, 77
제도화 67, 71, 72, 397
제동사상齊同思想 189
제로섬zero-sum 게임 9, 45, 290
「제물론齊物論」 33, 188
제사 의식 195
제식祭式 192
제정론 De Monarchia 403
제정일치 시대 14, 341, 413
제주도 124
제천祭天 134
제천단 133
제천의식 132
제한선거제 80
조각 321, 338
조류 변화 49
조르주 퐁피두센터 328
조물자 349
조상숭배 135
조상신祖上神 135
조선 124, 135, 137, 181
조식調息 132
조식법調息法 85, 89
조신調身 85
조심調心 85
조응관계 166, 207, 223, 368
조주삼전어趙州三轉語 351
조직 70, 397
조직 원리 267
조천석朝天石 134
조화造化 40, 91, 397
조화 기운 160, 163
조화 작용 42, 133, 159, 160, 200, 202, 204, 206, 259, 261
조화성 74, 38, 39, 379
조화세계 140
조화의 묘미 335
조화의 미 35, 184
조화의 원리 377
조화자 58, 321
조화적 원리 184

조화정造化定 205
존재 58, 61, 67, 139, 174, 220, 221, 222, 223, 242, 243, 258, 275, 319
존재 수준 308
존재 이유 14, 30, 38, 39, 63, 64, 65, 70, 73, 74, 100, 407
존재계 57, 62, 91, 93, 106, 151, 174, 209, 222, 223, 373, 389, 407
존재론적 307
존재론적 딜레마 232, 389
존재론적 불구 366
존재론적 입장 241
존재론적 자살 78
존재론적 차원 258
존재론적 토대 392
존재론적 평등 227
존재성 29, 42, 58, 60, 62, 202, 239, 241, 258, 260, 345, 381
존재와 무 343
존재와 비존재 275
존재와 인식 10
존재와 인식의 괴리 44, 51, 241, 242, 242, 255
존재와 인식의 유기적 통합 241
존재의 강 94
존재의 근무처 111
존재의 근원 88
존재의 근원을 체험하는 바르도 88
존재의 대등지 309
존재의 대사슬 308
존재의 섬 91, 361
존재의 역설 273
존재의 자기근원성 293
존재의 자기실현화 과정 67, 220
존재의 집으로 가는 옛길 140, 365
존재의 차원 373
존재의 형이상학 233
존재태存在態 45, 51, 242, 255
존재혁명 294, 304
종宗 177, 353
종교 13, 15, 47, 78, 129, 130, 138, 164, 200, 202, 249, 250, 251,

252, 255, 256, 257, 260, 339, 364, 411
종교 통치 시대 192
종교개혁 294
종교문학 129
종교세계 164
종교의 경계 379
종교의 문 390
종교의 성벽 65
『종교의 종말 The End of Faith』 258
종교재판 251
종교적 47, 250, 378
종교적 교의 164
종교적 의식 109
종교적 진리 7, 53, 254, 256
종교적 질곡 208
종교적 타락상 164
종교적 · 정신적 세계 221
종교충돌 376, 409
종속적 환원주의 302, 304
종요 179
종의 진화 이론 328
종족 아이콘 128
종파주의 178
종합예술 336, 339, 345
종합적 146, 156, 327
종합적 사고 6, 31
좌뇌左腦 257, 326
좌뇌 우뇌 가설 326
좌뇌 주도 335
좌뇌 주도 시대 256, 257
좌뇌左腦 주도시대 153
좌망坐忘 34, 189
좌선坐禪 198
좌파 411
주관 24, 68, 107, 108, 151, 168, 170, 171, 186, 209, 220, 383
주관과 객관 83
주관과 객관의 경계 168, 367, 371, 377, 387, 406, 407
주관과 객관의 조화 92, 168
주관성 109
주관적 상상력 234
주관적 세계 107
주관적 영역 310
주관적인 창조 활동 326

주권국가 292, 404
주周나라 137
주대周代 320
주신교主神教 130
주의력 374
주인과 노예의 변증법 62, 69, 92, 108
주周나라 320
주체 32, 166, 193, 233, 235, 237, 268, 307, 319, 384
주체-객체 이분법 41, 261, 270
주체성 150
주체와 객체의 이분법 29, 32, 42, 71, 83, 202, 237, 240, 253, 269, 272, 273, 274, 275, 286, 293, 336, 338
주체의 죽음 233
주체의 해체 233
주체적 자각 207
주파수 250
주하사柱下史 137
죽음 5, 86, 377
죽음 이후의 삶(life after death) 44
죽음[陶] 86
죽음과 삶의 경계 89
죽음과 삶의 통섭 89
죽음과 탄생의 경계 86, 87, 89
죽음의 가장 큰 역설 113
죽음의 기술 88, 112, 390, 405
죽음의 덫 112
죽음의 본능 90
죽음의 세계 87, 95
죽음의 순간 89
죽음의 순간의 바르도 87
죽장면 124
중간 영계 87
중관中觀 176, 177, 305
중관사상中觀思想 175
중국 120, 126
중근동 지역 122
중도中道 25, 106, 366
중력 281
중산계급 81
중생상衆生相 174
중세 14, 44, 67, 134, 221, 232, 341
중세적 인간 256

중세적 패러다임 252
중심성 232, 233, 234
『중아함경中阿含經』 173
중앙아메리카 126
중앙아시아 120, 141
중용中庸 156, 168, 171
『중용中庸』 134, 167, 171, 172
중용의 덕 319
중용의 도 172
중원 지역 122
중정中正의 도 366
중종 158
즉자대자적 존재 219
즉자적 존재 219
즉자적卽自的 단계 109
증기의 힘 329
증산 345
지(地, 坤) 370
지智 169
지止 177
지知 187
지각 표상 작용 112
지각작용 254, 255
지각적 6, 25, 29, 176
지감止感 132
지계持戒 176
지관止觀 176
지구 경영법 396
지구 경제 49, 294
지구 공학 무기 400
지구 문명 50, 146
지구 생태의 위기 221
지구 온난화 49, 77, 294, 400
지구 자극(N, S극) 50
지구 지배권 283
지구 환경 224, 231
지구경제 76
지구공동체 51, 52, 209, 397
지구공학 무기화 400
지구공학 무기 399
지구라트ziggurat 334
지구문명 399, 400
지구생명공동체 109, 396, 397, 398
지구시장 397
지구온난화 400, 401

지구의 재조직화 397
지구자기장 50
지구적 질서 54
지구촌 23, 49, 75, 76, 164, 221, 222, 288, 289, 366, 393, 401, 403, 413
지구촌 차원 294
지구학교 94
지구환경 399
지구환경 보전 종합계획 226
지금 여기 4, 73, 79, 105, 106, 110, 111, 358, 389, 391, 393, 407
지금 의식 88, 89, 112
지기至氣 55, 200, 206, 352
지동설 251
지락至樂 102
지리地理 55, 129, 166, 206, 207, 339
지리산 132
지리산 산신 124
지리산 천왕봉 124
지리학 329, 330
지리학적 329
지배계층 227, 230
지배 구조 397
지배 기능 13
지배 문화 233
지배 이데올로기 233
지배 체계 227, 234
지배적 패러다임 225, 226
지복至福 222
지상 173
지상선계 201
지상의 왕국 69, 222
지상천계 201
지상천국 205
지석묘支石墓 130
지선의 경지 112
지선至善 172
지선 지향성 103
지성 4, 5, 9, 10, 11, 12 90, 316, 374, 375, 377, 379, 385, 386, 387, 389, 407
지성至誠 205
지성 차원 4, 10, 12, 14, 15, 37, 153, 398, 407

지성시대 4, 12, 15, 381, 383, 386, 387, 389, 395, 396
지성의 영역 385
지성인 13, 386, 388
지성차원 410
지소씨支巢氏 117, 121
지속 가능 397
지속 가능한 발전 225, 226, 230, 293, 312
지속 가능한 사회 40, 66, 150, 208, 229
지속 가능한 지구 문명 412
지地·수水·화火·풍風 216
지식knowledge 4, 5, 6, 10, 12, 34, 37, 25, 26, 46, 47, 48, 60, 85, 183, 189, 191, 338, 367, 374, 377, 379, 381, 387, 389, 407
지식 세계 25, 43
지식 차원 4, 12, 14, 15, 33, 37, 40, 48, 60, 66, 153, 166, 257, 296, 335, 364, 393, 395, 398, 407
지식 축적 257, 335
지식 통합 304
지식과 삶의 통섭 43
지식과 삶의 화해 60, 220
지식세계 9, 10, 15, 37, 40, 44, 46, 380
지식시대 4, 12, 15, 381, 383, 386, 393, 395, 395, 396
지식융합 257, 296, 311, 312, 395, 398
지식을 위한 지식 378, 412
지식의 경계 66
지식의 대융합 412
지식의 대통합 24, 304, 305
지식의 양질 31
지식의 영역 385, 387
지식의 융섭 7, 294, 321
지식의 지도 25
지식의 차원 전환 8, 33, 381
지식의 축적 379, 385
지식의 통섭 6, 37, 297, 388, 406
지식의 통일 6, 28
지식의 통합 6, 8, 9, 28, 379
지식의 파편 9, 379
지식의 파편화 283, 396

지식의 한계 76
지식인 13, 30, 66, 332, 388
지식체계 15, 260
지식통합 24, 304
지식혁명 299
지신地神 135
지어지선 170
지역 399
지역경제 단위화 289
지역경제권 293
지역경제체제 150
지역공동체 228
지역성 83, 398
지역주의 293
지역화regionalization 83, 289, 397
지열 400, 401
지옥도地獄道 87
지옥편 321
지유地乳 120
지인至人 190
지적 사기(intellectual fraud) 5, 47
지적 전통 156
지적 희론 5, 26, 27, 48, 76, 263, 297, 378
지전地轉 158, 159, 160
지정학적 292
지주과두제 80
지중知中 366
지진과 화산폭발 49
지질학 330
지질학적 329
지천태괘地天泰卦 53, 146, 153
지축 정립 54
지행止行 177, 198
지혜[般若]의눈 112
지혜의 길 198, 373
지혜의 불 337
직관intuition 5, 6, 7, 25, 27, 29, 31, 76, 176, 250, 254, 257, 267, 281, 303, 375, 387
직관력 378
직관의 영역 104
직관적 37, 92, 129, 146, 315, 327
직관적 지각 162
직관적인 앎 6, 28
직접정치 208

직접참여 231
진기眞氣 85
진도 주파수 250
진동 65, 96, 270, 271
진동수 100, 271, 369
진리 4, 5, 25, 26, 27, 48, 66, 69, 76, 104, 130, 164, 173, 178, 180, 202, 217, 234, 241, 255, 256, 260, 261, 262, 263, 275, 297, 303, 357, 363, 372, 373, 376, 377, 378, 379, 411
진리 불립문자 104
진리 추구 9
진리[根本智] 263, 275
진리의 달 26, 76, 111, 381
진리의 언덕 12, 94, 387
진리의 전당 390
진리의 편린 364
『진서晉書』 125
진성眞性 162
진성·진명·진정 128
「진심장구상盡心章句上」170
진여眞如 176, 177, 242, 280
진여문眞如門 175, 177, 276
진여성眞如性 61, 99
진여심 176
진여한 마음 172, 299
진인사대천명盡人事待天命 366
진정한 통섭 29, 33, 40
진정한 포기 374
진정한 해방 13
진제眞諦 151, 176, 179
진종교眞倧敎 130
진지眞知의 빈곤 44, 150
진眞과 속俗 277
진화 43, 64, 74, 75, 94, 97, 99, 100, 214, 220, 245, 269, 310, 324, 337, 338, 345, 355, 369, 389
진화 과정 395
진화 수준 355
진화론 271, 272, 312
진화생물학 301
진화심리학자 302
진화의 원리 365
진화적 홀라키 310

진화학 301, 302
진흙 속의 연꽃(泥中之蓮花) 106
질량 250
질량-에너지 등가원리 250
질료 217
질료인(Material Cause) 217
질소동화작용 345
짐세朕世 119
집集 357
집단무의식 117, 140, 412
집단의식 261
집단이기주의 151
집단이기주의적 방식 399
집성제集聖諦 356
집일함삼執一含三 162
집합assemblage 51

【ㅊ】

차별상 182
차별성 43
차세대 성장 동력 23
차원 상승 279
차원 전환 12, 145, 386, 395
차이 속의 통일 213
찬가 192
참 앎(knowing) 328
참나 36, 128, 161, 173, 203, 372
참된 종교 48, 378
참된 철학 378
참된 형이상학 48
참본성 8, 11, 13, 31, 36, 39, 40, 42,
    44, 46, 48, 58, 60, 63, 65, 68,
    69, 73, 74, 83, 91, 92, 93, 95,
    100, 105, 117, 121, 132, 134,
    136, 140, 152, 155, 156, 160,
    161, 162, 163, 173, 190, 195,
    202, 203, 222, 255, 256, 257,
    262, 264, 279, 323, 353, 355,
    357, 359, 363, 364, 366, 367,
    369, 377, 391, 394, 410, 412
참본성의 빛 88, 89
참본성의 집 392
참사랑 362
참삶 362
참선 176

참성단塹城壇 132, 340
참여 152
참여민주주의 229
참여자 237, 273, 275
참여적 풀뿌리 민주주의 150
참여하는 우주 32, 60, 95, 140,
    237, 275, 338, 353
참위讖緯 181
참자아 8, 9, 10, 11, 13, 48, 58, 60,
    61, 62, 63, 65, 73, 90, 99, 100,
    101, 102, 103, 107, 108, 112,
    113, 197, 262, 273, 337, 345,
    352, 361, 362, 363, 373, 374,
    375, 377, 378, 380, 381, 406,
    407, 408, 410
참자아의 영역 5
참자아의 이중성 62
『참전계경』 157, 163, 171, 268,
    360, 367, 391
참지식 6, 8, 12, 31, 407
창발emergence 267, 306
창발 현상 268, 269
창발성 267
창세創世 119
창시창조創始創造 157
창의성 45, 335
창의적 정신 324
창의적 직관 327
창조creation 245, 267, 271, 273,
    307
창조력 257
창조론 41, 271, 272
창조론 · 진화론 논쟁 164
창조성 159, 240, 272
창조의 빛 86
창조의 표상 127
창조자Brahma 363
창조적 315
창조적 생명력 323, 324
창조적 예술 300, 302, 316
창조주 31, 41, 58, 127, 217, 257,
    260, 263, 264, 268, 270, 271,
    272, 278
창주滄州 124
천(天, 乾) 58, 370
천계문학(天啓文學: ruti) 192

천국편 321
천균天鈞 34, 106, 188
천기인봉天機印封 104
천녀 118
천덕 205
천도天道 131, 134, 157, 159, 203,
    205, 207, 360
천동설 251
천리天理 158, 159, 167, 207, 242,
    393
천명天命 171
천문 129, 339
천문학 123, 330, 333, 334
천문학자 264
천변만화 259, 261, 276, 361
천부天符 120, 123, 136
천부 예술 339
『천부경天符經』 41, 137, 157, 158,
    159, 161, 163, 164, 181, 203,
    265, 268
천부문화 123, 129
천부사상 15, 127, 129, 130, 140,
    155, 157, 160, 203, 268, 339,
    340
천부사상의 패러다임 339
천부중일天符中一 90
천산곤륜天山崑崙 129
천산산맥 120, 122
천산주天山州 120, 122
천산주 시대 124
천상 173
천상계 87, 88
천상의 왕국 69, 222
천상천하유아독존天上天下唯我
    獨尊 172
천성 121
천수天水 120
천시 55, 166, 206, 207
천시와 인사의 상합 55
천신天神 135
천신교天神敎 130
천심 204, 207
천악天樂 38, 119
천이삼 지이삼 인이삼 160
천인 118
천인합일天人合一 40, 41, 60, 62,

109, 134, 140, 340
천인합일사상 78, 79
천일 지일 인일 160
천제 133
천제신앙 135
천제의식 133
천주 58, 161, 257
천주교 118
천지개벽 54, 55
천지개벽의 도수度數 54, 207
천지기운 58, 103, 209
천지만물 183
천지본음天地本音 38, 161
천지비괘天地否卦 53, 153
천지운행 54, 55, 92, 118, 145, 167, 206, 236, 241, 268
천지운행의 도수度數 268
천지의 시종始終 53
천지의 적 103, 206
천지의 주재자 55, 134, 135
천지인天地人 256, 393
천 · 지 · 인 130, 131, 157, 161, 162, 202, 203
천 · 지 · 인 삼신 130, 131
천 · 지 · 인 삼신일체 41, 43, 123, 157, 161, 119, 130, 133, 138, 159, 160, 162, 203, 360
천 · 지 · 인 삼재 53, 133, 136, 139, 163, 164, 167, 172, 201, 202, 203, 205, 211, 293, 340
천 · 지 · 인 삼재의 융화 294
천 · 지 · 인 혼원일기 161, 163
천 · 지 · 인의 통합성 66
천태산 124
천문 358
천하의 모체 181
철기시대 125
철인왕philosopher-king 404
철학 129, 231, 300, 311, 326, 339
철학사상 181
철학적 397
철학적 급진주의 81
철학적 급진파 80
철학적 사변 164
첨단과학기술 24, 341, 399
첨단기술 311, 341

청동기시대 125
청정생산 398
체體 160, 353
체성體性 275, 279
체體 · 용用 · 상相 160, 176
체화體化 274
초감각계 316
초감각의 세계 316
초개인 대역 308
초개인심리학 305
초공간성 279
초과학 257
초국적 경제 실체 221, 224, 289
초국적 발전 패러다임 290, 292, 293
초국적 실체 289, 405
초국적 패러다임 397, 398
초기 자본주의 정신 66
초기 자유주의 81
초기 조건에의 민감성 244
초논리 144, 176, 25, 29, 6, 76, 257, 303, 326, 374, 387
초분야적 문화 335
초사이클hypercycle 268
초산업화 230
초시공 38, 119, 257, 321
초양자장 138, 239, 269, 240, 242, 269, 270, 280
초에니 바르도(Chö snyid Bardo) 88
초언어 257
초월 13, 112, 160, 188, 269, 273, 305, 379, 388, 409
초월성 25, 32, 57
초월의 문 112
초월적 195
초이성 6, 25, 29, 76, 144, 176, 257, 303, 326, 374, 387
초인 11, 377
초자연적 창조자 261, 262
초超두뇌 104
초超지식 104
초탈 사상 190
초형상 38, 119
촌락공동체 187
최대다수의 최대행복 80
최적 조건 71

최적 조건의 창출 39
최적의 삶의 조건 322
최적의 학습 여건 110
최초의 낙원국가 136
최초의 투명한 빛 87, 88
최후의 심판도 322
추기도인推己度人 163, 171, 360
추론reasoning 5, 27, 250
추론적 146, 326
추상적 211, 392
축건쓰乾 137
축생도畜生道 87
축전지 401
출성出城 122
출出세간법 298
충기沖氣 35, 182
측은지심惻隱之心 169
치국술 185
치국治國 170, 184
치국평천하 171
치악治樂 319
치지致知 170
치카이 바르도(Hchikhahi Bardo) 87
치화경治化經 163
친민(新民) 170
친환경기술 400
칠칠재七七齋 87
침묵 26
칩코운동(Chipko movemen) 147
칭법행稱法行 30

【ㅋ】

카르나크의 열석列石 130
카르마karma 36, 63, 88, 97, 100, 103, 104, 118, 172, 270, 337, 359, 364, 366, 372, 394
카르마의 그물 100, 108, 360, 361, 363, 364
카르마의 덫 394
카르마의 법칙 36, 97, 99, 104, 105, 269, 270, 364, 365, 371, 391
카르마의 원천 104
카르마의 작용 98
카메라의 주름상자 329
카스트caste 제도 72

카스피해 120
카오스chaos 244, 245
카오스의 가장자리 245
카오스이론 243, 244
카오스적 의식108
칸막이지식 9, 45
캄차카 반도 124
캘리포니아주 401
『컨실리언스 *Consilience*』 4, 5, 26
컬러사진 326
컴퓨터 그래픽 334
컴퓨터 단층촬영(CT) 341
컴퓨터 단층 촬영기 329
컴퓨터 프로그래밍 335
컴퓨터과학 312
컴퓨터학 303
케논Kenon 216
케인즈 경제정책 80
코르테시아누스 고사본 126
코페하겐 148
코펜하겐 해석 238, 239, 240
코펜하겐의 표준해석법 240
콘택트렌즈 329
쾌락의 질적 차이 81
쿠스코 잉카제국 시대 130
쿠이Kui의 나라 128
쿤스트Kunst 315
큐비즘 342
큐비즘 회화 328
크샤트리아Kshatriya 72
큰 인민 412
큰사랑 368
키르키츠 초원 120

【ㅌ】

타나토스thanatos 90, 333, 396
타마스tamas 370
타자他者에의 구속 109
타자적 요소 109
탄생게誕生偈 172
탈경험주의적 236
탈근대 207, 223, 226, 232, 256
탈근대성 208, 309
탈근대성의 최상 309
탈근대적 231, 232

탈이념적 231, 232, 233
탈정치화 290
탈중심성 230
탈중심적 232, 233, 234
탈중심화 229
태극 86, 265
태극太極 31, 166, 257
『태극도설太極圖說』 52, 265
태백산 124, 132
「태백일사太白逸史」 131, 157, 158
태식호흡 85
태양 334
태양 에너지 400
태양광 401
태양숭배 135
태양의 제국 128
태초의 말씀 119
태평곡太平曲 206
태평양 126, 223, 130
태풍과 산사태 49
텅 빈 마음 13
테러 51
테크네techne 315, 335, 337
텔레매틱스telematics 312
통섭 4, 5, 6, 8, 10, 12, 14, 15, 25,
    26, 28, 32, 33, 37, 39, 43, 45,
    47, 48, 52, 55, 60, 62, 66, 113,
    128, 166, 186, 218, 220, 233,
    236, 249, 275, 296, 297, 299,
    300, 302, 308, 332, 354, 364,
    375, 377, 387, 389, 390, 406,
    409, 412
統攝 4, 26
通涉 24, 26
통섭 논쟁 302
통섭 이론 305
통섭시대 14
통섭으로의 길 15
통섭의 기술 14, 16, 22, 34, 36, 37,
    38, 40, 41, 43, 47, 48, 65, 67,
    296, 379, 390, 412
통섭의 기술 진화 66, 67
통섭의 뇌 27
통섭의 메커니즘 32, 37
통섭의 본질 7, 23, 32, 34, 297,
    302, 303

통섭의 본질과 메커니즘 14
통섭의 세계관 241
통섭의 영적 기술 413
통섭의 주체 10, 48, 60, 65, 298,
    299, 354
통섭의 주축 304
통섭적 52, 232, 287
통섭적 기능 8, 10, 12, 13, 58, 100,
    185, 188, 218, 242, 388, 389
통섭적 마인드 13, 411
통섭적 사고 9, 24, 33, 45, 49, 52,
    128, 209, 294, 296
통섭적 사유 15, 21, 172, 190, 217,
    219, 220, 222, 223, 225, 235,
    236
통섭적 사유체계 208,
통섭적 생명관 398
통섭적 세계관 15, 37, 129, 131,
    133, 136, 140, 153, 155, 157,
    159, 162, 163, 165, 167, 169,
    170, 172, 173, 175, 177, 178,
    180, 182, 187, 191, 193, 195,
    200, 202, 204, 208, 211, 218,
    232, 235, 237, 240, 243, 245,
    264, 274, 278, 299, 387
통섭적 접근 303
통섭적 세계관 145
통섭적인 형태 398
통섭정치 15, 16
통섭학 15, 16
통일 215, 290
통일 도수 53, 55
통일성 280
통일신라 137
통일의 원리 212
통치 엘리트 집단 164
통치 행위 167
통합 24, 308, 310, 379
통합 모델 309
통합 패러다임 305, 310
통합 학문 5, 9, 15, 24, 28, 37, 45,
    48, 302, 303, 304, 305, 308,
    310, 311, 332
통합 학문의 꿈 304
통합성 33, 45, 296
통합심리학 309

통합integration 303
통합적integral 305
통합적 가치 292
통합적 기능 397
통합적 비전 309, 310
통합적 접근법 309
통합적인 진리 309
투기적 금융자본 47
투르크 141
투명성 229
투자Investment 289
퉁구스 141
트로아노 고사본 126, 127, 128
트리엔트공의회 323
특수성 83, 108, 109, 289, 277, 397, 398
특수의사 68, 109
특수적 자의식 69
특수화 77
티벳 126
『티벳 사자死者의 서書』 87

【ㅍ】

파괴자(Shiva) 363
파급효과 244
파나류산波奈留山 129
파동 29, 37, 96, 119, 138, 166, 239, 240, 241, 242, 270, 274, 275, 280, 386, 395
파동과 입자 274, 280
파동역학 238
파동의 기원 138
파동의 대양 60, 96, 140, 166, 193, 362
파동의 세계 96
파동-입자의 이중성 32, 238
파동함수 239
파미르 고원 120, 122, 124, 129
파시즘 341
파워 폴리틱스 252, 291
파장동조 77, 78
파편 4, 37
파편화된 지식 33, 341
팍스로마나 404
팍스브리테니카 404

팍스아메리카나 404
팔관회八關會 135
팔정八政 167
팝 아트 338
패러다임 전환 9, 10, 24, 45, 46, 48, 49, 50, 146, 235, 245, 252, 256, 287, 292, 293, 304, 396, 408
페르시아 223
페미니즘 운동 310
펜타곤 봉쇄운동 147
편공偏空 178
편유偏有 178
평등 75, 189, 190, 222
평등무차별 278, 378
평등성 45, 60, 140, 205, 208, 222, 291, 350, 398
평등성지平等性智 33, 106, 109, 169, 189, 278
평등주의적 세계관 83, 398
평천하平天下 170
평화 12, 40, 45, 51, 66, 92, 95, 147, 167, 172, 191, 294, 377, 381, 397, 398, 403, 404, 410
평화운동 146
포괄 160, 188
포괄성 32, 280, 298, 302
포괄적 95, 181, 386
포도 121
『포박자抱朴子・열선전列仙傳・신선전神仙傳・산해경山海經』 142
포스트구조주의 233, 234
포스트모더니즘 79, 226, 231, 232, 233, 234, 235, 339
포스트모더니즘적 237, 338
포스트모던 사상가 305
포스트모던 시대 233
포항시 124
폭설과 폭염 49
폴리 실리콘 전지판 기술 401
표준해석 238
표피shallow생태론 226
푸란 402
푸루샤puruṣa 61, 370
풀뿌리 민주주의 208, 227, 291,

398
풀뿌리 사회운동 228
풍력 401
풍력 에너지 400
풍류風流 136, 137
풍이족風夷族 128
퓨전 사극 312
퓨전 시대 320
퓨전 음식 312
퓨전 음악 312
퓨전fusion 코드 15, 24, 48, 303, 304, 311, 312
퓨전 한복 312
퓨전 한옥 312
프네우마pneuma 214
프라크리티prakrti 369, 370, 371
프랑스 130
프랑스대혁명 411
프랙털fractal 103
프랙털fractal 구조 245, 268, 269
프로테스탄티즘의 윤리 66
플라톤의 미론美論 316
플라톤의 이원론 217
플랑크 268
피드백 과정 268
피라미드 130
피조물 260, 261, 263, 270, 271
필연 104, 217, 241, 242, 243, 319, 365, 366
프라크리티Prakriti 61

【ㅎ】

하나(一) 34, 42, 58, 60, 63, 68, 69, 73, 74, 83, 88, 90, 91, 131, 134, 155, 157, 159, 160, 161, 162, 165, 200, 202, 203, 204, 256, 262, 265
'하나'(님) 117, 261
하나님 12, 13, 41, 58, 406, 407, 408, 409, 411
하나됨(at-one-ment) 12, 13, 379, 406, 407, 408, 410, 411
하느님 58, 259, 363
하늘 55, 109, 129, 132, 133, 134, 161, 162, 167, 202, 257, 258,

275, 297, 337
하늘 파동 111
하늘기운 132, 206, 336
하늘소리 119
하늘을 모심恃天 207
하늘음악天樂 38, 321
하늘의 그물天羅 360
하늘의 기틀 131
하늘의 법칙 185
하늘의 조화造化 55
하도河圖 167
하위 차원 309
하이퍼 리얼리즘 338
하이퍼 문학 312
하이퍼텍스트 문학 312
하夏나라 166
하화족 141
학문 46, 47, 75, 138, 183, 255,
    256, 257, 373
학문 분과 388
학문 세계 47, 60, 65, 164
학문과 종교의 통섭 256
학문의 경계 305
학문의 국경 297
학문의 다양성 77
학문의 분과화 48, 286
학문의 세계화 297
학문의 통섭 388
학문적 경계 286
학문적 불구 26, 65, 78
학문적 제국주의 6, 28
학문적 틀 78
학생 92
학술 분야 231
학습 기자재 11, 376
학습 여건 창출 39, 63, 70, 71, 72,
    74, 92, 222, 362
학습 효과 11
학습기제 64, 100, 102, 357
학습의 장 73, 75
학습효과 376
학제적 접근 244
한 200, 201, 202, 204, 206, 207,
    209
한漢 142
한桓(韓) 200

한 마음 368
한 이치 기운—理氣 159, 276
한국 130
한국 전통 사상 340
한국의철학회韓國醫哲學會 305
한라산 132
한맛(One Taste) 305
한민족 119, 157, 200, 202, 207
한반도 289, 290
한사상 15, 133, 136, 157, 161,
    201, 202, 203, 209, 294
한생명 128, 162
한어미 131
한의 생명관 202
한의 이념 204, 209
합리성 208, 249, 284
합리적 77, 234, 284, 321
합리적 사고 224
합리적 절대자아 232
합리적 정신 251
합리주의 224
합리화 233
합일슴— 12, 275, 371, 385
합일화 과정 220
해방된 마음 13, 388
해부학 329, 330
해부학적 드로잉 331
해수면 49, 401
해양온도차 400
해체 79, 234, 309
해체이론 234
해체주의 232, 233, 234, 235
해체deconstruction 79
해혹복본解惑復本 123, 133, 136
핵 발전 401
핵 방사능 유출 402
핵무기 제조 401
핵심기술 23
핵폐기물 처리 문제 401
햄버거 커넥션 295
행동 지침 168
행동강령 226
행동유전학 312
행동학 312
행렬역학(matrix mechanics) 238
행복 110, 111, 172, 403

행선行禪 198
『해월신사법설』 262, 265
행위 36, 98, 337
행위에 의한 행위의 초극 361
행위예술performance 338
행위의 길 198, 199, 364, 373
행위의 포기 198
행입行入 30
향상響象 119, 120
향아설위向我設位 205
허달성虛達城 119, 122
허무의 심연 93
허무주의 309
허베이성河北省 124
허위의식 10, 51, 72
헌신 336, 337, 373, 374
헌신의 길 355
헌신의 길(bhakti yoga) 373
헌신의 생활화 378
헌신적 참여 104, 105, 368, 369,
    373, 390
헤이그 24
헬레니즘 212
헬레니즘Hellenism 문화 223
혁덕赫德 158
혁명적 효과 257
현대 67, 129, 191
현대 과학 15, 66, 78, 79, 164, 165,
    209, 227, 235, 236, 240, 243,
    245, 260, 265, 267, 268, 285,
    286, 286, 302
현대 과학자 267
현대 과학혁명 253
현대 문명 125
현대 민주주의 201
현대 복지국가 82
현대 사회 24, 304
현대 산업기술사회 227
현대 세계 339
현대 예술 321
현대 이론물리학 264
현대물리학 7, 30, 31, 79, 129,
    165, 222, 236, 238, 241, 243,
    245, 250, 253, 253, 253, 254,
    256, 262, 265, 279, 385, 387,
    395, 408

현대물리학계 281
현대물리학자 249, 271, 281, 396
현대수학 262
현대예술이론 333
현대화학 262
현묘지도玄妙之道 136
현상 25, 32, 57, 188, 200, 209
현상계 25, 29, 38, 54, 55, 57, 59, 61, 91, 106, 166, 173, 174, 192, 195, 197, 204, 207, 217, 240, 241, 253, 274, 281, 298
현상적 주체 67, 219
현실태 217, 218, 219
현실화 과정 219
현학자pedant 76
혈구지도絜矩之道 163, 360
혈액 순환론 334
협력체계 289
형상 217
형상인(Formal Cause) 218
형식논리학적 사유 211
형식적 180
형이상학 326
형이상학의 진리관 233
형태장 413
형태학(Morphology) 328
형태형성장 267
혜시惠施 102
호모 레시프로쿠스 264, 303, 411
호모 사케르 Homo Sacer 411
호모 심비우스(Homo Symbious) 264, 303, 411
호학적好學的 정신 168
호흡 85, 86, 89, 345
호흡법 85
호흡의 비밀 89
혼돈 244
혼돈상태 103
혼성 영역(hybrid domains) 299
혼원일기混元一氣 41, 58, 70, 91, 103, 131, 137, 159, 161, 162, 165, 166, 173, 200, 201, 202, 205, 257, 273
홀라키 305, 306
홀라키적 우주론 305
홀라키적 전일주의 305

홀로그램hologram 79, 152, 334, 335
홀로그램 우주론 37, 79, 242, 269
홀로그램적 관점 273
홀로그램적 영상 37
홀로그램적 투영물 29, 96, 242
홀로무브먼트 29, 96, 98, 243, 409
홀로스holos 307
홀론holons 305, 306
홍범구주洪範九疇 166, 167
홍수 전설 122
홍익인간 74, 133, 136, 162, 163, 164
홍익중생弘益衆生 106
홍인弘忍 352
화禍 163
화·복·보·응 163
화랑도 123
화석에너지 400
화석연료 49, 400
화신化身 160, 176
『화엄경華嚴經』 28, 33, 173
화엄華嚴사상 305
화쟁和諍 25, 107, 172, 178, 179
화쟁 방법 179
화쟁론 178, 220
화쟁사상 178
화쟁의 논리 177
화쟁의 방법 297
화쟁회통 176, 177
화학생태학 299
화합력 182
확률론 243
확률론적인 해석 239, 240, 243
환경 23, 24 , 230, 231, 304, 398
환경 악화 76, 402
환경 파괴 50, 149, 207, 232, 235
환경 회생 146
환경개량주의 225, 226
환경경제회의 229
환경공학 52
환경과 발전 398
환경과학 301
환경관리주의 225
환경기구 225
환경기술 52

환경난민 77
환경문제 49, 77, 225, 399
환경보고산업 398
환경보호 292
환경비용 230
환경사회학 229
환경생태분야 384
환경에너지기술(ET) 24, 399
환경재앙 400
환경적 287, 387
환경정책 52, 292
환경제국주의적 230, 399
환경철학자 383
환경친화적 230
환경파괴 77, 146, 400
환경호르몬 402
한국桓國 125, 128, 129, 137, 158, 181
환단桓檀 140, 158
『환단고기桓檀古記』 125, 158
환생의 길을 찾는 바르도 88
환웅桓雄 123, 125, 128, 158
환웅씨桓雄氏 124
환원 305
환원의 논리 218
환원적 통합 7, 297
환원주의 7, 262, 285, 286, 298, 302
환원주의 과학 237
환원주의적 접근 237
환원주의적 관점 236, 286
환인桓因 123, 124, 125, 126, 158
환인·환웅·단군 131, 136
환인씨桓因氏 124, 125
활동적인 기운rajas 102
황극皇極 167
『황극경세서黃極經世書』 52, 55, 265
황담즙(분노) 334
황도 12궁 인간 334
황하문명 123
황해도 신평군 124
회삼귀일會三歸一 160, 162
회의주의skepticism 69, 108
회의주의적 에고 108, 109, 221
회의주의적 의식 109

회통會通 24, 25
회화 321, 338
회화론 331
회화적 표현 321
효소 267, 268, 269, 270
효용적 168
효율성 208
효환제孝桓帝 142
효孝 · 제悌 · 자慈 171
후기 부르주아적 가치 82
후기산업사회 338
후기자유주의 81
후기구조주의 312
후생경제학 81
후진국 398
후천後天 53, 118, 146
후천 54, 55, 119, 206
후천 5만년 206
후천 가을 54
후천 곤도시대 53
후천개벽 54, 201, 206, 207
후천시대 53, 153
휴머니즘 운동 383
휴머니즘humanism 사상 383
흑담즙(우울) 334
흑소씨黑巢氏 122
흙 215
희박rarefaction 214
희생제 336, 337, 345, 369
히말라야 산맥 120
힌두 정신 191, 194
힌두교 119, 260, 305
힌두교도 191
힌두사상 15, 164, 191, 192, 268
힘의 논리 252

【기타】

10월제 134, 340
12분국 125
12세世 53
12연방 129
12회會 53
2038 이탤리언 331
21세기 문화 코드 312
21세기형 인간 264

30운運 53
366사 163
3강령 170
3교敎(儒 · 佛 · 仙) 137
3교의 설說 137
3인칭 언어 310
3차원 정밀 스캔 341
3차원적인 지식 76
49재 87
4고四苦 356
4대 문명 129
4바르나varna 72
4원인설(Four Causes) 217, 218
4카스트 72
4I 289
5월제 134, 340
6T[BT, NT, IT, ET, ST, CT] 24, 399
8강령 163
8고八苦 356
8려呂 119
8정도八正道 357
8조목八條目 170
9 · 11 테러 258
ALLAH 31
DDT 402
DNA 나선구조 325
DNA 분석 341
DNA 분자 312
EU(유럽연합) 293
FTA 225, 289
NAFTA(북미자유무역지대) 293
NBIC 23
NGO 290
OECD(경제협력개발기구) 229
PAH 402
PCB 402
UR(우루과이라운드) 289
WTO(세계무역기구) 289
WTO 체제 225

[인명편]

갈릴레이(Galileo Galilei) 251
계연수桂延壽 158
고스와미(Amit Goswami) 266
고종高宗 353
고타마 141
공맹 180
공자孔子 137, 168, 169, 170, 318, 319, 367
괴테(J. W. Goethe) 328, 384
교황 클레멘스 7세 322
구텐베르크(Johannes Gutenberg) 327
궁희 118, 122, 123, 131, 136
그린(Thomas Hill Green) 80
금모낭낭金母娘娘 141
기똥(Jean Guitton) 251
김상현 305
김은수 120
김지하 123

남해 차차웅次次雄 135
네로Nero 51, 344
네스(Arne Naess) 226
노자老子 34, 137, 180, 181, 182, 183, 185, 186, 187, 188, 190
노장老莊 180, 191
노중평 123
뉴턴(Isaac Newton) 32, 238, 278, 286, 327, 384
니스벳(Richard E. Nisbett) 156
니체(Friedrich Wilhelm Nietzsche) 233

다빈치(Leonardo da Vinci) 326, 328, 329, 330, 331
다윈 286
단군檀君 123, 135, 340
단테(Alighieri Dante) 38, 321, 403, 404
달마達磨 350
데리다(Jacques Derrida) 233, 234
데이비스(Paul Davis) 251
데카르트 5, 27, 150, 232

데카르트-뉴턴 50, 223, 286, 287
도본느 148
도킨스(Richard Dawkins) 258, 261, 262, 263
돈 카를로스 341
뒤러(Albrecht Der) 326
드골 343
드볼(Bill Devall) 226
들뢰즈(Gilles Deleuze) 233

라마나 마하리쉬 307
라캉(Jacques Lacan) 233
라플라스(Pierre Simon de Laplace) 238
라일(Martin Ryle) 228
러브록(James Lovelock) 245
루소(Jean-Jacques Rousseau) 51, 67, 71, 72, 73, 68, 70
루이 14세(Louis XIV) 344
뤼미에르(Lumiere) 327
리오타르(J. F. Ryotard) 233
리히터(J. P. Richter) 331

마고麻姑 15, 117, 118, 119, 120, 122, 123, 124, 130, 131, 133, 136, 140, 141, 142, 143, 144, 146, 152
마르크스(Karl Marx) 219, 284
마명馬鳴 175
마샬(Lisa Marshall) 288
만쪼니(Pierre Manzoni) 322
맥스웰(James Clerk Maxwell) 326
맹자 170
모랭(Edgar Morin) 405
몰(Arthur P. J. Mol) 229
무솔리니(Benito Mussolini) 341
미즈(Maria Mies) 149
미켈란젤로 322, 323
밀 81
밀Mill 부자父子 80
밀턴(John Milton) 117

바그너 341, 344
바라바시(Albert-Laszlo Barabasi) 286
바르트(Roland Barthes) 233

바슐라르(Gaston Bachelard) 234
바오로 3세 322
박정진 335
박제상朴堤上 38, 118
반다나 쉬바(Vandana Shiva) 149
백남준 328
버나드 쇼(George Bernard Shaw) 405
베르디(Giuseppe Verdi) 341
베르크(Augustin Berque) 383
베버리지(William Henry Beveridge) 80
베이컨 284
벤담(Jeremy Bentham) 80, 81
벨(Daniel Bell) 288
보어(Niels Bohr) 32, 238, 241
봄(David Bohm) 6, 28, 37, 96, 138, 239, 254, 266, 280
북애北崖 134
북친(Murray Bookchin) 227
브레이든(Gregg Braden) 138, 394
블론(Jacob Christoph Le Blon) 328

샤르트르(Jean Paul Sartre) 343
샤르댕 396
서왕모西王母 141
석가 137
석가세존 351
성모 마리아Mary 141
세션(George Sessions) 226
세조 134, 173, 178
세종 134
세존[釋迦世尊] 172
셸링(F. W. J. Schelling) 218
소강절邵康節 52, 53, 55
소크라테스Socrates 212, 217
소희巢姬 118, 122, 131, 136
수운 53, 54, 206, 207
순舜임금 320
쉘드레이크(Rupert Sheldrake) 267, 413
슈뢰딩거(Erwin Schrödinger) 238
스즈끼(D. T. Suzuki) 304
스트로스베르(Eliane Strosberg) 325, 335
신수神秀 352

실러 341
싯다르타 141

아감벤(Giorgio Agamben) 411
아낙사고라스Anaxagoras 216
아낙시만드로스Anaximandros 213
아낙시메네스Anaximenes 213, 214
아담 117, 308
아리스토텔레스Aristotle 33, 212, 213, 217, 218, 284, 337
아마데라스 오오미카미(天照大神) 141
아브라함 118, 140
아슈바고샤(Ashvaghosha 馬鳴) 139, 298
아이겐(Manfred Eigen) 245, 267
아인슈타인 238, 239, 241, 250
안연顔淵 168
안파견安巴堅 124
안함로安含老 158
알렉산드로스 대왕 223
알튀세르(Louis Althusser) 234
얀츠(Erich Jantsch) 269
에디슨(Thomas Edison) 328
에픽테투스Epictetus 51
엥겔스(Friedrich Engels) 219, 284
엠페도클레스Empedocles 215, 216
예수 113, 379
왕방평王方平 142, 143, 144
왕양명王陽明 170
요순堯舜 166
윤회봉 16
우왕禹王 166
울라(Baha Ullah) 249
울리히 베크 224
웅녀熊女 128
원중동元重仲 158
원효 36, 172, 175, 177, 178, 179, 180, 220, 297, 298, 350
윌버 305, 307, 308, 309, 310
윌슨(Edward O. Wilson) 4, 6, 26, 28, 33, 297, 299, 300, 305
육조 혜능 380
융거(Ernst Jünger) 384
이맥李陌 158

이브 117, 308
이삭 118
이스마일 118, 140
이암李品 158
이캄(Catherine Ikam) 328
인종印宗법사 353
임종호 262

자공 367
장자莊子 33, 34, 102, 180, 188, 189, 190, 349, 371
장주莊周 102
재니케(Martin Janicke) 229
정반왕淨飯王 137
정이程頤 170
주돈이周敦頤 52, 265
주왕紂王 320
주자朱子 52, 170, 265
주주사周柱史(老子) 137

채경蔡經 142, 143, 144
채플린 342
처치워드(James Churchward) 126, 127
청궁씨靑穹氏 122
최시형崔時亨 204, 205
최재천 5, 27, 305
최제우 25, 29, 204
최종덕 305
최치원崔致遠 137, 158, 320
축건태자쓴乾太子(釋迦) 137
충혜왕忠惠王 124
츄(Geoffrey Chew) 268
치우蚩尤 141
칭기즈칸(Chingiz Khan) 223

카우프만(Stuart Kauffman) 244
카프라(Fritjof Capra) 251, 266, 286, 292, 403
칸트(Immanuel Kant) 218
캉길렘(Georges Canguilhem) 234
코먼(Greenham Common) 147
코페르니쿠스 251, 326
쾨슬러(Arthur Koestler) 306, 307
쿤(Thomas Kuhn) 252
크레이머(Samuel Creimer) 129

크리슈나Krishna 195, 196, 198, 199, 355, 356
크리슈나무르티 266
클레인(Anne C. Klein) 148
키케로 284

탈레스Thales 212, 213, 214
태호복희씨太皞伏羲氏 181
태우의환웅太虞儀 桓雄 137, 181
토플러 397
톨스토이 317
톰슨(Jeffrey Thompson) 65
트호프(Jacob van t' Hoff) 326

파스퇴르(Louis Pasteur) 326, 333
페퍼(David Pepper) 228
푸코(Michel Paul Foucault) 233, 234
프로이드 90, 333
프리고진 97, 237, 243, 244, 245
프리브램(Karl Pribram) 37, 242
프톨레마이오스 251
플라톤Plato 33, 150, 212, 217
플랑크(Max Planck) 137, 266, 267, 408
플럼우드(Val Plumwood) 150
피구(Arthur Cecil Pigou) 81
피들러(K. Fiedler) 316
피카소(Pablo Ruiz Picasso) 342
피히테(J. G. Fichte) 218

하버마스(Jürgen Habermas) 384
하비(William Harvey) 334
하이데거(Martin Heidegger) 233
하이젠베르크 32, 238
하켄(Hermann Haken) 245
하트만 295
햅굿(Charles H. Hapgood) 124
혼다사이本田濟 142
화이트(Michael White) 328
화이트헤드 97
해리스(Sam Harris) 258
해월 204, 205, 206, 275
헤겔(G. W. F. Hegel) 61, 69, 70, 92, 104, 105, 218, 219
헤라클레이토스Heraclitus 97, 213, 214, 215

혜능慧能 352, 353
황궁 123
황궁씨黃穹氏 121, 122, 124
후버(Joseph Huber) 229
휴애거사休崖居士 范樟 158
휴얼(William Whewell) 27
히친스(Christopher Hitchens) 258
히틀러(Adolf Hitler) 344

통섭의 기술은 단순히 다양한 지식세계를 넘나드는 지식 차원의
언어적 기술이 아니라, 지성 차원의 영적 기술이다.

통섭의 기술 지식시대에서 지성시대로

등 록 1994.7.1 제1-1071

1쇄 발행 2010년 2월 12일

2쇄 발행 2010년 4월 10일

지은이 최민자

펴낸이 박길수

편집인 소경희

디자인 이주향

마케팅 김문선

펴낸곳 도서출판 모시는사람들

110-775/서울시 종로구 경운동 수운회관 1207호

전화 735-7173, 737-7173 / 팩스 730-7173

출 력 삼영그래픽스(02-2277-1694)

인 쇄 ㈜상지사P&B(031-955-3636)

배 본 문화유통북스(031-937-6100)

블로그 http://blog.naver.com/donghak21